PASCAL LE MOAL

Manuel de traduction
Translation manual

lexical et thématique

CINEMA
AUDIO VIDEO

*Numérique * HD * Digital*

Français > Anglais - Américain

English - American > French

Nouvelle édition * New edition
(2009)

Dépôt légal : 2ème trimestre 2009
ISBN : 2-7162-0278-8

"Si je l'avais voulu parfait,
je ne l'aurais pas fait ..."

☯ *Sagesse chinoise* ☯

Note de l'auteur pour la nouvelle édition

Un des principaux challenges de cette nouvelle édition a été de préserver l'une des principales qualités de l'ouvrage : le format. Celui-ci, très apprécié par les professionnels, a incontestablement contribué à en faire un outil de terrain.

Lors de la rédaction de la présente édition, un compromis constant a été tenu entre le format et la quantité d'informations nouvelles à y faire figurer. L'ouvrage, tel que vous allez le découvrir, représente les limites de ce compromis.
Cependant, pour l'atteindre, j'ai dû me résigner à trois impératifs :
1°) le volume a légèrement grossi, mais j'ai essayé qu'il reste raisonnable.
2°) le vocabulaire qui relève du langage courant a été réduit à l'essentiel.
3°) enfin, j'ai dû adopter une mise en page peu conventionnelle, sorte d'hybride entre tantôt une mise en page sur deux colonnes nettement séparées et tantôt l'usage des deux points séparant un terme et sa traduction, sur la même ligne. Cette mise en page pourra être perçue comme confuse et déplaisante par le lecteur, mais j'espère qu'il comprendra que ce choix s'est avéré obligatoire pour tenir l'enjeu du format. Malgré cela, j'ai constamment porté une extrême attention à la facilité de "navigation" dans l'ouvrage, garante d'une recherche de traduction efficace et rapide : je ne crois pas qu'elle s'en trouve diminuée.

En contrepartie, il m'a été possible de créer 13 annexes supplémentaires, d'augmenter le corpus d'environ 1000 termes et expressions nouvelles (dont 20% relevant du seul domaine de la Production) et surtout d'introduire environ 1000 nouvelles entrées de termes et d'expressions relatives à la Vidéo numérique et à la Télévision Haute Définition. En 1995, lors de la parution de la 1ère édition du *Lexique Cinéma-Vidéo*, je n'avais accordé qu'une place très symbolique à ces deux domaines qui, à cette époque, n'étaient encore que balbutiants, en France tout au moins. En 2003, lorsqu'une réédition a commencé à être envisagée, il m'a paru inconcevable de ne pas traiter de ces sujets, et de ne pas faire apparaître le vocabulaire lié à ces nouvelles technologies ainsi qu'à leurs pratiques. N'étant pas spécialiste en la matière, j'ai cherché à m'entourer des compétences de professionnels qualifiés. Trouver de telles personnes s'est avéré impossible tant les emplois du temps des uns et des autres sont surchargés. Il m'a donc fallu faire ce travail seul. La tâche fut difficile, ce qui explique pourquoi l'ouvrage est resté épuisé pendant une durée assez longue.

Si la présente édition apporte de très nombreuses nouveautés et précisions concernant le langage du cinéma et de la vidéo dit "*classique*" (notamment de très nombreux synonymes), elle ne peut cependant pas prétendre à l'exhaustivité en matière de Vidéo numérique et de HDTV. Néanmoins, en donnant les bases les plus essentielles, je sais qu'elle permettra à ceux qui travaillent dans ces domaines, de communiquer avec leurs homologues anglophones.
Au final, parce que tous les professionnels de l'audiovisuel l'attendent, je souhaite que des personnes plus qualifiées que moi puissent un jour créer un lexique beaucoup plus complet à propos du "numérique". À ces personnes, je dédie humblement le présent ouvrage en guise de première pierre à l'édifice.

Note of the author for the new edition

One of the main challenges of this new edition was to preserve one of the principal qualities of the work: the format. This one, appreciated by the professionals, will make a useful tool of it.

During the drafting of this edition, a constant compromise was held between the format and the amount of new information. The work, as you will discover, reaches the limits of this compromise.
However, to reach it, I had to limit myself to three requirements:
1°) volume grew a little bigger, but I attempted to keep it reasonable.
2°) the vocabulary concerning the current language has been practically removed.
3°) finally, I had to adopt an unconventional page layout, a hybrid between a page layout on two definitely separate columns and the use of the two points separating a term and it's translation, on the same line. This page layout could be found to be confusing and unpleasant by the reader, but I hope that he will understand that this choice is necessary to maintain the format. In spite of that, I constantly paid great attention to the ease of "navigation" in the work, required for effective and fast translation: I do not believe that this has decreased.

On the other hand, it has been possible to add 13 new appendices, to increase the body of around 1,000 new terms and expressions (including 20% only concerning the field of Production) and particularly to introduce approximately 1,000 new entries of terms and expressions relating to Digital video and High-definition television (HDTV). In 1995, at the time of the publication of the 1st edition of the Lexicon Cinema-Video, I had given only a very basic place to these two fields which were, at that time, only just being introduced, in France at least. In 2003, when a new edition started to be considered, it appeared inconceivable to me not to cover these subjects, and not to include the vocabulary related to this new technology and it's application. Not being a specialist on the matter, I sought to surround myself with qualified professionals. To find such people turned out to be impossible due to their busy timetables. Therefore it became necessary to do this work by myself. The task was difficult, which explains why the work took a long time to complete.

If the present edition brings many innovations and precise details concerning the language of the "classic" cinema and video (in particular the many synonyms), it cannot however claim complete coverage in the field of Digital video and HDTV. Nevertheless, by giving the basic and most used words and expressions, I know that it will make it possible for those working in these fields, to communicate with their french speaking counterparts.
At the end, because all the professionals in audiovisual await it, I wish that some more qualified persons than me will be able, one day, to create a much more complete dictionary about digital cinematography.
To these people, I humbly dedicate this work as a first stone to the building.

PRÉSENTATION DE L'OUVRAGE

Ce lexique se propose de vous accompagner dans toutes les situations où vous aurez besoin de maîtriser la langue quasi universelle du cinéma et de la vidéo : l'anglais. C'est pourquoi il a été conçu avant tout comme un outil de terrain.

Il est destiné à toute personne francophone ou anglophone concernée par le cinéma et la vidéo, de la production à la diffusion en passant par la fabrication, et confrontée à l'usage conjoint du français et de l'anglais, parlés ou écrits, dans le cadre de ses activités professionnelles, de sa formation, ou de ses recherches.

Les principes qui ont guidé l'élaboration de ce lexique sont les suivants :

1° Aboutir à un format de poche permettant d'avoir l'ouvrage toujours sous la main, en vue d'une utilisation aussi fréquente que nécessaire. Logé dans une valise, glissé dans une poche, une mallette, une sacoche, et pourquoi pas dans un sac à main, ce lexique vous suivra dans tous vos déplacements.

2° Réunir un vocabulaire riche et ciblé suffisamment vaste pour être sûr d'aboutir dans chacune des consultations. Le vocabulaire proposé couvre de nombreux domaines, sous tous leurs aspects, qu'ils soient techniques ou artistiques, théoriques ou pratiques, généraux ou particuliers.

Ce lexique compte environ **10 000 entrées** dans chaque langue, traitant :

a) en détail et sous tous leurs aspects, les domaines suivants :

Préparation au tournage	Régie
Réalisation	Langage cinématographique
Production	Travail sur le plateau
Tournage	Technique de prise de son
Technique de prise de vue	Télévision
Laboratoire	Post-production image et son
Montage	Distribution - Exploitation

Matériels et équipements mis en œuvre dans ces domaines

b) d'une manière plus succincte, les domaines suivants :

Décors - Costumes	Habillage - Maquillage - Coiffure
Genres cinématographiques	Histoire du cinéma
Styles de mise en scène	Cinéma d'animation
Promotion et Publicité	Trucages

Parce que le vocabulaire nécessaire lors de chaque journée de travail n'est pas uniquement technique, et pour dispenser l'utilisateur d'avoir recours à deux lexiques, le vocabulaire spécialisé a été étoffé par des mots du langage courant dont l'usage est le plus fréquent à toutes les étapes de la fabrication d'un film.

3° Trouver un mode de consultation simple, rapide et sûr, qui permet à l'utilisateur d'entrer facilement dans ce lexique afin de pouvoir en ressortir rapidement. À cette fin, l'ensemble des mots et des expressions ont été organisés selon trois concepts :

a) **les mots-clef :** les mots autour desquels s'organisent les expressions, et que l'on recherche en priorité.

b) **le regroupement thématique :** un principe d'organisation qui rassemble, à la suite d'un mot-clef, l'ensemble des expressions qui contiennent ce mot.

c) **Les entrées multiples :** la reprise d'une même expression à tous les mots-clef qu'elle contient.

L'accès aux traductions devient alors plus simple et plus rapide. C'est **un atout essentiel pour une utilisation pratique sur le terrain**.

En outre, parce que le désir de tous est finalement de maîtriser la langue et, à terme, de pouvoir se dispenser de l'usage d'un lexique, cet ouvrage est aussi **un excellent manuel pour l'apprentissage du vocabulaire** grâce à son mode de rédaction thématique autour des mots-clef, qui permet de faire le point en matière linguistique sur un sujet particulier.

Enfin, **l'appendice des annexes** placé au milieu du lexique est un manuel thématique ayant pour but de compléter l'ouvrage par des informations générales basées sur quelques différences majeures d'un pays à l'autre, et par des informations techniques particulières au cinéma et à la vidéo. Il propose ainsi quelques repères fondamentaux et participe ainsi à **une meilleure intégration lors de séjours à l'étranger**.

PRESENTATION

This lexicon will stay close to you in all situations where you will need to have a good command of the almost universal language of cinema and video: english. This is why it has been conceived as a field tool.

It is intended for anyone, french-speaking or english-speaking, involved in cinema and video from production to exhibition, using both french and english, spoken or written, within the field of film production, film education and research.

The guiding principles for the development of this lexicon are as follows:

1° To be produced in a pocket format enabling the book to be always to hand, for use as often as necessary. Placed in a suitcase, slipped into a pocket, a briefcase or, why not in a hand bag, this lexicon will follow you in all your travels.

2° To bring together a rich vocabulary, targeted and vast enough to ensure success every time. The vocabulary covers many fields, whether technical or artistic, theoretical or practical, general or particular.

This lexicon counts approximately 10,000 entries in each language, covering:

a) in detail the following fields:

Shooting preparation	Locations
Directing	Film language
Production	Daily life on shooting set
Shooting	Sound recording
Cinematography	Television
Laboratory	Picture and sound post-production
Editing	Distribution - Exhibition

Materials and equipment used in these fields

b) in a briefer way, the following fields:

Art department	Make-up and Hair / Costumes
Movie genres	History of cinema
Directing styles	Animation
Advertising and Publicity	Special effects (SFX)

Because the vocabulary required during each day of work is not just technical, and to avoid the need for two lexicons, the technical words have been complemented with some words of the general language which are most frequently used at all stages of film-making.

3° To find a mode of simple, fast and accurate consultation, to make it possible for the user to easily enter in this lexicon in order to to come out of it as quickly as possible. For this purpose, all the words and expressions have been organized according to three concepts:

a) **keywords**: the words around which expressions are based, and that one generally searches first.

b) **key phrases**: a principle of organization which provides, after a keyword, all the expressions containing the keyword.

c) **multiple entries**: the repetition of the same expression for all the keywords that it contains.

The access to the translations then becomes simpler and quicker. It is an **essential asset for practical use in the field**.

Moreover, because the desire of all is finally to have a command of the language and, in the long term, to be able to be free from using a lexicon, this manual is also **an excellent handbook for vocabulary training**. Due to the use of key phrases around the keywords, it enables you to evaluate your linguistic knowledge about a particular subject.

Finally, **the appendix** placed in the middle of the lexicon is a themed selection of topics to supplement the work with general information based on the major differences from one country to another, plus some technical information particular to cinema and video. The purpose is to give some fundamental reference marks and thus **enable better integration during working abroad or with foreign crews**.

TABLE DES MATIÈRES

Annexes

Chapitre 1 : Généralités

Chapitre 2 : D'un pays à l'autre

TABLE DES MATIÈRES

Chapitre 3 : Technique

TABLE OF CONTENTS

TABLE OF CONTENTS

Chapter 3 : Technique

MODE D'UTILISATION

Le signe ~

1° *Le mot-clef est écrit en caractères gras. Dans la déclinaison d'expressions qui le suit, il est remplacé par le signe ~ qui y indique sa position.*

Caméra	Camera
~ grande vitesse	High speed camera
matériel ~	Camera equipment

2° *Dans le cas de deux signes ~, c'est l'expression par laquelle ils sont introduits qui devient la clef. L'ordre des mots dans cette expression-clef est est conservé lorsqu'on la subsitue aux signes ~ ~*

Décor	Set, Scenery
~ naturel	Exterior location, Location
~ ~ en extérieurs	Setting, Scenery
en ~ ~	On location

Ici, il faut lire : Décor naturel en extérieurs *et* : En décor naturel

3° *Des expressions ayant une signification équivalente sont rentrées à la ligne de l'expression la plus souvent utilisée.*

Couleur	Colour
~ délavée, ~ éteinte	Faint colour

Le mot-clef au pluriel

Le "s" accolé au signe ~ indique que le mot-clef est au pluriel dans l'expression finale.

Plan *5) # Surface plane*	Plane
~s conjugués	Conjugated planes
~s principaux	Principales planes

Les chiffres

Les chiffres indiquent les différents sens principaux d'un mot-clef.

Bonette *1)* ~ anti-vent	Wind shield, Wind screen
2) ~ dioptrique	Diopter, Dioptric lens

Les lettres

Les lettres a), b), c), etc indiquent différentes traductions possibles pour des cas d'utilisation très voisins d'un mot-clef.

Hors-champ	*a)* Off – *b)* Out of frame

Les italiques

1° *Les mots en italiques associés au mot-clef ou au signe ~ précisent le sens du mot-clef et font partie intégrante de l'expression. Ils peuvent être omis de cette expression sans aucune perte de compréhension.*

Balayage *d'une trame vidéo*	Scanning
Diffuser *un film*	To Release *a film*
Long lens	*Objectif de Longue focale*

2° *Les mots en italiques et entre parenthèses ne s'associent pas au mot-clef. Ils précisent uniquement les différents sens du mot-clef ou donnent celui d'une expression anglaise sans équivalent en français.*

Fort(e) *1) ~ (pour un homme)*	Strong
2) ~ (pour le son)	Loud
Accessoiriste	Propmaster, Property person
~ (fabricant d'accessoires)	Prop maker

Le signe \

Dans les traductions, le signe \ sépare des mots dont le sens est équivalent, ce qui les rend totalement interchangeables dans une même phrase.

Son	Sound

baisser le ~ : To Turn down \ To Put down \ To Tone down the sound

Le signe

Le signe # introduit des synonymes du mot-clef. Ces synonymes facilitent grandement la recherche d'une traduction précise.

Film *1) # Pellicule*	Film
2) # Œuvre	Picture, Movie

Le tiret accolé à un mot

Le tiret accolé au signe ~ fait partie intégrante de l'expression finale, (dans l'exemple ci-dessous : Porte-accessoires*) et doit donc être écrit.*

Accessoire	Accessory
porte-~	Accessory shoe

Le signe ><

Le signe >< introduit, sur la même ligne, des expressions contraires.

Publicité	Advertisement, Advert
bonne >< mauvaise ~	Good >< Bad publicity

Le signe *

*Le signe * introduit une expression en italiques ne contenant pas le mot-clef, mais en rapport thématique direct avec lui.*

Anamorphoser	To Squeeze, To Compress
* *Copie anamorphosée*	Anamorphic print

Les féminins

Les féminins des noms et des adjectifs sont donnés entre paranthèses.

Convergent(e)	Converging
Réalisateur(-trice)	Director

GB / US

1° *Les traductions en anglais sont introduites par GB ou par (GB). Celles en américains le sont par US ou (US)*

Film	*GB* : Picture – *US* : Movie
Color (*US*)	Couleur
Colour (*GB*)	Couleur

2° *Dans la partie anglais-français, les expressions anglaises et américaines identiques et ne se différenciant que par l'orthographe du mot-clef ne sont déclinées qu'à la suite du mot-clef en anglais.*

Ordre / Indication

Les expressions entre guillemets avec un point d'exclamation indiquent un ordre. Sans point d'exclamation, il ne s'agit que d'une simple indication.

"Action !"	"Action!"
"Développement seul"	"Process only"

Les verbes

1° dans la partie français - anglais

Pour une meilleure lisibilité des verbes, le corps de verbe est donné avec une majuscule. Il ne s'agit là que d'une règle propre à ce lexique, les anglophones n'écrivant pas les verbes de cette manière.

Cadrer	To Frame

2° dans la partie anglais - français

a) Les verbes comme mots-clef sont rentrés à la première lettre du corps de verbe et sont suivis par : (to ~)

b) Les verbes dont le corps de verbe est identique à celui d'un nom sont classés systématiquement à la suite du nom

Frame	Cadre
Frame (to ~)	Cadrer

c) À un mot-clef, toutes les expressions renfermant un verbe sont regroupées à : to, *puis classées alphabétiquement par les corps de verbe, ce qui en facilite d'autant la recherche*

Light	Lumière
subdued ~	Lumière tamisée
to bounce the ~	Renvoyer la lumière
to reflect the ~	Réfléchir la lumière
top ~	Lumière en douche

ABRÉVIATIONS ET CODES

1°) Le signe (▶ p x…) : indique un renvoi de page aux annexes

2°) Le signe ⮰ en bas de page recto : indique une suite à la page suivante

3°) Le signe : [CGTN – 2003] indique une traduction déterminée par la *Commission Générale de Terminologie et de Néologie*, et donne l'année de parution au *Journal Officiel*

4°) **Dans la partie français-anglais :**

(adj.)	adjectif
(p.p)	participe passé
(nom)	nom
qn	quelqu'un
qch	quelque chose
GB :	*Traduction utilisée en Grande-Bretagne*
US :	*Traduction utilisée aux États-Unis*
(Business)	Affaires et Finances
(Inform.)	Informatique
(Vidéo num.)	Vidéo Numérique

5°) **Dans la partie anglais-français :**

adj. :	adjective
p.p :	past participle
noun :	noun
(m) - (f) :	*genre masculin ou féminin des noms (mots-clés)*
s.o	someone
sth	something
(GB)	*Terme, ou expression, utilisés en Grande-Bretagne*
(US)	*Terme, ou expression, utilisés aux États-unis*
(Comput.)	Computer
(Digital Vid.)	Digital video

6°) **Dans le texte rédigé en anglais, à l'intention des francophones :**

Fam. = Familier *pour* : Langage familier
dimin. pour : = diminutif pour …

7°) **Dans le texte rédigé en français, à l'intention des anglophones :**

Coll. = Colloquialism (⇔ : Langage familier)
short. for : = shortening for … (⇔ : diminutif pour …)

DIRECTIONS OF USE

The symbol ~

1° *The keyword is shown in bold, and will be represented by the symbol ~ in the various expressions containing this keyword.*

Camera	Caméra
~ equipment	Matériel caméra
high speed ~	Caméra grande vitesse

2° *In the case of two symbols ~, they represent the two lines just above in order to form a complete expression.*

Filter	Filtre
grad ~	Filtre dégradé
neutral ~ ~	Filtre dégradé neutre

In the example above, you must read : Neutral density filter

3° *Equivalent expressions are shown in the order of common usage, and gathered at the expression the more commonly used.*

Continuity	Continuité
~ clerk , ~ girl , ~ boy	Scripte
Set	Série, Ensemble, Jeu
lens ~ , ~ of lenses	Série d'objectifs

Plural version of the keyword

The "s" shown with the symbol ~ indicates that the keyword is in the plural form of the final expression.

Cost	Coût, Frais
overhead ~s	Frais généraux
running ~s	Coûts de fonctionnement

The numbers

The numbers indicate the various principal usages of a keyword.

Cue *1) # Mark*	Signal
2) # Actor's line	Réplique

The letters

The letters a), b), c), etc indicate different possible translations for two different and yet very similar translations.

Matte	*a)* Cache – *b)* Masque

The italics

1° *Words in italic associated with the keyword or the symbol ~ specify the meaning of the keyword. They can make part of an expression in which they could be omitted without loss of comprehension.*

Release (to ~) *a film*	Diffuser *un film*

2° *Words in italics and between brackets do not join the keyword. They only specify the different meanings of the keyword, or they help to understand the meaning of a word which doesnot have translation in english.*

Facility *1) ~ (in a place)* Aménagement technique
2) ~ (of an apparatus) Option, Possibilité d'un *appareil*

The symbol \

The symbol \ separates words with similar meanings. They are completely interchangeable in the same sentence.

Son Sound
baisser le ~ : To Turn down \ To Put down \ To Tone down *the sound*

The symbol

The symbol # represents synonyms of the keyword : it helps a great deal to look for a precise translation.

Film *1) # Pellicule* Film, Film stock
2) # Œuvre Picture, Movie

The hyphen joined with a word

The hyphen joined with the symbol ~ is part of the final expression, (in the example below: Shot-countershot) and must thus be written.

Shot Plan
~-countershot Champ / Contre-champ

The symbol ><

The symbol >< denotes opposites expressions.

Advertisement, # *Advertising* Publicité
good >< bad ~ Bonne >< Mauvaise publicité

In the example above, you must read : Good advertisement = Bonne publicité *or, on the contrary :* Bad advertisement = Mauvaise publicité

Female gender

The female gender of nouns and adjectives is shown between brackets.

Convergent(e) Converging
Réalisateur(-trice) Director
Régisseur(-euse) Location manager

In the examples above, you must read :

Convergent *(male gender)*, Convergente *(female gender)*
Réalisateur *(male gender)*, Réalisatrice *(female gender)*
Régisseur *(male gender)*, Régisseuse *(female gender)*

In the english-french part only, and for keywords translations only, the gender of nouns with a single gender is given by the signs : *(m)* for male, and *(f)* for female.

The symbol *

*The symbol * introduces an expression shown in italics, not containing the keyword, but directly relating to it.*

Squeeze (to ~)	Anamorphoser
* *Anamorphic print*	Copie anamorphosée

GB / US

1° *Translations into british english are introduced by GB or by (GB). Those into american english are introduced by US or (US)*

Film	*GB* : Picture – *US* : Movie
Color (*US*)	Couleur
Colour (*GB*)	Couleur

2° *In the english-french part, when numerous british-english and american-english expressions built with a keyword are different only by the spelling of this keyword, they are listed only after the british-english keyword.*

Order / Indication

Expressions between quotation marks, ending with an exclamation mark, indicate an order. Without, it acts of a simple indication.

"Action!"	"Action !"
"Process only"	"Développement seul"

Verbs

1° in the french - english part

For a better readability, all verbs are shown with a capital letter after the word "to". This is used for demonstration purposes only, as verb are not normally capitalized this way in english.

Cadrer	To Frame

2° in the english - french part

a) the verbs as keywords return to the first letter of the verb without To, *and are followed by* : (to ~)

Frame (to ~)	Cadrer

b) Verbs identical to a noun are systematically classified after the noun.

Frame	Cadre
Frame (to ~)	Cadrer

c) Keyword used in expressions containing a verb are classified alphabetically according to the first letter of the expression which follows the word "to", making easier all researches for a precise translation.

Light	Lumière
subdued ~	Lumière tamisée
to bounce the ~	Renvoyer la lumière
to reflect the ~	Réfléchir la lumière
top ~	Lumière en douche

ABBREVIATIONS AND CODES

1°) The symbol (► p x…) means : See page x… of the appendices

2°) The symbol ⮰ at the bottom of a page means : continued next page

3°) The symbol [CGTN – 2003] indicates a translation by the
Commission Générale de Terminologie et de Néologie,
and gives the year of publication in the *Journal Officiel*

4°) in the french – english part :

(adj.)	adjectif
(p.p)	participe passé
(nom)	nom
qn	quelqu'un
qch	quelque chose
GB :	*Translation for Great-Britain*
US :	*Translation for USA*
(Business)	Affaires et Finances
(Inform.)	Informatique
(Vidéo num.)	Vidéo Numérique

5°) in the english – french part :

adj. :	adjective
p.p :	past participle
noun :	noun
(m) - (f) :	*male / female gender for nouns (keywords only)*
s.o	someone
sth	something
(GB)	*Translation for Great-Britain*
(US)	*Translation for USA*
(Comput.)	Computer
(Digital Vid.)	Digital video

6°) for french-speaking persons
in the text written in english :
Fam. = Familier *for :* Langage familier (⇔ : Colloquialism)
dimin. pour : = diminutif pour … (⇔ : shortening for …)

7°) for english-speaking persons
in the text written in french :
Coll. = Colloquialism
short. for : = shortening for …

Avertissements

LES ADJECTIFS SONT RAREMENT DES MOTS-CLÉS.
Si une expression comprend un nom et un adjectif,
recherchez en priorité sa traduction au nom plutôt qu'à l'adjectif

ADJECTIVES ARE GENERALY NOT KEY-WORDS.
Translations of expressions containing a noun and an adjective
are shown at the noun more than at the adjective

= = =

Un certain nombre de mots et d'expressions ne sont pas classés dans le corpus du lexique, mais figure UNIQUEMENT DANS LES ANNEXES. Afin de ne pas vous perdre lors de vos recherches concernant les domaines listés ci-dessous, vous êtes invités à vous rendre directement aux pages indiquées :

Abréviations	425
Associations	410
Échelle des plans	470
Métiers et fonctions	345
Ordres et indications	394
Outillage	472
Sigles	410

Some words and expressions are not shown in the corpus of the dictionary, but are shown ONLY IN THE APPENDICES. In order not to get lost during your researches concerning the fields listed below, you must go directly to the page numbers indicated :

Abbreviations	425
Associations	410
Initials	410
Orders and indications	394
Shot scale	470
Tools and Outfitter	472
Workmanship	345

français – anglais américain

0-10

1 kw à lentille de Fresnel — Redhead (*US*), Mickey (*US*) (*Fam*)
1,33 — Full frame
10 kw ambiance — Sky pan
10 kw tungstène à lentille de Fresnel — Tener, Ten-K (*US*) (*Fam*)
100 w tungstène, à lentille : Dinky, Dinky ink, Inky, Inky dink (*US*) (*Fam*)
15-20-30 : *The apple box most used by french grips is called* : 15-20-30, *because of its sizes* : 15x20x30 *centimetres. French grips also use another wooden box called* : Cube opérateur *which looks more like an* apple box
16:9
amélioré(e) pour le ~ : Enhanced for 16:9, Enhanced for widescreen
2 kw Fresnel — Junior (*US*), Deuce (*US*) (*Fam*)
2 kw tungstène à lentille de Fresnel — Junior, Junior spot (*US*) (*Fam*)
2 kw Fresnel Mole & Richardson ® — Baby junior = BJ (*US*) (*Prononcer Bi-Dji*)
2 kw tungstène sans lentille — Mighty (*US*) (*Fam*)
"2ème clap !" — "Second sticks !"
24 P = 24 images/seconde en balayage progressif : 24 frames - Progressive scan
24 P-SF = 24 images progressif à trames segmentées : 24P-Segmented Frame
250 w tungstène, à lentille : Dinky, Dinky ink, Inky, Inky dink (*US*) (*Fam*)
5 kw ambiance — Sky pan
5 kw tungstène à lentille de Fresnel — Senior, Senior spot (*US*) (*Fam*)
650 w tungstène à lentille de Fresnel — Tweenie, Teenie weenie (*US*) (*Fam*)
650 w PAR avec filtre dichroïque type lumière du jour : FAY light (*US*)
650 w PAR lumière artificielle — FCX light (*US*)

A

" À développer avant ..."	"Develop before ..."
" À protéger en fin !"	"Critical end !"
À la carte	Pay-per-view
À l'écran, # *À l'image*	Pictured
A et B	A and B
bobines ~	A and B rolls
montage ~	A and B cutting, A and B editing
tirage ~	A and B printing
Aberration	Aberration
~ d'astigmatisme	Astigmatism, Image curvature
~ chromatique	Chromatic aberration
~ de coma	Coma
~ de courbure	Curvilinear distortion
~ de courbure de champ	Field curvature
~ optique	Optical aberration
~ sphérique	Spherical aberration \ distortion
~ ~ en barillet	Barrel distortion
~ ~ en coussinet	Pin-cushion distortion
Absorption	Absorption
bande d' ~	Absorption band
coefficient d' ~ : Absorption factor, Absorption ratio *(Audio)*	
courbe d' ~	Absorption curve
spectre d' ~	Absorption spectrum
Accélération	Acceleration, Speeding up
Accéléré(e) *(adj.)*	Accelerated, Speeded up, Fast
~ *(à la prise de vue)*	Undercranked
Accéléré *(nom) 1) (pour une action)*	Speed up action
2) (pour une prise de vues)	Fast motion, High speed motion
faire un ~	To Undercrank

* *Accéléré obtenu, après tournage à vitesse normale, en supprimant des images :* Skip frame *(Cette expression tire son nom des images supprimées, qu'on appelle* Skip frames*)*

Accélérer	To Speed up
Accent	Stress
mettre l' ~ sur *qch*	To Highlight *sth*

Accentuer	To Accentuate, To Emphasize
# *Faire ressortir*	To Enhance
Accès	Access
~ conditionnel	Conditional access
Accessoire *1) ~ (d'un appareil)*	Accessory, Attachment, Ancillary
porte-~	Accessory holder, Accessory shoe
2) ~ (de décor)	Prop, Property
~ cassable	Breakaway prop
~ de décoration	Dressing prop
~ de jeu	Action prop, Hand prop
magasin d' ~s	Prop dock, Property room
3) # Accessoires divers	Miscellaneous
Accessoirisation *(d'un décor)*	Set dressing
Accident du travail : Labour accident (*GB*) – Labor accident (*US*)	
Accord *1) (Musique)*	Tuning
~ fin, ~ précis	Fine tuning
2) # Contrat (Business)	Deal, Agreement
~ d'acquisition anticipée	Output deal, Guarantee deal
~ à l'amiable	By mutual agreement
~ à étapes, ~ par paliers	Step deal
~ commercial, ~ financier	Deal, Financial deal
~ de développement *(d'un projet de film)* : Development deal	
~ forfaitaire, # *Forfait, Rémunération forfaitaire* : Flat deal	
~ global *(Business)*	Package deal
~ au pourcentage	Percentage deal
~ de principe	Agreement in principle
~ par lequel le producteur s'engage auprès d'un comédien à respecter les normes syndicales de travail : Letter of adherence (*US*)	
~ de rémunération selon une formule de quote-part : Formula deal	
~ définissant les règles d'hébergement entre une société de production et un autre producteur *(la première offrant au second les moyens et les services nécessaires au développement de ses propres projets)* : Housekeeping deal	
~ sur le brut	Gross deal
~ sur le développement d'un projet à l'étude : Development deal	
~ sur le net	Net deal
~ sur recettes brutes ajustées	Modified gross deal
~ sur un film unique	Single picture deal
~ sur un lot *(de films)*, # *Vente groupée* : Package deal	
~ entre syndicats professionnels	Union contract
~ verbal, # *Accord sur parole*	Gentleman's agreement
dénonciation d'un ~	Termination
lettre d' ~	Letter of agreement
mémorandum d' ~, # *Abrégé d'accord* : Memorandum of agreement	
respecter un ~	To Comply

* *Autorisation de diffusion donnée par un ayant-droit* : Consent and release
* *Clause de préférence et de dernier refus* : First offer-last refusal
* *Clause de privilège* First look deal
* *Condition résolutoire* : Subsequent condition, Avoidance clause
* *Condition suspensive* Condition precedent
* *Clause particulière déterminant l'accord du contractant à la condition que soit engagé à ses côtés un collaborateur de son choix (assistant, conseiller technique, technicien, comédien, etc.)* : Key-man clause (*US*)
* *Engagements, Promesses, Garanties (entre contractants)* : Undertakings

Accorder *1) # Assortir* To Match
2) ~ (un instrument de musique) To Tune up
3) ~ (une subvention) To Grant
* *Celui qui accorde une subvention à qn* : Grantor

Accrochage *1) ~ (à un crochet)* Hooking
2) ~ (par suspension) Hanging
3) ~ (avec une pince) Clamping
mécanisme d' ~ Clamp mechanism
point d' ~ Attachment point

Accroche *1) # Slogan publicitaire* Catch line, Catchword, Catch phrase
* *Phrase sur l'affiche constituant l'accroche du film* : Lead line, Tag line
2) # Qualité subjective d'un film suscitant l'intérêt du public : Grab, Hook
3) ~s voiture *(Plaque capot et déports portières)* : Car rigs

Accrocher *1) # Suspendre* To Hang
2) ~ à qch To Hook, To Latch on *sth*
3) ~ avec une pince To Clamp, To Grip, To Fasten

Accumulateur Accumulator, Storage battery
~ cadnium-nickel Nicad battery
~ sec Dry-storage battery

Acétate Acetate
support ~ Acetate base

Achat de films par lot, *# Achat package* : Block booking

Acheteur *(de films)* Film buyer

Achèvement *du tournage d'un film* Completion
* *"À la fin du tournage", "À l'établissement de la copie finale"* : Upon completion

Achever un tournage, *# Mener un tournage à terme* : To Complete filming

Achromatique Achromatic

Acompte, *# Versement* *GB* : Instalment – *US* : Installment

Acoustique *1) (adj.)* Acoustic, Acoustical
2) (nom) Acoustic, Acoustics
~ d'une salle Acoustics of a hall
~ variable Variable acoustic

Acquisition, *# Capture* Capture
~ de données Data acquisition
~ d'images Image capture
~ vidéo en temps réel Real-time video capture

carte d' ~ audio \ vidéo   Audio \ Video capture board
faire l' ~ *(de prises de vues ou de prises de sons)* : To Capture

Acteur \ Actrice   Actor, Player
~ amateur(-trice)   Non actor
~ au cachet, ~ à la journée   Day player
~ limité à 5 répliques   Under-five (*US*)
~ cascadeur   Stunt performer
~ de complément, # *Figurant(e)*   Extra, Bit player
~ de composition   Character actor
~ connu(e) du public   Name-actor (*US*)
~ lié par contrat à une compagnie de production : Contract player
~ enfant   Child actor
~ en haut de l'affiche   Topliner
~ de post-synchro, # *Acteur de doublage* : Dubbing speaker
~ non professionnel(-elle)   Non-actor, Non professional actor
~ principal   Lead actor, Lead
~ de renom   Name-actor (*US*)
~ interprétant le rôle principal   Principal player
~ de rôle accessoire   Bit player
~ de second rôle   Supporting actor, Supporting cast
~ ~ important   Featured player, Featured performer
~ sans texte, ~ sans répliques   Non-speaking character
cachet d'un ~   Fee
convocation des ~s   Actor's call
débuts d'un ~   First appearance of an actor
engager un(e) ~   To Book an actor \ an actress
les ~s principaux   Talents, The actors
liste des ~ , # *Liste artistique*   Cast list
* *Acteur ou actrice célèbre ayant une grande capacité à attirer le public, faisant une apparition spéciale dans un film* : Guest star
* *Annuaire des comédiens*   Players guide, Player's directory
* *Cataloguer un acteur, et lui donner toujours le même type de rôle, à cause de son physique ou de son succès auprès du public* : To Typecast
* *Distribution des acteurs selon des stéréotypes* : Typecasting
* *Premiers rôles, Rôles principaux*   Principals
* *Second rôle important*   Featured player
* *Vedette de grand renom sur laquelle se monte le financement* : Bankable star
* *"Avoir du chien", "Avoir un petit plus"* : To Have an edge, To Have it
"To be a real good actor, you have to have an edge !" ⇔ " Pour être un bon acteur, il faut vraiment avoir un petit plus ! "

Actif commercial, # *Bénéfices (Business)* : Assets

Action   Action
~ avec personnages réels   Live-action
~ dans les fonds   Background action
~ improvisée   Ad-libbed action

évènement chronologiquement antérieur à l' ~ en cours : Flash-back
évènement chronologiquement postérieur à l' ~ en cours : Flash-forward
l' ~ se déroule à \ dans ... The action takes place in ...
unité d' ~ Dramatic unity

Activateur *(Chimie photographique)* Activator

Activité principale *(d'une société), # Activité leader* : Flagship

Actualités, *# Informations* News
~ filmées Newsreel, News film
~ télévisées Television news
bande d' ~ Newsreel
reportage d' ~ News coverage
* *"Les Actualités"* Actualities, Actuality films

Acutance, *# Netteté de contours* Acutance

Adaptabilité *(Caractéristique du MPEG-2)* : Scalability

Adaptateur Adapter, Adaptor
1) # Bague d'adaptation d'objectif Lens adapter
2) ~ pour noyau sur un axe carré Core adapter, Round centre
3) # Auteur, Écrivain Adaptor
4) (Électricité) Converter, Adapter
~ mâle/femelle Gender changer

Adaptation *(d'une histoire)* Adaptation, Treatment *(of a story)*
~ cinématographique Screen adaptation
~ littéraire au cinéma \ à la TV Novelization
~ pour la télévision Teleplay
droits d' ~ Adaptation rights

Adapter *1) ~ qch à qch* To Adapt, To Fit *sth* to *sth*, To Screw *sth* on to *sth*
2) ~ pour le cinéma, ~ pour l'écran To Cinematize
~ une histoire en scénario To Scenarize

Adhésif *(nom)* Adhesive tape
~ double face Double sided tape
~ entoilé Cloth tape

Adoucir *1)* ~ To Soften, To Tone down
~ le contraste To Soften \ To Lower the contrast
2) # Tamiser la lumière To Soften the light

Affectation *(Audio)* Routing

Affichage Display
~ du chutier Tiling
~ à cristaux liquides Liquid cristal display (LCD)
~ à l'écran On-screen display
~ numérique Digital display
~ vitesse-métrage Speed-footage display

Affiche Poster, Bill, Sticker *(US)*
acteur \ actrice en haut de l'~ Topliner
en haut de l'~ Topline

faire le haut de l' ~	To Topline
film qui tient l' ~	To Have legs *(Litt. : "Avoir des jambes")*
mention à l' ~	Billing
mentionner à l' ~	To Bill
phrase d'accroche sur une ~	Lead line
tenir l' ~ : To Fill the bill, To Have a long run, To Have legs	
tête d' ~	Top billing, Topline
être en ~ ~	To Topline
texte central de l' ~ du film	Body copy
voler la tête d' ~	Scene-stealing, Stealing a scene
Afficher	To Display
~ le diaphragme	To Set the aperture
Affichette ~ 27 x 41 cm	One sheets
~ 30 x 40 cm	Thirty by forty
~ pour vitrines	Window bill
Agence	Agency
~ artistique	Talent agency, Booking agency
~ photographique	Picture agency
~ de presse	Press agency, News agency
~ de publicité	Advertising agency
Agent *1)* ~ artistique	Theatrical \ Talent \ Booking agent
~ exclusif	Sole agent
~ de presse	Press agent
~ du producteur	Producer's representative \ rep.
~ de publicité	Publicity agent, Plugger *(Fam.)*
exercer la fonction d' ~	To Agent
2) ~ chimique	Chemical agent
~ copulant	Coupler, Coupling agent
~ développateur	Developing agent, Developer
~ réducteur	Reducer, Reducing agent
~ réducteur de voile	Anti-fogging agent
~ tannant	Hardener
Agios	Agios, Charges
Agrandir *1) # Augmenter* : To Make *sth* larger, To Increase *sth*, To Extend *sth*	
# Élargir	To Widen
# Allonger	To Lengthen
2) # Grossir optiquement	To Magnify
3) ~ une photographie	To Blow up, To Enlarge
Agrandissement *1)* ~	Enlarging
# Élargissement	Widening
# Allongement	Lengthening
2) # Grossissement optique	Magnification, Magnifying
échelle d' ~	Magnification scale
rapport d' ~	Magnifying ratio
3) ~ d'une photographie	Enlargement, Blow up

Agrément, *Accord*	Authorization, Agreement
Agripper, # *Saisir, Empoigner*	To Grab
Aguichage	Teasing
Aguiche	Teaser
Aide ~ à l'écriture	Aid for script-writing
~ à l'écriture de la musique	Aid for film music
Aigu(ë) *(adj.) 1) # Saillant(e)*	Sharp
2) ~ (pour le son)	High-pitched
Aigus *(nom)*	Treble
Aimant	Magnet
~ permanent	Permanent magnet
Aimanté(e)	Magnetized
Air comprimé en bombe	Air spray, Dust-off ®
Ajustable, # *Réglable*	Adjustable
Ajustage	Adjustment, Fitting, Fit
~ fin, ~ bien ajusté	Tight adjustment, Tight fit
~ à frottement doux	Snug fit
~ à frottement dur	Tight fit
~ gras	Push fit
~ avec du jeu, ~ lâche	Coarse adjustment, Loose fit
~ lâche	Easy fit
~ libre	Loose fit
~ serré par retrait	Shrink fit
Aléatoire	Random
Algorithme	Algorithm
~ de compression	Compression algorithm
Aliasing : Aliasing *(Les termes anglais :*	Jaggy et Jaggies *sont également utilisés)*
~ audio	Audio aliasing
~ temporel	Temporal aliasing
~ vidéo	Video aliasing
Alignement	Alignment, Line-up, Alining
Alimentation	Supply
~ électrique	Mains, Power, Power supply
~ en courant alternatif	AC Supply *(AC = Alternating current)*
~ en courant continu	DC Supply *(DC = Direct current)*
~ fantôme	Phantom power
~ générale	Main supply, Main power
~ parallèle *(Audio)*	Parallel power
~ propre, # *Autonome*	Self-powered
~ secteur	Mains
bloc d' ~	Power pack, Power unit
Alimenté(e)	Powered
~ par batterie	Battery powered
~ par secteur	AC powered, Mains powered
Alimenter	To Feed, To Power

Allumer *1)* ~	To Switch on, To Turn on
~ à un interrupteur	To Switch on
~ la lumière	To Turn on the light
~ un projecteur : To Turn on a light, To Fire a light up (*US*)	
~ les projecteurs	To Hit the lights
* *Allumé(e) >< Éteint(e)*	On >< Off
2) # Mettre en marche	To Turn on
~ un moteur	To Start an engine
3) # Mettre le feu	To Set fire to
~ une bougie \ ~ un four	To Ignite a candle \ an oven
~ un feu	To Catch fire
Aluminium	*GB* : Aluminium – *US* : Aluminum
papier d' ~	Kitchen foil, Aluminium foil
papier d' ~ noir	Black wrap
Ambiance *1) ~ (d'une scène)*	Ambience, Mood, Atmosphere
2) # Lumière d'ambiance	Fill light, Broad light
éclairage d' ~	Fill light, Fill
projecteur d' ~	Fill light, Broadside, Broad
3) ~ sonore	Sound ambience, Surround
~ sonore de foule	Walla-walla
~ plateau	Room tone
son d' ~	Ambience sound
Amélioration	Enhancement
~ des couleurs	Colours enhancement
~ des contours	Edge enhancement
~ du rendu : Rendition enhancement, Enhancement, Crispening	
~ du rendu des détails	Sharpening
Améliorer, # *Rehausser*	To Enhance
* *Amélioré(e) pour le 16:9* : Enhanced for 16:9, Enhanced for widescreen	
Aménagements	Facilities, Facility, Fax
* *Entièrement équipé(e)*	Full fax
Aménager *1) # Agencer un lieu \ un endroit* : To Fit out a place	
2) # Agencer, Disposer	To Lay out *sth*
Amorçage d'un HMI	Striking, Ignition of an HMI
Amorce *1) # Film amorce*	Leader
~ de bande magnétique	Tape leader
~ blanche de protection	Protective White leader
~ bleue	Blue base leader
~ de cadrage	Frame-line leader
~ de chargement	Machine leader
~ de début	Head leader, Lead-in
~ de départ	Start leader
~ de fin	End leader, Tail leader
~ d'identification	Identification leader
~ de laboratoire, ~ labo	Projection line-up leader

~ machine — Machine leader
~ noire — Black base leader
~ aux normes SMPTE — Universal leader
~ de projection : Academy leader, Projection leader, Clock leader
~ transparente — Clear base leader
~ voilée — Fogged leader
2) ~ d'un acteur — Over shoulder
plan avec ~ : Overshoulder shot (OSS), Dirty shot (*US*)
plan sans ~ — Close-up, Clean shot (*US*)
* *"Faisons un plan avec amorce"* ⇔ "Let's do an overshoulder shot"

Amorcer *1)* ~ une bobine de film — To Stick a leader
2) ~ un arc \ ~ un HMI — To Strike an arc \ an HMI
~ à l'allumage — To Ignite
3) ~ un mouvement — To Start

Amorceur — Striker

Amortir ~ un coup — To Deaden
~ les oscillations — To Damp
~ le son — To Damp the sound

Amortissement *1)* ~ — Damping
~ des oscillations — Oscillations damping
~ du son — Sound damping
~ des vibrations — Vibration damping
capacité d' ~ — Damping capacity
compensation de l' ~ — Damping reduction
dispositif d' ~ — Damping device
facteur d' ~ — Damping factor
* *Effet amortisseur* — Damping action
* *Matériau amortisseur* — Damping material
2) ~ financier : Costs recovery, Return on investment, Amortization
~ actualisé du coût de production : Interest on unrecouped negative cost

Amortisseur, # *Bloc amortisseur* — Damper

Ampérage — Amperage

Ampère — Ampere
loi d' ~ — Ampere's law

Ampèremètre — Ammeter

Amplificateur — Amplifier, Booster
~ d'antenne — Antenna booster
~ de basses — Bass booster
~ de correction — Processing amplifier
~ de gain — Gain boost
~ de puissance — Power amplifier
~ de sortie — Output amplifier
~ de tension *(électrique)* — Voltage amplifier
~ vidéo — Video power amplifier

Amplitude — Amplitud

Ampoule Bulb, Lamp
~ à culot à baïonnette Bulb with bayonet lamp base
~ à culot à vis : Bulb with screw lamp base, Screw-on bulb
~ claire Clear bulb
~ à décharge Discharge bulb
~ dépolie Frosted bulb
~ étanche Sealed-beam bulb
~ lumière du jour Daylight bulb
~ nue Bare bulb, Bare lamp
~ opale Pearl bulb
~ PAR PAR bulb
~ quartz Quartz bulb
~ survoltée Boosted lamp, Overrun lamp
~ tubulaire Tubular bulb
~ tungstène Tungsten bulb
culot d' ~ Lamp base
douille d' ~ Socket, Lamp holder
remplacer une ~ To Relamp
Anachronisme Anachronism
Analogique Analog
Analyse *1)* ~ Analysis
~ des couleurs Colour analysis
2) ~ fréquentielle *(Audio)* Frequency analysis
~ spectrale *(Audio)* Spectrum analysis
3) ~ d'une trame vidéo Scanning, Scan
~ ligne par ligne Rectlinear scanning
~ par lignes contiguës Progressive scanning
~ progressive Progressive scanning
système d' ~ vidéo d'une image film : Flying spot
4) ~ filmique Filmic analysis
~ d'un film plan par plan Shot analysis
Analyser *1)* ~ To Analyse
2) ~ une trame vidéo To Scan
Analyseur *(Vidéo)* Scanner, Analyser
~ à spot mobile, ~ à faisceau mobile : Flying spot scanner
~ couleur Colour analyser
~ optique Optical scanner
~ panoramique Sweeper
vidéo ~ Video analyser
Anamorphique *1) (Film)* Anamorphic
2) (Vidéo) : *(En vidéo,* "Anamorphique" *désigne la compression verticale qu'il faut appliquer à une image 16:9 afin de compenser l'anamorphose latérale qu'elle subit lors d'une diffusion en 4:3 plein écran)* : Anamorphic
vidéo 16:9 ~ Anamorphic video

Anamorphose — Anamorphosis
coefficient d' ~ — Anamorphic ratio, Squeeze ratio
Anamorphoser — To Squeeze, To Compress
* *Copie anamorphosée* — Anamorphic print
* *Image anamorphosée* — Anamorphic image
Anamorphoseur — Anamorphic lens
bloc ~ — Anamorphic attachment, Hypergonar
Anastigmat *1) (adj.)* — Anastigmatic
2) (nom) — Anastigmat lens, Anastigmat
Anastigmatique — Anastigmatic
Anéchoïque *(Audio)* — Anechoic
Angle — Angle
a) ~ aigu — Acute angle, Sharp angle
~ complémentaire — Complementary angle
~ droit — Right angle
à ~ ~ — At right angle
~ obtu — Obtuse angle
b) ~ d'azimuth — Azimuth alignment
~ de champ : Acceptance angle, Angle of view, Field of view angle
~ de champ d'un objectif — Lens field angle
~ de déviation — Angle of deflection
~ de faisceau lumineux — Light beam angle
~ d'incidence — Angle of incidence
~ incident — Incident angle
~ d'inclinaison — Angle of tilt, Tilt angle
~ mort — Blind spot, Dead zone
~ de l'obturateur — Shutter angle
~ d'obturation — Shutter angle
~ opposé — Reverse angle, Opposite angle
~ d'ouverture — Aperture angle
~ de prise de vue : Angle of framing, Shooting angle, Camera angle
~ de réflexion — Angle of reflection
~ de réfraction — Angle of refraction
~ variable — Variable angle
~ de vision, ~ depuis lequel est vu *qch* : Viewing angle
~ visuel — Visual angle
Animation — Animation
~ assistée par ordinateur — Digital computer animation
~ sur cellulos — Cell animation
~ en deux dimensions — Flat animation
~ par grattage de la pellicule — Wipe-off animation
~ image-par-image — Frame-based animation
~ informatique — Computer animation
~ de marionnettes — Puppet animation
~ par ordinateur — Computer animation

~ en papier découpé	Cut-out animation
~ en pâte à modeler	Clay animation
~ en plasticine	Clay animation
~ sans caméra :	Cameraless animation, Direct animation
~ tridimensionnelle	Three-dimensional animation
banc d' ~	Animation bench, Rostrum
caméra d' ~	Animation camera
* *Dessin animé*	Cartoon
* *Film d'animation*	Animated film
Anneaux de Newton	Newton's rings
Année	Year
~ budgétaire	Financial year
~ civile	Calendar year
~ fiscale	Fiscal year
Annonceur publicitaire	Advertiser
Annuaire	Year book, Directory
~ des comédiens	Player's directory
~ électronique	Electronic directory
Antenne	Antenna, Aerial
~ à accords multiples	Multi-tuned antenna
~ accordée	Tuned antenna
~ en arête de poisson	Fishbone
~ bidirectionnelle	Bidirectional antenna
~ cadre	Loop aerial
~ collective	Collective\Community\Master antenna
~ dipôle	Dipole antenna
~ directionnelle	Beam antenna, Directional antenna
~ directive	Beam antenna, Beam aerial
~ doublet	Dipole antenna
~ émettrice omnidirectionnelle	Isotropic radiator
~ d'émission	Sending antenna
~ d'émission-réception par satellite :	Send-receive satellite antenna
~ en éventail	Fan antenna
~ à faisceau orientable	Steerable beam antenna
~ à faible gain	Low-gain antenna
~ à gain élevé	High-gain antenna
~ hertzienne	Aerial antenna
~ intégrée	Built-in antenna
~ en losange	Diamond-shaped antenna
~ en nappe	Flap-top antenna
~ multifaisceau	Multi-beam antenna
~ omni-directionnelle	Omnidirectional antenna
~ orientable	Orientable antenna
~ parabolique	Dish, Parabolic antenna
~ plane	Plane antenna

~ plate	Plate antenna
~ de réception	Receiving antenna
~ rotative	Rotative antenna
~ satellite	Satellite dish, Satellite antenna
~ de télévision	Television aerial
~ de toit	Top aerial
à l' ~ , # *En direct (TV)*	On air
accord d'~	Antenna tuning
amplificateur d'~	Antenna booster
diffuser à l' ~	To Broadcast
être à l' ~ , # *Être en direct (TV)*	To Be on air
hors ~	Off the air
mise à l' ~ , # *Mise en direct*	Live pick-up
puissance d' ~	Aerial capacity
qualité ~ , diffusable à l' ~	Air quality, Broadcast quality
temps d' ~	Broadcasting time
Anthologie cinématographique	Film anthology
Anti-aliasing, # *Anti-repliement*	Anti-aliasing
Antibourrage (Système d' ~)	Anti-blocking device
Antibourreur	Buckle switch, Buckle trip
Anti-choc	Shock proof
Anticiper	
1) ~ (l'action de qn)	To Forestall *(somebody's action)*
2) # Prévoir à l'avance	To Anticipate *(events)*
Anticrénelage	Anti-aliasing
Anti-halo	Anti-halo, Anti-halation
couche ~	Anti-halation backing
traitement ~	Anti-halation coating
Anti-héros	Anti-hero, Loser
Anti-parasite	Noise reducing, Noise suppressing Anti-interference, Suppressor
Anti-pop (Écran ~) *(Audio)*	Popless screen
Anti-reflet	Antireflection
couche ~ , traitement ~	Anti-flare coating, Blooming coating
revêtement ~	Antireflection coating
* *Bombe aérosol anti-reflet*	Dulling spray
Anti-repliement, # *Anti-aliasing*	Anti-aliasing
Anti-rouille *1) (adj.)*	Rustproof, Non rusting
2) (nom)	Rust preventive
Aplanat	Aplanat
Apparaître *(dans un film \ à la TV)*	To Appear *(in a film \ on TV)*
Appareil	Apparatus, Device, Instrument, Gear
1) ~ de mesure	Measuring device
2) ~ photographique	Still camera
~ miniature, ~ de poche	Miniature camera, Pocket camera

~ à moteur, ~ motorisé — Motor driven camera
~ numérique — Digital camera
~ panoramique — Panoramic camera
~ de prise de vues : Motion picture camera, Movie camera, Camera

Apparition *1)* ~ — Appearance
~ brusque *(dans l'image)* — Pop-on *(in the frame)*
~ brutale d'un personnage — Bump-in
~ en fondu — Fade-in appearance
2) # Participation d'un acteur à un film : Cameo
faire une ~ *(dans un film)* — To Cameo

Appel d'offres — Bidding, Bid request

Apport financier — Contribution
~ d'actifs — Transfer of assets
capital d' ~ — Initial capital

Appurement
~ des comptes — Checking
~ d'une dette — Discharge

Araignée *(pour pied caméra), # Étoile* — Spreader

Arbre *mécanique* — Shaft, Spindle
~ à cames — Camshaft
~ moteur — Driving shaft

Arc — Arc light
~ 225 ampères — Brute
~ à amorçage automatique — Automatic striking arc
~ à charbons — Carbon arc
~ au xénon — Xenon arc
amorçage d'un ~ — Arc ignition
amorcer un ~ — To Strike an arc
charbon d' ~ — Carbon of an arc
projecteur à ~ — Arc light

Arc-en-ciel — Rainbow

Archives — Stock, Files
film d' ~ — Files footage
image d' ~ — Files footage, Files material
plan d' ~ — Stock shot, Files shot
son d' ~ — Stock sound

Archives cinématographiques — Stock shot library, Film archives

Argent *1) (Métal)* — Silver
sels d' ~ — Silver salts
2) # Monnaie — Money, Monies

Argenté(e) — Silvered *(p.p)*, Silvery *(adj.)*

Armes — Arms, Guns

Armoire de séchage — Drying cabinet

Arracher — To Tear off, To Pull out
~ un clou — To Draw a nail out

Arrangement musical	Musical arrangement
~s orchestraux	Orchestral arrangements
Arranger *1) # Agencer*	To Arrange
2) # Réparer	To Fix, To Repair
3) (Musique)	To Arrange
Arrêt *1)* ~	Stop, Shut-off
~ automatique	Self stopping, Automatic stop
~ brutal	Dead stop
~ en douceur	Smooth stop
~ ~ d'un mouvement caméra	Slow out
~ sur image	Freeze frame, Stop frame
~ net	Dead stop
~ progressif	Smooth stop
à l' ~	Stationary
* *S'arrêter net*	To Come to a dead stop, To Stop sharp
2) # Pause	Break
~ déjeuner, *# Coupure repas*	Break for lunch
* *Prendre cinq minutes*	To Take five
Arrêter	To Hold up, To Stop
s' ~ net	To Stop sharp, To Come to a dead stop
Arrière-plan	Background
~ fixe	Still background, Static background
Arrivée	Arrival
~ électrique	Power supply, Mains
* *Entrée d'un conducteur*	Leading in
Arroser *(de lumière)*	To Flood *(with light)*
Artefact	Artefact
~ de compression	Compression artefact
~ de signal couleur	Cross-color artefact
~ spatial	Spatial artefact
~ temporel	Temporal artefact
Artiste comédien(-ienne)	Performer, Talent
Artistes (Les ~)	The talents
Asphérique	Aspherical
Assemblage	
1) # Emboîtement	Assemblage, Joining, Layout
2) ~ automatique *(Montage)*	Auto assembly
~ des meilleures prises après dérushage *(Montage)* : Editor's cut	
Assembler	To Put together, To Hook up
Asseoir	To Seat
faire ~	To Seat
s' ~	To Sit down
* *Être assis*	To Be sitting
Asservi(e), *# Esclave*	Interlocked *(p.p)*, Slave *(adj.)*
Asservir	To Bring parts under control

Asservissement	Servocontrol, Interlocking
~ du cabestan	Capstan servo
~ du tambour de tête	Drum servo
~ des têtes par la bande *(Vidéo)*	Tracking
~ en trame	Vertical Lock (V lock)
piste d' ~	Control track
Assignation *(Audio)*	Mapping
Assistance à la conduite *(Audio)*	Automation
Association	Association
~ commerciale	Partnership
~ professionnelle	Guild
en ~ , # *Coproduction*	Co-op
Associé(e) *(adj.)*, # *Indissociable*	Married
Associé(e) *(nom)*, # *Partenaire*	Partner
Assombrir	To Darken
Assourdir *(le son)*	To Deaden *(the sound)*
Assourdissant(e) *(adj.)*	Deafening
Assurance	Insurance, Policy
~ accessoires, décors, et costumes :	Props, sets and wardrobe insurance
~ accident	Accident insurance
~ chômage	Worker's compensation insurance
~ civile *(Risques corporels)*	Bodily injury policy
~ dommages matériels	Property damage policy
~ négatif	Negative insurance
~ personne indispensable au film *(qu'elle soit comédien(-ienne) ou technicien(-ienne)* :	Cast and crew insurance
~ responsabilité civile	Public liability insurance
~ tous risques, ~ multi-risques	Comprehensive insurance
contrat d' ~	Insurance contract
polide d' ~	Insurance policy
Assurer	
1) souscrire une ~	To Insure
2) # *Protéger*	To Secure
~ le cadreur	To Secure the camera operator
Astigmate	Astigmatic
Astigmatique	Astigmatic
Astigmatisme	Astigmatism
aberration d' ~	Astigmatic aberration
Astuce personnelle, # *Truc systématique d'un acteur* :	Gimmick, Shtick
Asymétrie *(Audio)*	Unbalancing
Asymétrique *1)* ~	Asymmetrical
2) (Audio)	Unbalanced
Asynchrone	Asynchronous, Non-sync
Atelier	Work-room, Workshop
~ de menuiserie	Carpenter workshop

Atmosphère *(d'une scène)* — Ambience, Atmosphere, Mood
Atonal(e) *(adj.)* — Atonal
Attache rapide (Plaque d' ~) — Quick release dovetail
Attacher — To Fasten, To Fix
 ~ à l'aide d'une pince — To Clamp
Attaque *(Audio)* — Attack
Attente — Waiting
 en ~ — Standby
 être en ~ — To Be on standby
Atténuateur, # *Sourdine (Audio)* — Damper
 ~ d'entrée — PAD
Atténuation *1)* ~ — Decrease, Reduction
 2) (Audio) — Padding
Atténuer — To Lessen, To Reduce
 ~ le contraste — To Soften, To Lower the contrast
 ~ une couleur — To Tone down a colour
 ~ la lumière — To Dim the light
Au hasard, # *Fortuitement* — Haphasardly
Aube, # *Petit matin* — Dawn
Audible — Audible
Audience
 1) (Audimétrie) — Audience
 ~ ciblée — Target audience
 ~ hebdomadaire nette — Net weekly circulation
 ~ moyenne — Average audience
 ~ potentielle — Potential audience
 ~ totale : Viewing audience, Cumulative audience
 courbe d' ~ — Audience curve
 flux d' ~ — Audience flow
 indicateur d' ~ — Audience indicator
 mesure d' ~ — Audience measurement
 moyenne de l' ~ — Average audience, Average rate
 part d' ~ — Audience share
 point ~ , # *Point de taux d'écoute* — Ratings point
 résultats d'~ le lendemain de la diffusion d'un programme TV : Overnights
 taux d' ~ — Ratings
 taux d' ~ *(TV)* — Audience share
 2) # Le public, Les spectateurs — Audience
 * *Public ciblé* — Target audience
 * *Public formé de plusieurs catégories de publics* : Multi-tiered audience
 * *Les téléspectateurs* — Television audience
Audimat — Audience ratings
Audio — Audio
 ~ asymétrique — Unbalanced audio
Audiofréquence — Audiofrequency

Audiogramme tonal *(Audio)*	Audiogram
Audiovisuel	Audiovisual
Audit	Audit
réaliser un ~	To Audit
Audition	Audition, Casting
~ au cours de laquelle le(la) comédien(-ienne) doit jouer selon un texte qui lui est imposé à cette occasion : Cold reading	
~ pour un casting	Casting call
seconde ~ après pré-sélection	Call back
Auditionner	To Audition
Auditorium	Sound studio, Recording studio
~ de bruitage	Foley stage
~ de postsynchronisation	Dubbing theater
Augmentation	Increase, Increment
Augmenter	
1) # *Accroître*	To Increase, To Raise
~ un prix, ~ un salaire	To Raise a price, To Raise a salary
~ les profits	To Climb profits
2) # *Élever d'un cran*	To Step up, To Increment
~ la capacité	To Boost
~ l'échelle de *qch*	To Scale-up *sth*
~ la vitesse	To Boost, To Speed up
~ le volume du son	To Raise the sound volume
~ par rapport à …	To Rise against …
3) # *Accroître*	To Grow
# *Améliorer*	To Enhance
# *Intensifier*	To Increase, To Boost
# *Surélever*	To Rise
# *Renforcer*	To Strengthen
Auteur	Author, Playwriter
~ de scénarios de films	Film writer, Screen writer
contrat d' ~	Author's contract
être l' ~ de …	To Author
droits d' ~	Royalties
politique des ~s	Authors theory, Authors policy
* *Nègre*	Ghost writer
* *Paternité (sur une œuvre)*	Authorship
* *Déclaration d'authenticité*	Declaration of authorship
Auto-blimpé(e) *(adj.)*	Self-blimped
Autochrome	Autochrome
Autocollimateur, # *Lunette autocollimatrice* : Autocollimator	
Autofinancement	Self-financing
Auto-induction	Auto-induction
Automation *(Audio)*	Automation
Autonome *(en énergie)*	Self-powered

Autorisation

1) # *Permis* : Authorization, Permit, Licence (*GB*) – License (*US*)
~ définitive — Full license
~ limitée — Restricted license
~ provisoire : Conditional grant, Temporary authorization
~ de tournage : Shooting permit, Filming authorization
2) # *Consentement* — Consent

Avance — Advance

1) ~ image par image — Inching
~ des charbons d'arc — Arc feeding, Carbon advancing
~ rapide — Fast forward
système d' ~ de la pellicule — Film transport system
2) à l' ~ , d' ~ — Ahead of time, In advance
3) ~ du son par rapport à l'image, # *Avance sonore* : Sound track advance, Advance of a composite print
4) # *Acompte (Business)* — Advance
~ non-récupérable — Non-recoupable advance
~ non remboursable — Irrecoverable advance
~ sur contrat — Advance on contract
5) # *Prêts* — Advances
~ distributeur après production — Negative pick-up guarantees
~ sur distribution, ~ distributeur — Production advances by distributor
~ sur frais de copies et publicité — P & A advances *(P & A = Print and Advertising)*
~ portant intérêts — Interest bearing advances
~ ne portant pas intérêts — Non interest bearing advances
* *Avance sur recettes : One of a select financial assistance for film production awarded by the CNC* (Centre National du Cinéma), *after examination of the project by a Commission of professionals and approval of the Ministry of Culture*

Avancer — To Go forward(s), To Move forward(s)

Avant-plan — Foreground

Avant-première, # *Projection privée* — Preview
~ privée *(et/ou confidentielle et/ou exclusive)* : Sneak, Sneak preview
~ test — Sneak preview

Avantages sociaux — Fringe benefits

Avenant — Additional clause, Amendment
~ à un contrat — Rider

Axe *1) # Arbre mécanique* — Shaft, Spindle
~ de magasin — Magazine spindle
~ carré pour flasque — Square spindle
~ carré avec adaptateur pour noyau : Square spindle with a round centre
2) ~ optique — Optical axis
~ central — Centerline
~ ~ de la projection — Centerline of the projector's lens

~ de symétrie — Axis of symmetry
dérive d' ~ — Axial drift
3) ~ caméra — Direction
Changement d' ~ , # *"On se retourne !"* : "Turn around", "Flip around"
4) ~ d'émulsion — Parent roll
numéro d' ~ ~ — Parent roll number
5) ~ des 180 degrés : Action axis, 180 degree line, Screen direction
* *Règle fixant les raccords gauche >< droite pour les regards et les directions de déplacements entre les plans d'une même séquence, basée sur l'axe des 180°* : Screen direction
~ de direction de regard — Screen direction
~ de direction de mouvement — Screen direction
Axer sur — *GB* : To Centre on – *US* : To Center on
Axial(e) *(adj.)* — Axial
Ayant droit *(Plural* : Ayants droit) — Assign, Assigned, Beneficiary
Azimut — Azimuth
angle d' ~ — Azimuth alignment
réglage d' ~ — Azimuth adjustment
* *Défaut d'azimutage* — Azimuth distortion
Azimuter — To Check for azimuth

B

Bac à chutes	Bin, Trim bin, Editing rack
Bâche	Cover, Canvas cover, Canvas sheet
~ imperméable	Water-proof cover
~ tissée	Tarpaulin

Bâcher : To Sheet *sth* over, To Cover up *sth* with a canvas

Badigeon	Colourwash, Distemper
Badigeonner *1) ~ (un mur)*	To Colourwash, To Distemper
2) ~ (une surface)	To Brush over
Baffle	Loudspeaker
Bafouiller, # *Balbutier*, # *Bégayer*	To Stammer
Bague	Ring
~ d'adaptation	Adapter ring
~ allonge	Extension tube
~ d'arrimage	Docking ring
~ d'assemblage	Coupling ring
~ de blocage	Locking ring
~ de diaphragme	Aperture ring, Diaphragm ring
~ des focales	Focal-length ring
~ de réglage des focales	Focal-length adjusting ring
~ intermédiaire	Adapter ring

~ intermédiaire pour monture d'objectif : Lens-mount adapter

~ de mise au point	Focusing ring
~ de réglage	Adjusting ring

~ de roulement *(dans un roulement à billes)* : Ball race, Bearing race

~ de serrage	Locking ring
~ de zoom	Zoom ring
Baguette de plan de travail	Breakdown strip
Baie	Bay
~ de brassage *(Audio)*	Patchbay
~ de contrôle *(Audio - Vidéo)*	Monitor wall, Monitor bank
~ de jacks	Patch field
~ de magnétoscopes	VCR pair rack
~s vitrées	Bay windows
Bain *(Chimie photographique)*	Bath, Solution
~ accélérateur	Acceleration bath
~ d'arrêt	Stop bath
~ de blanchiment	Bleaching bath, Bleach

~ chimique	Chemical bath
~ colorant	Dye solution
~ de développement	Developing bath
~ de fixage	Fixing bath, Fixing solution
~ stabilisateur	Stabilizing bath
~ tannant	Hardening bath
~ unique	Monobath
~ de virage	Toning bath
Baïonnette	Bayonet
douille à ~	Bayonet socket, Bayonet lamp holder
monture à ~	Bayonet mount
Baisser *1)* ~ la lumière	To Fade \ To Dim down the light
2) ~ la tête, ~ le corps	To Bend the head, To Lean (forward)
se ~	*a)* To Bend down - *b)* To Bend over
3) ~ la voix	To Lower the voice
4) ~ les yeux, ~ le regard	To Look down, To Fall the eyes
5) ~ le son	To Turn \ To Tone \ To Put down the sound
~ l'intensité	To Decrease, To Fall off the intensity
~ le niveau	To Drop \ To Lower the level
~ la température	To Reduce the temperature
~ le volume sonore, ~ le son	To Turn down the sound volume, To Tone down, To Put down sound
faire ~	To Lower
6) ~ les rideaux	To Pull down the curtains
Balance	Balance
~ des blancs	White balance, Balance of white
~ des couleurs	Colour balance
faire la ~ *(Audio)*	Sound check
Balayage *(d'une trame vidéo)*	Scanning *(of a raster)*
~ entrelacé	Interlaced scanning
~ par fente	Slit scanning
~ hélicoïdal	Helical scanning
~ horizontal	Horizontal scanning
~ ligne	Line sweep, Line scanning
~ linéaire	Linear scanning
~ trame	Vertical synchronization
~ vertical	Vertical scanning
spot de ~	Scanning spot
période de retour du ~ ~	Blanking, Blanking interval
Balayer *1) # Nettoyer* : To Sweep, To Make a clean sweep	
2) # Explorer une trame vidéo	To Sweep, To Scan
Ballast	HMI ballast unit
câble d'alimentation de ~	Power to ballast cable
* *Montée de lampe*	Head extension cable, Ballast to head extension

Bananer	
~ vers l'intérieur	Banana in, Arc in
~ vers l'extérieur	Banana out, Arc out
Banc	Bench, Stand
~ d'animation	Animation bench \ stand, Rostrum
~ d'animation en image virtuelle	Aerial image animation stand
~ d'étalonnage	Grading bench
~ de duplication	Duplication bench
~ d'essai	Testing bench
~ de montage	Editing bench, Cutting bench
~ optique	Optical bench
~ de préparation *(Animation)*	Lay out table
~-titre	Animation stand, Rostrum
~ de trucage	Effects bank
Bande *1) (Sens général)*	Strip
2) # Film, Piste	Tape, Track
~ de 2nde génération	Duplicate tape
~ 6,25 *(six-vingt-cinq)*	¼-inch tape, Quarter-inch tape
~ ¾ de pouce	Low band
~ A et B	A and B rolls
~ d'ambiance plateau	Tone track
~ au bioxyde de chrome	Chromium dioxyde tape
~ cache	Masking tape, Mask tape
~ en cassette	Cartridge tape
~ de démonstration	Show reel
~ de dialogues	Dialogue track
~ d'effets *(sans les dialogues)*	Atmos track, M&E track
~ d'effets sonores	Foley track, Effects track
~ d'essai	Film test, Test tape
~ sans fin	Tape loop
~ à haute énergie	High energy tape
~ à haute coercivité	High energy tape
~ image *(dissociée de la bande son, comme dans le cas du double bande)* :	Image track
~ latérale	Side band
~ lisse	Unperforated tape
~ magnétique	Magnetic tape, Audio tape
~ ~ perforée	Perforated magnetic tape
~ ~ son	Magnetic sound tape
~ ~ vidéo	Magnetic video tape
~ mère	Master, Master tape
~ métal	Metal tape
~ mixée	Final mix track
~ musique	Music track

~ musique et effets son	Music and Effects (M and E, ME)
~ originale du film (BOF)	Film original sound track, Original score
~ à l'oxyde de fer	Ferric oxyde tape
~ passante	Bandwidth
~ perfo *(Coll.)*	Perforated magnetic film
~ de rires enregistrés	Laugh track
~ rythmo	Click track, Lip-sync band
~ son, ~ sonore	Sound track
~ ~ d'ambiance	Ambient track
~ ~ internationale	International sound track, ME track Music and effects track, M and E track
~ ~ mixée : Composite sound track, Mixed sound track	
~ ~ mixée finale	Master sound track
~ ~ numérique	Digitized sound track
~ ~ optique	Optical sound track
~ ~ original	Original sound track
~ ~ témoin	Guide track, Scratch track, Cue track
~ vidéo	Video tape
~ vidéo master	Edit master
~ vierge	Blank tape, Raw tape
chargement de la ~	Tape loading
défilement de la ~	Tape run, Tape transport
dérivation de la ~ son par rapport à l'axe des têtes : Skew	
déviation de la ~	Tape skew
effacer une ~	To Degauss a tape
émission à ~s latérales atténuées	Vestigial sideband transmission
entraînement de la ~	Tape drive, Tape transport
réglage de la tension de ~	Skew
tension de la ~	Tape tension
3) # *Gamme*	Band
~ d'absorption	Absorption band
~ de fréquences	Frequency band
~ passante : Frequency range, Frequency band, Transmission band	
faible ~ ~	Low band
large ~ ~	High band, Broadband
~ spectrale	Spectral band
largeur de ~	Bandwidth
~ ~ étendue	Wide-bandwidth
pleine bande	Full-bandwidth
4) ~ annonce, # *Film annonce* : Trailer *(environ 3 minutes)*, Publicity film	
~ annonce d'accroche	Tease
~ annonce diffusée des mois à l'avance *(pour accrocher le public et lui indiquer la toute prochaine date de sortie du film)* : Teaser trailer	
~ annonce expurgée, ~ "Tous publics" : Green band trailer	
visa de censure de la ~	Trailer tag

Banque *1) # Établissement financier* Bank
~ spécialiste de financement cinéma et/ou audiovisuel : Movie lender
2) ~ de données Data bank
~ d'images : Image data bank, Film library, Video library, Stock agency
~ de sons et de programmes sonores *(Audio)* : Bank, Sound bank
Barème, # *Taux* Rate
~ convenu après négociation Agreed rate
au-dessus du ~ en vigueur Oversacle
Barillet d'objectif Lens barrel
Barre *1) ~ (de bois)* Stick
2) ~ (de métal) Bar, Rod
3) ~ de télévision *(équivalant à la remontée du spot)* : Scan line, Scan bar
4) ~ de cadrage Frame line
5) ~ Bouladoux® Polecat, Acrows, Sky bar
6) ~ de menu *(Inform.)* Menu bar
~ d'outils *(Inform.)* Tool bar
Barres *(de couleurs) (Vidéo)* Bars, Colour bars
générateur de mire de ~ Bars generator
Barrette de point *(pour blimp d'objectif)* : Focus strip *(for lens blimp)*
Bascule *1)* ~ de lumière Change-over of light
2) ~ de point : Change-over of focus, Rack focus, Racking focus
~ vers le flou To Go out of focus
~ optique Slant focus
3) ~ photographique Swing
Basculer To Change-over, To Rock
~ le point To Go out of focus
Base *1) ~ (pour la caméra)* High hat, Top hat
~ à vérins High hat leveller
~ sur plaque de bois High hat on board
2) ~ de projecteur *(de lumière)* Floor stand, Base plate, Turtle
3) ~ de projecteur *(de films)* Projector base, Projector stand
4) ~ microphonique *(Audio)* Microphone base
5) ~ # Fond de teint, (Maquillage) Foundation
6) ~ de temps, # *Base temps* Time base
correcteur de ~ ~ Time base corrector (TBC)
fluctuation du signal de ~ ~ Clock jitter
reconstitution du signal de ~ ~ Clock recovery
signal de ~ ~ Time base signal
7) ~ de données *(Inform.)* Data base
Basses *(Audio)* Bass tones, Deep tones
piège à ~ Bass trap
Bastaing, Basting Beam
Bâton Rod, Stick
Bâton de sureau, # *Bâton de manucure (Pour nettoyer fenêtre et presseurs d'une caméra)* : Orange stick *(used to clean gate and pressure plates)*

Battage publicitaire : Ballyhoo, Blitz, Hype (*dimin. de* : Hyperbole)

Battant, # *Tasseau*	Batten
Battement *1) # Pulsation*	Pulsation, Pulse
2) # Scintillement	Flicker, Flickering
~ HMI	HMI flicker
fréquence de ~	Flicker frequency
Batterie *1)* ~ de projecteurs	Bank of lights, Row of lights
2) # Accumulateur	Battery (*pluriel* : *Batteries*)
~ à plat, ~ morte, ~vide	Dead battery
~ ceinture	Battery belt
~ déchargée	Run-down battery
~ épuisée, ~ complètement déchargée : Exhausted battery	
~ lithium	Lithium battery
~ lithium-ion	Lithium ion battery
~ Nickel-Cadnium	Nickel cadnium battery (NiCad)
~ NiMH	Nickel metal hybride battery (NiMH)
~ pleine, ~ neuve	Fresh battery
~ rechargeable	Rechargeable battery, Storage battery
~ de renfort	Booster battery
~ sèche	Dry cell
~ de secours	Back-up battery
alimenté(e) par ~	Battery powered
bloc de ~	Battery pack
câble de ~	Battery cable
charge d'une ~	Battery charge
chargeur de ~	Battery charger
compartiment de la ~	Battery compartment
Baver *(Vidéo)*	To Bleed
Bavure *(Vidéo)*	Bleeding
Bénéfices, # *Actif commercial*	Assets, Profit
~ bruts	Gross profits
~ d'un film	Film profit
~ nets	Net profits
~ sociaux	Labor benefits
participation aux ~	Profits participation
* *Film qui commence à générer des bénéfices* : Recouped film	
Bénéficiaire *(d'un paiement)*	Payment holder
~ d'un paiement différé	Deferred payment holder
Béquille *(de feuille de décor)*	Stage brace, Brace, Strut
Berceau *(de tête manivelles)*	Cradle
Betacam numérique	Digital Betacam
Biais *1) ~ (d'un outil)*	Skew
2) ~ (d'un mur)	Slant
en ~	On the slant, Slanted
3) de ~, # *De travers*	Askew

Bible *(de tournage)* — Bible
Biconcave — Biconcave, Double concave
Biconvexe — Biconvex, Double convex
Bide, *# Flop, # Four (Coll.)* — Flivver, Flop, Bomb (US) *(Fam.)*
Attention ! le sens du mot Bomb *en anglais est opposé à celui en américain :*
* *(US) (Fam.)* : Bide, Flop, Four, Échec, Plantage *(Coll.)*
* *(GB) (Fam.)* : Gros succès, Énorme succès
À noter qu'en anglais, ce terme est à associer à down, *comme dans l'expression : "The film went down a bomb !" ⇔ "Le film a fait un gros succès !"*
Bi-directionnel (-elle) — Bi-directional, Two way
Bien cédé — Assigned property
Bilan, *# Actif financier* — Assets
~ financier — Balance sheet
Billet — Ticket
~ plein tarif — Hard ticket
~ à tarif réduit — Cheap ticket, Reduced price ticket
* *Exonération* — Oakley (**▶ p 405**)
Binaire — Binary
élément ~ — Binary digit, Bit
Biphase Mark *(Audio)* — Biphase Mark
Bipiste — Two tracks
Bit — Bit (= binary digit)
~ par pouce — Bits per inch = bpi
~ par seconde — Bits per second = bps
~s de l'utilisateur — User's bits
résolution en ~s, *# Résolution de numérisation* : Bit resolution
flux de ~s codés — Bit stream
* *Débit constant* — Constant bitrate (CBR)
* *Débit moyen* — Average bitrate (ABR)
* *Débit variable* — Variable bitrate (VBR)
* *Flux continu de données* — Bit stream
* *Flux de données compressé à débit constant (MPEG)* : Bitrate, Bit rate
* *Nombre de couleurs à l'affichage* — Bit depth
Blanc (Blanche) *(adj.)* — White
Blanc *(nom)* *1) (Couleur)* — White
2) (Vidéo) — White
~ de référence — White reference
balance des ~s — White balance, Balance of white
compresseur des ~s — White compressor
compression des ~s — White compression
signal du ~ — White level *(0,714286 V = 100 IRE)*
trainage des ~s — Bleeding whites
3) à ~ — Blank
cartouche à ~ — Blank cartridge, Blanks
tirer à ~ — To Fire a blank

Blanchiment	Bleaching
bain de ~	Bleaching bath, Bleach
développement sans ~	Development by passing bleach
Bleu(e) *(adj.)*	Blue
Bleu *(nom)*	Blue
Blimp *1) # Caisson insonorisant*	Blimp
~ d'objectif	Lens blimp
* *Objectif blimpé*	Insulated lens
2) ~ souple *(pour caméra)*	Barney
~ souple *(de magasin)*	Magazine barney
~ ~ chauffant	Heated magazine barney
couverture utilisée en guise de ~	Sound blanket
Blindage *(de câbles)*	Shield
Bloc *1)* ~	Block, Unit, Pack
~ d'alimentation	Power unit, Power pack
~ de batteries	Battery pack
~ de commande de caméra	Camera control unit
~ enfichable	Plug-in block
2) ~ anamorphoseur	Anamorphic attachment, Hypergonar
~ optique de projection	Projection head
3) ~ séparateur de faisceaux lumineux : Beam splitter	
Blocage *1) ~ (d'une machine)*	Sticking, Jamming
2) ~ (par serrage)	Locking
* *Auto-blocant(e)*	Self-locking
Block *(Ensemble de 8x8 pixels)*	Block
Blonde *(Éclairage) (Coll.)*	Mighty, 2 kw open-ended quartz light
Bloquer *1) ~ (une machine)*	To Stick, To Jam, To Block *(a machine)*
2) ~ (par serrage)	To Lock, To Clamp tight
Bobine	
1) # Galette de film	
~ A et B	A and B rolls
~ camera	Camera roll
~ de film négatif	Roll of negative stock
~ de film positif	Reel, Roll of print stock
~ débitrice de film négatif	Feed \ Take-off \ Supply roll
~ débitrice de film positif	Feed \ Take-off \ Supply reel
~ labo	Lab roll
~s de pellicule vierge chargées-déchargées : Recans *(US)*	
~ de projection salle	House reel
~ réceptrice de film négatif	Take-up roll
~ réceptrice de film positif	Take-up reel
~ son	Sound reel
amorcer une ~	To Stick a leader
fin de ~	Reel end, Roll end, Tail end
numéro de ~	Reel number, Roll number

2) # *Self électrique* — Coil
~ de déviation *(Télévision)* — Yoke
~ d'induction — Induction coil
~ inductrice — Exciter coil
~ mobile — Moving coil
~ de réaction — Tickler coil

Bobineau — Small reel

Boîte
1) ~ *(de pellicule)* — Can, Film can
~ vide — Empty can
2) ~ de branchement — Joint box, Plug-in box, Spider box
~ de dérivation — Junction box
~ de distribution — Distribution box, Switch box
~ ~ à 6 prises — Stage box, Distribution box
~ de raccordement — Joint \ Plug-in \ Connection box
3) ~ de dialogue *(Inform.)* — Dialogue box
4) ~ de direct *(Audio)* — DI Box, D-I Box

Boîtier
1) # *Carter* — Casing, Body, Housing
2) ~ de connexion — Junction box, Connection box
3) ~ de scène *(Audio)* — Splitter
4) # *Organe de commande* — Unit
~ de changement de vitesse caméra : Speed control box
~ de commande — Control unit
~ grande vitesse — High speed unit
~ de prise de vue image/image — Single shot unit, Time lapse unit
~ de synchro TV, # *Déphaseur* — Film-video synchronizer, Barline adjuster
~ de synchronisme pour transparence : Camera to projector synchronizer
~ de télécommande — Remote control unit
~ de vitesse variable — Speed control unit
~ ~ à haute précision — Precision speed control
~ de transmission — Gear box
~ de vitesses pour tête à manivelles : Rotatable off-set gear box

Bol, # *Plat à barbe* — Scoop

Bombe à mater — Dulling spray, Anti-flare spray

Bon de commande — Order form

Bond en avant *(dans l'histoire du film)* — Flash-forward (*GB*) - Flashforward (*US*)

Bonnette
1) ~ anti-vent — Windshield, Wind screen
~ pour micro canon — Zeppelin windscreen
2) ~ dioptrique : Diopter, Dioptric lens, Close-up attachment, Plus lens
demi ~ — Split diopter

Bonus *(dans un DVD)* — Featurette

Bord — Edge
~ crénelé — Jagged edge, Jaggies

Bordereau de commande	Purchase order
Borne	Terminal
~ d'entrée	Input terminal
~ de Ferrel ®	Terminal port
~ de sortie	Output terminal
Borniol ®, # *Borniole, Borgniole, Borgnole* : Blacks, Drapes	
Bouche-à-oreille, Bouche à oreille : Buzz, Word of mouth	
faire fonctionner le ~	To Build up word of mouth
mesurer le ~, estimer le ~	To Measure the word of mouth
par le ~	By word of mouth
publicité par ~	Mouth-to-mouth advertising
un bon ~	Positive word of mouth
un mauvais ~	Negative word of mouth
"*Un bon ou un mauvais bouche-à-oreille représente un facteur important du succès ou de l'échec d'un film*" ⇔	"Positive or negative word of mouth is an important element in a film's success or failure"
Bouchon	Cap
~ arrière d'objectif	Rear dust cap
~ avant d'objectif	Cap, Lens cap
~ caméra	Lens cavity cap
couvrir un objectif avec un ~	To Cap up a lens
Bouclage *(Audio)*	
~ de masse	Ground loop
~ du signal vidéo sur une charge de 75 ohms : Termination	
Boucle	Loop
1) ~ de chargement	Loop
~ inférieure	Bottom loop, Lower loop
~ supérieure	Top loop
protège-~	Loop protector
repère de ~	Loop measurement mark
2) film en ~	Film loop, Loop
~ sans fin	Endless loop
Bougé(e) *(adj.) 1) # Filé(e)*	Blurred
2) ~ (pour une caméra à l'épaule)	Shaky
Bougé *(nom) 1) # Filé*	Blur, Blurring
2) ~ (pour une caméra à l'épaule)	Camera shake
Boule chinoise	Japanese lantern, China ball *(US)*
Boulon	Bolt
trop serrer un ~	To Overtighten a bolt
Boulonner	To Bolt down, To Fasten with a bolt
Bourdonnement, # *Ronflement (Son)* : Buzz, Hum	
Bourdonner	To Hum
Bourrage *1) ~ (de la pellicule)*	Film jam
2) (Vidéo num.)	Stuffing
table de ~	Stuffing table
Boussole	Compas

Bout End, Tip

Bout à bout, # *Ours (Coll.)* : Rough cut, First cut *(Parfois* : Director'cut *(US) dans le sens où ce 1er montage restitue toutes les intentions du réalisateur, sans porter encore l'empreinte du chef-monteur ou du producteur)*

premier ~ Rough assembly

Bout d'essai Test shot, Film test, Test strip

Bouton Button, Knob

~ d'allumage Power switch, On-Off button

~ d'arrêt Stop button

~ d'avance manuelle Inching knob

~ de commande Control knob, Monitor switch

~ de déclenchement Release button

~ de focalisation Beam control, Focusing knob

~ moleté, # *Molette* Knurl, Knurl button

~ poussoir Push button, Press-button

~ de réglage Adjustment knob

~ de remise à zéro Reset knob, Zero reset knob

Branche de pied Leg, Tripod leg

Branchement Connection

~ électrique sauvage Tie in, Tie-in kit

schéma de ~ Connection diagram

Brancher To Plug in

Connecter, Raccorder To Connect, To Patch

Branlant(e) *(adj.)* Rickety

Braquer sur \ vers *qch, qn* To Point at *sth,* To Direct on *sth, s.o*

Bras Arm, Bracket

~ articulé Articulated arm, Flex arm

~ de déport Offset arm, Extension arm

~ ~ pour projecteur Light boom

~ de grue Jib, Jib arm

~ magique Magic arm

~ de support Support bracket

~ ~ à bascule Swing-away fastening bracket

Brillance Brightness

rapport de ~ Brightness ratio

Brillant(e) *(adj.)* Bright, Shiny, Glossy

Briller To Shine

faire ~ *qch* To Shine a light on *sth*

Broche *(de prise de raccordement)* Pin

multi ~ Multi-pin

Brouillage Jamming, Interference

Brouillard Fog

machine à ~ Fog machine, Fog maker

Brouillé(e) *(adj.)*, # *Crypté(e)* Scrambled

Broutage Chatter effect

Bruit *1) # Publicité* — Buzz
faire du ~ (⇔ de la publicité) autour de la sortie d'un film : To Buzz *(Fam.)*
2) *(Vidéo)* filtrage électronique de réduction de ~ : Coring
réducteur de ~ dans les noirs — Coring for black processing
3) *(Audio)* — Noise
~ ambiant — Ambiant sound
~ de bande — Tape noise
~ blanc — White noise
~ caméra — Camera noise
~ de circuit — Circuit noise
~ de collure — Bloop
~ de fond — Surface noise, Ground noise
~ ~ d'un appareil — Set noise
réduction du ~ ~ — Ground-noise reduction
~ en ligne *(Audio – Vidéo)* — Line noise
~ de modulation — Modulation noise
~ parasite — Interference
~ de quantification — Quantification noise
~ rose — Pink noise
~ de roulement ou de rotation des machines *(Audio)* : Rumble
~ sourd, *# Son mat* — Dull sound, Thud
~ de surface — Surface noise
ajustement de la réduction de ~ — Coring adjustment
façonnage du ~ — Noise shaping
facteur de ~ — Noise figure
rapport signal-~ — Signal-to-noise ratio

Bruitage : Foley (**▶ p 403**), Foot step, Sound effects
plateau de ~ — Foley stage, Foley studio
séance de ~ — Foley session
sonothèque de ~ — Sound effect library

Bruiter — To Foley

Brûlé(e), *# Fortement surexposé(e)* — Burned up, Bleached out

Brume — Haze, Mist
~ de chaleur — Heat haze

Brut(e) *(adj.) (Business)*
actif ~ — Gross assets
bénéfices ~s — Gross profits
budgétisation ~e — Gross budgeting
coefficient de recouvrement ~ — Gross collection ratio
montant ~ des dépenses approuvées : Gross budget
pourcentage sur les recettes ~es : Gross participation
recettes ~es — Gross receipts

Brut *(nom), # Recettes brutes* — Gross
accord \ contrat sur le ~ — Gross deal
participant à un contrat sur le ~ — Gross profit participant

Budget Budget, Cost estimate

~ copies et publicité : Prints and Advertising budget, P&A budget

~ de production engagé *(Coûts jusqu'au négatif final)* : Negative costs

~ expertisé Professional budget

~ imprévus Contingency

~ imprévus masqués *(ventilé sur l'ensemble des postes du budget afin de ne pas créer de poste* Imprévus *au budget)* : Hidden contingency

~ production Production budget

dépassement de ~ Budget overruns, Over-budget

dépasser le ~ To Overrun budget

établir un ~ To Budget

gros ~ High budget

partie du ~ prévue en cas de tournage supplémentaire : Reshoot contingency

pénalité pour dépassement de ~ Over-budget penalty

petit ~ Low-budget

poste du ~ couvrant l'ensemble du matériel et des prestations facturées en sus de l'utilisation de l'espace d'un studio *(menuiserie, eau, électricité, chauffage, gardiennage, etc.)* : Facilities support

répartition du ~ par postes Allocation

* *Coûts soumis à négociations avant le début du tournage* : Above-the-line

* *Coûts généralement fixes ou maîtrisables* : Below-the-line

* *Coûts de production jusqu'à la copie zéro* : Negative costs

* *Dépenses directement liées à la production du film* : Direct cost estimate

* *Enveloppe budgétaire provisionnée en cas d'imprévu donnant lieu à un tournage supplémentaire* : Reshoot contingency

* *Poste budgétaire pour les décors regroupant la conception, la construction et le montage sur le plateau* : Design and staging

* *Réserve pour imprévus* Contingency

* *Situation réelle du budget à un instant "t", permettant d'évaluer la capacité de la production à achever le film* : Cost to complete

Buée Steam, Condensation

Bulle *a)* Level - *b)* Bubble

~ cassée Canted angle, Dutch tilt

cadrage à ~ cassée Dutch angle, Dutch shot, Canted framing, Canted shot

casser la ~ To Go Dutch, To Cant a shot

faire la ~ To Make the level, To Bubble

la ~ est >< n'est pas bonne The level is >< is not good

niveau à ~ Spirit level

Bulletin météorologique Weather report, Weather forecast

Bulletin de salaire Pay slip

Bureaux de la direction Front-office, Head office

Butée Stop, Pad

~ réglable Adjustable stop

C

Cabestan	Capstan
asservissement du ~	Capstan servo-lock
Cabine d'enregistrement	Recording booth
Cabine de projection	Projection booth
Cabine de régie	Control room *(Coll.* : Gallery)
~ finale	Master control room
baie de ~	Control room window
Câblage	Wiring, Cabling
schéma de ~	Wiring diagram, Connection diagram
Câble	
1) (Télévision)	Cable
abonné(e) au ~	Cable subscriber
équiper du ~	To Hard-wire
télévision par ~	Cable television
* *Câblo-opérateur*	Cable system operator
* *Opérateur de réseau câblé*	Cable operator
* *Opérateur de télévision câblée*	Cable television operator
* *Réseau de télévision câblée*	Cable network
2) # *Connecteur*	Cable, Feeder, Conductor
~ à 3 fils, ~ à *n* fils	*a)* 3-core cable, *n*-core cable *b)* 3-wire cable, *n*-wire cable
~ d'alimentation	Main cable, Power cable, Feeder
~ ~ de ballast HMI	Power to ballast cable
~ de batterie	Battery cable
~ bifilaire	Pair cable
~ ~ torsadé	Twisted pair cable
~ blindé : Shielded cable, Armoured cable *(GB)* – Armored cable *(US)*	
~ de chauffage	Heating cable
~ coaxial	Coaxial cable
~ de connexion	Connecting cable
~ de départ	Outgoing cable
~ à fibres optiques : Fibre-optic cable *(GB)* – Fiber optic cable *(US)*	
~ avec fil de terre	Ground cable
~ de montée de lampe *(HMI)*	Head extension cable, Ballast to head extension
~ de raccordement	Patch cord
~ de rallonge, # *Prolongateur*	Extension cable, Extender

~ de renvoi, # *Ligne parallèle*	Tie line
~ souple	Flexible cable
~ sous gaine	Sheathed cable
~ de synchro	Sync cable
~ en Y	Y-cable
âme d'un ~	Cable core
effacement des ~s à la palette graphique : Wire removall	
gaine d'un ~	Cable sheath
peigne de ~	Cable stitching
serre-~	Cable clamp, Cable lock
Câbler	To Wire, To Cable
Cache *1) # Masque*	Mask
~ avant *(pour parasoleil)*	Slide-in mask, Sunshade mask, Matte
~ coulissant	Slide-in mask
~ d'écran	Screen mask
~ de fenêtre d'impression	Gate mask
~ de visée	Viewfinder mask
~ de visée *(délimitant le format utilisé)* : Aperture \ Front \ Format mask	
2) (Trucages)	Matte
a) ~ *(occultant l'action)* : Male \ Background \ Hold-out matte	
b) ~ *(occultant les fonds)* : Burn-in \ Female \ Matte \ Action matte	
~ animé, # *Cache mobile*	Travelling matte
~ bleu *(Vidéo)*	Chroma-key window
~ à bord net	Hard-edge matte
~ /contre-cache	Matte-Counter matte
~ ~ à la prise de vue	In-camera matte shot
plan en ~ ~	Matte shot
~ électronique	Inlay
~ dans la fenêtre	Focal plane matte
~ mobile *(Trucages)*	Moving matte
~ mobile *(Vidéo)*	Flipper
~ peint	Matte painted
~ rapide *(1er cache effectué approximativement pour être affiné par la suite)* : Garbage matte	
* *Incrustation d'après un signal vidéo extérieur (Vidéo)* : Matte key	
Cacher *1) # Dissimuler*	To Hide
2) # Masquer	To Mask
Cachet *(d'un comédien)*	Fee
~ d'acteur, ~ de comédien	Actor's fee
~ d'astreinte *(versé à un acteur obligé de rester sur le plateau, à disposition du tournage)* : Lay-over fee, Stand-by fee	
~ unique *(pour un acteur)*	Buyout
supplément de ~	Overscale fee
* *Honoraires fixes*	Flat fee
* *Rémunération forfaitaire, Tarif préétabli* : Fixed fee	

Cadence *1) (Vidéo)*   Frame rate
2) ~ *(de prise de vue) (Cinéma)*   Shooting speed, Camera speed
~ de projection   Projection speed
boîtier de changement de ~   Speed control box
changement de ~   Speed change
variation de ~ en direct pendant la prise de vue : Speed ramp
~ ~ avec compensation
a) de diaphragme : Speed ramp with iris compensation
b) d'obturateur : Speed ramp with shutter compensation
Cadrage *(voir aussi à :* **Plan** *)*   Framing
~ à bulle cassée : Dutch angle, Dutch shot, Canted framing, Canted shot
Cadran   Dial
Cadre *1)* ~ *(de l'image)*   Frame
~ lumineux   Frame glow
~ pour diffusion TV   TV safe action area
* *Partie de l'image d'un film retransmise par une télévision* : TV cut-off
~ pour titres *(en vue d'une diffusion TV)* : Safe title area
composer un ~   To Compose a frame
dans le ~   In-camera, In frame
droite ~ *(du point de vue de la camera)* : Frame right *(from camera's pov)*
gauche ~ *(du point de vue de la camera)* : Frame left *(from camera's pov)*
hors ~   Off-camera, Out of frame
plein ~   Full frame
traverser le ~   To Cross the frame
2) ~ équipé de matériau diffusant   Diffusion frame
3) ~ presseur   Pressure plate, Pressure pad
4) # *Environnement*   Surroundings
* *Action dans les fonds*   Background action
* *Ensemble des éléments contribuant à dépeindre le cadre dans lequel se déroule l'histoire du film (figurants, décors, accessoires)* : Background cast
Cadré(e) *(adj.)*, # *Dans le champ*   In frame
Cadrer   To Frame
Cadreur(-euse)   Camera operator, 2nd cameraman
Cahier des charges   Requirements
Caisse   Case, Box
~ caméra   Camera case, Unit box
~ étanche   Sealed case, Tight box
~ de face, # *Bijoute (Coll.)*   Gadjet bag, Ditty bag
~ à outils   Tool-box, Tool kit
Caisson   Housing
~ étanche   Tight box
~ insonorisant   Blimp
~ isophone *(Audio)*   Isophonic box
~ pour prises de vues sous-marines : Underwater housing
~ de sub-graves *(Audio)*   Subwoofer

Calage
~ du dépoli — Ground glass setting
~ des objectifs *a)* ~ au banc optique : Calibration
b) ~ à l'infini : Collimation

Cale
1) ~ *(pour le calage des objectifs)* — Shim
2) ~ sifflet — Wedge, Step wedge
~s en bois en forme de cuvette *(permettant de bloquer les gros pieds de projecteurs à roulettes et de les caler sur un sol meuble)* : Cup blocks (*US*)

Caler *1)* ~ le dépoli — To Set the ground glass
2) ~ un objectif — To Calibrate
~ ~ à l'infini — To Collimate
3) ~ un objet branlant — To Wedge up

Calibrage, # *Étalonnage* — Calibration

Calibre, # *Jauge* — Gauge
* *Jauge de profondeur, Palpeur* — Depth gauge

Calibrer *1)* ~ — To Calibrate, To Gauge
2) # *Ajuster* — To Fine-tune, To Graduate

Calque (Papier ~) — Tracing paper

Came — Cam

Caméra — Camera
~ à l'antenne *(TV)* : Live camera, On-the-air camera, Hot camera
~ d'animation — Animation camera
~ asservie à un ordinateur — Computer controlled camera
~ auto-blimpée — Self-blimped camera
~ auto-silencieuse — Noisless camera
~ de banc-titre *1) (Film)* — Rostrum camera
2) (Vidéo) — Caption camera, Caption scanner
~ blimpée — Blimped camera
~ cachée *(TV)* — Candid camera, Hidden camera
~ à l'épaule — Hand-held camera
~ étanche — Sealed camera
~ à faisceau divisé *(TV)* — Split-beam camera
~ fixe — Fixed camera
~ grande vitesse — High-speed camera
~ à hauteur d'œil — Eye level angle camera
~ hors antenne — Free camera, Off-the-air camera
~ image par image : Stop motion camera, Single-frame camera
~ à la main — Hand-held camera
~s mal accordées *(TV)* — Mismatched camera
~ mécanique, ~ à ressort — Spring wound camera, Wild camera, Clockwork driven camera
~ numérique *(Vidéo)* — Digital camera
~ portable — Handholdable camera

~ de prise de vues	Motion picture camera, Movie camera
~ ~ aériennes	Aerial camera
~ ~ intermittentes	Time-lapse camera
~ ~ sous-marines	Underwater camera
~ de reportage	News camera
~ de secours	Back-up camera
~ silencieuse	Noiseless camera
~ sonore	Sound camera
~ sous-marine	Underwater camera
~ de studio	Studio camera
~ subjective	Subjective camera, First person camera
~ télécinéma	Television film camera
~ de télévision	Television camera
~ de trucages	Process camera
~ pour transparences	Process camera
~ ultra rapide	Ultra-high-speed camera
~ vidéo	Video camera
~ vidéo tri-tube	Three-tube video camera
~ à visée reflex	Reflex viewing camera
à la ~	In-camera
bobine ~	Camera roll
bougé ~	Camera shake
bruit ~	Camera noise
caisse ~	Camera case
corps ~	Camera body
deuxième ~	Second camera
droite ~ *(du point de vue de la caméra)* :	Camera right *(from camera's pov)*
emplacement où installer la ~	Camera set-up
gauche ~ *(du point de vue de la caméra)* :	Camera left *(from camera's pov)*
hauteur ~	Camera height, Height of framing
installation de la ~	Camera set-up
matériel ~	Camera equipment
mise en place ~	Camera set-up, Camera blocking
mouvement de ~	Camera move, Camera movement
pied de ~	Camera tripod
plan de disposition des ~s	Camera plan
position ~ , place ~	Camera site, Camera position
"Regarde vers la caméra ! ", "Retourne-toi vers la caméra ! " ⇔	"Take camera ! "
Caméscope	Camcorder
Camion	*GB* : Lorry – *US* : Truck, Cargo van
~ caméra	Camera truck
~ costumes	Wardrobe truck
~ lumière	Light truck
~ machinerie	Grip truck
Camionnette	Van

Campagne publicitaire	Advertising campaign
~ d'accroche	Teaser campaign
~ générale à tous les publics	Blanket coverage campaign
budget de la ~	Ad-Pub *(Advertising and Publicity)*
calendrier de la ~	Advertising schedule
lancement d'une ~	Launch
phrase-clé d'une ~	Base line
* *Achat d'espaces dans les médias (TV, radio, journaux, etc.)* : Media buys	
* *Mettre sur le marché* : To Merchandise (*GB*) – To Merchandize (*US*)	
* *Vague de promotion (1ère vague, 2nde vague,...)* : Lance (1st lance, 2nd lance,...)	
Canal *(Audio - Télévision)*	Channel
~ alpha *(Utilisé pour définir une incrustation, ce canal véhicule des informations attachées à chaque pixel, indiquant comment ce pixel doit être "mixé" avec le background et/ou le signal vidéo)* : Alpha channel	
~ alphanumérique *(véhiculant sous-titres, logos, etc)* : Alpha-numeric channel	
Canevas *(d'un projet, d'un script)*	Outline
Cantine *1) # Malle*	Trunk
2) # Service de restauration	Catering service, *US* : Canteen
Capacité	Capacity
Capital sympathie, # *Indice d'appréciation positive* : Q-score	
Capot, # *Couvercle*	Hood, Cover
Capteur	Sensor
~ actif	Active sensor
~ de contact *(Audio)*	Contact sensor - piezoelectric
~ optique	Optical sensor
~ passif	Passive sensor
groupe ~	Sensor system
temps de réponse du ~	Sensor response
Capture	Capture
~ d'images	Image capture
~ de mouvement	Motion capture
~ numérique	Digital capture
Car ~ d'enregistrement	Mobile recording unit
~ vidéo	Videobus
~ ~ mobile	Remote truck
Caractéristiques *(d'un appareil)*	Specs
Caravane	Caravan, Trailer
~ comédien	Winnebago ®
~ habillage	Wardrobe caravan, Wardrobe trailer
~ maquillage	Make-up caravan, Make-up trailer
Carré(e) *(adj.)*, # *De forme carrée*	Square shaped
Carré *(nom)*	Square
côté d'un ~	Side
élever un nombre au ~ : To Square (*10 au carré* =10 squared)	
* *Surface de 10 mètres carrés*	Surface of 10 metres square

Carrière *1)* ~ d'un acteur \ d'une actrice : Actor's \ Actress' career

2) d'un film, # *Durée d'exploitation d'un film* : Film legs (*US*)

"Une mauvaise publicité peut nuire à la carrière d'un film" ⇔ "A bad publicity can shorten a film's leg"

Carte *1)* ~ routière	Road map
~ d'état major	Geological survey map
~ nautique côtière	Coastal chart
2) ~ de crédit *(bancaire)*	*(Bank)* Credit card
~ d'embarquement	Boarding card, Boarding pass
~ de presse	Press card
~ professionnelle	Business card
3) *(Vidéo - Informatique)*	Card, Board
~ d'acquisition audio	Audio capture board
~ d'acquisition vidéo	Video capture card \ board
~ d'adaptation	Adapter board
~ add-on	Add-on board
~ affichage vidéo	Full-motion video board
~ circuit	Circuit board
~ de compression vidéo	Video compression card \ board
~ d'extension de mémoire *(Inform.)* :	Memory expansion board
~ fille *(Inform.)*	Daughterboard
~ graphique	Graphic adapter board
~ d'interface	Interface card
~ mère *(Inform.)*	Motherboard
~ de numérisation	Digitizer board
~ ~ audio	Audio digitizer board
~ à puce	Smart card
~ restitution vidéo	Video delivery board
~ son	Sound card
~ sortie vidéo	VGA-to-Video board
lecteur de ~	Card reader
lecture de ~	Card reading
Carton *1)* ~	Cardboard
~ ondulé	Corrugated cardboard
~-pâte	Paste-board
2) ~ de générique	Title card
~ ~ de début	Opening title card
~ ~ de fin	End title card
~ ~ de titre	Main title
3) # *Intertitres (Films muets)*	Intertitles, Insert titles
Cartouchier *(Audio)*	Auto cartridge reader
Cascade	Stunt
régleur de ~	Stunt coordinator
Cascadeur \ Cascadeuse	Stuntman, Stunt \ Stuntwoman
coussinets protecteurs pour ~	Stunt pads

Casque *(d'écoute) (Audio)* Headphones, Headset
départ ~ Cue
prise de ~ Headphones plug
Casser To Break
~ la bulle To Go dutch, To Cant a shot
~ un décor To Strike a set
Cassette Cartridge, Cassette
~ audio Audio cassette
~ audio-numérique Digital audio-tape (DAT)
~ vidéo Video cassette
~ vierge Blank cassette
bande en ~ Cartridge tape
Cassure Break, Breaking
~ du film Film break
Casting Casting
~ à contre-emploi Casting against type
~ d'un acteur habituellement catalogué pour ce genre de rôle : Typecasting
directeur de ~ Casting director
erreur de ~ Miscast, Miscasting
* *Découvreur de talents* Talent scout
* *Distribution stéréotypée des comédiens* : Typecasting
* *Recherche de comédiens stéréotypés* : Typecasting
* *Se dit d'un projet offrant de beaux rôles et pour lequel le casting sera facile à faire* : Castable
Catalogue *GB* : Catalogue – *US* : Catalog
~ des prix Trade list
Cathode Cathode
Cédant(e) *(nom)*, # *Concédant(e)* Assignor, Licensor
Céder, # *Transférer un contrat (Business)* : To Assign
~ les droits d'exploitation *(généralement pour un territoire, une durée et un mode d'exploitation limités)* : To License
Célérité *(Audio)* Velocity
Cellule Lightmeter, Exposure meter, Cell
~ incorporée Built-in cell
~ à lumière incidente Incident lightmeter
~ à lumière réfléchie Reflected lightmeter
~ photo électrique Photocell
~ au sélénium Selenium cell
~ TTL Through-the-lens lightmeter
étalonnage d'une ~ Calibration of a lightmeter
Cellulo *(d'animation)* Cel
Censure Censorship
commission de ~ Board of censors
expurgé(e) par la ~ Bowdlerized
visa de ~ Censor's certificate, Censorship licence

Censurer	To Censor
Centimètre	*GB* : Centimetre – *US* : Centimeter
~s par seconde cm/s	Centimetres per second
Centrage	*GB* : Centring – *US* : Centering
~ des pistes *(Audio – Vidéo)*	Tracking
Centre	*GB* : Centre – *US* : Center
~ optique	Optical centre
Centrer sur	*GB* : To Centre on – *US* : To Center on
Cercle	Circle
~ de confusion	Circle of confusion, Aperture effect
Certificat de paternité *(d'une œuvre)* :	Certificate of authorship
Cession	Cession, Transfer
# *Transfert de biens*	Assignment
~ définitive des droits	Outright sale
~ des droits	Grant of rights
~ des droits, # *Transfert de propriété* :	Transfer of title
~ explicite des droits	Affirmative grant
~ forfaitaire des droits	Buyout
~ perpétuelle	Perpetuity license
conditions de la ~	Licensing terms
contrat de ~	License
durée de la ~ des droits	Licensed period
durée de validité ~ des droits	Licensed term
* *Convention de rachat*	Buyout agreement
* *Être propriétaire des droits*	To Have title
* *Médias concernés par la cession des droits* :	Licensed medias
* *Prix de cession de droits d'exploitation ou de représentation* :	License fee
* *Prix de cession définitive*	Exercice price
* *Zone d'exploitation des droits cédés* :	Licensed territory
Cessionnaire	Assignee, Licensee
Chaîne *1)* ~	Chain
~ de sécurité	Grip chain
~ auditive *(Audio)*	Auditory chain
2) ~ de salles de cinéma	*GB* : Theatre chain
	US : Theater chain, Exhibitor chain
3) ~ de télévision	Television channel
~ consacrée au cinéma	Movie channel
~ consacrée au sport	Sports channel
~ cryptée	Scrambled channel
~ locale	Local channel
~ nationale	Network
~ musicale	Music channel
~ thématique	Speciality channel
~ TV d'un réseau Câble	Cable network
~ TV d'un réseau hertzien	Over-the-air network

Chambre
~ anéchoïque *(Audio)* — Anechoic room
~ de chargement *(Film)* — Loading booth, Loading room, Hot box
~ d'écho, # *Chambre de réverbération (Audio)* : Echo chamber
~ noire *(Film)* — Dark room
~ sourde *(Audio)* — Dead room

Champ *1)* ~ visuel — Visual field, Field of vision
2) ~ *(de prise de vue)* — Field
~ *(de la caméra)* : Field of view, Action field, Shooting field
~-contre-champ : Reverse angle, Shot-Reverse shot, Shot-countershot, Complementary two-shots
~ couvert *(par un objectif)* — Field size
~ d'exploration *(pour un balayage vidéo)* : Scanning field
~ fixe — Fixed angle
~ mort — Dead spot
~ de l'objectif — Lens coverage
~ variable — Variable field
angle de ~ : Acceptance angle, Angle of view, Field of view angle
angle de ~ d'un objectif — Lens field angle
contre ~ : Counter shot, Reverse shot, Reverse angle
courbure de ~ — Field curvature, Curvature of field
dans le ~ — In-camera, In-frame
entrée de ~ — Entrance in frame
faire une ~ ~ , entrer dans le ~ : To Enter into the frame
hors ~ — *a)* Off - *b)* Out of frame
libérer le ~ — To Clear the set, To Clear the frame
limite de ~ — Shooting range, Edge of frame
sortie de ~ — Exit of frame
faire une ~ ~ , sortir du ~ — To Exit out of the frame
3) ~ de netteté — Field of sharpness, Focal field
planéité de ~ — Flatness of field
profondeur de ~ — Depth of field
4) ~ acoustique *(Audio)* — Acoustic field
~ direct — Direct field
~ réverbéré — Reverberant field
~ sonore — Soundfield
5) ~ électrique — Electric field
~ magnétique — Magnetic field

Changement — Change
~ d'axe, # *"On se retourne !"* — "Turn around", "Flip around"
~ de bobine — Change-over, Reel change
repères de ~ ~ — Change-over cues, Cue marks
~ de diaphragme — Change of aperture
~s de texte *(dans un scénario réécrit lors du tournage)* : Changes pages
* *Pages comportant les modifications des textes* : Blue pages

Changer	To Shift, To Alter, To Change
~ la focale	To Shift the focal length
~ d'objectif	To Change the lens
~ le point	To Change \ To Alter \ To Shift the focus
~ *qch* de place	To Shift *sth*
~ un réglage	To Shift a setting
~ de vitesse *(sur une tête à manivelles)* : To Shift the gear on a geared head	
Chapitrage *(d'un DVD)*	Authoring
Charbon d'arc	Carbon of an arc
avance des ~	Arc feeding, Carbon advancing
Charge *1)* ~ *(d'une batterie)*	Battery charge, Charge
2) ~ électrique	Electric charge
3) ~ *(d'un véhicule)*	Load
~ admissible	Safe load
~ maximale	Maximum load, Peak load
~ prévue	Rated load
en ~	On load
4) ~s salariales	Charges
~ fixes	Fixed charges
~ sociales	National insurance contributions
Chargement	*a)* Loading - *b)* Threading
~ de la bande	Tape loading
~ du film *a) (dans la caméra)*	Threading, Film threading
b) (dans un magasin)	Loading, Film loading
~ au jour	Daylight loading
schéma de ~ de la pellicule	Threading diagram
Charger *1)* ~ une batterie	To Charge a battery
2) ~ une caméra	To Thread \ To Load a camera
3) ~ un magasin de caméra	To Load a magazine
4) ~ un véhicule	To Load a vehicle
5) ~ le jeu *(pour un acteur)*, # *Surjouer* : To Overplay	
Chargeur de batterie	Battery charger
Chariot de travelling	Dolly
~ à pneus	Rubber-tired dolly
* *Plateau de travelling*	Travelling board, Travelling platform
Charisme	Charisma
Charme attractif	Glamour
Charte	Chart
~ de couleurs	*GB* : Colour chart – *US* : Color checker
~ de gris	*GB* : Grey chart – *US* : Gray chart
Chatterton ®	Insulating tape, Chatterton ®
Chauffage	Heating, Warm-up
temps de ~	Warm-up time
Chef d'œuvre	Masterpiece
Chemin des rayons lumineux	Path of light rays

Chenille *(de laboratoire)*	Cinex, Cinex strip
~ labo *(pour le tirage)*	*GB* : Colour pilot – *US* : Color pilot
Chèque	Cheque *(GB)*
~ de 1 000 €	Cheque for 1,000 € (▶ p 331)
~ barré	Crossed cheque
~ non barré	Open cheque, Uncrossed cheque
~ en blanc	Blank cheque
~ certifié	Certified cheque
~ au porteur	Cheque to bearer
~-restaurant *(Plural = Chèques-restaurant)* : Lucheon voucher	
~ sans provisions	Rubber cheque, Cheque without cover
carnet de ~s	Cheque book
encaisser un ~	To Pay in a cheque
suspendre le paiement d'un ~	To Stop a cheque
talon de ~ , souche de ~	Counterfoil
toucher un ~	To Cash a cheque
Chercheur de champ	Director's viewfinder, Finder
Chevauchement	Overlap
~ d'actions	Overlapping action
~ de répliques	Dialogue overlap
~ de sons	Overlap sound, Overlapping sound
Chevaucher	To Overlap, To Lap
Chevrotement	Flutter
Chicane à lumière	Light trap, Light lock
"Chien et loup" (Entre ~)	"Magic hour"
Chiffrer	To Work out, To Calculate
* *À combien cela se chiffre-t-il ?* ⇔ How much does it work out \ come to ?	
Chômage	Unemployment
en ~	Out of work
indemnités de ~	*GB* : Unemployment benefits
	US : Unemployment compensations
Chômeur(-euse), # *Au chômage*	Unemployed
Chromaticité	Chromaticity
Chromatique	Chromatic
Chrominance	Chrominance
~ directrice	Leading chrominance
~ de retard	Lagging chrominance
bruit de fond de ~	Chroma noise
distorsion de ~	Chrominance distortion
incrustation en ~	Chromakey, Chromakeying
réglage de ~	Chroma control
signal de ~	Chrominance signal
composante du ~ ~	Chrominance signal component
sous-porteuse de ~	Chrominance subcarrier
Chromogène	Chromogenic

Chronomètre	Stopwatch
Chronométrer	To Time
Chuchotement	Whisper
Chuchoter	To Whisper
Chute *1)* ~ de lumière	Light fall
2) ~ au montage, # *Prises en doubles*	Out-takes, Outs
~s non utilisées au montage	Trims
3) ~ de pellicule ré-utilisable	Drop, Short end
4) ~ de pellicule à jeter	Waste
5) ~ de tension	Power drop, Voltage drop
Chutier, # *Bac à chutes*	Bin, Editing rack, Trim bin
affichage du ~ (*Vidéo*)	Tiling
écran des ~s (*Vidéo*)	Bin monitor
Ciné-club	Film society
Cinéaste	Filmmaker
Cinéfoil ®	Black wrap
Cinéma *1)* # *Le 7ème art*	*GB* : The Pictures – *US* : The Movies
~ d'avant garde	Avant-guarde cinema
~ direct	*US* : Direct cinema
~ vérité (*Literally* : "*Film-truth*")	Cinema-verite
comme au ~	Filmlike
magazine de ~, revue de ~	Film magazine
2) # *Salle de cinéma*	*GB* : Theatre – *US* : Movie theater
~ d'art et d'essai : Art house, Art theatre, Revival house (*US*)	
~ multiplexe de 6, 7, 8 salles, …	*US* : Sixer, Sevener, Eighter, …
~ de 1ère exclusivité	*US* : First-run theater
chaîne de salles de ~s	*GB* : Theatre chain
	US : Theater chain, Exhibitor chain
* *Ciné, Cinoche = colloquialisms for* : Movie theatre, Cinema house	
Cinémathèque	Film library
Cinématique de défilement (*Audio*) : Kinetics of transport system	
Cinématographie	Cinematography
~ numérique	Digital cinematography
Cinéphile	Cinemagoer, Moviegoer, Film buff
Cintré(e)	Curved
Circuit *1)* (*Électricité*)	Circuit
~ à 2 voies	Two-way circuit
~ bouchon	Tank circuit, Trap circuit
~ de dérivation	By-pass circuit
~ de distribution	Branch circuit
~ électrique	Electric circuit
~ hors-circuit	Dead line
~ en parallèle >< ~ en série	Circuit in parallel >< in series
~ ouvert >< fermé	Open >< Closed circuit
~ primaire	Primary circuit

~ de retour — Back-circuit
~ tampon — Buffer circuit
hors ~ — Off-circuit
* *L'ensemble des circuits d'un appareil électrique* : Circuitry
2) *(Électronique)* — Circuit
~ d'amplification — Amplifier circuit
~ analogique — Analog circuit
~ bouchon — Wave trap
~ de correction d'erreur — Error correction circuit
~ électronique — Electronic circuit
~ imprimé — Printed circuit
~ intégré — Integrated circuit
~ numérique — Digital circuit
* *L'ensemble des circuits d'un appareil électronique* : Circuitry
3) ~ fermé de télévision — Closed circuit television
4) ~ de salles de cinéma — *GB* : Theatre chain; *US* : Theater chain, Exhibitor chain

Citation — Quotation
Clair(e) *(adj.)* — Light, Pale
Clair de lune — Moonlight
Clair-obscur — Chiaroscuro
Clap (▶ **p 406**) — Clapper board, Slate, Board
~ commun à plusieurs caméras — Commun marker
~ de début — Head clap, Head slate, Start clap
~ à l'envers — Up-side down slate
~ de fin — End slate, End board, Board on end, Tail slate
~ muet — Number board
claquette du ~ — Clapstick
écrire le ~ à la craie — To Chalk the slate
faire le ~ , filmer le ~ — To Slate a shot
numéro de ~ — Slate number
mauvais ~ ~ — Misslate
* *Personne préposée au clap* — Clapper boy, Clap holder
Clapper *(un plan)* (▶ **p 406**) — To Slate *(a shot)*
Claquette — Slate, Clapper
~ du clap (▶ **p 406**) — Clapstick
~ électronique — Automatic slate, Automatic clapper
~ de synchro — Sync marker system
Clarté 1) *(Lumière)* — Lightness
2) *(Audio)* — Clearness
Classement
~ par catégories d'interdiction au public (▶ **p 392**) : Rating, Certificates
~ des films selon leur valeur commerciale : Box-office
~ préférentiel établi par la Critique : Ratings

Clause *(d'un contrat)* Clause
~ additionnelle Additional clause
~ de dédit Forfeit clause
~ de préférence Option clause
~ de sauvegarde Saving clause
~ restrictive Restrictive clause
Clavier de commandes Keyboard
Clé Key
~ de la fin d'un film (*à ne pas dévoiler aux spectateurs qui n'ont pas encore vu le film*) : Spoiler, Twist ending (*US*)
~ de syntaxe, ~ de mode d'encodage du propriétaire *(Vid. num.)* : Profile
Cliché *1) (Photographie)* Plate
Instantanné Snapshot
~ pour transparence, # *Pelure* Process plate, Background plate
2) # *Stéréotype* Cliché, Stereotype
Cligner des yeux To Blink eyes
Clignotant(e) *(adj.)* Blinking, Winking
Clignotant *(nom)* Blinking light, Winking light
Clignoter To Blink, To Wink
Clip-vidéo, # *Vidéo-clip* Video-promo, Pop promo, Pop video
Clipping Clipping
Cliquer *(Inform.)* To Click
~ et déposer Click and drop
~ et glisser Click and drag
Coaxial(e) *(adj.)* Coaxial
Cocoloris : Cukaloris, Cucaloris, Cucoloris, *(Fam.)* : Cookie, Cuke (*US*)
~ fait de branches d'arbres Leafy branch
Codage Encoding, Coding
~ couleur Colour coding
~ de l'image Image encoding, Picture coding
~ inter-images Interframe coding
~ intra-images Intraframe coding
~ statistique Stat mux
étapes du ~ entre analogique et numérique : Quantization process
Code Code
~ sur quatre caractères FourCC
~s personnels User's bits
Code temporel, # *Time code* *GB* : Time code – *US* : Timecode
~ incrusté à l'image Burn in time code
~ placé en suppression trame Vertical Interval Time Code (VITC)
~ 3 lignes 3 lines VITC
générateur de ~ Time code generator
Codeur Encoder
~ incorporé Built-in coder, Built-in encoder
Codeur-décodeur Codec

Coefficient — Factor, Ratio
- ~ d'absorption — Absorption factor
- ~ d'anamorphose — Anamorphic ratio, Squeeze ratio
- ~ de démultiplication — Gearing down ratio, Gear ratio
- ~ de directivité — Directivity factor
- ~ de distorsion — Distortion factor
- ~ d'efficacité — Overall efficiency
- ~ de filtre — Filter factor
- ~ de pose — Exposure factor
- ~ de qualité *(Audio)* — Q factor
- ~ de réduction mécanique — Gear down ratio
- ~ de réflexion — Reflection factor, Reflectance
- ~ de transmission — Transmission factor, Transmittance

Coffret de distribution, # *Coffret électrique* : Splitter box

Coffret à fusibles — Fuse box

Coiffer *qn* — To Do s.o's hair

Coin sensitométrique — Step wedge, Sensitometric strip

Coincé(e), # *Bloqué(e)* — Jammed

Coincer *1)* ~ avec une cale — To Wedge up
- *2) # Bloquer* — To Chock up, To Jam, To Stick

Col de cygne — Swan's neck, Low mount

Collage de deux morceaux de pellicule entre elles : Splicing

Colle — Glue, Cement
- ~ *(pour films)* — Film cement

Coller — To Stick, To Glue
- ~ deux plans au montage — To Splice

Colleuse — Splicer, Joiner
- ~ à chaud — Hot splicer
- ~ à scotch — Tape joiner

Collier — Collar
- ~ de fixation — Fixing ring
- ~ de réglage — Adjusting collar
- ~ de serrage — Clamping ring, Collar ring

Collimateur — Collimator

Collure *(au montage)* — Splice
- ~ à chaud — Butt-welded splice, Hot splice
- ~ en biais — Bevel splice, Diagonal splice
- ~ à la colle — Cement splice
- ~ droite — Straight splice
- ~ invisible — Invisible splice
- ~ négative — Negative splice
- ~ positive — Positive splice
- ~ au Scotch ® — Taped splice, Butt splice

Colonnette — Riser

Colorant *(nom)* — Dye

Coloration	Colouring, Colouration
Colorer	*GB* : To Colour – *US* : To Color
Colorimètre	*GB* : Colourimetre - *US* : Colorimeter
Colorimétrie	*GB* : Colourimetry – *US* : Colorimetry
Coloris	Shade, Colouring
Colorisation	*GB* : Colourization – *US* : Colorization
Comédie	Comedy
~ burlesque *(du genre de celles de Chaplin, Keaton, Laurel et Hardy, etc)* : Slapstick comedie (slapstick = coup de bâton)	
~ gaguesque	Gag-based comedie
~ humour noir	Black comedy *(Black pour : Black humour)*
~ légère	Light comedy
~ loufoque : Madcap comedie, Screwball, Screwball comedy	
~ de mœurs	Comedy of manners
~ musicale	Musical, Musical comedy
~ de situation [CGTN – 2005]	Sitcom = Situation comedy
Comédien(-ienne), # *Acteur(-trice)*	Player, Talent
annuaire des ~	Players guide
cachet de ~	Fee, Actor's fee
convocation des ~s	Actor's call
Comète	
effet de ~	Cometing
Comité	Committee
~ de sélection	Selection committee
~ des programmes	Program committee
Commande *1) (Business)*	Order
~ non satisfaite	Back-order
~ urgente	Rush order
arriéré d'une ~	Back-order
bon de ~	Order form
carnet de ~	Order book
en cours de ~	On order
faire ~ , passer une ~ : To Place an order with *s.o*, To Give *s.o* an order	
fait sur ~	Made to order
livrer une ~	To Deliver an order
payable à la ~	Cash to order
2) # Contrôle	Control
~ automatique	Automatic control
~ de diaphragme	Aperture remote control, Iris control
~ à distance, # *Télécommande*	Remote control
~ image par image	Single frame switch
~ manuelle	Manual control
~ de mise en marche	On-Off switch
~ de point	Focus control
~ sans fil, ~ HF	Wireless control

~ de suivi de point	Follow-focus control
poignée droite pour ~ ~	Follow-focus right hand attachment
~ vocale *(Audio)*	Voicetracker
~ de zoom	Zoom control
bouton de ~	Control knob
boîtier de ~	Control unit
clavier de ~	Keyboard
de ~, # *Qui actionne*	Operating
double ~	Dual control
3) " Tu es en ~ ! "	" You are covering ! "

* *"Trouve ton créneau !", "Prends ton créneau !"* : "Clear yourself !"

Commander	
1) # *Piloter*	To Control, To Drive, To Steer
2) # *Passer une commande*	To Order, To Give s.o an order
Commanditaire, # *Sponsor*	Backer

* *Associé(e) au financement d'un film mais qui n'est pas autorisé(e) à intervenir dans les choix artistiques et/ou commerciaux* : Sleeping partner

Commanditer	To Work for hire
* *Œuvre de commande*	Commissioned work
Comme au cinéma	Filmlike
Comme dans la vie	Lifelike
Commentaire	Commentary, Narration
~ *(dit par le narrateur à l'image)*	On-camera narration
~ en voix off	Narration sound
~ off	Indirect voice-over
texte du ~ en voix off	Narration script
voix d'un ~ en voix off	Narrator
* *Narrateur(-trice)*	Narrator
Commission	Commission
payer une ~	To Pay by commission
rémunération à la ~	Commission
verser une ~	To Commission

* *Être commissionné(e) pour qch, Être chargé(e) de qch* : To Be in charge of sth

Communiqué de presse	Press release
Commutateur	Switcher, Trip switch
~ à crans	Step switch
Commutation	Switching
~ par paquets *(Vidéo num.)*	Packet switching
Commuter	To Change over, To Switch over
Compacté(e)	Compressed
Compander	Compander
Comparateur ~ de phase *(Audio)*	Phase-meter
~ à cadran, # *Palpeur*	Dial gauge
Compatibilité	Compatibility
Compendium *(avec porte-caches)*	Matte-box

Compensateur *(nom)*	Compensator
~ de perte de signal *(Vidéo)*	Drop-out compensator
Compensation	Compensation
~ d'ouverture	Exposure compensation
~ de mouvement *(Vidéo num.)*	Motion compensation
Compenser	To Compensate
Complément de programme	Featurette
Complexe *(de salles de cinéma)*	Cineplex
~ multisalles	Multiplex
Composant	*a)* Component - *b)* Element
~ électronique	Hardware
~ logiciel, # *Programme plug-in*	Plug-in, Add-on
Composantes *(Vidéo num.)*	Component
en ~	Component
connexion vidéo en ~	Component video connections
Composer un cadre \ une image	To Compose a frame \ a picture
Composite *(adj.)*	Composite
Composite *(nom)*	Composite
1) (Vidéo num.)	Composite
connexion vidéo en ~	Composite video connection
2) (Trucage)	Compositing
3) # "Composite" : *Mention spécifiant que l'image et le son sont couchés sur le même support* : S.O.F. = "Sound On Film"	
Composition *(visuelle, graphique, artistique, etc.)* : Composition	
~ d'un cadre	Frame's composition
Compressé(e)	Compressed
Compresser	To Compress, To Pack
Compresseur	Compressor
~ des blancs	White compressor
~ des noirs	Black compressor
~-extenseur *(Audio)*	Compander
Compression	Compression
~ 16:9 pour diffusion en 4:3 *(Uniquement en SD)* : Anamorphic	
~ avec perte	Lossy compression
~ avec réduction des données non critiques : Lossy compression	
~ des blancs	White compression
~ de données	Data compression
~ image	Picture image compression (PIC)
~ des noirs	Black compression
~ sans perte	Lossless compression
~ du signal vidéo numérique	Digital video signal compression
~ spatiale, ~ intra-image	Intraframe compression
~ inter-image	Interframe compression
~ temporelle	Time stretching
~ en temps réel	Real-time compression

~ verticale d'une image 16:9 *(pour compenser l'étirement vertical lors d'une diffusion en 4:3 plein écran)* : Anamorphic video
chambre de ~ Compression chamber
défauts de ~ Compression artefacts
rapport de ~ Compression ratio
taux de ~ , # *Flux d'information* (en Mb/s) : Bit rate, Bitrate

Comptabilité Accounting, Accountancy
~ croisée *(Pratique comptable non valide en France)* : Cross-collateralization
~ d'exercice Accrual accounting
~ liée à la production d'un film et au paiement des salaires des membres de l'équipe : Payroll and production accounting

Compte Account
~ cédé, # *Compte en garantie* Assigned account
examiner les ~s To Open the books of account
liquidation des ~s Settlement
livres de ~s Books of account
vérification des ~s Check
~ ~ avec préavis Open check
~ ~ sans préavis Blind check
* *Réaliser un audit des comptes* To Audit

Compte-à-rebours Countdown

Compte-fils Thread counter

Compteur Counter, Meter
~ de défilement de bande Tape counter
~ électrique Electricity meter
~ de film Film counter
~ horaire Hourly counter
~ d'images Frame counter
~ à mémoire Storage counter
~ de métrage Footage counter
~ numérique Digital counter
~ de trames Frame counter

Concave Concave
bi ~ Double concave, Biconcave

Concédant(e) *(d'une license)* Licensor

Concentration *(de la lumière)* Narrowing, Spotting

Concentré(e) Focused
totalement ~ Fully focused

Concentrer sur *qch* To Concentrate on, To Focus on *sth*

Concepteur, # *Directeur artistique* Designer

Conception Conception, Designing
~ du générique Titles design

Condensateur Capacitor

Condensation Condensation

Condenseur, # *Lentille condensatrice* : Condenser lens

Conducteur(-trice) *(Électricité)*	Conductive
Conducteur *1) (Audio)*	Script
2) ~ *(d'émission TV)*, # *Conduite*	Continuity log, Cue sheet
~ caméra *(TV)*	Camera script
~ de l'éclairagiste	Light plot
Conduite *(Audio)*	Cue list
Cône	Cone
~ de projecteur	Snoot, Cone, Nose, Funnel
Conférence de presse	Press conference
Conformation *1)* ~ du négatif	Matching of the negative
~ du négatif original	Matching the master
2) ~ sur matériel de montage "broadcast" *(Vidéo)* : On-line editing	
3) (Vidéo num.)	Conforming
~ totale	Total conform
liste de ~	Cut list
Conformer le négatif	To Conform \ To Cut the negative
Congés payés	Holidays credits
Connaissance du métier	Craftmanship
Connecté(e) *1)* # *Branché(e)*	Connected
2) # *En ligne*	On line
Connecter, # *Raccorder*	To Connect, To Wire, To Hook up to
se ~ à un réseau	To Log on the network
Connecteur	Connector
~ femelle	Female connector
~ mâle	Male connector
~ à 2 fiches	Two-pronged connector
~ à 3 fiches	Three-pronged connector
Connexion	Connection
~ desserrée	Loose connection
~ enfichable	Patch connection
tableau de ~s	Jack–panel, Patchboard, Patch panel
Conservation	Storage
~ de la pellicule	Film storage
conditions de ~	Preservative measures
mauvaises conditions de ~	Poor preservative measures
température de ~ (▶ p 467)	Storage temperature
Conserver *1)* # *Garder*	To Save
2) # *Stocker*	To Stock, To Store
Console, # *Pupitre de commandes*	Board, Console, Switchboard
~ d'éclairage : Light console \ board, Lighting console \ panel	
~ de mélange	Mix console, Sound mixer
~ de mixage	Mixing panel, Mixing console
~ de régie finale	Master control console
~ de réglage	Control console
~ son	Audio console

entrée de ~ Console input
photographie d'un état de ~ Snapshot
sortie de ~ Console output
tranche de ~ Console channel

Consommation Consumption, Drain

Consommer To Consume, To Use

Construction Construction
~ des décors Scenery construction
~ du récit *(d'une histoire ou d'un scénario)* : Buildup

Construire *(un décor)* To Built *(a set)*, To Erect *(a set)*

Conte moral Morality tale

Continuité Continuity
~ chronologique Scenes breakdown
~ dialoguée Master scene script
~ de montage Cutting continuity
~ des épisodes d'une série Continuity
# *Cohérence logique des lieux, temps, durées, etc.* : Action continuity

Contour Edge
amélioration des ~s Edge enhancement
défaut de ~ *(dû à un dépassement de seuil du signal)* : False contouring
seuil d'inversion d'un défaut de ~ *(Vidéo)* : Contouring

Contourer *(avec de la lumière)* To Rim *(with light)*

Contraste Contrast
~ de brillance Brightness ratio
~ de couleur Colour contrast
~ doux Soft contrast, Low contrast
~ dur Hard contrast, High contrast
~ de lumière Lighting contrast
~ normal Normal contrast
adoucir le ~ To Soften the contrast
atténuer le ~ To Soften \ To Lower the contrast
augmenter le ~ To Increase the contrast
bas ~ Low contrast
compensation de ~ Contrast compensation
correction de ~ Contrast correction
diminuer le ~ To Lower the contrast
écart de ~ Contrast range
en ~ avec cette couleur In contrast to this colour
facteur de ~ Contrast ratio
faible ~ , ~ léger Low contrast, Slight contrast
faire ~ avec To Contrast with
fort ~ Strong contrast, Hard contrast
gamme de ~ Contrast range
haut ~ High contrast
manque de ~ Lack of contrast, Flat

mettre *qch* en ~ avec *qch*	To Contrast *sth* to *sth* \ with *sth*, To Put *sth* in contrast with *sth*
qui fait ~	Contrasting
* *Trancher avec qch*	To Contrast strongly with *sth*
rapport de ~	Contrast ratio
réglage du ~	Contrast control
sans ~ , # *Plat(e)*	Flat
verre de ~	Contrast viewing glass
Contrasté(e)	Contrasted
Contraster	To Contrast
Contrat	Agreement, Contract
~ à l'amiable	By neutral agreement
~ à étapes, ~ par paliers	Step deal
~ d'achat de droits	Acquisition agreement
* *Tarif convenu pour lever une option* : Exercice price	
~ d'apport en nature *(prestations, fournitures, etc.)* : Facilities deal	
~ d'assurance	Insurance contract
~ d'auteur	Author's contract
~ de cession	License
~ ~ d'une œuvre protégée par copyright : Copyright assignment	
~ d'engagement	Booking contract
~ complet et détaillé	Long form agreement
~ d'achat sur option	Option-purchase agreement
~ d'exclusivité	Exclusive contract
~ de location	Rental contract
~ de non-exclusivité	Nonexclusive contract
~ de participation	Sharing contract
~ en résumé	Memorandum of agreement
~ simple	Simple contract
~ type	Standard contract
avenant à un ~	Rider
clause résolutoire d'un ~ : Condition of avoidance, Defeasance clause	
conditions d'un ~	Terms of a contract
dénonciation d'un ~ : Termination \ Cancellation of a contract, Avoidance of an agreement	
durée d'un ~	Term of an agreement
film ayant fait l'objet d'un ~ de financement : Contract film	
participant à un ~ sur le brut	Gross profit participants
participant à un ~ sur le net	Net profit participant
rubriques d'un ~	Heads of agreement
rupture d'un ~	Breach of a contract
se conformer à un ~	To Carry out, To Comply with
signer un ~	To Ink (*US*)
transférer un ~	To Assign
violation \ non-respect d'un ~	Breach of contract

* *Avance lors de la signature d'un contrat, Mise de fonds* : Upfront money
* *Clause particulière d'un contrat, déterminant l'accord du contractant, et posant la condition que soit engagé à ses côtés un collaborateur de son choix (assistant, conseiller technique, technicien, comédien, etc.)* : Key-man clause
* *Condition d'annulation* — Conditions of avoidance
* *Condition suspensive* — Condition precedent
* *Condition résolutoire* : Subsequent condition, Defeasance clause
* *Engagements, Promesses, Garanties (entre contractants)* : Undertakings
* *Frais de rachet, Droits de résiliation* : Exit fee
* *Qui a force obligatoire, Qui lie irrévocablement les parties* : Binding
* *Parapher les pages d'un contrat* : To Initial
* *"Lu et approuvé"* ⇔ *"Read and approved", "Read and confirmed"*

Contre-cache : Counter matte, Complementary matte
- cache/~ — Matte-counter matte

Contre-champ : Reverse shot, Reverse angle, Counter shot
- champ-~ : Angle-reverse angle, Shot-reverse shot, Complementary two-shots

Contre-emploi *(d'un acteur)* — Miscast, Miscasting
- à ~ — Out-of-character

Contre-griffe — Registration pin, Pilot pin

Contre-jour — Backlight
- compensation de ~ — Backlight compensation
- éclairage en ~ — Backlighting, Rim lighting

Contre-plaqué — Plywood
- panneau de ~ — Plywood board

Contre-plongée — Low-angle
- forte ~ — Extreme low-angle shot
- plan en ~ — Low-angle shot, Up shot

Contrepoids — Counterweight, Counterbalance
- faire ~ — To Counterbalance

Contretypage — *a)* Duping - *b)* Duplication
- pellicule de ~ — Duplicating film, Duplicate film

Contretype — Dupe
- ~ couleur — Colour dupe
- ~ grain fin — Fine grain duplicating film
  - ~ ~ pour trucages — Dupe for opticals works
- ~ inversible — Reversal dupe
- ~ négatif — Dupe negative, Duplicate negative
  - ~ ~ grain fin — Fine-grain duplicate negative, Master dupe negative
  - ~ ~ standard — Combined dupe negative
- ~ négatif-positif — Dupe negative-positive
- ~ noir et blanc — Black and white duplicating film
- ~ positif — Master positive

~ de sécurité	Protection master
~ par truca	Optical master
pellicule ~	Duplicating film, Duplicate film
positif ~	Master positive
~ ~ grain fin	Fine-grain master print
Contretyper	To Dupe, To Duplicate
Contrôle	Control
~ à distance	Remote control
~ automatique	Automatic control
~ direct	Direct monitoring
~ par quartz	Quartz control
~ simultané de l'enregistrement	Monitoring
~ vidéo	Video monitor
récepteur de ~	Control monitor
Contrôler *1) # Piloter*	To Control
2) # Vérifier	To Check
Contrôleur	Monitor
~ dynamique de sifflantes : Dynamic sibilance controller–de-esser	
~ universel	All-purpose controller
Convention, # *Accord*	Convention, Agreement
~ collective : Collective bargaining agreement, Union contract, Collective wage agreement	
Convergence	Convergence
contrôle des ~	Convergence control
mire de ~	Convergence pattern
Convergent(e) *(adj.)*	Converging, Focusing
Conversion, # *Transfert*	
~ de format (*largeur-hauteur*) : Aspect ratio conversion	
~ de format (*up-down*) et/ou de balayage (*entrelacé-progressif*) : Scaling	
~ de la fréquence d'échantillonnage : Rate conversion	
~ de format selon différentes résolutions spatiales ou temporelles : Resampling	
~ du 16:9 en 4:3 : Anamorphic downconversion	
~ d'un signal vidéo en une trame de pixels *(en vue de générer une véritable image vidéo)* : Rasterization	
~ d'un film à 24 images/sec en un signal vidéo : Pulldown processing	
~ d'un film cinéma 24 i/s en PAL/SECAM 25 i/s : 2-2 pulldown processing	
~ d'un film cinéma 24 i/s en NTSC 30 i/s : 2-3 pulldown processing	
~ vers le bas	Downconversion
~ vers le haut	Upconversion, Line-doubling
~ de vitesse *(Par exemple le 3:2 qui converti un film à la cadence de 24 im/s en de la vidéo à 30 im/s)* : Translation	
Convertir, # *Transférer* ~ vers le bas : To Downconvert	
~ vers le haut : To Upconvert	
~ un film à 24 i/s en un nombre d'images compatible avec la fréquence vidéo : To Pulldown	

Convertisseur — Converter, Inverter
~ analogique-numérique (CAN) — Analog-to-digital converter (ADC)
~ alternatif-continu — AC-to-DC converter
~ continu-alternatif — DC-to-AC inverter
~ de format *(up-down)* et/ou de balayage *(entrelacé-progressif)* : Scaler
~ de fréquence — Frequency converter
~ numérique analogique (CNA) — Digital Analogic Converter (DAC)
~ de standard vidéo — Standard converter
~ vers le bas — Downconverter
~ vers le haut — Upconverter

Convexe — Convex
bi ~ — Double convex, Biconvex

Convocation
~ des acteurs, ~ des comédiens — Actor's call
~ de l'équipe, # *Sur place* — Crew call
~ en heures anticipées — Forced call
~ maquillage — Make-up call
~ pour tournage — Shooting call
horaire de ~ sur place , # *Sur place* : Call time

Convolution *(Audio)* — Convolution

Coordonnées trichromatiques — Trichromatic coordinates

Copie
1) ~ *(sur papier)* — Copy
~ certifiée conforme — Certified copy
2) *(Vidéo)* — Dub
3) *(Film)* — Print
~s et Publicité — P&A = Prints and Advertising
~ d'agrandissement — Blow-up print
~ anamorphosée — Anamorphic print
~ antenne : Broadcasting print, Air print, Broadcast master, TV print
~ d'avant-première — Preview print
~ combinée image et son — Composite print
~ conforme — True copy
~ corrigée *(Audio)* — Filtered master
~ bas contraste — Low contrast print
~ par contact — Contact print
~ de contrôle — Check print
~ couleur — Colour print
~ double bande — Double system print, Unmarried print
~ doublée — Dubbed print
~ douce — Soft print
~ étalonnée — Timed print, Graded print
~ ~ finale — Final composite print
~ d'exploitation — Release print
~ faible contraste — Soft print

~ gonflée	Blow-up print
~ grain fin	Fine grain print
~ illégale, ~ piratée	Bootleg
~ image	Black track print, Answer print
~ ~ sans son	Mute print
~ par immersion	Wet print
~ inversible	Reversal print
~ lavande	Lavender print, *US* : Blueprint
~ à lumière unique	One-light print
~ de mixage	Slop print
~ muette	Mute print, Silent print
~ neuve	New print, Green print
~ non étalonnée	Untimed print
~ PAD (= *Prêt-à-diffuser*)	Broadcast master, TV print
* *Qualité antenne*	Broadcast quality
~ pirate, ~ illégale	Bootleg
~ à piste magnétique	Magnetic sound print
~ pour la post-synchronisation	Dubbing print
~ rectifiée	Corrected print
~ par réduction	Reduction print
~ refusée, ~ rejetée	NG print, No-good print
~ avec repères de post-synchro	Cue print
~ de sauvegarde	Backup print, Backup
~ de sécurité	Protection master
~ de série	Release print
~ son optique	Optical sound print
~ sonore	Sound print
~ sous-titrée	Subtitled print
~ standard	Combined print, Married print, Composite print
~ ~ son optique	Combined optical sound print
~ pour la télévision	TV print
~ par tirage optique	Optical print
~ de travail	Workprint, Cutting copy
~ ~ image	Picture workprint, Cut picture
~ ~ montée	Edited workprint
~ ~ son	Sound workprint, Work track
~ par truca	Optical print
~ version étrangère	Foreign version release print
~ en version originale	Original-language print

~ zero : Answer print, Trial composite print, Test print, Approval print

~ ~ avant report son	Black track print, Answer print
~ ~ finale	Final trial composite print
~ ~ muette	Black track print, Answer print
~ ~ standard	First combined print

acceptation de la ~ ~	Test print approval
première ~ ~	First answer print, First trial composite print
tirer une ~	To Print a copy
Copier *1) # Reproduire*	To Copy, To Reproduce
~ illégalement, *# Pirater (DVD)*	To Rip
2) # Faire des copies (Film)	To Dupe, To Duplicate
3) (Vidéo)	To Dub
Coproduction	Coproduction
Coproduire	To Coproduce
Copulant *(Agent ~)*	Coupler, Coupling agent
Copyright	
attestation d'obtention d'un ~	Copyright certificate
détenteur(-trice) du ~	Copyright owner
lois du ~	Copyright laws
recherche des ayants droit \ des détenteurs du ~	Title search
titulaire d'un ~	Ownership
utilisation légitime d'un ~	Fair use
* *Enregistrement officiel d'une œuvre*	Copyright registration
Cordon *(électrique)*	Cable, Cord
~ d'alimentation	Line cord, Power cord
~ secteur	Power cord
Corporation	Guild
Corps *(d'appareil)*	Body, Casing, Housing
~ caméra	Camera body
~ noir	Black body
Correcteur	Corrector
~ de base temps	Time base corrector (TBC)
~ de détails *(Vidéo)*	Image enhancer
~ de pailles *(Vidéo)*	Drop-out compensator \ corrector
~ de phase	Delay equalizer
Correction	Correction
~ de dioptrie	Diopter correction
~ de l'effet de trapèze *(Optique)*	Keystone correction
~ à l'enregistrement \ à la lecture *(Audio)*	Equalization
Corrélateur de phase *(Audio)*	Phase-meter
Corrélation	Correlation
coefficient de ~	Coefficient of correlation
Corrosion	Corrosion
Cosse *(électrique)*	Cable terminal, Clip, Terminal connector
Costume	Costume
* *Les Costumes*	Wardrobe
concepteur(-trice) des ~s	Costume designer
créateur de ~s	Wardrobe designer, Costume maker
dépouillement ~s	Wardrobe breakdown

essayage d'un ~	Wardrobe fitting
fournisseur de ~s	Costume supplier, Wardrobe supplier
malle à ~s	Wardrobe box
service des ~s	Wardrobe department
Cote morale *(indiquant les interdictions aux publics)* (▶ p 392) : Rating	
Cote de tirage mécanique	Flange focal distance
Cote de tirage optique	Back focal distance, Back focus
Côté	Side
~ cour *(depuis la scène)*	Prompt side, Stage left
~ débiteur	Feed \ Supply \ Take-off side
~ droit	Right side
~ émulsion	Emulsion side
~ extérieur	Outer side
~ gauche	Left side
~ intérieur	Inner side
~ jardin *(depuis la scène)*	Opposite prompt side, Stage right
~ mat	Dull side
~ récepteur	Take-up side
~ support	Base side
~ d'un triangle \ d'un carré \ etc.	Side of a triangle
à ~ de	Beside, Next to
de ~	Sidewards
le bon ~	The right side
le mauvais ~	The wrong side
Coton tige : Q-tip ®, Cotton bud (*GB*) – Cotton swab (*US*)	
Couchage de piste magnétique	Magnetic striping
Couche	Coating, Layer
~ anti-abrasion	Anti-abrasion coating, Overcoat
~ anti-halo	Anti-halation backing
~ anti-reflet	Anti-flare coating, Blooming coating
~ d'émulsion	Emulsion layer
~ dorsale	Backing layer
élimination de la ~ ~	Backing removal
~ magnétique	Magnetic coating
~ sensible	Sensitive layer
multi ~	Multilayer
Coudre	To Sew, To Stitch
* *Machine à coudre*	Sewing machine
Coulage, # *Émulsionnage*	Emulsion coating
Coulée d'émulsion	Emulsion batch
Couleur	*GB* : Colour – *US* : Color
~ claire	Light colour
~ ~ sur fond sombre	Light colour on a dark ground
~ chaude	Warm colour, Rich colour
~ complémentaire	Complementary colour

~ composite	Composite colour
~s en contraste	Contrasting colours
~ délavée, ~ éteinte	Faint colour, Desaturated colour
~ dominante, # *Dominante*	Predominating \ Prevailing colour
~ froide	Cold colour, Cool colour
~ matte	Dull colour, Flat colour
~ pâle	Pale colour
~ pastel	Pastel colour
~ primaire, ~ fondamentale	Primary colour
~ primitive, ~ spectrale	Colour of the spectrum
~ secondaire	Secondary colour
~ sombre	Dark colour
~ terne	Dull colour, Flat colour
analyse des ~s	Colour analysis
assortir des ~s	To Match colours
atténuer une ~	To Tone down
balance des ~s	Colour balance
cercle des ~s	Colour wheel
contraste de ~	Colour contrast
coupleurs de ~	Colour couplers
décoloration des ~s	*GB* : Discolouration *US* : Discoloring
délavement des ~s	Fading, Bleaching
distorsion des ~s	Colour distortion
espace ~	Colour space
étalonnage des ~s	Colour calibration
gamme de ~s reproductibles	Colour gamut
intensité d'une ~	Colour intensity
interférence de ~	Colour crosstalk
palette des ~s	Colour palette
rendu de ~	*GB* : Colour rendition *US* : Color rendering
résolution ~ des pixels *(Vidéo num.)* :	Colour depth
roue des ~s	Colour wheel
saturation d'une ~	Colour saturation
sensibilité à une ~	Colour sensitivity
séparation des ~s	Colour separation
sous-porteuse ~	Colour subcarrier
synthèse ~	Colour synthesis
température de ~	Colour temperature
Coulissant(e) *(adj.)*	Sliding
Coulisser	To Slide
Coulisses (Les ~)	Backstage
* *L'envers du décor*	Behind the Scenes

Couloir de caméra : Aperture plate, Film channel, Gate plate, Runner plate

Coupe *1) (Montage)*	Cut
~ franche	Straight cut, Direct cut
sèche	Jump cut
plan de ~	Cutaway shot, Cut in shot
2) # Dessin en coupe	Section
~ longitudinale	Longitudinal section
~ transversale	Cross section, Transverse section
Coupe-circuit	Circuit breaker
Coupe-flux	Cutter, Lightshield
Couper *1) # Sectionner*	To Cut
~ en deux	To Halve, To Split in two
2) (Montage)	To Cut
3) ~ un projecteur	To Switch off, To Turn off a light
** Coupé(e), Éteint(e)*	Off
Couplage acoustique *(Audio)*	Acoustic coupling
Couple *1) (Mécanique)*	Torque
~ de démarrage	Starting torque
~ de serrage	Torque
2) ~ microphonique *(Audio)*	Stereophonic microphone
Coupleurs de couleurs	Colour couplers
Coupole, *# Bol*	Bowl
~ 120	Arri bowl fitting, AB fitting
~ 300	Mitchell fitting, Moy fitting, M fitting
~ déportée	Off-set bowl adaptor
Coupure *(Audio)*	Mute
~ de courant	Power cut
Courant *1)* ~ électrique	Electric current
~ alternatif	Alternating current, AC current
~ biphasé	Two-phase current
~ continu	Direct current, DC current
~ déphasé en avant	Leading current
~ efficace, ~ effectif	Virtual current
~ filtré	Smoothed current
~ induit	Induce current
~ monophasé	Single-phase current
~ nominal	Rated current
~ parasite	Stray current
~ redressé	Rectified current
~ triphasé	Three-phase current
alimentation en ~	Mains, Power, Power supply
coupure de ~	Power cut
panne de ~	Power failure
tirer du ~ depuis . . .	To Pick up current from . . .
2) ~ cathodique	Cathode current
3) être au ~ de *qch*	To Be aware of *sth*

Courbe	Curve, Graph
~ d'absorption	Absorption curve
~ caractéristique d'une émulsion	Sensitometric curve
~ d'étalonnage	Calibration chart
~ de fréquences	Frequency response
~ H et D	H & D curve
~ de réponse	Frequency response
~ sensitométrique	Sensitometric curve
épaule d'une ~ ~	Shoulder of a sensitometric curve
partie rectiligne d'une ~ ~ : Straight line portion of a sensitometric curve	
pente d'une ~ ~	Slope of a sensitometric curve
pied d'une ~ ~	Toe of a sensitometric curve
~ spectrale	Spectral response
~ de transmission	Transmission curve
Courber	To Curve, To Bend
Courbure *1)* ~	Curvature, Curve, Bend
~ de champ	Field curvature, Curvature of field
rayon de ~	Radius of curvature
2) # Cintrage	Bending
Couronne dentée	Geared ring, Sprocket wheel
Courroie	Belt, Band
~ crantée	Cog belt, Timing belt
~ d'entraînement	Driving belt
~ à maillons	Link belt
~ de transmission	Driving band
~ trapézoïdale	V-shaped belt
détendre une ~	To Slacken a belt
entraînement par ~	Belt drive
rattraper le jeu d'une ~	To Take up the slack
tendre une ~	To Tighten a belt
tendeur de ~	Belt tightener
Course-poursuite	Chase
Coursier	Runner
* *Grouillot (Coll.)*	Gopher, Gofer *(Fam.)* **(▶ p 404)**
Court-circuit *(Pluriel* : Courts-circuits)	Short-circuit
Court-circuiter, # *Mettre en court-circuit* : To Short, To Short-circuit	
Court-métrage	Short feature film, Featurette
Coût, # *Prix*	Cost
Coûts	Costs
~ de la distribution	Distribution expenses
~ d'exploitation d'une salle de cinéma : Nut, House nut	
~ moyen	Average costs
~ de préproduction	Front end
~ de production jusqu'à la copie zéro : Negative costs	
amortissement des ~	Costs recovery, Return on investment

Couvercle Lid, Cap, Cover
~ à charnières Hinged lid
~ de magasin Magazine lid
verrou de ~ Lid lock
Couverture médico-sociale Health coverage
Couverture presse *US* : Ink
Couvrir *1) # Recouvrir* To Cover
2) ~ le découpage d'une séquence de film : To Cover a sequence
Craie Chalk
écrire *qch* à la ~ To Chalk up *sth*
Cran *(pour un appareil ou un processus à crantage)* : Step, Notch
Crayon de montage : Grease \ Wax \ China pencil, China marker
Créance
~ cédée Assigned claim
~ cessible Assignable claim
Créatif *(nom)* Ideaman
"Les Créatifs" Creative talent
Crédit d'impôt Tax credit
Crémaillère Rack-over
Créneau
1) ~ horaire Time slot
~ dans une grille de programmation, # *Case horaire (TV)* : Time slot
~ de grande audience Prime time slot
~ de 3h à 19h Daytime
~ de grande écoute : 20h-21h Lead-in, Family hour(s)
~ faisant suite au *Prime time*, commençant généralement à 22h30 et couvrant le reste de la soirée et une grande partie de la nuit, jusqu'à 3h *(Par extension, tous les programmes TV diffusés dans ce créneau)* : Nighttime
2) "Prends ton ~ !", "Trouve ton ~ !" : "Clear yourself !"
* *"Tu es en commande !"* "You are covering !"
3) ~ à fréquence ligne *(Vidéo)* H drive
Crénelage, # *Effet d'escalier (Vidéo)* Jaggies, Pixelisation, Stairstep effect
Crépuscule Dusk
Crête *1)* ~ d'un son Peak
facteur de ~ Peak factor
limiteur de ~ Peak limiter
2) ~ d'onde Crest of wave
Crête-mètre : Peak meter, Peak program meter
Creux(-euse) *(adj.)* Hollow, Sunken
1) chemin ~ Sunken road
2) période ~ Off-peak time
3) joues ~ Gaunt cheeks, Hollow cheeks
4) yeux ~ Deep-set eyes, Sunken eyes
Creux *(nom)* Recess

Critique de films (Un ~) — Film reviewer, Film critic
Critique de film (Une ~) — Film review, Film criticism
~ exagérément élogieuse — Hype
faire une ~ très négative, # *Descendre en flèche* : To Zap
une bonne ~ — Good review, Rave, Rave review
une mauvaise ~ — Bad review, Knock
Crochet — Hook
~ pour décamètre — Tape hook
Croix de Malte — Maltese cross, Cross wheel
Croquis, # *Ébauche* — Rough sketch, Rough drawing
Crobar (Coll.) — Thumbnail
Crosse d'épaule — Shoulder pod, Shoulder brace
Cryptage — Encryption, Encyphement
~ d'une émission en clair *(TV)* — Scrambling
Crypté(e) — Coded, Scrambled
Crypter — To Encrypt, To Scramble
Cube *1)* ~ machiniste *(Coll. : 15-20-30)* (☞ p 27) : Step block, Box
~ de base : Apple box *(Full, Half, Quarter)*, Riser, Bridge plate
~ opérateur — Apple box (☞ p 504)
~ plat, # *Pédanine* — Pancake
2) élever un nombre au ~ — To Cube
Culot de lampe — Lamp base, Bulb fitting
~ à baïonnette — Bayonet lamp base
~ à vis — Screw lamp base
Curseur — Slider, Cursor
Cuve de développement — Developer tank
Cyan *(adj. et nom)* — Cyan
Cycle — Cycle
~ cinématographique — Film cycle
~s par seconde — Cycles per second
~ de trames *(Vidéo)* — *GB* : Colour framing
US : Color framing, Field sequence
Cycliode — Cyc light
rampe de ~ — Cyc strip
Cyclique *(adj.)* — Cyclic
Cyclorama — Cove, Infinity cove, Cyke, Cyc
éclairage de ~ — Cyc lighting
projecteur pour ~ — Cyc light
rampe de projecteurs pour ~ — Cyc strip
Cylindre — Cylinder
Cylindrique — Cylindrical

D

Dalle flottante *(Audio)* Floating flagstone
Date Date
~ butoir, ~ limite : Dead line, Dead line date, Closing date
~ d'échéance Due date
~ d'envoi Dispatch date
~ de fabrication d'un lot de pellicule : Stock date
~ de parution Publication date
~ de péremption Expiry date
~ de sortie *(en salles)* : Release date, Date of release, Day of release
~ de tournage Shooting date
Débit *(Vidéo num.)* Rate
~ d'information Data rate
~ de signal encodé après compression : Databitrate
~ du signal en sortie de modulateur : Symbol rate
~ de transfert Transfer rate
* *Conversion de la fréquence d'échantillonnage* : Rate conversion
Débiteur(-trice) Feed, Supply, Take-off
Débiteur denté Sprocket wheel
~ côté débiteur Feed sprocket wheel
~ côté récepteur Take-up sprocket wheel
Déblocage Freeing
Débloquer To Release, To Free, To Unjam
Débobinage *(Avance rapide de la bande) (Audio - Vidéo)* : Fast forward
Débobiné(e) Run-off, Uncoiled
Débobiner To Uncoil, To Unroll, To Unwind
Déboulonner To Unbolt
Débours, # *Sorties d'argent, Frais* Outlay
Debout *1) ~ (pour les choses)* Up, Upright, On end
mettre ~ To Stand *sth* up, To Stand *sth* on end
2) ~ (pour les personnes) Standing
être ~ To Be standing
se mettre ~ : To Rise to one's feet, To Pick oneself up
se tenir ~ To Stand up
Débrancher *1) # Déconnecter* To Unplug, To Plug out, To Unpatch
2) # Éteindre To Switch off, To Turn off
Débrayer To Put *sth* out of gear
* *Débrayé(e)* Out of gear

Début	*a)* Beginning - *b)* Opening
depuis le ~	Back to one, From the top
par le ~ *(d'une bobine de film)*	Head out
Débuts *(d'un acteur à l'écran)*	First appearance *(of an actor\actress)*
Décalage *1) # Différence*	Difference
~ de *qch* par *qn*	Shift, Shifting
~ entre le son et l'image	Sound displacement
2) ~ dans le temps	Stagger
3) # Déphasage	Lag, shifting
Décaler	To Shift
* *Être décalé(e)*	To Be out of adjustment
Décalquer	To Copy, To Trace off
Décamètre *(10 mètres)*	Measuring tape *(33 feet)*
crochet pour ~	Tape hook
tirer le ~	To Tape
triple ~ *(30 mètres)*	Measuring tape *(165 feet)*
Décentré(e)	*GB* : Off-centre – *US* : Off-center
Décentrement	Decentring, Throwing off-centre
plaque de ~	Sliding plate
Décentrer *1)* ~ : To Put out of centre, To Put off-centre, To Off-centre	
2) # Désaxer	To Put out of axis
3) # Déséquilibrer	To Put out of balance
Décerner un prix à *qn*	To Award *s.o*
Décharge *(électrique)*	Discharge, Electric shock
Déchargement *1)* ~ d'une batterie	Discharging
2) ~ d'une caméra	Unthreading
3) ~ d'un magasin de caméra	Unloading
4) ~ d'un véhicule	Unloading
Décharger *1)* ~ une batterie	To Discharge, To Run-down
2) ~ une caméra	To Unthread
3) ~ un magasin de caméra	To Unload
4) ~ un véhicule	To Unload
Déchirer	To Tear
Déchirure	Tearing
Décibel (dB)	Volume unit (VU)
Décibelmètre	Vu-meter, Modulation meter
Décision	Decision
prise de ~	Decision making
Déclenchement	Release, Releasing
~ automatique	Automatic release
~ à la gâchette	Triggering
bouton de ~	Release button
télécommande de ~	Cable release
Déclencher	To Release, To Trip
~ à la gâchette	To Trigger off

Déclencheur	Release button, Trip, Releaser switch
~ à distance : Remote control releaser, On-Off remote control	
~ à gâchette	Trigger
Déclin *(Audio)*	Decay
Décodage	Decoding
~ composite/en composantes	Decoding composite to component
processus de ~	Decoding process
Décoder *(un signal)*	To Decode *(a signal)*
Décodeur *(Vidéo)*	Decoder, Descrambler
~ analogique-numérique	Analog-to-digital decoder
~ couleur	Colour decoder
~ numérique-analogique	Digital-to-analog decoder
Décoloration *(des couleurs)*	*GB* : Discolouration – *US* : Discoloring
Décomposer	To Split
~ une action	To Split an action
~ la lumière	To Split the light
~ un mouvement	To Split a movement
Décomposition de la lumière	Decomposition of light
Décompresser	To Decompress
Décompression	Decompression
Déconnecter : To Disconnect, To Plug out, To Unpatch	
Décor	Set, Scenery
~ à 1 feuille	One-way set
~ à 2 feuilles	Two-wall set
~ à 3 feuilles	Three-wall set
~ à 4 feuilles, ~ à 4 murs	Four waller, Box set
~ abstrait *(neutre et hors de toute réalité)* : Limbo	
~ destructible *(qui sera cassé pendant le tournage)* : Breakaway scenery	
~ en dur, ~ construit en dur	Hard scenery
~ en intérieur	Set, Interior set
~ d'intérieur type *(disponible en permanence à l'intérieur d'un studio, et utilisable à la demande en fonction des besoins des différents tournages)* : Stock interior	
~ mobile *(que l'on peut déplacer)*	Swing set, Movable scenery
~ naturel	Exterior location, Location
~ ~ en extérieur	Setting, Scenery
en ~ ~	On location
~ neutre *(uniforme et sans motifs)*	Limbo
~ nu, ~ non équipé	Undressed set
~ ouvert sur un autre décor	See-through set
~ permanent	Standing set
~ en perspective forcée	Forced perspective set
~ prêt à tourner *(meublé, accessoirisé, etc., dans lequel le tournage a commencé, et qui ne doit plus être changé ou dérangé)* : Hot set (*US*)	

~ reconstitué — Mock-up
~ récurrent — Running set
~ réel *(pouvant fonctionner pendant la scène)* : Practical set
~ de secours — Cover set
accessoirisation d'un ~ — Set dressing
casser un ~ — To Strike a set
conception des ~s — Set design
construction d'un ~ — Scenery construction
construire un ~ — To Build a set, To Erect a set
démontage d'un ~ — Strike of a set
démonter un ~, casser un ~ — To Break down \ To Strike a set
dépouillement ~ *1) (des décors en extérieurs)* : Location breakdown
2) (des décors en intérieurs) : Set breakdown
dresser un ~ — To Dress a set
entrepôt de ~s — Scene dock
équiper un ~ — To Set up a set, To Dress a set
feuille de ~ — Wall panel, Flat
feuille de ~ mobile — Wild wall
~ ~ en plafond — Wild ceiling
habillage du ~ — Set dressing
habiller un ~ — To Dress a set
implantation d'un ~ — Stage setting
jour de construction \ de montage des ~s : Build day, Set up day
jour de démontage des ~s — Strike day
monter un ~ — To Set up a set, To Erect a set
planter le ~ — To Fix the set
repérage des ~s *1) # Recherche de décors* : Recce, Scouting, Spotting
2) # Visite des décors : Survey
* *Équipe qui habille et accessoirise un décor* : Set dressing crew
* *Période entre le démontage d'un décor et la construction du décor suivant (pour un même film, ou pour des décors de films produits par des sociétés différentes mais à construire dans le même studio)* : Turn around *(US)*

Découpage technique — Shooting script, Shot breakdown, Screenplay, Breakdown
~ *(avec dessins et/ou croquis)* — Story board
~ définitif — Final shooting script
~ d'une scène — Tramline
fiches de ~ plan par plan — Continuity breakdown sheets
pages corrigées d'un ~ — Blues pages

Découpe, *# Projecteur à découpes* — Profile spotlight

Découverte — Backdrop, Backdrop set, Backing
décor en ~ — Background set

Décrocher *1) # Enlever* — *a)* To Unhook - *b)* To Disconnect
2) # Éclairer à contre-jour — To Rim *(with light)*, To Backlight
3) # Manquer de pellicule — To Be out of film, To Run out

Dédommagement *(Business)* — Recoupment
Dédommager *(Business)* — To Recoup
  ** Indemniser qn de ses pertes* — To Recoup s.o for his losses
Dédouanement — Customs clearance
Dédoublage *(des prises)* — Breakdown
Dédoubler *(les prises)* — To Assemble
Dé-entrelacé(e) — De-interlaced
Dé-entrelacement *(Transformation d'une image en "50 entrelacé" en 2 images en "25 progressif")* : De-interlacing
Dé-entrelaceur — De-interlacer
Défaut *1) # Imperfection* — Defect, Flaw
  ~ de prononciation — Defect in pronunciation
  2) # Artefact — Artefact, Artefacting
  ~ en escalier (*Vidéo*) — Stair-stepped, Staircasing
Défilement — Running
  ~ en continu — Continuous running
  mécanisme de ~ du film — Film transport system
  temps de ~ — Running time
  vitesse de ~ — Running speed
Défileur *(Audio)* — Film recorder-player
Défini(e), *# Piqué(e)* — Sharp
Définition, *# Piqué*
  1) ~ *(de l'image)* — Resolution, Sharpness
  ~ horizontale — Horizontal resolution
  ~ verticale — Vertical resolution
  manque de ~ — Lack of sharpness
  2) ~ d'un objectif — Definition of a lens
  ~ d'une pellicule — Definition of a film
  essai de ~ — Definition test
  mire d'essai de ~ — Definition chart
Défocaliser — To Focus out
  ~ un projecteur — To Turn on flood
Déformation — Distortion
  ~ de l'image par effet de torsion — Warping
  ~ de perspective — Perspective distortion
    ~ ~ due aux courtes focales — Wide-angle distortion
    ~ ~ due aux longues focales — Telephoto distortion
  ~ en trapèze — Keystoning
    correction de ~ ~ — Keystone correction
Défraiements — *a)* Per diem (PD), Living expenses
  b) Travel and expenses (T&E)
  toucher ses ~ — To Get one's per diem \ one's PD, To Get one's living expenses
Défrangeage — Defringing
Défranger — To Defringe

Dégradé(e) *(adj.)*	Graduated
ton ~	Continuous tone
Dégradé (Filtre ~) *(nom)*	Grad filter, Graduated filter
~ couleur >< ~ neutre	Colour >< Neutral grad filter
~ à séparation douce	Soft grad, Soft edge graduated filter
~ à séparation franche	Hard grad, Hard edge graduated filter
partie transparente d'un ~	Clear part of a grad filter
Dégrader	To Shade-off
~ la lumière *(en l'ombrant)*	To Fall off the light
Déjeuner	Lunch
~ de travail	Working lunch
pause ~ , # *Arrêt déjeuner*	Break for lunch
Délavé(e)	Faint, Washed out
Délavement *(des couleurs)*	Bleaching, Fading
Démagnétisation	Degauss
Démagnétiser	To Degauss
Démagnétiseur	Degausser, Bulk eraser
Demande de subvention	Grant claim, Grant request
Démaquiller	To Remove make-up
Démarrage	Release, Starting, Run-up
~ au potentiomètre *(Audio)*	Fader-start
temps de ~	Run-up time
Démarrer *1)* ~ la caméra	To Roll the camera
2) ~ un travelling	To Start a travelling
Demi-bonnette, # *Demi-dioptrie*	Split diopter
Demi-piste	Half-track
Demi-pouce (Format ~)	Half-inch width
Demi-teinte	Half-tint
Demi-ton	Half-tone
Démodulateur	Demodulator
Démodulation	Demodulation
Démontable	Detachable, Removable
Démontage *(d'un décor)*	Strike *(of a set)*
Démonter	To Undo, To Take apart
~ un décor	To Strike a set
Démultiplexage	Demultiplexing, Demux
Démultiplexer	To Demultiplex
Démultiplexeur	Demultiplexer
Démultiplication	Gearing down, Gear reduction
coefficient de ~	Gearing down ratio
Démultiplier *(à l'aide de pignons)*	To Gear down

Dénivelé(e) *(adj.)*, # *Qui n'est pas à niveau* : Out of level

Dénouement	Denouement
~ à rebondissements	Final twist, Twist ending *(US)*

* *Invitation à ne pas dévoiler la fin d'un film pour ne pas gâcher le*

plaisir des futurs spectateurs (comme, par exemple, au générique de fin de "Witness for prosecution" de Billy Wilder) : Spoiler alert *(US)*

Densité Density
- ~ des basses lumières — Low-light density
- ~ diffuse — Diffuse density
- ~ des hautes lumières — Highlight density
- ~ maximum (D max) — Maximum density (D-max)
- ~ minimum (D min) — Minimum density (D-min)
- ~ neutre — Neutral density
- ~ spectrale — Spectral density, Spectrum density
- ~ spéculaire — Specular density
- ~ du support — Base density
- ~ support plus voile — Base plus fog density
- ~ variable — Variable density
- ~ de voile — Fog density, Fog level

Densitomètre Densitometer

Densitométrie Densitometry

Dent de tambour Sprocket tooth, Cog

Dents de scie *(Vidéo)*
- en ~ — Jagged steps
- aspect en ~ — Jaggies

Dénuder un fil électrique : To Bare a wire, To Skin an electric wire

Départ *1) # Début* Departure, Start
- ~ en douceur *(pour un mouvement de caméra)* : Slow in
- depuis le ~ — From the top, Back to one
- * *"Au départ !"* — "First position !", "Reset !"

2) # Sortie d'un conducteur Leading out
- ~ auxiliaire *(Audio)* — Aux send
- ~ casque *(Audio)* — Cue

Dépassement de budget Cost overruns, Overage
- * *Part-budget prévue en cas de dépassement de tournage* : Contingency

Dépasser *1)* ~ le budget — To Overrun budget

2) # Faire des heures supplémentaires To Work overtime, To Do overtime

Dépenses *(voir aussi à :* **Frais***)* Costs, Expenses
- ~ directement liées à la production du film : Direct cost estimate
- remboursement des ~ — Recoupment of outlays

Déphasage Phase shift, Phase difference

Déphasé(e) Out of phase

Déphaser *(en arrière)* To Lag

Déphaseur *1) (Audio)* Dephaser

2) (Film) : Film-Video synchronizer, Barline adjuster, Phaseable synchronizer

Dépiquer un projecteur To Tilt up a light

Déplacer To Shift, To Displace, To Move
- que l'on peut ~ , *# Mobile* — Movable

Déplier To Unfold, To Open out

Dépoli(e) *(adj.)* Frosted
Dépoli *(de caméra) (nom)* Ground glass
~ à l'émeri Frosted ground glass
~ gravé Engraved ground glass
~ ~ à l'acide Etched ground glass
calage du ~ Ground glass setting
grain du ~ Grain of the ground glass
Déport (Bras de ~) Offset arm, Extension arm
~ pour projecteur Light boom
Déporté(e) *(adj.)* Offset
Dépôt *1) # Saleté* Dust, Dirt
~ collant, ~ gluant Goo
~ de particules de bande magnétique sur les têtes : Oxide shedding
~ de poussière de film Chips of film, Emulsion pile-up
 # Gâteau (Coll.) Deposit, Shedding
2) # Surfacement Coating
~ de la couche magnétique Magnetic coating
~ de la piste magnétique Striping
3) ~ légal *(Business)* Legal deposit
Dépouillement Breakdown, Shooting breakdown
~ acteurs Actor's breakdown
~ costumes Wardrobe breakdown
~ des décors en extérieur Location breakdown
~ des décors en intérieur Set breakdown
~ général Script breakdown
~ du scénario Breaking down the script
Déréglé(e) Out of adjustment
Dérégler To Put out of adjustment
Dérivateur *(Audio)* Shunting device
Dérivation *(Électricité), # Shunt* By-pass
boîte de ~ Junction box
Dérive Drift
~ d'axe Axial drift
~ de la bande son par rapport à l'axe des têtes *(Audio - Vidéo)* : Skew
~ latérale Side drift
~ de zoom Zoom drift
Déroulant, *# Générique déroulant* Crawl
~ vertical Roll
Dérouler To Unwind, To Wind-off, To Unroll
Dérushage *1) (Film)* Breakdown
2) (Vidéo) Log, Logging, Breakdown
Dérusher *(Vidéo)* To Log, To Breakdown
Désaccentuation *(Audio)* De emphasis
Désaccordé(e) *(Audio)* Out of tune, Off-tune
Désanamorphoser To Unsqueeze

Désaturation	Desaturation
Désaturer	To Desaturate
Désaxer : To Put out of centre (*US* : *Center*), To Put out of axis	
Descendre	To Come down, To Go down
~ *qch*	To Bring \ To Take *sth* down
~ un projecteur sur tige de pied	To Stem down, To Lower the stand
Descente de lumière *(au dimmer)*	Light fading, Light dimming
Désembeddeur, # *Désentrelaceur*	Desembedder
Déséquilibré(e)	Off-balance, Unbalanced
Déséquilibrer	To Unbalance, To Put out of balance
Désimbriqué(e), # *Désincorporé(e)*	De-embedded
* *Procédé permettant d'extraire un signal incorporé dans un autre et de générer deux signaux séparés* : De-embedding	
Desserrer *1)* ~ un écrou	To Loosen a bolt
2) ~ un cadrage	To Loosen a frame
* *Élargir un cadre (tourné au zoom)*	To Zoom out
3) ~ un projecteur, # *Élargir un projecteur* : To Turn on flood, To Focus out	
Dessin, # *Plan*	Drawing
~ original	Master drawing
Dessin animé	Cartoon, Animated cartoon
Dessiner	To Draw
Désynchronisé(e)	Out of sync, Out of step
Détachant *(nom)*	Stain remover
Détaxé(e)	Duty-free
Détecteur *(Doublage)*	Detector
Détection *1) (Audio - Doublage)*	Detection
2) ~ de trajectoire *(SFX)*	Tracking
Détendre	To Loosen, To Slacken, To Release
~ une courroie	To Slacken a belt
Détimbrer *(la voix)*	Less bass, Less reverberation
Détonateur *(pour impacts de balles)*	Squib
Détramage *(Vidéo)*	De-interlace, De-interlacing
* *Conversion balayage entrelacé >< progressif* : Line-doubling, De-interlacing	
Détramé(e) *(Vidéo)*	De-interlaced
Détrameur *(Vidéo)*	De-interlacer
# *Multiplicateur de lignes* : Line-multiplier *(Line-doubler, Line-tripler)*	
Dettes, # *Passif*	Liability
Développé(e)	Developed, Processed
non ~	Undeveloped
Développement *1) (Chimie)*	Development, Processing, Developing
~ chromogène	Colour-forming process
~ couleur	Colour development
~ trop faible	Poor processing
~ du film, ~ de la pellicule	Film developing
~ grain fin	Fine grain development

~ poussé : Push processing, Forcing, Forced development
~ sans blanchiment — Development by passing bleach
bain de ~ , # *Révélateur* — Developing bath
cuve de ~ — Developer tank
durée de ~ — Development time
forcer le ~ — To Push, To Force the development
marques de ~ — Streaks, Processing streaks
pousser le ~ — To Push the development
~ ~ d'un diaph — To Push one stop
~ ~ de deux diaphs — To Push two stops
service ~ — Processing department
sous ~ — Underdevelopment, Pull processing
sur ~ : Overdevelopment, Push processing, Forced development
température de ~ — Development temperature
temps de ~ — Development time
traînées de ~ — Streaks, Processing streaks
voile de ~ — Development fog
* *"Développement seul, Ne pas tirer !"* : "Process only, Do not print !"
2) *(Business)* — Development
accord de ~ *(d'un projet de film)* — Development deal
chargé de projets en voie de ~ — Development executive
étapes du ~ d'un projet — Development steps

Développer — To Develop, To Process
sous ~ — To Underdevelop, To Pull process
sur ~ — To Overdevelop, To Push process
* *À développer avant ...* — Develop before ...

Développeuse — Processing, Developing machine
~ continue — Continuous developing machine

Déverrouiller — To Unlock

Déviation *1) (Optique)* — Deflection
angle de ~ — Angle of deflection
2) # *Dérivation (Audio)* — By-pass

Devis — Blue print, Cost estimate, Estimate
~ approximatif — Rough estimate
~ des coûts directement liées à la production du film : Direct cost estimate
~ prévisionnel — Cost estimate
~ type — Cost estimate model
demande de ~ — Bid letter
faire un ~ — To Make an estimate on the cost

Dévisser *1)* ~ une vis : To Unscrew, To Undo, To Screw off \ out
2) # *Tourner* qch *dans le sens inverse des aiguilles d'une montre* : To Turn *sth* counter clockwise, To Turn *sth* anti-clockwise

Dévolter — To Step down the voltage

Dévolteur : Negative booster, Step-down transformer

Diable *(Chariot à roulettes)* — Trolley, Handtruck

Diagramme	Diagram
~ de niveau *(Audio)*	Level diagram
~ de transfert *(Audio)*	Transfer diagram
~ polaire *(Audio)*	Polar diagram
Dialogue	*GB* : Dialogue – *US* : Dialog
~s additionnels	Additional lines
~ improvisé	Ad-libbed dialogue
chevauchement de ~s	Overlapping dialogue
coach ~	Dialogue coach, Dialogue director
niveau de ~	Dialnorm
son seul de ~s	Wild lines
* *Document donnant le texte complet des dialogues* : Dialogue continuity	
Diamagnétique *(Audio)*	Diamagnetic
Diamètre	Diameter
~ extérieur >< ~ intérieur : External diameter >< Internal diameter, Bore	
Diaphonie, # *Intermodulation*	Crosstalk
~ de chrominance	Chroma crosstalk
~ chromatique	Colour crosstalk
~ magnétique	Print-through on tape
~ multiple	Multiple crosstalk
~ optique	Optical crosstalk
~ proche, ~ d'extrémité	Near-end crosstalk
Diaphotie	Crosstalk
~ de synchro	Sync crosstalk
~ vidéo	Video crosstalk
Diaphragme *(Coll.* : Diaph) : *a)* Diaphragm, Aperture, Stop – *b) US* : Iris	
~ géométrique	f-stop, Geometrical stop
~ minimum	Minimum aperture
~ photométrique : T-stop, Transmission stop, Transmittance stop	
afficher le ~	To Set the aperture
bague de ~	Aperture ring, Diaphragm ring
changement de ~ : Change of aperture, Riding the iris	
changer le ~	To Change the aperture
échelle des ~s	Stop scale, Aperture scale
fermer le ~	To Stop down, To Close down
* *Diminuer l'exposition*	To Decrease the exposure
ouverture de ~	Aperture, Lens opening
ouvrir le ~	To Open up *(the aperture)*
* *Augmenter l'exposition*	To Increase the exposure
pale de ~	Iris leaf
réglage du ~	Diaphragm adjustment
réglage automatique du ~	Automatic iris control
sous exposé(e) >< sur exposé(e) d'un ~ : one stop under >< one stop over	
télécommande de ~	Aperture remote control
Diaphragmer	To Stop down

Diapositive *(Coll. :* Diapo*)*	Slide
projecteur de ~	Slide projector
Dichroïque	Dichroic
Différé (En ~)	Prerecorded
Différence	Difference
~ de phase	Phase shift
~ de potentiel	Voltage
Diffracter	To Diffract, To Spread out
Diffraction	Diffraction
Diffus(e)	Diffuse, Scattered
Diffusable *(sur une chaîne TV), # Qualité antenne* : Broadcast	
Diffusant(e)	Diffusing
Diffuser *1)* ~ la lumière	To Diffuse, To Scatter
2) ~ un film en salle	To Release
3) ~ une émission à la TV	To Broadcast, To Play
~ par câble	To Cablecast
Diffuseur *1)* ~ *(pour la lumière)*	Diffuser, Diffusing material
2) ~ *(pour des films en salle)*	Distributor
3) (TV ou Radio)	Broadcaster, Telecaster
Diffusion *1)* ~ *(de lumière)*	Diffusion, Scattering
~ plus forte >< ~ moins forte	Thicker diffusion >< Thinner diffusion
cadre de ~	Diffusion frame
½ cadre de ~	Open end
* *Grillage pour diffuser*	Diffusion scrim, Scrim
2) ~ acoustique *(Audio)*	Acoustic diffusion, Scattering
3) ~ *(d'un film en salle)*	Release
~ nationale	Broad release, General release
première ~	First release, First run
* *Rediffusion en salles*	Rerun, Reissue, Rerelease
4) ~ *(de programmes TV ou radio)*	Broadcasting, Broadcast
~ par câble	Cablecasting
~ cryptée >< ~ en clair	Encrypted >< Clear broadcast
~ en direct >< ~ en différé	Live >< Delay broadcast
~ ~ par satellite	Direct broadcasting by satellite (DBS)
~ hertzienne	Over-the-air broadcast
~ de programmes TV par voie hertzienne : TV broadcasting	
~ pour un public ciblé	Narrowcasting
~ simultanée d'un même programme en 4:3 et en 16:9 : Simulcast	
~ terrestre	Terrestrial broadcast
date de ~ à l'antenne *(TV)*	Air date, Play date
droits de ~	Broadcasting rights
* *Rediffusion à la télévision*	Repeat
Digital, *# Numérique*	Digital
Digitalisation : Digitalisation *(GB)* – Digitization, Digitizing *(US)*	
Digitalisé(e), *# Numérisé(e)*	Digitized

Digitaliser, # *Numériser*	To Digitize
Digitaliseur, # *Numériseur*	Digitizer
Dilution *(Chimie photographique)*	Dilution
Dimension	Size, Dimension
~s de l'image	Image size, Picture size
à deux ~s	Two-dimensional
à trois ~s	Three-dimensional
qui n'est pas à la ~	Off-size
Diminuer *1)* ~	To Decrease, To Lessen
2) # *Raccourcir*	To Shorten
3) # *Réduire*	To Reduce, To Lower
4) # *Baisser*	To Step down
Dîner de fin de film	Wrap party
Diode électroluminescente	Light emitting diode (LED)
Dioptrie, # *Lentille dioptrique*	Diopter, Dioptric lens, Plus lens, Proxar
demi ~ (½ dioptrie)	Split diopter
ajuster le réglage de la ~	To Adust the diopter setting
correction ~ de	Diopter correction
réglage de la ~	Diopter setting, Diopter adjustment
Direct(e) *(adj.)*	Direct, Straight
Direct *(nom)*, # *En direct (TV)*	Live
~ en décalé, ~ avec décalage	Delayed broadcast
faux ~	Live-on-tape
Direction	Direction, Way
~ raccord	Screen direction, Matching direction
~ ~ de regard	Matching eyeline
~ de regard	Direction of looks, Direction of glance
raccord de ~	Eyeline match
Directionnalité *(Audio)*	Directionality
Directivité *(Son)*	Directivity
coefficient de ~	Directivity factor
Diriger *1)* # *Gérer*	To Manage
2) ~ les acteurs, # *Réaliser*	To Direct
3) ~ l'attention et/ou le regard du spectateur *(vers le centre d'intérêt principal)* : Directing the eye	
~ vers, ~ sur	To Direct on, To Point at
~ vers le bas >< vers le haut	To Angle down >< up
Disjoncteur	Circuit breaker
Disperser	To Scatter, To Spread out
Dispersion	Scattering, Dispersion
Disposer, # *Agencer, Aménager*	To Lay out *sth*
Dispositif, # *Appareil*	Device, System, Gear
~ ingénieux	Gimmick
~ de sécurité	Safety device

Disproportion	Disproportion
Disque	Disc, Disk
1) ~ de musique	Record
2) *(Numérique et Informatique)*	*GB* : Disc – *US* : Disk
~ compact (**▶ p 429**)	Compact disc
~ double face	Double-sided disc
~ dur *(Informatique)*	Hard disc
~ à haute densité	High density disc
~ laser	Optical disc
~ à lecture laser par réflexion	Reflective disc
~ liés	Striped discs
~ monoface	One-side disc
~ vidéo	Video disc
espace ~	Disc space
lecteur de ~s compacts	Compact-disc player
lecteur de ~ dur	Hard-disc drive
unité de mémoire à ~s	Disk array, Disk storage unit
Disquette *(Informatique)*	Floppy disk
lecteur de ~	Floppy disk drive
micro ~	Micro floppy disk
Dissolvant, # *Solvant*	Solvent
Dissonant(e), # *Discordant(e)*	Dissonant, Discordant
Dissymétrique *(Audio)*	Unbalanced
Distance	Distance, Length
1) ~ caméra-sujet	Shooting distance
~ de projection	Projection distance, Throw
2) ~ focale	Focal-length
~ ~ fixe	Fixed focal-length
~ ~ variable	Variable focal-length
courte ~ ~	Short focal-length
longue ~ ~	Long focal-length
~ focale équivalente	Equivalent focal length
~ hyperfocale	Hyperfocal distance
~ de mise au point	Focus-length
~ ~ minimum	Minimum focus-length, Minimum of focus, Close focus
* *Échelle des distances*	Distance scale
3) ~ apparente *(Audio)*	Apparent distance
~ critique *(Audio)*	Critical distance
Distorsion	Distortion
~ de phase	Phase distortion
~ harmonique	Harmonic distortion
coefficient de ~	Distortion factor
Distribuer *1)* ~ *(un film)*	To Distribute
2) ~ *(les rôles aux acteurs)*	To Cast, To Assign the parts

Distributeur(-trice) *(de films)*	Distributor, Renter, Releaser
~ indépendant(e)	Independent distributor
Distribution *1) ~ (d'acteurs)*	Cast, Casting
~ à contre-emploi	Casting against type
~ des rôles d'un film à des acteurs(-trices) : Casting	
mauvaise ~	Miscast
2) ~ (de films)	Distribution
~ de cinéma numérique	Digital cinema distribution (DCP)
niveau de qualité pour ~ ~	Distribution quality
~ commerciale	Theatrical distribution
~ à l'étranger	International distribution
~ d'un film	Booking of a film, Release, Renting
~ mondiale	World distribution
~ non-commerciale	Non-theatrical distribution
coûts de ~	Distribution costs
coûts de la ~ , frais de ~	Distribution expenses
société de ~	Distribution company
* *Distribution d'un film suite aux projections en Première* : Playoff	
Divergence	Divergence
Divergent(e)	Diverging
Divertissement	Entertainment
Diviseur optique *(Vidéo)*	Beam splitter
Docudrame, # *Docudrama*	Docudrama
Documentaire	Documentary film
Domaine public	Public domain (PD), Public property
œuvre tombée dans le ~	Work out of copyright
Dôme *(Audio)*	Dome
Dominante *(nom)*	Cast
~ colorée	Colour cast, Prevailing colour
~ verte \ bleue \ rouge \ etc …	Green cast, Blue cast, Red cast, etc…
Données *(Vidéo num. - Informatique)*	Data
base de ~	Database
flux de ~	Datastream
diffusion de ~ parallèles à un programme TV : Datacasting	
recalage automatique des ~	Total recall
récupérer des ~ stockées	To Restore
* *Transmission de données permettant la lecture de vidéo et/ou de sons en continu et en temps réel* : Streaming	
Donner la réplique à *qn* : To give the cue to *s.o*, To Cue *s.o*, To Feed *s.o*	
Doppler (Effet ~)	Doppler
Dorsale, # *Côté support*	Back side, Glossy side
Dos (De ~) à la caméra	Back to camera
Dossier	File
1) ~ (de feuilles de papier)	File
~ de presse	Press kit

2) # *Fichier (Informatique)*	File
~ image	Image file
* *Format fichier*	File format
* *Poids d'une image*	File size
Douanes	Customs
déclaration de ~	Customs declaration, Customs entry
droits de ~	Customs duties
* *Dédouanement*	Customs clearance
Doublage	Looping (*GB*) – Dubbing (*US*)
séance de ~ : Looping session (*GB*) – Dubbing session (*US*)	
studio de ~ : Looping stage (*GB*) – Dubbing theater (*US*)	
superviseur du ~ : Lip-sync supervisor, Looping supervisor	
Double	Double
~ exposition *(au tournage)*	Double exposure, Superimposure
~ face, # *Adhésif double face*	Double sided tape
~ perforation	Double perforation, Double punch
Doublé(e) *(à la voix)*	*US* : Dubbed
Double-bande : Double band \ system, Double-headed, Unmarried	
copie ~	Unmarried print, Double system print
projecteur ~	Double-headed projector
Double casquette *(Coll.) (réalisateur-producteur, scénariste-réalisateur, acteur-réalisateur-producteur, etc)* : Hyphenates *(Fam.)*	
Double trace bilatérale *(Audio)*	Bilateral variable area
Doublement des lignes *(Vidéo num.) (Conversion d'un format vidéo vers un autre format vidéo de résolution supérieure)* : Line-doubling, Upconversion	
Doubler *1) (un acteur au cours d'une cascade)* : To Stunt	
2) (la voix d'un acteur)	To Dub, To Loop
Doubles, # *Chutes du montage*	Out-takes, Outs
Doublet	Doublet
Doubleur de focale	Extender, Range-extender
Doublure	Double
~ cascade *(masculine)* >< *(féminine)* : Stuntman >< Stuntwoman	
~ comédien	Stand-in
~ corps	Body double
~ lumière	Light stand-in
~ voix	Ghosting
faire la ~ de *qn*	To Stand in for *s.o*
Douche, # *Lumière à la verticale*	Over-head light, Top light
Douille *(d'ampoule électrique)*	Socket, Lamp holder
~ à baïonnette	Bayonet socket, Bayonet lamp holder
~ à vis	Screw lamp holder
~ voleuse	Lamp adapter
Doux (Douce)	Soft
Dramatique, # *Dramatique télévisée*	Film drama, TV drama

Drapeau *(Éclairage)*	Flag
~ en bavette	Bottomer
~ en casquette	Topper
~ sur le côté	Sider
~ de protection contre le soleil pour le cadreur : Courtesy flag	
petit ~	Cutter
Droit(e) *(adj.)*	Straight
tout ~	Straight on, Straight ahead
# *Debout*	Upright, On end, Straight
Droit *(nom)*	Right
~ à l'image	Right of publicity
~ au respect de la vie privée	Right to privacy
~ d'audit	Audit rights
~ d'échapper aux règles syndicales et corporatistes : Right-to-work (*US*)	
~ de copier et de reproduire	Copyright
~ de couper et retirer des séquences du montage : Editing rights	
~ de préemption	Preemption right
~ de priorité	Right of first consultation
~ moral	Moral rights
~ sur son image personnelle	Right of publicity
Droits *(Business)*	Rights
~ à la copie	Rights per print
~ d'accès	Access rights
~ d'adaptation	Adaptation rights
~ d'adaptation à l'écran	Screen rights, Film rights
~ d'auteur, # *Royalties*	Royalties
~ cédés	Rights granted
~ dérivés	Subsidiary rights, Ancillary rights
~ de diffusion	Diffusion rights
~ ~ hertzienne	Broadcasting rights
~ à l'étranger	International distribution rights
~ pour l'étranger	Foreign rights
~ exclus, # *Droits non cédés*	Reserved rights
~ d'exclusivité	Exclusive rights
~ d'exécution et de représentation : Performing rights	
~ d'exploitation	Distribution rights, Release rights
~ d'exploitation en salles	Exhibition rights
~ illimités	Unrestricted rights, Unlimited rights
~ internationaux	International rights
~ limités	Limited rights, Restricted rights
~ dans le monde entier	Worldwide rights
~ mondiaux	World rights
~ moraux	Moral rights
~ musicaux, ~ sur la musique	Music rights
~ nationaux	Domestic rights

~ non cédés, # *Droits exclus*   Reserved rights
~ payables en fin de chaîne   Backend rights
~ de reprise *(pour une nouvelle version)* : Remake rights
~ de reproduction   Reproduction rights
~ de reproduction film   Film printing rights
~ de reproduction mécanique   Mechanical rights
~ de reproduction d'une œuvre musicale : Synchronisation rights
~ de résiliation, # *Frais de rachat*   Exit fee
~ de retransmission   Retransmission rights
~ pour la télévision   Television rights
~ en totalité, # *Tous droits*   Full rights
~ d'une personne sur l'histoire de sa vie : Life story rights
céder les ~ d'exploitation *(généralement pour un territoire, une durée et un mode d'exploitation limités)* : To License
cession des ~, # *Transfert de propriété* : Grant of rights, Transfer of title
cession définitive des ~   Outright sale
chaîne des ~ , antériorité des ~   Chain of title
contrat d'achat de ~   Acquisition agreement
date de renouvellement des ~   Renewal term
détails des ~ cédés pour l'exploitation d'un film : Rights granted
détenteur des ~ : Rights owner, Rightsholder, Copyright holder \ owner
durée de la cession des ~   Licensed period
durée de validité des ~   Licensed term
incessibilité des ~   Intransferability of rights
médias concernés par la cession des ~ : Licensed media
obtention des ~ de reproduction ou de représentation : Clearance
perception des ~   Royalty collection
propriétaire des ~   Ownership
tous ~ réservés, reproduction interdite : All rights reserved
vente des ~ à l'étranger   Foreign rights sale
violation du ~ de reproduction   Violation of copyright
violer les ~ d'un auteur   To Infrige an author's rights
zone d'exploitation des ~   Licensed territory
* *Ayant-droit*   Rights owner
* *Durée du copyright*   Term of copyright
* *Être propriétaire légitime des droits* : To Have title
* *Principe selon lequel tous les droits sur une œuvre ne sont pas cédés, une partie restant la propriété de l'auteur* : Separation of rights
* *Violation du Droit d'auteur, Piraterie* : Copyright infringement

Duplex   Two-way
Duplication   Duplication
banc de ~   Duplicating bench
perte en ~   Generation loss
Dupliquer   To Dupe, To Duplicate

Dur(e)	
1) ~ (pour la lumière)	Harsh
2) ~ (pour les matériaux)	Hard, Tough
3) # Difficile	Tough, Hard
Durcir	To Harden
~ les transitions d'une image floue ou molle *(Vidéo)* : To Crisp	
# Augmenter la friction	To Boost
# Intensifier	To Insentify
# Tendre	To Tighten
Durée, # *Temps*	Time
~ de projection	Screening time, Running time
~ de l'exploitation d'un film en salles : Playtime	
~ du film, ~ d'un programme TV	Playtime
~ quotidienne de visionnage par foyer : Daily viewing time per household	
~ quotidienne de visionnage par individu : Daily viewing time per individual	
~ totale	Total timing
* *Temps réel hors générique et décompte de lancement (TV)* : Body time	
Dureté *1) ~ (pour la lumière)*	Harshness
2) ~ (pour les matériaux)	Hardness, Toughness
# Résistance mécanique	Toughness
DVD (▶ p 432)	
1) # Disque numérique polyvalent	Digital Versatile Disk (DVD)
2) # Disque vidéo numérique	Digital Video Disk (DVD)
lecteur de ~ multizones	Multiregion DVD player
Dynamique *(adj.)*	Dynamic
Dynamique *(nom)*	Dynamics, Dynamic range

E

Éblouir *(avec la lumière)*	To Blind *(with light)*
Éblouissant(e)	Blinding
Éblouissement	Glare, Dazzle
Écart *1) # Différence*	Difference
2) # Espace	Gap
Écartement	Spacing
Écarter : To Move *sth*, To Thrust *sth* aside, To Withdraw *sth*	
Échafaudage	Scaffolding
collier pour tubes d' ~	Scaffold clamp
tour d' ~	Scaffold tower
tube d' ~	Scaffold pole, Scaffold tube
Échantillon *1) # Fragment*	Sample
2) (Vidéo num.)	Sample
fréquence d' ~ *(Vidéo num.)*	Sampling frequency
fréquence d'un ~	Sample rate
3) # Sondage, Enquête	Sample
~ représentatif	Representative sample
taille de l' ~	Sample size
Échantillonnage *1) # Panel*	Sampling, Choice, Selection
2) (Vidéo num.)	Sampling
~ orthogonal	Orthogonal sampling
~ supprimant tous les n^{ièmes} pixels lors du balayage : Pixel dropping	
~ supprimant certains pixels lors du balayage : Pixel skipping	
~ vers le bas	Down-sampling, Subsampling
cadence d' ~	Sample rate
conversion de la fréquence d' ~	Rate conversion
fréquence d' ~	Sampling frequency, Sampling rate
taux d' ~	Sampling ratio
Échantillonneur	Sampler
Échéance de paiement	Installment
Échec, *# Four, Plantage (Coll.)*	Bomb, Flop
~ commercial, *# Bide financier*	No-hitter

Attention ! le sens du mot Bomb *en anglais est opposé à celui en américain :*
* (US) *(Fam.)* : Bide, Flop, Four, Échec, Plantage *(Coll.)*
* (GB) *(Fam.)* : Gros succès, Énorme succès
À noter qu'en anglais, ce terme est à associer à down*, comme dans l'expression : "The film went down a bomb !" ⇔ "Le film a fait un gros succès !"*

Échelle *1) # Escabeau* **(▶ p 472)**	Ladder, Steps
2) # Graduation	Scale, Series
~ d'agrandissement	Magnification scale
~ des diaphragmes	Aperture scale, Stop scale
~ des distances	Distances scale
~ de gris	Grey scale
~ de lumières de tirage	Printer scale
~ normale	One-to-one
~ des plans **(▶ p 470)**	Shot scale, Distance of framing
~ réduite	Reduced scale
~ de réduction	Reduction scale, Scale of reduction
~ de reproduction	Image scale, Scale of reproduction
~ de temps	Time scale
à grande ~, sur une grande ~	On a large scale
pleine ~	Full scale
Échelonnage *(dans le temps)*	Stagger
Écho	Echo, Reverberation
~ de bande	Magnetic printing, Print-through
~ flottant	Flutter echo
~ d'image	Ghost image
chambre d' ~	Echo chamber
effet d' ~ , *# Son parasite d'une spire à l'autre* :	Echo effect, Print through
Éclair	Flash
~ HMI	HMI pulse
* *Éclairs de foudre*	Lightnings
Éclairage	Lighting
~ ambiant	Ambient lighting
~ d'ambiance	Fill lighting, Fill
~ d'appoint	Fill lighting, Filler, Fill-in, Accent light
~ créant une atmosphère	Mood lighting
~ de base	Base light, Foundation light
~ de base *(Face + Contre Jour + Ambiance)* :	Three-point lighthing *(Key light + Backlight + Fill light)*
~ concentré	Spot lighting
~ contrasté	Low key lighting
~ peu ou pas contrasté	High key lighting
~ en contre-jour	Backlighting, Rim lighting
~ croisé	Cross lighting, Double key lighting
~ de cyclorama	Cyc lighting
~ du décor	Set lighting
~ de découverte	Background lighting
~ dégrossi	Rough lighting
~ diffus	Broad lighting, Flood lighting
~ dirigé, ~ directionnel	Directional lighting
~ en douche	Top lighting, Overhead lighting

~ par en-dessous	Under lighting
~ à la face, ~ frontal	Frontal lighting
~ fluorescent	Fluorescent lighting
~ des fonds	Background lighting
~ frisant	Edge lighting
~ indirect	Bounce lighting, Indirect lighting
~ qui inonde de lumière	Flood lighting
~ latéral	Side lighting, Cross lighting
~ naturel	Natural lighting
~ plat	Flat lighting
~ ponctuel	Spot light
~ principal	Key light
~ rasant	Edge lighting
~ en réflexion	Bounce lighting
~ à la Rembrandt	Rembrandt lighting
~ de salle, # *Éclairage du lieu*	House lighting
~ salle de billard	Pool hall lighting
~ sans ombre	Shadow-less lighting
~ de service, # *Service*	Courtesy lighting, Work light
~ par tubes fluos \ néons	Striplighting
~ à la verticale, ~ en douche	Top lighting, Overhead lighting
base d'un ~	Rough lighting
console d' ~ : Light console \ board, Lighting board \ panel	
matériel d' ~	Lighting equipment, *US* : Luminaire
plan d' ~	Lighting scheme, Lighting plot
préparation de l'~	Pre-light
* *Effet dans un éclairage contrasté pour accentuer et souligner un acteur ou un élément de décor* : Cameo lighting	
* *Rapport keylight/ambiance*	Lighting ratio
Éclaircie	Bright interval, Rift in clouds
Éclaircir	To Brighten, To Lighten
Éclaircissement	Lightening
Éclairement	Illumination
pouvoir d' ~	Light output
Éclairer	To Light, To Illuminate, To Shine a light on *sth*
Éclatant(e)	Bright, Dazzling, Glaring, Vivid
Éclaté, # *Dessin en éclaté*	Exploded view
École de cinéma	Film school
Écoute *1)* ~	Listening
salle d' ~	Listening room
2) # *Contrôle*	Monitoring
~ en cours d'enregistrement	Monitoring
3) ~ *(pour un programme télévisé)*	Audience
heure de grande ~	Peak hour listening

indice d' ~	Audience rating
~ ~ moyenne	Average audience rating
part d' ~	Audience share
taux d' ~	Audience rating
~ ~ en cours d'enregistrement	Average audience rating
Écouter	To Listen
Écoutes	Monitoring
Écouteur	Earphone
~ de contrôle	Monitor earphone
prise d' ~	Earphone plug
Écran *1) ~ (pour une projection)*	Screen
~ à billes *(pour projection frontale)*	Reflex screen
~ bleu	Bluescreen
~ divisé, # *Split screen*	Split screen
~ à enrouleur	Roll-away screen
~ extra plat *(TV)*	Superflat screen
~ géant	Giant screen
~ large	Wide screen
~ perlé	Beaded screen
~ à plasma *(TV)*	Plasma display
~ de projection	Projection screen
~ ~ arrière : Rear-projection screen, Process screen	
~ ~ translucide pour transparence : Rear screen	
~ tactile	Touch screen
~ pour transflex	Scotchlite front projection screen
~ pour transparence	Process screen
~ vert	Greenscreen
espace derrière un ~ de transparence : Rear-screen space	
format de l' ~	Screen size
luminosité de l' ~	Screen brightness
nombre d'~s, parc d'~s d'un cinéma : Screen count of a movie theatre	
2) (Vidéo)	Monitor
~ de contrôle *vidéo*	Control monitor
~ des chutiers *(Montage)*	Bin monitor
~ tactile	Touch-screen
~ témoin de plateau	Floor monitor
3) # Filtre	Screen, Filter
4) # Panneau	Screen
~ diffuseur	Diffusion frame
~ réflecteur	Reflecting screen, Fill-in screen
5) ~ anti-pop *(Audio)*	Popless screen
effet d' ~ *(Audio)*	Baffle effect
Écrasement des informations *(Inform.)* : Overwriting	
Écrêtage	Clipping, Peaking
~ des blancs	White clip

Écrêter	To Clip
Écrêteur	Clipper, Limiter, Equalizer, Peak limiter
~ de blanc >< ~ de noir	White clipper >< Black clipper
~ de bruit	Noise limiter
Écrit(e) **par** …	Written by …
Éculé(e), # *Trop exploité(e)*	Overscreened, Baked, Overexposed
Effacement	Erasure
Effacer *1)* # *Gommer*	To Erase
2) ~ une bande magnétique	To Degauss, To Erase a tape
Effet *1)* ~ *(voir aussi à* : **Effets**)	Effect
~ de brouillard	Fog effect
~ cocktail party *(Audio)*	Cocktail party effect
~ Doppler *(Audio)*	Doppler
~ de flou	Soft-focus effect
~ de fumée	Smoke effect
~ Haas *(Audio)*	Hass effect
~ jour	Day effect
~ Koulechov	Kuleshov effect
~ de longue focale	Telephoto effect
~ dans la lumière	Kick, Kick light
~ de lumière	Light effect
~ nuit	Night effect
~ de pluie	Rain effect
~ de proximité	Proximity effect
~ de réciprocité	Reciprocity effect
~ de silhouette	Silhouette effect
~ sonore	Sound effect (SFX)
~ spécial	Special effect (SP-EFX)
~ ~ à la Truca	Opticals
2) # *Défaut, Effet généré par un défaut ou une aberration*	
~ de comète	Coma
~ d'escalier *(Vidéo)*	Stair-stepped, Pixelization
~ de filage, # *Effet de filé*	Motion blur
~ d'intégration *(Vidéo num.)*	Motion blur
~ de stroboscopie	Strobing, Strobe effect
~ de traînage	Streaking
Effets	Effects (FX)
~ sonores, # *Bruitages*	Sound effects (SFX), Foley
bande d' ~ ~	Effects track, Foley track
~ spéciaux, # *Trucages*	Special effects (SP-EFX)
~ ~ mécaniques	Mechanical effects
~ ~ à la prise de vue	In-camera effects
~ ~ visuels	Visual effects
~ générés par ordinateur	Image effects
~ numériques	Digital Video Effects (DVE)

Efficacité	Efficiency
~ lumineuse	Luminous efficiency
Effluves	Statics, Static marks
Égalisation *1) # Péréquation*	*GB* : Equalisation – *US* : Equalization
2) # Mise à niveau	*GB* : Levelling – *US* : Leveling
Égaliser *1) ~ (des réglages)*	*GB* : To Equalise – *US* : To Equalize
2) ~ (une surface)	To Level
Égaliseur [CGTN – 2000]	*GB* : Equaliser – *US* : Equalizer
~ actif	Active equaliser
~ de fréquences	Frequency equaliser
Élargir	To Widen, To Enlarge
~ un plan \ un cadre *(au zoom)*	Zoom out
~ un projecteur : To Turn a light on flood, To Focus out a light	
Élasticité *(Audio)*	Compliance
Élastique *1) (adj.)*	Elastic
2) (nom)	Rubber band, Elastic band
Électricité	Electricity
~ statique	Static electricity
compteur d' ~	Electricity meter
Électrique	Electric
Électroacoustique	Electroacoustic
Électro-aimant	Electromagnet
Électrocinétique	Electrokinetic
Électrode	Electrode
Électrodynamique	Electrodynamics
Électroluminescence	Electroluminescence
Électromagnétique	Electromagnetic
Électromagnétisme	Electromagnetism
Électronique *1) (adj.)*	Electronic
2) (nom)	Electronics
Électrostatique	Electrostatic
Élément *1) ~ (d'un appareil)*	Element, Component
2) ~ (d'une chaine d'appareils)	Unit
3) ~ de pile électrique	Cell
Éléments	
1) # Les différentes parties d'un film (l'image et le son) : Elements, Materials	
2) # Les supports matériels (films, bandes magnétiques) : Elements, Materials	
~ de sécurité	Masters and dupes
Élévateur hydraulique à nacelle	Cherry-picker
Élever, *# Rehausser, Remonter*	To Step up
Éliminateur de parasites	Noise suppressor
Ellipse *1) ~ (en géométrie)*	Ellipse, Laps of time
2) ~ (au cinéma)	Ellipse, Jump cut
faire une ~	To Jump to …
Elliptique	Elliptic, Elliptical

Éloigner : To Move \ To Remove *sth* away, To Get *sth* out of the way
- s' ~ — To Move off, To Withdraw

Élongation *(Audio)* — Elongation
Embase — Flange
Embaucher, # *Engager qn* — To Hire *s.o (for a job)*
Embobiner — To Wind
Emboîter ~ deux choses ensemble — To Fit two things together
- ~ *qch* dans *qch* — To Fit *sh* into *sth*

Embout — Tip, Spigot
Émergence *(Audio)* — Emergence
Émeri (Toile ~) — Emery paper, Sand paper
Émetteur — Transmitter
- ~-récepteur — Transmitter-receiver, Transceiver
- ~ régional — District transmitter
- ~ relais — Repeater transmitter
- couverture d'un ~ — Transmitter coverage

Émission, # *Programme TV* — *GB* : Programme – *US* : Program
- ~ en différé — Delayed broadcast
- ~ en direct — Live broadcast
- ~ en direct relayée par satellite — Direct broadcasting by satellite
- ~ enregistrée en direct — Recorded live broadcast
- ~ en public — Audience show
- ~ scolaire — Educational broadcast
- ~ télévisée — Broadcast

Emplacement, # *Position* — Location, Position, Site
- ~ caméra *(position qu'occupe la caméra)* : Camera position, Camera site
- choisir un ~ où installer la caméra : To Line up a shot
- choix d'un ~ où installer la caméra : Camera set-up
- * *Sur place* — On site

Emploi — Employment
- ~ de gré à gré, ~ par consentement mutuel : Employment at will

Employé(e) *(nom)* — Employee (male \ female)
- ~ à l'heure — Hourly paid employee
- ~ à la journée — Daily paid employee
- ~ à la semaine — Weekly paid employee

Employeur(-euse) — Employer
Empoigner, # *Saisir, Agripper* — To Grab
Emporte-pièce, # *Poinçon* — Punch, Hole cutter, Hollow punch
- ~ pour photogramme — Frame punch
- découper *qch* à l' ~ — To Stamp *sth* out, To Punch out

Emprunter *(Business)* — To Take out a loan
Émulsion — Emulsion
- ~ extérieure (EE) — Emulsion side out (EO)
- ~ intérieure (EI) — Emulsion side in (EI)
- ~ inversible — Reversal emulsion

~ négative	Negative emulsion
~ orthochromatique	Orthochromatic emulsion
~ panchromatique	Panchromatic emulsion
~ peu sensible	Slow speed film
photo sensible	Light sensitive emulsion
~ positive	Positive emulsion
~ rapide	High speed film, Fast film
axe d' ~	Parent roll
numéro d' ~ ~	Parent roll number
côté ~	Emulsion side
couche d' ~	Emulsion layer
coulée d' ~	Emulsion batch
enroulement ~ extérieure	Emulsion out winding
enroulement ~ intérieure	Emulsion in winding
numéro d' ~	Emulsion batch number
support d' ~	Emulsion base, Film base
Émulsionnage, # *Coulage*	Emulsion coating
Enceinte acoustique	Acoustic enclosure, Speaker enclosure
~ à pavillon	Horns
~ à résonateur	Bass-Reflex
~ équipée d'un guide d'onde	Line-array
grappe d' ~s	Cluster
Enclencher	To Engage, To Lock
Encodage *1) # Cryptage*	Coding
~ à moindre perte	Entropy coding
2) # Codage	Encoding, Coding
~ bidirectionnel	Bidirectional encoding
~ par prédiction	Forward prediction
~ du signal vidéo	Video encoding
~ par zones	Region coding
* *Procédé défini par le standard de télévision numérique consistant à lire une image ou un signal vidéo et à le transformer en un flux de bits encodés* :	Encoding process
Encodé(e) *1) # Crypté(e)*	Coded, Scrambled
2) (Vidéo-Audio)	Encoded
Encoder *1) # Crypter*	To Code, To Scramble
2) (Vidéo-Audio)	To Encode
Encodeur *(Désigne tous les outils et les systèmes d'encodage d'un signal compressé)* :	Encoder
Encrassé(e)	Clogged
Encrassement	Clogging
Endommager	To Damage
Enduire de *qch*, avec *qch*	To Coat, To Smear with *sth*
Enduit	Coat, Coating
~ magnétique	Magnetic coating

Énergie incidente *(Audio)* Incidental energy
Enfichable, # *Qui s'enclique* Dockable
Enfoncement (Second ~) *(Audio)* After-touch
Engagement *(sous contrat)* Booking
~ d'un acteur Booking of an actor
~ de faire ou de ne pas faire Covenant
lettre d' ~ *(définissant l'engagement de qn à faire qch)* : Deal letter
Engager, # *Embaucher qn* To Hire \ To Rent *s.o* for a job
~ un acteur \ une actrice To Book an actor \ an actress
Engrenage Gear, Gear wheel
~ débrayé Out of gear
~ hélicoïdal Skew gear
enclencher des ~s To Put wheels into gear
entraînement par ~ Gear drive
rapport d' ~s Gear ratio
Engrené(e), # *En prise* In gear
Engrener To Gear
Enquête, # *Sondage* Survey
Enregistrement Recording
~ analogique Analog recording
~ automatique Batch digitize
~ continu Rec run
~ en direct Live recording
~ double piste Double track recording
~ fractionné *(Audio)* Overdub
~ hélicoïdal *(Vidéo)* Helical scan
~ longitudinal Longitudinal recording
~ magnétique Magnetic recording, Tape recording
~ multi-piste Multi-track recording
~ de la musique Music recording
~ numérique du son Digital sound recording
~ original Master recording
~ pleine piste Full-track recording
~ sonore, ~ du son Sound recording
~ de sons seuls Wild recording
~ synchrone Synchronous recording
~ transversal *(Vidéo)* Transverse recording
~ vidéo Video recording
niveau d' ~ Recording level
séance d' ~ Recording session
studio d' ~ Recording studio
tête d' ~ Recording head
vitesse d' ~ Recording speed
Enregistrer To Record
~ sur bande magnétique To Tape, To Video

Enregistreur, # *Appareil enregistreur*	Recorder
~ numérique sur disque	Digital disk recorder (DDR)
~ vidéo	Video tape recorder (VTR)
~ vidéo à cassettes	Video cassette recorder (VCR)
Enroulement	Winding
~ A	A winding
~ B	B winding
~ et déroulement	Take-up and feeding
~ émulsion extérieure	Emulsion out winding
~ émulsion intérieure	Emulsion in winding
~ lâche	Loose winding
~ serré	Tight winding
Enrouler	To Wind
Enrouleuse *1)* ~ à main	Rewinder, Winder
2) ~ électrique	Winding machine
En-tête *(Vidéo num.)*	Header
~ de groupe d'images	GOP header
~ de paquet	Packet header
~ de séquence *(Paramètres de codage et d'affichage des GOP (Group of pictures), dans un dossier MPEG)*	Sequence header
~ système	System header
Entraînement	Drive, Transport
~ de la bande magnétique	Tape drive, Tape transport
~ continu	Continuous drive
~ par courroie	Belt drive
~ par engrenage	Gear drive
~ du film	Film drive, Film transport
~ par griffe	Claw drive
~ intermittent	Intermittent drive
~ manuel de la pellicule	Inching
~ par tambour denté	Sprocket drive
mécanisme d' ~	Drive system
Entraîner	To Drive
Entrée *1)* ~ de champ	Entrance in frame
faire une ~ de champ	To Enter into the frame
~ ~ depuis droite caméra	To Enter camera right
~ ~ depuis gauche caméra	To Enter camera left
prise de marques pour l' ~ *(Désigne le fait de reculer jusqu'à être hors champ tout en comptant le nombre de pas, afin de retomber précisément dans les mêmes marques lors de l'entrée de champ)*	Back-stepping
2) ~ *(de circuit électrique)*	Input
~ asymétrique	Unbalanced input
~ audio	Audio input
~ de console	Console input
~ ligne	Line input

~ micro	Mike input
~ symétrique	Balanced input
~ vidéo	Video input
atténuateur d' ~ *(Audio)*	PAD
3) *# Arrivée d'un conducteur*	Leading in
Entrefer	Air gap, Head gap
effet d' ~	Effect of air-gap
largeur d' ~	Gap width
Entrelacé(e)	Interlaced
balayage ~	Interlaced scan
format à balayage ~	Interlaced scan format
vidéo à ~ ~	Interlaced video
** Les formats incluant un " i " (1080i, 480i,...) sont à balayage entrelacés* ⇔	*Formats that include an " i " (1080i, 480i,...) use interlaced scanning*
Entrelacement *(Vidéo)*	Interlace, Interlacing
~ appairé	Pairing
Entrepôt de décors	Scene dock
Entrer dans le champ	To Enter into the frame
Entretien, # *Maintenance*	Maintenance, Servicing, Upkeep
qui ne demande aucun ~	Maintenance free
Entropie	Entropy
Enveloppe *(Audio)*	Envelope
~ budgétaire *(Business)*	Budget
Envers du décor (L' ~)	Behind the Scenes
Environnement, # *Cadre d'un site*	Surroundings
Envoyé(e) **spécial**(e) *(Journalisme)*	Special correspondant
~ permanent(e)	Permanent correspondant
Envoyer la lumière	
1) ~ sur *qch*	To Throw the light on *sth*
2) # Envoyer les projecteurs	To Hit the lights, "Hit them !" *(Fam.)*
Épais (Épaisse)	Thick
Épaisseur	Thickness
effet d' ~ *(Audio)*	Effect thickness
Épaule	Shoulder
~ d'une courbe sensitométrique	Shoulder of a sensitometric curve
caméra à l' ~	Hand-held camera
crosse d' ~	Shoulder pod
plan à l' ~	Hand-held shot
Épingle	Pin
~ à cheveux	Hairpin
~ à linge	Clothes peg
~ ~ en bois	C-47 ® *(US)*
~ de sûreté	Safety pin
trou d' ~	Pinhole
Épingler	To Pin, To Fasten with a pin

Épisode Episod
~ pilote, Pilote, 1er ~ d'une série en projet : Pilot
à ~ Episodic
Épissure *(Électricité)* Splice
faire une ~ To Splice
Épuisé(e) Out of stock
Épuiser To Use up
Équerre Square
~ à dessin Set square
d' ~ , # *Orthogonal(e), à 90°* Square, At right angle
mettre *qch* d' ~ To Square *sth*
pas d' ~ , # *Non orthogonal(e)* Out of square
rigoureusement d' ~ Dead square
Équilibrage *(sur une tête caméra)* Balancing
Équilibre Balance
~ chromatique Chromatic balance
~ des couleurs Colour balance
manque d' ~ Lack of balance
Équilibrer To Balance
~ les comptes, ~ un budget To Balance a budget
Équipe Crew, Department, Unit
~ de construction Construction crew
~ décoration Art department
~ image, ~ caméra Camera department
~ interne, ~ permanente In-house unit
~ légère, ~ réduite Small crew
~ lumière Electric department
~ maquillage Make-up crew, Make-up department
~ de montage et démontage des décors : Rigging crew, Swing gang
~ de plateau Set crew
~ production Production unit, Production staff
~ régie Locations department
~ son Sound department
~ technique Technical crew
~ de tournage Crew, Film unit, Unit
deuxième ~ , ~ B Second unit
membres de l' ~ de tournage Crewmembers
première ~ First unit
* *Membres de l'équipe qui restent à la disposition du plateau et en attente suivant les besoins (menuisiers, peintre, etc)* : Stand-by crew
Équipement Equipment, Outfit
~ complet, # *Entièrement équipé(e) (Désigne, par exemple, un studio entièrement équipé de bureaux, loges, cantine, infrastructure électrique, machinerie, ateliers de décors, etc.)* : Full fax
~ léger : Lightweight equipment, Portable rig, Location rig

~ informatique *a) (unités, boîtiers, câbles, mémoires,...)* : Hardware
b) (logiciels, documentations, schémas,...) : Software
~ d'un plateau vide *(incluant le montage des décors, découvertes, passerelles, déports, etc ainsi que l'accrochage des projecteurs sur les passerelles)* : Rigging

Équiper, # *Équiper de* — To Fit out *sth* with
~ une caméra, # *Installer une caméra* : To Set up a camera
~ un décor, # *Accessoiriser* — To Set up a set, To Dress a set

Érafler — To Scratch, To Abrade

Éraflure — Scratch, Score, Abrasion

Ergot — Lug, Pin
~ de fixation — Clamping lug
~ de positionnement — Locating pin

Erreur — Error
correcteur d' ~ — Error corrector
correction d' ~ — Error correction
détection d' ~ — Error detection
reconstruction des ~s dans un signal : Error concealment

Escalier — Staircase
effet d' ~, # *Crénelage (Vidéo)* — Jaggies, Aliasing, Stairstep effect, Staircasing

Esclave *(Audio – Vidéo)* — Slave

Escomptable — Bankable

Espace — Space, Room, Gap
~ au-dessus des têtes *(Cadrage)* — Headroom
~ hors champ — Off-screen space
~s verts — Greenery
aménager un ~ pour *qch* — To Make room for *sth*
laisser de l' ~ pour *qch* — To Leave room for *sth*
un ~ entre *(deux choses)* — A gap \ A space between *(two things)*

Espèces, # *Argent liquide* — Cash

Essai — Test
~ caméra — Camera test
~ de définition — Definition test
~ d'exposition — Exposure test
~ filmé d'un acteur — Screen test
~ de fixité — Steadiness test
~ de laboratoire — Laboratory test
~ de niveau de voix — Voice level test
~ de rayure — Scratch test
~ sensitométrique — Sensitometric test
banc d' ~ — Testing bench
bande d' ~ — Film test, Test tape
bout d' ~ — Film test, Test shot, Test strip
mire d' ~ — Test chart, Test pattern

Essayage *(d'un costume)*	Wardrobe fitting
convocation pour un ~	Wardrobe call
prime d' ~	Fitting fee
Essayer *1) ~*	To Try
2) # Tester	To Test
Esthétique	Aesthetics
~ du Cinéma	Film aesthetics
~ du film	Film aesthetics
~ de la violence	Aesthetic of violence
Estimation	Estimation
Estimer	To Estimate
Estompage *(Vidéo num.)*	Smearing, Smuding
Étage d'entrée *(Audio)*	Input stage
Étagères	Shelves (*singulier* : Shelf)
Étalement	Spread, Spreading
~ du faisceau d'un projecteur	Beam spread
Étalonnage *1) ~ (d'un négatif)*	*GB* : Grading – *US* : Timing
~ plan par plan	Scene to scene timing
banc d' ~	Grading bench
gamme d' ~ : Grading band \ card (*GB*) – Timing card \ strip (*US*)	
2) ~ (d'un appareil, d'une machine)	Calibration
courbe d' ~	Calibration chart
Étalonner *1) ~ (un film)*	*GB* : To Grad – *US* : To Time
2) ~ (un appareil de mesure)	To Calibrate *(a measuring device)*
~ une cellule	To Calibrate a lightmeter
Étalonneur(-euse)	*GB* : Grader – *US* : Timer
Étanche	Tight
~ à l'air \ à l'eau \ à la lumière	Airtight \ Watertight \ Light-tight
rendre ~	To Seal
* *Dispositif d'étanchéité*	Seal
État, *# Position, # Statut*	Status
Éteindre	
~ un appareil, ~ une télévision	To Turn off
~ une couleur	To Soften
~ une lampe	To Switch off
~ un ordinateur	To Shut down, To Power down
~ un projecteur	To Kill a light
# Plonger dans l'obscurité	To Douse
# Soulager les projecteurs	To Kill the lights
# Étouffer un feu	To Snuff out a fire, To Smother a fire
# Souffler une bougie	To Blow out a candle
Éteint(e) *1) # Débranché(e)*	Off
2) # Délavé(e)	Faint
# Faible, Pâle	Dim
# Terne, Mat(te)	Dull

Étendue	Coverage, Extent, Range, Scope
~ d'un faisceau lumineux	Beam coverage
Étiquette	Label
~ laboratoire	Laboratory label
Étoile *(pour un pied caméra)*	Spreader
Étrier *1) # Collier, Bride*	Stirrup
2) ~ (de feuille de décor)	Wall sled
Étroit(e)	Narrow
rendre plus ~ , *# Rétrécir*	To Narrow
Étude de marché *(Business)*	Market research
Exactitude	Accuracy
degré d' ~	Degree of accuracy
Excédent de poids	Overweight
Excentrique, *# Came*	Eccentric, Cam
Excitateur(-trice)	Exciter
Exclusivité	Exclusive
contrat d' ~	Exclusive contract
droits d' ~	Exclusive rights
en ~	Exclusive run
non-~	Nonexclusive
période d' ~	Clearance
première ~ : Exclusive release, First run, Initial release	
Exercice financier	Fiscal year
Exigu(ë) *1) # Étriqué(e)*	Cramped
2) # Minuscule	Tiny, Exiguous
Exonération, *# Ticket gratuit*	Oakley **(▶ p 405)**
Expandeur *(Audio)*	Sound generator
Expertise	
1) # État des lieux	Survey
2) # Estimation financière	Valuation
Exploitant(e) *(de salles de cinéma)*	Exhibitor, Theatrical exhibitor
~ indépendant(e)	Unaffiliated exhibitor
Exploitation *(d'un film en salle)*	Exhibition, Exploitation, Running
~ commerciale	Theatrical exhibition, Theatrical release
~ non-commerciale : Non-theatrical distribution \ exhibition \ release	
~ par paliers *(permettant au bouche-à-oreille et aux médias de lancer l'exploitation d'un film)* : Platform release	
avance ~	Exhibition financing
copie d' ~	Release print
droits d' ~ en salle	Exhibition rights
durée d' ~ à l'intérieur d'un marché donné : Window	
frais fixes hebdomadaires d' ~ d'un cinéma : House nut	
marchés d' ~ secondaires	After-markets
période d' ~	Exhibition period
premier week-end d' ~	Opening week-end

* *Ajustement de l'exploitation d'un film en le déplaçant dans une salle plus petite ou plus grande selon le succès du film* : Move-over (*US*)
* *Date de sortie d'un film en salle* — Opening day
* *Jour de changement de programmation des salles, Jour des nouveaux films à l'affiche* : Change over day
* *Sortie nationale d'un film en salles* — National release, Wide release

Exploiter un film en salles — To Exhibit a film, To Run a film
Explorer *(une image vidéo par balayage électronique)* : To Scan *(a video image)*
Exporter *1) (Inform.)* — To Export
2) # Expédier à l'étranger — To Send *sth* abroad
Exposer *(un film, une pellicule)* — To Expose
Exposition *(d'un film, d'une pellicule)* — Exposure
durée d' ~, # *Temps de pose* — Exposure time
augmenter la ~ ~ — To Increase the exposure time
diminuer la ~ ~ — To Decrease the exposure time
facteur d' ~ — Exposure factor
phase d' ~ — Exposure period
2) # Introduction de l'histoire, Ouverture de l'histoire : Set-up
Expressionnisme — Expressionism
Extenseur *(Audio)* — Expander
Extensible — Extensible, Stretchable
Extension *(Audio)* — Expand
Extérieur *(adj.), # Externe* — Exterior, Outer, External, Outside
Extérieur *(nom) 1)* ~ — Exterior, Outside
~ jour — Day exterior
en ~ , # *Dehors* — *GB* : Out-door – *US* : Outdoor
un décor en ~ — An exterior location
2) # Décor en extérieur (c'est-à-dire qui n'est pas en studio) : Location
en ~ — On location
tournage en ~ — On location shooting
* *Les extérieurs* — Locations
Extinction, # *Débranchement* — Release
Extrait de film — Film excerpt
Extrémité *1) # Fin* — End
2) ~ des doigts, ~ du nez — Tip
3) ~ d'une aiguille — Point

F

Face *1) # Visage*	Face
~ à *qch \ qn* , de ~ à *qch \ qn*	Facing *sth \ s.o*, Opposite to *sth \ s.o*
~ à la caméra	Facing camera
placer *qch* ~ à *qch*	To Set *sth* opposite to *sth*
2) # Côté d'un objet, d'un cube, etc.	Side
~ externe > < interne	Outer side > < Inner side
Facteur, *# Coefficient*	Factor
~ de bruit	Noise figure
~ de crête	Peak factor
~ de filtre *(Film)*	Filter exposure factor
~ de qualité *(pour un filtre) (Audio)*	Q factor
~ de réflexion	Reflecting coefficient
~ de transmission	Transmission coefficient
Facturation	*a)* Billing – *b)* Invoicing
Facture, *# Justificatif*	*a)* Bill – *b)* Invoice
acquitter une ~	To Pay off, To Pay up
Facturer	*a)* To Bill – *b)* To Invoice
Fade, *# Délavé(e)*	Drab, Washed out
Faible *(pour un niveau de signal)*	Low
Faillite	Insolvency, Bankruptcy
faire ~ , *# Faire un bouillon (Coll.)*	To Go bust, To Go bankrupt
Faire-valoir *1) ~ (d'un comédien)*	Second banana, Straight man, Sidekick, Second fiddle *(US)*
être le ~ de *qn*	To Play second banana to *s.o*
2) # Mettre en avant un film ou un programme TV : To Showcase	
** Vanter les mérites d'un scénario, d'un réalisateur, d'un comédien* : To Pitch	
Faisceau	Beam
~ de balayage	Scanning beam
~ cathodique	Cathode beam
~ concentré	Concentrated beam
~ convergent	Converging beam
~ divergent	Diverging beam
~ d'électrons	Electron beam
~ incident	Incident beam
~ large	Spread beam, Flood beam
~ lumineux	Light beam
~ réfléchi	Reflected beam

angle de ~	Beam angle
étalement du ~	Beam spread
étendue du ~	Beam coverage
portée du ~	Beam range
Farce	Slapstick comedy
Fatigue auditive	Hearing fatigue
Fausse teinte	Light loss
avoir une ~	To Lose the light
Faute professionnelle	Malpractice
Faux-départ	False start
Faux direct *(TV)*	Live-on-tape
Faux-frais	Incidentals
Faux-mouvement	False move
Faux raccord	Wrong match, Lack of continuity
en ~	Mismatched
plan avec un ~ , plan en ~	Mismatched shot
faire un ~	To Lack continuity
Fenêtre *1)* ~ de caméra	Camera gate, Camera aperture
~ liquide	Liquid gate, Wet gate
~ muette *(au format du muet)*	Silent aperture, Full aperture
~ de projection	Projection gate, Projection aperture
~ propre >< ~ sale	Good gate >< Bad gate
poil dans la ~	Hair in the gate
vérifier la ~	To Check the gate
2) ~ de cabine de projection	Booth porthole, Window
3) (Informatique)	Window
~ de prévisualisation	Pre-view window
Fente *1)* ~ lumineuse, ~ de lumière	Light gate
2) ~ d'une tête de vis	Slot
3) # Entaille, Rainure	Slot
~ d'accrochage	Latching slot
Insérer qch dans une ~	To Put *sth* into a slot
4) # Fissure	Slit

Ferme *(noun / female) : Frame reinforced out of wood or metal. Layed on uneven ground, and assembled together the* **fermes** *make it possible to obtain a plan on which grips will be able simply to lay dolly tracks. Wedging the fermes together saves time especially when shooting outdoors using long tracking shots or over uneven ground*

Fermer	*a)* To Close, To Shut - *b)* To Lock
~ le diaphragme	To Stop down
Fermeture *1) # Verrou*	Lock, Bolt, Fastener
~ éclair	*GB* : Zip fastener, Zip – *US* : Zipper
2) ~ en fondu	Fade out
~ en iris	Iris out, Circle out
~ en volet	Wipe

Festival de films Film festival
Fête de fin de film, # *Fête de fin de tournage* : Wrap party
Feu vert Greenlight
à qui on a donné le ~ Greenlighted
donner le ~ , # *Approuver un projet* : To Green light, To Give a go ahead
* *Film qui a obtenu le feu vert et qui peut entrer en production* : Go picture
* *Pour indiquer qu'un projet peut démarrer* : "It's a go !"
* *Pour indiquer qu'un projet ne peut pas démarrer* : "It's a no !"
Feuille *1)* ~ de papier Sheet of paper
2) ~ de service Call sheet
3) ~ de rapport Log sheet
~ de rapport labo Lab sheet
~ de rapport image Camera sheet
~ de rapport scripte Continuity sheet
4) ~ de décor Wall panel, Wall, Flat
~ de décor escamotable pour permettre le passage d'un chariot de travelling : Swinger
~ de décor mobile Wild wall, Floating wall
~ ~ en plafond Wild ceiling
béquille de ~ ~ Stage brace
Feuilleton TV serial
~ à épisodes *(dont le tout forme une histoire. Populaires en France jusqu'aux années 20, et aux USA jusqu'à la fin des années 50, la télévision a dorénavant pris le relais, et les* TV serials *(séries télévisées) sont finalement redevenues très populaires)* : Serial
~ télévisé en 3 parties Three-parts TV serial
Fibre *GB* : Fibre – *US* : Fiber
~ optique *GB* : Optical fibre – *US* : Fiber optics
~ de verre *GB* : Fibreglass – *US* : Fiberglass
câble à ~ : Fibre-optic cable (*GB*) – Fiber optic cable (*US*)
Fiche *(électrique)*
~ banane Banana plug
~ femelle Socket
~ mâle Plug
~ multiple Split wire
~ de raccordement Connecting plug, Connector
~ technique : Data sheet, Specifications sheet, Technical documentation
* *Fiche listant les besoins organisationnels et techniques* : Technical rider
Fichier *(Inform.)* File
~ audio Audio file
~ de données Data file
~ d'enregistrement de longueur fixe : Fixed-filed file
~ informatique Data file
~ media Media file
~ de stockage temporaire Swap file

~ vidéo	Video file
format de ~	File format
taille de ~	File size
taille de ~ image	Image file size
Figurant(e) *(nom)*	Extra, Background player
~s *(foules, groupes, etc.)* dont les conversations inintelligibles se limitent à une ambiance de fond sonore : Omnies	
~ offrant un talent personnel particulier *(culturiste, danseur, jongleur, etc.)* : Special ability extra	
Figuration	Extras
casting ~	Casting extra
passage de ~	Walk-on
régisseur ~	Booking assistant
* *Boulot de figurant(e), Emploi à la figuration* : Background job	
Figures de Lissajous *(Audio)*	Lissajous curves
Fil *1)* ~ électrique	Wire, Conductor
~ *(dans un cable à plusieurs fils)*	Core
~ d'alimentation	Line cord, Power cord
~ de connexion	Patch cord
~ dénudé	Bare wire
~ de fusible	Fuse wire
~ de phase	Phase conductor
~ sous tension	Live wire
~ de terre	Earth wire, Ground wire
dénuder un ~	To Bare a wire
ligaturer des ~s électriques	To Lash
2) ~ de couture	Thread
3) ~ de fer	Wire
4) ~ de nylon	Nylon thread
Fil à fil	Paper to paper, Clip to clip
* *Poser des fils*	*a)* To Paper up - *b)* Papering
Filage *1) (Artefact)*	Ghost, Streaking
~ d'une image	Blur, Blurring, Streaking
effet de ~, # *Effet de filé*	Motion blur
2) # Répétition (Théâtre)	Runthrough
Filament	Filament
~ de tungstène	Tungsten filament
double ~	Double filament
Filé(e) *(adj.)*	Blurred
panoramique ~	Whip pan
Filé *(des objets animés) (nom)*	Blur, Blurring
~ d'obturateur	Shutter blur
effet de ~, # *Effet de filage*	Motion blur
Filet *1)* ~ de lumière	Streak of light
2) ~ d'une vis	Thread of a screw, Screw thread

Filetage *(d'une vis)* — Threading *(of a screw)*
Fileter — To Thread
Filigrane électronique *(DVD)* — Watermark
~ numérique *(Protection numérique du copyright des œuvres gravées sur un DVD)* : Digital watermark
détection du ~ — Watermark detection
* *Procédé incorporant des données en filigrane dans un enregistrement numérique afin de sécuriser le copyright du contenu* : Watermarking

Film

*1) # **Pellicule*** — Film
~ à 1 rangée de perforations — Single perforated film
~ à 2 rangées de perforations — Double perforated film
~ amorce — Leader
~ en boucle — Loop film, Loop
~ contretype — Duplicating film, Duplicate film
~ couleur — Colour film
~ couleur à émulsions superposées : Multi-layer colour film
~ couleur multicouche — Multi-layer colour film
~ d'essai, ~ test — Test film
~ exposé, ~ impressionné — Exposed film
~ de format réduit — Narrow-gauge film
~ à grain fin — Fine grain film
~ infrarouge — Infrared film
~ ininflammable : Non-flam, Non-flammable film, Safety film
~ inversible — Reversal film
~ ~ couleur — Colour reversal film
~ ~ noir et blanc — Black and white reversal film
~ ~ vierge — Reversal raw stock
~ lith — Lith film
~ lumière artificielle — Tungsten film
~ lumière du jour — Daylight film
~ monoperforation — Single-perforation film
~ multicouche — Multi-layer film
~ négatif — Negative film
~ ~ couleur — Colour negative film
~ ~ noir et blanc — Black and white negative film
~ ~ vierge — Negative raw stock
~ nitrate — Nitrate film
~ noir et blanc — Black and white film
~ orthochromatique — Orthochromatic film
~ panchromatique — Panchromatic film
~ positif — Positive film
~ ~ couleur — Colour positive film
~ ~ noir et blanc — Black and white positive film
~ ~ vierge — Positive raw stock

~ rapide, ~ sensible	High-speed film, Fast film
~ sécurité	Safety film
~ de sélection trichrome	Three-colour separation film
~ à sensibilité normale	Normal speed film
~ pour tirage de copies	Print film

~ pour transparence : Background film, Background plate, Process plate

~ vierge	Unexposed film, Raw stock, Film stock
grain du ~	Film grain
2) *# Œuvre cinématographique*	*GB* : Film, Picture – *US* : Movie
~ d'action	Action film
~ d'actualités	Newsreel, News film
~ d'animation	Animated film, Cartoon
~ annonce, *# Bande annonce*	Trailer, Publicity film

~ d'archives *(Film provenant d'une banque d'archives)* : Files footage

~ à base d'archives	Compilation film
~ de montage d'archives	Compilation film
~ d'art	Art film

~ d'arts-martiaux : Martial-Arts movie, Chop-socky (*Fam*) (*US*)

~ d'aventures	Adventures film

~ qui commence à générer des bénéfices : Recouped film

~ biographique : Biopic, Biopix *(Ces deux expressions sont des contractions de* biographical picture*)*

~ de cape et d'épée	Caper, Swashbuckler
~ à la carte	Movies-on-demand
~ catastrophe	Disaster film
~ classique, *# Classique*	Classic film
~ de comédie	Comedy film
~ ~ musicale	Musical, Musical comedy
~ comique	Comic film
~ de commande	Contract film, Commissioned film
~ commandité	Sponsored film
~ à costumes	Costume film
~ de court-métrage	Short feature film, Short film
~ de cul, *# Film de fesse*	Skin film
~ culte	Cult movie, Cult film
~ documentaire	Documentary film
~ doublé	Dubbed film
~ double bande	Double band film, Double-headed film
~ "à l'eau de rose"	Chick film, Soppy
~ à effets spéciaux	Effects film
~ d'époque, ~ historique	Period film
~ d'épouvante	Horror film
~ pour enfants	Children's film
~ ennuyeux, ~ soporifique	Yawner *(Litt. : "qui fait bailler")*
~ d'enseignement	Educational film

~ à épisodes, # *Feuilleton*	Serial
~ d'épouvante	Thriller
~ érotique	Skinflick, Soft porno
~ d'errance	Road movie
~ d'espionnage	Spy film
~ ethnographique	Ethnographic film
~ expérimental	Experimental film, Underground film

~ exploitant le succès d'un film déjà existant : By-product

~ fantastique	Fantasy
~ fauché	Cheapie
~ de fesse, # *Film de cul*	Skin film
~ en feuilleton	Serial
~ de fiction	Feature film, Fiction film
~ dans le film	Film within the film
~ sur le film, # *Making of*	Making of , Featurette
~ de formation	Training film
~ de gags, # *Comédie gaguesque*	Gag-based comedie
~ de gangsters	Gangster film
~ de genre	Genre movie
~ gore, ~ à l'hémoglobine	Gore film, Slice and dice
~ à grand spectacle	Epic, Epic film, Spectacle film
~ à gros budget	High budget film
~ de guerre	War film
~ historique	Historical film, Costume film, Period film
~ hollywoodien à gros budget	Mainstream
~ d'horreur	Horror film
~ ~ sanglant	Slasher film, Splatter
~ d'humour noir	Black comedy

~ indépendant : Independent film, Indie, Independent feature film

~ industriel	Corporate film, Industrial
~ inédit	Unreleased film
~ interdit	Banned film

~ interdit aux moins de 18 ans (▶ **p 392**) : Under 18 film, *US* : R-rated film
~ interprété par des acteurs noirs : Black movie (*US*)
~ pour jeune public, ~ pour enfants (▶ **p 392**) : Teen movie
~ "qui vous tire les larmes", # *Mélodrame larmoyant* : Tear-jerker

~ de long métrage	Feature film

~ de montage d'archives \ d'extraits \ de documents : Compilation film
~ destiné au marché de la vidéo domestique : Made-for video film

~ marginal	Underground film
~ à message	Message film
~ de montage	Compilation film, Editorial film
~ de moyen métrage	Short feature film
~ muet	Silent picture, Silent film
~ narratif	Narrative film

~ noir   Film noir
~ opéra   Opera film
~ parlant   Talking picture, Talkie, Sound film
~ pédagogique   Educational film
~ à petit budget   Low-budget film
~ pilote *(pour une série TV)*   Pilot film, Pilot
~ policier   Detective film
~ ~ à énigme   Whodunit (**▶ p 405**)
~ ~ à suspense   Thriller *(to thrill = frissonner)*
~ pornographique, # *Porno*   Pornographic film, Porno
~ ~ hard   Hard, Hard core
~ ~ homosexuel mâle   Stag film, Porn gay
~ poursuite   Chase film, Chaser
~ qui entre en production *(et sort donc de l'état de projet)* : Go picture (*US*)
~ de promotion   Promotional film
~ de propagande   Propaganda film
~ conçu pour un public particulier, mais qui finit par obtenir un succès général beaucoup plus large : Crossover film
~ publicitaire   Commercial, Advertising film
~ réalisé en dehors des contraintes syndicales : Non-union film (*US*)
~ en relief   Three-dimensional film, 3-D film
~ remonté en vue d'en expurger les passages susceptibles d'être censurés *(violence, sexe, nudité, drogue, etc.)* : Reconstructed film
~ de reportage   Coverage
~ sans risques, dont le succès est évident, et dont on sait que les recettes couvriront l'échec d'autres films : Tent pole (**▶ p 405**)
~ de science-fiction   Science-fiction film
~ scientifique   Scientific film
~ semi-professionnel   Featurette
~ de série B : B-film, B-movie, B picture, B-category film
~ série Z   Z-film, Quickie
~ à sketches   Episode film
~ social   Problem film
~ sonore   Sound film
~ soporifique, ~ ennuyeux   Yawner *(Litt. : "qui fait bailler")*
~ standard   Standard film
~ stéréoscopique   Stereoscopic film
~ stéréotypé   Formula film
~ à succès   Success film
~ dont le succès ne se tarit pas : To Have legs *(Litt. : "Avoir des jambes")*
~ qui devient un succès, contre toute attente : Underdog, Sleeper (*US*)
~ qui reprend un succès et en exploite la veine : Knockoff, Spin-off
~ à très gros succès   Blockbuster
~ tourné suite à un premier film déjà existant, # *Suite* : Sequel
~ à suspense   Cliffhanger

~ à tandem *(basé sur l'histoire d'un tandem improbable, dans l'obligation de faire équipe : 2 policiers, 2 évadés, etc.)* : Buddy film
~ teinté — Dyed film
~ produit à l'initiative d'une chaîne TV pour sortir en salles, mais dont la première diffusion a lieu à la télévision : Television movie, Telepic
~ tout public : Large audience film *(GB)* – G-rated film *(US)*
~ de trucages — Trick film
~ de vampires — Ghoulie
~ voyage — Travel film
~ X, ~ classé X (▶ p 392) — X-rated film
acheteur de ~ — Film buyer
analyse d'un ~ — Film analysis
carrière d'un ~, # *Durée d'exploitation d'un film* : Film legs *(US)*
* *"A bad publicity can shorten a film's leg"* ⇔ *"Une mauvaise publicité peut nuire à la carrière d'un film"*
compilation d'extraits de ~s — Compilation film
développement du ~ — Film developing
distributeur du ~ — Film rental
genre de ~ — Film genre
le ~ de la semaine — Movie of the week
projet de ~ — Proposal

"Le Film sur le film" — "The making of"

Filmer — To Shoot, To Film
~ en accéléré — To Undercrank
~ de biais, ~ en cassant la bulle — To Dutch
~ au ralenti — To Overcrank

Filmique — Filmic

Filmographie — Filmography

Filmothèque — Film library

Filtrage — Filtering
~ couleur — Colour filtering

Filtre — Filter
1) (Prise de vue) — Filter
~ anti-calorique — Heat-absorbing filter
~ anti-reflet — Glare filter
~ anti-ultraviolet — Ultraviolet filter
~ anti voile athmosphérique — Haze filter
~ à l'arrière *(de l'objectif)* — Behind-the-lens filter
~ atténuateur de contraste — Low contrast filter
~ brouillard — Fog filter
~ compensateur de TC — Colour compensating filter
~ de compensation — Compensating filter
~ de conversion lumière du jour — Daylight conversion filter
~ correcteur de contraste — Contrast filter
~ correcteur de TC — Correction filter

~ coucher de soleil	Sunset filter
~ couleurs	Colour conversion filter
~ dégradé	Graduated filter, Grad filter
~ ~ couleur	Colour grad filter
~ ~ neutre	Neutral grad filter
~ ~ à séparation douce	Soft grad, Soft edge graduated filter
~ ~ à séparation franche	Hard grad, Hard edge graduated filter
partie transparente d'un ~ ~	Clear part of a grad filter
~ dichroïque	Dichroic filter, Mac Beth
~ diffuseur	Diffuser filter
~ densité neutre	Neutral density filter
~ à effets	Effects filter
~ étoile	Star filter
~ à facettes	Multiple image filter
~ infrarouge	Infrared filter
~ neutre	Neutral *density* filter
~ nuit *(pour le Noir et Blanc)*	Night filter *(for Black and White)*
~ polarisant	Polarizer, Polascreen
~ de sélection trichrome	*(Colour)* Separation filter
~ sépia	Sepia effect filter
~ teinté dans la masse	Glass filter
~ de vision	Viewing filter
~ UV	UV filter
~ en verre	Glass filter
coefficient de ~	Filter factor
densité des ~s :	Filter's density :
* double *(pour diffuseurs)*	* double *(for diffusers)*
* forte >< légère	* heavy >< light
* normale	* regular
fente pour ~ *(dans un objectif)*	Filter slot
format de ~	Filter size
intermédiaire pour tiroir de ~	Filter adapter frame
porte-~ *a) (pour caméra)*	Filter holder
b) (pour projecteur)	Colour frame, Gel frame
série de ~s	Filter set
~ ~ couleurs mélangée	Blender
tiroir de ~	Filter tray
2) *(Audio)*	Filter

~ Academy *(Son)* : Academy filter *(Simule les conditions d'écoute au mixage du son optique final tel qu'il sera entendu en salle)*

~ acoustique	Acoustic filter, Acoustic clarifier
~ anti-bruit	Hum eliminator
~ audio	Audio filter, Sound filter
~ d'harmonique	Harmonic suppressor
~ de tonalité	Tone filter

3) (Électronique - Vidéo)	Filter
~ antiparasites	Interference filter
~ de bande	Band wave filter
~ éliminateur de bande	Band-stop filter
~ hyperfréquence	Microwave filter
~ passe-bande	Band-pass filter
~ passe-bas	Low pass filter, High frequency cut filter
~ passe-haut	High pass filter
~ peigne	Comb filter
~ peigne numérique	Digital comb filter
~ peigne Y/C	Y/C comb filter
Filtrer *1) ~ (à l'image)*	To Filter
2) ~ (au son)	To Filter, To Equalize
Fin(e) *(adj.)*	Fine
Fin *(nom) 1) ~ (d'un film)*	The end
~ déprimante	Downbeat end
~ à rebondissements	Final twist, Twist ending
~ "qui se termine bien"	Happy end
~ triste	Sad end
2) # Extrémité	End, Tip
~ de bobine	Tail
~ ~ negative >< ~ ~ positive	Roll end >< Reel end, Reel tail
par la ~	Tail on, Tail out, Tail up
Financement	Financing

~ d'un programme par un publicitaire en échange d'espace publicitaire : Bartering
~ réuni avant la mise en production du film : Upfront financing
société spécialisée dans le ~ de films : Movie lender (*US*)

Financer	To Finance, To Back *s.o, sth*
~ à l'aide d'une banque	To Bankroll
Finesse de résolution	Sharpness
Fiscalité	Tax system
Fixage	Fixing
bain de ~	Fixing bath, Fixing solution
Fixateur	Fixing agent, Fixer
~ tannant	Hardening fixer
Fixation	Attachment
Fixe	Steady
Fixer *1) # Attacher*	To Fasten, To Fix
~ avec du ruban adhésif	To Tape
2) ~ son regard sur *qn, qch*	To Gaze, To Stare at *s.o, sth*
Fixité *(de l'image)*	Steadiness, Registration
essai de ~	Steadiness test
manque de ~	Lack of steadiness, Poor registration
mire de ~	Steadiness chart

Flare	Flare
coefficient de ~	Flare factor
protection contre le ~ (*US*)	Lenser
Flash annulaire	Ring flash
Flash-back montage en ~	Flash-back editing
séquence en ~	Flash-back sequence
Flashage	Flashing
~ à la caméra	Flashing in-camera
~ après >< ~ avant la prise de vue : Post-flashing >< Pre-flashing	
Flasque *(pour chargement au jour)*	Spool, Daylight loading spool
~ débiteur	Supply spool, Take-off spool
~ récepteur	Take-up spool
Flèche (▶ p 337)	Arrow
Flécher	To Arrow
Fleuron *(d'une production)*	Flagship
Flexible	Flexible
Flop	Flivver, Flop, Bomb (*US*) *(Fam.)*
<u>*Attention*</u> *! le sens du mot* Bomb *en anglais est opposé à celui en américain :*	
* *(US) (Fam.), # Flop*	Bide, Flop, Four, Échec, Plantage *(Coll.)*
* *(GB) (Fam.)*	Gros succès, Énorme succès
À noter qu'en anglais, ce terme est à associer à down, *comme dans l'expression : "The film went down a bomb !" ⇔ "Le film a fait un gros succès !"*	
Flottement *(par défaut de fixité)*	Float
Flou(e) *(adj.)*	*a)* Out of focus - *b)* Fuzzy
Flou *(nom)*	Out of focus
~ artistique	Soft focus
effet de ~	Soft-focus effect
faire un passage au ~	To Go out of focus
passer au ~	To Go out of focus
Floutage, # *Flou*	Blur
Fluctuation	Fluttering, Flutter
~ de courant	Surge of current
~ de lumière	Fluttering of brightness
~ de tension	Voltage flutter
~ de vitesse	Speed flutter
Fluide *(adj.)*	Light, Fluid
huile ~	Fluid oil
Fluorescent(e)	Fluorescent
Flux *1)* ~ lumineux	Luminous flux, Light flux
2) (Vidéo num.)	Stream
~ de base	Elementary stream
~ de données sur un réseau	Stream
~ continu de données	Bit stream
~ de bits	Bit stream
~ de données	Data stream

~ élémentaire de sortie d'un compresseur de signal : Elementary stream
~ élémentaire MPEG sous forme de paquets : Packetized elementary stream
~ d'information, # *Taux de compression* (en Mb/s) : Bit rate, Bitrate
~ d'information *(signal multiplexé)* composé de plusieurs flux de base *(plusieurs programmes)* véhiculés par paquets. *(Ce type de flux est souvent appellé Signal MPEG)* : Transport stream (TS)
~ d'informations temporelles compressées *(DVD)* : Program stream
~ unique non-multiplexé d'informations avant compression : Source stream
reconstruction d'un ~ de bits compressés : Decoded stream
* *Référence de synchronisme des décodeurs* : Elementary stream clock ref.

Focal(e) *(adj.)*	Focal
distance ~	Focal length
gamme des ~	Focal range, Focal lenght range
plan ~	Focal plane
Focale *(nom) 1) # Objectif*	Lens
~ fixe	Fixed focal-length lens
~ normale	Medium lens, Normal lens
~ variable	Variable focal-length lens
courte ~	Short focal-length lens
longue ~	Long focal-length lens
2) # Distance focale	Focal-length
courte ~	Short focal-length
gamme des ~s	Focal range
longue ~	Long focal-length
Focalisation *1) ~ (d'un objectif)*	Focusing
2) ~ (d'un projecteur)	Beam control
bouton de ~	Beam control, Focusing knob
3) (Audio)	Focusing
Focaliser	To Focus on, To Point at
~ un projecteur	To Focus in, To Spot a light
Fonction de transfert de modulation (FTM)	Modulation transfer function (MTF)
Fonctionnement	Operating, Running, Working
Fonctionner	To Run, To Work
prêt à ~	Ready to work, Ready for use
Fond *1)* ~	Background, Ground
~ abstrait	Abstract background
~ bleu *(pour incrustation)*	Bluescreen, Blue backing
~ neutre pour titres	Neutral background, Title background
~ sonore	Sound background
couleur claire sur ~ sombre	Light colour on a dark ground
les ~s	Background
papier pour ~	Colorama

* *Décors, objets, figurants, etc., constituant les fonds de l'action d'un film* : Background cast

2) *(Animation)*	Background
~ dessiné	Layout, Lay-out
3) ~ de roulement *(Business)*	Working capital
4) ~ de teint *(Maquillage)*	Base
Fondamental *(Audio)*	Fundamental
Fonds *(Business)*	Funds
~ disponibles	Available funds
Fondu	Fade
~ au blanc	Washout, Fade to white
~ à la caméra	Fade in-camera, Dissolve in-camera
~ au diaphragme	Iris fade
~ enchaîné	Dissolve, Crossfade
~ ~ à la caméra	Dissolve in-camera
~ en iris	Circle wipe, Iris fade
~ au noir, ~ à la fermeture	*a)* Fade out, Fade to black *b) US* : Iris out
~ à l'obturateur	Shutter dissolve
~ à l'ouverture	*a)* Fade in - *b) US* : Iris in
~ au son	Sound fade
~ par volet *(la dernière image d'un plan chassant la suivante)* : Lap-dissolve	
durée du ~	Dissolve time
enchaîner en ~ avec	To Dissolve through to
faire disparaître en ~	To Dissolve, To Fade out
obturateur à ~	Dissolving shutter
Force *1)* ~	Strength
2) # *Énergie*	Energy, Power
~ électrique	Electric power
~ mécanique	Mechanical power, Energy
~ d'inertie *(Mécanique)*	Inertia, Vis inertia
~ motrice	Motive power, Driving force
Forcer *1)* ~ le développement	To Force, To Push the development
2) ~ une vis	To Overtorque a screw
Forfait, # *Salaire au forfait*	*a)* Flat buyout, Flat sum, Flat *b)* Fixed fee, Fixed wage
Formalités de douanes	Customs clearance
Formant *(Audio)*	Formant
Format	
1) ~ de film *(Largeur de la bande de film, en mm : 70, 35, 16, 8, etc.)* : Gauge, Film width	
~ de la pellicule	Film size
~ standard, ~ professionnel	Standard size
~ substandard, ~ réduit	Substandard size
2) ~ *(de l'image)*	Aspect ratio, Frame size
~ académique, ~ 1,33	Academy aperture, Academy ratio
~ boîte aux lettres	Letterbox format

* *Transfert des films en format large sur un écran TV 4 : 3, générant des bandes noires en haut et en bas de l'écran* : Letterboxing	
rapport du ~	Aspect ratio
3) # *Durée d'un programme (TV)*	Format, Form *(Diminutif)*
~ court >< ~ long	Short-form >< Long-form
4) ~ de fichier audionumérique	Wave audio format
5) *(Vidéo num.)*	Format
~ 16 : 9 restitué en 4 : 3	Enhanced for 16 : 9 \ for widescreen
~ demi-pouce	Half-inch width, Half-inch tape
~ natif	Native format
~ de télévision 4 : 3	*GB* : Full-screen – *US* : Fullscreen
~ de télévision 16 : 9	Widescreen, 16 : 9
~ un-pouce	One-inch width, One-inch tape
changement de ~	Resampling
changer le ~	To Resample
conversion du ~	Format conversion
a) (conversion vers le bas)	Downconversion
b) (conversion vers le haut)	Upconversion
convertisseur de ~ de signal	Scaler
Formatage	Formatting
Formation, # *Apprentissage*	Training
~ continue	Continuing education
~ sur le tas	Training on the job
Fort(e) *1) (pour un homme)*	Strong
2) (pour le son)	Loud
Fourche *(pour plaque de polystyrène)*	Foamcore holder
Fournisseur	Supplier, Provider
Fournitures	Consumables
petites ~	Miscellaneous
Foyer optique	Focus, Focal point
~ image	Rear principal focus, Second focus
~ objet	First focus, Focal point
~ principal image	Principal focus
profondeur de ~	Focal depth, Depth of focus
Fragile	Fragile
Frais *(voir aussi à :* **Dépenses***)*	Charges, Costs, Expenses
~ annexes	Additional charges
~ bancaires	Bank charges
~ de déplacements	Travel expenses
~ déduits avant bénéfice	Deducted expenses upfront
~ divers	Miscellaneous
~ engagés avant que le film n'entre en production : Upfront expenses	
~ d'entretien	Wear and tear expenses
~ fixes	Fixed charges

~ de fonctionnement : Running expenses, Operating \ Working costs
~ ~ fixes hebdomadaires d'un cinéma *(location des des murs, frais de personnel, frais d'entretien, etc.)* : House nut *(US)*

~ généraux, # *Frais fixes*	Overhead, Production overhead, Overhead costs, General expenses
~ de gestion	Management expenses
~ imprévus	Casual expenses, Contingent expenses
~ de livraison	Forwarding charges
~ de location	Rental costs, Booking charges
~ permanents	Standing expenses
~ de production	Production costs
~ de rachat, # *Droits de résiliation*	Exit fee
~ de régie	Expenses
~ supplémentaires	Extras
~ de transport	Transport costs
faux ~	Incidentals
menus ~	Petty expenses
réduire les ~	To Cut down expenses

rentrer dans ses ~, # *Se rembourser* : To Recoup
* *Frais remboursables en priorité au producteur par le distributeur avant tout partage des recettes comme, par exemple, les frais de tirage des copies d'exploitation* : Recoupable expenses

Franco de port	Free of expenses
Frange	Fringe
~s colorées	Colour fringes
~s d'interférences	Interferences fringes
effet de ~ , # *Frangeage*	Fringing
effet de ~ colorée	Colour fringing
réduction de l'effet de ~	Defringe
réduire l'effet de ~	To Defringe
Frangeage	Fringing
Frapper *qch* avec de la lumière	To Strike *sth* with light
Freelance	Independent contractor, Freelance
Fréquence	Frequency *(Pluriel :* Frequencies*)*
~ acoustique	Audio frequency
~ d'analyse *(Vidéo)*	Dot frequency
~ attribuée *(Audio - Vidéo)*	Assigned frequency
~ audible	Audible frequency
~s audibles	Audible tones
~ de balayage *(Vidéo)*	Frame rate
~ de battement	Flicker frequency
~ centrale	Center frequency
~ ~ de porteuse	Carrier centre frequency
~ ~ de récepteur	Transponder centre frequency
~ de coïncidence *(Audio)*	Coincidence frequency

~ de coupure	Cut-off frequency
~ du courant électrique	Electric current frequency
~ critique	Critical frequency
~ d'échantillonnage *(Vidéo)*	Sampling frequency
~ élevées	High frequencies
~ fondamentale	Basic frequency
~ glissante	Gliding frequency
~ harmonique	Harmonic frequency
~ d'image *(Vidéo)* : Picture frequency *(GB)* – Frame frequency *(US)*	
~ image *(Vidéo)*	Frame rate
~ ligne *(Vidéo)*	Horizontal frequency, Line frequency
~ nominale	Nominal frequency
~ d'obturation	Shutter frequency
~ d'ondulation	Ripple frequency
~ pilote	Control frequency, Pilottone *(US)*
~ porteuse *(Vidéo)*	Carrier frequency
~ ~ son	Sound carrier frequency
~ ~ vidéo	Video carrier frequency
~ propre	Natural frequency
~ radio	Radio frequency
~ de rafraîchissement	Refreshment frequency
~ de réglage	Line-up tone
~ de résonance	Resonant frequency
~ de scintillement	Flicker frequency
~ sous-porteuse *(Vidéo)*	Sub-carrier frequency
~ spatiale	Spatial frequency
~ trame *(Vidéo)*	Field frequency
~ verticale, ~ de balayage *(TV)*	Vertical frequency
~ vocale	Voice frequency
attribution de ~	Frequency allocation
bande de ~	Frequency band
basse ~	Low frequency
basses ~s, # *Basses*	Low frequencies
convertisseur de ~	Frequency converter
courbe de ~s	Frequency response
écart de ~	Frequency deviation
écart de ~ crête à crête	Peak-to-peak frequency deviation
égaliseur de ~	Frequency equalizer
espacement ~	Carrier spacing
gamme de ~s	Frequency range
haute ~	High frequency
modulation de ~	Frequency modulation
mono~	Single frequency
moyenne ~	Medium frequency
multi~	Multiple frequency

partage de ~s	Trunking
partager les ~s	To Trunk frequencies
plan de ~s	Frequency planning
régulateur de ~	Frequency regulator
réutilisation de ~	Frequency re-use
saut de ~	Frequency hopping
sélecteur de ~s	Frequency selector
seuil de ~	Threshold frequency
spectre de ~s	Frequency spectrum
stabilisateur de ~	Frequency control
Fréquencemètre	Frequency meter
Fret aérien	Air freight
~ en port dû >< en port payé	Air freight collect >< Air freight prepaid
payer le ~	To Pay the freight
Friction	Friction
~ de glissement	Sliding friction
Friture, # *Bruit de friture*	Frying noise, Sizzle, Sizzling
Fromage, # *Quart de brie*	Cheese wedge, Tilt plate
Frontal(e)	Frontal
Frontalité	Frontality
Frottement	Friction, Sliding friction
marque de ~	Abrasion mark, Stress mark
Frotter	To Rub
Fuite, # *Perte*	Leak, Leakage
~ de lumière	Spill light, Spill
~ à la terre	Earth leak
Fumée	Smoke
machine à ~	Smoke machine, Smoke gun, Hazer
un petit coup de ~	A puff of smoke
Fumigène (Bombe de ~)	Smoke bomb
Fusible	Fuse
~ principal	Main fuse
coffret à ~	Fuse box
faire sauter un ~	To Blow a fuse
fil à ~	Fuse wire
porte-~	Fuse holder

G

Gabarit — Gauge
Gâchette — Trigger
déclencher à la ~ — To Trigger off
Gaffer * *In France, "Gaffer" is commonly used to actually designate* : Gaffer's tape
* *Pour plus de détails sur ce mot* (▶ **p 403**)
Gag — Gag
~ à répétition — Running gag
~ visuel — Sight gag
spécialiste des ~s , # *Scénariste des situations comiques* : Gagman
Gain — Gain
amplification du ~ — Gain shift
réglage du ~ — Gain control
Gaine — Sheath
~ souple — Flexible sheath
Gaines de ventilation *(Audio)* — Air ducts
Gains *(Business)* — Earnings, Benefit, Profit
~ après amortisement — Gross after break-even
Galet — Roller, Wheel
~ denté — Sprocket wheel, Sprocket
~ guide — Guide roller
~ libre — Idle roller
~ moteur — Driving wheel
~ presseur — Pressure roller
~ de tension — Tension roller
Galette de film *a)* ~ négatif — Roll of negative stock
b) ~ positif — Reel, Roll of print stock
Galvanomètre — Galvanometer
~ à cadre mobile — Moving-coil galvanometer
Gamma — Gamma
correction de ~ — Gamma correction
Gamme *1) # Échelle* — Range, Scale, Series
~ audible — Audible range
~ de contraste — Contrast range
~ de gris — Grey scale
~ de mise au point — Focus range
à ~ étendue — Full-range
milieu de ~ — Midrange

pleine ~, # *Pleine bande* — Full-range
2) ~ d'étalonnage : Grading band \ card (*GB*) – Timing strip \ card (*US*)
Gamut, # *Espace couleur* — Gamut, Colour gamut
compression du ~ — Gamut compression
* *Mire Macbeth* — Gamut mapping
Gants — Gloves
~ d'électricien — Riggers gloves
~ de montage — Editing gloves
Garant — Garantor
~ de bonne fin — Completion bond
Garanti(e) *(adj.)* *(Assurances)* — Bonded
Garantie *(nom)* *(Assurances)* — Bond
~ de bonne fin, # *Garantie d'achèvement* : Completion bond \ guarantee
* *Qualité de toute personne dont la renommée facilite le montage financier et l'obtention de la garantie de bonne fin d'un film* : Bondable, Bankable
Garde-robe — Wardrobe
Gaucher(-ère) — Left-handed person
Gauchissement — Buckling
Gaufrage, # *Gaufrement* — Embosing
Gaze *(utilisée comme* Scrim *pour diffuser la lumière)* : Gauze
Gélatine *1)* ~ de l'émulsion — Gelatin, Jelly
2) # *Filtre* — Gel, Gelatin
~ à l'arrière, *(Coll. : "~ au cul")* — Rear gelatin filter
~ dépolie — Frosted gelatin
porte-~ — Colour frame, Gel frame
Geler une image — To Freeze a frame
Générateur *(nom)* — Generator
~ asynchrone — Asynchronous generator
~ de balayage — Scanning generator
~ de base temps — Time-base generator
~ de basse fréquence — Audio oscillator, Tone generator
~ de bruits — Noise generator
~ de caractères — Character generator, Graphics generator
~ de code temporel — Time code generator
~ d'effets numériques — Digital video effects generator
~ d'effets spéciaux — Special effects generator, SFX generator
~ d'enveloppe *(Audio)* — Envelope generator
~ de fond de couleur : Colour background \ Colour matte generator
~ de fréquence pilote — Sync-tone oscillator, Sync signal generator
~ de mire de barres — Bars generator
~ de porteuse — Carrier generator
~ de son — Sound generator, Expander
~ de synchro — Sync-pulse generator, Sync generator
~ de synchro piloté par quartz — Crystal controlled sync generator
~ de trucages — Effects generator

Génération	Generation
première ~	First generation
perte par ~	Generation loss
Généraux *(Audio)*	Master faders
Générique	Titles, Billing, Credits
~ de début	Opening titles, Opening credits, Front credits
~ déroulant	Rolling titles, Crawl
~ ~ vertical	Scrool
~ de film	Credits, Screen credits, Credit titles, Billing
~ de fin	Closing titles, End titles, End credits
~ sur fond	Background titles
~ des rôles et des acteurs(-trices)	Cast title
carton de ~	Title card
~ ~ de début	Opening title card
~ ~ de fin	End title card, Closing billboard
chanson du ~	Titles song
conception du ~	Titles design
fond neutre pour ~	Title background
mention au ~	Billing
mention de courtoisie au ~	Vanity credits
mentionner au ~	To Bill
musique du ~	Titles music
ordre des noms au ~	Order of credits
séquence pré-~	Pre-credits sequence

* *Signature au générique, Logo commercial au générique* : Tag

* *Tout ce qui, au générique, est placé avant le titre du film* : Above the title

Genre *(cinématographique)*	Genre
~ de film	Film genre
conforme aux règles du ~	Formulaic
Gérant(e) *(nom)*	Manager
Gérer	To Manage
Geste	Gesture, Movement
faire un ~	To Make a gesture

Gigue électronique *(Fluctuation de synchronisation d'un signal causée par la perte du signal de référence de temps)* : Jitter

Girafe	Boom
~ télescopique	Pipe boom
Glace optique	Optical flat, Plane glass
Glace peinte	Painted glass
plan avec ~	Glass shot
Glacière	Ice box
Glamour	Glamour
Glisser-Déposer *(Inform.)*	To Drag and drop

Glissière *1) # Guide*	Slipper guide, Sliding bar, Guide rod
2) # Rainure	Groove
Gobo	Gobo, Cutter, Dot, Target
Gommé(e) *(Mécanique)*	Sticky
Gonflage	Blow-up process
tirage par ~	Blow-up printing
Gonflement de la gélatine	Swelling
Gonfler *(un film)*	To Blow-up
Gouacheur *(Animation)*	Opaquer
Gouttelettes	Droplets
Gradateur	Dimmer, Fader
~ à 100%, *# Dimmer à fond (Coll.)*	: "It's full up"
Gradation	Gradation
avec une ~ lente	By slow degrees
Graduation	Graduation
échelle de ~	Scale
Grain *1)* ~ de beauté	Beauty spot
2) ~ du film, ~ de la pellicule	Film grain
~ fin	Fine grain
~ normal	Regular grain
avec du ~	Grainy
gros ~	Coarse grain
sans ~	Grainless
Grand(e) *(adj.)*	Large
Grand-angle	Wide angle
~ à mise au point rapprochée	Short focus wide-angle lens
Grandes lignes *(d'un script)*	Outline
Grandeur	Size
~ nature	Full size, Full scale, Life size
~ réelle	Real size
Grandissement	*a)* Magnifying - *b)* Magnification
Granularité	Granularity
Granulation	Graininess, Granulation
~ fine	Fine granulation
~ normale	Regular granulation
grosse ~	Coarse granulation
Granuleux(-euse)	Granular, Coarse grained, Grainy
Graphite	Black lead
Grave *(adj.)*	Low-pitched
Graves *(nom)*	Bass tones, Deep tones
caisson de sub-~	Subwoofer
haut-parleur de ~	Boomer
Gravure *1)* ~ d'un CD	CD burning
2) # Inscription sur un objectif	Lens marking
Grésillement	Sizzle, Sizzling

Grève, # *Cessation du travail*	Strike
~ reconductible	Indefinite strike, Extended strike
appel à la ~ , mot d'ordre de ~	Strike call
arrêter la ~	To End the strike
droit de ~	Right to strike
être en ~	To Go on strike
motif de la ~	Reasons for strike
piquet de ~	Picket line
préavis de ~	Strike notice
reconduire la ~	To Vote to extend the strike
se mettre en ~ contre…	To Go on strike against …
voter la ~	To Vote for strike, To Vote to strike
* *Grève votée par 30 voix contre 5*	Strike approved by a vote of 30 to 5
Griffe	Claw, Pull-down claw
~ d'entrainement	Driving claw, Pull-down claw
~ de fixité, contre ~	Registration pin, Pilot pin
~ simple	Single claw
contre ~	Registration pin, Pilot pin
double ~	Two claw pull-down, Double claw
entrainement par ~	Claw drive
hauteur et attaque de la ~	Pitch and stroke of the claw
mouvement de la ~	Claw movement
trajectoire de la ~	Run of the claw

Griffe 300 : High hat/leveller, Arri bowl to Moy adaptor = AB-M adaptor

Gril	Lighting grid, Grid
Grille	Grill

1) ~ focalisante pour soft, # *Nid d'abeille* : Egg crate, Honeycomb (*US*)

2) ~ protectrice *(sur un projecteur)*	Wire guard
3) ~ des programmes *(TV)*	Program schedule
~ de programmation	Programming schedule

~ ~ horizontale *(pour un même programme TV, chaque jour à la même heure)* : Horizontal programming schedule

~ ~ verticale *(pour un même programme TV, à une fréquence régulière, par exemple le dimanche soir)* : Vertical programming schedule

4) (Électronique)	Grid
~ d'arrêt *(d'un tube de télévision)*	Collecting grid, Intercepting grid
~ de commande	Control grid
Gripper (**Se** ~), # *Se coincer*	To Stick, To Jam
Gris(e) *(adj.)*	*GB* : Grey – *US* : Gray
Gris *(nom)*	*GB* : Grey – *US* : Gray
~ à 18 %	18 % grey
carton de ~ ~	Grey card, Standard grey card
~ moyen	Medium grey
charte de ~	Grey chart
gamme de ~ , échelle de ~	Grey scale

Grisailler *1) # Rendre gris*	To Make grey
2) # Devenir gris	To Turn grey, To Become grey
Grisâtre	*GB* : Greyish – *US* : Grayish
Gros (Grosse) *1)* ~	Big, Large
2) # Grossier(-ière)	Coarse
~ grain	Coarse grain
Gros-plan	Close up
Grossier(-ière)	Coarse, Rough
assemblage ~	Rough assembling
montage ~ , # *Premier montage, Bout-à-bout* : Rough cut	
réglage ~	Coarse adjustment
Grossir *(optiquement)*	To Magnify
Grossissement *(optique)*	Magnifying, Magnification
pouvoir de ~	Magnifying power
Groupage	Blocking
Groupe, # *Bloc*	Block
Groupe électrogène	Generator, Power generator
~ insonorisé	Silenced generator
conducteur de ~	Generator operator (Gen. Op.)
Groupe d'images *(Vidéo num.)*	Group of pictures (GOP)
~ fermé	Closed GOP
en-tête de ~	GOP header
Grue	Crane, Boom
bras de ~	Jib arm, Jib
montée >< descente de la ~	Boom up >< Boom down
Gueuse	
~ de métal	Stage weight, Weight
~ de sable	Sand bag
Guidage *(de la bande magnétique)*	Tape transport
Guide	Guide, Guide rod
~ latéral	Edge guide
Guidon *(pour caméra portée)*	Handlebar mount
Guinde	Lash line
Guipage *(d'un fil électrique)*	Lap, Braid
Gyroscope, # *Gyro*	Gyroscope

H

Haas (Effet ~) *(Audio)* — Hass effect
Habillage — Dressing
  ~ d'un décor — Set dressing
  loge ~ *(d'un acteur, d'une actrice)* — Dressing room
Habiller — To Dress
  ~ un comédien — To Dress an actor
  ~ un décor — To Dress a set
Hâché(e), # *Déchiqueté(e), Pointu(e), Aux arêtes vives* : Jagged
Halo — Halo, Halation
  couche anti-~ — Anti-halation backing
Halogène — Halogen
  quartz ~ — Quartz halogen
Halogénures d'argent — Silver halides
Harmonique *(adj.)* — Harmonic, Tuneful
  fréquence ~ — Harmonic frequency
Harmonique *(nom)* — Harmonic
Harmoniseur *(Audio)* — Harmonizer
Harnais — Harness, Body frame, Body brace, Body pad
  ~ de sécurité — Safety harness
Haut(e) *(adj.)* — High
Haut-parleur, # *Baffle* — Loudspeaker
  ~ d'aigus [CGTN – 2000] — Tweeter
  ~ à aimant permanent — Permanent-magnet loudspeaker
  ~ d'ambiance — Effect loudspeaker
  ~ à chambre de compression — Closed-diaphragm loudspeaker, Labyrinth loudspeaker
  ~ de contrôle — Monitor loudspeaker
  ~ électrodynamique — Induction loudspeaker
  ~ électrostatique — Capacitor loudspeaker
  ~ elliptique — Elliptic loudspeaker
  ~ à gamme étendue — Full-range speaker
  ~ de graves [CGTN – 2000] : Boomer, Woofer, Bass loudspeaker
  ~ d'extrêmes graves — Subwoofer
  ~ ionique — Ionic loudspeaker
  ~ à magnétostriction — Magnetostriction loudspeaker
  ~ de médiums — Medium

~ à membrane conique	Cone loudspeaker
~ à membrane elliptique	Elliptic loudspeaker
~ mixte	Duocone loudspeaker
~ à pavillon	Horn-type loudspeaker
piézoélectrique	Crystal loudspeaker
~ à plasma	Plasma loudspeaker
~ de puissance	Power loudspeaker
~ à rayonnement direct	Direct loudspeaker
~ séparé	Extension loudspeaker
~ témoin	Monitor loudspeaker
~ à voies multiples	Multi-channel loudspeaker
prise de ~	Loudspeaker plug
Haute définition (HD) (▶ **p 434**)	High definition (HD)
Haute fidélité	High fidelity (Hifi)
Haute fréquence (HF)	High frequency (HF)
Haute résolution (HR)	High resolution (HR)
Hauteur	Height, Level
~ de caméra	Camera height, Height of framing
~ d'un son	Pitch, Sound pitch
~ tonale *(Audio)*	Pitch
à ~ d'homme	Straight-on angle
à ~ d'œil	At eye level
HD = **Haute définition**	High Definition = HD (▶ **p 434**)
Helmholtz *(Audio)*	Helmholtz
Hermétique : *(Mots construits avec :* Tight, *comme :* Light-tight = *Hermétique à la lumière,* Watertight = *Hermétique à l'eau, etc.)*	
Héros	Hero
Herse *(d'éclairage)*	Bank of lights, Row of lights
Hertz	Hertz
Heure	Hour, Time
~ d'antenne	Air time
~ creuse	Off-peak hour, Dead hour
~ de faible écoute	Off-peak time
~ de grande écoute [CGTN – 2005] :	Prime time, Peak time
~ H	Zero hour
~ limite	Dead line
~ de la plus grande écoute	Peak listening time, Peak viewing time
~ de pointe	Peak hour
~ supplémentaire	Overtime
faire des ~s supplémentaires	To Work overtime, To Do overtime
* *Créneau horaire*	Time slot
Hisser	To Draw up, To Pull up
~ *qch* à l'aide d'un palan	To Hoist
se ~ sur la pointe des pieds	To Stand on tiptoe
se ~ sur la scène médiatique	To Get picked up by the medias

Histoire, # *Sujet, Intrigue, Récit*	Story, Theme, Plot
~ dont la fin reste ouverte	Open-ended story
colonne vertébrale du récit d'une ~, # *Trame* : Story spine	
Histoire du cinéma	Film history
HMI = *a)* Halogen Metal Iodide - *b)* Hydrargyrum Medium arc-length Iodide	
~ sans scintillement	Flicker free HMI
amorcer un ~	To Strike an HMI
ballast ~	Ballast unit
battement ~	HMI flicker, HMI flickering
éclair ~	HMI pulse
Hologramme	Hologram
Holographie	Holography
Hommage	Homage
Honoraires	Fees
~ fixes	Flat fee
Horaire de convocation	Call time
~ pour l'équipe technique	Crew call
~ pour le maquillage	Make-up call time
Horizon (Ligne d' ~)	Skyline
Horizontal(e) *(adj.) (Plural :* [m] horizontaux - [f] horizontales*)* : Level, Horizontal	
Horizontale *(nom)*	Horizontal
à l' ~	In the horizontal
Horloge maître *(Audio)*	Master clock
Hors-antenne	Off the air
Hors-cadre	Out of frame, Off-camera
Hors-champ	*a)* Off - *b)* Out of frame
~ à droite >< ~ à gauche	Off-screen right >< Off-screen left
~ image	Off-camera, Off-screen (OS)
~ son	Off-mike
espace ~	Off-screen space
Hors-circuit	Off-circuit
mettre ~	To Short out
Hors-micro	Off-mike
Hors-taxe	Tax free
Hors d'usage, # *En panne*	Out of order, Out of use, Broken down, Down
Houppe, # *Mèche de cheveux qui rebique* : Tuft of hair	
Houppette	
1) # Touffe de cheveux	Small tuft of hair
2) # Houppette à poudre (Maquillage)	Powder puff
Housse	Cover, Protective cover
~ imperméable	Waterproof cover
~ pluie	Raincover
Hublot tournant	Rain deflector, Spinning-disc water deflector

Humain(e) *(adj.)*	Human
dimension ~e d'un film	Human angle
Humidité	Moisture, Humidity
craint l' ~	To Be kept dry
Humour	Humour
~ à retardement	Slow burn humour
~ noir	Black humour
Hyperbole	Hyperbola
Hyperbolique	Hyperbolic(al)
Hypercardioïde	Hypercardioide
Hyperfocale	Hyperfocal
distance ~	Hyperfocal distance
Hyperfréquence	Hyperfrequencies
Hypergonar	Hypergonar
Hypermétrope	Hypermetropic
Hypersensibilisation	Hypersensitization
Hypsogramme *(Audio)*	Hypsogram
Hystérésis	Hysteresis, Magnetic lag

I

Identifiant constructeur (ID) — Manufacturer's ID
Identification *(à un personnage)* — Identification *(with a character)*
Identifier un plan — To Slate a shot
Image
1) ~ de marque *(Business)* — Corporate image
2) (Cinéma) a) ~ — Image, Picture
b) # Photogramme — Frame
24 ~s par seconde — 24 frames per second
~ aérienne — Aerial image
~ anamorphosée — Anamorphic image, Squeeze image
~ arrêtée — Freeze frame
~ brûlée *(fortement surexposée)* — Burnt up image
~ chaude — Warm image
~ composite *(créée à partir de plusieurs autres images)* : Composite picture
* *Organiser plusieurs images en une seule image finale* : To Composite
~ au contraste doux — Low-contrast picture
~ contrastée — Hard picture
~ de contrôle d'un retour vidéo — Instantlies
~ décadrée — Out of frame picture
~ de départ *(dans une amorce de projection)* : Zero frame
~ désanamorphosée — Unsqueeze image
~ douce — Soft image
~ droite, # *Image à l'endroit en gauche-droite* : Right reading image
~ dure — Hard picture
~ à l'endroit, ~ droite *(en hauteur)* : Erected image
~ à l'envers *1) # La tête en bas* — Inverted image
2) # Image inversée en gauche-droite : Wrong reading image
~ à faible contraste — Low contrast image
~ fantôme, effet d' ~ fantôme — Ghosting
~ figée — Still frame, Freeze frame
~ fixe — Still picture
~ floue — Out of focus image
~ à fort contraste — High contrast image
~ froide — Cool image
~ gelée — Freeze frame, Stop frame
~ granuleuse — Coarse grain image, Grainy image
~ latente — Latent image

~ molle *(un peu floue)*	Soft-focus image
~ par image : Single frame, Stop motion, Frame by frame	
~ ~ par intervalles	Time-lapse motion
prise de vue ~ ~	Stop motion
par seconde = im/s	Frame per second = fps
~ piquée *(bien définie)*	Sharp image
~ plate *(sans contraste)*	Flat image, Soft image
~ principale	Key frame
~ réelle	Real image
~ réfléchie	Reflected image
~ en relief	Three-dimensional image
~ renversée	Reversed image, Inverted image
~ sans grain	Grainless image
~ sonore	Sound picture
~ sous-exposée	Under-exposed picture
~ surexposée	Over-exposed picture
~ virtuelle	Virtual image
à l' ~	Into frame, On screen
bas de l' ~	Bottom of frame
contours de l' ~	Image outlines
déformation de l' ~ par effet de torsion : Warping	
détourage d' ~	Image clipping
dimension de l' ~	Image size, Picture size
distorsion d' ~	Image distortion
fabrication d'une ~ à partir de plusieurs autres images : Compositing	
format de l' ~	Aspect ratio, Frame size
haut de l' ~	Top of frame
inversion de l' ~	Image inversion
piqué d'une ~	Sharpness of an image
plan focal ~	Image plane
point ~	Image point
recadrage de l' ~ , rognage de l' ~ : Image cropping	
redressement de l' ~	Image erection
renversement de l' ~	Image inversion
résolution de l' ~	Image resolution
retaillage dans l' ~	Image cropping
retouche d' ~	Image retouching
saisie d'une ~ à la volée	Grab
surface d' ~	Image area
traitement de l' ~	Imaging
3) *(Vidéo – Vidéo numérique)*	Image, Picture
~ clef *(Image codée sans référence à d'autres images)* : Keyframe	
~ codée	Coded image
~ comportant des informations sur la manière de traiter le signal qui l'accompagne *(Vidéo num.)* : Key frame	

~ fil-de-fer — Wire frame
~s générées par ordinateur — Computer Generated Imagery (CGI)
~ matricielle — Raster graphics, Bit map graphics
~ numérisée — Digitized image
~ rémanente *(Vidéo)* — Burned-in image
~ de synthèse : Computer image, Computer-generated image (CGI)
~ vectorielle, ~ vectorisée — Vector image
~ vidéo *(2 trames entrelacées)* — Video frame *(2 interlaced fields)*
~ vidéo formée par une trame de pixels : Raster image
affichage d'une ~ — Image display
amélioration de l' ~ — Image enhancement
capture d' ~ — Image capture
codage ~ — Image coding
conversion de débit d' ~s — Frame rate conversion
filtrage ~ — Image filtering
format d' ~ — Image format
fréquence ~ , # *Fréquence de balayage* : Frame rate
fréquence d' ~ : Picture frequency (*GB*) – Frame frequency (*US*)
fréquence de rafraichissement ~ — Frame rate
instabilité d' ~ — Jitter
nombre d' ~s diffusées en une seconde *(TV)* : Frame rate *(25 en Europe (PAL et SECAM) et 30 en USA (NTSC)*
numérisation d' ~ — Image digitization
numériseur d' ~s — Image digitizer
rafraîchissement de l' ~ — Image refreshment
régénération d' ~ — Image regeneration
restauration d' ~ — Image restoration
suivi de l' ~ *(Vidéo num.) (Désigne toutes les opérations subies par une image au cours de son traitement en vidéo HD)* : Work flow
taille de fichier ~ , # *Poids d'un fichier image* : Image file size
taille d'une ~ , # *Poids d'une image* : Image size
traitement d' ~ — Image processing
transporter un élément d'une ~ à une autre : To Paste
vectorisation d' ~s — Image vectorization

Types d'images utilisées en encodage numérique	
Images utilisées pour les prédictions	Anchor frames
Images utilisant, comme référence, une image future ou passée	Bi-directional pictures, B-pictures, B-frames
Images codées sans dépendre d'aucune autre image	Intra-coded frames, I- pictures, I-frames
Images codées par prédiction en fonction de l'image I ou P précédente	Predicted frames, P-pictures, P-frames
(I-frames *and* P-frames *are generally used as* anchor frames, *but never* B-frames) En général, les images I et P sont utilisées pour les prédictions mais jamais les images B	

Imagerie Imagery, Imaging
~ informatique, # *Infographie* Computer graphics
~ médicale Medical imaging
Imbriqué(e), # *Incorporé(e) à un autre signal* : Embedded, Interleaved
* *Incorporation dans un autre signal* : Embedding
Imbriquement Embedding, Interleaving
Imitation *(d'un produit déjà existant)* By-product
Immission *(Audio)* Immission
Impact de balle Bullet hit
protection pour ~ Bullet plate
Impédance Impedance
~ acoustique Acoustic impedance
~ d'entrée Input impedance
~ normale Loaded impedance
~ de sortie Output impedance
~ de source Source impedance
courbe d' ~ Impedance curve
Impédancemètre Impedometer, Z-meter
Implantation d'un décor Stage setting, Set-up
Importer *1) (Inform.)* To Import, To Acquire
2) # Faire venir depuis l'étranger To Import
Impôt sur le revenu Income tax
crédit d' ~ Tax credit
Impressionné(e), # *Exposé(e)* Exposed
Imprévu(e) *(adj.)* Unforeseen
Imprévus, # *Faux-frais, Dépenses accessoires* : Incidentals, Contingency
enveloppe pour ~ , réserve pour ~ : Contingency, Contingency fund
réserve pour ~ répartie sur l'ensemble du budget, *(afin de camoufler le poste* "Imprévus" *dans le budget)* : Hidden contingency
Imprimante Printer, Printing machine
~ à jet d'encre Inkjet printer, Bubble jet printer
~ photo, ~ qualité photo Photo printer
Improvisation *(par les comédiens)* Ad-lib, Improvisation
Improvisé(e) Ad-libbed
Improviser
1) # Jouer sans répéter To Ad-lib, To Wing
2) ~ (lors d'une situation imprévue) : To Improvise *(in an unexpected situation)*
Impulsion Impulse, Pulse
~ de suppression Blanking pulse
générateur d' ~ Pulse generator
~ ~ codées Pulse coder
top d' ~ Pulse
Inaudible Inaudible
Incandescence Incandescence
Incandescent(e) Incandescent

Incidence	Incidence
~ d'un rayon lumineux	Incidence of a light ray
angle d' ~	Angle of incidence
Incident(e) *(adj.)*	Incident
Incident *(nom)*, # *Accident*	Incident, Happening, Occurrence
~ technique	Technical hitch
Inclinaison *1) ~ (d'une caméra)*	Tilt
réglage d' ~	Tilt adjustment
2) ~ (d'un objet incliné)	Slant
3) ~ (de la tête)	Lean
Incliner en avant >< en arrière	To Tilt forwards >< backwards
# *Pencher*	To Bend, To Lean
Incolore	*GB* : Colourless – *US* : Colorless
Incompatible	Non compatible
Incorporation *(d'un signal dans un autre)* : Embedding	
Incorporé(e)	Built-in
~ *(dans un autre signal)*	Embedded
Incrustateur	Keyer
Incrustation	
~ *(à partir du signal luminance)*	Luminance key
~ *(à partir d'une couleur)*	Chroma key
~ aval *(Incrustation par-dessus tous les autres effets)* : Downstream keyer	
~ en bas d'écran de télévision	Lower third, Chyron
~ ~ sur 1, 2 ou 3 lignes	One-tier lower third, Two-tier lower third, Three-tier lower third
~ par cache électronique : Keyed insertion, Inlay-Overlay, Electronic keying	
~ en chrominance sur fond bleu ou vert : Chromakeying, Chroma key	
~ de compensation	White flag
~ couleur : Chroma key, Colour separation overlay (CSO)	
~ électronique	Inlay
~ externe >< interne	External key >< Internal key
~ luminance *(Filtre électronique permettant de rendre transparent tout ce qui est en dessous d'un certain seuil de brillance)* : Luminance key, Luma key	
~ noir et blanc	Mono key(ing)
~ sur fond vert \ bleu : Green \ Blue screen process, Green \ Blue key	
~ du time code à l'image	Burn in time code
niveau d' ~	Key level
Incruster, # *Faire une incrustation*	To Key
Indemniser	To Indemnify
Indemnité	Indemnity
~ costumes *(pour l'acteur ou l'actrice qui utilise ses propres costumes et accessoires vestimentaires)* : Wardrobe allowance	
~ de jour férié	Holiday pay
~ de kilométrage	Kilometrage allowance
~ de mileage	Mileage allowance

~ de licenciement — Layoff pay
~ de logement — Housing allowance
~ de maladie — Sickness allowance
~ de maternité — Maternity benefit
~ de nourriture — Food allowance
~ de repas — Meal allowance
~ en cas d'accident — Compensation for injury
~ en espèce — Cash benefit
~ en nature — Benefit in kind
~ forfaitaire — Arbitrary allowance
~ imposable — Taxable benefit, Taxable allowance
~ journalière — Per diem allowance
~ non imposable — Tax free benefit, Tax free allowance
~ pour véhicule personnel — Car allowance
~ supplémentaire — Additional indemnity
~ de voyage et d'hébergement — Travel and Expenses (T&E)

Indépendant(e) *(adj.)* — Independent

Les Indépendants, # *Les Producteurs Indépendants* : Independents, Indie

Indéréglable — Foolproof, Shake-proof

Indesserrable — Shake-proof

Indicateur — Counter, Indicator
~ de métrage de film — Footage counter, Film supply indicator
~ de niveau *(d'un signal)* — Level meter
~ de niveau de crête — Peak meter
~ de vitesse : Speed indicator, Tachometer, Speedometer

Indication — Indication
~s du réalisateur, # *Indications de jeu* : Directions

Indice *1) # Facteur* — Index
~ de directivité *(Audio)* — Directivity index
~ d'exposition , ~ de lumination — Exposure value (EV)
~ de pose — Exposure index (EI)
~ de réfraction — Refraction index, Refractive index
~ de sensibilité — Speed rating, Exposure rating

2) # Pourcentage — Rating
~ d'écoute — Audience rating
~ ~ moyenne — Average audience rating
~ de mesure du bouche à oreille :
1) rapport entre les recettes totales et celles de la 1ère semaine d'exploitation (6 est courant et un indice inférieur à 2 est inouï) : Multiplier (*US*)
2) rapport entre les recettes du week-end et celles atteintes le vendredi (3 est un indice excellent. 2,3 est indice faible) : Internal multiplier (*US*)

Induction magnétique — Magnetic induction

Inédit(e) *(adj.)* — Unreleased

Inégal(e) *1) ~ (pour des parts)*	Unequal
2) ~ (pour une surface)	Uneven
Inertie acoustique *(Audio)*	Acoustic inertia
Inférieur(e) *(adj.) 1) # Le plus bas*	Lower
partie ~ de *qch*	Bottom part, Lower part of *sth*
2) ~ (dans un classement)	Inferior
Infini *(Sigle =* ∞*)*	Infinity *(Sigle =* ∞*)*
point à l' ~	Focus on infinity
Infographie	Computer graphics
Information	Information
flux d' ~	Information flow
support d' ~	Information medium
traitement de l' ~	Information processing
transporteur d' ~	Information carrier
vitesse de circulation de l' ~	Information flow rate
Informations, *# Actualités*	News
Informatique	Informatics, Computing
Infrarouge	Infrared
Infrason	Ultrasound
Ingénue	Ingenue
Inharmonique *(Audio)*	Inharmonic sound
Inonder de lumière	To Flood
Inoxydable	Rust-proof, Non rusting
Insensible	Insensitive
Insérer	To Insert, To Cut-in
Insert	Insert, Insert shot
Insertion	Insertion
mode ~ *(Montage)*	Insert mode
point d' ~ *(Audio – Montage)*	Insert point
Insonore	Sound-proof, Noise-free
Insonorisation	Sound-proofing
1) ~ (d'une caméra, d'une machine)	Sound-proofing, Acoustic treatment
2) ~ (d'un local, studio, auditorium)	Sound insulation, Acoustic treatment
Insonorisé(e)	Sound-proof
Instabilité de phase *(dans une image vidéo)* : Jitter	
Installation	
1) ~ (de matériel)	Set-up, Fitting, Mounting
~ de la caméra	Camera set-up
~ de fortune	Makeshift
~ lumière	Lighting set-up
2) # Aménagements	Facilities
~s techniques	Facilities, Facility, Fax
** Entièrement équipé(e)*	Full fax
Installer	To Set up, To Rig
Instantané *(nom) (Photographie)*	Snapshot

Instrument	Instrument, Device
~ de mesure	Measuring device
~ d'optique	Optical instrument
Intégrateur	Integrator
Intégré(e)	Built-in
Intelligibilité	Intelligibility
Intensificateur de développement : Intensifier	
Intensifier, # *Renforcer*	To Intensify
Intensité	Intensity
~ électrique	Electric intensity
~ de lumière	Light intensity
~ lumineuse	Luminous intensity
~ sonore	Sound intensity
Interactivité	Interactivity
Intercaler	
1) # *Insérer*	To Insert, To Cut in
2) ~ *(dans un circuit électrique)*	To Switch-in
Intercodage	Inter-coding
Interdictions aux publics	Rating system(s), Rating (▶ p 392)
Intérêts *(Business)*	Interests
Interface GPI	General purpose interface (GPI)
Interface numérique série	Serial digital interface (SDI)
Interférence	Interference
motif d' ~	Interference pattern
zone d' ~ , # *Zone de repliement, Aliasing* : Aliasing	
Intérieur *(nom)*	Inside, Interior
tournage en ~	In-door shooting, Interior shooting
Inter-image	Frame line, Interframe
Interlude *(TV)* [CGTN – 2000]	Fill-in
Intermédiaire	
1) # *Film*	Intermediate
~ pour contretypes	Fine grain master print, Master print
~ inversible	Reversal intermediate
~ ~ couleur	Colour reversal intermediate (CRI)
~ négatif	Negative intermediate
~ positif	Master positive
2) ~ pour monture d'objectif	Lens adapter, Lens-mount adapter
~ pour monture C	C-mount adapter
~ pour tiroir de filtre	Filter adapter frame
Intermittent(e) *(adj.)*	Intermittent
Intermittent(e) **du spectacle** *(nom)* : *Status of french entertainment technicians and artists (live and recorded show) to be elligible for social benefits specific to their trade during periods of unemployement*	
Intermodulation	Cross modulation
~ luminance-chrominance	*GB* : Cross-colour – *US* : Cross color

Internégatif Internegative
~ couleur Colour internegative
~ à lumière unique One-light dupe
~ numérique Digital internegative
Interphonie Talkback
Interpolation Interpolation, Interpolate
Interpoler To Interpolate
Interpositif Interpositive
~ couleur Colour interpositive
~ noir et blanc d'après négatif couleur : Pan master from colour
~ standard Combined interpositive
Interprétation Acting, Play
Interprète, # *Acteur \ Actrice* Player, Actor \ Actress
Interpréter *(un rôle, pour un acteur)* To Act, To Play *(a part, for an actor)*
Interrupteur Switch
~ à bascule Switcher, Trip switch, Tumbler switch
~ bi-polaire Two-pole switch
~ de commande Control switch
~ à couteaux, ~ à lames Knife switch
~ de déclenchement Releaser switch
~ général : Power switch, On-Off switch, Main-line switch
~ de minuterie Time switch
~ principal Main switch
~ va-et-vient Two-way switch
Interruption publicitaire, # *Pause publicitaire* : Commercial break
Intertitres Intertitles
Intervalle *1)* ~ *(d'espace)* Gap, Space
2) ~ *(de temps)* Period, Interval
~ de suppression trame *(Vidéo)* Blanking interval, Vertical interval
Intervallomètre Intervalometer
Intonation Intonation
voix aux ~s douces Soft-toned voice
Intracodage Intra-coding
Intra-image Intraframe
Intrigue, # *Récit, Histoire, Trame* Story, Storyline, Plot, Narrative
~ principale A-Plot
~ secondaire Subplot, Back story, B-story
mener l' ~ To Carry the plot
moment clef de l' ~ d'une action Cliffhanger
* *Description de l'histoire en quelques pages* : Treatment
* *Point culminant de la dramaturgie d'une intrigue* : Climax
* *Moment de relâchement de la tension dramatique* : Anti-climax
Inverse Opposite, Reverse
Inverser *1)* ~ l'ordre des choses To Invert
2) ~ la polarité *(Électricité)* : To Reverse the polarity *(of the electric current)*

Inversible *1) (adj.)*	Reversal
2) (nom)	Reversal film
~ couleur	Colour reversal
~ contretype	Reversal dupe
vierge	Unexposed reversal, Reversal raw stock
procédé ~	Reversal process
Inversion	Inversion
~ gauche/droite	Flap-over
~ d'image	Frame reversal
~ de phase	Phase reversal
~ de polarité	Reverse polarity, Polarity reversal
Investissement	Investment
~ à l'étranger	Foreign investment
~ à haut risque	High risk investment
~ à moyen et long terme	Medium and long-term investment
phase de recouvrement des ~s	Payback period
recouvrer un ~, # *Rentrer dans ses frais, Se rembourser* : To Recoup	
rendement d'un ~	Return on investment
* *Capitaux de départ ou premiers investissements nécessaires au lancement d'un projet* : Seed money *(Litt. : "Argent graine")*	
Iodure d'argent	Silver iodide
Iris *1) # Diaphragme*	*US* : Diaphragm
2) (Trucages)	Iris, Iris shutter
fermeture à l' ~	Iris out
fondu en ~	Iris wipe
ouverture à l' ~	Iris in
volet par ~	Iris wipe
Irisé(e)	Iridescent, Rainbow-coloured
Irradiation	Irradiation
Irrégulier(-ière)	Uneven
Irréparable	Beyond repair
Isolant(e) *(adj.)*	Insulating
Isolant *(nom)*	Insulator
~ électrique	Electrical insulator
Isolation	Insulation
~ acoustique	Sound insulation, Acoustic insulation
Isoler *1) (Électricité)*	To Insulate
2) # Mettre à part	To Isolate
Isosonie (Courbe d' ~) *(Audio)*	Equal loudness curve
Italienne, # *Répétition des dialogues*	Running lines
Itinéraire *1) # Parcours*	Itinerary, Way
2) # Feuille de route	Movement order

J

Jack (Prise ~) — Jack
Jaunâtre — Yellowish
Jaune *(adj. et nom)* — Yellow
Jaune-Magenta-Cyan — Yellow-Magenta-Cyan
  valeurs ~ — Y-M-C numbers
Jaunir — To Yellow, To Turn yellow
Jaunissement — Yellowing
Jet *(dans la rédaction d'un texte)* — Draft
  premier ~ d'un scénario — First draft
Jeu
  1) ~ *(assortiment d'objets identiques)* — Set, Assortment, Series
  ~ de tiges parasoleil — Set of sunshade bars
  2) # *Interprétation* — Acting, Play
  ~ d'un acteur — Action
  forcer le ~ , # *En faire trop* — To Mug, To Overact, To Overdo, To Overplay
  retenir son ~, # *Jouer en-dessous* — To Underplay
  3) ~ télévisé — Game show, TV game show
  4) ~ de lumière — Lighting effect
  5) ~ d'orgues — Light board, Light console, Lighting board, Lighting panel
  6) *(Mécanique)* — Clearance, Play
  ~ indésirable *(dans les pignons, roues dentées, etc.)* : Backlash
  ~ néfaste — Looseness, Slack
  ~ utile — Free motion
  ~ dans la tension d'une courroie — Slack
  avec du ~ , # *Lâche* — Loose, Free
  donner du ~ à *qch* — To Ease, To Loosen, To Slacken, To Give some slack
  prendre du ~ — To Work free
  rattraper le ~ d'une courroie — To Take up the slack
  sans ~ , # *Serré(e), Tendu(e)* — Tight
Jitter *(L'expression "gigue électronique" est parfois employée)* — Jitter
  * *Génération de gigue* — Jitter generation
  * *Tolérance de gigue* — Jitter tolerance
  * *Transfert de gigue* — Jitter transfer

Joint	Joint
~ étanche	Seal
~ hermétique	Tight joint
~ à rotule	Ball-joint, Ball-and-socket joint
Joue	Cheek
~ d'un flasque	Flange
~ d'une poulie	Pulley cheek
Jouer *1) ~ (pour un acteur)*	To Act, To Play
~ en-dessous, # *Retenir son jeu*	To Underplay
~ sans répéter, # *Improviser*	To Ad-lib, To Wing

* *Apparaître, Faire une courte prestation dans un film* : To Appear

* *Surjouer* : To Mug, To Overact, To Overplay, To Overdo

2) ~ un film en salles, # *Projeter un film en salles* : To Play a film

Jour	Day

~ de changement de programmation des salles : Change over day

~ de montage des décors	Build day, Set(up) day
~ des nouveaux films à l'affiche	Change over day
~ de repos	Day off
~ de tournage	Shooting day

~ de tournage supplémentaire dû aux mauvaises conditions météo ayant entraînées l'arrêt d'un tournage *(Les surcoûts engendrés seront indemnisés si une "Assurance weather day" a été souscrite par la production avant le début du tournage. Plus elle l'aura été à l'avance, moins elle sera chère)* : Weather day

effet ~	Day effect
lumière du ~	Daylight
premières lueurs du ~	First streak of day, of dawn
Journal télévisé du matin	Morning news
Justificatif, # *Reçu*	Voucher
Juxtaposer	To Juxtapose

K

Kelvin	Kelvin
degré ~	Kelvin
échelle de température en degrés ~ : Kelvin scale	
Kilo-bit (Kb)	Kilobit (Kb)
Kilo-octet = 2^{10} octets (Ko)	Kilobyte (KB)
~ par seconde	Kilobyte per second
Kinescopage : Video to film transfer, Telerecording (*GB*) – Kinescope recording (*US*)	
Kinescope	Tape-to-film transfer, Kinescope
Kino-flo	Kino-flo
Kirchoff (Loi de ~)	Kirchoff's law

L

Laboratoire *(Coll. :* Labo*)*	Laboratory *(Fam. :* Lab*)*
~ de tirage *(de copies)*	Dry lab
~ de trucages	Optical house
Lame *1) (Outillage)*	Blade
~ de rasoir	Razor blade
2) ~ d'obturation	Shutter blade, Cutting blade
3) ~ séparatrice *(de faisceaux lumineux)*	Beam splitter, Glass membrane, Partial reflector pellicle
4) ~ à faces parallèles	Optical flat
Lampe	Lamp
~ à arc	Arc lamp
~ à basse tension	Low voltage lamp, Glow lamp
~ biposte	Bipost lamp
~ de chevet	Bedside lamp
~ CSI	CSI lamp
~ à décharge	Discharge lamp
~ à double filament	Two filament lamp
~ étanche (*du type* PAR)	Sealed-beam lamp
~ excitatrice	Exciter lamp
~ flood	Flood lamp
~ halogène	Halogen lamp
~ HMI	HMI lamp
~ inactinique	Dark room lamp, Safelight lamp
~ à incandescence	Incandescent lamp
~ infrarouge	Heat lamp
~ à iode	Iodine lamp
~ au krypton	Krypton lamp
~ lumière du jour	Daylight lamp
~ à mercure	Merc lamp
~ minibrute lumière artificielle	FCX light
~ minibrute lumière du jour	Fay light
~ à miroir incorporé	Mirror lamp, Reflector lamp
~ au néon	Neon lamp
~ nue	Bare lamp
~ de poche	*GB* : Torch – *US* : Flashlight
~ praticable *(placée dans le décor et en ordre de marche)*	Practical
~ de projection	Projection lamp

~ quartz-halogène	Tungsten halogen lamp
~ à réflecteur incorporé	Reflector lamp
~ signal	Cue light
~ stylo	Pen light
~ survoltée	Boosted lamp, Overrun lamp
~ témoin	Control light, Pilot light, Telltale light
~ torche	Flash light
~ à vapeurs de mercure	Mercury-arc lamp, Mercury-vapor lamp
~ à vapeurs de sodium	Sodium-vapor lamp
~ à vide, # *Tube à vide*	Vacuum lamp, Vacuum tube
~ au xénon	Xenon lamp
culot de ~	Lamp base
douille de ~	Socket, Lamp holder
Langue de chat	*GB* : Charlie bar – *US* : Finger
Lanterne magique	Magic lantern
Lanterne de projection	Projection house, Projection light
Largeur	Width, Breadth
~ de bande	Bandwidth
~ ~ étendue	Wide-bandwidth
~ spectrale	Spectral width
Larsen	Feedback
Laser	Laser
Latensification, # *Post-flashage*	Post-fogging, Latensification, Flashing
Latent(e)	Latent
Latitude	Latitude
~ de pose	Exposure latitude
Lavage *(Chimie photographique)*	Washing
Lavande	Lavender
copie ~	Lavender print, Blueprint (*US*)
Layout, # *Esquisse*	Layout
* *Banc de préparation (Animation)*	Layout table

Lecteur *1)* ~ de scénarios *(ou de tous autres manuscrits, pour un studio ou un producteur, afin d'en évaluer le potentiel dans l'optique d'une possible adaptation à l'écran)* : Reader, Story analyst

* *Directeur(-trice) du service "Lecture des projets"* : Story editor

2) ~ *(de bande magnétique)*	Tape player, Video player
~ enregistreur	Playback recorder, Recorder player
Lecture *1)* ~ *(d'un texte)*	Reading

~ comédiens : Table reading *(Litt. : "autour d'une table", d'où l'expression)*

~ d'un scénario *(par les acteurs)*	Read-through

première ~ collective d'un scénario par les acteurs : Line rehearsal

vitesse de ~ *(pour une personne lisant un texte)* : Speed of reading

2) ~ *(d'une bande magnétique)*	Playback
~ en accéléré	Fast forward playback
~ de l'image en avance rapide	Forward scan

~ de l'image en retour rapide — Rewind scan
tête de ~ — Playback head
vitesse de ~ *(pour un appareil à bandes)* : Playback speed
3) ~ directe *(sur un appareil de mesure)* : Direct reading *(on a measuring device)*
4) ~ en transit *(Internet)* — Streaming

Léger (Légère) — Light, Lightweight
Leitmotiv — Leitmotif
Lent(e) — Slow
Lentement — Slowly
Lenticulaire — Lens-shaped
Lentille — Lens
~ acoustique — Acoustic lens
~ additionnelle — Auxiliary lens, Lens attachment
~ afocale — Afocal lens
~ asphérique — Aspherical lens
~ biconcave — Double concave lens
~ biconvexe — Double convex lens
~ de champ — Field lens
~ claire — Clear lens
~ concave — Concave lens
~ condensatrice, # *Condenseur* — Condenser lens
~ convergente — Converging lens, Focusing lens
~ convexe — Convex lens
~ correctrice — Correcting lens
~ ~ de courbure de champ — Field flattener
~ cylindrique — Cylindrical lens
~ dioptrique, # *Dioptrie* : Diopter, Dioptric lens, Plus lens, Proxar
~ divergente — Diverging lens
~ de Fresnel — Fresnel lens, Step lens
~ ~ martelée — Honeycomb Fresnel lens
~ frontale — Front lens
~ frontale de conversion — Front optical attachment
~ plan-concave — Plano-concave lens
~ plan-convexe — Plano-convex lens
~ sphérique — Spherical lens
~ traitée — Coated lens, Bloomed lens
diamètre de la ~ — Lens diameter
épaisseur de la ~ — Lens thickness
sans ~ — Lensless, Open-ended
traitement de surface de ~ — Lens coating

Lettre — Letter
~ d'accord *(exprimant un accord par écrit)* : Letter of agreement
~ d'engagement *(définissant l'engagement de qn à faire qch)* : Deal letter
~ de relance — Follow up letter
* *Accord de principe, par écrit* — Letter of intent

Lever (Se ~), # *Se mettre debout*	To Rise
Levier	Lever, Lever arm
~ de commande	Control lever arm, Operating lever
~ de commande joystick	Joystick
Lexan ®	Lexan ®
Liaison par câble	Tie line
Libre parcours moyen *(Audio)*	Mean free path
Licence	*GB* : Licence – *US* : License
attribuer une ~ à *qn*	To License s.o
Lieu	Place
~ d'écoute *(Audio)*	Listening room
~ de tournage *(d'une séquence)*	Setting, Shooting location
~ non équipé d'ascenseur \ de monte-charge : Walk up place	
* *Décor naturel*	Exterior location
* *Sur les lieux*	On site
Lignage ~ de trame	Screen ruling
~ de télévision	Television line number
Ligne	Line
1) ~ continue	Straight line
~ courbe	Curved line
~ droite	Straight line
~ discontinue	Broken line
~ pointillée	Dotted line
2) ~ de regard	Sight line
~ des 180°	Imaginary line, Screen direction, Line of interest, Axis of action
passer la ~ ~ , # *Croiser l'axe*	To Cross the line
3) ~ générale	Broad outline
dans ses grandes ~s	In main features, Broadly speaking
4) *(Audio)*	Line
~ asymétrique	Unbalanced line
~ nodale	Nodal line
~ parallèle, # *Câble de renvoi*	Tie line
~ spécialisée	Specialized line
~ symétrique	Balanced line
~ de temps	Timeline
bruit en ~	Line noise
entrée ~	Line input
niveau ~	Line level
retard de ~	Line delay
sortie ~	Line output
5) *(Vidéo)*	Line
~ à retard	Delay line
~ impaire	Odd line
~ paire	Even line

doublement des ~s — Line-doubling
multiplicateur de ~s — Line-multiplier, Line-doubler \ tripler
multiplication des ~s — Line-multipling
Lily, # *Charte de couleur* — China girl, Lily
Limitation *(Audio)* — Limitation
Limite — Limit, Border
~ de champ — Shooting range, Edge of frame
~ de résolution — Limit of resolution
Limiter — To Limit, To Restrict
Limiteur — Limiter
~ d'amplitude de signal — Clipper
~ de son de crête — Peak limiter
Limpet — Limpet
Linéaire — Linear
Linéarité *(Rapport de proportionnalité entre un signal d'entrée et le signal de sortie correspondant)* : Linearity
Lire *(une bande magnétique)* — To Play, To Playback
Lissage *(Vidéo num.) (Adoucissement de l'image en faisant une moyenne entre un pixel et les pixels immédiatement voisins)* : Smoothing, Shading
~ des contours — Edge filtering
opération de ~ de l'analogique avant numérisation : Dithering
* *Faible signal rajouté à un signal analogique afin de lisser ses défauts avant d'en effectuer la numérisation* : Dither
Lisse, # *Poli(e)* — Smooth
parfaitement ~ — Dead smooth
Liste — List
~ d'adresses — Mailing list
~ artistique — Cast list
~ des besoins organisationnels et techniques : Technical rider
~ de conformation *(Montage)* — Cut list
~ de contrôle — Check list
~ de décisions de montage — Edit decision list (EDL)
~ définitive — Clear list
~ des internégatifs — Dupe list
~ de matériel — Equipment list
~ des membres de l'équipe — Unit list
~ des modifications — Change list
~ de montage — Edit list
~ noire — Blacklist
~ des plans — Shot list
~ des points de montage — Edit decision list (EDL)
~ des prises *(Vidéo)* — Pull list
~ de publipostage — Mailing list
~ des sous-titres — Subtitle cue sheet, Spotting list
~ technique — Unit list

Localisation spatiale *(Audio)* — Spatial localization
Location — *GB* : Hire – *US* : Rental
~ d'un ensemble de films — Block booking
~ à la journée — Daily rental
~ minimum — Minimum rental
~ sans projection préalable — Blind booking
~ à la semaine — Weekly rental
conditions générales de ~ — Rental regulations
contrat de ~ — Rental contract
frais de ~ — Rental costs
maison de ~ — Rental house, Hire company
marché de la ~ vidéo — Video rental market
Loge d'acteur — Dressing room
~ comédien *(en tournages en extérieurs)* : Honeywagon
~ mobile — Trailer
Logiciel, # *Application informatique* — Application
Logiciels — Software
Lointain (Dans le ~) — In the distance
Long (Longue) — Long
le ~ de — Along, Alongside
Long métrage — Feature film
Longueur — Length
~ d'onde — Wavelength
dans le sens de la ~ — Lengthwise
Loquet — Lock, Locking lever
Lot, # *Package (Business)* — Package
Louche *(de projecteur de films)* — Douser
Louer — *GB* : To Hire – *US* : To Rent
Loueur — *GB* : Hirer – *US* : Renter
~ d'accessoires — Property rental
~ de costumes — Costume house
~ de matériel camera — Camera rental
Loupe *1)* ~ grossissante — Magnifying glass
2) # *Viseur* — Eyepiece, Viewfinder
~ chauffante — Heated eyepiece
~ longue — Finder extender, Eyepiece extension, Viewfinder extension
support de ~ ~ — Eyepiece leveller, Link arm
~ orientable — Rotatable eyepiece
Lourd(e) — Heavy
Lubrifiant *(nom)* — Lubricant
manque de ~ — Under lubrication
trop de ~ — Over lubrication
Lubrification — Lubrication
point de ~ — Lubrication point

Lubrifier	To Lubricate
~ avec de l'huile	To Oil
~ avec de la graisse, # *Graisser*	To Grease
Lueur	Glare, Gleam, Glow
faible ~	Glimmer
premières ~s du jour	First streak of dawn \ of day
Luisant(e)	Bright, Glossy, Shiny
Lumen	Lumen
Lumière	
1) ~ *(dans une pièce mécanique)*	Port
~ d'observation *(Mécanique)*	Sight hole
2) # *Éclairage*	Light
~ ambiante	Ambient light
~ d'ambiance	Broad light, Fill light
~ d'appoint : Fill light, Booster light, Filler, Filler light, Fill-in light, Fill	
~ artificielle	Artificial light, Tungsten light
~ de base	Base light, Foundation light
~ blanche	White light
~ chaude	Warm light
~ cohérente	Coherent light
~ concentrée	Spot light
~ en contre-jour	Back light
~ de décrochage des contours, ~ de détourage : Rim light	
~ diffuse	Broad light, Spread light, Scattered light
~ directe	Direct light
~ directionnelle	Directional light
~ disponible	Available light
~ douce	Soft light
~ en douche	Top light, Overhead light
~ dure	Hard light
~ à effet	Effects light
~ existante *(naturellement dans un lieu)* : Existing light	
~ à la face	Front light
~ fluorescente	Fluorescent light
~ frisante	Edge light
~ froide	Cold light
~ frontale	Front light
~ inactinique	Safelight
~ incidente	Incident light
~ indirecte	Bounce light
~ du jour	Daylight
~ latérale	Side light
~ modelée *(qui donne du modelé)*	Modeling light
~ noire	Black light
~ dans l'oeil, # *Point dans l'œil*	Eye light, Catch light

~ parasite	Glare, Flare, Stray light
~ en plongée, # *Douche*	Top light, Overhead light
~ polarisée	Polarized light
~ ponctuelle	Spot light
~ très ponctuelle	Pinpoint light
~ principale	Key light
~ rasante	Edge light, Racking light
~ réfléchie	Reflected light, Bounced light
~ stroboscopique	Strobe light
~ tamisée	Subdued light
~s de tirage	Timing lights, Printing lights
~ ~ unique	One-light
~ transmise	Transmitted light
~ tungstène	Tungsten light
~ unique (*tirage d'une copie à* lumière unique) : Best light	
~ à la verticale	Top light, Overhead light
adoucir la ~	To Soften the light
arroser de ~	To Flood with light
atténuer la ~	To Dim the light
baisser la ~	To Fade light
bascule de ~	Change-over of light
basse ~	Low light
chicane à ~	Light trap, Light lock
chute de ~	Light fall
descente de ~	Light fading, Light dimming
diffuser la ~	To Diffuse \ To Scatter the light
doublure ~	Light stand-in
effet dans la ~	Kick, Kick light
effet de ~	Light effect
envoyer de la ~ sur *qch*	To Shine \ To Throw a light on *sth*
étanche à la ~	Light-tight, Light proof
faible ~	Dim light
fente de ~	Light gate
filet de ~	Streak of light
fuite de ~	Light leak, Spill, Spill light
haute ~	High light
inonder de ~	To Flood with light
intention de la ~	Key light
jeu de ~	Lighting effect
mouche de ~	Spill, Spill light
niveau de ~	Light level
perte de ~ , # *Fausse teinte*	Light loss
point chaud de ~	Hot spot, Light spot
préparation ~	Prelight
raie de ~	Streak of light

réduire la ~	To Fade down \ To Take down the light
réfléchir la ~	To Bounce \ To Reflect the light
tache de ~	Light spot, Pool of light
tamiser la ~	To Subdue the light
zone baignée de ~	Pool of light, Light pool
Luminance	Luminance
atténuation locale de la ~ *(à l'intérieur d'une image)* : Spot shadow	
signal de ~	Y signal
Lumination	Exposure
indice de ~	Exposure value
Lumineux(-euse)	Luminous
Luminosité	Luminosity
~ d'un écran	Screen brightness
~ d'un objectif	Lens speed
réglage de la ~	Brightness control
Lunette autocollimatrice	Autocollimator
Lustre	Lustre
Lux	Lux *(1 lux = 0,093 foot-candle)*
Luxmètre	Luxmeter
Lyre *(de projecteur)*	Strap, Yoke

M

Machine	Machine
~ à brouillard	Fog machine, Fog maker
~ à coudre	Sewing machine
~ à développer	Processing machine
~ à fumée	Smoke machine, Smoke gun, Hazer
~ à piéter	Edge-numbering machine, Coding machine
~ à vent	Wind machine
Machinerie	Grips, Machinery
camion ~	Grip truck
matériel ~	Grip equipment
Macro	Macro
lentille additionnelle pour la ~	Macro attachment
objectif ~	Macro lens
~ ~ à soufflet	Macro lens with bellows
Macroblock *(Vidéo num.)*	Macroblock
Macrocinématographie	Macrocinematography
Magasin	
1) ~ d'accessoires	Property room, Property dock
2) ~ de caméra *(Coll. :* Mago)	Magazine
~ coaxial	Coaxial magazine
~ à compartiment unique	Single compartment magazine
~ à double compartiment	2 separate compartment magazine, Double compartment magazine
~ d'épaule	Hand held magazine
~ débiteur	Feed magazine, Take-off magazine
* *Côté débiteur*	Feed-side, Supply side
~ récepteur	Take-up magazine
* *Côté récepteur*	Take-up side
axe de ~	Magazine spindle
blimp de ~	Magazine barney
~ ~ chauffant	Heated magazine barney
couvercle de ~	Magazine lid
Magazine	
1) # *Revue*	Magazine
~ de cinéma	Film magazine
~ de télévision	TV magazine

2) # *Émission TV* : Magazine programme (*GB*) – Magazine program (*US*)
sujet d'un ~ ou du journal télévisé *(TV)* : Segment
* *Résumé de l'ordre dans lequel les sujets d'un reportage d'actualités seront abordés* : Segment rundown

Magenta *(adj. et nom)*	Magenta
Magnétique	Magnetic
Magnétisation	Magnetization
courant de ~	Magnetization current
Magnétisme	Magnetism
Magnétophone	Sound recorder
~ à cassettes	Cassette sound recorder
~ numérique	Digital sound recorder
Magnétoscope	Video recorder
~ asservi	Slave
~ à balayage hélicoïdal	Helical scanning recorder
~ à balayage transversal	Quad head recorder, Transverse scanning recorder
~ à bande	Video tape recorder (VTR)
~ à cassettes	Video cassette recorder (VCR)
~ numérique	Digital video recorder
~ portable	Portable recorder
~ quadruplex	Quadruplex recorder
Magnétoscoper	To Video, To Tape
Maille d'écran	Grid wire
Main-d'œuvre	*GB* : Labour – *US* : Labor
~ qualifiée	*GB* : Skilled labour – *US* : Skilled labor
Maintenance	Maintenance, Upkeep
faire de la ~ , faire la ~ de *qch*	To Keep *sth* in repair
qui ne demande aucune ~	Maintenance free
service de ~	Back-up service
technicien de ~	Maintenance engineer
Maintenir *1) # Soutenir*	To Maintain
2) # Tenir	To Hold
Maison	House
~ de distribution	Distribution company
~ de location	Rental house, Hire company
~ ~ d'accessoires	Property rental
~ ~ de costumes	Costume house
~ ~ de matériel caméra	Camera rental
~ de production	Production company
Maître *(Audio)*	Master machine
~ virtuel *(Audio)*	Virtual master
Malle	Trunk, Basket
Mallette de maquillage	Make-up box
Mama	Open-ended net

Manche	Handle, Haft
~ de tête	Head handle, Pan handle
Manchette *(du film, d'une pellicule)*	Edge of the film
informations sur les ~s	Edge markings
voile sur les ~s	Edge fogging
Mandarine *(Éclairage) (Coll.)*	800 w open-ended quartz light
Manette	Knob, Handle, Lever arm
~ de commande	Control lever arm, Control knob
~ de verrouillage	Locking lever
Manille	U-bolt
Manivelle	Crank
poignée de ~	Crank handle
tourner une ~	To Crank
Mannequin	Model
~ main	Hand model
Manomètre	Pressure gauge
Manquer de *qch*	To Lack of *sth*
Maquette *1)* ~ dessin	Sketch
* *Première ébauche d'un dessin*	Layout
* *Esquisse*	Rough layout
2) ~ de décor, ~ en relief	Miniature, Model
~ ~ à échelle réduite	Reduced-scale model, Scale model
~ reconstituant un lieu ou un site connu et existant : Mock-up	
plan avec ~	Miniature shot, Model shot
prise de vue de ~	Miniature shooting, Model shooting
Maquillage	Make-up
~ corps, ~ mains, etc.	Body make-up, Hands make-up, etc.
caravane ~	Make-up caravan, Make-up trailer
mallette de ~	Make-up box
photo de ~	Make-up still
raccord ~	Touch up
dernier ~ ~	Last looks, Last touch up
salle de ~	Make-up room
Maquiller	To Make-up s.o's face
Marche arrière >< avant : Reverse motion, Back drive >< Forward action	
24 im/s en marche arrière >< avant : 24 fps reverse >< 24 fps forward	
Marché *1) # Achat et vente*	Market
~ ciblé	Target market
~s dérivés	Ancillary markets
~ du film	Film market
~ intérieur	Home market
~s d'exploitation secondaire	After-markets
part de ~	Market share
2) # Affaire, Accord (Business)	Deal
Marge bénéficiaire	Profit margin

Marquage, # *Traçage, Repérage* — Marking
Marque *1)* # *Repère* (▶ p 337) — Index, Mark
~ d'arrivée — Arrival mark
~s de changement de bobine — Change-over marks, Reel change marks
~ de départ — Start mark, Departure mark
~ de format *(sur un retour vidéo)* — Format marking
* *Lignes blanches délimitant le cadre sur un retour vidéo* : Whites frame lines
~ de repère — Index mark
~ au sol — Floor mark
~ de superposition *(pour un double passage en caméra)* : Registration marks
~ de synchronisation — Clapper mark, Sync mark
être à sa ~, respecter une ~ — Hitting a mark
être sur la ~, être pile poil à la ~ — Hitting the mark
faire une ~ — To Mark
prendre une ~ , # *Prendre une place* : To Hit the mark
rater la ~ — To Miss the mark
respecter une ~ — To Hit the mark
* *"Respecte ta marque au sol !"* ⇔ "Hit the mark !"
2) ~ de fabrication — Trade mark, Brand name, Make
3) # *Saleté* — Streak, Mark
~ de développement — Streak, Processing streak
~ lors du développement, dues à des saletés sur le film : Sparkle
~ de frottement — Abrasion mark, Stress mark
~ de séchage — Drying mark, Waterspots
Marquer — To Mark
Marron *1) (adj.)* — Brown
2) (nom) — Black and white dupe positive
~ sur pellicule panchro : Pan master from colour *(Pan = Panchromatic)*
Masquage — Masking
~ chromatique — Colour masking
~ d'écran — Aperture mask
Masque — Mask, Matte
effet de ~ *(Audio)* — Masking effect
Masquer — To Mask
Masse *1) (Électricité)* — Ground
mettre à la ~, # *Mettre à la terre* — To Ground
2) ~ mécanique *(Audio)* — Mechanical mass
Master — Master
~ de sécurité — Protective master
Mastérisation *(DVD)* — Authoring, Mastering
~ numérique — Digital mastering
Mat(e) — Dull, Mat, Unpolished
Matelas de sécurité *pour les chutes des acteurs* : Crash mat, Crash pad
Mater — To Mat(t), To Dull, To Bloom
bombe à ~ — Dulling spray, Anti-flare spray

Matériel Equipment
~ caméra Camera equipment
~ d'éclairage Lighting equipment, *US* : Luminaire
~ ~ de scène Stage lighting equipment
~ ~ de studio Studio lighting equipment
~ léger : Lightweight equipment, Portable rig, Location rig
~ de machinerie Grip equipment
~ portable Portable equipment
~ de prise de vue Camera equipment
~ son Sound equipment
liste de ~ Equipment list
maison de location de ~ : Equipment rental house, Equipment hire
réserver du ~ To Book equipment
surveiller le ~ : To Firewatch the equipment *(Litt.:* Veiller au feu*)*
Matrice Matrix
Maxibrute Nine-light, Molefay light
Mécanisme Mechanism, System, Device, Gear
~ de blocage Locking system
~ de commande Control system
~ d'entraînement Drive system,, Transport system
~ ~ de la pellicule Film transport system
~ ~ par griffes Claw pull-down mechanism
~ de verrouillage Locking device, Shift lock
servo ~ Servo system
Mécénat [CGTN – 2000], # *Parrainage* Sponsoring, Sponsorship
~ d'entreprise Corporate support
Mécène [CGTN – 2000] Sponsor
Mèche *(de cheveux), # Boucle de cheveux* : Lock of hair
~ postiche Hairpiece
~ rebelle, ~ qui rebique Unruly lock
* *La chevelure, Les cheveux* Locks
* *Touffe de cheveux* Tuft of hair
Mégabit (Mb) Megabit (Mb)
Mégahertz (MHz) Megahertz (MHz)
Méga-octet = 2^{20} octets (Mo) Megabyte (MB)
Mégaphone Bull-horn, Megaphone
Mégapixel *(10^6 pixels = 1million de pixels)* : Megapixel
Mélangeur Mixer
~ vidéo Video mixer, Vision mixer
Mélodrame Melodrama, Meller
~ larmoyant, ~ "à l'eau de rose" Tear-jerker, Soppy
Membres Members
~ de l'équipe de tournage Crewmembers
Mémoire *(Inform.)* Memory
~ cache Cache memory

~ d'effets	Effects Memory (E-mem)
~ d'image	Frame store
~ effaçable	Erasable storage
~ en lecture seule	Read only memory (ROM)
éphémère	Temporary storage, Volatile storage
~ étendue	Exented memory
~ image	Frame buffer
~ intermédiaire de stockage des images : Buffer	
~ morte	Read-only memory (ROM)
~ permanente	Non-erasable storage, Permanent storage
~ programmable : Programmable read-only memory (PROM)	
~ renforcée	Extended memory
~ de stockage d'une image gelée	Frame store
~ tampon	Buffer, Data buffer
~ de trame	Framestore
~ de travail	Work storage
~ universelle	General storage
~ virtuelle	Virtual storage
~ vive	Random-access memory (RAM)
mettre en ~	To Store
Mémoriser	To Store, To Memorize
Ménisque	Meniscus
~ convergent	Positive meniscus
~ divergent	Negative meniscus
Menu *(Vidéo - Informatique)*	Menu
~ avec affichage d'icones	Icon menu
~ en cascade	Cascading menu
~ des couches	Layering menu
~ courant	Active menu
~ déroulant	Drop-down menu, Pull down menu
~ du fond	Background menu
~ fichier	File menu
~ jaillissant	Pop-up menu
~ principal	Main menu
Message d'erreur *(Informatique)*	Alerte box, Error message
Mesure	*a)* Measure, Measuring - *b)* Reading
appareil de ~	Measuring device
Mesurer	To Measure
Métadonnées	Ancillary data, Metadata
Métaphore	Metaphor
Méthode	Method
Métrage	*Équivalent en anglais* = Footage
affichage du ~	Footage display
indicateur de ~	Footage counter, Film supply indicator

Mètre *(1 mètre = 3,28 feet)*	*GB* : Metre – *US* : Meter
~ ruban	Tape metre
Metteur en scène	Director, Film director
Mettre	
1) # Placer	To Place, To Put, To Set
~ côte à côte	To Place, To Put side by side
~ *qch* sur *qch*, *# Poser sur qch*	To Put *sth* on *sth*
~ *qch* debout	To Stand *sth* on end \ up
se ~ debout	To Stand up
2) ~ en marche *a) # Allumer*	To Switch on, To Turn on
b) # Démarrer	To Start
3) ~ au point *(mécaniquement)*	To Adjust
4) ~ au point *(optiquement)*	To Focus on, To Adjust the focus
5) ~ en scène	To Direct
6) ~ en place un plan	To Block
7) ~ à la masse, ~ à la terre *(Électricité)* :	To Earth, To Ground
8) ~ en valeur, *# Améliorer*	To Enhance
9) ~ par écrit, *# Coucher par écrit*	To Ink
10) ~ à jour *(Informatique)*	To Update
~ à niveau *(Informatique)*	To Upgrade
Microcellule	Microcell
Microcinématographie	Microcinematography
Microdensitomètre	Microdensitometer
Microdisquette	Micro floppy disk
Micromètre, *# Palmer*	Micrometer
Microphone, *Coll.* : **Micro**	Microphone *(Fam.* : Mic, Mike*)*
~ d'appoint	Spot microphone
~ bidirectionnel	Bidirectional mike
~ à bobine mobile	Dynamic microphone
~ de bouche	Lip mike
~ boutonnière	Lapel mike
~ branché	Hot mike, Hot line
~ caché	Hidden mike
~ canon	Gun microphone, Rifle mike
~ cardioïde	Cardioid microphone
~ au charbon	Carbon microphone
~-clip	Clip-on mike
~ à condensateur	Condenser mike
~ de contact	Contact microphone
~ autour du cou	Lavaliere mike, Neck mike
~ cravate	Lapel mike, Tie-clip mike
~ à décharge	Glow discharge microphone
~ directionnel	Directional microphone
~ double	Push-pull microphone
~ dynamique	Dynamic microphone

~ à électret	Electret condenser mike, Electret mike
~ électromagnétique	Magnetic microphone
~ électrostatique	Capacitor microphone, Electro-static microphone
~ électrodynamique	Dynamic mike
~ à faible sensibilité	Close talking mike
~ à gradient de pression	Gradient pressure microphone
~ à haute fréquence	High-frequency microphone
~ HF	Wireless microphone
~ hypercardioïde	Hypercardioid mike
~ incorporé	Built-in microphone
~ à lampe	Tube microphone
~ lavallière, ~ en lavallière	Lavaliere microphone
~ à longue portée	Long-distance mike
~ à main	Hand-held mike
~ omni-directionnel	Omnidirectional microphone
~ d'ordres	Instruction mike, Cue microphone
~ parabolique	Parabolic-reflector mike
~ piézoélectrique	Crystal mike
~ de poing	Hand microphone
~ poitrine	Chest mike
~ à pression	Pressure mike
~ de proximité	Close-talking mike
~ à réflecteur parabolique	Parabolic-reflector microphone
~ à ruban	Band mike, Ribbon mike
~ stéréophonique	Stereophonic mike
~ sur pied	Stand mike
~ suspendu	Hanging mike
~ de table	Desk mike
~ ultradirectionnel	Ultra-directional mike
~ unidirectionnel	Unidirectional microphone
~ à zone de pression	Pressure Zone Microphone (PZM)
directivité d' ~	Microphone pickup \ directivity
diagramme de ~ ~	Microphone pickup pattern, Microphone directivity pattern
emplacement optimal d' ~	Microphone placement
entrée ~	Microphone input
hors ~	Off-mike
hors de portée d'un ~	Off-mike
niveau ~	Microphone level
ombre de ~	Microphone shadow
perche de ~	Microphone boom, Pole, Fish pole
prise de sortie ~	Microphone outlet
sortie ~	Microphone output
* *Présence d'un son \ de la voix*	Microphone presence

Microprisme — Microprism
~ de visée — Focusing microprism
Microprocesseur — Microprocessor
MIDI
mélangeur de données ~ — Midi merger
standard ~ pour l'audio — General MIDI
Mille Hertz, # *1000 Hertz* — Line-up tone, Sync tone
Mini série *(Made-for-TV film in 2 parts, generally 90' each)* : Mini-serie, Miniserie
Minibrute — 2- \ 4- \ 6- \ 9-light Fay, Minibrute
Minidisc — Minidisc
Minidisquette — Minifloppy
Minimum *1) (nom)* — Minimum
2) (Salaires)
~ garanti — Minimum guarantee
~ garanti distributeur — Distribution advance
~ non garanti, ~ variable — Soft floor
~ syndical — Minimums, Minimum scale, Scale rate
au-dessus du tarif ~ — Overscale
partie du salaire au-dessus du tarif ~ : Overscale
Minutage — Timing
Minuter — To Time, To Minute
Mire — Pattern, Chart
~ de barres de couleurs *(Vidéo)* — Colour bars
~ de cadrage des titres — Safety title area test pattern
~ de convergence — Convergence pattern
~ de définition — Definition chart
~ de distorsion — Cross hatch
~ électronique — Electronical test chart
~ d'enregistrement couleur *(Vidéo)* : Colour registration test pattern
~ d'essai — Test chart, Test pattern
~ de fixité — Steadiness chart
~ Macbeth — Gamut mapping
~ pour faire le point — Focus target
~ de résolution — Resolution chart
générateur de ~ de barres de couleurs : Bars generator
Mired (Degré ~) — Mired value
variation en ~ — Mired shift value
Miroir — Mirror
~ aluminé en surface — First surface mirror
~ dichroïque — Dichroic mirror
~ elliptique — Elliptic(al) mirror
~ froid — Cold mirror
~ parabolique — Parabolic mirror
~ rotatif — Rotating mirror, Revolving mirror
~ semi-aluminé — Half-silvered mirror

~ semi-aluminé en surface — Front surface mirror
~ semi-réfléchissant — Fifty-fifty mirror
~ séparateur de faisceaux lumineux : Beam splitter mirror
~ standard — Second surface mirror

Mise à jour (MAJ) — Updating

Mise au point *1) ~ (mécanique)* — Adjusting
2) ~ (optique) — Focusing
~ sur *qch* \ sur *qn* — Focusing on *sth* \ on *s.o*
~ automatique — Automatic focusing, Auto-focus
~ sur dépoli — Through-the-lens focusing
~ fine — Critical focus
~ fixe — Fixed focus
~ à l'infini — Focus on infinity
~ précise — Sharp focusing
~ par visée reflex — Reflex focusing
distance de ~ — Focus length
~ ~ minimum : Minimum focus length, Minimum of focus, Close focus
faire la ~ sur *qch, qn* — To Focus on *sth, s.o*

Mise de fonds — First outlay, Initial outlay
** Capital initial* — Seed money

Mise en marche *(d'un appareil)* — Starting, Releasing

Mise en place *1) # Installation du matériel* : Set-up
~ caméra — Camera set-up
~ des décors — Staging
2) # Première répétition — Blocking, Blocked rehearsal
~ caméra — Camera blocking
~ des acteurs et de la caméra — Blocking
~ générale — Blocking
~ d'un plan — Staging

Mise-en-scène : Staging an action *(Literally = Placing on stage, Setting on stage)*
indications de ~ — Directions

Mixage — Mixing, Mix – Dubbing (*GB*)
~ final — Final mix
console de ~ — Mixing console, Mixing panel
plan de ~ — Mixing cue sheet
pupitre de ~ — Mixing console, Sound console
salle de ~ — Mixing room
séance de ~ — Mixing session
studio de ~ — Mixing studio
table de ~ son : Sound \ Audio mixer, Mixing board, Sound mixing console

Mixer — To Mix down

Mixette — Microphone mixer, Mixing panel

Mixeur — Sound mixer, Mixer
~ de sons enregistrés en extérieurs *(>< en studio)* : Location mixer

Mixte *(nom), # Journée de tournage en mixte* : Split day

Mobile, # *Déplaçable*	Movable
Mode, # *Façon, Manière*	Way
~ assemble	Assemble mode
~ film *(Vidéo num.)*	Film mode
~ de fonctionnement	Operation mode
~ insert	Insert mode
~ montage	Edit mode
~ plein écran	Full-screen mode
~ remplissage automatique *(Audio)* :	Fill mode
~ de saisie	Capture mode
Modelé *(nom)*	Modeling, Relief
~ doux	Soft modeling
~ dur	Harsh modeling
Modèle *1) # Motif*	Pattern, Design
2) # Maquette	Model, Miniature
~ réduit	Reduced-scale model, Scale model
Modifications de texte	Pages changes
Modulateur	Modulator
~ en anneau *(Audio)*	Ring modulator
Modulation	
~ d'amplitude	Amplitude modulation
~ analogique	Analogic modulation
~ de fréquence	Frequency modulation
~ négative	Negative-light modulation
~ numérique	Digital modulation
~ positive	Positive-light modulation
~ sans coupure	Normaled
Module	
~ de déphasage variable *(Audio)*	Phasing
~ externe	Plug in, Plug-in, Plugin
~ de retard variable *(Audio)*	Flanger
Moduler	To Modulate
Modulomètre	Modulometer
Moirage	Moiré
Moiré(e) *(adj.)*	Moiré, Watered
Moiré *(nom)*, # *Moirage*	Moiré, Moire
~ dans les couleurs	Cross-colour moiré
défaut de ~	Moiré pattern
effet de ~	Moiré effect
Molette	Knurl
# *Bouton moleté*	Knurl button, Thumbscrew
Moniteur	Monitor
~ de contrôle	Control monitor
~ HDTV	HDTV-monitor
~ vidéo	Video monitor

étalonnage du ~	Monitor calibration
marques de format sur ~	Format marking
* *Lignes blanches délimitant le cadre sur un retour vidéo* : Whites frame lines	
Mono bain *(Chimie photographique)*	Mono bath
Monochrome	Monochromatic, One-coloured
Monophasé (*Courant* ~)	Single phase current
Monophonique *(Audio)*	Monophonic
Monopode	Monopod
Montage *1) # Installation de matériel*	: Set-up
2) *# Assemblage*	Assembling, Fitting, Mounting
3) ~ électrique	Connection
~ en étoile	Y-connection
~ en parallèle	Parallel connection
~ en série	Connection in series
4) ~ financier *(d'un projet)*, *# Recherche de financements* : Fundraising	
5) ~ *(d'un film)* (▶ **p 404**)	Editing, Cutting, Cut
~ A et B : A and B cutting, A and B editing, Checkerboard cutting	
~ accéléré	Accelerated montage
~ en alterné *(de deux actions)*	Cross cutting, Crosscut
~ associatif *(d'idées)* : Associational editing, Relational editing	
~ automatique *(Vidéo)*	Auto-assembly, Auto-assemble
~ sur bande trackée	Match frame edit, Tracking edit
~ bout à bout	Rough cut, First cut
premier ~ ~	Rough assembly
~ broadcast	On-line editing
~ brusque, ~ choquant	Jarring cut
~ classique, ~ conventionnel	Continuity editing
~ avec code temporel	Time code editing
~ dans la continuité	Continuity cutting, Continuity edit
~ en damier *(Vidéo)*	Checkerboard editing
~ définitif	Final cut
~ direct sur bandes originales	On-line editing
~ dynamique	Dynamic cutting, Dynamic editing
~ elliptique	Elliptical cutting, Elliptical editing
~ fin	Fine cut
~ final *1) (Film)*	Final cut, Fine cut
2) (Vidéo) (à partir d'éléments définis et déjà chargés sur un banc de montage ou d'après des images reçues en direct) : On-line editing	
~ flash	Flash cutting
~ en flash-back	Flash-back editing
~ hors direct *(Vidéo – TV)*	Off-line editing
~ image	Picture editing
~ dans l'image	Intraframe editing
~ par insertion	Insert edit

~ intégral	Total editing
~ invisible	Invisible cutting
~ lent	Slow cutting
~ maquette *(Vidéo)*	Off-line editing
~ sur matériel broadcast	On-line editing
~ sur matériel non-broadcast	Off-line editing
~ mixte	Mixed edit
~ en mode assemble	Assembly edit
~ en mode insert	Insert edit
~ multiformat	Multiformat edit
~ négatif	Negative cutting
~ ~ image	Picture negative cutting
~ ~ son	Sound negative cutting
~ non-broadcast	Off-line editing
~ non linéaire *(Vidéo)*	Nonlinear editing, Random editing
~ numérique	Digital editing
~ de l'original en régie	On-line editing
~ parallèle	Intercut, Intercutting, Cross-cutting
~ à la prise de vue	Cutting \ Editing in the camera
~ qualité broadcast	On-line edit
~ qualité non-broadcast	Off-line edit
~ en raccord dans le mouvement	Matching action, Overlapping action
~ rapide	Fast cutting
~ serré	Tight editing
~ son	Sound editing
~ sur copie, bout à bout *(Vidéo)*	Off-line editing
~ synchrone	Editing sync, Cutting sync
~ syncopé	Jump cutting
~ avec time code	Time code editing
~ au tournage	In-camera edit
~ virtuel	Virtual editing, Virtual edit
banc de ~	Editing bench, Cutting bench
chutes non utilisées au ~	Trims
continuité de ~	Cutting continuity

crayon de ~ : Grease pencil, Wax pencil, China pencil, China marker

gants de ~	Editing gloves

liste des points de ~ *(établie automatiquement en montage vidéo ou numérique)* : Edit list, Edit decision list (EDL)

point de ~ *(Vidéo)*	Edit point

* *Point d'entrée* >< *Point de sortie* : Edit in >< Edit out

premier ~	First cut
* *Ours (Coll.)*	Rough cut, Rough assembly

premier ~ *(proposé par le chef-monteur)* : Editor's cut

rapport ~	Editor's log, Continuity sheets
salle de ~	Editing room, Cutting room

table de ~	Cutting table, Editing table
* *Assemblage des meilleures prises après dérushage* : Editor's cut	
* *Rapport prises tirées / prises montées* : Edit ratio	
* *Suite au découpage du film en plan numérotés, document donnant la succession des scènes et des plans qui devront être filmés* : Script editing	
Montée de lampe *(HMI)*	Ballast to head extension
Montée progressive du niveau sonore : Fade-up	
Monter *1)* ~ un film	To Edit, To Cut
~ le négatif	To Conform the negative
2) # *Équiper*	To Attach, To Hook up
~ des accessoires	To Attach accessories
3) # *Installer*	To Set up, To Rig, To Fit up
~ une caméra	To Set up a camera
~ un décor	To Set up a set, To Erect a set
4) # *Surélever*	To Raise
~ la caméra sur pied	To Raise the camera
~ ~ à hauteur d'oeil	To Raise the camera at eye level
~ un projecteur sur tige : To Stem up, Up on stick, To Raise it up	
5) ~ le son	To Bring up \ To Turn up the sound
Monteur(-euse) *1)* (▶ p 358)	Editor
~ négatif	Negative cutter
2) *(Vidéo)*	
~ sur matériel non-broadcast	Off-line editor
~ responsable de la conformation sur matériel broadcast : On-line editor	
Monture	Mount, Port
~ à baïonnette	Bayonet mount
~ C	C-mount
~ caméra	Camera mount
~ d'objectif	Lens mount
~ standard	Standard mount
~ universelle	Universal mount
~ à vis	Screw mount
adaptateur pour ~	Lens-mount adapter
Morphing	Morphing
Moteur(-trice) *(adj.)*	Motive, Driving
Moteur *(nom)*	Motor
~ asservi	Interlock motor
~ asynchrone	Wild motor
~ grande vitesse	High speed motor
~ image-image	Single frame motor
~ ~ par intervalles	Time-lapse motor
~ mécanique	Clockwork motor
~ à quartz	Crystal motor
~ régulé	Governed motor
~ à ressort	Spring wound motor

~ synchrone	Synchronous motor
~ de tension de magasin	Magazine's torque motor
~ à vitesse variable	Variable speed motor
~ de zoom	Zoom motor
mise en marche d'un ~	Starting of a motor
Motif, # *Dessin*	Pattern, Design
Mouchard, # *Rapport horaire*	Daily log
Mouche *(de lumière)*	Spill light, Spill
~ sur une gélatine : Kick back on the gel, Gel reflection spill	
Moucheture, # *Saleté*	Speckle
Mousqueton	Snap hook
Mouvement	Movement
~ accéléré	Quick motion, Speed up action
~ alternatif	Alternating movement
~ de caméra, ~ d'appareil	Camera move, Camera movement
~ continu	Continuous move
~ contrarié	Counter move
~ intermittent	Intermittent movement
~ latéral	Lateral move
~ de panoramique horizontal	Panning
~ de panoramique vertical	Tilting
~ dans le sens des aiguilles d'une montre : Clockwise movement	
~ dans le sens inverse des aiguilles d'une montre : Anti-clockwise movement, Counter-clockwise movement	
accélérer un ~	To Move faster
compensation de ~ *(Vidéo num.)*	Motion compensation
détection de ~ *(Vidéo num.)*	Motion detection
estimation de ~ *(Vidéo num.) (Dans la compression d'un signal vidéo, opération consistant à produire un Motion vector signal)* : Motion estimation	
faire un ~	To Move, To Make a movement
~ ~ en arrière >< en avant	To Move backward >< forward
~ ~ dans l'axe >< latéralement	To Move in the axis >< sideward
faux ~	False move
prédiction de ~ *(Vidéo num.)*	Motion prediction
* *Effet d'intégration (Vidéo num.)*	Motion blur
Moyen(-yenne) *(adj.)*	Medium
Moyen *(nom)*	Means (<u>*Note*</u> : Means *toujours au pluriel)*
~ de fortune	Makeshift
~ techniques : Facilities, Technical facilities, Fax *(Diminutif de* : Facilities)	
~ ~ du studio	Studio facilities
Moyenne, # *Valeur moyenne*	Average
Moyeu	Hub
Muet (Muette)	Mute, Silent
Multibroche	Multi-pin
Multicaméra	Multicamera

Multicanal	Multichannel
Multicolore	Multicoloured
Multicouche	Multilayer
Multi-image	Multi-image, Multiple image
Multimédia	Multimedia
Multipiste	Multi-track
enregistrement ~	Multi-track recording
son ~	Multi-track sound
Multiplex *(de programmes ou de signaux transmis)* : Multiplex, Mux	
Multiplexage	Multiplexing
Multiplexe, # *Complexe de salles de cinéma* : Multiplex	
Multiplexer	To Multiplex
Multiplexeur	Multiplexer
~ d'images	Slide scanner, Slide pick-up
~ de films	Film scanner, Film pick-up
Multiplicateur de lignes *(Vidéo num.)* : Line-doubler/tripler/multiplier	
Multiplication des lignes *(Vidéo num.)* : Line-multipling	
Multiprise	Multiway
Multisalle, # *Complexe multisalle*	Cineplex
Multisession	Multiple session
Multistandard	Multistandard
Multitâche	Multitasking
Multizone	Multizone
Musicalité	Musicality
Musicothèque	Music library
Musique	Music
~ d'un film	Score
* *Thème musical*	Musical theme
~ en direct *(non enregistrée)*	Live music
~ enregistrée	Music score
~ de fond	Background music
~ du générique	Title music
~ au mètre	Canned music
~ originale	Original music, Original score
~ de supermarché	Underscore
bande ~	Music track
droits sur la ~	Music rights
écrire la ~ d'un film	To Score
enregistrement de la ~	Music scoring
séance d' ~ ~	Music recording session, Scoring
montage de la ~	Music editing
monteur de la ~	Music editor
* *Transition musicale*	Bridge music
Myope	Near-sighted, Shortsighted
Myopie	Shortsightedness, Myopia

N

Nanomètre	*GB* : Nanometre – *US* : Nanometer
Nanoseconde	Nanosecond
Narrateur(-trice)	Narrator
Narratif(-ive)	Narrative
forme ~	Narrative form
de forme ~	In a narrative form
Narration	Narration
Négatif(-ive) *(adj.)*	Negative
Négatif *(nom)*, # *Film négatif*	Negative film *(Fam.* : Neg*)*
~ combiné image et son	Composite negative
~ contretype	Dupe negative, Duplicate negative
~ couleur : Colour negative (*GB*) – Color negative (*US*)	
~ générique	Title negative
~ image	Picture negative
~ image et son	Combined negative
~ intermédiaire	Internegative, Negative intermediate
~ monté prêt à tirer	Picture release negative
~ noir et blanc	Black and white negative
~ non développé	Undeveloped negative
~ original	Original negative
~ de sélection trichrome	Colour separation negative
~ sensible	High-speed negative
~ son	Sound negative
~ son définitif	Sound release negative
~ sous-exposé	Under-exposed negative
~ standard	Combined negative
~ sur-exposé	Overexposed negative
~ vierge	Unexposed negative
assurance ~	Negative insurance
montage ~	Negative cutting
partie du ~ qui n'est pas utilisée au montage final : B-negative	
Négatoscope	Light box, Lighting table
Négociable, # *Cessible*	Assignable
Neige, # *Bruit de fond (Vidéo)*	Snow
Néon	Neon
rampe de ~	Bank of neons, Strip of neons
tube ~	Neon tube

Néoréalisme	Neorealism
Net (Nette) *(adj.)*	In focus, Sharp
Net *(nom)*	
accord sur le ~	Net deal
participant à un accord sur le ~	Net profit participant
Netteté	Sharpness
~ de contours, # *Acutance*	Acutance
manque de ~	*a)* Lack of sharpness - *b)* Fuzzy
Nettoyage	Cleaning
Nettoyant pour lentilles	Lens cleaning fluid
Nettoyer	To Clean

~ une image des petites saletés *(Vidéo)* : To Despeck

* *Filtre électronique servant à nettoyer les petites saletés, par floutage de l'ensemble de l'image sauf les contours des objets* : Despeck filter

Neutre	Neutral
~ en température de couleur	Clear
Nez de projecteur	Funnel, Snoot
Niche fiscale	Tax shelter
Nid d'abeille *(pour softlight)*	Honeycomb
Nitrate	Nitrate
~ d'argent	Silver nitrate
~ de cellulose	Cellulose nitrate
Niveau	Level
~ de bruit	Noise level
~ à bulle	Spirit level
~ de crête	Peak level
~ d'éclairement	Light level
~ d'enregistrement	Recording level
~ d'entrée	Input level
~ faible	Low level

~ garanti, # *Pourcentage plancher (Business)* : Hard floor

~ d'incrustation	Key level
~ ligne	Line level
~ maximum d'enregistrement	Maximum recording level
~ micro	Mike level
~ moyen d'éclairement	Normal key
~ moyen d'image *(Vidéo)*	Average picture level
~ de noir	*a)* Black level - *b)* Pedestal
~ nominal *(Audio)*	Nominal level
~ de pression *(Audio)*	Pressure level
~ de référence	Reference level, Zero level
~ de signal	Signal level
~ de son, ~ sonore	Sound level, Volume level
~ de sortie	Output level
~ de tension électrique	Voltage level

au ~ du regard	At eye level
descendre le ~ de lumière *(en ombrant)* : To Fall off the light	
distorsion par saturation du ~ d'entrée d'un signal vidéo \ audio : Clipping	
indicateur de ~	Level meter
Nodal(e)	Nodal
Nœud *1)* ~	Knot
~ coulant	Slip knot
~ plat	Reef knot
défaire un ~	To Untie a knot
faire un ~	To Make a knot
serrer un ~	To Tie a knot
2) (Audio)	Node
Noir(e) *(adj.)*	Black
Noir *(nom)*	Black
~ absolu, ~ complet	Dead black
~ et blanc	Black and white
~ codé, # *Signal de synchro*	Black burst
décollement du niveau de ~	Black pedestal
signal du ~	Picture black level *(= 0,285714 volts = -40 IRE)*
signal de ~ de référence	Colour black
* *Dans un signal vidéo composite, niveau séparant le signal image de l'information de synchronisation* : Blanking level *(= 0 volts = 0 IRE)*	
compresseur des ~s	Black compressor
compression des ~s	Black compression
niveau de ~	*a)* Black level *b)* Pedestal
réglage du niveau de ~	Pedestal control
Noircir	To Blacken, To Make *sth* black
Nom d'utilisateur	User name
Nombre	*a)* Number *b)* Figure
~ d'images par seconde	Number of frames per second
~ d'or	Golden section, Golden mean
~ pair	Even number
~ impair	Uneven number, Odd number
Non-commercial(e)	Non-theatrical
distribution ~	Non-theatrical distribution
Non-connecté(e)	Off-line
Non-developpé(e) *(Film)*	Undeveloped
* *"Développement seul"*	"Process only"
Non-diffusable	Unfit for broadcast
Non-entrelacé(e)	Non-interlaced
Non-linéaire	Nonlinear

Non-professionnel(-elle) *(nom et adj.)* : Non professional
Non-synchrone Asynchronous, Out of sync
Norme Standard, Specification
Note, # *Annotation* Note
~ en bas de page Foot note
~ d'intention Letter of intent
prendre ~ de *qch* To Note down *sth*
Noter *(par écrit)*, # *Inscrire* To Note
Nouer To Tie
* *Défaire un nœud* To Untie a knot
* *Faire un nœud* To Make a knot
* *Serrer un nœud* To Tie a knot
Nouvelle vague New wave
Noyau Core
~ débiteur Feed core
~ récepteur Take-up core
~ ~ expansible Collapsible take-up core
adaptateur pour ~ *(sur un axe carré)* : Core adapter, Round centre
fente du ~ Core slot, Core slit
Nuageux(-euse) Overcast, Cloudy
Nuance *(de couleur)* Shade, Hue
nombre de ~s de couleurs reproductibles par pixel : Colour depth
Nuancer *(les couleurs)* To Shade *colours* (*US* : *colors*)
Nuancier *GB* : Colour chart – *US* : Color chart
Nuit Night
~ américaine Day-for-night
effet ~ Night effect
Numération binaire Binary
Numérique, # *Digital* Digital
cassette compacte ~ Digital compact cassette (DCC)
codage ~ Digital coding
communication ~ Digital communication
commutation ~ Digital switching
convertisseur d'impulsions ~ Digital pulse converter
convertisseur ~-analogique Digital to analog converter
décodeur ~-analogique Digital to analog decoder
diffusion ~ Digital broadcasting
enregistrement ~ de données Digital data recording
enregistrement ~ du son Digital sound recording
information ~ Digital information
modulation ~ Digital modulation
signal ~ Digital signal
système à porteuse ~ Digital carrier system
traitement ~ du signal Digital signal processing
transmission ~ de données Digital data transmission

Numérisation *GB* : Digitisation
US : Digitization, Digitizing

Numériser, # *Digitaliser* *GB* : To Digitise
US : To Digitize

* *Image numérisée* *GB* : Digitised image
US : Digitized image

Numériseur d'images *GB* : Image digitiser
US : Image digitizer

Numéro Number
~ d'axe d'émulsion Parent roll number
~ de bobine négative Roll number
~ de bobine positive Reel number
~ de bord *1)* ~ : Edge number, Keycode, Code number
2) # *Piétage* : Edge \ Footage \ Negative number
~s de bord sur pellicule vierge Stock edge numbers
~ de clap Slate number
~ d'émulsion : Emulsion number, Emulsion batch number
~ d'identification Identification number
~ de plan Shot number
~ de prise Take number
~ de séquence Sequence number
~ de série Serial number

Numérotation Numbering
~ de bord Edge numbering, Edge coding
~ des plans Shot numbering

O

Objectif	Lens, Optic
~ achromatique	Achromatic lens
~ afocal	Afocal lens
~ anamorphique	Anamorphic lens
~ anastigmate	Anastigmat lens
~ apochromatique	Apochromatic lens
~ asphérique	Aspherical lens
~ astigmate	Astigmatic lens
~ blimpé	Insulated lens
~ catadioptrique	Catadioptric lens
~ corrigé *(des aberrations)*	Corrected lens
~ de courte focale	Short focal-length lens
~ cylindrique	Cylindrical lens
~ à décentrement	Off set lens
~ à double tirage	Pack shot lens
~ doux	Soft lens
~ à focale fixe	Prime lens, Fixed focal-length lens
~ à focale variable	Variable focal-length lens
~ grand angle	Wide angle lens, Wide angle
~ ~ à mise au point rapprochée :	Short-focus wide-angle lens
~ ~ rétrofocus	Retrofocus wide-angle lens
~ très grand angle	Fish-eye
~ à grande ouverture	Wide-aperture lens
~ de longue focale	Long focal-length lens, Long lens
~ lumineux	High-speed lens
~ macro	Macro lens
~ ~ à soufflet	Macro lens with bellows
~ à miroir	Mirror lens
~ à mise au point fixe	Fixed focus lens
~ à monture C	C-mount lens
~ normal	Standard lens
~ de Petzval	Petzval lens
~ photo	Still lens
~ piqué	Sharp lens
~ principal	Main lens
~ de projection	Projection lens
~ rapide	High \ Super \ Ultra speed lens

~ de reproduction	Process lens, Flat lens
~ rétrofocus	Retrofocus lens
~ sphérique	Spherical lens
~ standard	Standard lens
~ téléobjectif	Telephoto lens
~ ~ à miroir	Mirror telephoto lens
~ traité	Coated lens
~ ultra-rapide	Ultra-high-speed lens
angle de champ d'un ~	Lens field angle
bague d'adaptation d' ~	Lens adapter
blimp d' ~	Lens blimp
bouchon d' ~	Lens cap
calage d'un ~	Calibration
~ ~ à l'infini	Collimation
champ couvert par un ~	Lens coverage
changer d' ~	To Change the lens
gravure d'un ~	Lens marking
intermédiaire pour ~ , # *Adaptateur* : Lens adapter	
luminosité d'un ~	Lens speed
monture d' ~	Lens mount
orifice de l' ~ *(sur le corps caméra)*	Lens cavity
piqué d'un ~	Sharpness of a lens
série d' ~s	Set of lenses, Lens set
support d' ~	Lens holder, Lens support
tourelle d' ~s	Lens turret
Obscur(e)	Dark
Obscurcir	To Darken
Obscurité	Darkness
Obturateur	Shutter
~ alternatif	Alternating shutter
~ à barillet	Drum shutter
~ bi-pale	Two-blade shutter
~ de caméra image-image	Capping shutter
~ à disque	Disc shutter
~ à double pale	Double-blade shutter
~ électronique	Electronic shutter
~ à fondu	Dissolving shutter
~ fixe	Fixed shutter
~ à miroir	Reflex shutter, Mirrored shutter
~ oscillant	Oscillating shutter
~ à ouverture variable	Variable aperture shutter
~ à pale	Blade shutter, Leaf shutter
~ à pale de scintillement	Flicker blade shutter
~ à pale variable	Variable aperture shutter
~ à prisme	Prism shutter

~ reflex à miroir	Mirror reflex shutter
~ réglable	Adjustable shutter
~ à tambour	Drum shutter
~ tournant	Rotating shutter, Revolving shutter
~ variable	Variable shutter
angle de l' ~	Shutter angle
angle d'ouverture de l' ~	Shutter opening angle
arrêt de l' ~ en position visée	Stop with the shutter in the viewing position
fermer l' ~	To Close the shutter
filé d' ~	Shutter blur
fondu à l' ~	Shutter dissolve
ouverture de l' ~	Shutter opening
ouvrir l' ~	To Open up the shutter
pale d' ~	Shutter blade
réduire l' ~	To Close the shutter
réglage de l' ~	Shutter setting
régler l' ~	To Set the shutter
Obturation	Dark period
angle d' ~	Shutter angle
fermer l' ~ ~	To Reduce the shutter opening
ouvrir l' ~ ~	To Open the shutter opening
lame d' ~	Shutter blade, Cutting blade
phase d' ~	Dark period
vitesse d' ~	Shutter speed
Octet (= 8 bits)	Byte
~ aligné	Byte-aligned
kilo-~ , = 2^{10} octets (Ko)	Kilobyte (KB)
méga-~ , = 2^{20} octets (Mo)	Megabyte (MB)
giga-~ , = 2^{30} octets (Go)	Gigabyte (GB)
tera-~ , = 2^{40} octets	Terabyte
Œil (*voir aussi à* : **Yeux**)	Eye
à l' ~ nu	With the naked eye
du coin de l' ~	Out of the corner of one's eye
coup d' ~	Glance
jeter un coup d'~ à *qch*	To Glance at s.o
Œillet (*Mécanique*)	Eyelet
Œilleton *1)* # *Viseur*	Eyepiece, Viewfinder
~ chauffant	Heated eyepiece
~ orientable	Rotatable eyepiece, Orientable eyepiece
2) ~ de viseur	Eyecup
~ ~ chauffant	Heated eyecup
~ en mousse	Eye cushion
~ en peau de chamois :	Chamois leather eyecup, Eyepiece cover

chauffage de l' ~ chauffant	Eye piece heater
orientation de l' ~	Eye piece rotation
rotation de l' ~	Eye piece rotation
Œuvre	Work
~ de commande	Commissioned work
~ originale	Original work
* *Utilisation légitime d'une œuvre*	Fair use

(S'utilise en particulier pour les œuvres de l'esprit, mais s'applique aussi, par extension, à celles dont l'utilisation ne nécessite pas de demande préalable, ni le versement de royalties comme, par exemple, la reproduction d'études ou de critiques, à des fins de commentaires)

Offre	Bid
~ d'achat	Bid
~ groupée de chaînes câblées ou de chaînes par satellite :	Grouped offer of channels *(Cable TV)*
appel d' ~	Bid request, Request for proposals
Ombre	Shade, Shadow
~ créée par des branches	Break-up pattern
~ douce	Soft shadow
~ dure	Harsh shadow
~ à paupières	Eye shadow
~ de micro	Mike shadow
~ de perche	Boom shadow
~ portée	Drop shadow
projeter une ~	To Cast a shadow
Ombrer	To Shade
Onde	Wave
~ acoustique	Audio wave
~ amortie	Damped wave
~ carrée	Square wave
~ commune	Common frequency
~ courte	Short wave
~ cylindrique	Cylindrical wave
~ de compression	Compression wave
~ électronique	Electronic wave
~ hertzienne	Electric wave
~ libre	Free wave
~ longue	Long wave
~ lumineuse	Light wave
~ métrique	Metric wave
~ moyenne	Medium wave
~ plane	Plane wave
~ porteuse	Carrier wave
~ ~ d'images	Image carrier, Vision carrier
~ ~ de son	Sound carrier

~ progressive	Travelling wave
~ radioélectrique	Radiowave
~s radio hertziennes	Radio waves
~ réfléchie	Reflected wave
~ sinusoïdale	Sine wave
~ sonore	Sound wave
~ stationnaire	Standing wave
~ ultracourte	Ultra-short wave
crête d' ~	Crest of wave
front d' ~	Wave front
guide d'~	Wave guide
longues ~s	Long waves
longueur d' ~	Wavelength
Ondulation résiduelle	Backlash
Opacité	Opacity
Opale, **Opalescent**(e)	Opalescent
Opaque	Opaque
Opérateur	Operator
~ de réseau câblé, # *Câblo-opérateur* : Cable operator, Cable carrier	
Opposé(e) *(adj.)*	Opposite
Opposé *(nom)*	Opposite, Reverse
~ à *qch*	Opposite to *sth*
l' ~ de *qch*	The opposite \ The reverse of *sth*
à l' ~ , # *À l'inverse*	The other way round
à l' ~ de *qch*	At the opposite
Opposer *qch* à *qch*, *qch* avec *qch*	To Set *sth* opposite to *sth*
Option *(d'un appareil)*	Facility *(Pluriel :* Facilities*)*
Optique *1) (adj.)*	Optical
2) (nom)	Lens, Optic
~ principale	Main lens
~ de projecteur	Projector lens
Ordinateur	Computer
~ de bureau	Desktop computer
~ de grande puissance	Large scale system
~ personnel	Personal computer (PC)
~ portable	Portable computer
Ordre *1) # Indication*	Order
~ verbal >< ~ écrit	Verbal order >< Written order
réseau d' ~ *(Audio)*	Talkback network
2) ~ de tournage des plans	Shooting order
Oreille	Ear
~ musicale *(Audio)*	Musical ear
* *Qui n'a pas l'oreille musicale*	Tone-deaf
Oreillette	Earphone, Eearpiece
retour sur ~ *(Audio)*	Ear monitor

Organe	*a)* Component - *b)* Unit
~ de commande	Control unit
~ moteur	Driving unit
Organisation *1)* ~	Organization
2) # Association	Organization
~ professionnelle et syndicale	Trade association, Syndicate
~ syndicale de salariés	Trade-union organization
Organiser	To Organize
s' ~	To Get oneself organized
Organisme	
~ officiel	Official organization
~ professionnel	Professional organization
Orientable	Rotatable, Swiveling
Orientation	Orientation
Orienter *1) # Diriger vers, sur qch*	To Orientate, To Point at *sth*
~ vers le bas	To Angle down
~ vers le haut	To Angle up
2) # Pivoter : To Swivel, To Slew, To Swing on \ around *sth*	
Original(e) *(adj.) (Plural : Originaux)*	Original
Original *(de tirage des copies) (nom)*	Master, Original
~ mixé	Mix master
négatif ~	Camera-original film, Original negative
Orthochromatique	Orthochromatic
Oscillateur	Oscillator, Exciter
~ à cristal	Crystal oscillator
~ à déphasage	Phase-shift oscillator
~ à fréquence variable	Variable frequency oscillator
~ piloté par quartz	Crystal controlled oscillator
~ à tube électronique	Thermionic oscillator
Oscillation : Oscillation, Cycle ondulation, Vibration	
~ de tension	Voltage oscillation
amortir les ~s	To Damp oscillations
Oscillatoire	Oscillating, Vibrating
Oscillogramme	Wave pattern
Oscilloscope : Oscilloscope, Waveform monitor (WFM)	
Ours *(Coll.) (Montage)*	Rough cut
Outil (▶ p 472)	Tool
~ de retouche *(Inform.)*	Retouching tool
Ouverture *1)* ~ *(d'angle)*	Opening, Aperture
~ d'angle d'obturation	Shutter angle aperture
~ angulaire	Angular aperture
~ de l'obturateur	Shutter opening
angle d' ~	Aperture angle
2) ~ *(de diaphragme)*	Aperture, Lens stop
~ critique	Critical aperture

~ géométrique : *a)* Geometrical stop, f-stop - *b)* Relative aperture
~ maximum — Maximum aperture
~ minimum, minimum d' ~ — Minimum aperture
~ photométrique — Effective aperture, T-stop
~ relative — Relative aperture
~ utile — Effective aperture, T-stop
compensation d' ~ — Exposure compensation
gamme d' ~ — Aperture range
grande ~ — Wide aperture
pleine ~ — Full aperture, Wide open
* *Coll.* : "Tout ouvert !" — "Wide open !"
réglage d' ~ — Exposure setting
3) ~ en fondu — Fade in
4) ~ en iris — Iris in, Circle in

Ouvrier(-ière) : Labourer (*GB*) – Laborer, Workman (*US*)
Ouvrir *1)* ~ — To Open
~ le diaphragme — To Open up the diaphragm
2) # *Déverrouiller* — To Unlock
3) # *Ouvrir son visage vers la caméra* — To Open one's face to the camera
Oxydable — Oxidizable, Liable to rust
Oxydant(e) *(adj.)* — Oxidizing
Oxydant *(nom)* — Oxidize, Oxidizing agent
Oxydation — Oxidation
Oxyde de fer — Iron oxide
Oxyder — To Oxidize, To Rust

P

PAD = Prêt-À-Diffuser	Broadcast ready, Master, TV print
Page	Page
~s des corrections de texte	Blue pages
~ de couverture	Cover page
mettre en ~	To Make up
mise en ~	Page setting, Making-up
Paiement	Payment
~ anticipé	Advance payment
~ d'avance	Payment in advance, Prepayment
~ au comptant	Cash payment
~ contre remboursement	Cash on delivery = c.o.d.
~ différé, ~ retardé	Delay in payment
~ en différé	Deffered payment
~s échelonnés	Progress payments
~ en espèce	Cash payment
~ exigible	Due for payment
~ à la livraison	Cost estimate on delivery
~ en nature	Payment in kind
~ à la séance *(TV)*	Pay per view
conditions de ~	Terms of payment
en début de chaîne de ~	Upfront
en fin de chaîne de ~	Backend
réclamer le ~	To Demand payment
* *Acompte, Premier versement*	Down payment
* *Acquittement d'une dette*	Payment of debt
* *Allocations*	Payment, Benefit, Payout
* *Caution*	Payment of deposit
* *Échéance*	Date of payment
* *Prestation*	Payment, Benefit, Payout
* *Redevance*	Payment of fee
* *Mensualisation*	Monthly payment
* *Non-paiement*	Non-payment
* *Opposition à un chèque*	Stop payment
* *Payable d'avance*	Upfront
* *Règlement par virement bancaire* : Transfer payment	
* *Versement*	Payment, Payoff
Paille *(Vidéo)*	Drop-out

Pale Blade
~ de diaphragme Iris leaf
~ d'obturateur Shutter blade
~ de scintillement Anti-flicker blade
double ~ Double blade
Pâle Pale, Dim
Palette graphique : Graphics tablet \ palette, Data tablet, Paint-box
effacement des câbles à la ~ Wire removall
~ vidéo Video palette
Palier, # *Niveau palier* Floor, Threshold
Palpeur *1) (Appareil de mesure)* Dial gauge, Depth gauge
2) ~ du compteur de métrage Footage counter lever
~ de magasin Magazine feeler
~ ~ bloqué Magazine feeler inhibited
~ ~ enclenché Magazine feeler released
Panchromatique Panchromatic, Pan
Panier repas Lunchbox
Panne Breakdown, Failure
~ de courant Power failure
en ~ : Out of order, Out of use, Broken down, Down
Panneau *1)* ~ Board, Panel
~ d'aggloméré Chip board, Fibreboard
~ de contreplaqué Plywood board
~ réflecteur : Reflecting board, Reflecting panel, Fill-in board
~ ~ en carton ou en polystyrène blanc : Bounce board, Bounce card
2) ~ de commande, # *Tableau de commandes* : Panel
~ à l'avant *(d'un appareil)* Front panel
~ d'entrées \ de sorties à l'avant Front panel inputs \ outputs
~ de raccordement Patching board
~ de raccordement pour des appareils équipés de fiches et/ou de prises de formats différents : Trunk
verrouillage du ~ à l'avant Front panel lock out
Panoramique *(adj.)* *(Vidéo)* Wide screen, Wide film
Panoramique *1) (Audio)* Panpot
2) (Film) *(Coll. :* Pano*)* Panning (*Fam.* : Pan)
~ arraché Zip pan, Whip pan
~ circulaire Circular pan
~ en diagonale Pan and tilt
~ filé Zip pan, Whip pan, Swich pan
~ horizontal Pan, Panning
~ ~ à droite >< gauche : Pan to the right >< left, Pan right >< left
~ à 360° Circular pan, 360-degree pan
~ vertical Tilt, Tilting
~ ~ vers le bas >< ~ ~ vers le haut : Tilt down >< Tilt up
amplitude de ~ Tilting range

plan en ~	Pan shot
vitesse de ~	Panning speed
Panoramiquer *(Coll.* : Panoter)	To Pan
~ horizontalement	To Pan on the right, To Pan on the left
~ vers le bas >< le haut	To Tilt down >< To Tilt up
Pantographe	Pantograph, Overhead hanger
Paperasserie administrative *(généralement fastidieuse, telle que : autorisations, déclarations, demandes de subventions, etc.)* : Red tape (*US*)	
Papier	Paper
~ d'aluminium	Kitchen foil, Aluminium foil
~ ~ noir, Cinéfoil ®	Black wrap
~ calque	Tracing paper
~ glacé	Cast coated paper
~ kraft	Brown paper, Wrapping paper
~ à lettres	Note paper
~ ~ à en-tête	Notehead paper
~ millimétré	Graph paper
~ optique	Lens cleaning tissue
~ de verre	Sand paper
rame de ~	Ream of paper
Papillon de serrage *(sur une tige de pied de projecteur)* : Knuckle	
Paquet *(Vidéo num.)*	Packet
1) ~ *(d'un ou plusieurs programmes)*	Packet *(about program stream)*
2) # *Quantité de données*	Packet *(about data stream)*
~s nuls	Null packet
bascule d'un ~ d'informations à un autre : Packet-switching	
en-tête de ~ *(Données sur le processus de décompression d'un signal codé, placées en début de signal)* : Header	
Parallaxe	Parallax
~ de visée	Viewfinder parallax
correction de ~	Parallax correction
erreur de ~	Parallax error
sans ~	Parallax free
Parallèle à *qch*	Parallel to *sth*
Parapher *(les pages d'un contrat)*	To Initial
Parapluie	Umbrella
Parasitage *(entre deux pistes magnétiques) (Audio - Vidéo)* : Crosstalk	
Parasite	Interference, Strays
~s dans la transmission d'un signal vidéo : Impulse noise, Sparklies	
~s en transmission par satellite	Sparklies
éliminateur de ~s	Noise suppressor
lumière ~	Stray light, Spill light, Flare
Parasol	Beach umbrella
Parasoleil	Lens hood, Matte-box, Sunshade
~ à soufflet	Matte-box with bellows

Paravent acoustique	Acoustic screen
Parc d'écrans *(d'un même cinéma)*	Screen count *(of a movie theatre)*
Parité *(Vidéo num.)*	Parity
contrôle de ~	Parity control
Parler	To Speak
~ à haute voix	To Speak out, To Speak up
~ plus fort >< ~ moins fort	To Speak louder >< more quietly
Parodie	Parody
Parois *(Audio)*	Walls
Paroles *(d'une chanson)*	Lyrics
Paroxysme	Paroxysm, Climax
Paroxystique	Paroxysmal
Parrainage, # *Mécénat*	Corporate underwriting
Part, # *Quote-part*	Share
~ distributeur	Distributor's share, Gross rental
~ de l'exploitant de salles au distributeur d'un film : Film rental	
~ de marché	Market share
~-film nette	Net film rentals
Participation	Participation
~ aux bénéfices	Profit participation, Profit sharing
~ aux recettes brutes	Gross profits participation
~ aux recettes nettes	Net profits participation
~ aux recettes à partir d'un seuil négocié : Backend participation	
~ du distributeur	Negative pickup
~ financière	Financial participation
~ globale aux recettes totales	Across-the-board participation
en ~	On speculation, On spec
en ~ sur les bénéfices nets	Net profit participant
niveau de ~ *(pouvant baisser selon les recettes d'un film)* : Soft floor	
Partie	Part, Portion, Segment
~ inférieure de *qch*	Lower part of *sth*, Bottom part
~ rectiligne d'une courbe sensitométrique : Straight line portion of a sensitometric curve	
~ supérieure de *qch*	Higher part, Upper part of *sth*
Partition musicale	Score
Pas *1)* ~	Step
faire un ~	To Make a step, To Step
~ ~ en avant >< en arrière : To Make a step forwards >< backwards	
~ ~ sur le côté	To Make a step on the side \ sideways
* *Pas à pas, # Progressivement*	Step by step
2) ~ de perforation	Perforation pitch, Pitch
~ négatif, # *Pas court*	Negative pitch
~ positif, # *Pas long*	Positive pitch
ajustage du ~	Pitch control
3) ~ de vis	Screw pitch

Passage
1) # Chemin — Way through
laisser le ~ à *qn* — To Make way for *s.o*
2) ~ de figuration — Walk-on
Passe-bande — Band-pass
Passe-bas >< Passe-haut — Low pass >< High pass
* *Filtre passe-bas >< Filtre passe-haut* : Low-pass filter >< High-pass filter
Passerelle — Gantry, Grid walk, Catwalk
Patin — Pad
~ de velours — Velvet pad
Patine *(d'un décor, accessoire, etc.)* — Patina
Patiner *(un décor, un costume, etc.)* — To Patinate, To Give a patina to *sth*
se ~ — To Acquire a patina
Patte d'accrochage — Latching tab
Pause — Break, Pause
faire une ~ : To Pause, To Make a pause, To Have a break
* *Prendre cinq minutes* — To Take five
Payable ~ d'avance, # *En début de chaîne de paiement* : Upfront
~ à la commande — Cash with order
Paye — Pay
état de ~ — Payroll
feuille de ~ — Pay slip
jour de ~ — Pay day
Payer — To Pay
~ comptant — To Pay cash, To Pay down
~ par acomptes — To Pay by instalments
Paysage — Landscape
~ sonore : Sound scape (Scape = *diminutif* de Landscape)
Peau — Skin
~ de chamois — Chamois leather
Pédanine — Pancake
Peigne — Comb
Peigner — To Comb
Pellicule — Film, Stock
~ contretype, ~ de contretypage — Duplicating film, Duplicate film
~ ~ grain fin — Fine grain duplicating film
~ ~ couleur — Colour duplicating film
~ ~ inversible — Reversal duplicating film
~ ~ négative — Negative duplicating film
~ ~ positive — Positive duplicating film
~ couleur — Colour film
~ à deux couches — Bipack
~ à double perforation — Double perforated film
~ exposée, ~ impressionnée — Exposed film
~ de format réduit — Sub-standard size film

~ de format standard	Standard size film
~ grain fin	Fine grain film
~ grain fin pour effets spéciaux	Effect stock
~ impressionnée, ~ exposée	Exposed film
~ infrarouge	Infrared film
~ intermédiaire	Intermediate film
~ ~ négative	Intermediate negative film
~ ~ positive	Intermediate positive film
~ internégative : Internegative film, Duplicating negative film	
~ interpositive : Interpositive film, Duplicating positive film	
~ inversible	Reversal film
~ ~ couleur	Colour reversal film
~ ~ vierge	Reversal raw stock
~ lente, ~ peu sensible	Slow film
~ lumière artificielle	Tungsten film
~ lumière du jour	Daylight film
~ magnétique	Magnetic tape, Magnetic stock
~ mono perforation	Single perforated film
~ multi-couches	Multi-layer film
~ négative	Negative film
~ ~ de contretypage	Duplicating negative film
~ ~ couleur	Colour negative film
~ ~ intermédiaire	Intermediate negative film
~ ~ noir et blanc	Black and white negative film
~ ~ non développée : Undeveloped \ Unprocessed negative film	
~ ~ sensible	High speed negative film
~ ~ son	Sound negative stock
~ ~ vierge	Negative raw stock
~ nitrate	Nitrate film
~ noir et blanc	Black and white film
~ non développée : Undeveloped \ Unprocessed \ Non processed film	
~ périmée	Outdated stock
~ peu sensible	Slow speed film
~ à piste magnétique pré-couchée : Magnetic pre-striped film	
~ positive	Positive film
~ ~ de contretypage	Master positive
~ ~ couleur	Colour positive film
~ ~ intermédiaire	Intermediate positive film
~ ~ noir et blanc	Black and white positive film
~ ~ non développée : Undeveloped \ Unprocessed positive film	
~ ~ de tirage de copies	Print film
~ ~ vierge	Positive raw stock
~ rapide	High speed film, Fast film
~ à sensibilité normale	Normal speed film
~ sensible	High-speed film, Fast film

~ simple perforation	Single perforated film
~ son magnétique	Sound tape
~ support acétate	Acetate film
~ de tirage	Print film, Print stock
~ triacétate	Triacetate film
~ pour transparence	Background film
~ utilisée, ~ consommée	Film drawn
~ vierge	Unexposed film, Film stock, Raw stock
~ voilée	Light-struck film
chute de ~	Film drop, Short end
développement de la ~	Film developing
grain de la ~	Film grain
manquer de ~ , # *Décrocher*	To Be out \ To Run out of film
pousser la ~	To Force, To Push the film
traitement de la ~	Film processing
type de ~	Film stock
Pencher *1) ~ (un objet)*	To Tilt *sth*
2) ~ la tête \ le corps	To Tilt one's head \ one's body
3) se ~ en avant >< en arrière	To Bend forwards >< backwards
se ~ vers *qn \ qch*	To Bend forwards *s.o \ sth*
Pénombre	Half-shadow, Half-light, Shadow light, Semi-darkness
Pente	Slope
~ d'une courbe sensitométrique	Slope of a sensitometric curve
Perception	Perception
1) ~ audiovisuelle	Audiovisual perception
~ auditive	Auditory perception
niveaux de ~	Perception level
2) ~ des droits	Royalty collection
Perche *(de micro)*	Boom, Pole, Fishpole
ombre de ~	Boom shadow
Perchette	Mike stick
Perchman	Boom operator, Boom man
Perforation *(Coll. : Perfo)* : Perforation hole, Perforation, Sprocket hole	
~ négative	Negative perforation
~ positive	Positive perforation
double ~ : *a)* Double perforation, Double punch - *b)* Double perforated	
mono ~ : *a)* Single perforation, Single punch - *b)* Single perforated	
pas de ~	Perforation pitch
~ ~ négatif	Negative pitch
~ ~ positif	Positive pitch
Perforé(e)	Perforated
mono ~	Single perforated
Perforer	To Punch
machine à ~	Perforating machine, Perforator

Périmé(e)	Outdated
Période	Period
~ d'exposition	Exposure period
~ d'obturation	Dark period
Périphériques	Extra facilities
Péritel, # *Prise péritel*	Scart connector
Permanent *(Exploitation)*	Continuous performance
Perméabilité *(Audio)*	Steady
Perruque *1) ~ (avec la pellicule)*	Dishing
2) # Faux cheveux	Wig, False hair
ajuster une ~	To Fix a wig
redresser une ~	To Straighten a wig
Persistance, # *Rémanence*	Afterglow
~ lumineuse *(sur un écran d'oscilloscope ou de télévision)* : Afterglow	
~ rétinienne	Persistence of vision
Personnage	Character
~ du "méchant"	Baddie, Heavy
~ principal	Main character
~ secondaire	Minor character
~ stéréotypé	Stock character
~ téléphoné, ~ prévisible	Stock character (*US*)
caractérisation psychologique des ~s : Characterization	
dans la peau du ~	In character
pas dans la peau du ~	Out of character
présentation des ~s	Exposition
principaux ~s	Leading characters
profondeur psychologique d'un ~	Deep characterization
"Entrer dans la peau du personnage" ⇔ "To get right inside a part", "To live a part"	
Personnel, # *Équipe*	Crew, Staff, Unit
~ de plateau	Floor crew
~ de la sécurité, # *Service de sécurité* : Set security	
Perspective	Perspective
~ aérienne	Aerial perspective, Perspective aerial
~ forcée	Forced perspective
~ sonore	Audio perspective
déformation de ~	Perspective distortion
~ ~ due aux courtes focales	Wide-angle distortion
~ ~ due aux longues focales	Telephoto distortion, Crushing
dessin en ~	Drawing in perspective
écrasement de la ~	Foreshortening
étirement de la ~	Forelengthening
Perte	Loss, Waste
~ en génération	Generation loss
~ par frottement	Friction loss
~ par fuite, # *Fuite*	Leak, Leakage

~ d'intensité lumineuse *(en s'éloignant de la source)* : Light fall off
~ en ligne — Line drop
~ de sensibilité — Sensitivity loss
~ de signal — Drop-out
~ de synchro — Sync loss
avec ~ >< sans ~ — Lossy >< Lossless
* *Perdre par fuite, # Fuir* — To Leak

Petit(e) *(adj.)* — Small

Petit matin, # *Aube* — Dawn

Petzval, # *Objectif de Petzval* — Petzval lens

Phase *1) (Électricité)* — Phase
inversion de ~ — Phase inversion
fil de ~ — Phase conductor
régulateur de ~ — Phase regulator
2) # Synchronisme — Phase
~ horizontale — H phase
accrochage de ~ — Phase locking
boucle d'asservissement de ~ — Phase locked loop (PLL)
comparateur de ~ — Phase-meter
décalage de ~ , # *Déphasage* — Phase shift, Phase difference
distorsion de ~ — Phase distortion
en ~ — In-phase, Phased
instabilité de ~ — Jitter
inverseur de ~ — Phase splitter, Phase inverter
inversion de ~ — Phase reversal
remise en ~ des signaux après diffusion ou traitement : Reclocking
3) # Période — Period
~ d'escamotage, ~ d'obturation — Shutter cut-off period
~ d'exposition — Exposure period
~ d'obturation — Dark period

Phase-mètre — Phase-meter

Phone *(Audio)* — Phon

Phosphorescence — Phosphorescence

Phosphorescent(e) — Phosphorescent

Photocopie — Photocopy

Photocopier — To Photocopy

Photocopieur(-euse) — Photocopier

Photoélectrique — Photoelectric

Photogénie — Photogenie

Photogénique — Photogenic

Photogramme — Photogram
~ image — Picture frame
~ son — Sound frame
~ vidéo, # *Trame vidéo* — Field
dernier ~ du plan — L.F.O.A. = Last frame of action

Photographe — Photographer
~ de plateau — Still photographer, Still man
~ de presse — Press photographer
Photographie — Photograph, Still
~ *(obtenue à partir d'un photogramme)* : Action still
~ de plateau — Production still, Publicity still
~ d'un état de console *(Audio)* — Snapshot
Photographiquement — Photographically
Photojournalisme — Photojournalism
Photométrie — Photometry
Photomontage — Photomontage
Photon — Photon
Photo-reportage — Photo-reportage
Photo-resistance — Photo-resistor, Photoresistance
Photosensible — Photosensitive, Light sensitive
Photosite — Photosite
Photo-transistor — Photo-transistor
Pic — Peak
~ dramatique, ~ de dramaturgie : Film's high point, Climax, Apex
~ de paroxysme — Cliffhanger
Pickup, # *Plan en pickup* — Pickup shot
~ depuis … — Pick up from …
Pièce *1) # Salle* — Room
2) # Composant — Piece, Part, Component
~ détachée — Single part
~ de rechange — Spare part, Spares, Replacement part
Pied *1) # Unité de mesure* — Foot *(1' = 0, 3048 m)*
2) ~ de courbe sensitométrique — Toe of a sensitometric curve
3) par les ~s — Tail out
4) ~ *(de caméra)*, # *Trépied* — Tripod, Camera tripod, Sticks
~ base, # *Base* — High hat, Top hat
~ à bol 120 — Arri bowl fitting tripod
~ à griffe 300 — Mitchell fitting tripod
~ marin : Gimbal mount, Gimbal head, Gimbal head tripod
branche de ~ — Tripod leg, Leg
grand ~ — Big tripod, Tall tripod, Standard
petit ~ — Small tripod, Baby tripod, Baby
5) ~ *(de projecteur)* — Stand, Lighting stand, Sticks
~ de 5 kw — Senior stand
~ base, # *Base* — Floor stand, Turtle, Floor plate
~ lourd à roulettes — High boy *(US) (Fam)*
~ lourd à roulettes pour 2 kw — Beefy baby *(US) (Fam)*
~ lourd *(pour projecteurs ou réflecteurs)* : Combo stand *(US)*
~ à manivelle — Crank-up stand, Wind-up Stand
~ à moteur — Molevator

~ pliable	Collapsible stand
~ à roulettes	Rolling stand
~ télescopique	Telescopic stand, High stand
* *Base pour projecteur de lumière*	Beaver board (*US*), Pigeon (*US*)
* *Trépied*	Century stand
Pied-bougie	Foot-candle, *(1 fc = 10,764 lux)*
Pièges à sons *(Audio)*	Sound trap
Piétage	Edge numbering \ coding, Ink numbers
* *Machine à piéter*	Edge-numbering machine
Piézo-électricité	Crystal electricity
Pige	
employé(e) à la ~ , # *Pigiste*	Independent contractor, Freelance
travailler à la ~	To Freelance
Pigment	Pigment
Pigmentation	Pigmentation
Pignon	Gear, Pinion
~ conique	Bevelled gear
~ denté	Sprocket wheel, Sprocket roller
~ droit	Spur gear
~ hélicoïdal	Helical gear
~ moteur	Motor pinion, Driving gear
~ à 45°	*GB* : Mitre gear – *US* : Miter gear
entraînement par ~	Sprocket drive
Pile *(Électricité)*	Battery, Cell
~ sèche	Dry cell
Pilote de série télévisée, # *Épisode pilote* : TV series pilot, Pilot, Pilot film	
Piloter, # *Asservir*	To Control, To Drive, To Monitor
* *Piloté(e) par quartz*	Crystal controlled
Pince *1) (Outillage)* (▶ p 477)	Pliers, Nippers
2) ~ *(de fixation)*	Clip, Clamp, C-clamp, Gripper
~ bol *(Éclairage)*	Clamp light
~ à linge *(Éclairage)* : Cloth peg, Clothespin, C-47 (*US*) *(Fam.)*	
~ machino	Gaffer grip, Gator grip
accrocher avec une ~	To Clamp
ampoule montée sur une ~	Gator grip, Alligator grip
Piqué(e) *(adj.)*	Sharp
Piqué *(nom)*	Sharpness
~ d'une image \ ~ d'un objectif	Sharpness of an image \ of a lens
manque de ~	Lack of sharpness
réglage du ~ de l'image *(Vidéo)*	Enhancement
Piquer *(un projecteur de lumière)*	To Tilt down *(a light)*
Piratage de copie	Ripping
Piraté(e)	Bootlegged, Pirated
Piraterie, # *Copie illégale*	Bootleg
Pistage magnétique *(d'un film)*	Magnetic striping

Piste *1) # Piste couchée* Stripe
~ couchée latérale Edge stripe
~ son magétique couchée Edge magnetic sound stripe
~ son magnétique pré-couchée Pre-striped magnetic sound track
2) # Bande Track
~ d'asservissement *(des têtes vidéo / audio)* : Control track
~ centrale Centre track
~ à densité fixe RCA track
~ à densité variable Variable-density sound track
~ d'effets sonores Atmos track, M&E track
~ à élongation variable Variable-aera sound track
~ latérale Edge track, Lateral track
~ pilote Cue track, Guide track
~ son, ~ sonore Sound track, Audio track
~ ~ magnétique >< optique Magnetic >< Optical sound track
~ de sons d'ambiance Buzz track, Room tone, Wild track
~ sonore indissociable de l'image correspondante : Married sound
~ à surface variable Variable-area sound track
~ de synchro Sync track
~ vidéo Video track
centrage des ~s Tracking
correction de suivi de ~ Tracking
demi-~ Half-track
double ~ Double track, Twin-track
multi ~ Multi-track
pleine ~ Full track
Pivot Pivot, Swivel
~ *# Articulation* Hinge, Pivot
~ à rotule Ball pivot
Pivoter : To Pivot on *sth*, To Slew, To Swivel *sth* round
~ autour d'un axe To Swing on \ round an axis
Pixel Pixel, Picture element
~ anormalement allumé dans une zone sombre de l'image : Speckling
~s non carrés Non-square pixel
format de ~ *(rapport hauteur-largeur)* : Pixel ratio
image vidéo formée par une trame de ~s : Raster image
nombre de bits utilisés pour coder un ~ : Pixel depth
million de ~s Mega pixel
pas de ~ Pixel pitch
reconstruction des informations pour un ~ : Error concealment
temps de réponse d'un ~ *(en millisecondes)* : Pixel response time
trame de ~s formant une image : Raster
* *Réduction de résolution par suppression de certains pixels* : Pixel skipping
* *Réduction de résolution par suppression de tous les n^ièmes^ pixels* : Pixel dropping
Pixelisation *(Vidéo)* Pixelation, Pixelization

Pixelisé(e)	Bitmapped
image ~	Bitmapped image
Pixilation	Pixilation
Place *1) # Espace*	Room
faire de la ~ pour *qch*	To Make room for *sth*
laisser de la ~ pour *qch*	To Leave room for *sth*
2) # Position	Position, Site
~ d'arrivée, ~ de fin	Arrival position, End position
~ de la caméra	Camera position, Camera site
recherche d'une ~ ~	Lining up a shot
~ de départ	First position
~ intermédiaire	Intermediate position
aller à une ~	To Go to a position
Placer	To Set up, To Lay out, To Place
~ *# Agencer, Aménager*	To Lay out
~ côte à côte	To Place side by side
Plafond	Ceiling
~ sonore *(Audio)*	Sound ceiling
~ suspendu *(Audio)*	Suspended ceiling
feuille de décor mobile en ~	Wild ceiling
Plafonnier	Top-light
Plage balayée *(TV)*	Raster
Plage lumineuse	Pool of light, Light pool
Plagiat	Plagiarism
Plagier *(un auteur, une œuvre, etc.)*	To Crib from *(an author, a work, etc.)*
Plan *1) # Cadrage*	Shot

<u>Note</u> : ***Les valeurs de l'échelle des plans sont en Annexes*** (▶ p 470)

~ cadré large	Loose shot, Loosely framed shot
~ en buste	Bust shot

~ à deux *(personnages cadrés de manière équivalente, sans que l'un ne prenne plus d'importance que l'autre)* : Fifty-fifty

~ aux épaules	Shoulder shot
~ général	Very long shot, Full shot
~ aux genoux	Knee shot
~ italien	Knee shot
~ large (PL)	Wide shot

~ à un seul personnage, ~ isolant un seul personnage : Single shot, Single

~ à deux personnages	Two-shot

~ principal *(couvrant une grande partie d'une séquence, autour duquel s'articulent les autres plans)* : Master shot

~ semi-rapproché, *# Plan taille*	Medium close shot
~ serré	Tight shot, Tightly framed shot
~ de situation	Establishing shot
~ *(cadré)* trop large	Loosely framed shot, Loose shot

échelle de ~ : Distance of framing, Shot scale (▶ p 470)

2) # ***Prise de vue***	Shot
~ accéléré *(filmé à vitesse lente)*	Fast motion shot
~ d'accompagnement, # *Suivi*	Following shot, Follow shot
~ d'accompagnement d'un personnage en mouvement: Running shot	
~ avec amorce : Overshoulder shot (OSS), Dirty shot (*US*)	
~ sans amorce	Close-up, Clean shot (*US*)
~ angulé *(fortement)*	Angle shot
~ d'archives	Stock shot, Files shot
~ à l'arrache, # *Plan à la pogne*	Grabbed shot *(Litt. : un plan "empoigné",* to grab *signifiant :* empoigner)
~ pris d'avion	Aerial shot
~ à bulle cassée	Dutch shot
~ en cache/contre-cache	Matte shot, Composite shot
~ caméra à l'envers	Up-side down shot
~ cher	Money shot, Payoff shot (*US*)
~ circulaire	Arc shot
~ composite	Composite shot
~ en contre-plongée	Low angle shot, Low shot
~ de coupe *(d'action signifiante)*	Cut-in
~ de coupe *(de liaison entre 2 plans, 2 séquences)* : Cutaway, Cutaway shot	
~ pour se couvrir *(au niveau des assurances)* : Cover shot	
~ de découverte	Discovery shot, Establishing shot
~ de détail	Detail shot
~ à effet	Effect shot
~ à effet spéciaux	Effects shot
~ à l'épaule	Hand-held shot
~ général d'une séquence	Master shot
~ avec faux-raccord	Mismatched shot
~ fixe	Still shot
~ fixe *(tête caméra verrouillée)*	Locked down shot, Lock down shot
~ de foule	Crowd shot
~ de grue, ~ avec mouvement de grue : Crane shot, Boom shot	
~ à hauteur d'œil	Eye-level shot, Eye-level angle
~ image-image	Stop motion shot, Frame by frame shot
~ ~ par intervalles	Time lapse shot
~ d'insert	Insert shot
~ d'installation *(de l'action)*	Establishing shot
~ de liaison *(entre 2 actions distinctes)* : Bridging shot	
~ longue focale	Long shot (LS)
~ à la main	Hand-held shot
~ dans un miroir	Mirror shot
~ en mouvement	Moving shot
~ muet	Mute shot
~ multi-images	Wild shot
~ non-synchrone	Non-sync shot

~ en panoramique — Pan shot
~ à la pogne — Grabbed shot *(to grab = empoigner)*
~ en plongée — High angle shot, High shot
~ produit *(Publicité)* — Pack shot
~ à profondeur de champ totale — Deep focus shot
~ raccord, # *Insert* — Continuity shot
~ de raccord — Insert shot, Bridging shot
~ ralenti *(filmé à grande vitesse)* — Slow motion shot, High speed shot
~ de réaction — Reaction shot
~ de sécurité — Protection shot, Insurance shot
~ de sécurité pour l'assurance "Garantie de bonne fin" *(Plan supplémentaire engrangé pour satisfaire au contrat d'assurance "Garantie de bonne fin", et pour le cas où le film devrait être entièrement remodelé et remonté)* : Cover shot
~ séquence : Sequence shot, Long take, Cover shot, Integral shot
~ de situation — Establishing shot
~ sonore — Sound shot
~ subjectif — Point of view shot = POV shot
~ supprimé — Deleted shot
~ surplombant à la verticale — Top shot
~ avec transparence — Process shot, Transparency shot
~ en travelling — Dolly shot, Tracking shot
~ ~ d'accompagnement — Follow shot
~ ~ arrière — Pull-back shot
~ ~ circulaire *(autour du sujet d'intérêt principal)* : Arc shot
~ ~ depuis une voiture — Camera car shot, Trucking shot *(US)*
~ triché — Cheat shot
~ truqué — Special effects shot, Effects shot
~ volé : Grabbed shot *(Litt. : plan "empoigné", to grab = empoigner)*
casser un ~ *(et passer au plan suivant)* : To Strike a shot (▶ p 401)
changer de ~ , # *Passer d'un plan à … (Montage)* : To Cut to …
dans le ~ — In-shot
élargir un ~ *(au zoom)*, # *Élargir un cadre* : Zoom out
fiches descriptives des ~s tournés *(Documentaire)* : Dope-sheet
identifier un ~ , clapper un ~ — To Slate a shot (▶ p 406)
liste des ~s — Shot list
numéro de ~ — Shot number (▶ p 406)
numérotation des ~s — Shot numbering
ordre de tournage des ~s — Shooting order
passer à un autre ~ *(Montage)* — To Cut to …
premier ~ du film \ de la séquence : Opening shot
retour au ~ d'ensemble — Reestablishing shot
serrer un ~ dans l'axe — To Punch in
* *Plans nécessaires au montage d'un film, manquants ou oubliés, tournés après l'achèvement du tournage* : Pick-up shots, Pick Ups

3) arrière-~	Background
avant-~	Foreground
premier ~	Foreground
second ~	Background
4) (Optique)	Plane
~s conjugués	Conjugated planes
~ film	Film plane
~ focal	Focal plane
~ image	Image plane
~ de mise au point	Plane of focus, Focusing plane
~ de netteté	Plane of critical focus
~ nodal	Nodal plane
~ principal image	Principal focus plane
~s principaux	Principal planes
5) # Schéma, Dessin	Scheme
~ du décor	Draft
~ détaillé, # *Schéma détaillé*	Blue print
~ d'éclairage	Lighting scheme, Lighting plot

~ d'implantation des accessoires dans le décor : Property plot
~ d'implantation des décors et places caméra : Blocking plan, Shot plot

~ de montage	Reference drawing

Plan de mixage : Dubbing cue sheet (*GB*) – Mixing cue sheet (*US*)
Plan de travail : Shooting schedule, Schedule, Script breakdown, Production schedule, Production board

~ de secours	Back-up schedule
board de ~	Production breakdown board, Production strip board
baguettes de board de ~	Breakdown strips
en avance sur le ~	Ahead schedule
en retard sur le ~	Behind schedule
ne pas tenir le ~	To Go over schedule
* *Plan de tournage*	Shooting schedule

Planche contact : Contact sheet, Contact proof, Contact print

Plancher	Floor
~ de dolly, ~ d'elemack ®	Walkround, Standing platform
~ flottant *(Audio)*	Acoustic floating floor
Plan-concave *(adj.)*	Plano-concave
Plan-convexe *(adj.)*	Plano-convex
Planification [CGTN – 2000]	Planning
Planter le décor	To Fix the set
Plaque	Plate

~ d'attache rapide *(d'une tête panoramique)* : Quick release dovetail

~ caméra à ventouses	Limpet, Limpet mount
~ capot	Car mount

~ canal : Gate plate, Gate assembly, Aperture plate, Film channel

~ collectrice	Collector plate
~ de condensateur	Capacitor plate
~ de décentrement	Sliding plate, Balance plate, Bridge palte
~ de dérivation horizontale	X plate
~ de dérivation verticale	Y plate
~ de roulement *(pour travelling)*	Blockboard
~s vibrantes *(Audio)*	Vibrating plates
Plaquette *1) # Petite plaque*	Small plate
2) # Fascicule, Brochure	Booklet
Plasma	Plasma
Plat(e) *(adj.)*	Flat
à ~	Flat
poser *qch* à ~	To Lay *sth* flat
Plat à barbe, *# Bol*	Scoop
Plateau *1) ~ (de tournage)*	Set, Stage, Floor
~ en tournage	Hot set
~ insonorisé	Sound stage

~ prêt à tourner *(dont le décor est prêt et ne peut être modifié)* : Hot set

ambiance ~	Room tone
son seul d' ~ ~	Room tone
équipe de ~	Set crew

équipement d'un ~ vide *(Désigne le montage des décors, découvertes, passerelles, déports, etc., ainsi que l'accrochage des projecteurs à suspendre aux passerelles)* : Rigging

être sur le ~	To Be on (*the*) set
personnel de ~	Floor crew
plan du ~, *# Plan des décors*	Floor plan
préparation du ~	Staging
public sur le ~ *(TV)*	Live studio audience
2) ~ de travelling	Travelling board, Travelling platform
~ ~ étroit	Narrow travelling platform
Plateforme *1) # Tête caméra*	Head
~ à panoramique	Pan and tilt head
2) (Informatique)	Platform
Platine *1) # Platine tourne-disques*	Record player, Pick up
2) (Mécanique)	Mounting plate, Flange

~ d'objectif : Camera front, Camera lens mounting flange

Playback	Playback
pré-enregistrement du ~	Playback pre-scoring
tournage en ~	Filming to playback
Plein air	Open air
en ~	In the open air
Pleine-piste	Full track
Pleurage *(d'un son restitué)*	Wow
taux de ~	Flutter rate

Plongée	High angle
forte ~	Extreme high-angle shot
plan en ~	High angle shot, Down shot
Plop *(au son)*	Bloop
Poids *1)* ~	Weight
excédent de ~	Overweight
2) # *Gueuse*	Weight, Stage weight
Poignée *1)* ~	Handle, Grip, Handgrip
~ caméra gauche >< droite	Left >< Right hand grip
~ de manivelle	Crank handle
~ de portage	Carrying handle, Handgrip
~ sur le dessus, ~ supérieure	Top handle
2) # *Manche*	Handle, Haft
3) ~ pistolet	Pistol-grip
Poil caméra	Hair
~ dans la fenêtre	Hair in the gate
* *"Il n'y a pas de poil !"* ⇔	"The gate is clear !"
Point	
1) *(Optique géométrique)*	Point
~s conjugués	Conjugated points
~ de fuite	Vanishing point
~ image	Image point
~ nodal	Nodal point
~ ~ image	Second nodal point, Rear nodal point
~ ~ objet	First nodal point
~s principaux	Principal points
2) # *Mise au point, Netteté*	Focus
~ à l'infini	Focus on infinity
~ minimum	Close focus
~ mou	Soft focus, Shallow focus
~ à l'œil	Eye focus
~ par pouce = ppp	Dots-per-inch = dpi
~ piqué	Sharp focus
afficher le ~	To Set the focus
amener *qch* dans le ~	To Bring *sth* into focus
au ~	In focus
bascule de ~	Rack focus, Racking focus
basculer le ~	To Rack focus
basculer le ~ vers le flou	To Go out of focus
changement de ~	Focus shift, Focus pull
changer le ~	To Change, To Rack, To Shift focus
faire le ~ : To Focus on *sth*, To Pull focus, To Adjust the focus	
~ ~ à l'œil : To Eye focus, To Get an eye focus, To Focus by eye	
marques de ~	Focus marks
mire pour faire le ~	Focus target

mise au ~	Focusing
~ ~ automatique	Automatic focusing, Auto-focus
~ ~ sur dépoli	Through the lens focusing
passage de ~ vers . . .	Focus through to . . .
plan de mise au ~	Plane of focus, Focusing plane
rapprocher le ~	To Focus in
repousser le ~	To Focus out
suivre au ~ , rattraper le ~	To Follow focus, To Pull focus
3) # *Endroit, Lieu* (▶ p 337)	Point
~ d'accrochage, ~ d'accroche	Attachment point
~ d'appui *(Mécanique)*	Bearing point, Strong point
~ d'appui *(d'un acteur, pour remplacer une marque au sol qu'il faut enlever parce qu'elle est visible dans le champ)* : Key	
~ d'arrivée	Arrival point
~ de contact	Contact point
~ de croisement	Cross point
~ de départ	Starting point
~ de fixation	Attachment point
~ de fuite	Vanishing point
~ de lubrification	Lubricating point
~ de référence	Reference point
~ de repère	Mark
~ de sortie	Exit point
~ de vue	Point of view (POV), Viewpoint
4) ~ chaud de lumière	Hot spot, Light spot
5) ~ dans l'œil *(par une source directe ou par réflexion d'une source dans l'œil, # Lumière dans l'œil)* : Catchlight, Eye light	
6) ~ de lumière *(en étalonnage)*	Printer point, Light-change point
7) ~ de montage *(Vidéo)*	Edit point
~ d'entrée *(au montage) (Vidéo)*	Edit in, Cut in
~ de sortie *(au montage) (Vidéo)*	Edit out, Cut out
8) ~ culminant *(d'une histoire, d'un scénario), # Paroxysme* : Climax	
9) ~ mort *(Mécanique)*	*GB* : Dead centre – *US* : Dead center
10) mettre au ~ *qch, # Régler*	To Adjust, To Set
mise au ~ , *# Réglage*	Adjusting, Setting
11) ~ par centimètre carré	Dots per square inch
~ par pouce = ppp	Dots per inch = dpi
Pointe, *# Bout*	End, Tip, Point
Pointer *1) # Faire le point*	To Do the focus, To Focus on
2) # Diriger sur qch \ vers qch	To Direct on *sth*, To Point at *sth*
Pointillé(e) *(adj.)*	Dotted
Pointu(e)	Sharp
Poire à épouster	Air bulb
Polarisant(e) *(adj.)*	Polarizing
Polarisant (Filtre ~) *(nom)*	Polarizer, Pola-screen

Polarisation *1) ~ (de la lumière)*	Polarization
~ automatique	Self polarization
~ avec deux polarisants croisés, ~ croisée : Crossed polarization	
~ directe	Forward polarization
~ inversée	Reverse polarization
2) ~ acoustique *(Audio)*	Acoustical polarization
3) # Prémagnétisation	Bias
~ alternative	Bias
~ de grille	Grid bias
~ magnétique	Bias
vérification de la ~	Bias checking
Polarisé(e) *1) (Audio)*	Biased
2) (Lumière)	Polarized
Polariser *1) (Audio)*	To Bias
2) (Lumière)	To Polarize
Polarité	Polarity
inversion de ~	Reverse polarity
Politique des auteurs	Authors theory, Authors policy
Polystyrène (Plaque de ~) : Foamcore \ Styrofoam board, Bead board	
fourche pour ~	Foamcore holder
Pompage	Weave, Breathing, Flutter
~ dans le signal vidéo	Breathing
Pondération *(Vidéo num.)*	Weighting
Pondéré(e)	Weighted
Port *(Informatique)*	Port
~ parallèle	Parallel port
~ série	Serial port
Portable *(adj.)*	Portable, Handholdable
Portant de costumes	Clothes rack
Portatif(-ive)	Portable
Porte de bruit, # *Extenseur automatique (Audio)* : Noise-gate	
Porte caméra	Camera door
~ pivotante	Pivoting viewfinder door
~ pour caméra à l'épaule	Handholdable door
~ scope	Anamorphic door
Porte-accessoire	Accessory holder, Accessory shoe
Porte-cache	Mask holder
Porte-filtre *1) ~ (pour caméra)*	Filter holder
2) ~ (pour projecteur)	Colour frame, Gel frame
Porte-gélatine	Colour frame, Gel frame
Portée *(nom)*	Reach range
~ d'un faisceau	Beam range
~ d'un projecteur	Throw of a light, Reach range
longue ~	Long throw
moyenne ~	Medium throw

Porter	To Carry
Porteuse *(nom)*	Carrier
~ analogique	Analog carrier
~ audio	Audio carrier
~ complète	Full carrier
~ multivoies	Multiple channel per carrier
~ son	Sound carrier
~ vidéo	Video carrier
amplitude de l'onde ~	Carrier amplitude
émission à ~ complète	Full-carrier emission
émission à ~ réduite	Reduced carrier emission
émission à ~ supprimée	Suppressed carrier emission
fréquence ~	Carrier frequency
largeur de bande de ~	Carrier bandwidth
niveau de bruit de ~	Carrier noise level
onde ~	Carrier wave
rapport ~ au bruit	Carrier-to-noise ratio
signal ~	Carrier signal
système à ~ analogique	Analog carrier system
système à fréquence ~	Carrier frequency system
système à onde ~	Carrier system
Pose	Exposure
indice de ~	Exposure index (EI)
latitude de ~	Exposure latitude
temps de ~	Exposure time
Posemètre	Exposure meter, Light meter, Cell
~ à lumière incidente	Incident light meter
~ à lumière réfléchie	Reflected light meter
Poser	To Put
~ *qch* à plat	To Lay *sth* flat
~ *qch* sur *qch*	To Put *sth* on *sth*
Positif(-ive) *(adj.)*	Positive
Positif *(nom)* *1) # Pellicule*	Positive, Positive film
~ couleur	Colour positive film
~ vierge	Positive raw stock
2) # Positif de tirage	Print
~ combiné image et son	Composite print
~ contretype	Master positive
~ ~ grain fin	Fine grain duplicating film
~ couleur	*a)* Colour positive - *b)* Colour print
~ double bande	Unmarried print
~ grain fin	Fine grain positive
~ ~ pour copies	Fine grain master print
~ image	Picture print, Picture positive
~ ~ sans son	Mute print

~ intermédiaire	Master positive, Intermediate print film
~ ~ pour trucages	Dupe for opticals works
~ lavande	Lavender positive
~ marron	Black and white dupe positive
~ muet	Silent print
~ noir et blanc	Black and white positive film
~ non développé	Undeveloped positive
~ de sélection trichrome	Separation positive
~ son	Sound print
~ standard	Combined print
~ vierge	Positive raw stock
Position	Position
~ caméra *(position qu'occupe la caméra)*	Camera position, Camera site
choix d'une ~ ~	Lining up a shot
~ de départ	First position
~ de fin, ~ d'arrivée	Arrival position, End position
~ intermédiaire	Intermediate position
~ visée	Viewing position
choix d'une ~ où installer la caméra	Camera set-up
Possibilité	Possibility, Feasibility
~ *(d'un appareil)*	Facility *(Pluriel* : Facilities*)*
Post-flashage, # *Latensification*	Post-fogging, Latensification, Flashing
Post-production	Post-production
~ numérique	Digital post-production
Post-sonorisation	Post-scoring, Post-recording
Post-synchronisation	*GB* : Dubbing *US* : Postsynchronization
copie pour la ~	Dubbing print
séance de ~	Dubbing session
studio de ~	Dubbing theatre
superviseur de la ~	Lip-sync supervisor
Post-synchroniser	To Dub, To Post-dub
Postécoute	Postfade
Postérisation	Posterization
effet de ~	Posterization
Postériser	To Posterize
Postiche *(Coiffure)*	False hair
mèche ~	Hairpiece
Potentiomètre	Potentiometer, Pot, Fader
~ d'entrée	Trimmer
~ à glissière, # *Curseur*	Slider
~ rectiligne	Fader
démarrage au ~	Fader-start
* *Généraux*	Master faders

Pourcentage	Percentage
~ de perte	Waste percentage
~ plancher, # *Niveau garanti*	Hard floor
Poursuite (Projecteur de ~)	Long range spotlight, Follow spotlight
Pousser	To Push
~ le développement	To Push the development
~ ~ d'un diaph	To Push one-stop
~ ~ de deux diaphs	To Push two-stops
~ la pellicule	*a)* To Force, To Push the film *b)* Pushing, Uprating
Poussière	Dust
grain de ~	Speck
Poussiéreux(-euse)	Dusty
Poutre	Beam
Poutrelle	Small beam
Pouvoir	Power
~ réflecteur	Reflecting power
~ résolvant	Resolving power
~ séparateur	Resolving power
Praticable *(Coll. :* Pratos)	*GB* : Rostrum – *US* : Parallels
Préaccentuation *(Audio)*	Pre-emphasis
Pré-achat	Pre-buy
Pré-ampli	Pre-amp
Préamplificateur, # *Préampli (Coll.)*	Booster amplifier, Preamplifier
~ de voie	Channel pre-amplifier
Préamplification	Preamplification
Préchauffage	Warm up, Preheating
temps de ~	Warm up time
Préchauffer	To Warm up, To Preheat
Précis(e)	Sharp
Précision	Accuracy
degré de ~	Degree of accuracy
Pré-couché(e)	Pre-striped
pellicule à piste ~	Pre-striped film
piste magnétique ~	Pre-striped magnetic track
Prédiction	Prediction
~ bi-directionnelle	Bi-directional prediction
encodage par ~	Forward prediction
Prédominant(e)	Predominating, Prevailing
Préécoute	Prefade
Pré-enregistrement	Pre-recording, Pre-scoring
Pré-enregistrer	To Pre-record, To Pre-score
Pré-générique	*US* : Teaser
Prémagnétisation	Bias
Pré-mastérisation	Premastering

Premier jet *(dans l'écriture d'un scénario)* : First draft

Premier montage, *(Coll. : Ours)*	Rough cut
Premier plan	Foreground
Première *(d'un film)*	Opening, Premiere, First run, First screening, First showing
~ avec tapis rouge	Red carpet premiere
~ dans une salle unique	Exclusive opening
~ mondiale	World premiere
faire sa ~ *(pour un film)*	To Bow, To Premiere
Première exclusivité	First run, Exclusive release
Préminutage	Pre-timing
Prémixage	
1) # Bande prémixée	Sub-master
2) # Prémix	Premixing, Pre-mix
~ en multicanal	Stems
~ numérique automatique	Bounce
Pré-mixer	To Pre-mix, To Pre-dub
Pré-montage	First assembly
~ sur un format vidéo inférieur	Off-line editing
Pré-monté(e)	Pre-edited
Pré-monter	To Assemble

Pré-mouillage *(Chimie photographique)* : Presoak

Pré-production	Pre-production
Préprogrammé(e)	Preprogrammed
Pré-réglage	Preset control
Pré-réglé(e)	Pre-set
Pré-roll	Preroll
Presbyacousie *(Audio)*	Presbyacusia
Presbyte	Far-sighted, Long-sighted, Presbyopic
Presbytie	Long-sightedness
Présélection	Preselection
Présence	
1) ~ d'un acteur	Presence
2) ~ d'un son	Presence
Présentateur(-trice)	
~ de programme télévisé	Anchor, Anchorman \ Anchorwoman
Présentation d'un film	Showing
Présenter *(un programme télévisé)*	To Anchor
Presse	
1) ~ *(de serrage)*	Clamp
2) ~ de montage, *# Colleuse*	Splicer, Joiner
3) # La Presse	Press
agent de ~	Press agent
attaché(e) de ~	Publicist

attaché(e) de ~ d'un film en particulier : Unit publicist

communiqué de ~	Press release
conférence de ~	Press conference
couverture ~	Press coverage, Ink *(US)*
dossier de ~	Press kit
projection de ~	Press screening
revue de ~	Press review
Presseur *(de caméra)*	Pressure plate, Pressure pad
~ latéral	Side pressure plate
Pression	Pressure
niveau de ~ *(Audio)*	Pressure level
Prestataire de services	Service provider
* *Société de prestations de services*	Service provider
Prestation *(d'un acteur)*	Performance *(of an actor)*
Prestations techniques	Technical services
mise à disposition de ~	Facilities support
Prêt(e) *(adj.)*	Ready
Prêt *(nom) # Emprunt, Crédit*	Loan
~ bancaire	Bank loan
~ garanti	Collateral loan, Secured loan
~ non sécurisé	Unsecured loan
~ relais	Bridging loan *(GB)*
~ à terme	Term loan
~ à court terme	Short-term loan, Time loan *(US)*
~ à long terme	Long-term loan
obtenir un ~	To Get a loan
* *Qui a été prêté(e)*	On loan
Prêt-à-diffuser (PAD)	Ready-to-distribute
Prétraitement	Pre-processing
Prévente	Presale
~s aux distributeurs	Presales to distributors
~ portant intérêt	Interest-bearing presale
~ ne portant pas intérêt	Non-interest-bearing presale
Prévisions météorologiques	Weather forecast
Prévisualisation	Pre-visualization, Preview
~ des images	Preview images
fenêtre de ~	Preview window
Primaire, # *Couleur primaire*	Primary colour
Prime	Premium pay
~ d'essayage de costume	Fitting fee
~ de nuit	Night premium
~ repas	Meal penalty
Principal(e) *(adj.)*	Principal, Main
Principalement	Mainly
Principe du retour inverse de la lumière	Principle of reversibility of light rays

Prise *1) # Poignée*	Grip
2) # Connecteur	Connector, Plug
~ accessoires	Accessory connector
~ de casque	Headphone plug
~ de courant	Plug, Outlet
~ de courant femelle	Plug socket
~ femelle	*a)* Socket, Outlet - *b)* Female connector
~ mâle	*a)* Plug - *b)* Male connector
~ ~ à 2 fiches \ à 3 fiches : Two-pronged \ Three-pronged connector	
~ multibroches	Multi-pin connector
~ multiple	Multiway
~ murale	Wall socket, Wall out-let
~ péritel, # *Péritel*	Scart connector
~ de terre : Earth connection (*GB*) – Ground connection (*US*)	
~ à trois broches	Range-plug
3) ~ *(d'un plan, lors du tournage)*	Take
~ pour les assurances	Insurance take
~ bonne *(pour le réalisateur)*	Buy take *(Litt. : "Prise achetée")*
~ cerclée, ~ bonne à tirer	Circled take
~ à garder en réserve	Hold, Hold take, Keep take
~ muette	Mute on screen (MOS)
* *MOS signifie également : Mit Out Sound* (▶ p 404)	
~ sans erreur de texte	Clean speech
~ de sécurité	Safety take
~ sélectionnée	Selected take
~ son	Sound take
~ son direct	Direct sound take
~ en son seul	Wild take
~ synchrone	Live take
~ tirée	Printed take
~ à tirer	OK take
mauvaise ~	NG take *(NG = No Good)*
nombre de fois la ~	Shooting ratio, Editing ratio
* *Exemple : 3 fois la prise*	*Example : Shooting ratio = 3 : 1*
numéro de ~	Take number
Prise de vue	Shot
~ en accéléré, ~ à grande vitesse	High speed shooting
~ aérienne	Aerial shooting
~ en décors naturels	Location shot
~ en extérieurs	Exterior shot
~ image-image	Stop motion shot, Frame by frame shot
~ en intérieurs	Interior shooting
~ à intervalles	Time lapse shot
~ au ralenti, ~ à vitesse lente	Slow motion shooting, Low speed shot
~ de sécurité	Security take

~ en son direct	Direct sound shooting
~ sonore	Sound shot
~ sous-marine	Underwater shot
~ avec transparence *(Trucages)*	Process shot
~ ultra-rapide	Ultra-high-speed shot
à la ~	In-camera, In-shot
angle de ~	Camera angle, Shooting angle
appareil de ~	Motion picture camera
cadence de ~	Shooting speed
champ de ~	Shooting field, Action field
des ~s	Shooting
faire des ~s	To Shoot, To Film
Prisme	Prism
~ à angle droit	Right angle prism
~ diviseur	Beam-splitter prism
~ multiplicateur d'images	Multi-image prism
~ redresseur	Turn-over prism
~ à réflection totale	Right angle prism
~ séparateur	Beam-splitter prism
~ tournant	Revolving prism
~ de Wellastone	Dove turn-over prism
Prix *1) # Tarif*	Price
~ comptant	Cash price
~ courant	Current price, Market price
~ coûtant	Cost
~ forfaitaire	Contract price, Package price
~ de gros	Whole sale price
~ moyen	Average price
~ de revient	Cost price
2) # Récompense	Prize
~ du public	Audience prize
~ spécial du jury	Jury's special prize
décerner un ~	To Award, To Make an award
remporter un ~	To Win a prize, To Carry off a prize
Problème	Problem
Problèmes techniques	Technical malfunctions
Procédé *(nom)*	Process, Method
~ couleur	Colour process, Colour system
~ ~ par synthèse additive	Addition colour process
~ ~ par synthèse soustractive	Subtractive colour process
~ non-argentique	Nonsilver process, Non-silver process
Processeur	Processor
~ d'acoustique numérique	Digital acoustic processor
~ graphique	Graphic processor
~ numérique du signal	Digital signal processor (DSP)

Producteur(-trice) (▶ p 348)	Producer
~ "qui met la main à la pâte"	Hands-on producer
~ indépendant(e)	Independent producer
~ exécutif(-ive)	Line producer *(sur une grosse production)*
~ expérimenté(e) (litt. "qui a de la bouteille") : Senior producer (*US*)	
~ supervisant plusieurs productions ou une production formée par plusieurs tournages : Supervising producer	
part ~ sur le net	Producer's net share
* *Accord contractuel entre une société de production et toute personne membre de l'équipe production* : Producer agreement (*US*)	
Production	Production
~ en mécénat	Program sponsorship
~ indépendante	Independent production
~ travaillant selon les règles des conventions collectives négociées par les syndicats : Union shop (*US*)	
~ travaillant hors barèmes syndicaux et sans respecter les règles des conventions collectives : Non-union shop (*US*)	
~ vidéo légère	Electronic news gathering (ENG)
~ vidéo lourde	Electronic field production (EFP)
budget de ~	Production budget
bureau de ~ *(proche du plateau de tournage)* : Production office	
bureaux de la société de ~	Production office
coûts de ~	Production costs
directeur de ~ (▶ p 362)	Line producer *(sur une grosse production)*
entrer en phase concrète de ~	To Go into production
maison de ~	Production company
personne morale responsable de la ~ : Production entity	
service ~	Production department
société de ~	Production company, Production entity
société de ~ indépendante	Independent production
* *Plan de travail effectué par la Production* : Production breakdown	
Produire *(un film)*	To Produce *(a film)*
Produits dérivés	By-products, Merchandising
* *Vente des produits dérivés* :	*GB* : Merchandising
	US : Merchandizing
Professionnel(-elle) *(nom et adj.)*	Professional
Profil	
1) ~ *(de la face humaine)*	Profile, Side face
de ~	In profile
meilleur ~	Best side, Best profile
2) *(Spécifie le niveau de syntaxe utilisé) (Vidéo num.)* : Profile	
* *Statut ou mode avec lesquels un signal peut être incorporé (imbriqué) dans un autre signal* : Embedded profile	
Profits, # *Rendement financier*	Payoff

Profondeur *1)* ~ Depth
~ d'un trou Depth of a hole
2) ~ de champ Depth of field
~ ~ réduite Shallow depth of field, Shallow focus
latitude de ~ Depth of field range
plan à ~ totale Deep focus shot
table de ~ de champ Depth of field calculator
3) ~ de foyer Focal depth, Depth of focus
Programmateur à horloge Timer
Programmateur(-trice) *(de films)*
~ *(d'une salle de cinéma)* Programmer *(for a theatre room)*
~ *(d'un circuit de salles de cinéma)* Booker *(for a theatre chain)*
Programmation Programming, Programme planning
directeur(-trice) de la ~ *(TV)* Programme director \ manager
grille de ~ , # *Grille des programmes* : Programming schedule
~ ~ horizontale *(pour un même programme TV, tous les jours à la même heure)* : Horizontal programming schedule
~ ~ verticale *(pour un même programme TV, à fréquence régulière, par exemple tous les dimanches soir)* : Vertical programming schedule
jour de changement de la ~ Change over day
Programme *1) (TV)* *GB* : Programme – *US* : Program
~ crypté Scrambled programme
~ enregistré Recorded programme
~ en plusieurs parties Multi-part programme
~ pre-enregistré *(TV)* Live-on-tape, Pre-recorded programme
~ de télévision Telecast
directeur(-trice) des ~s *(TV)* Programme director \ manager
directeur(-trice) d'une unité de ~ Programme supervisor
grille des ~s *(TV)* Programme grid
information spécifique de ~ Programme specific information
passage d'un ~ à la TV Showing
* *Flux contenant des informations temporelles vidéo et audio compressées, comme dans le cas des DVD, par exemple* : Programme stream
2) (Informatique) Programme
~ mémorisé Stored programme
Programmer, # *Prévoir à la programmation* : To Sked, To Schedule
~ la date de sortie en salles d'un film : To Book a film
Progressif(-ive)
1) # *Graduel(-elle)* Gradual, By steps
2) *(Vidéo num.)* Progressive
24 images/seconde en ~ (24 P) 24 frames/sec - progressive scan (24P)
conversion d'une image en ~ en 2 trames entrelacées : Field segmentation

Projecteur

1) ~ de diapositives	Slide projector
~ à panier circulaire	Round slide tray projector
2) # *Projecteur de films*	Projector, Film projector
~ asservi	Interlock projector
~ de boucles	Continuous loop projector
~ à défilement continu	Continuous motion projector
~ double bande : Double band projector, Double-headed projector	
~ muet	Silent projector
~ son optique	Combined optical sound projector
~ sonore	Sound projector
~ pour transparence : Background projector, Process projector	
~ de projection frontale	Front projection projector
~ sonore asservi	Interlock projector
~ de télécinéma	Television film projector
~ au xénon	Xenon projector
base de ~	Projector base, Projector stand
lanterne de ~	Projection light
optique de ~	Projector lens
3) ~ vidéo	Video projector
4) ~ *(de lumière)*	Light, Lamp
~ 100 \ 250 w tungstène, à lentille : Dinky, Dinky ink, Inky, Inky dink (*US*)	
~ 650 w tungstène à lentille	Tweenie, Teenie weenie (*US*) (*Fam.*)
~ 2 kw tungstène à lentille	Junior, Junior spot (*US*) (*Fam.*)
~ 2 kw tungstène sans lentille	Mighty (*US*) (*Fam.*)
~ 5 kw tungstène à lentille	Senior, Senior spot (*US*) (*Fam.*)
~ 10 kw tungstène à lentille	Tener, Ten-K (*US*) (*Fam.*)
~ d'ambiance	Broad side, Broad, Floodlight
~ ~ focalisable	Variable floodlight
~ ~ large, de 5 kw ou 10 kw	Sky pan (*Fam.*)
~ à arc	Arc light
~ autonome	Battery powered light
~ basse tension	Low voltage light
~ avec batterie	Portable battery light
~ pour cyclorama	Cyc light
~ à découpes, # *Découpe*	Profile spotlight
~ de découverte *(pour éclairer une découverte)* : Set light	
~ de décrochage	Kicker, Rim
~ desserré	Light on flood position
~ focalisable	Focusing light
~ à incandescence	Incandescent light
~ à lentille	Lens spotlight
~ à lentille de Fresnel	Light with Fresnel lens, Fresnel spot
~ à lentille focalisable	Spotlight, Focusing spot
~ à lentille plan-convexe	Plano-convex spotlight

~ sans lentille : Open face light, Open-ended light, Lensless light	
~ à lumière artificielle	Tungsten light, Inky *(Fam.)*
~ de lumière diffuse	Softlight
~ à lumière froide	Cool light
~ de lumière douce	Soft light
~ lumière du jour	HMI light, Daylight lamp
~ pour point dans l'œil	Catchlight, Eye-light
~ de poursuite	Follow spotlight, Long range spotlight
~ à quartz-halogène	Tungsten halogen light
~ au sol	Floor light
~ serré	Light on spot position
~ stroboscopique	Strobe light
~ tungstène	Tungsten light
~ tungstène de 10 kw à lentille	Tenner, Ten-K
alimenter un ~(*US*)	To Rub power to the light
allumer un ~	To Turn it on, To Fire it up
base pour ~ : Floor stand, Floor plate, Turtle, Pigeon *(Coll.)* (*US*)	
batterie de ~s	Bank of lights, Row of lights
descendre un ~ sur tige	To Stem down, To Lower the stand
envoyer les ~	To Hit the lights
éteindre un ~ : To Kill the light, To Cool the light, To Turn it off	
lyre de ~	Strap, Yoke
monter un ~ sur tige : To Stem up, Up on stick, To Raise it up	
nez de ~, # *Cône de projecteur*	Funnel, Snoot
passer la main devant un ~	To Flag the light
pied de ~	Stand, Light stand, Sticks
piquer >< dépiquer un ~	To Tilt down >< up a light
portée d'un ~	Reach range, Throw of a light
rampe de ~s	Bank of lights, Row of lights
tête de ~	Lamp head, Light head, Head
Projection	Projection, Screening, Showing
~ arrière, # *Transparence*	Rear \ Back \ Process projection
~ de la copie mixée	Final mix projection
~ de la copie de montage	Cutting copy projection
~ pour les critiques de film	Critical screening
~ pour les distributeurs *(dans le but de vendre le film)* : Trade screening	
~ double bande	Double band projection
~ d'un film à la TV, # *Passage d'un film à la TV* : Showing	
~ frontale	Front projection, Scotchlight process
~ numérique	Digital projection
~ en première	First screening, First showing
~ de presse	Trade show
~ privée	Private screening
~ de rushes	Dailies screening
~ son optique	Optical sound projection

~ d'ouverture   Open, Opens, Opening (*US*)
~ sonore   Sound projection
~ synchrone   Synchronous projection
~ par transparence   Back projection, Rear projection
~ test   Focus group screening, Test preview
~ unique   Single showing
~ vidéo   Video projection
amorce de ~ : Projection leader, Projection line-up leader
amorce de ~ SMPTE   SMPTE leader, Universal leader
axe central de la ~   Centerline of the projector's lens
cabine de ~   Projection booth
distance de ~   Projection distance, Throw
durée de ~   Running time, Screening time
écran de ~   Projection screen
fenêtre de ~   Projection gate, Projection aperture
première ~   First screening, First showing
salle de ~   Screening room, Viewing room
vitesse de ~   Projection speed

Projectionniste   Projectionist, Boothman

Projet   Project
~ abandonné, ~ avorté   Spike
~ de film   Proposal
abandonner un ~, # *Faire avorter*   To Spike
accord de développement d'un ~ de film : Development deal
développement de ~   Project development
donner le feu vert à un ~   To Green light, To Give a go ahead
étapes dans le développement d'un ~ : Development steps
* *Indique qu'un projet peut démarrer* : It's a go !
* *Indique qu'un projet ne peut pas démarrer* : It's a no !
* *Chargé des projets en voie de développement* : Development executive
* *Période entre l'abandon d'un projet et la reprise de ce projet par un autre studio ou producteur* : Turn around (*US*)
* *"Sans assurance d'aboutir" (Produire sans avoir de distributeur ou écrire un scénario sans producteur, etc.)* : On spec, On speculation

Projeter *1)* ~ un film   To Play \ To Show \ To Screen a film
2) ~ une ombre   To Cast a shadow
3) ~ un objet   To Throw *sth* away \ down
4) # *Faire des projets*   To Plan to do *sth*

Prolongateur *(Coll. :* Prolon*)*   Extension cable, Extender
~ *branché et sous tension, mis en attente pour un usage occasionnel comme, par exemple, recharger une dolly ou une machine à fumée* : Stinger *(Litt. :* Dard*)* (*US*)

Promotion *(d'un film)*   Promotion
~ à l'antenne (*TV*)   Teaser
campagne de ~   Promotion campaign

faire la ~ *(d'un film)*	To Promote *(a film)*
* *Kit d'information publicitaire*	Promotional kit
* *Opération destinée à promouvoir un film en organisant quelques projections dans les meilleurs conditions possibles* : Showcase	
* *Outil promotionnel*	Promotional tool
* *Publicité promotionnelle*	Promotion advertising
* *Stratégie de communication*	Promotional strategy
Prompteur	Prompter
Prononciation	Pronunciation
défaut de ~	Defect in pronunciation
Propagation du son	Sound propagation
Proportion	Proportion, Ratio
défaut de ~	Disproportion
varier en ~	To Vary in direct ratio
varier en ~ inverse	To Vary in inverse ratio
* *Bien >< Mal proportionné(e)*	Well >< Badly proportioned
Propriété	Property
~ des droits, # *Propriété d'un copyright* : Ownership	
~ intellectuelle	Intellectual property
Protagoniste	Protagonist
Protection	Protection
~ arrière de parasoleil	Doughnut
~ pour cascadeurs	Stunt pads
~ contre les flares (*US*)	Lenser
~ pour impacts de balles	Bullet plate
Protège-boucle	Loop protector
Prothèses *(Maquillage)*	Prosthetic appliances
Public	Audience
~ ciblé	Target audience
~ formé de plusieurs catégories de publics : Multi-tiered audience	
grand ~ , tout ~	General audience, Large audience
interdictions aux ~s	Rating system(s), Rating (▶ p 392)
jeune ~	Teenage audience
pour tous ~s	For general audience
réaction du ~ lors d'une avant-première : Audience response	
Publicité	Advertisement, Advert, *US* : Ad
* *La Publicité*	Advertising
~ par affichage	Poster advertising
~ par bouche à oreille	Mouth-to-mouth advertising
~ dans les cinémas	Cinema advertising
~ directe	Direct advertising
~ exagérément importante	Hype
~ dans le métro	Underground advertising
~ presse	Display advertising, Press advertising
~ promotionnelle	Promotion advertising

~ télévisée	Television advertising
agence de ~	Advertising agency
assistant du chef de ~	Publicity assistant
bonne >< mauvaise ~	Good >< Bad publicity
campagne de ~	Advertising campaign
chef de ~	Publicity director
directeur de la ~	Advertising director
éléments de ~	Advertising material
faire la ~ d'un film	To Publicize a film
faire de la ~	To Advertise
ligne budgétaire allouée à la ~	Ad-Pub *(Advertising and Publicity)*
service ~	Publicity department
* *Annonceur publicitaire*	Advertiser
* *Battage publicitaire*	Ballyhoo, Blitz, Hype
* *Chef de publicité attaché à un film en particulier* : Unit publicist	
* *Faire de la promotion*	To Showcase
* *Film publicitaire*	Advertising film, Commercial
* *Pochette d'information et de matériel publicitaire* : Advertising kit	
* *Sous-titre expressif et aguicheur, utilisé notamment sur les affiches* : Tag line	
* *Tapage publicitaire autour de la sortie d'un film* : Buzz	
Puce *(Électronique - Informatique)*	Chip
Puissance	Power, Wattage
~ acoustique	Acoustic power
~ consommée	Power consumption, Wattage
~ effective	Effective signal radiated
~ électrique	Electric power
~ ~ disponible	Available electric power
~ élevée	High power
~ émise	Transmitted power
~ mécanique	Mechanical power
~ sonore	Sound power
~ de sortie	Out put power, Delivered power
~ utile	Operating power
Pulsation *(Audio)*	Angular frequency
Pupille	Pupil
~ d'entrée	Entrance pupil
~ de l'œil	Pupil of eye
~ de sortie	Exit pupil
Pupitre, # *Console*	Console
~ de commandes	Control desk, Switchboard
~ d'éclairage, # *Console d'éclairage*	Light console, Lighting console, Light board, Lighting panel
~ de mélange	Switcher
~ de mixage	Mixing console, Sound console
Pureté *(d'une couleur)*	Purity *(of a colour)*

Q

Quadrillage	Squaring
Quadriphonie	Quadraphony
Qualité	Quality
~ antenne *(TV)*	Air quality, Broadcasting quality
~ d'un film dont la production a fait appel à des personnalités prestigieuses *(acteurs, réalisateur, etc.)* :	Marquee quality, Marquee value
~s commerciales *(d'un film)*	Marketability
~ d'image	Picture quality, Image quality
contrôle de ~	Quality control
Quantificateur	Quantifier
Quantification	Quantification, Quantization
erreur de ~	Quantification error
parasites lors de la ~	Quantization noise
* *Nombre de bits d'encodage*	Bit depth
Quantité	Amount, Quantity
Quart de brie	Cheese wedge, Tilt plate
~ réglable	Foxwedge, Adjustable ped, Tilt angle
Quartz	Crystal, Quartz
~ halogène	Quartz-halogen
~ iode	Quartz-iodide
ampoule ~	Quartz bulb
générateur de synchro piloté par ~ :	Quartz crystal sync generator
moteur ~	Crystal motor
piloté(e) par ~	Crystal controlled
Quartzé(e)	Crystal controlled
Queue d'aronde	Dovetail
Quotas	Quotas

R

Raccord *1) ~ (pour câbles)* — Connector extension
2) ~ (entre 2 plans) — Continuity
~ à 180°, # *Contre-champ* — Reverse shot, Reverse angle
~ dans l'axe — Cut down the axis, Axial cut
~ dans la continuité — Continuity cut
~ coup de poing — Smash cut
~ direct — Direct continuity
~ indirect — Indirect continuity
~ dans le mouvement : Match cut, Match action cut, Match on action
Cutting on action \ on motion \ on movement
~ de regard — Eye match
~ de regard obéissant à la Loi des 180° : Eyeline match
direction ~ — Screen direction, Matching direction
~ ~ de regard — Matching eyeline, Eyeline match
faux ~ — Wrong match
mauvais ~ , faux ~ — Mismatch
plan ~ — Continuity shot
plan de ~ — Insert shot, Bridging shot
3) ~ maquillage — Touch up
dernier ~ maquillage — Last touch up, Last looks

Raccordement — Connecting
~ à la terre *(Électricité)* — *GB* : Earthing – *US* : Grounding

Raccorder *1) ~ (deux choses), # Joindre* : To Connect, To Join
2) (Électricité) — To Connect, To Wire, To Patch
~ à la terre — *GB* : To Earth – *US* : To Ground
3) (Montage) : *a)* To Match together - *b)* To Cut together
~ en avant dans l'axe — To Cut closer on the same line
~ dans l'axe : To Cut down the axis, To Cut straight in on the same angle
~ pour … — To Cut to …
* *Retour à …* — Back to …
* *Raccorder dans l'axe depuis un (plan taille) jusqu'au (gros-plan)* ⇔ To Cut straight in on the same angle from *(waist shot)* to *(close up)*

Raccourcir : To Shorten *sth*, To Reduce the length of *sth*

Rafraîchir *(une image vidéo)* — To Refresh
* *Écran de rafraîchissement* — Refresh display

Rafraîchissement — Refresh
fréquence de ~ — Refresh rate

Raideur *(Audio)*	Stiffness
Raie de lumière	Streak of light
Raie spectrale	Spectrum line
Rail	Track
~ de travelling	Dolly track, Track
~ ~ courbe	Curved track
~ ~ droit	Straight track
~ ~ étroit	Narrow track
~ ~ large	Wide track
tendeur de ~ ~	Tension rod
installation des ~s	Track laying
Rainure	Slot, Groove
insérer *qch* dans une ~	To Put *sth* into a slot
Rainurer	To Slot
Ralenti(e) *(adj.)*	Slow, Slower
~ à la prise de vue	Overcranked
Ralenti *(nom)*	Slow motion
faire un ~	To Overcrank
Ralentir	To Slow down
Rallonge *1) ~ (pour augmenter la longueur de qch)* : Extension, Extender	
~ électrique, # *Prolongateur*	Extension cable, Extension
2) ~ (pour rehausser qch)	Riser
~ de pied de projecteur	Riser
Rampe	
~ automatique *(Audio)*	Autoglide
~ à effet de pluie	Rain cluster
~ à feu	*US* : Flaming forks
~ manuelle *(Audio)*	Autotake over
~ de projecteurs	Bank of lights, Row of lights
~ de tubes d'éclairage	Striplight
Rangée *(nom)*	Array, Row
Ranger *(en fin de journée de tournage)*	To Wrap
Rapide *1) # Véloce*	Fast, Quick
2) # Sensible	High speed
Rapidement	Quickly
Rapidité *1) # Vélocité*	Fastness, Quickness
2) # Sensibilité	Exposure speed, Emulsion speed
Rappel de salaire	Back-pay
Rapport *1) # Coefficient*	Ratio
~ d'agrandissement	Magnification ratio
~ de brillance	Brightness ratio
~ de compression	Compression ratio
~ de contraste	Contrast ratio
~ d'engrenages	Gear ratio
~ du format de l'image	Aspect ratio

~ métrage monté/métrage tourné : Cutting ratio, Editing ratio
~ pellicule impressionnée/pellicule montée : Shooting ratio
~ signal sur bruit — Signal to noise ratio
2) # *Cahier de rapport* — Report, Log, Log sheet
~ comptable — Cost report
~ image, ~ caméra : Dope sheets, Camera report, Camera log
feuille de ~ ~ — Camera sheet
~ horaire *(Coll.* : Mouchard*)* — Daily log
~ laboratoire *(Coll.* : Rapport labo*)* — Laboratory report *(Fam.* : Lab report*)*
~ montage : Editor's log, Daily editor's log, Take sheets
~ production — Production report
~ scripte (▶ p 368) — Continuity report \ sheets \ cards \ log
~ son — Sound report, Sound log

Rapprocher *qch* de *qch* — To Bring *sth* nearer to *sth*
se ~ de *qch* — To Draw oneself closer to *sth*

Rassembler, # *Réunir*
~ *(des objets)* — To Collect *(things)*
~ *(des personnes)* — To Gather *(people)*

Rayer, # *Faire des rayures* — To Scratch, To Score

Rayon *1) ~ (de lumière)* — Ray \ Beam *(of light)*
~ incident — Incident ray
~ lumineux — Light ray, Light beam
~ passant par le centre optique d'une lentille : Principal ray, Chief ray
~ réfléchi — Reflected ray
chemin des ~s lumineux — Path of light rays
2) ~ *(d'un cercle)* — Radius *(of a circle)*
~ de courbure — Radius of curvature
3) ~ cathodique — Cathode ray
4) ~ acoustique *(Audio)* — Acoustical radius

Rayonnement — Radiation

Rayure — Scratch
~ côté support — Cell scratch
~ dues au frottement des spires entre elles : Cinch marks
~ négative — Negative scratch
~ positive — Positive scratch
essai de ~ — Scratch test

Réalisé(e) **par …** — Directed by …

Réaliser, # *Mettre en scène* — To Direct

Réalisme — Realism

Réaliste — Realistic

Recadrage *1) ~ (à la caméra)* — Reframing
2) ~ en diffusion ou au tirage *(en vue d'obtenir un format différent de celui de l'original)* : Cropping
~ à l'intérieur des images d'un film de format large *(en vue de sa diffusion en télévision 4:3 plein écran)* : Pan and scan

Recadrer *1) ~ (à la caméra)* To Reframe
2) ~ (le format de l'original en diffusion ou au tirage) : To Crop
Récepteur(-trice) *(adj.)* Take-up
Récepteur *(nom)* Receiver
~ de contrôle Control monitor
~ HF à deux antennes *(Audio)* Diversity
~ de télévision Television receiver
~ vidéo Video monitor
Recettes
~ brutes de la totalité des marchés d'exploitation : Gross receipts
~ caisse brutes Box-office gross
~ ~ du marché national Domestic box office gross
~ effectives d'un film Box-office (BO)
~ nettes de la totalité des marchés d'exploitation : Net profits
potentiel de ~ d'un film Box-office (BO)
Recharge Refill
Rechargeable *1) ~ (en énergie)* Rechargeable
2) # Qui fonctionne avec des recharges : Refillable
Rechargement *(de la pellicule)* Reloading
Recharger *1)* ~ une batterie To Charge a battery
2) ~ une caméra To Reload a camera
Réciprocité Reciprocity
défaut de ~ Reciprocity failure
effet de ~ Reciprocity effect
loi de ~ Reciprocity law
Récit, # *Construction de l'histoire* Buildup, Narrative
~ dans ses grandes lignes Outline
Reconnaissance aérienne Aerial survey
Reconstitution *1) # Décor reconstitué (site, monument, etc.)* : Mock-up
2) ~ d'un fait réel porté à l'écran Reenactment
~ historique recherchant l'authenticité : Reenactment
Recoudre *qch* To Stitch up *sth*
~ un bouton To Sew a button on again
Recouvrement Lap, Overlapping
Recouvrir de *qch* To Spread with *sth*
Rectangle Rectangle
côté d'un ~ Side of a rectangle
Rectangulaire Rectangular
Rectifier, # *Corriger, Ajuster* To Rectify, To Correct, To Adjust
Reçu, # *Justificatif* Voucher, Receipt
Reculer, # *Se reculer* To Move back, To Step back
~ *qch* To Draw back *sth*
* *Marcher à reculons* To Walk backwards
Redevance *(Business)* Rental
~ audiovisuelle : Television license (*GB*) – Television fee (*US*)

Rediffuser *(un film)*	To Rerun *(a film)*
Rediffusion *1) ~ (au cinéma)*	Rerun, Reissue, Rerelease
2) ~ (à la télévision)	Repeat
~ d'un même programme, sur une autre chaîne d'une même société de diffusion *(par exemple, Canal + : Premium, Bleu, Vert, Jaune)*, ou sur une même chaîne, mais à un autre horaire : Multibroadcasting	
Redondance	Redundancy
Redondant(e)	Redundant
Redresser *1)* ~ *qch* : To Set *sth* upright again, To Straighten out \ up *sth*	
2) ~ le corps	To Straighten one's body
~ la tête	To Raise one's head, To Look up
se ~	To Straighten one's up
* *Se mettre debout*	To Stand up
3) ~ une image renversée	To Erect an inverted image
4) ~ le courant électrique	To Rectify the electric current
Redresseur *(de courant électrique)*	Rectifier
Réducteur	Reducer
~ de bruit	Noise reducer
~ de sifflantes	De-esser
Réduction *1) # Diminution*	Reduction
~ du bruit de fond	Ground-noise reduction
~ du rapport signal-bruit	Noise reduction
~ de la résolution image	Down-sampling
échelle de ~	Reduction scale
2) ~ mécanique	Gearing down, Gear reduction
coefficient de ~	Gearing down ratio
3) ~ optique	Optical reduction
Réduire	To Reduce, To Lower
~ les basses	To Damp the bass
~ la lumière	To Fade the light
~ le son : To Step down the sound, To Turn down the sound	
~ la taille de *qch*	To Downsize *sth*
Réécrire, Récrire	To Rewrite
Réécriture	Rewriting
Réenregistrable	Re-recordable
Réenregistrement	Re-recording
Réenregistrer	To Re-record
Référence externe	Ex ref
Refilmer, *# Refaire le tournage*	To Reshoot
Réfléchir *1)* ~ la lumière	To Bounce \ To Reflect the light
2) ~ une image	To Reflect an image
3) ~ (dans un miroir)	To Mirror
Réflecteur	Reflector
~ argenté	Silver reflector
~ dichroïque	Dichroic reflector

~ doré	Gold reflector
~ doux *(mat et gaufré)*	Soft *(dull and textured)*
~ doux *(brillant et gaufré)*	Medium *(shiny and textured)*
~ dur *(lisse et brillant)*	Hard *(smooth and polished)*
~ parabolique	Parabolic reflector
~ repliable	Flex-fill
écran ~	Reflecting screen, Fill-in screen
lyre de ~	Yoke, Strap
panneau ~	Reflecting panel, Reflecting board
Reflet	Reflection
~ parasite	Glare, Flare, Blooming
Refléter *(dans un miroir)*	To Mirror
Reflex	Reflex
système de visée ~	Reflex viewing system
visée ~	Reflex viewfinder
Réflexion *(de lumière)*	Reflection
~ diffuse	Diffuse reflection, Spread reflection
~ directe	Direct reflection
~ spéculaire	Specular reflection
~ totale	Total reflection
angle de ~	Angle of reflection
coefficient de ~	Reflection factor, Reflectance
Réfraction	Refraction, Bending of rays
angle de ~	Angle of refraction
indice de ~	Refraction index
Regard	Look
~ caméra	In-camera look
~ volontaire à la caméra	Eye contact
~ de côté	Sidelong glance
~ fixe	Gaze
~ proche caméra	Down camera eye
détourner le ~	To Look away
direction de ~	Direction of looks \ of glance
diriger le ~ du spectateur *(vers un lieu particulier de l'image)* : Directing the eye	
fixer son ~ sur *qn, qch*	To Gaze at \ To Stare at *s.o, sth*
hauteur du ~	Eye height
jeter un ~ à *qn*	To Glance at *s.o*
raccord de ~	Eye match
raccord de direction de ~	Eyeline match
raccord de ~ obéissant à la Loi des 180° : Eyeline match	
tricher le ~	To Cheat the look
* *"Regarde vers la caméra! ", "Retourne-toi vers la caméra ! "*	⇔ "Take camera ! "
* *"Triche ton regard, pour ouvrir ton visage vers la caméra !"*	⇔ "Cheat your look, to open your face to the camera !"

Regarder *1)* ~	To Look at
~ dans la caméra	To Look in the camera
~ au loin	To Stare into the distances
~ en arrière	To Look backwards
~ vers le bas >< le haut	To Look down >< To Look up
2) # Visionner	To View
Régénérateur *(nom) 1) (Chimie photographique)* : Replenisher	
2) ~ de la composante continue	DC restorer
Régénération des bains de développement : Replenishment of baths	
Régie *1)* ~ *(du tournage)*	Location department
~ chargée des transports	Transportation department
* *Régie d'avance, Petite trésorerie*	Petty cash
* *Petite enveloppe d'argent en espèces* : Gratuities	
* *Trésorerie*	Cash flow
2) # Cabine de régie	Control room *(Coll.* : Gallery*)*
~ finale	Master control room
~ lumière	Light control room
~ de mélange *(Vidéo)*	Switcher
~ mobile	Mobile control room
~ de réalisation	Production control room
~ son	Audio control room
baie de ~	Control room window
Régime de vitesse	Speed rate
Réglable	Adjustable, Variable
Réglage	Adjustment, Setting, Alignment
~ approximatif	Coarse adjustment
~ automatique du diaphragme	Automatic iris control
~ automatique du niveau d'enregistrement : Automatic gain control	
~ d'azimut	Azimuth adjustment
~ du diaphragme	Diaphragm adjustment
~ fin	Tight adjustment, Fine adjustment
~ grossier	Coarse adjustment
~ de la hauteur de l'image	Height control
~ d'inclinaison	Tilt adjustment
~ de l'objectif	Lens setting
~ de l'obturateur	Shutter setting
~ d'ouverture	Exposure setting
~ de puissance	Power control
~ de synchronisme horizontal *(TV)*	Horizontal hold
~ de synchronisme vertical *(TV)*	Vertical hold
~ de la tension de bande	Tape tension control
~ de volume	Volume control
Règle des 180°	180-degree rule, 180 rule
Règle des tiers	Rule of thirds
Règlement *(d'une facture)*	Settlement *(of an invoice)*

Régler To Adjust, To Set, To Tune up
Régulateur Regulator, Controller
~ automatique Automatic controller
~ de fréquence Frequency regulator
~ de phase Phase regulator
~ de phase sous-porteuse Subcarrier phase shifter
~ de tension Voltage regulator
~ de vitesse Speed regulator
Régulation Regulation
Réguler To Regulate
Régulier(-ière), # *Sans à-coups* Even, Regular, Smooth
Rehausse (Semelle de ~) Riser block
Rehaussement Enhancement
Rehausser *1) ~ (une teinte)* To Enhance, To Touch up *(a tint)*
2) # Surélever un objet To Raise
Rehausseur de couleurs et de détails Color detail enhancer
Réinscriptible Rewritable
disque ~ Rewritable disc
mémoire ~ Rewritable memory
Relâcher To Release
 # Donner du mou (Coll.) To Loosen, To Slack off
Relecture *(Vidéo)* Replay, Review
~ immédiate Instant replay
Relever *1) ~ qch* To Raise, To Lift *sth* up again
2) ~ qn To Set *s.o* on his feet again
se ~ : To Rise to one's feet (*again*), To Pick oneself up
Relief Relief, Three-dimensional, 3-D
sans ~ , # *Plat(e)* Flat
Relire *(une bande magnétique)* To Playback *(a magnetic tape)*
Rémanence : Remanence, Persistence, Afterglow, Ghosting, Lagging
~ des images Persistence of images
Remballer *(en fin de journée de tournage)* : To Wrap up
Rembobinage *(Retour rapide de la bande)* : Rewind, Rewinding
~ automatique Automatic rewinding
~ rapide Fast rewind
Rembobiner To Rewind
Rembobineuse Rewinder, Winding machine
Remboursable Repayable
* *Recouvrable, Remboursable* Recoupable
Remboursement Recoupment, Refunding
~ par ordre de créance Recoupment by position
~ prioritaire Priority recoupment
phase de ~ Payback period
* *Échéance* Repayment
* *Échéancier, # Calendrier de traites* : Payment schedule

* *Film qui commence à se rembourser* : Recouped film
* *Rentrer dans ses frais, Se rembourser* : To Recoup

Rembourser — To Pay back, To Repay
se ~ — To Recoup
Remettre *qch* debout — To Set *sth* upright again
~ à la position de départ — To Reset
~ à zéro — To Reset, To Zero
Remise ~ à la position de départ — Reset
~ à zéro — Zero reset, Reset
Remonter *(un mécanisme à ressort)* — To Wind (up)
Remontoir mécanique — Winder
Remplir — To Fill, To Refill with
~ le cadre — To Fill the frame
Rémunération
1) (☞ : **Salaire**) — Payment, Salary
~ à la commission — Commission
~ au-dessus du tarif minimum — Overscale fee
~ au tarif syndical — Scale wages, Scale rate
~ en participation *(sans promesse de rémunération)* : On spec, On speculation
~ forfaitaire, # *Tarif préétabli* — Fixed fee
~ proportionnelle sur la base des profits nets : Net profit participation
2) *(Business)* — Remuneration, Earnings
~ avant exploitation — Frontend
~ d'un investissement — Return
* *Taux de rentabilité* — Rate of return
Rendement
1) ~ *(d'un appareil)* — Gain factor, Output
~ lumineux — Light output
~ d'un projecteur — Beef *(US)* *(Fam)*
2) # *Efficacité* — Efficiency
3) ~ d'un investissement — Return on investment
Rendez-vous — Appointment, Rendez-vous
lieu de ~ — Meeting place
fixer un ~ à *qn* \ avec *qn* — To Make an appointment with *s.o*, To Arrange to meet *s.o*
Rendu : Rendition, Restitution *(GB)* – Rendering *(US)*
~ de couleur : Colour rendition \ restitution *(GB)* – Color rendering *(US)*
~ sonore — Sound rendition, Sound restitution
amélioration du ~ — Enhancement, Crispening
Renflement — Bulging
Renforcer *1)* # *Augmenter* — To Intensify, To Boost
2) # *Consolider* — To Strengthen
Renfort *1)* # *Consolidation* — Backing
2) ~ de personnel *(dans une équipe de tournage)* : Extra help
Renouvellement des bains de développement : Replenishment

Renversement ~ de l'image	Image inversion
~ latéral de l'image *(gauche/droite)*	Flap-over
Renvois *(entre séquences) (Scripte)*	Cross references
Renvoyer *1)* ~ une image	To Reflect an image
2) ~ la lumière	To Bounce \ To Reflect the light
Réparation	Repair
en ~	Under repair
nécessaire de ~, trousse de ~	Repairing outfit
Réparer	To Repair, To Make good, To Fix
Répartir *(des circuits)*	To Dispatch
Répartiteur	Dispatcher
Répartition *(des circuits)*	Dispatching
Repérage *(Sens général)*	Recce, Reconnaissance
~ *(Audio)*	Locating
~ des décors : *1) # Recherche de décors* : Recce, Scouting, Spotting	
2) # Visite des décors : Survey	
être en ~	To Be on recce
faire des ~	To Do the recces
Repère *1) # Marque*	Mark, Index mark, Cue dot
~ d'arrivée	Arrival mark
~ de boucle	Loop measurement mark
~ de départ	Start mark
~ de synchro	Synchronization mark, Sync mark
~ ~ par la fin	Tail sync marks
2) *# Signal*	Signal, Cue
~ pour l'action d'un acteur	Top actor, Actor cue
* *Donner un repère pour lancer une action* : To Cue the action	
* *Donner un repère verbal ou visuel à* qn : To Cue, To Give a cue to *s.o*	
~ sonore de synchro	Sync plop
Repérer *1) # Rechercher des décors*	To Do the recces
2) # Faire une marque \ un repère	To Mark
3) # Donner un repère verbal ou visuel à qn : To Cue, To Give a cue to *s.o*	
Répéter *1) # Refaire*	To Repeat
2) # Faire une répétition	To Rehearse
* *Faire répéter son texte à un acteur* : To Coach an actor	
Répétition	Rehearsal
~ pour les acteurs *(sans la technique)* : No fax, Actor's rehearsal	
~ avant de tourner	Last run
~ caméra	Camera rehearsal
~ dans le décor, ~ sur le plateau	Rehearsing on the set
~ des dialogues, *# Italienne*	Running lines
~ générale, *# Filage*	Run through, Walk-through
~ mécanique caméra	Walk-through, Camera rehearsal
~ mécanique générale	Walk-through
~ pour mise en place	Dry run

~ sans la caméra, ~ sans la technique : No fax (*US*)	
~ avec la technique	Fax rehearsal
~ à vide *(avec les acteurs et sans la technique, permettant généralement au réalisateur de déterminer la mise place des plans)* : Dry run	
dernière ~	Last rehearsal
dernière ~ avant de tourner	Dry run
* *Italienne, # Répétition des dialogues* : Running lines	
* *Lecture d'un scénario par les acteurs, avant le tournage* : Line rehearsal	
* *Mise en place des acteurs*	Blocking, Blocked rehearsal
* *Mise en place d'un plan*	Staging
Repiquage	Transfer, Re-recording
~ multipiste	Multiple tracks transfer
~ son	Sound transfer
salle de ~	Transfer room
Repiquer	To Transfer
Repliable	Collapsible
Repliement, # *Aliasing (Vidéo)*	Aliasing
Réplique	Cue, Line
~ célèbre, ~ d'anthologie	Catchphrase
chevauchement de ~s	Overlap dialogue, Dialogue overlap
dernier mot de la ~	End line
donner la ~ à *qn*	To Give the line, To Feed *s.o*, To Give the cue to *s.o*, To Cue *s.o*
oublier une ~ *(pour un acteur)*	To Muff \ To Fluff \ To Blow a line
Réponse	Response
~ impulsionnelle/fréquentielle	Impulse/frequential response
~ temporelle	Temporal response
Report	Transfer
~ audio	Audio layback
~ multipistes	Multiple tracks transfer
~ optique	Optical transfer
Reportage	Coverage
~ d'actualités	News coverage
~ en direct	Live coverage
~ exclusif	Scoop
~ en extérieurs	Field brodcast
~ factuel	Straight new
~ par satellite	Satellite news gathering (SNG)
caméra de ~	News camera
Reporter(-trice), # *Journaliste-reporter* : Reporter	
~ d'images (JRI)	Reporter-cameraman
~ de télévision	Telecaster, Television reporter
Reporter *1) # Retranscrire*	To Transfer
2) ~ *(dans une semaine), # Ajourner*	To Postpone for *(a week)*
~ à une date ultérieure : To Defer a date, To Postpone to a later date	

Reprise *1) ~ (d'un film)* Re-release, Rerun, Reissue
2) (Audio) Punch
~ à la volée Punch
3) ~ vidéo Video assist
Reproduction *1) # Copie* Reproduction
échelle de ~ Image scale, Scale of reproduction
2) # Duplication Copy, Reproduction
3) # Rendu, Restitution : Rendition, Restitution (*GB*) – Rendering (*US*)
~ des couleurs : Colour rendition \ restitution (*GB*) – Color rendering (*US*)
~ du son Sound rendition, Sound restitution
qualité de ~ Rendition quality
qualité de ~ du son Sound rendition, Sound restitution
Reproduire *1) # Copier* To Reproduce
2) # Dupliquer To Copy
Reprogrammer, *# Redistribuer* To Rerun
Réseau Network
~ câblé Cable network, Cablenet
~ de mélange *(Audio)* Bus
accès au ~ Network access
créer un ~ To Network
en ~ On-line
hors ~ Off-line
mise en ~ Networking
Réservation *(d'un film auprès d'un distributeur)* : Booking
~ à l'aveugle *(sans projection préalable, obligeant un exploitant à diffuser tous les films proposés par un distributeur)* : Blind booking
~ en bloc Block booking
Réserve *1) # Stock* Stock
2) ~ *(au-dessus des têtes dans un cadrage)* : Headroom
Réserver *(un studio, du matériel, etc.)* To Book *(a place, equipment, etc.)*
Résiliation d'un contrat Cancellation of a contract, Avoidance of an agreement
Résistance *1) ~ (électrique)* Resistance, Resistor
~ thermique Thermistor = THERMal resISTOR
~ variable *a)* Dimmer - *b)* Variable resistor
2) ~ *(mécanique)* Strength, Toughness
~ au choc Impact resistance
~ à la flexion Bending strength
~ des matériaux Toughness of materials
limite de ~ Yield point
Résolution Resolution
~ couleurs par chaque pixel à l'affichage : Colour depth
~ d'écran Display resolution
~ du format natif Native resolution
~ horizontale Horizontal resolution

~ native	Native resolution
~ optique	Optical resolution
~ de sortie	Output resolution
~ spatiale	Spatial resolution
~ temporelle	Temporal resolution
~ verticale	Vertical resolution
basse ~	Low resolution
finesse de ~	Sharpness
haute ~ (HR)	High resolution (HR)
limite de ~	Limit of resolution
mire de ~	Resolution chart
modifier la ~ d'une image	To Resample
# *Pouvoir résolvant*	Resolving power
Résonance	Resonance sound
Résonateur *(Audio)*	Resonator
Responsabilité *(au sens courant)*	Responsability
~ juridique *(contractuelle ou civile)*	Liability
limitation de la ~	Limitation of liability
Resserrer : To Tighten up again, To Draw *sth* tighter, To Narrow	
Ressort	Spring
~ de rappel	Return spring, Drawback spring
~ en spirale	Coil spring, Spiral spring
actionné(e) par ~, À ~	Spring loaded
crochet de ~	Spring hook
entraîné(e) par ~	Spring driven
lame de ~	Spring leaf, Spring plate
Ressortir (Faire ~) *qch*	To Highlight *sth*
Restauration des films	Film restoration
Restitution (☞ : **Reproduction**)	Restitution
Résumé *(d'un film)*	Setting, Film resume
~ en une seule phrase *(pouvant servir, par exemple, de sous-titre sur l'affiche du film)* : Log line	
* *Description sommaire de l'époque et du lieu dans lequel se déroule une histoire* : Setting *(US)*	
Retard	Lag, Delay
~ de la chrominance	Chroma delay
~ de luminance	Luminance delay
~ de salve	Burst delay
~ du signal	Signal delay
Retarder	To Delay
Réticulation	Reticulation
Réticule : Reticle, Cross hairs, Cross threads, Cross wires	
Rétine	Retina
Retirage	Reprinting
Retirer, # *Refaire un tirage*	To Reprint

Retouche photographique Retouching
~ des saletés Spotting
Retour *1) (Sens général)* Return
~ au plan d'ensemble Reestablishing shot
2) ~ en arrière *(Scénario)* *GB* : Flash-back – *US* : Flashback
3) ~ horizontal du spot *(Vidéo)* Horizontal retrace
~ d'image *(Vidéo)* Video feedback
4) # Bouclage d'un signal (Audio) Feedback
5) ~ sur oreillette *(Audio)* Ear monitor
Retournage Retake
journée(s) de ~ Retake day(s)
Retourner *1)* ~ *(à un endroit)* To Return, To Go back *(to a place)*
2) ~ *(un objet)* : To Turn *sth* over \ up \ down \ up-side down \ back
se ~ To Turn oneself round \ over
3) ~ un plan To Retake
4) ~ une scène To Reshoot
Retrait du film Film shrinkage
Rétrécir *1) # Réduire* To Shrink
2) # Rendre plus étroit To Narrow
Rétrécissement *1) # Retrait* Shrinkage
2) # Rendre plus étroit Narrowing
Rétroprojecteur vidéo Video projector
Rétroprojection Back projection, Rear-screen projection
~ vidéo Front projection
Révélateur Developer
~ chromogène Colour developer
~ grain fin Fine grain developer
Revenu, *# Gain* Income *(Pluriel* : Incomings)
~ assuré contractuellement avant tout reversement découlant de la commercialisation du film et de son exploitation : Frontend
~ brut Gross income
~ net Net income
* *Avantages accessoires, # Privilèges* : Fringe benefits
Réverbération *(du son)* Reverberation, Re-echoing
durée de ~ , temps de ~ Reverberation time
Revêtement Coating
~ antireflet Antireflection coating
Réviser *(un appareil)* To Overhaul, To Tune up
Révision *(d'un appareil)* Overhaul
Revue de cinéma *(grand-public)* Film magazine
Revue spécialisée de cinéma Film journal
Ride *(du visage)* Wrinkle
Rinçage *(Chimie photographique)* Rinsing
bain de ~ Rising bath
Rincer *(Chimie photographique)* To Rinse

Ripage, Rippage *(DVD)* Ripping
Riper, Ripper *(DVD)* To Rip
Rippeur *(Décoration)* Ripper
Rognage *(des bords d'une image)* Crop, Cropping
Rogner *(les bords d'une image, lors d'une diffusion TV)* : To Crop
Rôle *(d'un acteur \ d'une actrice)* Part *(of an actor \ an actress)*
~ accessoire, petit ~ Bit, Bit part
~ de composition Character part
~ de figuration Walk-on part
~ du méchant Heavy part
~ muet Mute part, Silent bit
~ permanent *(dans une série TV)* Running part
~ principal, premier ~ Lead part, Lead
~ principal masculin >< féminin Male lead >< Female lead
~s principaux *(dans la distribution des acteurs)* : Principals
~ récurrent Running part
~ secondaire Supporting part
~ sérieux Straight part
~ stéréotypé Stock part
~ titre Title role
attribuer un ~ à *qn* To Cast *s.o* for a part
cataloguer un ~ dans un registre de jeu : To Typecast
dans le ~ de … As …
distribution des ~s Casting
donner un nouveau ~ To Recast
donner toujours le même type de ~ à un acteur : To Typecast
petit ~ Bit player, Background player
petit ~ aimablement tenu par un(e) acteur(-trice) célèbre *(qui d'ordinaire aurait refusé)* : Cameo
second ~ Supporting part
second ~ important Featured player
tenir un ~, jouer un ~ To Play
Ronflement, # *Bourdonnement, Ronflette (Fam.)* : Hum
Rotatif(-ive)
1) ~ *(qui tourne)* Rotatory, Rotative
2) ~ *(qui peut faire une rotation)* Rotatable
3) ~ *(sur un axe de révolution)* Revolving
Rotation Rotation
~ selon l'axe Ox Tumble
~ selon l'axe Oy Flip
~ sur un axe vertical Swing back to front, Wing
faire une ~ de *90°* à *qch* : To Rotate *sth* through an angle of *90-degree*
Rotoscope Rotoscope
Rotoscopie Rotoscoping
Rotule *(de drapeau)* Knuckle, Grip head, Gobo head

Roue	Wheel
~ de chariot de travelling	Wheel
~ ~ en caoutchouc	Rubber wheel
~ ~ mixte	Kombi-wheel
~ ~ pneumatique	Pneumatic wheel
~ ~ pour rails, # *Boogie*	Boogie
~ dentée	Sprocket \ Gear \ Cog wheel
~ d'entraînement	Driving wheel
Rouge *(adjectif et nom)*	Red
Rougeâtre	Reddish
Rouille	Rust
anti-~ *1) (adj.)*	Rustproof, Non rusting
2) (nom)	Rust preventive
Rouillé(e)	Rusty
Rouiller	To Rust, To Get rusty
Roulement	Bearing
~ à aiguilles	Needle bearing
~ à billes	Ball bearing
~ à rouleaux	Roller bearing
bague de ~	Bearing race, Ball race
* *Cage de roulement à billes*	Ball retainer, Ball-cage
Ruban	Band, Ribbon, Tape
~ adhésif	Adhesive tape, Tape, Gaffer tape
~ électrique isolant	Insulating tape, Chatterton®
Rupture	Break
~ de stock	Out of stock
point de ~	Breaking point
Rushes	Dailies, Rushes
~ étalonnés	Timed dailies, Corrected dailies
~ non étalonnés	One-light dailies
~ à lumière unique	One-light dailies
~ numériques	Digital dailies
~ positifs	Daily prints
~ sonores	Sync rushes
~ standards	Composite dailies
premier tirage des ~	Daily print
projection de ~	Screening of the dailies
synchronisation des ~	Dailies assembly, Syncing dailies
Rythme	Rhythm
~ # *Cadence, Tempo*	Tempo
Rythmographie *(Audio)*	Rythmo
* *Bande rythmo*	Rythmo band

S

Sac de chargement   Changing bag
Sac noir *(pour boîte de pellicule)*   Black bag
Saisir *qch*   To Latch onto *sth*
~ des images à la volée, ~ à l'arrache *(Coll.)* : To Grab pictures
Salaire   Salary, Wage
~ brut >< ~ net   Gross wage >< Net wage
~ en différé, ~ en participation   Defered salary, Participation
partie du ~ au-dessus du tarif minimum : Overscale
rappel de ~   Back-pay
* *Avantages ou privilèges en nature* : Perks
* *Cotisation retraite et protection sociale* : Pension and Welfare (P&W)
* *Minimum garanti*   Minimum guarantee
* *Minimum syndical*   Minimums , Scale rate, Minimum scale
* *Part sur les recettes à partir d'un seuil négocié* : Backend participation
Salarié(e) *(nom)*   Wage earner, Salaried employee
~ à plein temps   Full timer
~ à temps partiel   Part timer
être le\la ~ de *qn*   To Be on payroll *of s.o*
non ~   Unpaid intern
Saleté *1) # Tache*   Speck
2) # Moucheture   Speckle
3) # Petites saletés (formant des points noirs sur une photo) : Speckling
Salir   To Stain
Salle   Room
~ de cinéma : *GB* = Theatre
US = Movie theater, Movie house, House *(Fam.)*
~ d'écoute *(Audio)*   Listening room
~ de maquillage   Make-up room
~ de mixage   Mixing room, Mixing house
~ de montage   Editing room, Cutting room
~ de première exclusivité   First-run theatre
~ de projection   Viewing room, Screening room
~ de régie finale   Master control room
~ de repiquage   Transfer room
~ spécialisée dans les reprises   Revival house (*US*)
chaîne de ~s : Exhibitor chain, Theatre chain (*GB*) – Theater chain (*US*)
circuit de ~s : Cinema circuit, Theatrical circuit (*GB*) – Theater circuit (*US*)

Salve sous-porteuse *(NTSC et PAL)* Burst
Sangle Strap
Satire (Une ~) Satire
Satirique Satirical
Satisfaction Satisfaction
indice de ~ Satisfaction index
* *Échelle d'appréciation* Scale of appreciation
Saturation *1)* ~ Saturation
2) *(Audio)* Overload
distorsion par ~ du niveau d'entrée d'un signal vidéo ou audio : Clipping
Saturer *1)* # *Surmoduler* To Overmodulate
2) # *Arriver à saturation* To Saturate
Saute *(dans la continuité de l'action)* Jump *(in the action)*
Sautillement de l'image Flutter of the picture
Sautiller, # *Vaciller* To Jitter
Sauvegarder *(des données)* To Save *(data)*
Scalaire *(Audio)* Scalar
Scanner *(Inform.)* Scanner
Scénarimage, # *Story-board* Layout, Story-board
Scénario : *a)* Script *(Pour les anglos-saxons, ce terme est générique à toute forme de scénario, quelqu'en soit l'utilisation faite* : Shooting script, Lined script, Spec script, etc.*)*
b) Screenplay *(pour le texte en lui-même)*
c) Scenario *(ce dernier terme est plus conceptuel)*
~ barrés de grands traits verticaux *(Séquences tournées)* : Lined script
~ définitif Final shooting script
~ à l'état final et bien peaufiné Polish *(Fam.)*
~ original Original screenplay
~ de tournage Shooting script, Screenplay, Final screenplay
~ de tournage avec indications du réalisateur : Shooting script
~ écrit sans commande et hors de tout accord commercial *(dans l'intention, une fois achevé, de le vendre au plus offrant)* : Spec script, On spec screenplay *(Expressions construites sur* Spec *qui est le diminutif* de Speculation*)*
auteur de ~s Film writer
colonne vertébrale d'un ~ Story spine
écrire un ~ To Script, To Write a script
grandes lignes d'un ~ Outline
lecteur de ~s Reader, Story analyst
mettre une option sur un ~ Optioning a script
pages donnant les modifications de ~ : Blue pages
résumé de ~ Outline
version définitive du ~ Final screenplay
version finale d'un ~ Final draft

* *Continuité chronologique* Scenes breakdown
* *Étapes du développement d'un projet de scénario* : Development steps
* *Histoire dont la fin reste ouverte* Open-ended story
* *Mouture, Étape dans l'écriture d'un scénario* : Draft
* *Premier jet, Première mouture \ Ébauche d'un scénario* : First draft
* *Scénario de …, Scénario écrit par …* : Screenplay by …
* *Succession numérotées des séquences dont l'action est résumée en une phrase* : Step outline
* *Série de cartes indépendantes (une par séquence) permettant d'en changer l'ordre, d'en supprimer ou d'en intercaler une nouvelle* : Step outline

Scénariste : Screenwriter, Scenarist, Scriptwriter, Film writer
~ des situations comiques Gagman
~ pour la télévision Telewriter (*US*)
* *Auteur de scénario* Screenplay writer
* *Scénariste peu talentueux, # Scribouillard (Coll.)* : Scribbler

Scène (☞ : **Séquence**) *1)* ~ Scene
~ clé *(de l'intrigue du récit)* Master scene
~ principale *(dans la construction et l'architecture d'un film)* : Master scene
~ tournée sans prise de son Wild scene
la ~ se situe à \ dans… The scene is set in…
* *Continuité chronologique* Scenes breakdown
2) # *Plateau de théâtre \ d'un studio* Stage

Schéma Diagram, Lay-out, Scheme
~ de branchement Connection diagram
~ directeur Blue print
~ de câblage Wiring diagram
~ de chargement de la pellicule Threading diagram

Scintillement Flicker, Flickering
~ HMI HMI flicker
fréquence de ~ Flicker frequency
sans ~ Flicker free
vitesse de prise de vue sans ~ Flicker free filming speed

Scintiller *1)* # *Briller* To Gleam, To Glitter
2) # *Avoir du battement* To Flicker

Scotch® Adhesive tape, Tape
~ double face Double sided tape
~ électrique isolant Insulating tape, Chatterton®

Scotchlite® Scotchlite®

Séance *1)* ~ *(de cinéma)* Film show
~ de projection *(d'un film dans une salle de cinéma)* : Session
2) ~ d'enregistrement Recording session

Séchage Drying
armoire de ~ Drying cabinet
marques de ~ Drying marks, Waterspots

Sécher To Dry

Second(e) *(adj.)* — Second
~ enfoncement *(Audio)* — After-touch
Second *(nom), # Deuxième* — Second
~-plan, *# Arrière-plan* — Background
Seconde *(de temps) (nom)* — Second
Secousse — Bump, Shake
Secteur *1)* ~ d'un angle — Sector of an angle
2) # Zone — Area, Zone
3) ~ électrique — Mains, Power, Power supply
Sécurité *1) # Sûreté* — Safety, Security
consignes de ~ — Safety instructions
dispositif de ~ — Safety device
éclairage de ~ — Safety lighting
marge de ~ — Security margin
personnel de la ~ , *# Service de la Sécurité* : Set security
règles de ~ — Safety rules
2) # Sauvegarde — Backup
copie de ~ — Backup print
prise de vue de ~ — Safety take
Séduction attractive — Glamour
Sélecteur — Selector, Selector switch
~ de fonction — Function selector
~ de vitesse — Speed selector
Sélection — Selection, Choice
~ trichrome — Colour separation
Sélectionner
1) ~ — To Choose, To Select
2) (Informatique) — To Select
Sélénium — Selenium
Self, *# Bobine électrique* — Inductance coil
Sels d'argent — Silver salts
Semaine — Week
~ de 5 jours — 5 days week
être payé à la ~ — To Be paid by the week
salaire de la ~ , *# Salaire hebdomadaire* : Week's wages
Semelle, *# Plaque* — Baseplate
~ de rehausse — Riser block
Semi-conducteur — Semi-conductor
Sémiologie — Semiotics, Semiology
Sémiotique — Semiotics
Sensibilisateur *(Chimie photographique)* : Colour sensitizer
Sensibilité — Sensitivity
1) ~ chromatique — Colour response, Colour sensitivity
~ spectrale — Spectral sensitivity
spectre de ~ — Spectrum of sensitivity, Sensitivity range

2) ~ d'une pellicule	Exposure speed, Emulsion speed
~ ISO	ISO number
~ normale	Normal speed
faible ~	Low speed
haute ~	High speed
indice de ~	Exposure rating, Speed rating
perte de ~	Sensitivity loss
Sensible	
1) ~	Sensitive
peu ~	Slow speed
photo ~	Photosensitive
très ~	High speed
2) # Rapide	High speed
** Objectif lumineux*	High-speed lens
Sensitogramme	Sensitogram
Sensitomètre	Sensitometer
Sensitométrie *(Coll. :* Sensito*)*	Sensitometry
Sensitométrique	Sensitometric
Séparation des couleurs	Colour separation
Séparer	To Split, To Separate
~ en deux	To Halve
~ des faisceaux lumineux	To Split light beams
~ la lumière	To Split the light
Sépia	Sepia
Séquence	Sequence
~ d'action	Action sequence
~ additionnelle	Added scene
~s enchaînées	Continuous scenes
~ finale	Closing scene
~ en flash-back	Flash-back sequence
~ de foule	Mass scene
~ de montage	Montage sequence
~ post-générique de fin	Post-credits sequence
~ pre-générique *(au début d'un film)* :	Pre-credits sequence
~ rajoutée	Added scene
~ supplémentaire	Extra scene
~ supprimée *(par la censure, le producteur, etc …)* :	Deleted scene
~ tournée sans prise de son	Wild scene
changer de ~	"New deal !" *(US)*
en-tête des ~ *dans un scénario, donnant les indications de lieux et de temps. exemples :* (INT-Jour) (EXT-Nuit) :	Slug line, Master scene headings
plan-~	Master, Sequence shot, Long take
numéro de ~	Sequence number
numérotation des ~	Sequence numbering
Séquenceur	Sequencer

Série *1) # Assortiment, Jeu* Set, Series
~ de filtres Filter set
~ mélangée de filtres de couleurs pour le Noir et Blanc : Blender
~ d'objectifs Lens set, Set of lenses
2) # Suite de plusieurs films formant une collection : Series
3) # Suite de films à épisodes Serial
~ dramatique Drama series
~ dramatique en 3 parties Three-parts drama serial
~ policière Detective series
~ télévisée TV serial
continuité des épisodes d'une ~ Continuity
* *Mini série ⇔ Made-for-TV film in two parts, generally 90' each*
4) montage en ~ *(Électricité)* Connection in series

Serrage Tightening, Locking, Clamping
couple de ~ Torque

Serrer *1)* ~ To Tighten, To Clamp tight
Être serré(e) To Be tight
Resserrer une vis To Tighten, To Screw up
~ à fond, # *Bloquer une vis* To Screw home \ down \ tight
trop ~ *(un boulon)* To Overtighten *(a bolt)*
2) ~ un projecteur, # *Focaliser* To Spot a light, To Focus in
3) ~ un cadrage To Tighten \ To Pull up a shot
~ dans l'axe To Punch in *(US)*
~ un plan tourné au zoom To Zoom in

Serveur Server
~ vidéo Video server
~ de vidéo à la carte VOD server

Service *1)* ~ Department, Service
chef de ~ Department head
2) # Éclairage de service Courtesy lighting, Work light

Servomoteur, # *Servomécanisme* Servo, Servocontrol

Seuil Threshold
~ d'amplification Amplifier step
~ d'audibilité Threshold of audibility
~ de détection *(Audio)* Threshold
~ de douleur *(Audio)* Pain threshold
~ d'excitation Threshold of response
~ de fréquence Threshold frequency
~ de perception Threshold of perception
~ de rentabilité, # *Seuil d'amortissement (Business)* : Break-even point
~ de sensibilité Threshold of sensitivity
~ de visibilité Threshold of vision

Shunt Shunt

Shunter *1) # Mettre en dérivation (Électricité)* : To Shunt
2) # Baisser graduellement la lumière To Dim, To Fade *(the light)*

Sibilance	Sibilance
Siège *1) # Siège social*	Head office
2) ~ pour cadreur	Seat for camera operator
~ tournant	Rotating seat
Sifflant(e) *(adj.)*	Sibilant
Sifflantes *(nom)*	Sibilance
contrôleur dynamique de ~ : Dynamic sibilance controller – de-esser	
réducteur de ~	De-esser
Sifflement	Hiss, Hissing
Signal *1) (Audio - Vidéo - TV)*	Signal
~ analogique	Analog signal
~ d'asservissement des pistes	Control track signal
~ asymétrique	Unbalanced line signal
~ audio	Audio signal
~ de balayage *(TV)*	Sweep signal
~ de base temps	Time base signal
~ carré	Square wave
~ de chromaticité	Colour signal
~ de chrominance : Colour signal,	Chroma signal, Chrominance signal
composante du ~ ~	Chrominance signal component
~ compensateur *(TV)*	Shading signal
~ en composantes >< composite : Component >< Composite signal	
~ compressé	Compressed signal
~ couleur complet	Composite colour signal
~ démodulé	Demod
~ en dent de scie	Sawtooth signal
~ électrique	Electric signal
~ électronique	Electronic signal
~ d'enregistrement	Recording signal
~ d'entrée	Input signal, Incoming feed
~ erroné	Faulty signal
~ exempt de distorsion	Distortion-free signal
~ image	Picture signal
~ de luminance	Luminance signal
~ mixte	Composite signal
~ modulé	Modulated signal
~ du Noir de référence : Picture black level *(= 0,285714 volts = -40 IRE)*	
~ numérique	Digital signal
~ pilote	Pilot tone
~ de porteuse *(TV)*	Carrier signal
~ récupéré	Recovered signal
~ sinusoïdal	Sinusoidal signal
~ son	Audio signal, Sound signal
~ de sortie	Output signal
~ de sortie de la caméra	Camera output

~ sous-porteuse *(TV)*	Sub-carrier signal
~ de suppression	Blanking signal
~ symétrique	Balanced line signal
~ de synchro	Sync pulse
~ de synchronisation *(TV)*	Sync reference
~ test	Test signal
~ de trame vidéo	Field information
~ vidéo	Video signal
~ vidéo composite	Composite video signal
~ vidéo en composantes	Component video signal
~ vidéo pleine bande	Flat signal
niveau de ~	Signal level
perte de ~	Drop-out
rapport ~-bruit	Signal-to-noise ratio
suppression d'un ~ *(Électronique)*	Blanking
traitement du ~	Signal processing
2) # Repère	Cue
~ lumineux	Light cue
~ de la main	Hand cue
~ verbal	Word cue, Voice cue
donner un ~	To Cue
rater le ~	To Miss the cue
Signer *(un contrat)*	To Ink *(a contract)* (*US*)
Signifiant *(nom)*	Signifier
Signifié *(nom)*	Signified
Silence	Silence
~ plateau, # *Ambiance plateau*	Room tone
bande de ~ ~	Silent track
~ total, # *Calme plat*	Dead calm
Silencieux(-ieuse)	Noiseless, Silent
Silhouettage	Silhouette effect
Silhouette *1) # Aspect*	Figure
~ splendide	Fantastic figure
2) # Contour, Découpe	Silhouette
effet de ~	Silhouette effect
3) # Acteur de silhouette	Extra bit player, Background player
Silhouetter *(avec de la lumière), # Détourer* : To Rim	
Simplifier	To Simplify
Simulation	Simulation
Simultané(e) *(adj.)*	Simultaneous
Sinusoïdal(e)	Sinusoidal, Sine
Sinusoïde	Sine curve
Situation	Situation
~ téléphonée, ~ prévisible d'avance : Stock situation (*US*)	
Slogan, # *Accroche*	Catch line, Tag line

Société	Company, Incorporation
~ en commandite simple	Limited partnership, Limited partners
~ de distribution	Distribution company
~ de financement, # *Investisseur*	Investment companies
~ en nom collectif	General partnership, General partners
~ de personnes associées	Partnership
~ de production	Production company
~ ~ de films	Pictures production company
~ ~ de télévision	TV production company
~ ~ vidéo	Video production company
siège d'une ~	Head office *(of a company)*
Socle	Base, Stand
Soie *(pour diffuser la lumière)*	Silk
Soirée	Evening
début de ~ (20h30 - 22h30), # *Prime time* : Prime time (7pm - 10pm)	
* *Avant début de soirée* : Prime time access (6pm - 8:30pm)	
Solarisation	Solarisation
Solide	Solid, Strong
Solo *(Audio)*	Solo
Soluble	Soluble
Solvant	Solvent
Sombre	Dark
Somme, # *Montant (Business)*	Amount, Sum
~s d'argent	Moneys, Monies
~ globale	Lump sum
Sommet	Peak, Top
Son	Sound
~ aigu	High-pitched sound
~ d'ambiance	Ambience sound, Background sound
~ ~ caractéristique d'un lieu	Location sound
~ ambiant	Ambient sound, Environmental sound
~ d'archives	Stock sound
~ en boucle	Loop sound
~ chevauchant sur la séquence suivante : Audio bridge	
~ en contrepoint	Contrapunctal sound
~ diégétique *(dont la source, réelle, est montrée à l'image)* : Diegetic sound	
~ direct	Live sound, Actual sound
~ discordant	Jarring sound
~ grave	Deep sound
~ hors-champ	Off-screen sound
~ magnétique	Magnetic sound
~ mat	Dull sound, Thud
~ multi-piste	Multi-track sound
~ non-diégétique *(source du son extérieure au récit)* : Nondiegetic sound	
~ numérique	Digital sound

~ optique	Optical sound
~ piloté	Pilot sound track
~ pré-enregistré	Playback
~ pur	Simple tone, Pure tone
~ seul	Wild sound, Wild track
~ ~ d'ambiance plateau	Room tone
~ ~ de dialogue	Wild line
~ ~ de foule, # *Ambiance sonore d'arrière-fond* : Walla, Walla-walla	
~ stéréophonique	Stereophonic sound
~ synchrone	Synchronous sound
~ témoin	Scratch track
assistant ~	Sound assistant
assourdir le ~	To Deaden the sound
augmenter le ~	To Turn up the sound
baisser le ~	To Turn down the sound, To Put down the sound, To Tone down the sound
bande ~	Sound track
bande ~ internationale	ME track, M and E track
bobine ~	Sound reel
chef opérateur du ~	Sound director
chevauchement de ~s	Overlapping sound, Overlap sound
console ~	Audio console
décalage entre le ~ et l'image	Sound displacement
distorsion du ~	Sound distortion
enregistrement du ~	Sound recording
enregistrement numérique du ~	Digital sound recording
essai de ~	Sound test
générateur de ~	Sound generator, Expander
hauteur d'un ~ *(Audio - Musique)*	Pitch
ingénieur du ~	Sound engineer
matériel ~	Sound equipment
monter le ~ : To Bring up \ To Turn up the sound, To Sound up	
niveau de ~	Sound level
piste ~	Sound track, Audio track
piste de ~s d'ambiance	Buzz track, Room tone, Wild track
~ plateau, # *Ambiance plateau*	Room tone
bande de ~ ~	Silent track
preneur de ~	Sound recordist, Floor mixer, Mixer, Sound mixer, Sound supervisor
prise ~	Sound take
régie ~	Audio control room
repiquage ~	Sound transfer
signal ~	Audio signal
vitesse du ~ *(300 m / seconde)*	Speed of sound *(770 miles per hour)*

Sondage, # *Enquête*	Survey
~ auprès des consommateurs	Consumer survey
~ d'opinion	Opinion survey, Valuation survey
~ par téléphone, # *Enquête téléphonique* : Telephone survey	
faire un ~ , # *Faire une enquête \ le sondage* : To Make a survey	
* *Étude de marché*	Survey
* *Groupe de personnes à l'intérieur d'un échantillon de sondage* : Cluster	
Sone *(Unité de sonie)*	Sone
Sonie *(Audio)*	Sone, Loudness
Sonogramme	Sonogram
Sonographe	Sonograph
Sonomètre	Sonometer
Sonore *(au sens courant)*	Sonorous, High-sounding
pont ~	Sound bridge
perspective ~	Sound perspective
Sonorité	Sonority
Sonothèque	Sound library, Sound archives
~ bruits, ~ de bruitage	Sound effects library
Sortie *1)* ~ *(d'un lieu)*	Exit
2) ~ de champ	Exit of frame
~ ~ en frôlant la caméra	Brush camera
faire une ~ ~	To Exit out of the frame
3) # *Prise de branchement (Électricité)* : Outlet	
4) ~ d'un circuit	Output
~ Audio-Vidéo	Audio-Video output, A-V output
~ # *Départ d'un conducteur*	Leading out
~ de console	Console output
~ directe	Direct output
~ ligne	Line output
~ micro	Mike output
~ son, ~ audio	Audio output
~ symétrique	Balanced output
~ vidéo	Video output
5) ~ *(d'un film)*	Release
~ en exclusivité	Exclusive release, First run
~ à grande échelle	Wide release
~ internationale	International release
~ massive	Wide release
~ mondiale	Wordwide release
~ nationale *(d'un film en salles)*	National \ Wide \ General release
~ à petite échelle	Narrow release
~ régionale	Regional release
~ salle, ~ en salles	Theatrical release
~ en salles à petite échelle	Limited release, Narrow release
date de ~ en salles	Release date, Date of release

date de ~ d'un nouveau film en salles : Opening date, Playdate
fenêtre pour la ~ d'un nouveau film en salles : Slot
faire sa ~ *(pour un nouveau film)* : To Open, To Bow, To Premiere
jour de ~ en salles — Day of release
période la plus favorable pour la ~ d'un film : Good time playing
petite ~ — Limited release
* *Campagne de sortie d'un nouveau film* : Rollout, Release pattern
* *Présentation publique d'un film en* "pré-sortie" *dans des salles choisies, avec majoration du prix d'entrée* : Road show *(US)*

Sortir *1)* ~ *(d'un lieu)* — To Come out from, To Go out of
~ du champ : To Leave frame, To Exit out of the frame
~ ~ par la droite >< la gauche — To Exit camera right >< left
2) ~ un film *(en salles)* — To Release a film, To Open
* *The day a movie opens* ⇔ *Le jour où un film sort, Le jour de la sortie d'un film*
* *Effectuer la première d'un film* — To Box, To Premiere
* *Lancer l'exploitation d'un film* — To Launch

Souffle *1)* ~ *(au son)*, # *Sifflement* — Hiss
2) ~ *(électronique)* — Noise
~ d'antenne — Antenna noise
~ parasite — Blasting
~ du signal — Modulation noise

Soufflet
~ d'objectif macro — Bellows, Extension bellows
* *Compensation d'exposition pour soufflet macro* : Bellows factor
~ de parasoleil — Bellows
~ de protection arrière dans un parasoleil : Doughnut *(Litt.:* "Beignet"*)*

Soulager les projecteurs — To Save the lights
Souligner, # *Rehausser* — To Enhance, To Emphasize
Souple — Supple
Source *1)* ~ d'alimentation — Power supply, Power source
2) ~ de lumière — Light source
~ ponctuelle — Point source
~ principale >< ~ secondaire : Main source >< Secondary source
pas de ~ justifiée — No source of motivated light
sentir la ~ — To Feel the source
Sourd(e) *1) (adj.)* # *Étouffé(e)* — Dull, Muffled
2) (nom), # *Personne malentendante* — Deaf
Sourdine, # *Atténuateur* — Damper
Sourire *(nom)* — Smile
Sourire *(verbe)* — To Smile
Souris *(Informatique)* — Mouse
bouton de ~ — Mouse button
Sous-couche — Substratum, Underlayer
Sous-développement — Pull processing, Underdevelopment
Sous-développer — To Pull process, To Underdevelop

Sous-exposer	To Underexpose
Sous-exposition	Underexposure
Sous-jouer	To Underact
Sous-moduler	To Undermodulate
Sous-porteuse	Subcarrier
~ vidéo	Video subcarrier
intervalle de garde entre synchro ligne et ~	Breezeway
salve ~ en NTSC et en PAL	Burst
Sous-titrage	Subtitling
~ pour les sourds et les mal-entendants : Close captioning	
Sous-titre(s)	Caption, Subtitle(s)
~ encapsulé à l'intérieur d'une bande noire : Closed caption	
~ d'information en surimpression en bas d'écran TV *(donnant, par exemple, le nom et la fonction du locuteur présent à l'image)* : Chyron	
~s incrustés	Burn in subtitles
~ encapsulé *(pour sourds et mal-entendants)* : Close-captioned	
liste des ~	Subtitle cue sheet, Spotting list
service de fabrication des ~	Captioning service
* *Tiers inférieur d'un écran TV, pour sous-titres et indications* : Lower third	
Sous-titrer	To Subtitle
Sous-traitant(e) *(nom)*	Subcontractor
Sous-traiter	To Subcontract
Sous-volter, # *Dévolter*	To Step down the voltage
Spatialisation *(Audio)*	Spatialisation
Spectacle en public, # *Spectacle vivant* : Live stage production	
Spectateur(-trice) *(nom)*	Viewer
~s potentiels et/ou réels	Movie-going public
Spectral(e)	Spectral
Spectre	Spectrum
~ d'absorption	Absorption spectrum
~ acoustique	Acoustic spectrum
~ audible	Audible spectrum
~ de bande	Band spectrum
~ continu	Continuous spectrum
~ électromagnétique	Electromagnetic spectrum
~ lumineux	Luminous spectrum
~ de raies	Spectrum with rays
~ de sensibilité	Spectrum of sensitivity, Sensitivity range
~ visible	Visible spectrum
bande de ~	Spectral band
couleurs du ~	Colours of the spectrum
Spéculaire	Specular
Sphérique	Spherical, Ball-shaped

Spirale *1) (nom)*	Spiral, Helix
2) (adj.)	Spiral
3) en ~ *(adverbe)*	In a spiral, Spirally
descendre en ~ >< monter en ~ :	To Spiral down >< To Spiral up
Spire	
1) ~ *(d'une bobine)*	Turn, Thread *(of a reel)*
2) ~ *(d'un filetage)*	Thread *(of a screw)*
Sponsor, # *Commanditaire*	Backer, Sponsor
Sponsoriser, # *Parrainer, Commanditer* :	To Sponsor
Spot *(de balayage électronique)*	Scanning spot
~ analyseur	Flying spot
~ explorateur	Scanning spot
~ mobile	Flying spot
période de retour du ~	Blanking, Blanking interval
Spotmètre	Spotmeter
Stabilisateur	Stabilizer
~ de fréquence	Frequency control
~ d'image *(à la prise de vues)*	Image stabilizer
~ de niveau	Sync-stretcher
~ de tension	Voltage stabilizer
système ~	Stabilizing system
Stabilité	Stability, Steadiness
~ de l'image *(Vidéo)*	Line hold
Standard	
1) (adj.)	Standard
~ *(pour une copie de film)*	Combined, Composite
2) (nom), # Norme	Standard
convertisseur de ~	Standard converter
Station de travail *(Audio-Video-Informatique)* :	Workstation
~ informatique	Digital workstation
Statistiques	Statistics
Statut	Status
~ économique et professionnel	Economic and professional status
Stéréophonie *(Coll. :* Stéréo*)*	Stereophony
Stéréophonique *(Coll. :* Stéréo*)*	Stereophonic
Stéréoscopie	Stereoscopy
Stéréoscopique	Stereoscopic
Stéréotype	Stereotype
Stéréotypé(e)	Formulaic, Stereotyped
Stock, # *Provisions*	Stock
~ de pellicule vierge	Virgin stock
en rupture de ~	Out of stock
* *Provisions*	Stock
Stockage	Stocking, Storage
Stocker	To Stock, To Store

Store	Blind
~ à lamelles	Blind store
~ vénitien	Venitian store, Venitian blind
Stroboscoper	To Strobe
Stroboscopie	Stroboscopy
défaut de ~	Motion artefact
effet de ~	Strobing, Strobe effect
Structure dramatique	Dramatic structure
* *Colonne vertébrale d'un scénario*	Story spine
Studio	Studio, Sound stage
~ de cinéma	Film studio
~ de doublage	Looping stage, Dubbing theatre, Sound dubbing studio
~ d'enregistrement	Recording studio, Recording stage
~ en jachère *(vide et inutilisé)*	Dark studio
~ de mixage	Mixing studio
~ mobile *(Audio)*	Mobile studio
~ de post-synchronisation	Looping stage
~ de prise de vues	Motion picture sound stage
aménagements d'un ~	Studio facilities
moyens techniques d'un ~	Studio facilities
réserver un ~	To Book a studio
Style, # *Genre*	Style
Stylisé(e)	Stylized
Subjectif(-ive)	Subjective
Substandard	Substandard
Substituer	To Substitute, To Replace
Subvention	Grant, Subsidy
accorder une ~	To Grant
demande de ~	Grant claim, Grant request

* *Celui qui accorde une subvention à qn* : Grantor

Succès	
~ inattendu, ~ inespéré	Sleeper
énorme ~	Bomb (*GB*)

Attention ! *le sens du mot* Bomb *en anglais est* *opposé* *à celui en américain :*

* *(US) (Fam.)* : Bide, Flop, Four, Échec, Plantage *(Coll.)*
* *(GB) (Fam.)* : Gros succès, Énorme succès

À noter qu'en anglais, ce terme est à associer à down, *comme dans l'expression : "The film went down a bomb !"* ⇔ *"Le film a fait un gros succès !"*

grand ~ public	Hit, Hitter
gros ~ commercial	Bolckbuster, Hit

* *Énorme production commerciale dont la sortie a généralement lieu autour de Noël ou durant l'été* : Tentpole (*US*) (▶ p 405)

Suer	To Perspire, To Sweat
Sueur	Perspiration, Sweat

Suite *(d'un film déjà existant)* Sequel
Suivant(e) *(adj. et nom)* Next
Suiveur d'enveloppe *(Audio)* Envelop follower
Suivi *1)* ~ d'un projet Project follow-up \ monitoring
~ de point Follow-focus
commande de ~ ~ Follow-focus control
Suivre au point To Follow-focus, To Pull focus
Sujet *1) # Histoire* Story
~ court Short subject
2) # Concept, Idée de base d'un scénario, résumée en quelques lignes : Logline, Pitch
~ abandonné, ~ qui ne sera pas développé : Spike
3) #Thème Theme, Topic
4) # Sujet d'un magazine ou du journal télévisé (TV) : Segment
Supérieur(e) *(adj.)* *a)* Superior - *b)* Upper, Higher
Superposer To Superimpose, To Overlay
Superposition Superimposition, Overlay
~ à la prise de vue, # *Surimpression* : Double-exposure, Superimposure
Superproduction Blockbuster
Superviser To Oversee
Superviseur artistique Production designer
Supplémentaire Additional
Support
1) ~ *(d'une pellicule)* Base
~ acétate Acetate base
~ de bande magnétique Tape base
~ d'émulsion Film base, Emulsion base
~ de sécurité Safety base
~ transparent Clear base
~ triacétate Triacetate base
côté ~ Base side
densité du ~ Base density
2) ~ *(pour un objet)* Support, Mount, Holder
~ de caméra Camera mount
~ caméra pour voiture Car mount
~ de loupe longue Eyepiece extension leveller
~ d'objectif Lens support, Lens holder
~ de zoom Zoom support
bras de ~ Support bracket
3) ~ financier Financial backing
Suppresseur Suppressor
~ de chrominance Colour kill
~ de faisceau Blanking
~ de salve Burst killer

Suppression Suppression
~ d'un signal *(télévision, oscilloscope, etc)* : Blanking
intervalle de ~ trame Vertical interval
palier arrière de ~ ligne Back porch
palier avant de ~ ligne Front porch
Supprimer To Suppress, To Eliminate
Sur On, Over
Sûr(e), # *Fiable* Secure, Safe
Surcharge de poids Overweight, Overload
Surchauffé(e) Overheated
Surcommission Override
Sur-développement Overdevelopment, Push processing, Forced development
Sur-développer To Overdevelop, To Push process
Surdimensionné(e) Oversize(d)
Surdité Deafness
Sur-échantillonnage *(Vidéo num.)* Oversampling, Sub-sampling
Surélever To Raise
Surexploité(e), # *Sans surprises, Éculé(e)* : Overscreened, Baked
Surexposer To Overexpose
* *Brûlé(e), Fortement surexposé(e)* Burnt up, Bleached out
Surexposition Overexposure, Overexposition
Surface Surface, Area
~ d'appui Bearing area, Bearing surface
~ diffusante Diffusing surface
~ d'image Image area
~ ~ tenant compte de la perte en diffusion télévisée : TV safe action area
~ ~ transmise en diffusion TV Safe action area transmitted
~ plane Even surface, Plane surface
~ rugueuse Uneven surface
~ sensible Light sensitive material
Surimpression *(Film)* Double exposure, Superimposure
~ électronique *(Vidéo)* Overlay
Sur-jeu Overacting
Sur-jouer, # *En faire trop* : To Mug, To Overact, To Overdo, To Overplay
Surmoduler To Overmodulate
Surmultiplier *(avec des pignons)* To Gear up
Sur place, # *Horaire de convocation sur place* : Call time
Surréservation Double booking
Surtension Surge of voltage
Surveiller le matériel To Firewatch the equipment
Survoltage Overvoltage
Survolter To Boost, To Step up the voltage
~ une lampe To Overrun a light
* *Lampe survoltée* Boosted lamp, Overrun lamp

Survolteur *(Électricité)* : Booster, Positive booster, Step-up transformer
** Tout dispositif servant à survolter \ sur-compresser \ durcir* : Booster
Suspendre To Hang
~ à la verticale To Overhang
Suspens Suspense
Suspension *(d'un microphone)* Boom
S-Video S-Video
Symétrie Symmetry
Symétrique
1) ~ Symmetrical
2) (Audio) Balanced
Synchro Sync
~ avec blocage des lignes verticales *(TV)* : Vertical line-lock
~ extérieure External sync
~ horizontale Horizontal sync
~ ~ défectueuse *(TV)* Degraded horizontal sync
~ instable Sync variation
~ ligne défectueuse *(TV)* Degraded horizontal sync
~ parfaite Dead sync
~ pilotée par quartz Crystal controlled sync
~ sans fil Cordless sync
~ des trames couleur *(TV)* Colour framing
~ trame défectueuse *(TV)* Degraded vertical sync
~ verticale Vertical sync
câble de ~ Sync cable
degré de précision de la ~ *(entre plusieurs machines)* : Synchro-grade
générateur de ~ piloté par quartz Quartz controlled sync generator
générateur de signaux de ~ Signal pulse generator (SPC)
intervalle de garde entre ~ ligne et sous-porteuse : Breezeway
perte de ~ Sync loss
porte suppresseuse de ~ Sync kill gate
repères de ~ Synchronization marks
séparateur de ~ Synchro-stripper
signal de ~ Sync pulse
synchronisation d'équipements à une ~ de référence : Genlock
top de ~ Sync beep, Sync pop, Sync tone
verrouilleur de ~ Gen lock
Synchrone Synchronous, In-sync, In step
montage de multi-machines ~s Sync-roll
non ~ Asynchronous, Non sync
parfaitement ~ Dead sync
Synchronisation Synchronization
~ labiale Lip sync, Lip synchronization
~ des rushes Dailies assembly, Syncing dailies
période de ~ des machines de montage : Preroll

Synchroniser	To Synchronize
Synchroniseur(-euse)	Synchronizer
* *Équipement permettant de resynchroniser un signal vidéo sur un signal synchro de référence* : Frame synchronizer	
Synchronisme	Synchronism
~ horizontal *(Vidéo)*	Horizontal line hold
~ vertical *(Vidéo)*	Vertical line hold
en ~	In step
Syndicat	Union, Syndicat
accord entre ~s professionnels	Union contract
* *Intervention syndicale*	Union action
* *Organisation syndicale*	Trade-union organization
* *Paritarisme*	Union-management cooperation
Syndication	Souscription, Syndication
vente par ~	Syndication sale
Synopsis	Synopsis, Outline
Synoptique	Synoptic
Synthèse	Synthesis
~ additive	Additive synthesis
~ des couleurs	Colours synthesis
~ du mouvement	Movement synthesis
~ soustractive	Subtractive synthesis
image de ~	Computer image
Synthétiseur	Synthetizer
~ audio	Audio synthetizer
~ vidéo	Video synthetizer
~ de voix	Voice code translator
Syntoniseur	Tuner, Demodulator
Système	System, Device
~ anti-bourreur	Anti-blocking device
~ anti-vibratoire pour prises de vues en hélicoptère : Helicopter mount	
~ asservi	Servosystem
~ audio-informatique	Direct-to-disc
~ de blocage	Locking system
~ de commande	Control system
~ de défilement du film	Film transport system
~ d'exploitation *(Inform.)*	Operating system
~ optique	Optical system
~ de télécommande	Remote control system
~ de verrouillage	Interlocking system, Shift lock
~ à visée reflex	Reflex viewing system

T

Table *1)* ~ de mixage : Audio mixer, Mixing board, Sound mixing console
2) ~ de montage — Cutting table, Editing table
~ ~ horizontale — Flat-bed editing table
~ ~ verticale — Upright editing table
3) ~ de profondeur de champ — Depth of field calculator
4) ~ de bourrage *(Vidéo num.)* — Stuffing table
5) ~ d'ondes — Waves table

Tableau — Board panel
~ de branchement — Power panel
~ de commandes — Control panel, Keyboard
~ de connexion — Wiring panel, Patch panel, Patchboard, Jack-panel
~ de distribution *(Électricité)* — Distribution board
~ de raccordement *(Électricité)* — Patch pannel, Patchboard
~ ~ pour des appareils équipés de fiches et/ou de prises de formats différents : Trunk

Tablette graphique, # *Palette graphique* : Graphics tablet, Data tablet
effacement des câbles à la ~ — Wire removall

Tâche — Job, Task

Tache *1)* ~ de lumière — Spot, Light spot, Pool of light
~ de lumière parasite — Flare spot
2) # *Souillure* — Stain
* *Détachant (nom)* — Stain remover

Tacher — To Stain, To Spot

Tacheter — To Stain, To Spot

Tachymètre — Tachometer, Speedometer

Taille — Size
~ de fichier *(Informatique)* — File size
~ réelle — Real size, Life size
~ spéciale, ~ non standard — Odd size

Talc — Talcum

Talent, # *Disposition* — Talent
~ naturel — Talent
avoir du ~ pour … — To Have talent for …
découvreur de ~s , dénicheur de ~s : Talent scout
faire appel à tous les ~s — To Call upon all the talents

Talkie-walkie *(avec oreillettes)* — Walkie-talkie *(with earpieces)*

Talon de chèque, # *Souche de chèque* : Counterfoil

Tambour	Drum, Roller
~ denté	Sprocket wheel, Sprocket
~ ~ débiteur	Feed sprocket, Take-off sprocket
~ ~ d'enroulement	Wind-up sprocket
~ ~ d'entraînement	Driving sprocket
~ ~ récepteur	Take-up sprocket
Tamiser la lumière	To Subdue the light
Tampon, # *Patin*	Pad
~ de velours	Velvet pad
Taps	Duvetyne
Tarif *1) # Prix*	Price
~ moyen	Average price
plein ~	Open rate
2) # Catalogue des prix	Tariff, Price list
3) # Salaire	Rate
~ horaire de base	Basic hourly rate
~ à la journée	Daily rate
~ à la semaine	Weekly rate
Tarlatane	Scrim, Cheese cloth
Tas, # *Pile*	Stack
faire un ~ de *(choses)*	To Stack up, To Pile up *(things)*
Tasseau, # *Battant*	Batten, Wooden bar
Taux	Rate
~ d'audience	Audience share
~ de compression	Compression rate, Compression ratio
~ de rentabilité *(Business)*	Rate of return
Taxe	Tax
~ sur la valeur ajoutée (TVA)	Value added tax (VAT)
hors ~	Tax free
Technicien(-ienne)	Technician
Technique (La ~) *(du tournage)*	Fax
Teint *(de la peau)*	Complexion
~ mat	Mat(t) complexion
Teinte	Tint, Shade
~ chaude	Warm tint
~ claire	Light tint
~ froide	Cool tint
~ sombre	Dark tint
demi ~	Half tint
réhausser une ~	To Touch up a tint
Teinture	Tinting
Téléchargement *(Informatique)*	Downloading, Download
~ rapide	Quick download
Télécharger *(Informatique)*	To Download

Télécinéma Telecine, Film to video transfer
projecteur de ~ Telecine machine, Film scanner
salle de ~ Telecine room
technicien du ~ Telecine operator
Télécommande Remote control
~ de diaphragme Aperture remote control
~ de mise en marche : Remote on-off switch, Cable release
~ de point Focus remote control
~ de zoom Zoom remote control
boîtier de ~ Remote control unit
Télécommander To Operate by remote control, To remotely control
Télédiffuser To Broadcast
Téléfilm : TV-film, Made-for-TV film, Telefilm, Telepic, Telepix
Télémètre Rangefinder, Telemeter
Téléobjectif Telephoto lens
~ macro Macro-telephoto lens
~ à miroir Mirror telephoto lens
Téléprompteur [CGTN – 2000] Teleprompter
Téléréalité Reality show
Télescopique Telescopic
Téléspectateur(-trice) Televiewer, Viewer
Téléspectateurs (Les ~) Television audience
Téléviser To Televise, To Telecast
Téléviseur TV receiver, TV set
Télévision Television
~ 16:9 Wide-screen television
~ à accès conditionnel [CGTN – 2000] : Conditional access television
~ par câble Cable television, Cablecasting
~ par câble payante Paycable television
~ à la carte Pay-per-view television
~ à définition améliorée Enhanced definition TV (EDTV)
~ en direct Live television, Live TV
~ à écran rétroéclairé Rear projection TV
~ haute définition High definition television (HDTV)
~ institutionnelle Institutional television
~ en ligne [CGTN – 2005] Webtelevision, Webcasting
~ locale Local television
~ numérique Digital television
~ à péage [CGTN – 2000] Pay television, Subscription television
~ par satellite Satellite television
~ scolaire Television for school
action de regarder la ~ Viewing
apparaître à la ~ To Appear on TV
chaîne de ~ Television channel

conçue pour la ~   Made-for television
être diffusé à la ~   To Play on TV
* *Attitude du téléspectateur qui a rendez-vous avec un programme qu'il souhaite regarder* : Appointment viewing
* *Attitude du téléspectateur qui zappe à la recherche d'un programme qui retiendra son intérêt* : Passive viewing
2) # *Poste de télévision*   Television set, TV set
~ à écran plat   Flat-panel television
~ grand écran   Big-screen television
~ haute définition (TVHD)   High definition television (HDTV)
~ numérique   Digital television (DTV)
* *Poste de télévision dont l'image est projetée, grâce à des miroirs, à l'arrière d'un écran translucide* : Rear-projection TV

Témoin *(de malfonctionnement)*, # *Alarme* : Warning light
~ lumineux   Telltale light, Witness light

Température   Temperature
~ de conservation (▶ p 467)   Storage temperature
~ de couleur : Colour temperature (*GB*) – Color temperature (*US*)
~ de développement   Development temperature

Tempo   Tempo

Temps, # *Durée*   Time
~ d'arrivée d'un byte ou d'une image de référence : Time-stamp
~ de démarrage   Run-up time
~ de développement   Development time
~ de latence   Latency, Latency time
~ mort   Dead time, Idle time, Downtime
~ de pose   Exposure time
augmenter le ~ ~   To Increase the exposure time
diminuer le ~ ~   To Decrease the exposure time
~ de préchauffage   Warm-up time
~ de récupération   Recovery time
~ réel *1) (Time code)*   Free run
2) ~   Real time
image en ~ ~   Real-time image
saisie vidéo en ~ ~   Real-time video capture
simulation en ~ ~   Real-time simulation
~ de réponse   Response time, Answer time, Lag time
~ de retard   Lag time
~ de réverbération *(Audio)*   Reverberation time
~ utile   Effective time, Productive time
décalage dans le ~   Stagger
échelle de ~   Time scale
échelonnage dans le ~   Stagger
ligne de ~   Timeline
* *Temps réel hors générique et décompte de lancement (TV)* : Body time

Tendeur	*a)* Tightener - *b)* Booster
~ de bicyclette	Shock cord, *US* : Bungee cord
~ de rails de travelling	Tension rod
Tendre	To Tighten, To Stretch
~ une courroie	To Tighten a belt
Tenir	To Hold
se ~ debout	To Stand up, To Be standing
se ~ près de *qch*	To Stand near *sth*
se ~ prêt	To Be on stand by
Tenseur *(Audio)*	Tensor
Tension	
1) ~ *(électrique)*	Voltage
~ de coupure	Cutoff voltage, Restraint voltage
~ insuffisante, # *Sous-tension*	Under voltage
~ nominale	Rated voltage
~ de régime	Working voltage
~ de secteur	Mains voltage
~ de sortie *(de circuit)*	Output voltage
basse ~	Low tension, Low voltage
chute de ~	Voltage drop, Power drop
haute ~	High tension, High voltage
oscillation de ~	Voltage oscillation
réduire la ~	To Reduce \ To Step down the voltage
régulateur de ~	Voltage regulator
stabilisateur de ~	Voltage stabilizer
* *Surtension*	Surge of voltage
* *Sous-volter*	To Step down the voltage
* *Sur-volter*	To Step up the voltage
2) ~ *(mécanique)*	Tension
~ de film	Film tension
Tera-octet = 2^{40} octets	Terabyte
Terne	Dull
Ternir	To Dull
Terrain (Sur le ~)	In the field
Terre *(Électricité)*	*GB* : Earth – *US* : Ground
fil de ~	*GB* : Earth wire – *US* : Ground wire
fuite à la ~	*GB* : Earth leak – *US* : Ground leak
prise de ~	*GB* : Earth connection – *US* : Ground connection
raccordement à la ~	*GB* : Earthing – *US* : Grounding
raccorder à la ~	*GB* : To Earth – *US* : To Ground
* *Non raccordé(e) à la terre*	*GB* : Not earthed – *US* : Not grounded
Tessiture	Tessitura
Test, # *Essai*	Test
~ filmé à plusieurs diaphragmes	Bracketing
Tester	To Test

Tête	
1) ~ *(d'un homme)*	Head
2) par la ~ , # *Par le début*	Head out, Head up
3) ~ d'affiche	Top billing
4) ~ de projecteur	Lamp head, Light head, Head
5) ~ de vis	Screw head
6) ~ panoramique	Head, Pan and tilt head
~ à débuller	Dutch head
~ fluide	Fluid head
~ à friction	Friction head
~ gyroscopique	Gyro-head
~ à manivelles	Geared head
~ télécommandée	Remote head
~ vidéo	Video head
changer de vitesse sur une ~ manivelles : To Shift the gear on a geared head	
7) ~ magnétique	Magnetic head
~ d'effacement	Eraser head
~ encrassée	Clogged head
~ d'enregistrement	Recording head, Tape recorder head
~ de lecture	Playback head
~ de lecture-enregistrement de la piste d'asservissement : Control track head	
alignement des ~s	Head alignment
centrage des ~s	Head tracking
encrassement des ~s	Head clogging
réglage des ~s	Head adjustment
* *Réglage d'azimut*	Azimuth adjustment
tambour de ~	Head drum
Téton *(Mécanique)*	Pin, Spigot, Pilot point
~ de centrage	Index pin, Centering pin
~ d'entrainement	Drive pin
Texte	Text
modifications de ~ , pages de modification de ~ : Pages changes	
oublier son ~ *(pour un acteur)*	To Muff
* *Pages comportant les modifications des textes* : Blue pages	
Thème *(d'un film), # Sujet*	Story, Theme
Thème musical	Musical theme
Théorie formelle	Formative theory
Thermocolorimètre	Colour temperature meter
Ticket d'entrée	Ticket, Tix *(Fam.)*
Tige *1)* ~	Bar, Rod
~ carrée	Square bar
~ filetée	Threaded rod
~ fine *(pour la petite mécanique)*	Stem
~ pour moteur de zoom, de diaph, etc. : Motor rod	
~ de parasoleil	Sunshade bar, Lens rod

~ ronde	Round bar
* *Tige de 15 mm, de 19 mm*	*15 mm \ 19 mm lens rod*
~ support	Support bar
jeu de ~s	Set of bars
2) ~ de pied de projecteur	Stick

descendre sur ~ : To Stem down, To Lower the stand

monter sur ~ : To Stem up, Up on stick, Raise it up, Raise it

Timbre *(de la voix)*	Timbre, Tone colour
voix sans ~	Toneless voice
Timbré(e) *(Audio)*	Sonorous
voix ~	Sonorous voice
Timbrer *(la voix)*	More bass, More reverberation
Time code	Time code
fluctuations de ~ *(Vidéo num.)*	Clock jitter
récupération du ~	Clock recovery

Tirage

1) ~ mécanique	Flange focal distance
~ optique	Back focal distance

2) ~ d'un positif, ~ d'une copie de film : Printing

~ A et B	A and B printing
~ en accéléré	Skip-frame printing
~ additif	Additive printing
~ avec agrandissement	Blow-up printing, Enlargement printing
~ composite	Composite printing
~ bas contraste *(Transfert vidéo)*	Low con print *(Film to video transfer)*
~ par contact	Contact printing
~ ~ continu	Continuous contact printing
~ ~ intermittent	Step contact printing
~ de copies de série	Release printing
~ couleur	Colour printing
~ direct	Direct print, Direct positive
~ fil à fil	Paper to paper printing
~ du film	Film printing
~ avec gonflage, # *Gonflage*	Blow-up printing
~ image sans son	Action print only (APO)
~ par immersion	Wet gate printing, Wet printing
~ à lumière unique	One-light printing
~ en marche arrière	Reverse printing
~ optique	Optical printing
~ ~ normal	Optical printing one to one
~ ~ avec réduction	Reduction optical printing
~ plus dense	Printing down
~ avec réduction	Reduction printing
~ soustractif	Subtractive printing
échelle des lumières de ~	Printer scale

lumière de ~	Printer light
point de lumière de ~	Printer point
service ~	Printing department
Tirer 1) *(une copie)*	To Print a copy
2) ~ un plan, ~ une prise	To Print a shot, a take
"À tirer !", "Bonne à tirer !" ⇔	*"Print it !", "Ready to print !" "Take it !", "Save it !"*
"Ne pas tirer !" ⇔	*"Do not print !", "No print !"*
3) ~ *(un objet), # Rapprocher*	To Pull *sth*, To Draw *(an object)*
4) ~ un trait	To Draw a line
Tireuse	Printing machine, Printer
~ additive	Additive colour printer
~ alternative	Step printer
~ par contact	Contact printer
~ continue par contact	Continuous contact printer
~ à fenêtre liquide	Liquid-gate printer, Wet gate printe
~ image par image	Step printer
~ par immersion	Liquid-gate printer, Wet gate printer
~ intermittente	Intermittent printer
~ optique	Optical printer
~ ~ image par image	Optical step printer
~ ~ pour trucages, # *Truca*	Step printer
~ soustractive	Subtractive printer
Tiroir de filtre	Filter tray, Tray, Filter holder
Tissu	Fabric
~ noir, # *Borniol®*	Blacks, Drapes, Darkcloth
Titrage	Titling
Titre	Title
~ *(d'un film)*	Film title, Title *(of a film)*
~ définitif	Release title
~ provisoire *(en attente de trouver un titre définitif)* : Working title	
~ en surimpression	Superimposed title
* "Au-dessus du titre" *(Tout ce qui figure au-dessus du titre du film, sur une affiche, ou avant le titre du film dans un générique)* : Above the title	
* *Formule caractéristique d'un film, basée sur son titre* : Slug	
Titreur de fin de chaîne *(Vidéo)*	Downstream keyer
Toilettes mobiles *(pour tournages en extérieurs)* : Honey wagon (*US*)	
Tôle *(métallique)*	Sheet metal
~ ondulée	Corrugated iron
Tolérance	Tolerance
Ton 1) # *Teinte*	Tone
~ chair	Skin tone, Flesh tone
~ chaud	Warm tone
~ froid	Cold tone
~ entre moyen et clair	¼ tone

~ entre moyen et sombre	¾ tone
~ moyen	Midtone
~ paste	Pastel shade
demi ~	Halftone
2) ~ *(de la voix)*	Tone, Voice tone
hausser le ~	To Raise the tone of one's voice
sur un ~ bas, # *À voix basse*	In a low tone
Tonneau *(220 mono-380 triphasé)*	Combo box (*US*)
Top ~ à un acteur / une actrice	Top actor, Actor cue
~ de départ	Start cue
~ d'impulsion	Pulse
~ muet *(silencieux)* au talkie	Scratch cue
~ de synchro	Sync beep, Sync pop, Sync tone
Torce *(d'éclairage)*	Sun gun
Tordre *1)* ~ *(une barre)*	To Bend
2) # *Torsader, Entortiller*	To Twist
3) # *Fausser, Vriller*	To Twist
Tore	Magnetic core
en forme de ~	Doughnut shaped
Torsade, # *Tortillon*	Twisting
Touche *(Commande à pression)*	Button, Key, Push-button
Toucher	To Touch
~ *qch* avec la lumière	To Strike *sth* with light
Tour *(d'éclairage)*	Scaffold tower
Tourelle d'objectifs	Lens turret
~ divergente	Divergent turret
Tournage	Shooting, Filming
~ en décor naturel	On location shooting
~ de la deuxième équipe	Second-unit photography
~ en extérieur	Outdoor shooting
~ en extérieurs	Location filming, Location shooting
~ en extérieurs *(sans aucune préparation)* : In the field	
~ image par image	Frame by frame shooting
~ en intérieur	Indoor shooting, Interior shooting
~ de nuit	Night-for-night shooting
~ en nuit américaine	Day-for-night shooting
~ en playback : Shooting to playback \ on playback, Filming to playback	
~ à sec *(sans répétitions)*	Dry run, No fax
~ des séquences principales du film : Principal photography	
~ en son direct >< ~ en son témoin : Live shooting >< Wild shooting	
~ en son synchrone	Sync sound shooting
~ en studio	Studio shooting
~ nécessitant la présence des comédiens principaux	Principal photography
~ principal du film *(>< Tournage de la 2ème équipe)* : Principal photography	

~ sans prise de son, ~ muet	Wild shooting
~ supplémentaire *(et\ou : Retournages)* : Reshoots, Supplementary shootings	
achever un ~	To Complete filming
autorisation de ~	Shooting permit, Filming authorization
date de ~	Shooting date
être en ~, être sur un ~	To Be on a shoot, To Shoot
interruption du ~ à cause de défaillance matérielle : Conk out	
jour de ~	Shooting day
dernier ~ ~	Completion of shooting
premier ~ ~	Beginning of shooting, First shooting day
lieu de ~	Location
ordre de ~ des plans	Shooting order
plateau de ~	Floor, Set, Stage
quitter un ~	To Ankle
* *Dépassement du métrage prévu pour un tournage* : Overshooting	
* *Dépassement du nombre de plans prévu (pour une séquence)* : Overshooting	
* *Le tournage (au moment où il a lieu)* : Principal photography	
* *Rapport entre métrage utile et métrage tourné* : Film ratio	
* *Rapport entre longueur finale du film et métrage développé* : Shooting ratio	
Tourne disque, # *Platine*	Pick-up
Tourner *1)* ~ un film	To Make a film, To Shoot
~ un plan, ~ une séquence	To Shoot
* *Dépasser en métrage prévu pour un tournage* : Overshooting	
* *Dépasser le nombre de plans prévu (pour une séquence)* : Overshooting	
2) ~ *qch*	To Turn *sth*
~ *qch* dans le sens des aiguilles d'une montre	To Turn *sth* clockwise
~ *qch* dans le sens inverse des aiguilles d'une montre	To Turn *sth* anti-clockwise, To Turn *sth* counter-clockwise
Trac	Stage fright
Tracer *(un trait, une ligne)*	To Draw *(a line)*
Traduction	Translation
~ littérale	Literal translation
~ simultanée	Simultaneous translation
Traduire	To Translate
Traînage *1) (Audio)*	Hauling
2) (Vidéo)	Streaking, Bleeding
~ des blancs	Bleeding whites
~ dû à la rémanence du tube	Smear
Traînée	Streak
~ blanches dues à un mauvais développement : Sparkle	
~ de développement	Streak, Processing streak
Trait *1)* ~ de lumière	Streak of light
2) ~ du visage	Feature

3) # *Ligne* (▶ p 337) Line
~ fin Light line
~ mixte Dot and dash line
~ plein Solid line
~ en pointillé Dotted line
nombre de ~s par mm Number of lines per millimetre

Traitement *1)* ~ *(du scénario)* Treatment
* *Description dans les grandes lignes de l'intrigue et de scènes principales, en une cinquantaine de pages environ)* : Outline (*US*)
2) ~ de la pellicule Film processing
3) ~ de l'image *(Tout ce concernant le traitement d'image)* : Image processing
étapes du ~ consacrées aux calculs informatiques : Rendering
* *Opérations sur une image lors de son traitement en vidéo HD* : Work flow
4) ~ de surface Surface coating
~ ~ de lentille Lens surface coating
~ anti-halo Anti-halation coating
~ anti-reflet Anti-flare coating, Blooming
~ multicouche Multi-layer coating

Traitements et salaires Wages

Traiter une lentille To Coat a lens

Trajet *1)* ~ Path, Run
~ de la pellicule Threading path
2) # *Itinéraire* Way, Itinerary

Tramage Pixelization, Rasterization

Trame *1)* ~ *(de l'histoire)* Plot, Story
* *Intrigue* Storyline
2) *(Tout type de trame pour diffuser la lumière)* : Net
3) *(Vidéo)* Frame
~ de pixels *(formant une image vidéo)* : Raster
~ séquentielle Sequential field
analyse d'une ~ Scanning
analyser une ~ To Scan a frame
asservissement en ~ Vertical Lock = V lock
balayage d'une ~ Scanning, Raster scanning
compteur de ~s Frame counter
conversion d'un signal vidéo en une ~ de pixels : Rasterization
cycle de ~s Field sequence
fréquence ~ *(Vidéo)* Field frequency
image vidéo formée par une ~ de pixels : Raster image
synchro ~ *(Vidéo)* Field sync

Tranche horaire *(de programmation)* *(TV)* : Time segment, Day part
~ d'une grille de programmation Time slot
~ pour les émissions religieuses Godslot
~ précédent celle du *Prime time* Prime time access
~ entre 7 h et 10 h du matin Morning

~ de grande écoute : 20 h/21 h *(pendant laquelle ne peuvent être diffusés que des programmes tous publics)* : Lead-in, Family hour
~ de très grande écoute : ± 20 h à 23 h *(TV)* : Prime time
~ de 23 h à 1 h du matin — Late fringe, Night fringe
~ de 1 h à 7 h du matin — Night time

Tranche de vie — Slice of life

Transcodage *(Processus de conversion d'un format à un autre, incluant tout ou partie des opérations suivantes : détramage, balayage entrelacé-progressif, signal composite-en composantes, Up-Down conversion, Traduction, etc.)* : Transcoding, Code translation

Transcoder — To Transcode

Transcodeur *(TV)* — Transcoder, Standard converter
~ de télévision — Television system converter

Transférer, # *Convertir* — To Transfer, To Convert
~ un film tourné à 24 images par seconde en un nombre d'images compatible avec la fréquence vidéo : To Pulldown

Transfert — Transfer
1) ~ magnétique — Magnetic transfer
2) # *Télécinéma* — Film to tape transfer
~ d'un film à 24 i/s en un signal video : Pulldown processing
~ d'un film cinéma 24 i/s en PAL-SECAM 25 i/s : 2-2 pulldown processing
~ d'un film cinéma 24 i/s en NTSC 30 i/s : 2-3 pulldown processing
~ numérique — Digital mastering
3) ~ audio — Transfer
~ optique — Optical
courbe de ~ — Transfer curve
4) ~ vidéo-film, # *Kinéscopage* — *GB* : Telerecording, *US* : Kinescope recording

Transformateur *(de courant électrique)* : Transformer
~ abaisseur de tension, # *Dévolteur* : Step-down transformer
~ élévateur de tension, # *Survolteur* : Booster, Step-up transformer, Step-boosting transformer
~ survolteur-dévolteur — Buck boost transformer

Transformée en cosinus discrète : Discret Cosine Transform (DCT)

Transformée de Fourier — Fast Fourier transform

Transgresser la loi des 180° — To Cross the line

Transistor — Transistor

Transitaire — Forwarding agent, Transport agent

Transition — Transition
~ musicale — Musical bridge

Transitoire *(Audio)* — Attack

Translucide — Translucent

Transmettre — To Transmit
~ en continu — To Stream
~ un signal — To Feed

Transmission Transmission
1) ~ par câble Cable casting
~ par engrenages Gear drive
2) # *Programme TV* Transmission
~ analogique Analog transmission
~ bas débit Low rate transmission
~ en bande de base Baseband transmission
~ en différé Recorded broadcasting
~ en direct Live broadcast
~ de données permettant la lecture de vidéo ou d'audio en continu et en temps réel : Streaming
~ en duplex Duplex transmission
~ entre deux équipements désignés : Point-to-point transmission
~ haut débit High rate transmission
~ en multiplex, ~ multiplexée Multiplex transmission
~ numérique Digital transmission
~ par paquets Packet transmission
~ par satellite Satellite transmission
coefficient de ~ Transmission factor
courbe de ~ Transmission curve
facteur de ~ Transmission factor, Transmittance

Transparence
1) ~ de *qch* Transparency
2) # *Projection arrière (Trucages)* Back projection, Rear projection
écran pour ~ Back projection screen, Process screen
film pour ~, cliché pour ~, # *Pelure* : Background film
photographie pour ~ Background plate, Plate
plan avec trucage par ~ Process shot
projecteur pour ~ Background projector, Process projector
projection par ~ : Rear projection, Back projection, Process projection

Transparent(e) Transparent, Clear

Transports Transportation
régie chargée des ~ Transportation department
régisseur(-euse) chargé(e) des ~ Transportation captain

Trapèze *GB* : Trapezium – *US* : Trapezoid
déformation en ~ Keystoning
correction de déformation ~ Keystone correction

Trappe Trapdoor

Travail Work
amplitude de temps de ~ Turnaround time
conditions de ~ Working conditions

Travelling : Dolly, Track, Travelling (*GB*), Traveling (*US*)
~ d'accompagnement Follow shot, Dolly shot
~ avant Dolly in, Track in
~ arrière Dolly back, Dolly out, Track out

~ circulaire complet *(à 360°)* 360° tracking
~ compensé : Dolly zoom, Track combined with a zoom
~ courbe Curved track
~ droit Straight track
~ grue vers le bas Crane down
~ grue vers le haut Crane up
~ latéral Lateral tracking
chariot de ~ Dolly
plan en ~ *GB* : Dolly shot, Tracking shot
US : Traveling shot
~ ~ depuis une voiture Trucking shot (*US*)
plaque de roulement de ~ Blockboard
plateau de ~ Travelling board
~ ~ étroit Narrow travelling platform
rail de ~ Dolly track, Track
voiture ~ Tracking car, Insert car, Camera car

Tremblement, # *Fluctuation, Oscillation rapide d'une variable* : Jitter

Trépied Tripod
branche de ~ Tripod leg, Leg

Trésorerie Cash flow
plan de ~ *(d'un film)* Cash flow schedule
* *Petite enveloppe d'argent en espèces* : Gratuities
* *Régie d'avance, Petite trésorerie* Petty cash

Triacétate *(de cellulose)* Triacetate
support ~ Triacetate base

Triangle
1) ~ *(en géométrie)* Triangle
base d'un ~ Base of a triangle
côté d'un ~ Side of a triangle
2) ~ *(de pied caméra)* Spider, Spreader, Triangle
~ roulant : Rolling spider, Wheeled tee, Rolling spreader, Skid

Tricher To Cheat
~ un objet To Cheat an object
~ le regard To Cheat the look
~ *qn, qch* en le rentrant à l'image To Cheat *s.o, sth* in \ into shot
~ *qn, qch* en le sortant de l'image To Cheat *s.o, sth* out \ out of shot
* *Plan triché* Cheat shot

Tricherie Cheating

Trichrome Thrichromatic, Three-coloured

Trichromie Three-color process

Trilogie Trilogy

Triphasé Three-phase

Trois doigts *(Éclairage)* Fingers

Trompe-l'œil *(Peinture)* Trompe l'œil *(Painting)*

Troncature Truncation

Trou Hole
~ borgne *(Mécanique)* Blind hole
~ de mémoire (Avoir un ~) To Draw a blank, To Dry up
~ sonore, # *Trou au son* Sound break, Sound blank
~ dans un zoom Hole in the zoom range
Truc systématique *(dans le jeu d'un acteur)* : Gimmick, Shtick
Truca Step printer, Optical printer
contretype par ~ Effects bank
copie par ~ Optical print
zoom en ~ Optical zoom
Trucage Special effect
~ aboutissant à une image composite : Inlay
~ avec cache électronique Electronic keying
~ électronique par incrustation Inlay-Overlay
~ sur fond bleu \ fond vert Blue \ Green screen process
~ avec glace peinte Painted glass shot
~ au labo Lab effects
~ optique, ~ à la Truca Optical, Optical effect
~ à la prise de vue In-camera effects
~ par superposition d'images *(aboutissant à une image composite)* : Overlay
banc de ~ Optical master
laboratoire de ~ Optical house
marron pour ~ Dupe for optical works
* *Technique d'animation consistant à redessiner image par image toutes les images d'un plan à partir du même plan filmé avec un personnage réel* : Rotoscoping
* *Trucage numérique permettant la transformation fluide et progressive d'un objet, ou d'un personnage, en un autre* : Morphing
Trucages optiques Opticals
service ~ Opticals department
Tube *1) # Tuyau* Pipe
2) # De forme cylindrique Tube
~ d'échafaudage Scaffold pole, Scaffold tube
3) # Succès du hit-parade Hit
4) (Vidéo) Tube, Pick-up tube
~ cathodique Cathode tube, Cathode-ray tube
~ à chauffage indirect Cathode-heater tube
~ à faisceau mobile Flying spot tube
~ fluorescent *(Coll.* : Fluo) Fluorescent tube
~ à masque Shadow mask tube
~ à pente variable Multi μ-tube, Variable μ-tube
~ de prise de vue Pick-up tube
~ de puissance Power tube
~ à vide Electron tube
* *Lampe à vide* Vacuum tube

~ à vide poussé — Hard tube
~ vidéo — Pick-up tube
à ~ électronique — Thermionic
débloquer la grille d'un ~ — To Unblank
Zone active d'un tube cathodique sur laquelle s'effectue le balayage électronique, Plage balayée par le spot : Raster

5) *(Éclairage)* — Tube
~ fluorescent *(Coll. :* tube fluo*)* — Fluorescent tube
~ néon, ~ au néon — Neon tube
rampe de ~ d'éclairage — Striplight

Tulle — Net
~ noir — Black net

Tuner — Tuner
~ convertisseur : Set-top box = STB *(Litt. : "Boîtier à placer au-dessus")* *(Tuner externe qui convertit des émissions (telles que le câble analogue, le câble numérique ou le DTV) pour les diffuser normalement sur un poste de télévision classique. Les téléviseurs HDTV-ready doivent être reliés à un tuner HDTV* set-to-box *compatible pour recevoir des émissions télévisées numériques)*
~ numérique — Digital set-top box
~ HDTV — HDTV-tuner
~ HDTV intégré — Integrated HDTV-tuner (≍ *Set-top box*)
~ PIP — PIP tuner *(PIP = Picture-in-picture)*

Tungstène — Tungsten

TVA = Taxe sur la Valeur Ajoutée — Value Added Tax (VAT)
récupérer la ~ — To Claim back the VAT

U

Ultra-rapide	Ultra-high speed
Ultra-sensible	Supersensitive
Ultra-son	Ultrasound
Ultraviolet	Ultraviolet
U-matic	U-matic
Uni(e)	Plain
Unicolore	Plain, One coloured
Unidirectionnel(-elle)	Unidirectional
Uniforme	Even, Regular
Uniformité	Evenness, Uniformity
Unité *1) (Quantité de base)*	Unit
~ de volume *(Audio)*	VU : Volume unit
2) # Homogénéité	Unity
~ d'action	Dramatic unity
Usage	Use
hors d' ~	Out of order, Out of use
Usure *1)* ~	Wear
~ par le frottement	Abrasion
2) # Dépréciation	Wear and tear
~ normale	Fair wear and tear
Utile	Useful
Utilisateur(-trice)	User
Utilisation	Use, Utilization
Utilisé(e)	Used

qui n'est pas ~, # *Inoccupé(e), Libre, Disponible* : Off-duty

Utiliser	To Use, To Make use of *sth*

V

Va-et-vient *(Interrupteur ~)* — Two-way switch
Valeur — Value
~s en bien propre *(Business)* — Asset
~ préprogrammée *(Audio - Vidéo)* — Preset
Valise — Case, Suitcase
~ caméra — Camera case
~ de transport — Carrying case
~ ~ par avion — Flight case
Valve lumineuse — Light valve
Vanter *(les mérites d'un scénario, d'un film, d'un réalisateur, d'un comédien, etc)* : To Pitch *s.o \ sth*
Faire valoir, Mettre en avant — To Showcase
Variable — Variable
Variac, # *Variateur électronique* — Variac = VARIable AC *(AC = alternative current)*
Variateur de vitesse *(Audio)* — Varispeed
Variation *1)* ~ — Variation
2) ~ aléatoire affectant une image vidéo *(due au vacillement de la synchronisation d'un signal causée par la perte du signal de référence temps), # Vacillement, Tremblement (Vidéo)* : Jitter
Varier — To Vary
~ en proportion — To Vary in direct ratio
~ en proportion inverse — To Vary in inverse ratio
Varipole — Polecat, Acrows, Sky bar
Vecteur — Vector, Raster
Vecteurscope — Vectorscope
Vectoriel(-elle) — Vectorial
Vécu *(nom)*
aspect ~ *(d'un film)* — Human interest
* *Comme dans la vie* — Lifelike
* *Tranche de vie* — Slice of life
Vedette *(de cinéma)* — Star
~ invitée — Guest star
~ *"vendable", "bancable" (auprès de financiers)* : Bankable star
présentant en ~ … — Starring …
Vélocité *(Audio)* — Velocity

Vente *(Business)* — Sales, Selling
~ à l'aveugle" *(du type* blind bidding, *organisée par les distributeurs. Elle n'est précédée d'aucune projection permettant aux exploitants d'évaluer les films. Ce type de vente est interdit par les lois de nombreux états américains)* : Blind selling

~ à l'étranger	Foreign sales
~s directes	Direct sales
~ groupée	Bundle sale, Tie-in, Package deal
~ par lots	Block booking
~ à titre définitif	Outright sale
~ en exclusivité *(à une chaine TV)*	Network sale
* *Cession définitive des droits*	Outright sale
Ventilateur	Fan, Ventilator, Wind machine

Ventouser *(des places de stationnement)* : Reserving parking spaces

Ventouses (Plaque à ~)	Sunction mount, Limpet

* *Accroches voiture (plaque capot et déports portières)* : Car rigs

Verdâtre	Greenish
Vérification	Checking, *US* : Check
~ complète	Full check
Vérifier	To Check
~ la fenêtre	To Check the gate
Verre *1)* ~	Glass
~ de Crown	Crown glass
~ dépoli	Frosted glass
~ opale	Opalescent glass
~ optique	Optical glass
~ organique *(pour les cascades)*	Breakaway glass
~ de sécurité	Safety glass, Splinterproof glass
~ Securit®	Shatter-proof glass, Splinter-proof glass
~ teinté	Stained glass
2) ~ de contraste *a)* N et B	Pan glass *(Pan = dimin. de Panchromatic)*
b) couleur	*(Contrast)* Viewing glass
3) ~ dépoli	Ground glass
~ ~ à l'émeri	Frosted ground glass
~ ~ gravé	Engraved ground glass
~ ~ gravé à l'acide	Etched ground glass
Verrou	Lock, Bolt
~ # *Manette de verrouillage*	Latch
~ de couvercle de magasin	Magazine lid lock
Verrouillage	Locking, Latching
goupille de ~	Latching pin
manette de ~	Locking lever, Latch
mécanisme de ~	Latching mechanism
système de ~	Locking system, Interlocking system

Verrouiller	To Lock
Versement, # *Acompte*	*GB* : Instalment – *US* : Installment
Version	Version
~ d'auteur [CGTN – 2003] *(Version du film dont le montage est celui défini par le réalisateur, lorsque celui-ci diffère du montage de la version exploitée par le producteur)* : Director's cut	
~ complète montée	Cut
~ doublée	Dubbed version
~ étrangère	Foreign version
~ finale d'un scénario	Final draft of a screenplay
~ finale sur support vidéo	Master
~ intégrale	Full version
~ internationale (VI)	Music-and-effects track, M&E track
~ originale (VO)	Original version
~ salle	Theatrical version
~ sous-titrée	Subtitled version
Vert(e) *(adj.)*	Green
Vert *(nom)*	Green
Vertical(e) *(adj.) (Plural :* [m] verticaux - [f] verticales*)* : Vertical, Upright	
Verticale *(nom)*	Vertical
à la ~	Straight up
Vibration	Vibration
Vice de forme	Flaw
Vide	Blank, Empty
à ~	No-load
Vidéaste	Video-maker
Vidéo	Video
~ analyseur	Video analyser
~ anamorphosée	Anamorphic video
~ à balayage entrelacé	Interlaced-scan video
~ à balayage progressif	Progressive-scan video
~ à la carte	Video on demand (VOD)
~ en composantes	Component video
~ en composite	Composite video
~ à la demande	Video on demand (VOD)
~ domestique	Domestic video
~ en entrelacé	Interlaced video
~ d'entreprise, # *Film industriel*	Business video
~ au format boîte aux lettres	Letterboxed video
~ en progressif	Progressive video
~ en signal composite	Composite video signal
~ en signal composantes	Component video signal
~ synthèse	Video synthesis
car ~	Videobus
~ ~ mobile	Remote truck

carte d'acquisition ~ | Video capture board
carte d'affichage ~ | Full-motion video board
carte sortie ~ | VGA-to-Video board
codec ~ | Video codec
compacter un signal ~ | To Compact a video signal
compression ~ en temps réel | Real-time video compression
décoder un signal ~ | To Decode a video signal
données ~ | Video data
effets spéciaux ~ | Video effects
effets spéciaux ~ numériques | Digital video effects
fichier ~ | Video file
flux ~ | Video flux
imagerie ~ | Video imagery
matériel ~ légère | Light video equipement
marché de la ~ domestique | Video market
conçu(e) pour le ~ ~ sans sortie préalable en salle : Made-for video
signal ~ composite | Composite video signal
terminal ~ | Video terminal

Vidéocassette | Videocasette
Vidéoconférence | Videoconference
Vidéodisque | *GB* : Videodisc – *US* : Videodisk
Vidéogramme | Videogram
Vidéographe | Videograph
Vidéoprojection | Videoprojection
Vidéothèque | Video library, Video tape library
Vidéotransmission | Videotransmission
Vierge | Blank, Raw, Unexposed
Vignettage | Vignetting
~ du parasoleil | Cut-off, Sunshade cut-off
vérifier le ~ | To Check for cut-off
Vignette, # *Fenêtre de pré-visualisation (Informatique)* : Thumbnail
Vignetter | To Vignet
Vipère *(Électricité)* | Siamese (*US*)
Virage | Dye toning, Toning, Tinting
bain de ~ | Toning bath
Virtuel(-elle) | Virtual
Visa de censure | Censor's certificate, Censorship licence
~ d'une bande annonce | Trailer tag
~ délivré par la *Motion Picture Association of America* : MPAA certificate
Visa d'exploitation (▶ p 392) | Rating, MPAA certificate (*US*)
Visage | Face
Visée (☞ : **Viseur**) | Viewfinder
~ à fibres optiques | Fiber optics viewfinder
~ orientable | Rotatable viewfinder
~ reflex | Reflex viewfinder

~ sur dépoli	Ground-glass viewfinder
~ vidéo, # *Reprise vidéo*	Video assist
cache de ~	Viewfinder mask
œilleton de ~	Eyecup
~ ~ chauffant	Heated eyecup
~ ~ en peau de chamois	Chamois leather eyecup, Eyecup cover
parallaxe de ~	Viewfinder parallax
position ~	Viewing position
système de ~ reflex	Reflex viewing system
Viser	To Sight, To Have *sth* in view
Viseur (☞ : **Visée**)	Viewfinder
~ accouplé	Coupled rangefinder
~ optique	Optical viewfinder
~ rotatif *(positionnant le viseur à gauche ou à droite du corps caméra)*	Swingover viewfinder
* *Tout ce qui peut être vu dans un viseur, y compris la zone hachurée (réserve) au-delà du tracé du cadre effectivement enregistré sur le film*	Live area
* *Zone du viseur délimitant le champ transmis en projection*	Safe area
* *Zone du viseur délimitant le champ transmis à la TV*	Safe action area
Visibilité	Visibility
seuil de ~	Threshold of visibility
Visible	Visible
Vision *1)* ~	Vision
~ binoculaire	Binocular vision
angle de ~	Visual angle
ingénieur de la ~	Video engineer
2) # *Projection*	Showing
première ~	First showing
Visionnage	Viewing
Visionner	To View
~ sur un écran vidéo	To Monitor
Visionneuse	Viewer, Viewing machine
Visser *1)* ~ *(une vis)*	To Screw
2) # *Tourner qch dans le sens des aiguilles d'une montre*	To Turn *sth* clockwise
Visualiser	To Visualize
Visuel (-elle)	Visual
détails ~s	Visual details
langage ~	Visual language
Vitesse	Speed
~ angulaire	Angular speed
~ constante	Constant speed
~ de défilement	Camera speed, Running speed
~ ~ de bande magnétique	Tape speed
~ d'enregistrement	Recording speed

~ de lecture *(pour une personne lisant un texte)* : Speed of reading
~ de lecture *(pour une machine lisant une bande)* : Playback speed
~ lente — Slow speed
~ linéaire — Linear speed
~ de la lumière = *300 000 km/s* — Speed of light = *186,282.397 miles/sec*
~ d'obturation — Shutter speed
~ de panoramique — Panning speed
~ de prise de vue — Shooting speed
~ de prise de vue sans scintillement HMI : HMI flicker free filming speed
~ de projection — Projection speed
~ rapide — High speed
~ de régime — Rated speed, Working speed
~ de rotation — Rotary speed
~ du son = *340 m/s* — Speed of sound = *770 miles per hour*
~ synchrone — Synchronous speed
~ variable — Variable speed
affichage de la ~ — Speed display
boîtier de changement de ~ — Speed control box
changement de ~ — Speed change
grande ~ (GV) — High speed (HS)
indicateur de ~ — Speed indicator
* *Tachymètre* — Speedometer, Tachometer
régulateur de ~ — Speed regulator
sélecteur de ~ — Speed selector
variation de ~ *(en direct pendant la prise de vue)* : Speed ramp
~ ~ avec compensation de diaphragme : Speed ramp with iris compensation
~ ~ avec compensation d'obturateur : Speed ramp with shutter comprensation
variateur de ~ — Varispeed

Vitrex — *GB* : Scrim – *US* : Wire
disque de ~ *(à placer dans un porte gélatine)* : Scrim
demi-disque de ~ — Half scrim
disque de double ~ — Double scrim

Vocoder *(Audio)* — Vocoder

Voie *1) # Canal, Ligne (Audio – Vidéo)* : Channel, Line, Way
~ de contrôle — Control track
~ déséquilibrée — Unbalanced line
2) # Chemin, Route — Way
en ~ d'achèvement — Nearing completion
en bonne ~ , en ~ de réussir — To be on the way to success

Voilage, # *Rideau léger* : Net curtain (*GB*) - Sheer, Sheer curtain (*US*)

Voile
1) ~ atmosphérique — Haze, Aerial haze
~ de lointain — Distance fog

2) ~ caméra	Camera fog, Fogging
~ sur les manchettes	Edge fog
~ sur toute l'image	Full-frame fog
3) ~ chimique	Chemical fog
de développement	Development fog
agent réducteur de ~	Anti-fogging agent
Voiler *1)* ~	To Fog
* *Voilé(e) par la lumière*	Light-struck
2) # *Couvrir avec un voile*	To Veil
Voiture	Car
~ à l'écran	Picture car
~ de jeu	Action car
~ ~ remorquée par une voiture travelling : Target car	
~ travelling	Insert car, Tracking car, Camera car
accroches ~ *(plaque capot et déports portières)* : Car rigs	
Voix	Voice
~ aiguë	High-pitched voice
~ dans le champ [CGTN – 2000]	Voice-in
~ hors-champ [CGTN – 2000]	Voice-over, Voice-off
~ chantée	Singing voice
~ détimbrée, ~ sans timbre	Toneless voice
~ grave	Deep voice
~ aux intonations douces	Soft-toned voice
~ off	Voice over
~ parlée	Speaking voice
~ timbrée	Sonorous voice
détimbrer la ~	Less bass, Less reverberation
essai de niveau de ~	Voice level test
poser sa ~	To Pitch one's voice correctly
timbrer la ~	More bass, More reverberation
Volant *(pour Élemack®)*	Steering rod, Steering wheel
Volet	
1) # *Coupe-flux*	Cutter, Lightshield
~ de barndoors	Flap
~ à bras articulé	French flag
~ caméra	Flap
~ en pelle à tarte	Bottom chop *(US)* *(Fam.)*
~ d'un projecteur	Barndoor
~ de protection contre le soleil pour le cadreur : Courtesy flag	
2) *(Trucages)*	Wipe
~ à bord franc, ~ à bord net	Hard-edge wipe
~ à bord flou	Soft-edge wipe
~ en cascade	Push-over
~ naturel	Natural wipe
~ ~ chassé	Push-off wipe

Volt	Volt
Voltmètre	Voltmeter
Volume *1) ~ (pour un objet)*	Bulk
2) ~ (pour le son)	Volume
~ sonore	Sound volume
Volumineux(-euse)	Bulky
Voyant lumineux	Control light, Pilot light
Voyeur(-euse)	Voyeur, Voyeuse *(Fam. :* Peeping Tom*)*
Vue *1) # Vision*	Sight
à ~	On sight
à portée de ~	Within sight
à première ~	At first sight
en ~	In sight
2) # Dessin, Croquis	View
~ arrière	Back view, Rear view
~ de côté	Side view
~ en coupe	Cutaway view, Sectional drawing
~ de détail	Separate drawing
~ de dessus	Top view
~ d'ensemble	General view
~ de face	Front view
~ latérale	Side view
~ de profil	Side view, View from profile
point de ~	Viewpoint, Point of view
VU-mètre	Vu-meter, Modulation meter

W

Watchman *(US)*	Clamshell
Watt	Watt
Watt-heure	Watthour
Wattmètre	Wattmeter
Web TV	Webcasting, Web TV
Week-end d'ouverture *(d'exploitation d'un film)* : Opening week-end (*US*)	
Western	Western
~ spaghetti	Spaghetti western
Wobulation	Wobulation

X

Xenon	Xenon
arc au ~	Xenon arc
lampe au ~	Xenon bulb

Y

Y	
connecteur en ~	Y-cable, Y-connector
Yeux *(voir aussi à* : **Œil**)	Eyes
~ creux	Deep-set eyes, Sunken eyes

Z

Zapper	*GB* : To Channel hop, To Channel surf *US* : To Zap
Zapping	*GB* : Channel-hopping – *US* : Zapping
Zapping	*GB* : Channel-hopping – *US* : Zapping
Zappon	Blooping ink
Zapponer	To Bloop
Zébra	Zebra
Zénith	Zenith
Zéro	Zero
réglage du ~	Zero adjustment
remettre à ~	To Reset, To Zero
remise à ~	Reset, Zero reset
Zéro-VU	Zero VU
Zone	Area, Zone
~ de couverture *(Audio)*	Cover zone
~ baignée de lumière	Pool of light, Light pool
~ d'impression *(dans un viseur)*	Live area
~ de pression *(Audio)*	Pression zone
~ de recoupement *(Audio)*	Crossover
Zone DVD	Zone DVD
multi-~	Multi zone

* *Zone 1 – North America + Canada* : Amérique du nord + Canada
* *Zone 2 – East and West Europe+Japan+South Africa+Israel+Lebanon*
Europe de l'Est et de l'Ouest+Japon+Afrique du Sud+Israël+Liban
* *Zone 3 – Korea* : Corée
* *Zone 4 – South America + Australia + New-Zeland*
Amérique du Sud + Australie + Nouvelle Zélande
* *Zone 5 – Russia + India + Africa* : Russie + Inde + Afrique
* *Zone 6 – China* : Chine

Zoom	Zoom lens, Zoom
~ acoustique *(Audio)*	Acoustic zoom
~ arrière	Zoom back, Zoom out (ZO)
~ avant	Zoom in (ZI)
~ compensé	Zoom combined with a track
~ électrique	Electrical zoom
~ macro	Macro-zoom lens
~ à moteur	Motorized zoom

~ à la Truca	Optical zoom
bague de ~	Zoom ring
commande de ~	Zoom control
dérive de ~	Axial drift, Zoom drift
gamme de focales d'un ~	Zoom range
moteur de ~	Zoom motor, Zoom drive
plan avec ~	Zoom shot
~ ~ arrière	Zoom back shot, Zoom out shot
~ ~ avant	Zoom in shot
rapport de focale d'un ~	Zoom ratio
support de ~	Zoom support
télécommande de ~	Zoom remote control
trou dans la course d'un ~	Hole in the zoom range
Zoomer	To Zoom
~ en arrière	To Zoom out
~ en avant	To Zoom in

* *Serrer >< Desserrer (un plan tourné au zoom)* : To Zoom in >< out

NOTES PERSONNELLES
PERSONAL NOTES

NOTES PERSONNELLES
PERSONAL NOTES

Annexes

Appendices

LISTE DES ANNEXES

Chapitre 1 : Généralités

Chapitre 2 : D'un pays à l'autre

Chapitre 3 : Technique

LIST OF APPENDICES

Chapter 1 : General

Chapter 2 : From one country to the other

Chapter 3 : Technique

Généralités

Generalities

PAYS	CAPITALE	MONNAIE	LATITUDE (1)	L (2)	GMT (3)	Température (4) Hiver	Été	☎ (5)	Std Vidéo (6)	Hz (7)	Volts (8)	Prises (10)
AFGHANISTAN	Kaboul	Afghani	30/38N-35		+ 4,30	-8°/2°	16°/33°	93	PAL	50	220/380	C D F
AFRIQUE DU SUD	Pretoria	Rand	35/22S-26	A	+ 2	16°/27°	9°/17°	27	PAL	50	220/380	D
ALBANIE	Tirana	Lek	40/43N-41		+ 1	2°/12°	17°/31°	355	PAL	50	220	C E
ALGÉRIE	Alger	Dinar algérien	20/37N-37	F	+ 1	9°/15°	22°/29°	213	SECAM B/G	50	127/220	C E (F)
ALLEMAGNE	Berlin	Euro	48/55N-52		H : + 1 E : + 2	-1°	20°	49	PAL B/G	50	220/380	C F
ANGOLA	Luanda	Kwanza	18/6S-9	P	+ 1	24°/30°	18°/23°	244	PAL	50	220/380	
ARABIE-SAOUDITE	Riyad	Riyal saoudien	17/32N-24	A	+ 3	8°/21°	26°/42°	966	SECAM B/G	50/60	127/220	ABFG
ARGENTINE	Buenos Aires	Peso argentin	55/22S-35	E	H : - 3 E : - 2	17°/29°	5°/14°	54	PAL N	50	220/380	C I
ARMÉNIE	Erevan	Dram arménien	39/41N-40		+ 5	- 10°/- 3°	25°/28°	374	SECAM			
AUSTRALIE	Canberra	Dollar australien	39/10S-35	A	H : +8/10 E : +9/11 **(9)**	8°/16°	8°/16°		PAL B/G	50	240/415	I
AUTRICHE	Vienne	Euro	46/49N-48	G	H : + 1 E : + 2	- 4°/1°	15°/25°	43	PAL B/G	50	220/380	C F
AZERBAÏDJAN	Bakou	Nouvelle manat	39/42N-41		+ 3	1°	27°	994	SECAM			
BAHAMAS	Nassau	Dollar des Bahamas	21/27N-25	A	- 5	21°/30°	21°/30°	1	NTSC	60	120/240	A B
BAHREÏN	Manama	Dinar bahreïnien	26N-26		+ 3	17°/20°	30°/35°	973	PAL	50	230/400	D G
BANGLADESH	Dhaka	Taka	21/26N-24		+ 6	13°/26°	25°/31°	880	PAL	50	220/400	C D
BARBADES	Bridgetown	Dollar barbadien	13N-13	A		24°/28°	24°/28°	1-246	NTSC	50	120/220	A B
BELGIQUE	Bruxelles	Euro	50/52N-51	F	H : + 1 E : + 2	-1°/4°	14°/18°	32	PAL B/G	50	220/380	C E
BELIZE	Belmopan	Dollar de Belize	16/19N-17	A-E	- 6	19°/27°	24°/31°	501	PAL	60	110/220	A B

PAYS	CAPITALE	MONNAIE	LATITUDE (1)	L (2)	GMT (3)	Température (4) Hiver	Été	☎ (5)	Std Vidéo (6)	Hz (7)	Volts (8)	Prises (10)
BÉNIN	Porto Novo	Franc CFA	6/12N-6	F	+ 1	28°	23°	229	SECAM	50	220/380	D
BHOUTAN	Thimphou	Ngultrum	27/28N-27	A	+ 6	4°	17°	975	N&B			
BIELORUSSIE	Minsk	Rouble biélorusse	52/56N-54		+ 2			375	SECAM			
BIRMANIE	Naypyidaw	Kyat	16/28N-17		+ 6,30	18°/32°	24°/36°	95	NTSC	50	220/240	D G
BOLIVIE	La Paz	Boliviano	24/10S-19	E	- 4	6°/19°	1°/17°	591	NTSC	50	115/220	ABCF
BOSNIE-HERZÉGOVINE	Sarajevo	Mark convertible	43/45N-44		+ 1	-15°/-6°	15°/26°	387				
BOTSWANA	Gaborone	Pula	27/18S-25	A	+ 2	18°/31°	5°/23°	267	PAL	50	220/380	D G
BRÉSIL	Brasilia	Real brésilien	33S/6N-16S	P	H : -3/-5 E:-2/-4 **(9)**	23°/30°	17°/24°	55	PAL M	60	127/220	A B C
BRUNEI	Bandar Seri Begawan	Dollar de Brunei	4/5N-5	A	+ 8	24°/30°	24°/30°	673	PAL			
BULGARIE	Sofia	Euro	41/44N-43		+ 2	- 4°/2°	16°/27°	359	SECAM D/K	50	220/380	C F
BURKINA FASO	Ouagadougou	Franc CFA	10/15N-12	F	0	16°/33°	26°/39°	226	SECAM	50	220/380	C
BURUNDI	Bujumbura	Franc burundi	7/5S-7	F	+ 2	24°	24°	257	PAL D/K	50	220	C E F
CAMBODGE	Phnom Penh	Riel	10/14N-11	F	+ 5	27°	27°	855	PAL	50	120/220	C (G)
CAMEROUN	Yaoundé	Franc CFA	3/11N-5	F	+ 1	18°/29°	18°/29°	237	PAL D/K	50	220/380	C E
CANADA	Ottawa	Dollar canadien	42/83N-45	A-F	H : -5/-8 E :-4/-7 **(9)**	-15°/-6°	15°/26°	1	NTSC	60	120/240	A B
CAP-VERT	Praia	Escudo cap-verdien	15/17N-15	P	- 1	22°/28°	22°/28°	238		50	220	C F
CHILI	Santiago	Peso chilien	55/17S-33	E	H : - 4 E : - 3	12°/29°	3°/15°	56	NTSC	50	220/380	C M
CHINE	Pékin	Renminbi yuan	21/53N-40		+ 8	1°/15°	21°/37°	86	PAL D/K	50	220/380	C I A
CHYPRE	Nicosie	Euro	35N-35	A	+ 2	5°/15°	21°/37°	357	PAL B/G	50	240/415	G

PAYS	CAPITALE	MONNAIE	LATITUDE (1)	L (2)	GMT (3)	Température (4) Hiver	Été	☎ (5)	Std Vidéo (6)	Hz (7)	Volts (8)	Prises (10)
COLOMBIE	Bogota	Peso colombien	4S/12N-5N	E	- 5	9°/20°	10°/18°	57	NTSC	60	110/220	A C
COMORES	Moroni	Franc comorien	8S-8	F	+ 3	24°/31°	19°/27°	269				
CONGO	Brazzaville	Franc CFA	5S/4N-5S	F	+ 1	22°/33°	17°/28°	242	PAL D/K	50	220/380	C
CORÉE DU NORD	Pyongyang	Won nord-coréen	38/43N-39		+ 9	- 8°	24°	850	PAL	60	100/220	
CORÉE DU SUD	Séoul	Won sud-coréen	34/38N-38		+ 9	-9°/0°	22°/31°	82	NTSC	60	100/220	A F
COSTA RICA	San José	Colon costaricain	9/11N-10	E	- 6	14°	17°/27°	506	NTSC	60	120/240	A B
CÔTE D'IVOIRE	Yamoussoukro	Franc CFA	5/10N-7	F	0	22°/32°	22°/32°	225	PAL D/K	50	220	C
CROATIE	Zagreb	Kuna	42/46N-46		+ 1	0°	25°	385				
CUBA	La Havane	Peso cubain	20/23N-23	E	- 5	18°/26°	24°/32°	53	NTSC	60	110 et 220	A B C
DANEMARK	Copenhague	Krone = Couronne danoise	55/58N-56		H : + 2 E : + 3	-3°/2°	14°/22°	45	PAL B/G	50	220/380	C K
DJIBOUTI	Djibouti	Franc Djibouti	11N-11	F	+ 3	23°/29°	31°/41°	253	SECAM	50	220	C E
ÉGYPTE	Le Caire	Livre égyptienne	22/31N-30		H : + 2 E : + 3	8°/18°	21°/36°	20	SECAM B/G	50	220/380	C
ÉMIRATS ARABES UNIS	Abu Dhabi	Dirham des E.A.U.	23/26N-24	A	+ 4	12°/23°	28°/38°	971	PAL	50	220/240	D G
ÉQUATEUR	Quito	Dollar américain	5S/1N-0	E	- 5	8°	21°	593	NTSC	60	120	A C
ÉRYTHRÉE	Asmara	Nakfa	12/18N-15		+ 3	5°/25°	5°/25°	291				
ESPAGNE	Madrid	Euro	36/44N-40	E	H : + 1 E : + 2	1°/8°	17°/31°	34	PAL B/G	50	220/380	C F
ESTONIE	Tallinn	Kroon = Couronne estonienne	55/59N-59		+ 2	-5°/-1°	14°/22°	372	SECAM	50	230	F

PAYS	CAPITALE	MONNAIE	LATITUDE (1)	L (2)	GMT (3)	Température (4) Hiver	Été	☎ (5)	Std Vidéo (6)	Hz (7)	Volts (8)	Prises (10)
ÉTATS-UNIS	Washington	Dollar américain	26/49N-39	A	H: -5/-8 E: -4/-7**(9)**	E : -3/6° W : 5°/12°	20°/31° 15°/25°	1	NTSC	60	115/[illegible]00	B
ÉTHIOPIE	Addis-Abeba	Birr éthiopien	4/17N-9		+ 3	5°/25°	5°/25°	251	PAL	50	22[illegible]380	C D F
FIDJI	Suva	Dollar fidjien		A	+ 12	23°/31°	18°/28°	679		50	22[illegible]415	I
FINLANDE	Helsinki	Euro	60/70N-60		H : + 2 E : + 3	-9°/-4°	12°/22°	358	PAL B/G	50	22[illegible]380	C F
FRANCE	Paris	Euro	43/51N-49	F	H : + 1 E : + 2	1°/6°	14°/25°	33	SECAM L/L'	50	2[illegible]/380	C E
GABON	Libreville	Franc CFA	5S/2N-0	F	+ 1	24°/27°	24°/27°	241	SECAM	50	[illegible]20	C E
GAMBIE	Banjul	Dalasi	13N-13	A	0	15°/31°	23°/32°	220	PAL	50	[illegible]20	G
GÉORGIE	Tbilissi	Lari	41/43N-42		H : + 3 E : + 4	6°	23°	995	SECAM			
GHANA	Accra	Cedi	5/11N-6	A	0	22°/31°	22°/31°	233	PAL B/G	50	[illegible]0/400	C D G
GRANDE-BRETAGNE	Londres	Livre sterling	50/59N-51	A	H : 0 E : + 1	2°/6°	13°/22°	44	PAL I	50	[illegible]0/415	G
ÉCOSSE								44	PAL I	50	220	G
IRLANDE								44	PAL I	50	220	G
PAYS DE GALLES								44	PAL I	50	220	G
GRÈCE	Athènes	Euro	35/41N-38		H : + 2 E : + 3	6°/13°	23°/33°	30	SECAM B/G	50	[illegible]20/380	C F
GROENLAND	Nuuk (Godthab)	Couronne danoise	60/84N-65		-1/-4**(9)**	-23°/-8°	5°/10°	299	NTSC	50	220	C K
GUADELOUPE *(DOM)*	Basse-Terre *(Préfecture)*	Euro	16N-16	F	- 4	19°	23°	590	SECAM	50	220	C E
GUATEMALA	Guatemala	Quetzal	14/18N-15	E	- 6	12°/23°	16°/29°	502	NTSC	60	120/240	A B
GUINÉE	Conakry	Franc guinéen	8/12N-9	F	0	22°/32°	22°/32°	224	SECAM	50	220/380	C E
GUINÉE-BISSAU	Bissau	Franc CFA	11/12N-12	P	0	24°/27°	24°/27°	245	SECAM	50	220	C F

PAYS	CAPITALE	MONNAIE	LATITUDE (1)	L (2)	GMT (3)	Température (4) Hiver	Été	☎ (5)	Std Vidéo (6)	Hz (7)	Volts (8)	Prises (10)
GUINÉE ÉQUATORIALE	Malabo *sur l'île Bioko*	Franc CFA	1/2N-4	E-F	+ 1	21°/32°	21°/32°	241	N&B	50	220	C
GUYANA	Georgetown	Dollar de la Guyana	1/8N-7	A	- 3	23°	31°	592	PAL	50 / 60	110 et 220	A B C D G
GUYANE *(DOM)*	Cayenne *(Préfecture)*	Euro	2/6N-5	F	- 3	20°	23°	594	SECAM	50	220	C E
HAÏTI	Port-au-Prince	Gourde	18/20N-18	F	- 5	25°	29°	509	NTSC	50/60	110/220	A B
HONDURAS	Tegucigalpa	Lempira	13/16N-14	E	- 6	4°/27°	12°/33°	504	NTSC	60	110/220	A B
HONG KONG	(*Hong Kong*)	Dollar de H. Kong	22N-22	A	+ 8	14°	29°	852	PAL I	50	200/346	D (G)
HONGRIE	Budapest	Forint	43/48N-44		H : + 1 E : + 2	-4°/1°	16°/28°	36	SECAM D/K	50	220/380	F
INDE	New Delhi	Roupie indienne	8/37N-29	A	+ 5,30	7°/21°	26°/41°	91	PAL B/G	50	230/400	C D
INDONÉSIE	Djakarta	Rupiah	10S/5N-6S		+ 8	23°	33°	62	PAL	50	220	C F G
IRAK	Bagdad	Dinar irakien	29/37N-33		+ 3	4°/16°	24°/50°	964	SECAM	50	220/380	C D G
IRAN	Téhéran	Rial iranien	25/39N-36		H : +3,30 E : + 4,30	-3°/7°	22°/37°	98	SECAM B/G	50	220/380	C F
IRLANDE (*EIRE*)	Dublin	Euro	51/55N-53	A	H : 0 E : + 1	4°/7°	14°/16°	353	PAL I	50	220/380	F G
ISLANDE	Reykjavik	Krona = Couronne islandaise	63/66N-64		0	-2°/2°	9°/14°	354	PAL	50	220/380	C F
ISRAËL	Tel-Aviv	Nouveau shekel	29/33N-32		H : + 2 E : + 3	5°/13°	18°/31°	972	PAL B/G	50	230/400	J
ITALIE	Rome	Euro	36/47N-42		H : + 1 E : + 2	4°/11°	20°/30°	39	PAL B/G	50	220/380	C M E
JAMAÏQUE	Kingston	Dollar jamaïcain	18N-18	A	- 5	19°	32°	1-876	NTSC	50	110/220	A B
JAPON	Tokyo	Yen	31/45N-36	A	+ 9	-2°/8°	22°/30°	81	NTSC	50/60	100	A B

PAYS	CAPITALE	MONNAIE	LATITUDE (1)	L (2)	GMT (3)	Température (4) Hiver	Été	☎ (5)	Std Vidéo (6)	Hz (7)	Volts (8)	Prises (10)
JORDANIE	Amman	Dinar jordanien	29/33N-32	A	H : + 2 E : + 3	4°/12°	18°/32°	962	PAL	50	110/220	C F G
KAZAKHSTAN	Astana	Tenge	41/56N-52		+ 4/+ 6 **(9)**	N : -18° S : -3°	N : 19° S : 30°	7	SECAM			
KENYA	Nairobi	Shilling kenyan	5S/5N-2S	A	+ 3	13°/26°	11°/21°	254	PAL	50	240/415	D G
KIRGHIZISTAN	Bichkek	Som	39/43N-43		+ 6	- 18°	+ 28°	996	SECAM			
KOWEÏT	Koweït	Dinar koweïtien	29/30N-29	A	+ 3	8°/18°	29°/45°	965	PAL	50	240/415	C D G
LAOS	Vientiane	Kip	14/22N-18		+ 7	10°/20°	28°/35°	856	PAL	50	220/380	
LESOTHO	Maseru	Loti	31/29S-29	A	+ 2	15°/33°	-3°/17°	266	N&B	50	240	C D
LETTONIE	Riga	Lats letton	56/58N-57		+ 2	-5°/-1°	14°/22°	371	SECAM	50	127	
LIBAN	Beyrouth	Livre libanaise	33/35N-34	F-A	+ 2	11°/17°	23°/32°	961	PAL	50	110/220	C
LIBERIA	Monrovia	Dollar libérien	5/8N-6	A	0	21°/32°	21°/32°	231	PAL	60	120	A G
LIBYE	Tripoli	Dinar libyen	20/33N-33		+ 1	8°/16°	22°/30°	218	SECAM B/G	50	127/230	D
LIECHTENSTEIN	Vaduz	Franc suisse	47N-47		H : + 1 E : + 2	-3°/2°	15°/28°	423	SECAM	50	220	L
LITUANIE	Vilnius	Litas lituanien	55/57N-56		+ 1	-5°/-1°	14°/22°	370	SECAM	50	127	
LUXEMBOURG	Luxembourg	Euro	50N-50	F-G	H : + 1 E : + 2	-1°/2°	14°/16°	352	PAL	50	220/380	C F
MACÉDOINE (République de Macédoine)	Skopje	Denar	41/42N-42		+1	2°/12°	17°/31°	389		50	220	
MADAGASCAR	Tananarive (*Antananarivo*)	Ariary	25/12S-19	F	+ 3	9°/20°	16°/27°	261	SECAM	50	127/220	C E
MALAISIE	Kuala Lumpur	Ringgit	1/7N-3	A	+ 8	22°/32°	22°/32°	60	PAL B/G	50	240/415	G
MALAWI	Lilongwe	Kwacha	17/9S-16	A	+ 2	19°/32°	14°/24°	265	N&B	50	230	G
MALDIVES	Malé	Rufiyaa = Roupie des Maldives	1/7N-5		+ 5	25°/29°	25°/29°	960		50	230	D
MALI	Bamako	Franc CFA	10/25N-13	F	0	16°/33°	24°/39°	223	SECAM	50	220	C E

PAYS	CAPITALE	MONNAIE	LATITUDE (1)	L (2)	GMT (3)	Température (4) Hiver	Été	☎ (5)	Std Vidéo (6)	Hz (7)	Volts (8)	Prises (10)
MALTE	La Valette	Euro	36N-36	A	+ 1	10°/14°	23°/29°	356	PAL	50	240/415	G
MAROC	Rabat	Dirham marocain	28/35N-34	F	0	8°/17°	18°/28°	212	SECAM B/G	50	(127) 220	C D E F
MARTINIQUE *(DOM)*	Fort-de-France *(Préfecture)*	Euro	15N-15	F	- 4	19°	26°	596	SECAM	50	220	C E
MAURICE (ÎLE -)	Port-Louis	Roupie mauricienne	20S-20	A	+ 4			230		50	230	C D G
MAURITANIE	Nouakchott	Ouguiya	16/27N-18	F	0	13°/18°	24°/34°	222	SECAM	50	220	C
MEXIQUE	Mexico	Peso mexicain	15/32N-19	E	H : - 7 E : - 6	6°/19°	12°/26°	52	NTSC	60	127/220	A
MOLDAVIE	Chisinău	Leu moldave	46/48N-47		H : + 2 E : + 3	- 4°	21°	373	SECAM			
MONGOLIE	Oulan-Bator	Tugrik	42/52N-48		+ 8	-32°/-19°	11°/22°	976	SECAM	50	220	C
MONTÉNÉGRO	Podgorica	Euro			+ 1			382				
MOZAMBIQUE	Maputo	Nouveau metical	25/9S-25	P	+ 2	22°/31°	13°/24°	258	PAL	50	220/380	C F M
NAMIBIE	Windhoek	Dollar namibien	29/17S-22	A-G	+ 2	17°/29°	6°/20°	264	PAL	50	220	D
NÉPAL	Katmandou	Roupie népalaise	27/30N-28		+ 5,45	2°/23°	20°/29°	977	PAL	50	230/440	D
NICARAGUA	Managua	Cordoba	11/15N-12	E	- 6	20°/34°	20°/34°	505	NTSC	50	120/240	A
NIGER	Niamey	Franc CFA	13/24N-13	F	+ 1	14°/34°	27°/41°	227	SECAM	50	220/380	C
NIGERIA	Abuja	Naira	4/13N-7	A	+ 1	23°/32°	23°/32°	234	PAL	50	230/410	D G
NORVÈGE	Oslo	Krone = Couronne norvégienne	58/71N-60	A	H : + 1 E : + 2	-7°/-2°	13°/22°	47	PAL B/G	50	230	C F
NOUVELLE CALÉDONIE *(TOM)*	Nouméa	Franc pacifique (CFP)	23/20S-22	F	+ 11	16°	30°	687	SECAM	50	220	C E
NOUVELLE-ZÉLANDE	Wellington	Dollar néo-zélandais	47/34S-41	A	H : + 12 E : + 13	13°/21°	6°/12°	64	PAL B/G	50	230/400	I
OMAN	Mascate	Rial omanais	17/25N-24		+ 4	19°/38°	19°/38°	968	PAL	50	220/440	D G
OUGANDA	Kampala	Shilling ougandais	1S/4N-0	A	+ 3	15°/26°	15°/26°	256	PAL	50	240/415	G

PAYS	CAPITALE	MONNAIE	LATITUDE (1)	L (2)	GMT (3)	Température (4) Hiver	Été	☎ (5)	Std Vidéo (6)	Hz (7)	Volts (8)	Prises (10)
OUZBÉKISTAN	Tachkent	Soum ouzbek	38/46N-42			- 3°/-9°	30°/35°		SECAM			
PAKISTAN	Islamabad	Roupie	24/37N-34	A	+ 5	13°/25°	28°/34°	92	PAL	50	230/400	C D
PANAMA	Panama	Balboa	7/10N-9	E-A	- 5	22°/32°	22°/32°	507	NTSC	50	110/220	A B
PAPOUASIE (*Nouvelle Guinée*)	Port Moresby	Kina	10/3S-10	A	+ 10	26°/28°	26°/28°	675	PAL	50	240	H I
PARAGUAY	Asunción	Guarani	27/20S-25	E	- 4	22°/35°	12°/22°	595	PAL N	50	220	C
PAYS-BAS (*Nederland*)	Amsterdam	Euro	51/53N-52	A-G	H : + 1 E : + 2	-1°/4°	13°/22°	31	PAL B/G	50	220/380	C F
PÉROU	Lima	Nouveau sol	18/0S-12	E	- 5	19°/28°	13°/19°	51	NTSC	60	110/220	A
PHILIPPINES	Manille	Peso philippin	6/19N-15	A-E	+ 8	21°/34°	21°/34°	63	NTSC	60	110/220	A B C
POLOGNE	Varsovie	Zloty	49/55N-52		H : + 1 E : + 2	-5°	15°/24°	48	SECAM D/K	50	220/380	C F
POLYNÉSIE FRANÇAISE (*TOM*)	Papeete (*Tahiti*)	Franc Pacifique (CPF)	8/24S-17 *Tahiti : 17S*	F	- 10	24°	24°	689	SECAM	50	220	C E
PORTO RICO	San Juan	Dollar américain	18N-18	E-A	- 4	17°	36°	1-787 1-939	NTSC	60	120	A B
PORTUGAL	Lisbonne	Euro	37/42N-39	P	H : + 1 E : + 2	8°/14°	17°/28°	351	PAL B/G	50	220/380	C D F
QATAR	Doha (Al-Dawha)	Riyal du Qatar	25/26N-25		+ 3	17°	35°/50°	974	PAL	60	240	D G
RÉPUBLIQUE CENTRAFRICAINE	Bangui	Franc CFA	3/11N-5	F	+ 1	21°/34°	21°/29°	236	PAL D/K	50	220/380	C
RÉPUBLIQUE DU CONGO	Brazzaville	Franc CFA	3N/4S-4S	F		22°/33°	17°/28°	242	SECAM	50	220	C
RÉPUBLIQUE DÉMOCRATIQUE DU CONGO (*ex Zaïre*)	Kinshasa	Franc congolais	9S/4N-4S	F	+ 1/+ 2 **(9)**	26°/28°	26°/28°	243	SECAM	50 1-829	220	E

PAYS	CAPITALE	MONNAIE	LATITUDE (1)	L (2)	GMT (3)	Température (4) Hiver	Été	☎ (5)	Std Vidéo (6)	Hz (7)	Volts (8)	Prises (10)
RÉPUBLIQUE DOMINICAINE	Saint Domingue	Peso dominicain	18/20N-18	E	- 4	19°/29°	23°/31°	1-809 1-829	NTSC	60	110/220	A B
REPUBLIQUE TCHÈQUE	Prague	Koruna = Couronne tchèque	48/51N-50		+ 3	-4°/1°	14°/23°	42	SECAM D/K	50	220/380	F
RÉUNION (Île de la ~) (DOM)	Saint-Denis *(Préfecture)*	Euro	19S-19	F	+ 4	22°	18°	262	SECAM	50	220	C E
ROUMANIE	Bucarest	Nouveau Leu	44/48N-44		H : + 2 E : + 3	-7°	30°	40	PAL	50	220/380	C F
ROYAUME-UNI *voir à : Grande-Bretagne*												
RUSSIE	Moscou	Rouble	35/75N-56		H : + 3 E : + 4	-16°/-9°	13°/23°	7	SECAM D/K	50	127/220	C F
RWANDA	Kigali	Franc rwandais	2S-2	A-F	+ 2	18°/25°	18°/25°	250	PAL	50	220	C
SALVADOR	San Salvador	Colon salvadorien	14N-14	E	- 6	22°/24°	22°/24°	503	NTSC	60	115/230	A B
SÃO TOMÉ et PRINCIPE	São Tomé	Dobra	São Tomé 0 Principe +1	P	0	21°/31°	21°/31°	239				
SÉNÉGAL	Dakar	Franc CFA	13/17N-15	F	0	18°/26°	24°/32°	221	SECAM	50	110/220	E
SERBIE	Belgrade	Dinar serbe	41/46N-44		+ 1	-2°	23°	381	PAL	50	220	C F
SEYCHELLES	Victoria	Roupie des Seychelles	7/3S-5	F-A	+ 4	26°	26°	248	PAL	50	240	D G
SIERRA LÉONE	Freetown	Leone	7/10N-8	A	0	23°/31°	23°/31°	232	PAL	50	220/440	D G
SINGAPOUR	Singapour	Dollar de Singapour	1N-1	A	+ 8	24°/32°	24°/32°	65	PAL	50	230	C D G
SLOVAQUIE	Bratislava	Euro	48/49N-48		+ 1	- 2°	21°	421	PAL	50	220	
SLOVÉNIE	Ljubljana	Euro	45/47N-46		H : + 1 E : + 2	0°	25°	386	PAL	50	220	
SOMALIE	Mogadiscio	Shilling somalien	1S/12N-3N	A	+ 3	23°/32°	23°/32°	252	PAL	50	110/220	C E

PAYS	CAPITALE	MONNAIE	LATITUDE (1)	L (2)	GMT (3)	Température (4) Hiver	Été	☎ (5)	Std Vidéo (6)	Hz (7)	Volts (8)	Prises (10)
SOUDAN	Khartoum	Dinar (Livre = 100 dinars)	3/22N-15	A	+ 2	15°/32°	26°/41°	249	PAL	50	230/415	C F G
SRI LANKA	Colombo	Roupie cinghalaise	6/10N-7	A	+ 5,30	22°/30°	22°/30°	94	PAL	50	230/400	D
SUÈDE	Stockholm	Krona = Couronne suédoise	55/69N-59	A	H : + 1 E : + 2	-5°/-1°	14°/22°	46	PAL B/G	50	230/380	C F
SUISSE	Berne	Franc suisse	46/48N-47	G-F	H : + 1 E : + 2	-3°/2°	13°/24°	41	PAL B/G	50	220/380	C L
SURINAM	Paramaribo	Florin du Surinam	2/6N-6	A	- 3	27°	27°	297	NTSC	60	115/230	C F
SWAZILAND	Mbabane	Lilangeni	27/26S-26	A	+ 2	15°/25°	6°/17°	268	PAL	50	230/400	D
SYRIE	Damas	Livre syrienne	32/37N-33		H : + 2 E : + 3	0°/12°	18°/37°	963	SECAM	50	220	C
TADJIKISTAN	Douchanbé	Somoni	37/41N-38		+ 5	- 30°/- 1°	28°	992	SECAM			
TAIWAN	Taipeh (*Taipei*)	Dollar taïwanais	22/25N-25		+ 8			886	NTSC	60	110	A B
TANZANIE	Dodoma	Shilling tanzanien	12/1S-7	A	+ 3	18°/32°	18°/32°	255	PAL	50	230/400	D G
TCHAD	N'Djamena	Franc CFA	8/24N-12	F	+ 1	14°/33°	23°/42°	235	SECAM	50	220	D E F
THAILANDE	Bangkok	Baht	6/21N-14		+ 7	20°	35°	66	PAL B/G	50	220/380	A C
TOGO	Lomé	Franc CFA	6/11N-6	F	0	21°/32°	21°/32°	228	SECAM	50	220/380	C E
TRINITÉ ET TOBAGO	Port of Spain	Dollar de Trinité-et-Tobago	Trinidad 10N Tobago 11N	A	- 4	26°	26°	1-868		60	115/230	A B D G
TUNISIE	Tunis	Dinar tunisien	31/37N-36	F	+ 1	6°/14°	21°/33°	216	PAL B/G	50	220/380	C
TURKMÉNISTAN	Achgabat	Manat turkmène	34/43N-38		+ 5	- 30°/- 4°	28°	993	SECAM			
TURQUIE	Ankara	Nouvelle livre turque	36/42N-40		H : + 2 E : + 3	-4°/4°	15°/31°	90	PAL B/G	50	220/380	C F
UKRAINE	Kiev	Hryvnia	45/53N-51		H : +2 E : + 3	- 6°/- 3°	19°/22°	380	SECAM	50	127/220	
URUGUAY	Montevideo	Peso uruguayen	35/30S-35	E	H : - 3 E : - 2	17°/28°	6°/14°	598	PAL N	50	220	C I

PAYS	CAPITALE	MONNAIE	LATITUDE (1)	L (2)	GMT (3)	Température (4) Hiver	Été	☎ (5)	Std Vidéo (6)	Hz (7)	Volts (8)	Prises (10)
VANUATU	Port-Vila	Vatu	20/16S-18	A-F	+ 11	24°/31°	19°/26°	678				
VENEZUELA	Caracas	Bolivar	1/11N-10	E	- 4	24°/27°	24°/27°	58	NTSC	60	120/240	A B
VIETNAM	Hanoi	Dong	9/23N-21	F-A	+ 7	17°	29°	84	NTSC	50	120220	ABCE
YEMEN	Sanaa	Rial yéménite	13/16N-15	A	+ 3	14°	29°/37°	967	NTSC	50	230	C D G
YOUGOSLAVIE	*voir à : République Fédérale de Yougoslavie*											
ZAMBIE	Lusaka	Kwacha	18/12S-15	A	+ 2	18°/31°	9°/23°	360	PAL	50	220	G
ZIMBABWE	Harare	Dollar du Zimbabwe	22/15S-18	A	+ 2	16°/27°	7°/21°	263	PAL	50	220/380	DG

Légende du tableau par pays

(DOM) = Département d'outre-mer   *(TOM)* = Territoire d'outre-mer

(1) **1er chiffre** = latitude de la frontière sud du pays
2ème chiffre = latitude de la frontière nord du pays
3ème chiffre = latitude de la capitale du pays

les lettres : **N** = hémisphère Nord - **S** = hémisphère Sud
(Dans le cas où le pays s'étend sur les deux hémisphères, chaque frontière est affectée de la lettre correspondant à la latitude Sud ou Nord)

Note : 1° de latitude = 111 kilomètres = 69 miles

(2) Langues officielles ou parlées dans le pays :
A = Anglais, **F** = Français, **G** = Allemand, **E** = Espagnol, **P** = Portugais
(3) Décalage horaire par rapport au méridien zéro
(4) Température moyenne en hiver et en été. *Ces périodes sont celles de l'hémisphère nord et correspondent à :*
H = hiver *(décembre à mars)* - **E** = été *(mai à août)*
(5) Code téléphonique du pays
(6) Standard vidéo : PAL / PAL-N / PAL-M / NTSC / SECAM / MESECAM
(7) Fréquence(s) du courant électrique disponible
(8) Tension(s) du courant électrique disponible
(9) 1ère valeur : à la frontière Est - 2ème valeur : à la frontière ouest
(10) Types de prises électriques disponibles dans le pays *(Voir page suivante le tableau des différentes prises électriques à travers le monde)*

Prises électriques dans le monde

Electric plugs worlwide

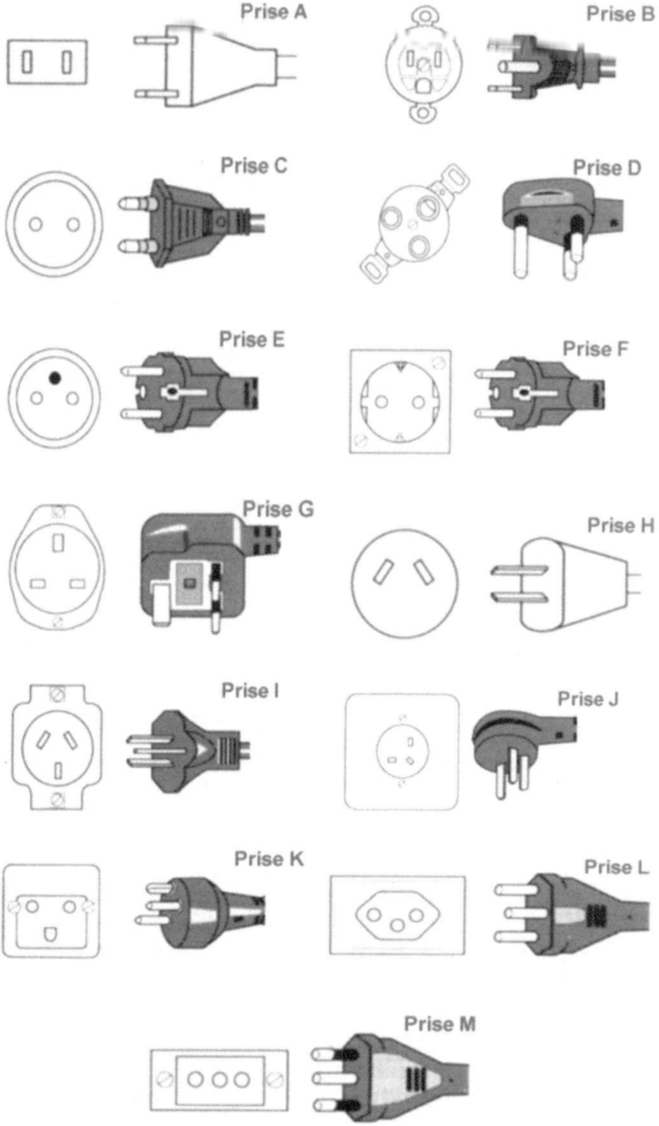

TABLES DE CONVERSION
CONVERSION TABLES

1°) LONGUEURS – LENGTHS			
1 micron µm	=	0,0394	$^1/_{100}{}^{th}$ in
1 millimètre : mm	=	0,0394	in
1 centimètre : cm	=	0,394	in
1 mètre : m	=	39,37	in
	=	3,281	ft
	=	1,094	yd
1 kilomètre : km	=	0,621	m
$1\ ^1/_{100}{}^{th}$ of inch	=	0,254	mm
1 inch : in *(= $^1/_{12}{}^{th}$ ft)*	=	2,54	cm
	=	25,4	mm
1 foot : ft *(= 12 in)*	=	0,3048	m
	=	30,48	cm
1 yard : yd *(= 3 ft)*	=	0,9144	m
1 mile : m *(= 5,28 ft)*	=	1609,347	m
	=	1,61	km

2°) SURFACES – AREAS			
1 millimètre carré : mm^2	=	0,00155	sq in
1 centimètre carré : cm^2	=	0,155	sq in
1 mètre carré : m^2	=	10,7636	sq ft
	=	1,19596	sq yd
1 kilomètre : km^2	=	0,3861	sq m
1 square inch : sq in	=	645,2	mm^2
(= ± 0,007 sq ft)	=	6,452	cm^2
1 square foot : sq ft	=	0,0929	m^2
(= 144 sq in)	=	929,0	cm^2
1 square yard : sq yd	=	0,836	m^2
(= 9 sq ft)			
1 square mile : sq m	=	2,59	km^2

3°) POIDS – WEIGHT			
1 milligramme : mg	=	0,01543	gr
1 gramme : g	=	0,03527	oz
1 kilogramme : kg	=	35,274	oz
	=	2,20462	lb
	=	0,157	st
1 quintal : q *(= 100 kg)*	=	220,462	lb
	=	15,1575	st
1 tonne : t *(1 000 kg)*	=	151,575	st
	=	0,9842	UK ton
	=	1,10	US ton
1 grain : gr *(= ± $^1/_{700}{}^{th}$ lb)*	=	64,81	mg
	=	0,0648	g
1 ounce : oz *(= ± $^1/_{16}{}^{th}$ lb)*	=	28,349	g
	=	0,2835	kg
1 pound : lb	=	453,59	g
(= 16 oz = 7000 gr)	=	0,4536	kg
1 stone : st *(= 14 lb)*	=	6,3504	kg
1 UK ton = 1 long ton	=	1016,0	kg
1 US ton = 1 short ton	=	907,2	kg

1 US ton = 0,893 UK ton - 1 UK ton = 1,102 US ton

4°) VITESSE – VELOCITY			
1 centimètre par seconde : cm/s	=	0,3937	ips
	=	23,622	ipm
	=	0,03281	fts
	=	1,9685	ftm
1 mètre par seconde : m/s	=	3,2808	fts
1 kilomètre par seconde : km/s	=	0,62137	mph
1 inch per seconde : ips	=	2,54	cm/s
1 foot per second : fts	=	30,48	cm/s
	=	0,3048	m/s
1 mile per hour : mph	=	1,6093	km/h

5°) VOLUME et CAPACITÉ – VOLUME and CAPACITIE

I centimètre cube : cm^3	=	0,06102	cu in
I mètre cube : m^3	=	35,3147	cu in
	=	1,30795	cu in
	=	264,172	US gallons
	=	219,969	UK gallons
I centilitre : cl	=	0,61024	cu in
I litre : l	=	61,024	cu in
	=	0,0353	cu in
	=	2,1134	US pint
	=	1,7598	UK pint
	=	0,2642	US gallon
	=	0,21997	UK gallon

I cubic inch : cu in	=	16,387	cm^3
I cubic foot : cu ft	=	0,02832	m^3
	=	28,328	l
I cubic yard : cu y	=	0,764	cm^3
I fluid ounce : f oz	=	28,4	m^3
I US quart	=	0,946	l
I UK quart	=	1,136	l
I US pint	=	0,4732	l
I UK pint	=	0,5682	l
I US gallon	=	3,785	l
I UK gallon	=	4,546	l

6°) CONSOMMATION – CONSUMPTION

litres / 100 km	=	0,00354	UK gallons / mile
	=	0,00425	US gallons / mile
kilomètres / litre	=	2,8248	miles / UK gallon
	=	2,352	miles / US gallon

UK gallons / mile	=	2,8248	l / km
US gallons / mile	=	2,352	l / km
miles / UK gallon	=	0,354	km / l
miles / US gallon	=	0,4252	km / l

7°) TEMPÉRATURES – TEMPERATURES

$$\text{degrés celsius} = \frac{[\text{degrés Fahrenheit} - 32] \times 5}{9}$$

Exemple : 23 degrés Fahrenheit = -5° celsius

$$\text{degrés Fahrenheit} = \frac{[\text{degrés celsius} \times 9]}{5} + 32$$

Exemple : 30° celsius = 86 degrés Fahrenheit

Centigrade	Fahrenheit
100	212
90	194
80	176
70	158
60	140
50	122
40	104
30	86
20	68
10	50
0	32
- 10	14
- 20	- 4
- 30	- 22
- 40	- 40
- 50	- 58

8°) MILLIERS et DÉCIMALES

Pour les milliers et les valeurs avec des décimales, rappelons le bon usage du point ou de la virgule suivant les pays :

	FRANCE	GRANDE-BRETAGNE ÉTATS-UNIS
1 centième	0,01	0.01
1 millier	1 000 ou 1.000	1,000

Rappelons qu'un milliard en France est un billion aux USA, à ne pas confondre avec un billion en France, qui est un trillion aux USA.

S'ORIENTER DANS L'ESPACE
ORIENTATION IN SPACE

Angle	**Angle**
à ~ droit, # *à 90°*	At right angle
faire un ~ de x° avec	To form an angle of x° with
Arrière	**Rear**
l' ~ de *qch*	The back of *sth*, The rear of *sth*
à l' ~ de *qch*	At rear, At the back of *sth*
en ~ : *1)* # *À reculons*	Backwards
2) aller en ~	To go \ To move backward
3) regarder en ~	To look back
Avant	**Front**
1) # *D'abord*	Before
2) l' ~ de *qch*, # *Le devant de*	The front of *sth*
à l' ~ de *qch*	At front \ At the front of *sth*
en ~ : *1)* # *Vers l'avant*	At the front of *sth*
2) aller en ~	To go \ To move forward
3) regarder en ~	To look ahead
4) # *De tête*	Leading, Coming first
Bas	**Bottom**
au ~ de *qch*	At the foot of *sth*
en ~ de *qch*	At the bottom of *sth*
d'en ~ de *qch*	From the bottom of *sth*, From the foot of *sth*
de ~ en haut	From (the) bottom to (the) top
le ~ de *qch*	The bottom of *sth*
moins ~ >< plus ~	Less down >< Lower down, Lower
au plus ~ de *qch*	At the lowest of *sth*
vers le ~	Down, Toward the bottom
Biais, # *Oblique*	**Oblique, Slant, Skew**
en ~, # *De travers, En oblique*	Askew

Bord	**Edge**
au ~ de *qch*	At the edge of *sth*
le long du ~ de *qch*	Alongside *sth*, Along the edge of *sth*
sur le ~ de *qch*	On the edge of *sth*

Centre	*GB* : **Centre** – *US* : **Center**
au ~ de *qch*	In the centre of *sth*
* *Décentré(e)*	Out of centre, Off-centre

Côté	**Side**
à ~ de *qch*	Beside *sth*, Next to *sth*
de ~ , # *Latéralement*	Sidewards
sur le ~ droit	On the right-hand side
sur le ~ gauche	On the left-hand side
* *Le long de qch*	Alongside *sth*, Along the edge of *sth*
* *Aller sur le côté*	To go \ To move sideward

Début	**Beginning**
au ~ de *qch*	At the beginning of *sth*
le ~ de *qch*	The beginning of *sth*
vers le ~ de *qch*	Towards the beginning of *sth*
* *Départ*	Start
* *Aller au départ*	To go to the start position

Derrière	**Back**
~ *qch*	Behind *sth*
être ~ *qch*	To stand behind *sth*
le ~ de *qch*	The back of *sth*
par ~ *qch*	
a) (avec contournement)	*GB* : Round the back of *sth* *US* : Around the back of *sth*
b) (vu de derrière)	From the back, From behind
sur le ~ de *qch*	On the back of *sth*
* *Au-delà de qch*	Beyond *sth*

Dessous	**Beneath**
au ~ de *qch*	Beneath *sth*
en ~ de *qch*	Under *sth*, Underneath *sth*
le ~ de *qch*	The down side of *sth*,
par ~ *qch*	From beneath *sth*
* *Partie inférieure de qch*	Lower part of *sth*, Under part of *sth*

Dessus	**Top**
au ~ de *qch*	On the top of *sth*
le ~ de *qch*	The up side of *sth,*
par ~ *qch*	Over *sth*, Upon *sth*
sur le ~ de *qch*	On the top of *sth*, On *sth*
* *Partie supérieur de qch*	Upper part of *sth*
Devant	**Front**
~ *qch*	In front of *sth*
être ~ *qch*	To stand in front of *sth*
le ~ de *qch*	The front of *sth*
par ~ *qch*	
a) (avec contournement)	Around the front of *sth*
b) (vu de devant)	From the front of *sth*
sur le ~ de *qch*	On the front of *sth*
Direction	**Direction**
dans la ~ de …	In the direction of …
suivant la ~ de …	Following the direction of …
* *Vers …*	Towards …
* *Directement vers …*	Direct toward …
Droite, # *Du côté droit*	**Right**
~ caméra	Camera right
à ~ de *qch*, sur la ~ de *qch*	*a)* At the right of *sth* *b)* To the right of *sth*
moins à ~ >< plus à ~	Less >< More to the right
sur la ~	On the right
* *Côté droit*	Right side
* *Sur le côté droit*	On the right-hand side
Endroit	**Place**
1) # Lieu	Place, Location
2) l' ~ , # *Le bon côté*	The right side
Envers	
1) # L' intérieur à l'extérieur	The wrong side out, The inside out
2) # Le haut en bas	The wrong way up, Upside down
3) # Le devant derrière	The wrong way round, Back to front

Fin	**End**
à la ~ de *qch*	At the end of *sth*
la ~ de *qch*	The end of *sth*
vers la ~ de *qch*	Towards the end of *sth*
* *Aller à la position de fin*	To go to the end position
Gauche, # *Du côté gauche*	**Left**
~ caméra	Camera left
à ~ de *qch*, sur la ~ de *qch*	*a)* At the left of *sth* *b)* To the left of *sth*
moins à ~ >< plus à ~	Less >< More to the left
sur la ~	On the left
vers la ~	Leftward, Leftwards
* *Côté gauche*	Left side
* *Sur le côté gauche*	On the left-hand side
Haut	**Top**
de ~ en bas	From (the) top to (the) bottom, From head to toe
d'en ~ de *qch*	From above of *sth*, From on high of *sth*
en ~ de *qch*	At the top of *sth*
le ~ de *qch*	The top of *sth*
moins ~ >< plus ~	Less high >< Higher
au plus ~ de *qch*	At the highest (level) of *sth*
sur le ~ de *qch*	On top of *sth*
vers le ~	Up, Toward the top, *GB* : Upwards - *US* : Upward
Milieu	**Middle**
au ~ de *qch*	In the middle of *sth*
le ~ de *qch*	The middle of *sth*
vers le ~ de *qch*	Towards the middle of *sth*
Oblique, # *De biais*	**Oblique, Slant, Skew**
en ~, # *De biais*, # *De travers*	Askew, On the slant
* *Obliquement*, # *En biais*	Slantwise, Slanted
* *Obliquer*	To Move in an oblique direction

SE DÉPLACER DANS L'ESPACE
GET MOVE IN SPACE

Accélérer — **To speed up**
- * *Départ en douceur (pour un mouvement de caméra)* : Slow in
- * *Rapidement, Dynamiquement* — Rapidly, Swiftly

Aller - Bouger — **To go - To move**
- ~ en arrière, # *Reculer* — To go back, To move back
- ~ en avant, # *Avancer* — To go forward, To move forward
- ~ au départ — To go to the start position
- ~ à droite — To move to the right
- ~ à la position de fin — To go to the end position
- ~ à gauche — To move to the left
- ~ légèrement sur… \ vers… — To move slightly on…
- ~ tout droit — To go straight on \ straight ahead

Arrêt — **Stop**
- ~ en douceur, ~ progressif — Smooth stop
  - ~ ~ *(d'un mouvement camera)* — Slow out
- ~ net — Dead stop
- à l' ~ — Stationary

Arrêter — **To stop**
- ~ à … , ~ à la marque — To stop at … , To stop at the mark
- ~ en douceur *(pour un mouvement de caméra)* : To slow out

Démarrer — **To start**
- ~ de … , ~ à partir de … — To start from …
- ~ en douceur *(pour un mouvement de caméra)* : To slow in
- * *Départ en douceur (pour un mouvement de caméra)* : Slow in

Descendre — **To go down**
- ~ d'un échelon \ d'une gradation — To go down one notch
- ~ d'une marche *(d'escalier)* — To go down one step
- ~ de x centimètres — To go down x centimetres

Éloigner (s' ~) de — **To move \ go \ get away from**
- ~ de la caméra — Upstage
- ~ de l'axe caméra — Offstage

Monter — **To go up**
- ~ d'un échelon \ d'une gradation — To go up one notch
- ~ d'une marche *(d'escalier)* — To go up one step
- ~ de x centimètres — To go up x centimetres

Faire un pas	To step, To take a step
~ en arrière, # *Reculer*	To step back, To take a step backwards
~ en avant, # *Avancer*	To step forwards
à droite	To take a step to the right
~ à gauche	To take a step to the left
~ légèrement à droite >< gauche	To step slightly on the right >< left
~ sur le côté	To step on the side \ sideways
Ralentir	To slow down
* *Arrêt en douceur (pour un mouvement de caméra)* : Slow out	
* *Lentement*	Slowly
Rapprocher (se ~)	To get closer \ nearer to
~ de la caméra	Downstage
~ de l'axe caméra	Onstage
Sens	Direction, Way
~ des aiguilles	Clockwise
~ inverse des aiguilles	Anti-clockwise, Counter-clockwise
dans le bon ~	In the right direction
dans le ~ inverse	In the opposite direction
dans le mauvais ~	In the wrong direction

* * * * * *

FAIRE DES REPÈRES DANS L'ESPACE
MAKING MARKS IN SPACE

Flèche	Arrow
aligner *qch* en face de la ~	To line *sth* up with the arrow
Marque	Mark
~ de départ >< ~ d'arrivée	Start mark >< Arrival mark
aller à la ~	To go to \ To move to the mark
amener *qch* à la ~	To put *sth* to the mark
faire une ~	To make a mark
* *"Prends ta marque !"*	"Hit the mark !"
Point	Dot
faire un ~ , tracer un ~	To make a dot
placer *qch* en face de la ~	To put *sth* next to the dot
Trait	Line
aligner *qch* sur un ~	To line-up *sth*
placer *qch* sur un ~	To put *sth* on the line
tracer un ~	To draw a line

Quelques difficultés d'orthographe dans ce manuel
Some spelling mistakes in this manual

French

GOOD - *BON*	WRONG - *MAUVAIS*	RULE - *RÈGLE*
Anti-héros	*Anti-héro*	s *even in the singular*
Asymétrie	*Asymmétrie*	*only one* m
Asymétrique	*Asymmétrique*	*only one* m
Autofinancement	*Auto-financement*	*no hyphen*
Azimut	*Azimuth*	*no* h
Baïonnette	*Baïonette*	ï – *two* n
Barillet	*Barrillet*	*only one* r
Bidirectionnel	*Bidirectionel*	*two* n
Cardioïde	*Cardioide*	ï *(and not* i*)*
Collective	*Colective*	*two* l
Comité	*Commité*	*only one* m
Consommer	*Consomer*	*two* m
Contrat	*Contract*	*no* c *between* a *and* t
Convexe	*Convex*	e *last letter*
Desserrer	*Déssérer*	*no stress* – *two* r
Développement	*Dévelopement*	*two* p
Diaphragme	*Diaphragm*	e *last letter*
Diagramme	*Diagrame*	*two* m
Dichroïque	*Dichroique*	ï *(and not* i*)*
Directionnalité	*Directionalité*	*two* n
Directionnel	*Directionel*	*two* n
Distorsion	*Distortion*	s *(and not* t*)*
Enchaîné	*Enchainé*	î
Entrebâiller	*Entrebailler*	â
Entraînement	*Entrainement*	î
Équipement	*Équipment*	e *between* p *and* m
Événement	*Evènement*	*two* é
Héros	*Héro*	s *even in the singular*
Hommage	*Homage*	*two* m
Imprésario, Impresario	*Impressario*	*only one* s
Indesserrable	*Indésserable*	*no stress*
Insérer	*Inserrer*	é – *only one* r
Lavallière	*Lavaliere*	*two* l – è
Leitmotif	*Leitmotiv*	f *(and not* v*)*
Mallette	*Malette*	*two* l
Mécanisme	*Mécanism*	e *last letter*
Mèche	*Mêche*	è

Miroir	*Mirroir*	*only one* **r**
Mouvement	*Movement*	**ou**
Parallaxe	*Parallax*	**e** *last letter*
Paiement	*Paiment / Payement*	**ie**
Préachat	*Pré-achat*	*no hyphen*
Préenregistré	*Pré-enregistré*	*no hyphen*
Préétabli	*Pré-établi*	*no hyphen*
Prévente	*Pré-vente*	*no hyphen*
Professionnel	*Professionel*	*two* **n**
Programme	*Programe*	*two* **m**
Projectionniste	*Projectioniste*	*two* **n**
Prononciation	*Pronunciation*	**o** *(and not* **u** *)*
Protagoniste	*Protagonist*	**e** *last letter*
Réflexion	*Reflexion*	**é**
Rehausse	*Réhausse*	*no stress*
Rehausser	*Rehausser*	*no stress*
Resserrer	*Ressérer*	*no stress – two* **r**
Rythme	*Rhythme*	*only one* **h**
Serrable	*Sérable*	*no stress – two* **r**
Serrer	*Sérér*	*no stress – two* **r**
Sinusoïdal	*Sinusoidal*	**ï**
Suppression	*Supression*	*two* **p**
Symétrie	*Symmétrie*	*only one* **m**
Symétrique	*Symmétrique*	*only one* **m**
Téléréalité	*Télé-réalité*	*no hyphen*
Traînage	*Trainage*	**î**
Traînée	*Trainée*	**î**
Transfert	*Transfer*	**t** *last letter*

a difficulty in french - *une difficulté en français*

Public : *1)* adjective (*male gender* : Public - *female gender* : Publique)

examples : un personnage public = a public person
le domaine public = public domain
les services publics = public utilities
une projection publique = a public screening
une chaîne publique = a public TV channel

2) noun *(male)* : Audience

examples : le public = the audience
grand public = general audience
tout public = large audience

Anglais - Américain

BON - *GOOD*	MAUVAIS - *WRONG*	RÈGLE - RULE
Anti-hero	*Anti-heros*	*pas de* **s** *à la fin*
Azimuth	*Azimut*	**h** *à la fin*
Asymmetrical	*Asymetrical*	*deux* **m**
Bidirectional	*Bidirectionnal*	*un seul* **n**
Cardioid	*Cardioïd*	**i** *(et non* ï *)*
Consume (to ~)	*Consome (to ~)*	**u** *(et non* o *)*
Contract	*Contrat*	*avec un* **c**
Convex	*Convexe*	*pas de* **e** *à la fin*
Developing	*Developping*	*un seul* **p**
Diaphragm	*Diaphragme*	*pas de* **e** *à la fin*
Diagram	*Diagramme*	*un seul* **m** *- pas de* **e** *final*
Dichroic	*Dichroïc*	**i** *(et non* ï *)*
Directional	*Directionnal*	*un seul* **n**
Directionality	*Directionnality*	*un seul* **n**
Distortion	*Distorsion*	**t** *(et non* s *)*
Equipment	*Equipement*	*pas de* **e** *entre* p et m
Extendible	*Extensible*	**d** *(et non* s *)*
Homage	*Hommage*	*un seul* **m**
Hero	*Heros*	*pas de* **s** *à la fin*
Insurance	*Insurrance*	*un seul* **r**
Lavaliere	*Lavalliere*	*un seul* **l**
Mirror	*Miror*	*deux* **r**
Omnidirectional	*Omnidirectionnal*	*un seul* **n**
Parallax	*Parallaxe*	*pas de* **e** *à la fin*
Payment	*Payement*	*pas de* **e** *entre* y et m
Professional	*Professionnal*	*un seul* **n**
Reflection	*Reflexion*	**ct** *(et non* x*)*
Rhythme	*Rythme*	*deux* **h**
Sinusoidal	*Sinusoïdal*	**i** *(et non* ï *)*
Spin-off	*Spinoff*	*tiret*
Symmetrical	*Symetrical*	*deux* **m**
Transfer	*Transfert*	*pas de* **t** *à la fin*
Tuned	*Tunned*	*un seul* **n**
Tuning	*Tunning*	*un seul* **n**
Ultra-directional	*Ultra-directionnal*	*un seul* **n**
Unidirectional	*Unidirectionnal*	*un seul* **n**

une difficulté en anglais - *a difficulty in english / american*

Travelling / **Traveling** ? Grande-Bretagne : deux **l** - États-Unis : un seul **l**

Anglais	*Français*
ability = capacité, compétence	**habileté** = skill
advertisement = publicité	**avertissement** = warning
axe = hache	**axe** = axis
balance = équilibre, équilibrage	**balance** = weighing machine
car = voiture	**car, autocar** = coach
caution = prudence, précaution	**caution** = deposit
character = personnage	**caractère** = temper
comedian = comique *(musi-hall)*	**comédien** = actor
commercial nom = publicité	**commercial**(e) adj. = *trade, commercial*
complete = entier	**complet** = full
complete (to ~) = achever, terminer	**completer** = to make *sth* complete
control (to ~) = diriger, maîtriser	**controler** = to check
courier = coursier	**courrier** = mail, letters
a critic = un critique	**une critique** = a criticism, a review
cry (to ~) = pleurer	**crier** = to shout, to scream
delay = retard	**délai** = time, time-limit
delivery = livraison	**délivrance** = rescue, release
demand (to ~) = exiger, réclamer	**demander** = to ask
department = service, rayon	**département** = country subdivision
design = conception, création	**dessin** = drawing
direct (to ~) = réaliser *(un film)*	**diriger** *(# piloter)* = to steer
dramatic = spectaculaire, théâtral	**dramatique** = terrible, disastrous
figure = *a)* nombre / *b)* silhouette	**figure** = face
front *of sth* = le devant *de qch*	**front** = forehead
furnish (to ~) = meubler	**fournir** = to supply, to provide
labour = travail	**labour** = ploughing *(GB)*, plowing *(US)*
large = grand	**large** = wide, broad
location = endroit, lieu	**location** = hire, rental
march (to ~) = marcher au pas	**marcher** = to walk
photograph = photographie	**photographe** = photographer
piece = morceau, élément	**pièce** = *a)* coin / *b)* theatre play
process = procédé, processus	**procès** = trial
prop = accessoire	**propre** = clean
realise (to ~) = se rendre compte	**réaliser** = to direct *(a film)*
regard (to ~) *(as)* = considérer *(comme)*	**regarder** = to look at
respond (to ~) = réagir	**répondre** = to answer
reunion = retrouvailles	**réunion** = meeting
support (to) = soutenir financièrement	**supporter** = to bear, to put up with
surname = nom de famille	**surnom** = nickname
stage = *a)* étape / *b)* scène	**stage** = course
syndicate = consortium	**syndicat** = trade union
VO *(Voice over)* = Voix-off	**VO** *(Version originale)* = Original version

d'un pays à l'autre

from one country to another

PRODUCTION STAFF LIST
LISTE DU PERSONNEL

production staff — *personnel de production*

GENERAL - GÉNÉRALITÉS

Apprentice	Stagiaire *(en apprentissage)*, Apprenti(e)
Artistic director	Directeur(trice) artistique
Assistant	Assistant(e), Adjoint(e)
Advisor, # *Consultant*	Conseiller(ère), Consultant(e)
Consultant	Conseiller(ère)
Crafts services	Petites mains, Coursiers
Creative consultant	Conseiller(ère) à la création
Creative talents	Les Créatifs
Crew leader	Chef d'équipe
Department head	Chef de service
Designer	Directeur(trice) artistique
Extra help	Renfort *(de personnel dans une équipe)*
Foreman	Contremaître
Freelance	Freelance, Pigiste
Ideaman	Créatif
Intern	Stagiaire
Interpreter	Interprète
Lead person, # *Crew leader*	Chef d'équipe, Contremaître
Manager	Administrateur(trice)
Screening rooms	Salles de visionnage
Studio manager *(Movie studio)*	Gérant du studio
Technical advisor	Conseiller(ère) technique
Technical producer	Directeur technique
Technical supervisor	Superviseur technique
Trainee	Stagiaire
Utility person *(US)*	Homme \ Femme à tout faire

ACTORS - ACTEURS

CASTING	CASTING
Booking assistant	Régisseur(euse) figuration
Casting assistant	Assistant(e) du directeur de casting
Casting director	Directeur(trice) de casting, Régisseur de distribution [CGTN – 2000]
Casting extra	Chef de file, Casting figuration
Extra casting	Directeur(trice) de casting figuration

Talent scout : Dénicheur de talents, Découvreur de talents *(Personne chargée de découvrir de nouveaux comédiens pour les besoins d'un film en particulier, d'un producteur ou d'un directeur de casting)*

TALENTS	ARTISTES
Actor \ Actress	Acteur \ Actrice

Agent : Agent(e), Imprésario, Impresario *(pluriels :* Imprésarios, Impresarii)

Bit player	Acteur(trice) de rôle secondaire
Booking agent	Agent artistique
Children coach	Coach enfant
Coach	Coach
acting ~	Coach acteur
dancing ~	Coach pour la chorégraphie
dialect ~	Coach langues

Contract actor (*US*) : Acteur(trice) sous contrat avec un studio

Dialogue director, # *Dialogue coach*	Coach dialogues, Répétiteur(trice)
Lead actor	Acteur interprétant le rôle principal
Light stand-in	Doublure lumière
Non-actor, Non professional actor	Acteur(trice) non professionnel(elle)
Non speaking actor	Acteur(trice) sans texte \ sans répliques
Performer, # *Talent*	Artiste
Principal player	Acteur interprétant le rôle principal
Stand-in	Doublure
light ~	Doublure lumière
Talents	Les Artistes
Theatrical agent	Agent artistique
Under-five (*US*)	Acteur(trice) ayant moins de 5 répliques
Voice-over artist	Acteur \ Atrice pour voix-off

EXTRA	FIGURATION *(Acteurs de complément)*
Background player	Figurant(e)
Extra bit player	Silhouette
Omnies	Figurants *(foule, groupes)*

Sideline musician : Musicien(ienne) figurant(e) qui fait semblant de jouer

Special ability extra : Figurant(e) ayant un talent *(culturiste, danseur, jongleur, etc)*

Walk-on	Passage de figurantion

STUNTS	CASCADEURS
Stunt car driver	Chauffeur de voiture de cascade
Stunt coordinator	Régleur(euse) de cascades
Stunt double	Doublure cascade
Stunt man \ Stunt woman	Cascadeur \ Cascadeuse
Stunt person	Cascadeur(euse)

Stunt player \ performer : Acteur(trice) cascadeur, Cascadeur(euse) de jeu

ANIMALS	ANIMAUX
Animal actor	Animal acteur
Animal groom and wrangler	Palefrenier(ière)
Animal trainer, Animal handler	Dresseur(euse) d'animaux

Live stock man : Personne en charge des animaux sur un tournage

Trainer, # *Animal handler*	Dresseur(euse) d'animaux

Wrangler : Responsable des chevaux et des attelages

SCENARIO - SCÉNARIO

Adaptor	Dialoguiste de doublage, Adaptateur
Author	Auteur
Coauthor, # *Joint author,*	Co-auteur
Dialogue director	Directeur(trice) de dialogues
Dialogue writer, # *Dialogist*	Dialoguiste

Gagman : Spécialiste des gags, Scénariste des situations comiques

Playwriter	Auteur dramatique
Researcher, # *Research assistant*	Documentaliste, Recherchiste
Scenario-writer	Scénariste
Screenwriter, Screenplay writer	Scénariste
Script editor (*TV*)	Coordinateur d'écriture
Script researcher	Documentaliste d'un scénariste
Script supervisor	Superviseur(euse) du scénario
Script writer	Scénariste

Story analyst : Lecteur(trice) de scripts *(ou tous autres manuscrits, pour le compte d'un producteur ou pour le "Service scénario" d'un Studio, afin d'en évaluer le potentiel en vue d'une possible adaptation à l'écran)*

Story editor, # *Script editor* : Directeur(trice) du service lecture, Chef scénariste, Coordinateur(trice) d'écriture, Lecteur(trice) analyste de scénarios

Story liner : Concepteur(trice) des canevas de scénarios pour un grand nombre d'épisodes d'une même série télévisée

Telewriter (*US*) : Scénariste pour la télévision, Scénariste-adaptateur

Writer : Scénariste en charge d'écrire un scénario selon un cahier des charges très formaté par la production

PRODUCTION - PRODUCTION

2nd production assistant — Assistant(e) de production adjoint(e)
Assistant coordinator — Assistant(e) de production
Assistant to the producer — Assistant(e) du (de la) producteur(trice)
Associate producer — Producteur(trice) associé(e)
Assistant production manager — Assistant(e) du (de la) directeur(trice) de production

Co-producer — Co-producteur(trice)
Creative producer — *a)* Producteur(trice)
b) Producteur(trice) délégué(e)
Executive in charge of production — Producteur(trice) exécutif
Executive producer : Producteur(trice) exécutif \ délégué(e)
(*<u>Note</u> : rappelons qu'en France, seul le* Producteur délégué *est détenteur des droits, ce qui n'est pas le cas d'un* Producteur exécutif. *Aux USA, il peut arriver que l'*Executive producer *soit détenteur des droits)*
Independent producer — Producteur(trice) indépendant(e)
Line producer : (▶ Annexe : *D'un pays à l'autre* - p 362)
1) (for a big production) — Producteur exécutif
2) (for a small production) — Directeur de production
Producer : *a)* Producteur(trice) – *b)* Producteur(trice) délégué(e)
(*<u>Note</u> : en France, le* Producteur délégué *est détenteur des droits)*
(▶ Plus d'expressions à – *More expressions at* : Producteur(trice) - p 235)
Producer executive in charge of production : Producteur(trice) exécutif
Producer's assistant — Assistant(e) du (de la) producteur(trice)
Producer's representative — Agent(e) du (de la) producteur(trice)
Producer's secretary — Secrétaire du (de la) producteur(trice)
Production assistant = PA — Assistant(e) de production
Production coordinator — Adjoint(e) au (à la) producteur(trice)
Production director — Directeur(trice) des productions
Production manager : (▶ Annexe : *D'un pays à l'autre* - p 362)
Production office coordinator = POC : Administrateur(trice) de production
Production secretary — Secrétaire de production
Production supervisor — Chargé(e) de production
Production trainee — Stagiaire à la production
Unit production manager = UPM : (▶ Annexe : *D'un pays à l'autre* - p 362)
Senior producter — *a)* Producteur(trice) principal(e)
b) Producteur(trice) expérimenté(e)

<u>TELEVISION</u> — <u>TÉLÉVISION</u>

Assistant programme manager : Assistant(e) du (de la) Directeur(trice) des programmes
Field producer : Producteur(trice) d'un reportage sur le terrain destiné à s'insérer dans une production plus vaste ou dans un journal télévisé
Production director — Directeur(trice) de fabrication

Programme manager   Directeur(trice) artistique
Programme director \ manager : Directeur(trice) des programmes, Directeur(trice) de la programmation
Programme supervisor : Directeur(trice) d'une unité de programme
Segment producer : Producteur(trice) de magazines, reportages ou télé-réalité, parfois responsable de l'écriture du script et de la post production
Supervising producer : Producteur(trice) supervisant un programme récurrent sans être directement impliqué(e) dans sa fabrication
Unit manager : (▶ Annexe : *D'un pays à l'autre* - p 362)

FACILITIES	SERVICES
Accountant	Comptable
certified public ~ , chartered ~, # *Auditor* :	Expert-comptable
location ~	Comptable de tournage
production ~	Comptable de production
Auditor, # *Certified accountant*	Expert-comptable
Casher	Caissier(ière)
Completion bond services provided by … :	Garantie de bonne fin par …
EPK team *(EPK = Electronic Press Kit)*	Équipe de tournage du making of
Expert	Expert(e)
Financial services	Services financiers
Insurance	Assurance
Lawyer	Avocat(e)
Production accountant :	Comptable, Administrateur(trice) de production
Production auditor :	Chef comptable de la production, Expert comptable
Production facilities	Prestataire de services
Production insurance provided by …	Assurance de production par …
Production runner	Chauffeur de production
Production secretary	Secrétaire de production
Receptionist	Réceptioniste
Secretary	Secrétaire
Service provider	Prestataire de services
Shipping	Transport rapide
Shipping company	Transitaire
Translator	Traducteur(trice)
Typist	Dactylographe *(Fam. : Dactylo)*
Telephonist	Téléphoniste

CATERING	CANTINE
Catering service, *US* : Canteen	Cantine
Caterer, # *Production caterer*	Cantinier
Catering manager	Chef de cantine
Catering staff	Personnel de la cantine

SHOOTING – TOURNAGE

Foreign unit technicians = *Équipe technique étrangère*

DIRECTOR - RÉALISATEUR(TRICE)

Agent : Agent(e), Imprésario, Impresario *(pluriels :* Imprésarios, Impressarii*)*
director ~ — Agent(e) d'un(e) réalisateur(trice)
Assistant director = AD — Assistant(e) réalisateur(trice)
1st ~ , # *1st AD* : 1er assistant(e) réalisateur(trice) (▶ p 364)
2nd ~ , # *2nd AD* — 2ème assistant(e) réalisateur(trice)
3rd ~ , # *3rd AD* : *N'existe pas en France – Does not exist in France*
Director (*Fam. : Helmet) # Film director* : Réalisateur(trice)
Second unit director — Réalisateur(trice) deuxième équipe
Second unit assistants director — Assistants réalisateur 2ème équipe
Trainee assistant director — Assistant(e) réalisateur(trice) adjoint(e)

STORY BOARD	STORY BOARD
Production illustrator, Story-board artist, Story sketch artist	Dessinateur(trice) du storyboard, Storyboarder

TECHNICAL CONSULTANTS	CONSEILLERS À LA RÉALISATION
Choreographer	Chorégraphe
Etiquette coach	Conseiller(ière) au protocole
Historical consultant	Conseiller(ière) historique
Researcher	Documentaliste
Research assistant	Recherchiste

CONTINUITY	SCRIPTE
Continuity boy, Continuity clerk, Continuity director, Continuity girl, Continuity person	Scripte (▶ Annexes - p 368)
~ assistant	Assistant(e) scripte adjoint(e)
Script girl \ boy, Script supervisor	Scripte

SHOOTING CREW - ÉQUIPE TECHNIQUE

CAMERA CREW, CAMERA DEPARTMENT	ÉQUIPE IMAGE
Apprentice camera assistant	Stagiaire image \ à la prise de vue
Assistant camera	
1st ~ , # *Focus puller*	1er assistant(e) caméra, 1er assistant(e) opérateur
2nd ~ , # *Loader, Clapper loader*	2ème assistant(e) caméra, 2ème assistant(e) opérateur
3rd ~	Assistant(e) caméra adjoint(e)
Assistant cameraman : Assistant(e) opérateur(trice) de prises de vues	
Camera assistant	Assistant(e) caméra
1st ~	1er assistant(e) caméra \ opérateur
2nd ~	2ème assistant(e) caméra \ opérateur
Camera operator, # *2nd cameraman*	Cadreur(euse), Caméraman, Opérateur(trice) de prises de vues (OPV)
Camera trainee	Assistant(e) caméra adjoint(e)
Camera apprentice, Camera intern	Stagiaire caméra
Cinematographer	Directeur(trice) de la photographie, Chef opérateur de prise de vues
Clapper-Loader	2ème assistant(e) caméra
Director of photography, # *DoP, DP*	Directeur(trice) de la photographie, Chef opérateur(trice) de prises de vues
Film loader	2ème assistant(e) caméra
Focus puller	Pointeur(euse), 1er assistant(e) caméra
Loader	2ème assistant(e) caméra
Light stand-in	Doublure lumière
Lighting cameraman	Chef opérateur de prises de vues
Lighting director	Directeur(trice) de la photographie
Lighting technician	Technicien(ienne) lumière, Électricien(ienne)
Photographer	Photographe
Steadicam operator	Cadreur steadicam, Steadicamer
Still photographer	Photographe de plateau

TECHNICAL ADVISORS	CONSEILLERS À L'IMAGE
Color consultant (*US*) Color technical advisor (*US*) Colour consultant (*GB*) Colour technical advisor (*GB*)	Conseiller technique à la couleur

UP KEEPING	MAINTENANCE
Electronics engineer	Électronicien(ienne), Ingénieur électronique
Engineer	Ingénieur
Maintenance engineer	Technicien(ienne) de maintenance
Mechanic	Mécanicien(ienne)
Mechanical engineer	Ingénieur mécanicien
Optician	Opticien(ienne)

TELEVISION — TÉLÉVISION

Stage staff — Équipe de plateau

Assistant floor manager	Assistant(e) du chef de plateau
Assistant programme manager	Directeur(trice) artistique

Assistant Producer *(TV)* : Réalisateur(trice) *(d'émissions de plateau)*
Associate director : Assistant(e) réalisateur de régie, Scripte de régie

Floor director, Floor manager	Responsable du plateau
Floor men	Machinistes de plateau
Production director	Directeur(trice) de fabrication
Programme director \ manager	Directeur(trice) des programmes, Directeur(trice) de la programmation

Programme supervisor : Directeur(trice) d'une unité de programme

Programmer	Programmateur(trice)

Segment producer : Réalisateur(trice) de sujets de magazines TV

Supervising producer	Superviseur des productions
Stage coordinator	Chef de plateau

Stage hand : *a)* Aide de plateau - *b)* Machiniste de plateau
Stage manager : Chef de plateau, Régisseur(euse) de plateau

Studio manager	Régisseur(euse) du studio

Technical director : Directeur technique, Chef d'émission de plateau

Vision controller	Ingénieur de la vision

Control room team — Équipe de régie finale

Control room (Coll. : Gallery) = Régie finale, Salle de régie finale

Graphics operator	Graphiste vidéo, Infographiste
Special effects coordinator	Technicien truquiste, Truquiste
Stage hand	Aide de plateau
Television director	Réalisateur(trice) régie finale
Title sequence designer	Réalisateur générique
Video tape operator, VT operator	Opérateur magnétoscope, Opérateur magnétoscope ralenti
Vision mixer, # *Switcher*	Opérateur régie vidéo, Opérateur synthétiseur

VIDEO	VIDÉO
Checker	Vérificateur(trice)
Cinemobile	Vidéomobile
General operator	Ingénieur de la vision, Ingénieur vidéo
Switcher	Pupitreur, Technicien de console de régie
Switchman	Technicien console image, Ingénieur de la vision
Video (control) engineer	Ingénieur de la vision, Ingénieur vidéo
Videographer, # *Videomaker*	Vidéaste
Video playback operator	Opérateur(trice) playback
Video recorder operator	Opérateur(trice) magnétoscope
Vision mixer	Technicien(ienne) mélangeur vidéo, Technicien(ienne) mélangeur d'images

SOUND DEPARTMENT	ÉQUIPE SON
Boom operator, # *Boom man*	Perchman, Perchiste
Floor mixer, # *Sound mixer*	Chef opérateur de prise de sons
Foley mixer	Ingénieur du son des bruitages
Location mixer	Ingénieur du son *(au tournage)*
Perchman, Perchwoman	Perchman, Perchiste [CGTN – 2000]
Playback operator	Opérateur(trice) playback
Production sound mixer : Chef opérateur(trice) de prise de son	
Recording supervisor	Chef opérateur de prise de sons
Sound assistant	Assistant(e) son
2nd ~	Assistant(e) son adjoint(e)
Sound designer	Concepteur(trice) de la bande son
Sound engineer	Ingénieur du son
Sound effects man	Bruiteur(euse)
Sound effects engineer \ supervisor	Illustrateur(trice) sonore
Sound mixer *1) (on location shooting)*	Chef opérateur(trice) du son
2) (post-production)	Mixeur
Sound recordit : Preneur(euse) de son, Opérateur(trice) du son	

LIGHTING CREW	ÉQUIPE LUMIÈRE
Best boy electric	1er assistant du Gaffer
Boardman, Dimmer man	Opérateur de régie d'éclairage
Electrician	Électricien(ienne), Éclairagiste
Gaffer : *(Pas d'équivalent. Il a les fonctions de* Chef électricien, *mais c'est lui qui détermine le diaphragme pour le* Directeur de la photographie *)* (▶ p 403)	
Gaffer best boy	1er assistant du Gaffer
Gen operator, # *Power generator electrician* : Groupman, Groupiste [CGTN – 2000]	
Head gaffer	Chef électricien
Lighting board operator	Technicien(ienne) de console lumière
Lighting technician	Électricien(ienne)
Rigging electrician : Électricien spécialisé dans les accroches de projecteurs	

GRIP CREW	ÉQUIPE MACHINERIE
Arm swinger	Machiniste de la grue
Best boy grip	1er assistant du Key grip
Clapper boy	Personne préposée au clap
Slate holder	Personne préposée au clap
Dolly grip, # *Dolly man* :	Machiniste de la dolly et des travellings
Grip	Machiniste
Grip best boy	1er assistant du Key grip
Head grip, # *Head rigger*	Chef machiniste
Key grip	Chef machiniste
Rigger :	Machiniste chargé de la construction de structure en tubes d'échafaudage et des accroches de projecteurs

COSTUMES	WARDROBE
Art finisher, # *Breakdown artist* :	Costumier(ière) chargé(e) de vieillir, de casser et de patiner les costumes
Costume designer	Créateur(trice) de costumes, Styliste
Costume designer assistant	Assistant(e) du créateur de costumes
Costume shop manager	Responsable du magasin de costumes
Costume supervisor	Costumier(ière)
Costume standby, # *Daily dresser*	Habilleur(euse) sur le plateau
Costumer, # *Wardobe person*	Habilleur(euse)
Dress designer, # *Fashion designer*	Styliste
Dresser	Habilleur(euse)
Fitter, # *Wardrobe attendant*	Retoucheur(euse), Couturier(ière)
Head costumer	Chef costumier(ière)
Key wardrobe	Chef habilleur(euse), Costumier(ière)
Wardrobe assistant	Assistant(e) aux costumes
Wardrobe attendant, # *Fitter*	Retoucheur(euse), Couturier(ière)
Wardrobe person, # *Costumer*	Habilleur(euse), Costumier(ière)
Wardrobe master \ mistress	Chef habilleur(euse), Costumier(ière)
Wardrobe supervisor :	Superviseur du département costumes

MAKE-UP	MAQUILLAGE
Body make-up	Maquilleur(euse) corps
Key make-up artist	Chef maquilleur(euse)
Make-up assistant	Assistant(e) maquilleur(euse)
Make-up artist	Maquilleur(euse)
Prosthetics	Prothésiste *(Spécialiste des prothèses)*
Special make-up effects	Chef maquilleur(euse) effets spéciaux
Special prosthetic	Maquilleur(euse) prothésiste

HAIR DRESSING	COIFFURE
Assistant hair dresser	Assistant(e) coiffure
Hair dresser	Coiffeur(euse)

Hairstylist	Coiffeur(euse)
Key hair dresser, # *Head hair dresser*	Chef coiffeur(euse), Chef coiffeur(euse) perruquier
Wig maker	Perruquier(ière)

ART DEPARTMENT - DÉCORATION

1st assistant art director	1er assistant(e) décorateur(trice)
2nd assistant art director	2ème assistant(e) décorateur(trice)
Art department assistant	Assistant(e) décorateur(trice)
Art department coordinator	1er assistant(e) décorateur(trice)
Art designer	Décorateur(trice) architecte
Art director *1) # Artisitic director*	Directeur(trice) artistique
2) ~ : Chef décorateur(trice) (*<u>Note</u> : l'*Art director *exécute les décors sous les ordres du* Production designer *s'il y en a un. Sinon, il cumule les fonctions de* Production designer *et celles d'*Art director*)*	
Art supervisor	Superviseur(euse) artistique
Artistic consultant	Consultant(e) artistique
Assistant art director *1) ~*	1er assistant(e) décorateur(trice)
2) # Artisitic director : Assistan(e) du (de la) Directeur(trice) artistique	
Draftsman : Dessinateur de plan de construction de décors, de croquis et de dessins *(pour la réalisation des décors, des costumes, des accessoires, etc.)*	
Drapery crew	Tapissier(ière) *(en tentures et tissus)*
Greenery specialist	Décorateur(trice) paysagiste
Greensman	Jardinier(ière)
Illustrator	Illustrateur(trice)
Ironsmith	Métallier
Locksmith	Serrurier
Production buyer	Régisseur(euse) d'extérieur
Production designer : Chef décorateur(trice) concepteur des décors *(Il est chargé de tous les aspects esthétiques et artistiques du décor)*	
Set decorator	Décorateur(trice) ensemblier(ière)
Set designer, # *Production designer*	Chef décorateur(trice), Scénographe
Set dresser	Ensemblier(ière)
Upholster : Tapissier(ière) *(en tissus d'ameublement)*	
Welder	Soudeur

<u>Paint</u>	<u>Peinture</u>
Background artist	Peintre de découvertes
Graphic artist	Graphiste
Graphic designer	Décorateur(trice) graphiste
Head painter	Chef peintre
Key scenic artist	Chef peintre décorateur, Patineur
Painter	Peintre
~ foreman	Chef peintre

Paperer, Paperhanger	Peintre-tapissier
Plasterer	Staffeur(euse)
Scenic artist	Peintre décorateur
Set draughtsman	Dessinateur(trice) des décors
Set painter	Peintre décorateur
Signwriter	Peintre en lettres et faux bois
Stand-by painter	Peintre décorateur de plateau

Construction crew	Équipe de construction
Carpenter	Menuisier
Construction coordinator	Sous chef constructeur(trice)
Construction grip	Machiniste de construction
Construction manager \ foreman	Chef constructeur(trice)
Head carpenter	Chef menuisier
Head construction grip	Chef machiniste de construction
Head constructor	Chef constructeur(trice)
Head sculptor	Chef sculpteur artistique

Leadman : *a)* Chef d'équipe du *Swing gang* - *b)* Assistant de l'ensemblier

Master carpenter	Chef menuisier
Scenic carpenter	Menuisier de décors
Set construction foreman	Chef constructeur
Stage carpenter	Menuisier de plateau
Stand-by carpenter	Menuisier de plateau

Stage hand : Aide de plateau, Machiniste de plateau

Swing gang : Équipe de construction et de démontage des décors

Prop and set dressing crew	Accessoiriste et Ensemblier
Armourer	Armurier
Model maker	Maquettiste
Dressing prop man	Accessoiriste qui prépare un décor

Prop buyer : Régisseur(euse) d'extérieurs *(chargé, entre autre, des achats)*

Prop handler	Accessoiriste de plateau
Prop maker	Accessoiriste fabricant d'accessoires
Prop person, # *Prop man*	Accessoiriste

Property assistant, # *Assistant propman* : Assistant(e) accessoiriste

Property handler, # *Prop handler*	Accessoiriste de plateau
Property manager	Ensemblier(ière)
Property master, # *Prop man*	Chef accessoiriste
Stand-by propman	Accessoiriste de plateau

Effects	Effets
Foam technician	Spécialiste des mousses
Pyrotechnician, Pyrotechnist	Artificier(ière), Pyrotechnicien(ienne)
Special effects coordinator	Chef des effets spéciaux

LOCATIONS - RÉGIE

2nd location assistant	Assistant(e) régisseur(euse) adjoint(e)
Assistant location manager	Régisseur(euse) adjoint(e)
Floor manager	Régisseur(euse) de plateau
Gopher : Grouillot, Stagiaire corvéable à merci (▶ p 404)	
Location assistant	Régisseur(euse) adjoint(e)
Location coordinator : Régisseur(euse) uniquement chargé des repérages	
Location manager (▶ p 366)	Régisseur(euse) général(e)
Location production assistant : *(Sur une grosse production, et pour un tournage dans un même lieu durant plusieurs jours, le* Location PA *est chargé de la préparation de ce lieu avant l'arrivée de l'équipe, et de sa remise en état une fois le tournage terminé)*	
Location researcher	Repéreur(euse)
Location scout	Repéreur(euse), Régisseur responsable des repérages
Unit manager	Régisseur(euse) général(e)
Unit trainee	Assistant(e) adjoint(e) à la régie
Runner	Chauffeur de production \ Coursier

TRANSPORTATION	TRANSPORTS
Driver	Chauffeur
Lorry driver (*GB*)	Chauffeur routier, Chauffeur poids lourds
Parking coordinator	Régisseur(euse) chargé(e) du parking des très nombreux véhicules présents sur les grosses productions
Parking staff	Équipe de régisseurs chargée du parking des véhicules
Production driver	Chauffeur de véhicules de production
Teamster (*US*)	Chauffeur routier
Transportation captain	Régisseur(euse) en charge des transports
Transportation coordinator	Régisseur(euse) adjoint(e) en charge des transports

CATERING	CANTINE
Catering service, *US* : Canteen	Cantine
Caterer, # *Production caterer*	Cantinier
Catering manager	Chef de cantine
Catering staff	Personnel de la cantine

FACILITIES	SERVICES
Cleaners	Personnel de nettoyage
Crowd control	Service d'ordre
Crowd-coordinator : Coordinateur(trice) des scènes de foule	

Fire man	Pompier(ière)
Housing coordinator	Coordinateur des hébergements
Medical coordinator	Coordinateur de l'équipe médicale
Messenger service	Courses rapides
Military liaison	Liaison avec l'armée
Night watchman	Gardien de nuit
Nurse / Male nurse	Infirmière / Infirmier
Parking wrangler	Surveillant(e) de parking
Picture car wrangler	Surveillant(e) des voitures de jeu
Plumber	Plombier
Police officer	Officier de police
Police man	Policier(ière)
Printing facilities	Imprimerie spécialisée
Security person	Gardien(ienne) de nuit
Security staff	Personnel de sécurité
Set medic	Médecin *(présent en permanence sur le plateau de tournage)*

EDITING - MONTAGE

1st assistant editor	Assistant(e) monteur(euse), Monteur(euse) adjoint(e)
2nd assistant editor	Assistant(e) monteur(euse) adjoint(e)
ADR editor	Monteur(euse) de la post-synchro
Apprentice editor, Intern editor	Stagiaire montage
Apprentice sound editor	Stagiaire monteur son
Assistant editor	Assistant(e) monteur(euse), Monteur(euse) adjoint(e)
Cutter, # *Editor*	Monteur(euse)
Dialogue editor	Monteur(euse) des dialogues
Editor	Chef monteur(euse)
Editing room assistant	Assistant(e) de régie de montage
Film editor	Chef monteur(euse) film
Foley editor	Monteur(euse) bruitages
Music editor	Monteur(euse) de la musique
Sound editor, # *Sound cutter*	Chef monteur(euse) son
Sound negative cutter	Monteur(euse) négatif son
Supervising editor	Chef monteur(euse)
Supervising sound editor	Chef monteur(euse) son

VIDEO	VIDÉO
Off-line editor	Monteur(euse) sur matériel non-broadcast
On-line editor	Monteur(euse) responsable de la conformation *(sur matériel broadcast)*

POST-PRODUCTION POST-PRODUCTION

Director of post-production : Directeur(trice) de la post-production	
Post-production assistant	Assistant(e) de post-production
Post-production coordinator	Assistant(e) de post-production
Post-production supervisor	Chef de post-production

DIGITAL IMAGING	INFOGRAPHIE
Computer graphic artist	Infographiste
Digital imaging technician : Technicien spécialiste en imagerie numérique	
Graphic animation artist : Animateur(trice) graphique des génériques	

LABORATORY	LABORATOIRE
Color timer, # *Colorist* (*US*)	Étalonneur(euse)
Colour timer, # *Colourist* (*GB*)	Étalonneur(euse)
Conformer, # *Negative cutter*	Monteur(euse) négatif
Film titles artist	Créateur(trice) de génériques
Grader (*GB*)	Étalonneur(euse)
Negative cutter, # *Conformer*	Monteur(euse) négatif
Timer (*US*)	Étalonneur(euse)
Telecine operator	Opérateur(trice) de télécinéma
Titles designer : Directeur(trice) artistique du générique	

OPTICALS	TRUCAGES
Effects designer	Concepteur(trice) des effets spéciaux
Matte artist, # *Mattematician* : Créateur(trice) des fonds d'incrustations	
Model maker	Modéliste, Fabricant(e) de maquettes
Special effects coordinator : Assistant(e) du Superviseur des effets spéciaux	
Special effects engineer	Truqueur, Truquiste
Special effects mat painter : Gouacheur-détoureur d'effets spéciaux	
Special effects supervisor : Superviseur(euse) des effets spéciaux	
Visual effects director : Directeur(trice) artistique des effets visuels	

SOUND POST-PRODUCTION	POST-PRODUCTION SON
Adaptator *(Looping)*	Dialoguiste de doublage, Adaptateur
ADR editor	Monteur de la post-synchro
ADR mixer	Mixeur de la post-synchro
Detector *(Dubbing)*	Détecteur(trice)
Dubbing director	Chef de plateau, Directeur artistique de la post-synchro
Dubbing mixer	Ingénieur du son de la post-synchro
Foley artist	Bruiteur(euse)
Lip-sync supervisor	Superviseur de la post-synchronisation
Looping supervisor	Superviseur du doublage

Mixer, Sound mixer	Mixeur
Music mixer	Mixeur de la musique
Narrator	Narrateur(trice)
Re-recording mixer	Mixeur des ré-enregistrements
Sound effects engineer	Bruiteur(euse)
Sound effects man	Bruiteur(euse)
Voice-over artist	Acteur \ Atrice pour voix-off

<u>MUSIC</u> <u>MUSIQUE</u>

Arranger : Arrangeur de la musique, Arrangeur musical

Conductor	Chef d'orchestre
Lyricist	Parolier(ière)

Music arranger : Arrangeur de la musique, Arrangeur musical

Music composer	Compositeur(trice) de la musique

Music director : Responsable de l'orchestration de la musique *(Parfois, il peut lui être confiées les fonctions de* Chef d'orchestre*)*

Music editor	Monteur(euse) de la musique
Music mixer	Mixeur(euse) de la musique
Music preparation	Musicien copiste
Music supervisor, # *Music director*	Directeur(trice) musical *(Chargé de la négociation des droits musicaux)*
Musician	Musicien(ienne)
Orchestrator	Orchestrateur
Production musician	Musicien(ienne) de répétition
Recording musician	Musicien(ienne) d'enregistrement

PUBLICITY - PUBLICITÉ

Advertiser	Annonceur publicitaire
Advertising agencie	Agence de publicité
Advertising manager \ director	Chef de publicité
Announcer	Annonceur publicitaire
International publicity	Publicité internationnale
Poster contractor	Afficheur
Poster designer	Affichiste
Press agent, Public relation	Attaché(e) de presse
Publicist, # *Publicity director*	Chef de publicité
Publicity agent	Agent de publicité

Publicity assistant : Assistant(e) du Chef de publicité

Publicity director, # *Publicist*	Chef de publicité
Publicity executive	Directeur(trice) de la publicité

Unit publicist : Chef de publicité *(attaché(e) à un film en particulier)*, Attaché(e) de presse

DISTRIBUTION - DISTRIBUTION

Distributor	Distributeur(trice)
independent ~	Distributeur(trice) indépendant(e)
Head distributor	Directeur(trice) de la distribution
Programmer : Programmateur(trice)	*(Responsable de la programmation des films pour une salle de cinéma)*

EXHIBITION - EXPLOITATION

Boothman, # *Projectionist*	Projectionniste
Cinema manager	Directeur(trice) de salle de cinéma
Exhibitor (*Theatrical* ~)	Exploitant(e) de salle de cinéma
unaffiliated ~	Exploitant(e) indépendant(e)
Projectionist, # *Boothman*	Projectionniste

ANIMATION - ANIMATION

Background artist	Dessinateur et décorateur des fonds
Checker	Vérificateur *(des plans après exécution des dessins, avant le tournage)*
Inbetweener	Intervalliste
Layout artist :	Maquettiste, Dessinateur chargé des esquisses
Layout chief	Chef layout, Assistant réalisateur de films d'animation
Opaquer	Gouacheur(euse), Coloriste
Puppeteer	Animateur(trice) de marionnettes
Scene player artist	Auteur du layout

LINE PRODUCER

Doté en général d'une grande expérience de la production, le *Line producer* est un producteur en charge d'un film en particulier. Il supervise l'ensemble des éléments matériels ou techniques de la production. Il est de ce fait, le principal responsable du respect du budget et des délais, mais il veille aussi (particulièrement en télévision) au respect par les auteurs et le réalisateur des engagements artistiques qu'ils ont pris.

Il peut être amené à travailler sous les ordres d'un producteur exécutif. Il assume la plupart des fonctions de producteur ainsi que celles de *Production manager*. Dans les productions moins importantes, son travail s'assimile à celui de *Production manager*.

PRODUCTION MANAGER

Il est en charge du travail quotidien qui permet d'organiser le tournage. Il commence généralement par établir un plan de travail pour chaque jour de tournage, calculant la façon la plus économique d'employer les acteurs, les décors, les accessoires et le matériel. Ce plan de travail lui servira entre autre à passer toutes les commandes relatives aux fournitures.

Sa tache consiste également à organiser les transports, les hébergements et les repas, et à engager le personnel nécessaire. Il suit le film jusqu'à son achèvement lors du tirage des copies. On l'appelle parfois *Unit manager*.

UNIT MANAGER

Il est responsable de l'organisation journalière d'un tournage se déroulant en décors naturels pour tout ce qui concerne les transports, l'hébergement de l'équipe, les repas, et le matériel. Il arrive qu'il soit amené à travailler sous les ordres d'un *Production manager* afin d'assurer la préparation du tournage et trouver des possibilités de logement pour l'équipe.

Quand il n'y a pas de *Production manager* sur un film, c'est le *Unit manager* qui en occupe les fonctions.

UNIT PRODUCTION MANAGER

Directeur de production ne supervisant qu'une partie d'un tournage. Lorsqu'un tournage a lieu dans différents pays, il y a autant de *Unit production manager* que de lieux de tournage.

LE DIRECTEUR DE PRODUCTION

The *Directeur de production* is responsible for the successful making of a film.

He is responsible for making all the decisions, principally those related to the budget which he must be able to justify to the producer at every stage. He is also responsible for keeping everything on schedule at every step of the film making.

It is he who hires the crew for the production and the location work.

He approves the shooting schedule that has been set up during the shooting preparation by the *1er assistant réalisateur.*

He makes an estimate of the costs of the various departments and approves budget allocations for each.

He hires the key technicians and the actors.

He writes the contracts for each member of the film crew, deals with wages, overtime, prep. hours and so on ...

He issues the order forms and collects the invoices which are then given to the *Administrateur de production* who is generally in charge of accounts.

He keeps a check on the film's budget and when necessary calls in a *comptable* (an accountant).

Even though the *Directeur de production* generally works at the production office, he usually finds time to visit the set daily. He sometimes helps in the general organizing of the set with the *Régie* department and the *assistants réalisateur* (director's assistants) and deals with all money problems.

1st ASSISTANT DIRECTOR

Le *First assistant director* (*1st AD*) a pour tâches principales :
1° - l'établissement d'un plan de travail
2° - la mise en place d'une logistique
3° - la vérification des budgets

Pendant le tournage, il maintient l'ordre sur le plateau, assure la communication entre les techniciens, fait répéter les comédiens et endosse toutes les taches que le réalisateur peut lui soumettre.

C'est le *First AD*, quand le réalisateur lui en donne l'ordre, qui demande le « Moteur ! ».

Le *First AD* s'entoure de ses propres assistants : le *second assistant director* dont la fonction est d'assurer la coordination du tournage et dont la charge principale est d'établir la feuille de service pour le jour suivant. Son lieu de travail est le bureau de production, et on le voit peu sur le plateau.

Le *third assistant director* est un assistant de plateau dont la tache est d'épauler le *First AD* dans la gestion du plateau, particulièrement en ce qui concerne le contrôle de la circulation dans le cas d'un tournage en extérieur.

LE 1er ASSISTANT RÉALISATEUR

The *Premier assistant réalisateur* is responsible for two main areas :

1° - establishing a shooting breakdown

2° - the running of the set and the smooth operation of each day's work.

In collaboration with the *Réalisateur*, he is involved in casting, sometimes even of leading parts.

With the help of the *Régisseur*, he does the scouting for various sets needed for the film.

During the proper shooting, he is in charge of the set, and hands back the command to the director just before shooting. In order to do so, he is helped by a *second assistant réalisateur* who is more involved in managing the surroundings of the set, and particularly traffic control when shooting on exterior locations.

Sometimes he is asked to block, or even to direct scenes involving a lot of extras.

Everyday the *Premier assistant réalisateur* makes out the call sheet for the next day, according to the shooting breakdown done during the preparation. This shooting call is then approved by the *Directeur de production*, and distributed to the crew members by someone in the *Régie* department.

LOCATION MANAGER

Il est parfois en charge des repérages afin de dénicher des décors particuliers à un film. Il fait des demandes d'autorisation de tournage pour ces lieux et établit les contrats de location des décors. Il organise ceux-ci en vue d'accueillir l'équipe de tournage. Il établit les *movement orders* (itinéraires) qui permettront aux membres de l'équipe de rallier les décors.

LOCATION SCOUT

Membre du *Location department*, il a pour charge de trouver des décors, intérieurs ou extérieurs, nécessaires à un tournage en décors naturels.

TRANSPORTATION CAPTAIN

C'est la personne en charge du *Transportation department* dont la principale fonction est de gérer le parc de véhicules mis à la disposition du tournage. Celui-ci comprend les camions pour le matériel, les caravanes des comédiens et celles pour le maquillage-coiffure et l'habillage, ainsi que les voitures de jeu.

LE RÉGISSEUR

During shooting preparation, the *Régisseur* is mainly in charge of scouting according to the suggestions he is given by the *Premier assistant réalisateur*. As each film set is chosen he asks permission (shooting permit) of the various administrations involved and negociates location allowances.

He also has to make sure that everything is ready for the film crew such as access, parking, sufficient electric supply, dressing-rooms, catering and so forth. He also organises each of the locations in order to adapt them to film shooting.

He prepares in advance all the movement orders which enable the crew members to reach the different locations.

During shooting, the *Régisseur* opens up and closes the set, becoming a sort of steward that makes sure everybody's needs are taken care of.

An allotment of petty cash allows him to deal with expenses catering for everyone's need for supplies and equipment.

The *Régie* department accounts are settled at the end of shooting and given back to the *Directeur de production*.

THE CONTINUITY CLERK

Pendant la préparation et le tournage, son travail est identique à celui d'une scripte française, et consiste à maintenir une parfaite continuité d'un plan à l'autre.

Elle tient à jour un certain nombre de rapports : *camera log* ou *laboratory report* (rapport image ou rapport labo), *editor's log* (rapport montage), *daily log* (rapport horaire ou « mouchard ») et *production report* (rapport production) avec pour différence fondamentale qu'elle établit le rapport montage en y faisant apparaître les plans les uns à la suite des autres et non pas page par page.

Les autres différences sont les suivantes :

a) c'est le *Clapper - Loader* (équivalent du second assistant opérateur en France) qui fait le clap et qui tient le rapport image destiné au laboratoire.
b) C'est le *First assistant director* (1er assistant réalisateur) qui établit le rapport production après avoir collecté les différentes informations auprès des techniciens, dont la scripte.
c) C'est le *Still photographer* (photographe de plateau) qui prend parfois les polaroïds qui permettront à la scripte de gérer ses raccords.

LA SCRIPTE

During the preparation of the film, the *Scripte* (continuity person) draws up a delaited timing from the script in order to estimate the film's total lengh. She also draws up three types of breakdowns : one which sums up each sequence (scene breakdown), one for each set or location and another one for actors indicating all costumes changes.

During rehearsal and shooting she makes sure there is continuity from shot to shot by taking polaroid photographs. She takes note of dialogue changes and actors' movements.

On the script she indicates which parts of the story-line and the action have been shot and the actual lengh of the shots.

She gives the clap-board numbers to the *Machiniste*.

She keeps various records up to date such as :

a) A *rapport montage* (editor's log or continuity sheets), with a page for each shot, pointing out the various parameters of the camera and production, the lengh of each take and the differences between them.
b) A *rapport image* (camera log or laboratory report), roll by roll which includes each roll, magazine and emulsion number, as well as each sequence, shot and take number. Each take number to be printed is encircled. She also writes down the footage and lengh of the takes on the report so as to calculate daily the total lengh of printed footage.
c) A *rapport horaire* (daily log), familiarly known as "*mouchard*" indicating the time of setting-up, technical installations and the shooting time for each shot.
d) A *rapport production* (production report), showing the total amount of used and printed film, the precise useful time, the actors and bit players involved, the number of extras, the power consumed and so on...

LA JOURNÉE DE TRAVAIL

En France la journée normale compte 8 heures de travail contre 10 heures aux USA ou en Grande-Bretagne.

Aux USA ou en Grande-Bretagne, l'horaire (*unit call*) indiqué à la feuille de service est celui de la convocation sur le plateau. La journée est payée à partir de cet horaire, même si le tournage ne commence que plus tard.

En France les horaires communiqués par la feuille de service sont ceux prévus pour le tournage proprement dit. Si certains techniciens sont amenés à faire de la préparation, l'horaire de convocation le fera apparaître. Bien que la préparation quotidienne avant le début du tournage soit désormais payée en France, des postes-clef comme celui de 1er assistant réalisateur, régisseur, directeur de production doivent encore prendre sur eux pour être présents sur le plateau à l'avance.

En France, 11 heures dites « heures de récupération » sont obligatoires entre la fin de tournage d'une journée et l'heure de convocation de la suivante. Quand cela n'est pas respecté, les heures de travail prises sur ces 11 heures sont dites « heures anticipées », et sont payées à un taux majoré.

Une journée de 8 heures de travail en France n'inclue pas l'heure de repas. En Grande-Bretagne ou aux Etats-Unis, l'arrêt repas peut être réduit à une ½ heure ou même ne pas exister du tout, le repas se prenant alors pendant les heures de travail à un *Running buffet* présent en permanence.

Le temps consacré au tournage est donc sensiblement le même, avec un minutage utile par jour identique.

A DAY OF WORK

In France, a normal day's shooting amounts to 8 hours' work against 10 hours' work in the United States or in Great Britain.

In the USA or in Great Britain, the call time is the time one arrives on set. The day is paid from this specific call time even if the shooting proper starts later.

In France, the time appearing at the top of the call sheet is the time when shooting actually begins. A specific page of the call sheet indicates the call time for each crew member, and makes for preparation time.
Bien que la préparation soit payée, des postes-clef comme celui de 1er assistant réalisateur, régisseur, directeur de production prennent sur eux pour être présents sur le plateau à l'avance.
Although the daily shooting preparation is payed from now on in France, key people such as *Premier assistant réalisateur, Régisseur, Directeur de production,* still take it upon themselves to turn up in advance on the set.

In France, there are 11 compulsory hours allotted to recovery periods, between wrap-up time and the next call time. When these conditions are not met, the work hours taken in these eleven hours are called 'anticipated hours' and are paid at a higher rate.

An 8-hour working day in France does not include the lunch-break (which generally lasts an hour). In Great Britain or in the USA the lunch-break can be a mere half hour or not exist at all : then a running buffet is provided.

Thus, shooting time is more or less the same with an identical amount of useful time clocked up.

LISTE MATÉRIEL — EQUIPMENT LIST

Caméra	**Camera**
~ synchrone	sync ~
~ grande vitesse	high speed ~
~ image par image	single shot ~
~ de prise de vues à l'épaule	handholdable ~
~ mécanique	wild ~
~ de secours	back-up ~
~ pour transparences	process ~
deuxième ~	2nd unit ~
magasins	magazines
~ 300 m	1000 ft ~
~ 120 m	400 ft ~
~ 60 m	200 ft ~
~ 30 m	100 ft ~
~ d'épaule	shoulder ~
moteur	motor
~ quartzé	crystal ~
~ grande vitesse	high-speed ~
~ image par image	single shot ~
~ vitesse variable	variable speed ~
œilleton orientable	orientable eyepice
œilleton chauffant	heated eyepiece

Accessoires caméra	**Camera accessories**
loupe longue	eyepiece extension
plaque de décentrement	sliding plate
déclencheur à distance	on-off remote control
boîtier vitesse variable	speed-control unit
commande de suivi de point	follow-focus control
parasoleil	matte-box
tiges	bars
tiroir de filtres	filter tray
support d'objectif	zoom support
câble	cable
~ d'alimentation	power ~
~ de chauffage	heater ~
batterie	battery (*pluriel :* batteries)
~ ceinture	~ belt
chargeur de ~	~ charger

blimp souple	barney
~ chauffant	heater, heating barney
housse de pluie	rain cover
hublot tournant	rain deflector
visée vidéo couleur / N et B	colour / B and W video assist
Objectifs	**Lenses**
~ standard	standard ~
~ grande ouverture	high-speed ~
~ grand angle	wide angle ~
~ macro	macro ~
bague allonge	range extenders, extender tube
bonettes dioptriques	diopters, dioptric lenses
téléobectif	telephoto
zoom	zoom
moteur de zoom	zoom motor
Filtres	**Filters**
~ de conversion	colour conversion ~
~ de correction	colour correction ~
~ diffuseurs	diffusion ~ , diffusers
~ densités neutres	neutral density ~
~ dégradés neutres *(hard et soft)*	neutral grad ~ *(hard and soft)*
~ dégardés couleurs	colour grad ~
~ étoiles	star ~
~ polarisant	polascreen
trames	nets
Divers caméra	**Camera miscellaneous**
caisses caméra	unit boxes, camera cases
flight case	flight case
air comprimé	air spray, Dust-off®
boîtes vides	empty cans
sacs noirs	black bags
noyaux	cores
flasques	spools
étiquettes labo	laboratory labels
gaffer	gaffer tape
chatterton	chatterton
rapport image	camera report, camera log
clap	clapper board, slate
craie	chalk
papier optique	optical tissue
stylos et markers	pen and markers

décamètre = 10 m	measuring tape = 33 ft
triple décamètre = 30 m	measuring tape = 165 ft
cellule *(photométrique)*	exposure meter
spotmètre	spotmeter
thermocolorimètre	colour temperature meter
fréquence-mètre	frequency meter
ampèremètre-voltmètre *(testeur)*	ammeter-voltmeter *(test meter)*
charte de gris	grey chart
bombe à matter	dulling spray
Pellicule vierge	**Film stock**
~ couleur \ noir et blanc	colour \ black and white ~
~ sensible	high speed ~
bobine de 300 m	1000 ft roll
bobine de 120 m	400 ft roll
bobine de 60 m	200 ft roll
Tête panoramique	**Head**
~ à manivelles	geared ~
~ fluide	fluid ~
~ à friction	friction ~
~ gyroscopique	gyro ~
~ télécommandée	remote ~
manche de ~	~ handle, pan handle
quart de brie, # *Fromage*	cheese wedge, fox wedge, tilt plate, adjustable ped
Pied caméra	**Tripod - Sticks**
grand pied	big tripod, sticks
petit pied	baby tripod, baby sticks
base	high hat, hi-hat
coupole 120	Arri bowl fitting
coupole 300	Mitchell fitting
griffe 300	hig-hat leveller, Arri bowl to Moy adapter
triangle \ étoile	spreader \ spider
triangle roulant	rolling spreader, wheeled tee, skid
Supports caméra	**Camera supports**
système anti-vibratoire pour hélicoptère	anti-vibration system, helicopter mount
crosse d'épaule	shoulder pod, shoulder brace
steadicam	steadicam
limpet	limpet mount
système d'accroche voiture	car mount, car rigs

Machinerie	Grip equipment
chariot de travelling	dolly
plateau de travelling	travelling platform
~ ~ étroit	narrow travelling platform
bras de déport	off set arm
bras de grue	jib arm
coupole déportée	off-set bowl
col de cygne	swan's neck
colonettes	risers
grue	crane
rails de travelling	tracks
~ droits	straight tracks
~ courbes	curved tracks
cales \ cales sifflet	wedges \ step wedges
niveau à bulle	spirit level
plaques de roulement	block boards
praticable	*GB* : rostrum – *US* : parallel
tour d'échaffaudage	scaffolding tower
presses	clamps
cubes	pancakes, apple boxes
sangles	straps

Éclairage	Lighting equiment
projecteurs	lights
~ tungstène	tungten ~
~ HMI \ CSI \ CID	HMI \ CSI \ CID ~
~ à *(lentille de)* Fresnel	spotlights
~ d'ambiance	ambiance ~
~ de poursuite	follow spotlight
~ à arc, arc	arc ~
pieds de projecteurs	light stands
~ à manivelle	crank up ~
câbles	cables
boîtes de distribution	distribution boxes
groupe électrogène = / ~	generator DC / AC
ampoules de rechange	spare bubles, spare lamps
fusibles de rechange	spare fuses
gélatine de correction couleur	colour gelatin
diffuseurs	diffusing materials
réflecteurs	reflectors
plaque de polystyrène	styrofoam boards
fourche pour ~	styrofoam holder
drapeaux	flags
rotules	knuckles

volets	cutter, french flags
varipoles	accrows, polecats
presses	clamps
escabeau	step ladder
échelle	ladder
échelle coulissante	extension ladder
double échelle	double ladder
tour d'éclairage	scaffolding tower
Son	**Sound**
magnétophone	recorder
~ quartzé	crystal controlled ~
~ stéréo	stereo ~
casque *(d'écoute)*	headphones
piles de rechange	spare batteries
voltmètre-ampèremètre	test meter
mixette	mixer unit
microphone *(micro)*	microphone *(mike)*
~ canon	gun ~
~ cardioïde	cardioid~
~ cravate	lapel ~ , tie-clip ~
~ directionnel	directional ~
~ dynamique	dynamic ~
~ HF	wireless ~
~ lavallière	lavaliere ~
~ omni-directionnel	omnidirectional ~
perche	boom, fish pole
perchette	mike stick
bonnette anti-vent	wind-shield
matériel de playback	playback equipment
pellicule son	magnetic tape
rapport son	sound report, sound log
Scripte	**Continuity**
rapport scripte	continuity sheets, continuity cards
rapport montage	editor's log
rapport horaire *(mouchard)*	daily log
rapport production	production report
polaroïds	polaroids
Communication	**Communication**
talkies \ walkies	walkies \ talkies
oreillette	earphone, earpiece
mégaphone	bull-horn
téléphone portable	mobile phone

Photos	**Stills**
boîtier	camera body
objectifs	lenses
blimp	camera blimp
pellicule	film stock
Effets spéciaux	**Special effects (SFX)**
machine à brouillard	fog machine
machine à fumée	smoke machine, smoke gun, hazer
machine à vent	wind machine
rampe à pluie	rain cluster
Montage	**Editing**
banc de montage	editing bench
amorce	leader
colleuse et adhésifs	splicer and tape
crayons de montage	china pencils, grease pencils
chutier	editing rack, trim bin
visionneuse	viewing machine
Autres	**Others**
produits de maquillage	make-up consummables, cosmetics
glace de maquillage	make-up mirror
matériel coiffure	hairdresser equipment
costumes	wardrobe, costumes
portant de costumes	clothes rack
cintre	hanger, clothes hanger
portemanteau	coathanger
cantine, malle	trunk
accessoires	properties
accessoires de décoration	set dressing
accessoires de jeu	action props
machine à café	coffee machine
parapluie	umbrella
parasol	beach umbrella

BUDGET DE FILM
FILM BUDGET

ÉCRITURE — WRITING

DROITS ARTISTIQUES — ARTISTIC RIGHTS

sujet	story
œuvre préexistante	*pre-existent work*
œuvre originale	*original work*
adaptation dialogues	dialogue adaptation
droits de reproduction	copyrights
droits musicaux	music rights
droits divers	other rights
images d'archives	*files shots, stock shots*
photographies	*photographies*
œuvres d'art	*art works*
documents sonores	*sound works*
traduction	translation
dactylographie	typing
duplication	duplication
recherches \ documentation	researches

SCÉNARIO — SCENARIO

scénariste(s)	script-writer(s)
frappe et photocopies	typing and duplicating
adaptation	adaptation
dialoguiste	dialogue writer
documentaliste	researcher
consultant(e)	advisor

PRÉ-PRODUCTION / PRE-PRODUCTION

CASTING	**CASTING**
directeur(trice) de casting	casting director
matériel vidéo	video equipment
studio vidéo	video studio
bandes vidéo, cassettes vidéo	video tapes, video cassettes
photos, polaroïds	stills, polaroids
auditions	auditions
ÉQUIPE DE PRÉPARATION	**PREP-UNIT**
producteur(trice)	producer
directeur(trice) de production	production manager
réalisateur(trice)	director
1er assistant(e) réalisateur	1st assistant director
scripte *(minutage)*	continuity person *(timing)*
régisseur *(repérages)*	unit location manager *(recces)*
chef décorateur *(dessins, maquettes)*	production designer *(sketches, models)*
directeur(trice) de la photographie	director of photography
chef opérateur(trice)	lighting cameraman
accessoiriste	property person, propmaster
REPÉRAGES	**RECCES \ SCOUTING**
voyages	travels
voitures	cars
kilométrage	mileage
essence	petrol, gas
photos	stills
repas	meals
défraiements	per diems = PD, living expenses
hébergement	accomodations
DIVERS	**MISCELLANEAOUS**
story-board	story-board
essais filmés	film tests
lectures	readings
lecture avec les comédiens	read-through, table reading
répétitions	rehearsals

TOURNAGE SHOOTING

INTERPRÉTATION	CAST
acteurs \ actrices	actors \ actresses
rôles principaux	lead parts, principals
acteurs de second rôles	supporting cast
~ importants	featured actors \ actresses
petits rôles	bit players
acteurs de complément	extras
figuration (*figurants et figurantes*)	extras (*male and female*)
~ professionnelle	professional ~
~ locale	local ~
enfants	children
agences, imprésarios (impresarii)	agencies
cascadeurs	stunt persons
doublures	doubles
doublures lumières	stand-ins
animaux	animals

ÉQUIPE TECHNIQUE	SHOOTING CREW
personnel de production	production staff
comptabilité	accountancy
réalisateur(trice)	director
scripte	continuity
équipe	
~ réalisation (*assistants réalisateur*) : assistants director	
~ régie	location department
~ caméra	camera crew, camera department
~ son	sound crew, sound department
~ lumière, ~ électrique	lighting crew
~ machinerie	grip crew
~ décoration	art department crew
~ construction	construction crew
~ acessoires et ensembliers	prop and set dressing crew
~ costumes	wardrobe staff \ department
~ maquillage et coiffure	make-up and hair crew
~ technique étrangère	foreign unit technicians
~ transports	transportation crew
~ photographes de plateau	still camera staff
~ conseillers techniques	technical advisors
~ personnel de la cantine	catering unit
~ stagiaires	trainees, interns
~ chauffeurs	drivers
~ chauffeurs routier : lorry drivers (*GB*) - teamster drivers (*US*)	

SALAIRES	SALARIES \ WAGES
feuille de salaire	wage slip, pay slip
cachets	fees
heures supplémentaires	overtime
acompte sur salaire	instalment
complément de salaire en nature	fringes
charges sociales	national insurance contributions
sécurité sociale	social security
congés payés	holidays credits

MATÉRIEL	EQUIPMENT
location	rental
~ caméra	camera ~
~ son	sound ~
~ éclairage	lighting ~
~ groupe électrogène	generator ~
~ machinerie	grip ~
~ voiture travelling	tracking car ~
location et achats	rental and purchases
~ décoration	art ~
~ accessoires	prop ~
~ ameublement	set dressing ~
~ costumes	wardobe ~
~ maquillage-coiffure	make-up and hair ~
fournitures	consumables
talkies-walkies	walkies-talkies
effets spéciaux :	special effects :
machine à fumée \ à brouillard	*smoke \ fog machine, hazer*
ventilateurs	*fans, wind machines*
fumigènes	*smoke bombs*

STUDIO	STUDIO
plateau	stage, floor
bureaux	offices
loges	dressing rooms
ateliers	worshops
magasins, entrepôts	storage facilities
construction	construction
préparation lumière	prelighting, prelight
tournage	shooting
démontage des décors	set striking
consommation électrique	power consumption
chauffage	heating
nettoyage	cleaning
gardien de nuit, vigile	night watcher, security person

DÉCORS NATURELS	LOCATION
indemnités de location	location fees
aménagement des décors	set dressing
consommation électrique	power consumption
rangement	wrapping
remise en état des lieux	reinstatement
gardien de nuit, vigile	night watcher, security person
service d'ordre	crowd control, police assistance

DÉCORATION	ART DEPARTMENT
matériaux (*bois, toile, peinture, …*)	materials (*wood, canvas, paint, …*)
montage >< démontage	set dressing >< striking
rangement	wrapping
Budget couvrant les frais de décoration, de construction et de mise en place des décors sur le plateau :	design and staging

ACCESSOIRES	PROPS
meubles et accessoires	set dressing and props
location \ achats \ fabrication	*hiring \ purchases \ making*
casse et pertes	damage and loss

EFFETS SPÉCIAUX	SPECIAL EFFECTS
maquettes	miniatures, models
transparence :	process photography :
clichés et films	*process plates*
studio	*stage*
personnel du studio	*stage labour*
cache/contre-cache :	matte shot :
fabrication	*manufacture*
graphisme	*art work*

MAQUILLAGE - COIFFURE	MAKE-UP and HAIR
produits de maquillage	make-up consumables
perruques et postiches	wigs
achats	purchases

COSTUMES	WARDROBE
fabrication des costumes	costume making
location de costumes	costume rental
achat de costumes	costume purchase
nettoyage et teinture	cleaning and dyeing
retouches	wardrobe maintenance
maquettes	models, sketches

RÉGIE — LOCATIONS

VÉHICULES	TRANSPORTATION
camion déco	art department van
camion image et son	camera and sound van
camion lumière	lighting truck
camion machinerie	grip truck
caravane costumes	wardrobe trailer
caravane maquillage	make-up trailer
car loges	mobile dressing rooms
toilettes mobiles	honey wagon, mobile toilets
minibus	minibus, van
camion	cargo van
camion cantine	dining bus
camionnette	station wagon – *US* : brake
voiture régie	unit cars
voitures avec chauffeur	cars with driver
kilométrage	mileage
carburant	petrol
taxis	cabs, taxis

ASSURANCES	INSURANCES
accessoires, décors et costumes	props, sets and wardrobe insurance
accident	accident insurance
assistance à l'étranger	travel insurance
assurance supplémentaire	additional insurance
automobile	car insurance
matériel technique	equipment insurance
météo	wheater day
négatif	negative insurance
personne indispensable au film	cast and crew insurance
personnel	employee insurance
responsabilité civile	general liability
risques civils	public liability
risques corporels	bodily injury policy
tous risques, multirisques	comprehensive insurance

DÉFRAIEMENTS	LIVING EXPENSES
logements	lodging, accomodation
indemnités repas	meal allowance

chèque-restaurant *(plural = chèques-restaurant)* : lucheon voucher

défraiements équipe	living expenses, per diems

DIVERS	MISCELLANEOUS
petite trésorerie de régie	petty-cash
coursiers	couriers
transitaire	transport agent
fret des rushes	freightage of rushes
excès de bagages	excess baggage
frais de douane	custom charges

PELLICULE et LABORATOIRE	FILM STOCK and LABORATORY
pellicule de prise de vues	film stock
développement négatif	negative processing
tirage des rushes	daily prints
~ 35 mm, 16 mm, …	~ 35 mm, 16 mm, …
~ couleurs	~ colour
~ noir et blanc	~ black and white
bande magnétique 6,25	¼ inches magnetic sound stock
repiquage	sound transfer
pellicule son 35 mm \ 16 mm	35 mm \ 16 mm magnetic stock
synchronisation des rushes	syncing dailies
transport des rushes	delivery of rushes
projection des rushes	screening of rushes
salle de visonnage	screening room
projectionniste	projectionist, boothman

# POST-PRODUCTION	# POST-PRODUCTION
MONTAGE	**EDITING**
salle de montage	editing room
amorce	leader
fournitures	consumables
copie de travail N et B	B and W workprint
personnel :	staff :
chef monteur	editor
~ image	picture editor
~ son	sound editor
assistant monteur	assistant editor
illustrateur sonore	sound effects supervisor
bruiteur	foley artist
post-synchronisation	post-synchronisation
doublage	dubbing, looping, ADR
voix-off	voice-over
truquiste *(Vidéo)*	special-effects man
technicien vidéo	video engineer
responsable de post-production	post-production coordinator
retirages	reprints
stock-shots *(visionnage)*	stock-shots *(screening)*
droits d'utilisation des stock-shots	stock shots' copyrights
kinescopage	video-to-film transfer

TRUCAGES	OPTICALS
banc-titre	optical bench
cache/contre-cache	matte shot
surimpression	superimposure
incrustation	inlay-overlay, chroma key
fondu	fade
fondu enchaîné	dissolve fade
accéléré / ralenti	fast / slow motion
image figée	freeze frame, stop frame
recadrage / grossissement	reframing / blow-ip
zoom optique	optical zoom
gonflage	blow-up
master pour trucage	internegative for opticals
tirages de contrôle	prints for check

SON	SOUND
bruitage	foley
recherche de bruits et de sons	sound research
achat de sons	sound purchase
musique originale	original score
enregistrement de la musique	music recording
droits musicaux	music rights
musique au mètre	canned music
bande rythmo	lip-sync band
auditorium d'enregistrement	recording studio
auditorium de mixage	mixing studio
pellicule magnétique son	sound magnetic stock
mixage son	sound mixing
report optique du son	sound optical transfer

COPIES	PRINTS
conformation du négatif	negative conforming
montage négatif	negative cutting
copie zéro	answer print
étalonnage	timing (*US*) – grading (*GB*)
1ère copie rectifiée	first corrected print
master de sécurité	protection master
internégatif de sauvegarde	protection internegative
titrage	titlening, tiltles
générique de début >< de fin	main >< end credits
copies de série	release prints
copie version salle	theatrical print
copie version étrangère	foreign version print
sous-titrage	subtitling
copie sous-titrée	subtitled print
projections	screenings
télécinéma :	film to video transfer :
étalonnage	*timing (US) - grading (GB)*
copie antenne	*broadcasting print, air print*
générateur de caractères	*character generator*
bande vidéo	*video tape*
time code image	*picture time code*
duplication vidéo	video duplication

PUBLICITÉ	PUBLICITY
agent de presse	publicist
dossier de presse	press kit
revue de presse	press cuttings, press review
affichiste	poster designer
affiches	posters, bills
bandes annonces	trailers
projection de presse	trade show
avant-première	preview, sneak preview
buffet froid	cold buffet
buffet dînatoire	buffet supper

DIVERS	MISCELLANEOUS
comptabilité	accountancy, pay roll service
expert comptable	certified auditor
imprévus sur justificatifs	miscellaneous expenses
royalties comédiens	actors royalties
droits d'auteur du réalisateur	director's royalties
journée supplémentaire	extra day
journée(s) de retournage	retake day(s)

FRAIS GÉNÉRAUX	GENERAL OVERHEAD
envois postaux	postage
téléphone	telephone
papeterie et photocopies	stationery and photocopying
coursiers	couriers
pertes et bris	loss and damage
fête de fin de film	wrap party

FRAIS INDIRECTS	INDIRECT COSTS
frais financiers	finance and legal fees
charges financières	finance and legal charges
intérêts de prêts	loan interests
commissions bancaires	bank commissions
garantie de bonne fin	completion guarantee fee, completion bond

Colloquialisms - Slang

Langage familier – Jargon de plateau

english >>> french

Ad, Advert *(dimin. de : Advertisement)* : Pub *(short. for : Publicité)*
Beef *(US)* Rendement d'un projecteur
Beefy baby *(US)* Pied lourd à roulettes, pour 2 kw
Big eye, # *Baby 10* *(US)* : Projecteur baby tungstène de 10 kw à lentille
Bobbinet *(US)* : Tissu noir à mailles équipant les *Scrims*
Bomb, # *Flop* *(US)* (▶ **p 520**) Bide, Flop, Four, Échec, Plantage
Bomb (to ~) *(US)* Échouer, Faire un four, Se planter
Bottom chop *(US)* Volet en pelle à tarte
Brothers *(US)* : Gaffers et électriciens *(Vient du nom du syndicat :* International Brotherhood of Electrical Workers*)*
Bust (To go ~) : Aller au bouillon *(Lit. : To go to the soup)*, Faire faillite
Buzz : Faire du bruit autour de la sortie d'un film à grands coups de publicité
Christmas tree *(US)* : *a)* Pied de projecteur sur lequel sont accrochés des projecteurs et une kyrielle de volets, diffuses, etc
b) Le camion de matériel électrique
Choker (to choke = s'étrangler, suffoquer) : Terme familier pour désigner un gros plan particulièrement serré, dans lequel le personnage "étouffe", se retrouvant très à l'étroit
Chop-socky *(US)* *(Martial-Arts movie)* : Film d'arts-martiaux
Deuce *(US)* 2 kw Fresnel
Dingle *(US)* : Branches d'arbres placées devant un projecteur pour former des ombres sur un acteur ou un objet
Ditty bag : Sac de face *(pour le petit matériel de l'assistant-opérateur)*
Flick : Film *(Les images sautillantes des premiers films :* "flickering images" (to flicker = sautiller), *donnèrent naissance à ce terme générique, vieillot et un peu péjoratif)*
Film jam, # *Salad* Salade, Perruque
Gopher, Gofer (▶ **p 404**) Grouillot
Goose : À Hollywood, désigne les véhicules image et son utilisés pour se déplacer dans un lieu de tournage ou d'un lieu à un autre
Grabbed shot *(Litt. :* un "plan empoigné", to grab *signifiant :* empoigner*)* Plan à l'arrache, Plan à la pogne
Hammer Gros bras, Machino
Helm, Helmer, # *Topper* *(US)* Patron *(Sobriquet pour un réalisateur)*
Helm (to ~) Diriger, Réaliser, Mettre en scène
High boy *(US)* Pied lourd à roulettes
Hot box : Chambre noire pour charger *(Hot parce qu'il peut y fait très chaud)*
House *(US)* Salle de cinéma, Cinéma

Hyphenate : Double casquette *(Personne qui cumule deux postes : réalisateur-producteur, réalisateur-acteur, acteur-producteur, etc)*
Inky, # *Inky dink, Dinky* : Projecteur 100/250 w tungstène à lentille Fresnel
Jack of-all-trades   Homme à tout faire
Juice *(fam. pour : electricity)*   Jus *(slang for :* électricité*)*
~ crew, ~ gang   Équipe (Gang) des électriciens
~ hand   Électro
Juicer   Électro
Junior, Baby junior = BJ *(US)*   2 kw Fresnel *(Mole & Richardson)*
Lab *(dimin. de : Laboratory)*   Labo *(short. for : Laboratoire)*
~ report *(Lab report)*   Rapport labo *(Rapport laboratoire)*
Mickey, # *Redhead (US)*   1 kw Fresnel
Mighty *(US)*   Blonde, 2 kw quartz
Mike *(dimin. de : Microphone)*   Micro *(short. for : Microphone)*
Musco lights *(US)* : Rampe de projecteurs HMI sur une grue d'éclairage
Obie *(US) (Fam.)* : Petit projecteur jusqu'à 250w, à placer sur la caméra
Off book *(US)* : *(Se dit d'un acteur qui a complètement mémorisé son texte et qui n'a plus besoin du scénario pour connaître ses répliques)*
On the nose   Dans le mille
Ozoner *(US)* : Terme familier pour désigner un *Drive-in*
Pigeon *(US)*   Base pour projecteur *(de lumière)*
Pix, # *Picture*   Film
Powder-man *(Litt.:* Homme-poudre), # *Pyrotechnist* : Artificier, Pyrotechnicien
Red carpet premiere   Première avec tapis rouge
Redhead, # *Mickey (US)*   1 kw Fresnel
Rough cut   Ours
Salad, # *Film jam*   Salade, Perruque
Scribbler   Scribouillard *(Scénariste sans talent)*
Shortie   Court métrage
Sleeper, # *Underdog*   Succès inattendu, Succès inespéré
Soppy   Mélo à l'eau de rose
Stinger *(Littéralement :* Dard d'une abeille) : Prolongateur sous tension, mis en attente pour un usage occasionnel *(comme par exemple recharger une dolly ou une machine à fumée)*
Sync *(dimin. de : Synchronization)*   Synchro *(short. for : Synchronisation)*
Talkie : Vieux film parlant dès débuts du cinéma sonore
Tenner, Ten-K   Projecteur tungstène 10 kw à lentille
Thumbnail   Croquis, Crobar
Tix *(dimin. de : Ticket)*   Ticket, Billet
Toon *(dimin. de : Cartoon)*   Dessin animé
Tweenie, # *Teenie weenie*   Projecteur tungstène 650w à Fresnel
Underdog, # *Sleeper (US)*   Gros succès contre toute attente
Utility person *(US)*   Homme à tout faire
Yawner *(US) (Littéralement = "Qui fait bailler")* : Navet
Zinger *(US)* : Projecteur rehaussant le faible contraste d'un éclairage diffus

Langage familier – Jargon de plateau

Colloquialisms

français >>> anglais

À l'eau de rose, # *Mélo* — Soppy
Accu *(short. for : Accumulateur)* — Accumulator, Battery
Arroser de lumière, # *Inonder* — To Flood *(with light)*
Audi *(short. for : Auditorium)* — Sound studio, Recording studio
Bide, # *Flop*, # *Four* (▶ p 54) — Bomb *(US)*
Bijoute — Ditty bag, Gadjet bag
Blonde, # *2kw quartz* — Mighty *(US)*
Bouillon (Aller au ~), # *Faire faillite* : To Go bust *(bust = crevé, cassé)*
Charbon — Very dark
Ciné, Cinoche *(short. for : Cinéma)* — Movie theatre, Cinema house
Cul — Bottom, Bum
 ~ de bouteille *(à propos des objectifs)* : Bottle, Glassware *(about lenses)*
 au ~ du camion *(Lit. : "at the bum of the truck")* : At the back of the truck
 gélatine au ~ — Rear gelatin filter
Dans le mille — On the nose
Diaph *(short. for : Diaphragme)* — Diaphragm, f-stop, T-stop
Double perfo *(Double rangées de perforations)* : Double perforated
Diapo *(short. for : Diapositive)* — Slide
Diffuse : *(short. for* Diffusion *in itself and all kind of diffusing material)*
Donner du mou, # *Détendre, Relâcher* : To Loosen, To Slack off
Double casquette *(Personne qui cumule deux postes à responsabilités sur un tournage : réalisateur-producteur, réalisateur-acteur, etc)* : Hyphenate
Électro *(short. for : Électricien)* — Electrician
 GB : Sparks, *(fam.* : Spark = *Étincelle)*
 US : Juicer
Flop, # *Bide, Four* (▶ p 141) — Bomb *(US)*
Fluo *(short. for : Tube fluorescent)* — Fluorescent tube
Four (Faire un ~), # *Se planter, Échouer* : To Bomb *(Coll.) (US)*
Fromage blanc : Very bright white that turns to the colour of cheese
Gamelle *(slang for : Tête de projecteur)* : Lamp head , Light head
Gâteau *(Lit. : Cake)* = Film deposit in the gate or in the pressure plate
Grouillot : Gopher, Gofer *(À l'origine, un assistant de production à qui l'on demande "*go for this*" ou "*go for that*", d'où la déformation en "*gopher*")*
Homme à tout faire — Jack of-all-trades, Utility person *(US)*
Info *(short. for : Information)* — Information

Jus *(slang for : Électricité)*	Juice *(fam. pour : Électricity)*
Labo *(short. for : Laboratoire)*	Lab *(dimin. de : Laboratory)*
Machino *(short. for : Machiniste)*	Hammer *(fam. pour : Grip man)*
Mandarine *(Projecteur de 800w sans lentille)* : Open-ended 800w quartz	
Mélo larmoyant	Soppy
Metteur, # *Patron, Réal*	Helmer, Topper *(Director)*
Mouchard *(Rapport production)*	Daily log
Navet	Yawner (*US*) *(Litt. : Qui fait bailler)*
Nègre	Ghost writer
Ours *(Premier montage)*	Rough cut
Pano *(short. for : Panoramique)*	Pan
Panoter *(Panoramiquer à l'horizontale)*	To Pan
Photo *(short. for : Photographie)*	Photography
~ de plateau	Acting still
Par les pieds *(Par la fin de la bobine)*	Tail on, Tail out, Tail up
Par la tête *(Par le début de la bobine)*	Head out, Head up
Patron, # *Metteur (Réalisateur)*	Helmer, Topper *(Director)*
Plat à barbe *(Bol)*	Sky pan
Plan à l'arrache, Plan à la pogne : Grabbed shot *(Littéralement :* un "plan empoigné", to grab *signifiant :* empoigner*)*	
Plantage, # *Bide, Four, Flop* (▶ p 54)	Bomb (*US*)
Planter (Se ~), # *Faire un four, Échouer* : To Bomb *(Coll.)*	
Pratos *(short. for : Praticable)*	Rostrum (*GB*) – Parallels (*US*)
Prolon *(short. for : Prolongateur)*	Extension cable, Extender
Rapport labo *(Rapport laboratoire)* : Laboratory report *(Lab report)*	
Ronflette, # *Ronflement, Bourdonnement* : Hum	
Salade, # *Perruque*	Salad, Film jam
Salle *(de cinéma)*	House, Movie house (*US*)
Scénar *(short. for : Scénario)*	Script
Scribouillard *(Scénariste sans talent)* : Scribbler	
Sensito *(short. for : Sensitométrie)*	Sensitometry
Synchro *(short. for : Synchronisation)*	Sync *(dimin. de : Synchronization)*
Tout ouvert *(Pleine ouverture)*	Wide open
Télé *(short. for : Télévision)*	Television
Tirer le décamètre	To Tape measure
Transfo *(short. for : Transformateur)*	Transformer, Booster
Volet en pelle à tarte	Bottom chop (*US*)

Interdictions en France	Rating system : USA	Rating system : GB
Non visé par la censure	Not rated	Not rated
Films tous publics	G-rated, General audience	U = Universal Uc = Universal : Children (*préscolaires*)
Interdit aux moins de 10 ans, Accord parental souhaité	PG-rated = Parental Guidance Suggested	PG = Parental Guidance
Interdit aux moins de 13 ans non accompagnés	PG-13	12A = 12 Accompanied 12 Advisory
Interdit aux moins de 16 ans non accompagnés	R = Restricted	15
Interdit aux mineurs, Interdit au moins de 18 ans	R-Rated = Restricted under 17	18
Interdit aux moins de 18 ans	NC-17 = No Children 17 and under admitted	18
Film classé X, Interdit aux moins de 18 ans	X-rating = NC-17	R18 = Restricted 18
Film classé X, Film à caractère hautement pornographique	XXX rating	R18 = Restricted 18

France	États-Unis	Grande-Bretagne
Tous public	G	Uc / U
- 10 ans	PG	PG
- 12 ans	PG-13	12A / 12
- 16 ans	R	15
- 18 ans	NC-17	18
Film à caractère porno-graphique	X	R18

Signalétique - Specification

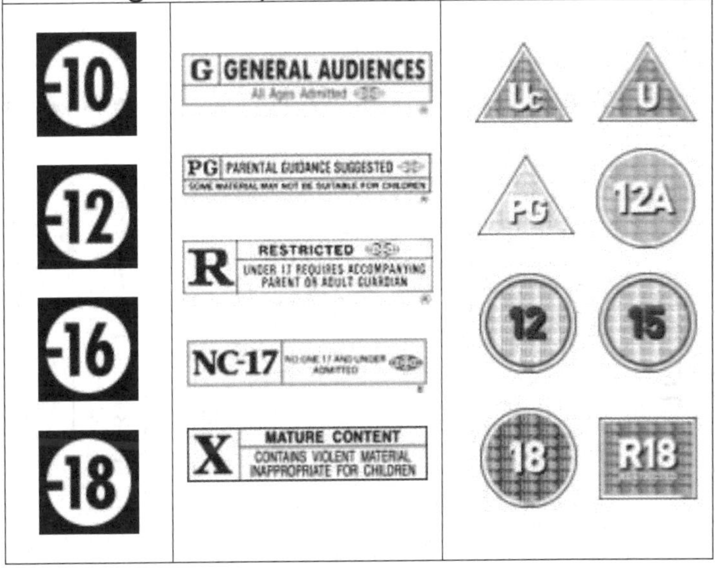

	français	➡⇨➡⇨➡⇨➡⇨➡ ⬅⇦⬅⇦⬅⇦⬅⇦⬅	english
Mot clef Key word	Expression française *(Literal translation in english)*	✍ : écrit… / *written…* 🗣 : Qui parle ? / *Who speaks ?* 👂 : À qui … ? / *Who to … ?*	English expression *(Traduction littérale en français)*
Scénario * Script	"D'après le roman de…" *(From the novel of…)*	✍	"Based on a novel by…" *(Basé sur un roman par …)*
	"Dans le rôle de…" *(In the part of…)*	✍	"As…" *(En tant que …)*
	"Pour la première fois à l'écran…" *(Fot the first time on screen…)*	✍	"Introducing…" *(Introduisant …)*
Contrats * Contracts	"Je, soussigné(e) … déclare sur l'honneur"	✍	"I undersigned … certify on my honnor"
	"Lu et approuvé"	✍	"Read and approved"
Acteurs * Actors	"Dans la peau du personnage" *(In the character's skin)*	🗣 : Réalisateur – *Director* 👂 : Acteur / Actrice – *Actor / Actress*	"In character" *(Dans le personnage)*
	"Pas dans la peau du personnage" *(Not in the character's skin)*	🗣 : Réalisateur – *Director* 👂 : Acteur / Actrice – *Actor / Actress*	"Out of character" *(Hors du personnage)*

Acteurs au travail * Actors at work	"Recule pour faire ton entrée de champ" *(Step back in order to enter into the frame)*	: Réalisateur – *Director* : Acteur / Actrice – *Actor / Actress*	"Clean entrance" *(Entrée propre)*
	"Continue pour sortir du champ" *(Keep going in order to exit the frame)*	: Réalisateur – *Director* : Acteur / Actrice – *Actor / Actress*	"Clean exit" *(Sortie propre)*
	"Fais une entrée de champ" "Commence par une entrée de champ" *(Enter into the frame)* *(Start by an entrance in frame)*	: Réalisateur – *Director* : Acteur / Actrice – *Actor / Actress*	"Step into it" *(Marche dedans)*
	"Appuie toi sur ..." *(Rely on ...)*	: Réalisateur – *Director* : Acteur / Actrice – *Actor / Actress*	"Key off.. "
	"Banane vers l'intérieur" *(Banana towards the inside)* >< "Banane vers l'extérieur" *(Banana towards the outside)*	: Réalisateur – *Director* : Acteur / Actrice – *Actor / Actress*	"Arc in' *(Arc vers l'intérieur)* >< "Arc out" *(Arc vers l'extérieur)*
	"Prends ton créneau" *(Take your slot)* "Démasque toi de..."	: Réalisateur – *Director* : Acteur / Actrice – *Actor / Actress* Cadreur – *Camera operator*	"Clear" "Clear yourself" *(Clair)* - *(Éclaircis-toi)*

Acteurs au travail * Actors at work	"Joue vers la caméra" "Joue pour la caméra" *(Play toward the camera)* *(Play for the camera)*	: Réalisateur – *Director* : Acteur / Actrice – *Actor / Actress*	"Take camera" *(Prend caméra)*
	"Prends ta marques" *(Take your mark)*	: Réalisateur – *Director* : Acteur / Actrice – *Actor / Actress* Cadreur – *Camera operator*	"Hit the marks" *(Frappe la marque)*
	"Triche ton regard" *(Cheat your look)*	: Réalisateur – *Director* : Acteur / Actrice – *Actor / Actress* Cadreur – *Camera operator*	"Cheat your look" "Cheat it out" *"Triche ton regard"*

Répétitions * Rehearsals	"Plus vite" *(Faster)*	: Réalisateur – *Director* : Acteur / Actrice – *Actor / Actress*	"Pick it up" *(Porte le plus haut)*
	"Tout le monde en place" *(Everybody at its place)*	: 1er assistant-réalisateur *1st assistant director* : Toute personne du plateau *Everybody on set*	"Stand-by everybody" *(Tout le monde se tient prêt)*
	"Dernière répétition avant de tourner" *(Last rehearsal before shooting)*	: 1er assistant-réalisateur - *1st AD* : Acteurs / Techniciens *Actors / Technicians*	"Last rehearsal before shooting" *(Dernière répétiton avant de tourner)*
	"Êtes-vous prêts à tourner ?" *(Are you ready to shoot ?)*	: 1er assistant-réalisateur - *1st AD* : Acteurs / Techniciens *Actors / Technicians*	"Are you ready to shoot ?" *(Prêts à tourner ?)*

Avant de tourner * Before shooting	"Le rouge" *(The red)*	: Assistants réalisateur *Assistants director*	"Red light" *(Lumière rouge)*
	"Le rouge est mis" *(The red is on")*	: Assistants réalisateur *Assistants director*	"Red light on" *(Lumière rouge allumée)*
	"Sortez du champ" *(Get out of the field)*	: 1er assistant-réalisateur *1st assistant director* : à toute personne se trouvant dans le champ de la caméra !! to *anyone who is in the frame !!*	"Clear" *(Clair)* "Clear the frame" *(Éclaircicez le cadre)*
	"Essai son" *(Sound test)*	: Ingénieur du son – *Sound mixer* : Acteurs – *Actors*	"Give me a level" *(Donne-moi un niveau)*
	"Tout le monde en place" *(Everybody at its place)*	: 1er assistant-réalisateur - *1st AD* : Toute personne du plateau *Everybody on set*	"Stand-by everybody" *(Tout le monde se tient prêt)*
	"Attention, on va tourner" *(We are going to shoot)*	: 1er assistant-réalisateur - *1st AD* : Toute personne du plateau *Everybody on set*	"Stand-by" *(Soyez en attente)*
	"Au départ" "Tout le monde au départ" *(Start position),* *(Everybody in start position)*	: Réalisateur – *Director* : Acteurs / Techniciens *Actors / Technicians*	"Back to one" *(Retour à Un)*
	"Derniers raccords" *(Last looks)*	: 1er assistant-réalisateur – *1st AD* : Habillage-Maquillage-Coiffure / Scripte *Makeup-Hair-Costumes / Continuity person*	"Last looks" – "Last touch up" *(Derniers raccords)*

	"On ne bouge plus" *(Don't move anymore)* "Silence partout" *(Silence everywhere)*	: 1er assistant-réalisateur – *1st AD* : Toute personne du plateau *Everybody on set*	"Lock it down" *(Boucle-le)* "Quiet on set" *(Silence sur le plateau)*
	"Tenez-vous prêt à tourner" *(Get ready for shooting)*	: 1er assistant-réalisateur – *1st AD* : Toute personne du plateau *Everybody on set*	"Get ready" *(Tenez-vous prêts)* "Finger on the trigger" *(Doigt sur la gachette)*
"Moteur !" * "Camera !"	"Moteur" *(Motor)*	: Réalisateur – *Director* : Acteurs / Techniciens *Actors / Technicians*	*GB* : "Turn over" *US* : "Camera" "Roll camera", "Roll it" *(Roule le) (Fais-le rouler)*
	"Ça tourne" *(It's rolling)*	: Ingénieur du son – *Sound mixer* : 1er assistant caméra – *1st camera assistant*	*GB* : "Speed" - "Running" *US* : "Rolling" - "Speed" *(En train de rouler)*
	"Annonce" *(Announce)*	: 1er assist. caméra – *1st camera assist.* : Machiniste – *Slateholder*	"Mark it" *(Marque-le)*
Clap * Slate	"20, première" "10 sur 4, Troisième" "5A, 6ème : pick up" "38 sur 2, 4ème , Clap de fin"	: Machiniste *Slateholder*	"Scene 20, Take 1" "Scene 10 slash 4, Take 3" "Scene 5A, Take 6 : pick up" "38 slah 2, Take 4 : Tail slate"
	"Deuxième clap" *(Second sticks)*	: Celui qui a raté le clap *The one who missed the slate* : Machiniste – *Slateholder*	"Second sticks" *(Deuxième clap)*

Tournage * Shooting	"Cadré" *(Framed)*	: Cadreur - *Camera operator* : Réalisateur – *Director*	"Frame" *(Cadre)*
	"Action" "Allez-y" : *(Go)* "Partez" : *(Go)*	: Réalisateur – *Director* : Acteur / Actrice – *Actor / Actress*	"Action"
	"Filme là où est l'argent" *(Shoot where the money is)*	: Réalisateur – *Director* : Cadreur – *Camera operator*	"Stay with the money" *(Reste avec l'argent)*
	"Coupez" *(Cut)*	: Réalisateur – *Director* : Acteurs/Techniciens - *Actors/Technicians*	"Cut" *(Coupez)*
	"Coupez ! On la refait" *(Cut ! Do it again)*	: Réalisateur – *Director* : Acteur / Actrice – *Actor / Actress*	"Cut ! Do it again" *(Coupez ! On la refait)*
	"Gardez vos positions" *(Keep your positons)*	: Réalisateur – *Director* : Acteur / Actrice – *Actor / Actress* 1er assistant-réalisateur – *1st AD*	"Freeze everybody" *(Tout le monde gelé)*
	"On reprend depuis le début" *(We start again from the beginning)*	: Réalisateur – *Director* : Acteur / Actrice – *Actor / Actress* 1er assistant-réalisateur – *1st AD*	"From the top" *(Depuis le haut)*
	"À vos places" *(To your marks)*	: 1er assistant-réalisateur – *1st AD* : Acteur / Actrice – *Actor / Actress* Techniciens – *Technicians*	"Reset" *(Remise à zéro)*

Tournage * Shooting	"Coupez, ne bougez pas" *(Cut ! Don't move)* "Coupez, restez en place" *(Cut ! Keep your position)*	: Réalisateur – *Director* : Acteur / Actrice – *Actor / Actress* 1er assistant-réalisateur – *1st AD*	"Cut and hold" *(Coupez et tenez)*
	"On vérifie la fenêtre" *(Check the gate)*	: 1er assistant-réalisateur *1st assistant director* : 1er assistant-opérateur *1st camera assistant*	"Check the gate" *(Vérifiez la fenêtre)*
	"Il y a un poil dans la fenêtre" *(There is a hair in the gate)* >< "C'est bon pour la fenêtre" *(It's good for the gate)* "C'est bon pour le poil" *(It's good for the hair)*	: 1er assistant-opérateur *1st camera assistant* : 1er assistant-réalisateur *1st assistant director*	"There is a hair in the gate" *(Il y a un poil dans la fenêtre)* "Bad gate" *(Mauvaise fenêtre)* >< "There gate is clear" *(La fenêtre est claire)* "Good gate" *(Bonne fenêtre)*
	"À tirer" *(To be printed)* "Bonne à tirer" *(Good to be printed)*	: Réalisateur – *Director* : Scripte – *Continuity clerck*	"Print" *(Copiez)* "Cut ! Print" *(Coupez ! Tirez)*
	"On tire la 1ère, la 5ème et la dernière" *(We print the first, the fifth and the last)*	: Réalisateur – *Director* : Scripte – *Continuity clerck*	"Print the 1st, the 5th and the last" *(Tirez la première, la cinquième et la dernière)*

Tournage * Shooting	"À garder en réserve" *(To be kept in store)*	: Réalisateur – *Director* : Scripte – *Continuity clerck*	"That's a hold" *(C'est une réserve)*
	"C'est dans la boîte" "Elle est dans la boîte" *(It's in the can)*	: Réalisateur – *Director* : Toute personne du plateau *Everybody on set*	"In the can" *(Dans la boîte)*
	"On change de plan" *(We do next shot)* "Plan suivant" *(Next shot)*	: Réalisateur – *Director* 1er assistant-réalisateur – *1st AD* : Toute personne du plateau *Everybody on set*	"New deal" *(Nouveau challenge)* "Next shot" *(Plan suivant)*
	"On change de décor" *(Set change)*	: Réalisateur – *Director* 1er assistant-réalisateur – *1st AD* : Toute personne du plateau *Everybody on set*	"We are packing up" *(On fait les valises)*
	"Arrêt déjeuner" *(Break lunch)*	: 1er assistant-réalisateur – *1st AD* : Toute personne du plateau *Everybody on set*	"Break for lunch" *(Arrêt pour déjeuner)*
	"Fin de journée" *(End of the day)*	: 1er assistant-réalisateur – *1st AD* : Toute personne du plateau *Everybody on set*	"It's a wrap" *(C'est un emballage)*

Divers * Various	"Poule aux œufs d'or" *(Hen with golden eggs)* ⇔ *" The goose that laid the golden eggs "*	: Producteur - *Producer* Désigne une grosse production considérée comme un succès garanti, promettant des profits considérables dus à une campagne de merchandising très lucrative. *Refers to a "can't-miss" blockbuster that will generate tremendous profits due to its lucrative franchise (sequels, merchandising, spin-offs, etc).*	"Cash cow" *(Vache argent)*
	"Se faire une toile" *(To do to itself a sheet)*	: Cinéphiles – *Cinemagoers*	"To go on the flicks" *(Aller au cinoche)*
	"Le spectacle continue !" *(The show keeps going)*	Sans doutes la phrase la plus célèbre du monde du spectacle, décrivant le fait que, quels que soient les problèmes ou les désastres qui arrivent, chacun se doit de remplir sa tache et tenir le cap. *Certainly the most famous expression in Show Business, describing the fact that, whatever problems or disaster happens, every body has to keep going in its task.*	"The show must go on !" *(Le spectacle doit aller de l'avant)*

FIN

THE END

ORIGINE DE CERTAINS MOTS ET EXPRESSIONS
à l'usage des francophones !

Abby Singer
Expression qui a donné son nom au "*second to last shot of the day*" = l'avant dernier plan de la journée ! Cette expression est construite sur le nom de **Abby Singer** (*production manager* puis *assistant director* dans les années 50 jusqu'aux années 80), qui se plaisait à dire : "*We'll do this shot and one more*" ou "*This shot, and just one more, then we're out of here*", c'est-à-dire : "Ce plan et juste un autre, après on sort d'ici !"

Alan Smithee
L'unique pseudonyme autorisé par la *Directors Guild of America*, permettant à un réalisateur de signer un film alors qu'il refuse de faire figurer son nom au générique. Cela arrive parfois lorsque le réalisateur estime que sa vision ou son contrôle sur le film ont été co-optés par le studio. Les seules variantes autorisées sont : **Alan Smithee Jr.**, **Allan Smithee**, **Allen Smithee**.

Caméra – Camera
Provient de l'italien "**camera obscura**" = chambre noire. Percée d'un simple petit trou, elle fut utilisée dès le 17ème siècle par certains dessinateurs pour reproduire paysages et personnages. Au trou succéda la lentille, et au papier la pellicule. La caméra cinématographique allait bientôt pouvoir naître !

Cameo
Ce procédé désigne l'apparition spéciale d'une star à l'écran (avec ou sans dialogues), sans mention au générique. Les premiers exemples incluent ceux d'*Alfred Hitchcock* dans ses propres films, mais le *cameo* le plus étonnant est sans conteste celui du mime Marceau dans le film "*muet*" de *Mel Brooks* : "*Silent Movie*" où il délivre l'unique réplique de tout le film : « *No !* »

Flick (*Désigne un "vieux film des débuts du muet"*)
Les images sautillantes des premiers films : ***flickering images*** (to flicker = scintiller) donnèrent naissance à ce terme générique un peu vieillot et péjoratif.

Foley (*Signifie : "Le Bruitage"*)
Expression construite sur le nom de ***Jack Foley***, l'un des premiers à avoir utilisé des objets et toutes sortes de méthodes entièrement personnelles afin de recréer certains bruits et certains sons en studio de post-production.

Gaffer (*Pas d'équivalent français. Correspond à peu près au* Chef électricien)
Les premiers films utilisaient principalement la lumière naturelle, contrôlée par des *machinistes de théâtre* qui utilisaient de grandes toiles de tente manipulées par de longues perches appelées : ***gafs***. (Ces machinistes étaient souvent des pêcheurs côtiers ou des débardeurs dans les ports, et une ***gaff*** est un genre de perche utilisée sur les bateaux). Par ailleurs, au 16ème siècle en Angleterre, le terme de ***gaffer*** faisait référence à un homme à la tête de n'importe quel groupe organisé d'ouvriers.

Gopher *(Équivalent proche de : "Grouillot")*
Les demandes incessantes formulées notamment aux jeunes assistants de production telles que : "*go for this*" ou bien "*go for that*" ("Va chercher ci !", "Va chercher ça ! ") ont amené la déformation de ***"Go for"*** en ***"Gopher"***. Or, un *Gopher* signifie aussi : "Petit rongeur" et plus spécialement un genre d'écureuil, comme le *Ground squirrel* par exemple, dont on connaît l'agilité et... l'agitation ! Il n'y avait qu'un pas à franchir pour jouer sur les mots et désigner par ***Gopher*** l'assistant ou le stagiaire qui, corvéable à merci sur un plateau de tournage, est au service de tous les membres de l'équipe.

Grindhouse
Aux États-Unis, ce terme est utilisé pour décrire les cinémas qui, à partir des années 50, diffusaient (ou plutôt "turbinaient") autant de films de Série B que les horaires le permettaient. Ces cinémas se situaient plutôt dans les quartiers chauds, ou réservés aux adultes.
Le terme s'applique aussi à un film de Série B, à petit budget, généralement violent, primaire ou simplement truculent. Les premiers ***Grindhouse films*** incluaient des films nudistes, des œuvres alimentaires de mauvaise qualité, etc. Ce genre de films fit ensuite référence à tous les films dont l'intrigue était très maigre, basés sur l'action et la violence, la nudité et le sexe, la drogue et les combats d'arts martiaux, ou toute sorte d'atrocité ou de bizarreries.

Macguffin
Terme utilisé par ***Alfred Hitchcock*** *pour faire* référence à un objet, un événement ou un élément dramatique que le personnage d'un film considère comme extrêmement important, mais dont le public ignore l'existence ou ne soupçonne pas l'importance. Il s'agit, par exemple, des plans de moteur dans "*The 39 Steps*", de la statue avec les microfilms dans "*North by Northwest*", ou encore du contenu de l'attaché-case dans "*Pulp Fiction*".

MOS *(Indication pour signifier que la prise est muette)*
À l'époque des premiers tournages sonores, les USA comptaient de nombreux immigrés, et le fort accent avec lequel un réalisateur ou un technicien de l'équipe image d'origine allemande a dû prononcer l'annonce "*Without sound*" a fait naître : ***"Mit out sound"***. "*With*" américain se transformait en "*Mit*" allemand ! L'anecdote a due plaire car de nos jours encore, les initiales : MOS de "*Mit Out Sound*", inscrites sur le clap, servent toujours à repérer les prises muettes. En outre, à la fin de son annonce, le clapman rajoute toujours : "M O S" au lieu de l'expression : "*Without sound*".

Montage
Dans les pays anglo-saxons, le terme français *Montage* fait plutôt référence à l'École de montage russe (sous l'impulsion de Eisenstein et Poudovkine), et définit plus particulièrement un montage artistique et élaboré, par opposition au montage académique.

Murphy's law *(En français, on dirait : "Loi de l'emmerdement maximum" !)*
Basée sur : "*Anything that can go wrong will go wrong !*" ce qui, littéralement signifie : "*Tout ce qui peut tourner mal (doit aller mal) tournera mal (ira mal) !*".

Oakley *(Désigne un ticket d'exonération)*
Ce terme vient du nom d'*Annie Oakley* la très célèbre tireuse d'élite qui rejoignit le *Wild West Show* de *Buffalo Bill* en 1885 et y resta pendant 16 ans. On disait d'elle que "***ses tickets sont poinçonnés !***", car un de ses numéros consistait à tirer à la carabine sur des tickets jetés en l'air, et à les transpercer ! De nos jours, *an oakley* désigne toujours : un ticket d'exonération.

Oscar *(Trophée récompensant les lauréats des* Academy Awards*)*
Un anonyme aurait créé le nom de ce trophée, trouvant que la statue avait une grande ressemblance avec son oncle Oscar ! Une autre source prétend que c'est la grande Bette Davis qui aurait inventé ce surnom à cause de la ressemblance entre le trophée et son premier mari Harmon Oscar Nelson Jr.

Red herring *(Littéralement : "Hareng saur". On utilise le hareng saur lorsque l'on cherche à dérouter le nez des chiens de piste)*
En matière de cinéma, il s'agit donc d'une fausse piste dans l'intrigue d'un scénario, inventée par l'auteur afin de perdre le spectateur, délibérément !

Soap opera *(Littéralement : "Opéra savon")*
Cette désignation proviendrait du mode de financement des premiers feuilletons radiophoniques américains, sponsorisés par des sociétés multinationales spécialisées dans la production de savon et de détergents !

Tentpole *(Désigne une énorme production commerciale sur laquelle sont reportées toutes les attentes d'un grand succès financier, sous peine de voir la situation de la production devenir très précaire)*
L'origine de cette expression vient de l'analogie avec le dicton : "*If the* ***tentpole*** *fails, everything will collapse around it !*" ce qui signifie, littéralement : "*Si le* ***mât de la tente*** *lâche, tout s'écroulera avec !*"

THX *(Procédé de restitution du son)*
"*THX*" viendrait de "*Thomlison Holman's eXperiment*", ou "*Thomlison Holman's X-over*" (*X-over* étant l'abréviation de "*Crossover*"), ces expressions désignant le procédé mis au point par l'ingénieur qui l'a conçu. Pour d'autres, l'origine en serait le titre du 1er film produit par la toute jeune société de G. Lucas : "*THX 1138*". Personne ne s'accorde sur l'une ou l'autre de ces versions.

Vidéo
Du verbe latin "***videre***", au présent , à la 1ère personne du singulier : "je vois".

Whodunit
Cette expression est issue de la déformation de "***Who done it ?***" qui signifie littéralement "*Qui l'a fait ?*", et qu'on utilise pour dire : "*Qui est le coupable ?*". L'expression désigne un film policier dont l'intrigue est entièrement construite sur la réponse à la question cruciale : "*Qui est le meurtrier ?*"

CLAP - SLATE

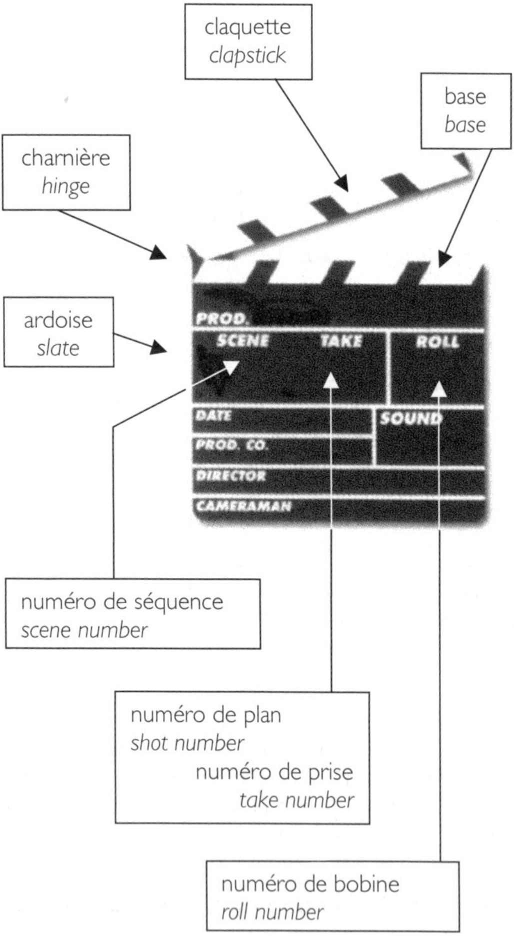
claquette
clapstick
base
base
charnière
hinge
ardoise
slate
PROD.
SCENE
TAKE
ROLL
DATE
SOUND
PROD. CO.
DIRECTOR
CAMERAMAN
numéro de séquence
scene number
numéro de plan
shot number
numéro de prise
take number
numéro de bobine
roll number

Les chiffres

Europe	USA	*Notes*
0	0	En Asie, le chiffre ZÉRO est parfois barré en son centre : 0
1	I	Aux USA, le chiffre UN est toujours représenté par un trait vertical, sans crochet en haut ni barre au pied du chiffre : I
2	2	
3	3	
4	4	Aux USA, le chiffre QUATRE est toujours fermé *In France, the figure FOUR is always opened in its middle, with a small vertical line*
5	5	
6	6	Aux USA, le chiffre SIX est toujours souligné à la base pour éviter la confusion avec le chiffre 9
7	7	Aux USA, le chiffre SEPT s'écrit sans barre au milieu *In France, the numeral SEVEN always has a very short bar through the stem*
8	8	
9	9	Aux USA, le chiffre NEUF est toujours souligné à la base pour éviter la confusion avec le chiffre 6

Les lettres

In France, the pick-up shots are identified with the two letters : PU *written on the clapboard.*

Aux USA, les lettres qui figurent sur le clap sont généralement annoncées par l'ingénieur du son à l'aide d'un mot :
A : Apple / B : Baker / C : Charlie / D : Dog / E : Easy
Si toutes les lettres sont utilisées, on ajoute une 2ème lettre à la première, ce qui donne : AA, AB, BA, BB, CA, etc.
Les annonces sont alors : Apple-Apple, Apple-Baker, etc.
Ces lettres servent à identifier les plans pick-up.

Certaines lettres ne sont jamais utilisées sur un clap à cause de la confusion pouvant se faire avec les chiffres :
I qui ressemble trop au chiffre **1**
O, Q ou U, qui ressemblent trop au chiffre : **0**
Z qui ressemble trop au chiffre **2**

Le clap dans le champ
The slate in frame

- à gauche *(droite du clapman)* : camera left *(slateholder's right)*
- à droite *(gauche du clapman)* : camera right *(slateholder's left)*
- dans le sens des aiguilles d'une montre : clockwise
- dans le sens inverse des aiguilles d'une montre : anti clockwise
- plus bas : down
- plus haut : up
- plus loin : upstage *(away from the camera)*
- plus près : downstage *(toward camera)*
- à l'endroit *(clap de début)* : up side *(head slate)*
- à l'envers *(clap de fin)* : up side down *(tail slate)*
- "le clap brille !" : "flare !"

Le préposé au clap
The slateholder

In France, the slateholder in charge of slating is the grip man.

Dans la majeure partie des pays anglo-saxons, la personne préposée au clap est le *Clapper-loader*, qui correspond au 2nd assistant-opérateur en France. Outre le chargement de la pellicule dans les magasins de la caméra, le *Clapper-loader* est chargé de faire le clap, de remplir le rapport image et de le tenir à jour.

À propos du clap
About the slate

Clap : Slate, Clapboard

~ bobine : roll slate
~ de début : head slate, sart clap
~ de fin : tail slate, end board
~ d'identification : indentification board
~ électronique : electronic slate
~ muet : mute slate, insert slate
~ sonore : sound slate
~ synchrone : sync slate
grand ~ : large slate
petit ~ *(pour des inserts)* : insert slate

- "2ème clap !" : "Second marker !"
- 2ème équipe : 2nd unit, B-team
- "Clap de fin !" : "Tail slate !"
- action de claper : slating
- bois plein : heavy wood
- caméra B : B camera
- craie : chalk
- écrire le clap à la craie : to chalk the slate
- effaçable à sec : dry wipe
- faire le clap \ claper un plan : to slate a shot
- manquer le clap : to miss the slate
- mauvais numéro de clap : misslate
- marker : marker
- marker effaçable : white board marker
- marker indélébile : felt marking pen
- numéro de clap : slate number
- pick-up : pick-up
- plan muet : MOS shot (▶ p 404)
- plexiglass : plexiglass
- prise sonore : sound take
- scripte : continuity person, script supervisor (▶ p 368)
- retirer le clap *(après avoir clapé)* : to clear the scene
- synchronisation : synchronization
- synchronisation des prises : syncing takes
- velchro : velcro

Production number :

Aux États-Unis, et dans le cas d'une production ayant engagé plusieurs films simultanément, un ***production number*** (numéro de production) est assigné à chaque film, le titre du film étant considéré comme un repère insuffisant. Ce numéro doit donc figurer sur le clap.
Si des scènes de plus d'un film sont tournées par la même équipe, le *production number* doit être modifié sur le clap, de sorte que l'*Editorial department* (Service Montage) sache à quel film appartiennent les plans tournés.

Note importante

Aux USA, on ne rouvre pas le clap après avoir clapé.
In France, you must open the clapstick after you slated it

Associations en France
Associations in France

ADAMI = Société civile pour l'Administration des Droits des Artistes et Musiciens Interprètes

www.adami.fr

Collective trust company for actor's rights about intellectual ownership in the field of acting, show business and music. For 50 years, ADAMI has charged and distributed the rights of 60,000 actors, singers, musicians, leaders and dancers for the exploitation of their recorded works.

ADC = Association des Chefs Décorateurs de Cinéma

(French production designers' association)

www.adcine.com

Non profit association aiming to exchange information between its members.

ADEF = Association des Exportateurs de Films

(Films exporters' association)

www.adef.fr

Non lucrative association created in 1999, gathering nowadays 23 companies among the most active, ADEF represents french features films exporters.

ADEF narrowly collaborates with UNIFRANCE (an association promoting french cinema worldwide), and has become an interface between french exporters and national or international authorities. ADEF played an essential part in the creation of the EFEA (*European Film Export Association*) by developing a network of information and expertise between european film saling professionals.

ADP = Association des Directeurs de Production

(French production managers' association)

www.directeurdeproduction.com

Non profit association aiming to exchange information between its members.

AFAR = Association Française des Assistants Réalisateurs

(French assistant directors' association)

www.afar-cinema.com

Non profit association aiming to exchange information between its members.

AFC = Association Française des directeurs de la photographie Cinématographique

(French cinematographers' association)

www.afcinema.com

Organization dedicated to advancing the art of cinematography through artistry and technological progress, to exchange ideas and to cement a closer relationship among cinematographers. Membership is by invitation based on an individual's body of narrative filmwork. The AFC publishes "*La lettre de l'AFC*".

AFCF = Association Française des Cadreurs de Fiction
(French feature films camera operators' association)
www.cadreursfictions.com
Non profit association aiming to exchange information between its members.

APC = Association des Producteurs de Cinéma
(Films producers' association)
www.producteurscinema.fr
Created in 2007, APC is one of the main trade union organization for features films producers.

API = Association des Producteurs Indépendants
(Independent producers' association)
One of the main trade organization for french films producers.

ARP = Auteurs, Réalisateurs, Producteurs
www.larp.fr
Created in 1987 by french director Claude Berri and thirty producers-directors, ARP counts 200 members (Auteurs-Réalisateurs-Producteurs). This organisation aims to defend economical and moral interests of its members. ARP collects and distributes royalties for the benefit of its members, in their double quality of author and producer. Abroad, ARP defends cultural diversity and promotes the possibility for each country to get a national politic and support for films.

ASIFA = Association Internationale du Film d'Animation
(International animation films' association)
Created in 1960 in France, chartered under UNESCO as a membership organization devoted to the encouragement and dissemination of film animation as an art and communication media.

BIFI = Bibliothèque du Film - *(French film library)*
www.bifi.fr

CIFEJ = Centre International du Film pour l'Enfance et la Jeunesse
(International centre for children's films and youth)
A 40-years-old international non-governmental organization whose goal is to promote quality films, television programs and videos for children and young people around the world.

CNC = Centre National de la Cinématographie
(National Center of Cinematography)
www.cnc.fr
Created by the law of 1946 october 25th, the CNC ensures the design and the implementation of the state's policy in the field of cinema. For this reason, the CNC is in charge of regulation and assistance to the french cinematographic industry, artistically and technologically as well as financially and legally. The CNC is placed under the authority of the Ministry of Culture and Communication.

CICAE = Confédération Internationale des Cinémas d'Art et Essai
www.cicae.org
Since 1955, CICAE acts for cultural diversity on the 3,000 screens of its *Art et Essai* network. CICAE is also a link between theatres and festivals.

CSA = Conseil Supérieur de l'Audiovisuel
www.csa.fr
Created in 1989, the CSA, as an independent institution even though it is a governmental institution, is the authority of control for audiovisual broadcasting (television and radio).

CST = Commission Supérieure Technique de l'Image et du Son
(High commission of image and sound)
www.cst.fr
Association created at the end of World War II, placed under the aegis of the CNC and subsidized by this last. It gathers, in various specialized departments, professionals of many branches of audiovisual and cinematographic industry. As a true observatory of the technique, of their transformations and evolution, it carries out a double mission:
- proceeding in all studies and researches on the techniques of expression by means of image and sound, and making known the technical progress capable to improve quality of the audiovisual expression. The CST has its own test laboratories, organizes discussions and publishes books and leaflets.
- carrying out control for technical equipment, according to the standards of use (particularly those concerning movie theatres), and ensuring technical assistance.

FIAPF = Fédération Internationale des Associations de Producteurs de Film
International Federation of Film Producers Association,
Internationaler Verband der Filmproduzenten,
Federazione internazionale associazioni produttori di film

FICC = Fédération Internationale des Ciné-Clubs
International Federation of Film Societies

FIPRESCI = Fédération Internationale de la Presse Cinématographique
International Federation of Film Critics,
Internationaler Verband der Filmkritiker,
Federación Internacional de la Pressa Cinematográfica

FNCF = Fédération Nationale des Cinémas Français
(National federation of the french movies theatres)
www.fncf.org
FNFC is a union of movie theatres owners and exhibitors' trade associations.

INA = Institut National de l'Audiovisuel - *(National institute for audiovisual)*
www.ina.fr
Since 1975, INA saves, digitizes and broadcasts pictures and sounds of the french radio and television, that is to say more than 70 years of sound and audiovisual

programs. These 3 millions preserved hours of programs represent an exceptional source for production, diffusion, edition, but also research and education. INA is also one of the major actors in professional teaching by proposing more than 200 training courses.

Les Monteurs Associés - *(French editors association)*
www.monteursassocies.lautre.net
Non profit association aiming to exchange information between its members.

SACD = Société des Auteurs et Compositeurs Dramatiques
(Authors and dramatic writers' company)
www.sacd.fr
Collective trust company for french-speaking authors' fictional works, created in 1777. Responsible for the perception and distribution of authors' royalties whose works concern live show (theatre, circus, variety, lyric art, choreographic art) or recorded show (radio, cinema, television). It ensures the protection of its members legally and socially speaking as well as professionally and culturally.

SACEM = Société des Auteurs, Compositeurs et Éditeurs de Musique
(Music authors, composers and editors' society)
www.sacem.fr
Collective trust company created in 1851, ensuring the legal protection of musical works with or without words, and managing the perception and distribution of royalties generated by the public use of these works, or their reproduction.

SCAM = Société Civile des Auteurs Multimédia
(Multimedia authors' society)
www.scam.fr
Collective trust company created in 1981. In charge of raising and distribution of royalties regarding the large repertory of audiovisual works (cinema, television, computer graphics), in documentary and docudramatic matter, fixed images (photographs, drawings), non-musical sound works, literary, journalistic or scientific written works, whatever the communication media is (television, cinema, video, multi-media interactive, networks, etc.)

Les Scriptes Associées - *(French continuity clerks' association)*
www.lesscriptesassocies.org
Non profit association aiming to exchange information between its members.

SDRM = Société pour l'Administration du Droit de Reproduction Mécanique
www.sdrm.fr
SDRM protects the reproduction rights for CD, cassettes, records, video, etc.

SFA = Syndicat Français des Artistes-interprètes
(French performers' trade union)
www.sfa-cgt.fr
SFA promotes and defends the moral, social and economic rights of all actors, would they work for cinema, television, theatre, lyric, circus, etc. SFA is affiliated to

the *Fédération du Spectacle-CGT* and is a charter member of the *Fédération Internationale des Acteurs.*

SNTR-CGT = Syndicat National des Techniciens et Réalisateurs

(National trade union for technicians, labourers and directors)

www.sntr.fnsac-cgt.com

SNTR-CGT gathers "*intermittents*" technicians and labourers in all industries as cinema, animation films, audiovisual (TV films, TV shows, debats, talkshows, ...), laboratories, services providers, etc., making programmes for theatres exhibition, television broadcasting, cablecasting or webcasting, in the private or public sector.

SNTPCT = Syndicat National des Techniciens et Travailleurs de la Production Cinématographique et de Télévision

(National Trade union for technicians and labourers)

www.sntpct.fr

Trade union for "*intermittents*" technicians and labourers working in the movie industry *(mostly long feature films and commercials).*

SPI = Syndicats des producteurs Indépendants

(Independent producers' trade union)

www.lespi.org

SPI gathers 300 producers of the cinema and audiovisual industry, independent of any broadcaster or telecommunication operator. Having a foothold in most of the organizations, institutions and commissions of these sectors, SPI intends to defend and promote the creation in audiovisual and cinematographic fields, the diversity of the works produced and the independence of the production companies.

SRF = Société des Réalisateurs de Films

(Film directors' society)

www.la-srf.fr

Member of FERA (*Fédération européenne des réalisateurs de l'audiovisuel)*

SRF represents the directors in various commissions under the authority of the CNC (*Centre National du Cinéma*), or in the boards of directors of the "Festival de Cannes" and Unifrance.

SRF holds the co-presidency of the BLOC (*Bureau de Liaison des Organisations du Cinéma*). For this reason, it takes part in all negotiations and reflexions concerning the cinema field. SRF has its own issue called *"Lettre de la SRF" (SRF's letter)* and regularly organizes cocktails called *"Bar des réalisateurs"*.

USPA = Union Syndicale de la Production Audiovisuelle

(Producers' trade union)

www.uspa.fr

Created in 1986, a few times after the appearance of the private TV channels, the USPA now gathers around 100 productions companies in the television and audiovisual fields.

English-speaking countries' associations
Associations dans les pays anglophones

AAAA = American Association of Advertising Agencies

(Association des agences de films publicitaires des États-Unis)
Syndicat professionnel des agences de Publicité aux États-Unis.

AAAA = Associated Actors and Artistes of America (4 A's)

(Syndicat des acteurs aux États-Unis)
L'*Associated Actors and Artistes of America* (AAAA), également connue sous le nom de **4A's**, a été créée en 1919 par l'*American Federation of Labor* (Fédération américaine du travail). Basée à New York, c'est une organisation parapluie regroupant plusieurs syndicats professionnels autonomes (représentant de nombreux types d'artistes) y compris l'*Actors Equity Association*, l'*American Federation of Television and Radio Artists* (AFTRA), l'*American Guild of Musical Artists*, l'*American Guild of Variety Artists*, et la *Screen Actors Guild* (SAG). Depuis sa fondation, la mission de *Four A's* est de représenter les intérêts communs aux acteurs travaillant dans les divers secteurs de l'industrie du spectacle, et de les aider à résoudre leurs problèmes juridiques.

ACATS = Advisory Committee on Advanced Television Service

www.atsc.org

ACE = American Cinema Editors

(Association des monteurs de films des États-Unis)
www.ace-filmeditors.org
Société honoraire des monteurs de films, fondée en 1950 par Jack Ogilvie et Warren Low, entre autres, dans laquelle on est admis par cooptation.

ACS = Australian Society of Cinematographers

(Association des directeurs de la photographie en Australie)
www.cinematographer.org.au

AFCI = Association of Film Commissioners International

(Association Internationale des Commissions-Film)
www.afci.org
Organisation non lucrative, fondée en 1975. Plus de 300 membres de Commissions Film existent à travers le monde, sur presque tous les continents. L'AFCI est l'organisation professionnelle officielle des commissions-film dont le but est de faciliter le travail des sociétés de production de films, de télévision ou de vidéo lors de leurs tournages en décors naturels à l'étranger, en apportant une réponse à leurs besoins logistiques, techniques, artistiques, ainsi qu'à leurs recherches en matière de décors, de techniciens et d'ouvriers.

AFI = American Film Institute – *(Institut du Film Américain)*

www.afi.com

Créé à Los Angeles en 1967, l'AFI est un organisme à but non-lucratif qui œuvre pour la promotion de l'art du film, de la télévision et des médias numériques. Il tend également à préserver et conserver l'héritage du cinéma américain, grâce à un prestigieux catalogue de longs-métrages. Institut national phare en matière d'éducation filmique, l'AFI forme la prochaine génération de réalisateurs de film grâce à son conservatoire de renommée mondiale. Il décerne une des plus hautes distinctions du cinéma américain, le "*Life Achievement Award*".

AFMA = American Film Marketing Association

www.ifta-online.org *(Site de l'IFTA =* Independent Film & Television Alliance)
(Organisation syndicale de producteurs et de distributeurs de films)

Organisateur, entre autre, de l' *American Film Market (AFM).*

AFTRA = American Federation of Television and Radio Artists

(Syndicat des artistes interprètes et animateurs de radio et de télévision)

www.aftra.org

Syndicat professionnel représentant plus de 70 000 artistes et journalistes, travaillant dans tous les domaines (variétés, dramatiques, jeux, programmes pour enfants, etc.) pour les télévisions (publiques ou privées, hertziennes ou câblées), la radio, l'enregistrement sonore, Internet, etc.

AIVF = Association of Independent Video and Filmmakers

(Association des réalisateurs indépendants de films et de vidéo)

www.aivf.org

Depuis 1975, AIVF est au service des réalisateurs indépendants de documentaires et de films de fiction expérimentaux (film / vidéo), à l'échelon national et international. Elle délivre informations et services à ses membres, dont un soutient juridique.

AMPAS = Academy of Motion Picture Arts and Sciences

(Académie des Arts et des Sciences de la Cinématographie)

www.oscars.org

Organisation professionnelle honorifique regroupant plus de 6 000 professionnels de l'industrie cinématographique. Créée en 1927, son siège est à Beverly Hills. L'admission se fait sur cooptation après examen de la carrière professionnelle des postulants.
Ses missions sont de :
- promouvoir et protéger les arts et les sciences de la Cinématographie,
- favoriser la coopération entre créateurs,
- récompenser les prestations professionnelles les plus remarquables,
- coopérer à la recherche et à l'amélioration des techniques et de l'équipement,
- fournir une base commune pour les différentes branches et professions,
- représenter le point de vue des créateurs de films cinématographiques,
- stimuler les activités éducatives entre la communauté professionnelle et le public.

L'Académie décerne, entre autres prix, les célèbres *Academy Awards*. Depuis 1929, cette présentation annuelle des Oscars (généralement en février) est devenue l'une des activités phares de l'AMPAS, mais tout au long de l'année, elle organise des programmes et des événements culturels et éducatifs.

AMPS = Academy of Motion Picture Sound

(Association des techniciens du Son pour le Film et la Télévision)

www.amps.net

Organisation britannique regroupant 330 membres. Sa mission est de promouvoir et encourager les applications scientifiques, technologiques et artistiques de tous les aspects de l'enregistrement et de la reproduction des films sonores, de même que le statut et la reconnaissance professionnelle de ses membres.

AMPTP = Alliance of Motion Picture and Television Producers

(Association des producteurs de films et de télévision)

www.amptp.org

Depuis 1982, l' *Alliance of Motion Picture & Television Producers* (AMPTP) est l'organisme professionnel officiel en charge des négociations syndicales avec les guildes et syndicats de l'ensemble du secteur de l'industrie du spectacle (techniciens, comédiens, auteurs, etc). Elle a déjà négocié 80 conventions collectives, au nom de plus de 350 producteurs de cinéma et de télévision (incluant les entités de production des studios, des réseaux émetteurs, certains réseaux câblés ainsi que des producteurs indépendants), producteurs qu'elle représente notamment lors des négociations avec la *Screen Actors Guild.*

ANSI = American National Standards Institute

www.ansi.org

ASA = American Standard Association *(Renommée :* ANSI)

ASC = American Society of Cinematographers

(Association des directeurs de la photographie aux États-Unis)

www.theasc.com

Organisation fondée en 1919, dédiée au développement (artistique et technologique) de l'art cinématographique, ainsi qu'à l'échange d'idées et au renforcement des liens entre les directeurs de la photographie. L'adhésion est internationale, et se fait sur invitation suite à la reconnaissance d'une carrière professionnelle. L'association publie son propre magazine intitulé *American Cinematographer.*

ASE = Australian Screen Editors

(Association des monteurs de films en Australie)

www.screeneditors.com

Organisation culturelle et professionnelle australienne, dédiée à la promotion et à la reconnaissance des talents dans les arts, sciences et technologies de la post-production du film et de la télévision. Son but est de promouvoir, d'améliorer et de défendre le rôle du chef-monteur en tant que contributeur essentiel et significatif à toute production destinée à la projection.

ASDA = Australian Screen Directors Association

(Association des réalisateurs en Australie)

www.business.gov.au/Business+Entry+Point/GB+Directory/Australian+Screen+Directors+Association+(ASDA).htm

Organisation professionnelle australienne représentant les intérêts des réalisateurs de films, télévision, documentaires, films d'animation, ainsi que les indépendants.

ATSC = Advanced Television Standard[Systems] Committee
www.atsc.org
Comité en charge d'établir les standards techniques pour le système de télévision numérique ainsi que la télévision haute définition aux États-Unis. C'est un organisme fédéral, au sein duquel siègent, aux côtés des pouvoirs publics, les constructeurs de matériel électronique et les diffuseurs.

BAFTA = British Academy of Film and Television Arts -
(Académie britannique des arts du film et de la télévision)
www.bafta.org
Créée en 1947 sous le nom de *British Film Academy*, la BAFTA regroupe 6 500 membres experts. Sa mission (tant à l'intérieur du Royaume-Uni qu'aux USA) est de promouvoir l'art de l'image en mouvement, de primer l'excellence des créateurs de films, émissions télévisées, jeux vidéo et médias interactifs, en même temps que d'instruire et développer les goûts du public en diffusant un apprentissage de première main divulgué par les meilleurs praticiens. Parmi les membres fondateurs : D. Lean, A. Korda, C. Reed et Ch. Laughton.

BBC = British Broadcasting Corporation
www.bbc.co.uk
Organisme national britannique de production et de diffusion de programmes de radio et de télévision publiques. Créée en 1922, la BBC est parfois appelée affectueusement par les britanniques "*the beeb*" ou "*auntie*" (en français : "*tatie*").

BBFC = British Board of Film Censors
British Board of Film Classification
(Comité de censure en Grande-Bretagne)
www.bbfc.co.uk
Créé en 1912 par l'industrie du cinéma, le *British Board of Film Censors* est un organisme indépendant et non gouvernemental. Il décerne une cote morale aux films issus de la production nationale. Ses décisions peuvent être outrepassées par les *local councils* (conseils municipaux). En 1984, le Parlement a voté la loi "*Video Recordings Act*" qui, depuis, réglemente la classification des enregistrements vidéo à la vente ou à la location. À cette occasion, le *British Board of Film Censors* a été rebaptisé *British Board of Film Classification*, reflétant ainsi le fait que la classification joue un rôle bien plus important dans la mission du *Board* que celui de la stricte censure.

BFC = British Film Commission
(Commission film Grande-Bretagne)
La BFC, fondée en 1991, est une organisation gouvernementale dont le but est de fournir un lieu de contacts et d'assistance aux tournages qui se déroulent en décors naturels dans un des pays de la Grande-Bretagne (Angleterre, Irlande, Écosse ou Pays de Galles), afin de fournir des décors, des services et du personnel.

British Film Council
www.britfilms.com
Le site du *British Film Council* propose un guide des diverses organisations au Royaume-Uni, à l'onglet : "*Who does what in the UK film industry*".

BFI = British Film Institute

(Institut du Film en Grande-Bretagne)

www.bfi.org.uk/

Le BFI a été créé pour permettre une meilleure compréhension, une meilleure appréciation et un meilleur accès à la culture cinématographique au Royaume-Uni. Le fond d'archives cinématographiques du BFI est de renommée mondiale.

BSC = British Society of Cinematographers

(Association des directeurs de la photographie en Grande-Bretagne)

www.bscine.com

CAS = Cinema Audio Society

www.cinemaaudiosociety.org

Organisation non-commerciale fondée en 1964 dans le but de partager des informations entre les professionnels du son, dans l'industrie du cinéma et de la télévision (environ 600 membres).

CARA = Classification And Rating Administration

(Comité de classification des films aux États-Unis)

Entré en vigueur le 1er novembre 1968, le *Rating system* est soutenu par la *Motion Picture Association of America* (MPAA) et la *National Association of Theatre Owners* (NATO). Il n'a pas pour but d'émettre des critiques ou de censurer les films mais de leur attribuer une cote morale. Un comité, appelé *Film rating board of the Classification and Rating Administration*, visionne chaque film. Ce comité, composé de parents, est censé être représentatif de la population. À l'issue de discussions, les votes déterminent une classification considérée comme étant celle la plus appropriée à l'ensemble des parents américains. Langage, violence, nudité, sexe et consommation de drogues à l'écran sont parmi les sujets les plus considérés dans le processus de décision. Bien que ne faisant pas force de lois, la *National Association of Theatre Owners* (NATO) estime que la majorité des salles de cinéma respectent les directives émises par la *Classification and Rating Administration*.

CFTF = Children's Film and Television Foundation

(Fondation du film pour la jeunesse)

Organisation britannique non-commerciale, créée en 1951 afin de fabriquer des programmes pour la jeunesse. Les subventions du gouvernement britannique s'étant arrêtées en 1981, l'organisation existe toujours mais ne produit plus de programmes.

CSA = Casting Society of America

(Association des directeurs de casting aux États-Unis)

www.castingsociety.com

Organisation professionnelle des directeurs de casting pour le théâtre, le cinéma et la télévision. Le CSA n'est pas un syndicat ou une guilde, en conséquence de quoi tous les directeurs de casting travaillant dans l'un de ces domaines ne sont pas tenus d'être membre de cette organisation (350 membres aux USA, mais également au Canada, en Grande-Bretagne, en Australie et en Italie).

CSC = Canadian Society of Cinematographers

(Association des directeurs de la photographie au Canada)

www.csc.ca

Fondée en 1957, cette association cherche à promouvoir le cinéma et tend à créer un lien entre les nouveaux entrants dans la profession et les seniors.

DGA = Director's Guild of America

www.dga.org

La *Director's Guild of America*, créée en 1936, représente plus de 13 400 membres (*Directors, Assistant Directors, Unit Production Managers, Technical Coordinators, Associate Directors, Stage Managers, Production Associates, Production Assistants*) travaillant aux États-Unis ainsi qu'à l'étranger, dans l'industrie du film et de la télévision. La mission de la DGA est de protéger les droits de ses adhérents qu'ils soient légaux ou artistiques (1939 : salaires minimum pour les réalisateurs), de soutenir leur liberté de création (1944 : reconnaissance du statut de créateur pour les réalisateurs), et de proposer des programmes de formation. Par ailleurs, il a été défini une charte que les employeurs se doivent de respecter lorsqu'ils embauchent des personnes adhérentes à la DGA.

FCC = Federal Communications Commission

(Proche équivalent du CSA en France)

www.fcc.gov

La *Federal Communications Commission* (FCC) est une agence indépendante, non gouvernementale, établie par la Loi de communications de 1934. Elle est chargée de réglementer, à l'échelle nationale et internationale, les communications par radio, télévision, satellite et câble, notamment pour ce qui concerne la répartition des fréquences hertziennes, les autorisations d'émettre et le droit de l'audiovisuel et des télécommunications. Son domaine de compétences couvre la totalité du territoire des États-Unis. Elle est dirigée par cinq commissaires (*commissioners*) désignés par le président des États-Unis et confirmés par le Sénat, pour un mandat de cinq ans.

IATSE = International Alliance of Theatrical Stage Employes, Moving Picture Technicians, Artists and Allied Crafts

www.iatse-intl.org

C'est en 1995 que la *National Alliance of Theatrical Stage Employes* (créée en 1893 par la fédération américaine du travail) se rebaptise IATSE, reflétant ainsi plus exactement la pleine portée de ses activités dans l'industrie du spectacle. Sa compétence s'exerce sur l'ensemble du territoire des États-Unis, ainsi qu'au Canada. Elle compte 110 000 adhérents, dans tous les secteurs d'activités, et à toutes les étapes de conception, production, réalisation et exécution, post-production diffusion et exploitation des films, des programmes télévisés, de l'infographie et des médias numériques, mais aussi des conventions, des expositions, etc. Cette représentation complète de tous les métiers donne à l'IATSE une grande force de négociation et de défense des intérêts de chaque travailleur, lui permettant, entre autres, d'obtenir les meilleurs salaires et les meilleures conditions de travail. L'IATSE se structure en plus de 600 sections syndicales locales, libres de tenir, en toute autonomie, leurs propres ordres du jour. Un président international administre l'IATSE, assisté de collaborateurs dont un corps

de représentants internationaux travaillant dans l'ensemble des États-Unis ainsi qu'au Canada. Le conseil d'administration de l'IATSE se réunit tous les quatre ans en convention. Son principal concurrent est le syndicat NABET.
(Sur son site Internet, l'IATSE publie une version en français de son Bulletin Officiel)

MPAA = Motion Picture Association of America
MPA = Motion Picture Association

www.mpaa.org

Aux États-Unis, depuis 1922, la **MPAA** est une association professionnelle représentant les intérêts et les droits des producteurs et distributeurs de films et de programmes de télévisions hertziennes ou câblées. La MPAA sert également les intérêts des 7 gros studios d'Hollywood, aussi bien à l'intérieur des frontières qu'à l'étranger. Par l'intermédiaire de la *Classifications and Ratings Administration (CARA)*, la MPAA délivre les classifications aux différents publics avant leur sortie en salles.

La **MPA** (*Motion Picture Association*) a ainsi été rebaptisée en 1994 pour succéder à la MPEAA (*Motion Picture Export Association of America*). Cette dernière fut créée en 1945 afin de favoriser l'exportation des films américains et de lutter contre le protectionnisme dont ceux-ci étaient victimes.
De nos jours, la MPA est la contre partie de la MPAA à l'échelon international.

MPEG = Motion Picture Editors Guild - *(Guilde des monteurs)*

www.editorsguild.com

(MPEG est la section 700 de l'IATSE)

Organisation professionnelle représentant environ 6 000 professionnels de la post-production (freelances ou permanents) : monteurs son, mixeurs, projectionnistes, opérateurs de prise de sons, assistants au son, incluant aussi les *story analysts*. MPEG défend les intérêts de ses adhérents aux tables de négociations des conventions collectives, ou lors de la défense de droits acquis de longue date dans la post-production en matière de salaires et de conditions d'hygiène et de sécurité.

MPEG = Moving Picture Experts Group

www.mpeg.org
www.chiariglione.org/mpeg

Créé en 1988, le **MPEG** est un groupe de plus de 300 experts (provenant de plus de 20 pays) représentant plus de 200 compagnies liées à l'industrie de l'acoustique, de la vidéo et des multimédia numériques. Ces experts sont dûment accrédités par l'organisme international de normalisation ISO/IEC *(ISO = International Organization for Standardization / IEC = International Electrotechnical Commission)*. En charge du développement des normes pour le traitement et le codage de la vidéo et de l'audio depuis 20 ans, MPEG a développé un catalogue impressionnant de normes technologiques, aboutissant à une industrie dont la valeur s'exprime en centaines de milliards de dollars-US. Outre les célèbres standards MPEG-1, MPEG-2, MPEG-4 (toujours en voie de perfectionnement), le groupe continue de développer de nouvelles normes telles que MPEG-A, MPEG-B, MPEG-C, MPEG-D, MPEG-E.

MPPDA = Motion Picture Producers and Distributors of America

MPSE = Motion Picture Sound Editors - *(Association des monteurs son)*

www.mpse.org

Association défendant, auprès du public, le prestige et la reconnaissance de ses membres ainsi que l'importance et le mérite artistique de la bande sonore. Elle dispense de l'information à propos du son au cinéma et du montage son. Bien qu'elle ne puisse pas participer aux négociations sociales, elle participe à défendre le statut économique et professionnel de ses membres.

NAB = National Association of Broadcasters

www.nab.org

Association professionnelle dont la mission est de défendre les intérêts de plus de 8 300 radios locales, télévisions locales libres et réseaux de diffusion, devant le Congrès, la FCC *(Federal Communication Commission)* et les Tribunaux.

NABET = National Association of Broadcast Employees and Technicians - Communications Workers of America

www.nabetcwa.org

En 1934, l'AET *(Association of Technical Employees)* commence à représenter des employés de la télévision, de la radio et du film, provenant des *réseaux "Red" et "Blue"* qui plus tard sont devenus respectivement *ABC* et *NBC*. C'est en 1940, lorsque le syndicat AET change de nom pour celui de NABET, que ce dernier naît à proprement parler. En 1993, le NABET est affilié au CWA (*Communications Workers of America*), avec lequel il fusionne en 1994, pour former le NABET-CWA. À l'échelon national, le NABET représente plus de 10 000 techniciens et ouvriers dans l'industrie des programmes (diffusion, distribution, télécasting, enregistrement, câble, vidéo, son). Avec le CWA ce sont plus de 600 000 ouvriers représentés aux États-Unis et au Canada (secteur public ou privé), employés dans des domaines aussi variés que les télécommunications, l'imprimerie, les nouveaux médias, la santé, l'industrie, la télévision câblée, l'électronique, le gaz et l'électricité, etc. Les sections locales sont spécialisées par métiers. NABET est affilié à AFL-CIO (*American Federation of Labor and Congress of Industrial Organizations*). Son principal concurrent est le syndicat IATSE.

NATO = National Organization of Theatre Owners

www.natoonline.org

Association professionnelle représentant plus de 29 000 salles de cinéma dans les 50 états d'Amérique, ainsi que dans 50 autres pays. Elle fédère aussi bien les plus grands circuits de salles au monde que des centaines de petits cinémas indépendants. Siégeant à la fois à Washington D.C. et à Hollywood, le NATO défend les intérêts de ses adhérents en leur fournissant une aide à l'exploitation, en influençant la politique fédérale et en travaillant avec les distributeurs de films sur des sujets d'intérêt commun, allant des nouvelles technologies jusqu'à la législation et au marketing.

NTSC = National Television System Committee

Le *National Television System Committee* a été établi en 1940 par la *Federal Communications Commission* (FCC), afin de résoudre les conflits nés de l'introduction d'un système de télévision analogique dans le pays. En mars 1941, le comité a publié une norme technique pour la télévision en noir et blanc, conçu sur la base d'une préconisation de 1936 émanant de la *Radio Manufacturers Association* (RMA). À cette occasion, les avancées techniques ont permis d'augmenter la résolution de l'image télévisée. Pour se faire, le NTSC a dû prendre en compte les désirs de *RCA* de conserver un balayage sur 441 lignes (système déjà en service pour son réseau *NBC-TV*) et le désir de la compagnie *Philco* de voir augmenter le nombre de lignes de balayage entre 605 et 800. Le comité NTSC a trouvé un compromis avec le standard de 525 lignes. Les autres standards techniques de la norme finale furent : une fréquence d'image de 30 im/sec, se composant de 2 trames entrelacées de 262 lignes ½ par trame (soit 60 trames par seconde), au format 4:3, avec une restitution du signal sonore en modulation de fréquence.

PGA = Producer's Guild of America

(Guilde des producteurs aux États-Unis)

www.producersguild.org

Née en 1962, de la fusion de la *Screen Producers Guild* (1950) et de la *Television Producers Guild* (1957), puis, en 2001, de la fusion avec l'*American Association of Producers* (1983) la *Producers Guild of America* compte, à travers le monde, plus de 3 500 adhérents dans les secteurs du film, de la télévision et des nouveaux médias, qu'ils soient producteurs, producteurs exécutifs, superviseurs de post-production ou assistants de production. Depuis 1975, elle agit davantage en tant qu'organisation professionnelle qu'en tant que syndicat. Cependant, la PGA a su obtenir des avancées quant à la couverture sociale des producteurs de films et de programmes télévisés qui, au cours du temps, a été étendue à d'autres secteurs de production. Depuis 2002, grâce à la création du *New Media Council*, la PGA représente aussi des producteurs de projets basés sur le Web, de jeux vidéo, de disques compacts-ROM et de tous autres nouveaux médias numériques. À l'intention de ses membres, le PGA a établi un programme de conférences, de réunions-débats et d'ateliers. En 1990, est décemé le premier *Golden Laurel Awards* (plus tard appelé *Producers Guild Awards*).

SAG = Screen Actors Guild - *(Guilde des Acteurs aux États-Unis)*

www.sag.org

La Screen Actors Guild (SAG) est créée en 1933 pour combattre l'exploitation des acteurs par Hollywood qui leur imposait d'accablants contrats pluriannuels avec les principaux studios, sans limite d'heures de travail, sans périodes de repos minimum, etc. Ces contrats étaient notoirement renommés, d'une part, pour présenter des clauses automatiquement renouvelables et sans aucune disposition permettant aux acteurs de mettre fin à leurs contrats et, d'autre part, pour donner aux studios toute latitude leur permettant de dicter la vie publique et privée des acteurs signataires. Ce syndicat représente plus de 120 000 comédiens de rôles principaux et acteurs de second rôles pour le cinéma et la télévision, répartis dans 20 branches nationales (film, télévision, films industriels, publicité, jeux vidéo, vidéos musicales, etc). Ses missions sont de négocier et faire appliquer les conventions collectives, collecter les droits d'auteurs relatifs à l'exploitation des programmes enregistrées ainsi que d'assurer la protection de ces droits, et enfin de favoriser le marché du travail pour ses membres. La Screen Actors Guild est associée aux *Associated Actors and Artistes of America* (AAAA), qui est la toute première association de syndicats d'acteurs aux États-Unis. L'AAAA est affiliée à l'AFL-CIO. Si la SAG réclame la compétence exclusive sur le secteur du cinéma, elle partage avec l'AFTRA celle sur les secteurs de la radio, de la télévision, de l'Internet et des nouveaux médias. De même, elle partage 44 000 membres avec elle.

SEG = Screen Extras' Guild - *(Syndicat des figurants, aux États-Unis)*

SMPTE = Society of Motion Pictures and Television Engineers

www.smpte.org

La SMPTE a été créée dès 1916 afin d'imaginer les développements possibles du cinéma alors naissant. De nos jours, elle continue à faire avancer la recherche et le développement dans le domaine des images animées. Elle transmet à ses membres des connaissances et des informations sur les développements techniques et technologiques les plus récents, dans un secteur industriel en évolution constante et en mutation rapide, en proposant des stages de formation continue. Elle fait référence en matière de normes industrielles et de standards pour l'audiovisuel. Les membres de la SMPTE sont des hommes de terrain, travaillant dans les studios de cinéma, les réseaux de télévision hertzienne et câblée, dans la production et la post-production, ou parmi les fournisseurs de logiciel, les fabricants, les industries de reproduction d'image, etc.

SOA = Steadicam Operators Association

www.steadicam-ops.com

Organisation non professionnelle créée en 1988 par Garrett Brown, représentant les steadicamers à travers le monde, en film et en vidéo. La SOA organise des ateliers de formation et fournit du matériel en location.

WGAE = Writer's Guild of America, East

www.wgaeast.org

WGAW = Writer's Guild of America, West

www.wga.org

Les premiers efforts notables consacrés à la défense des droits des écrivains aux États-Unis prirent forme en 1912 avec la création de l'*Authors League of America*. De leur côté, les scénaristes de films commencèrent à s'organiser en 1921 en créant la *Screen Writers Guild*. En 1933, ces deux syndicats fusionnèrent et, en 1951, une séparation au sein de la *Writers Guild of America* (WGA) donna naissance à la *Writers Guild of America, East* (WGAE) (basée à New York) et la *Writers Guild of America, West* (WGAW) (basée à Los Angeles). Affiliées l'une à l'autre, ces guildes représentent toutes les deux les intérêts des scénaristes des films de cinéma et de télévision, ainsi que ceux des émissions de radio. Depuis 1954, les deux guildes ont négocié et fait appliquer des accords de base minimum (dont des conventions collectives) avec les principaux producteurs de films (longs métrages, documentaires, etc.) et les plus importants réseaux de télévision (hertzienne ou câblée, publique ou commerciale) et de radio.

ABRÉVIATIONS
français >> anglais

A

ACL : Affichage à Cristaux Liquides = *Liquid Crystal Display : LCD*
ASSEDIC : ASSociation pour l'Emploi Dans l'Industrie et le Commerce

B

BF : Basses Fréquences = *Low frequencies*
BOF : Bande Originale du Film = *Film original sound track*

C

CAO : Conception Assistée par Ordinateur = *Computer Aided Design : CAD*
CCIR : Comité Consultatif International des Radiocommunications
(Transformé en : ITU*)*
International Radio Consulative Committee (Replaced by : ITU*)*
CCIR 601 *(Norme internationale pour la télévision numérique en 4:3 ou 16:9 et en 4:2:2 Remplacée par la norme ITU-R BT.601.2.)*
CMJN : Cyan-Magenta-Jaune-Noir = *Cyan-Magenta-Yellow-Black (CMYN)*

D

DCT : Dispositif à transfert de charge = *Charge-Coupled Device : CCD*
DOC : Disque Optique Compact = *Compact Disc-Read Only Memory : CD-ROM*
DON : Disque Optique Numérique = *Digital Optical Disk : DOC*

F

FAI : Fournisseur d'Accès à Internet = *Internet Service Provider : ISP*
FEM : Force Électromotrice

H

HMC : Habillage-Maquillage-Coiffure = *Costume-Make-up-Hair dressing*
HP : Haut-parleur, Baffle = *Loudspeaker*

I

I/S : Images par Seconde (im/s) = *Frames per second (fps)*

J

JRI : Journaliste reporter d'images = *Reporter-cameraman*

M

MIC : Modulation par Impulsions Codées = *Pulse Coded Modulation : PCM*

P

PAD : Prêt-À-Diffuser = *Ready for broadcasting*
PAO : Publication Assistée par Ordinateur = *Desk-top publishing : DTP*
PAT : Prêt-À-Tourner *(Scheduled time for the beginning of shooting of the day)*
PIRE : Puissance Isotrope Radiée Équivalent = *Equivalent Isotropic Radiated Power : EIRP*
PPP : Points Par Pouce (ppp) = *Dots per inch (dpi)*

R

RGB : Rouge-Vert-Bleu = *Red-Green-Blue*
ROC : Reconnaisance optique des caractères = *Optical Character Recognition : OCR*

S

S/B : Rapport Signal/Bruit = *Signal-to-Noise ration (S/N, SNR)*
SECAM : SEquentiel Couleur À Mémoire = *Sequential colour with memory*

T

TC : Télécinéma = *Telecine*
THT : Très Haute Tension = *Very high voltage*
TNT : Télévision Numérique Terrestre = *Terrestrial digital TV broadcasting*

TVHD : TéléVision à Haute Définition = *High definition television (HDTV)*
TVN : TéléVision Numérique = *Digital television (Englobe toutes les composantes de la TV numérique dont : TVHD, TVSD, diffusion parallèle de données et multidiffusion répondant aux normes établies par l'ATSC)*
TVDS : TéléVision à Définition Standard = *Standard Definition Television : SDTV*

U

UIT : Union Internationale des Télécommunications = *International Telecommunications Union : ITU*

V

VAO : Vidéo Assistée par Ordinateur = *Computer aided video*
VF : Version Française = *French version*
VI : Version Internationale = *M&E track*
VO : Version Originale = *Original version*
VOST : Version Originale Sous-Titrée = *Original version with subtitles*

Y

Y/C = *Luminance/Chrominance*
YUV = *Luminance en analogique*
Y (Luminance) = 30 % rouge + 59 % vert + 11 % bleu
U (ou Cb) = R-Y : composante du signal rouge moins la luminance
V (ou Cr) = B-Y : composante du signal bleu moins la luminance

ABBREVIATIONS
english >> french

Les Anglo-saxons sont très friants de sigles et d'abréviations, et ils les utilisent très fréquemment. Il arrive d'ailleurs que les mots dont les initiales forment une abréviation varient d'une source à l'autre. Dans ce cas, les différentes possibilités sont proposées entre crochets comme, par exemple, pour l'abréviation : JPEG : Joint Photographic[Picture] Experts Group

A

AAC : Advanced Audio Coder
AAD : Analogic-Analogic-Digital = *Analogique-Analogique-Numérique*
AAF : Advanced Authoring Format
AAU : Audio Access Unit = *Unité d'accès audio*
ABO : Automatic Beam Optimizer = *Contrôle automatique des faisceaux*
ABR : Average BitRate *(Méthode d'encodage dérivée du VBR)*
ADAT : Alesis Digital Audio Tape
ADC : Analog-to-Digital Converter = *Convertisseur analogique-numérique*
ADPCM : Adaptive Differential[Delta] Pulse Code Modulation *(Technique de compression audio qui permet de décupler la durée)*
ADR : Automatic Dialog Replacement = *Post-synchronisation*
ADSL : Asymetric Digital Subscriber Line = *Liaison numérique à débit asymétrique*
ADSR : Attack Decay Sustain Release
AES : Audio Engineering Society ☞ EBU
AF : Auto Focus
AFM : Audio Frequency Modulation = *Audio en modulation de fréquence*
AGP : Advance Graphic Port = *Connecteur pour cartes graphiques*
AIFF : Audio Interchange File Format *(Format de fichier audio)*
ALiS : Alternate Lighting of Surfaces
AM : Amplitude Modulation = *Modulation d'amplitude*
ASA : American Standards Association
ASF : Advanced Streaming Format
ATC : Ancillary Time Code
ATF : Automatic Tracking Find = *Recherche d'alignement automatique*
ATM : Asynchronous Transfer Mode = *Mode de transfert asynchrone*
AVC : Advanced Video Codec
AVI : Audio Video Interleaved = *Audio-Vidéo imbriquées (Format de fichier utilisé pour le stockage par alternance d'images vidéo et de son, ce qui accélère la vitesse de restitution)*

B

BER : Bit Error Rate *(Proportion de bits transmise dans un signal incorrectement reçu)*
BLER : BLock Error Rate *(Proportion de blocs ou de trames ayant au moins un bit incorrect)*
BNC : Bayonet Normal[Nut, Navy, Neil] Connector[Concelman] *(Connectique largement utilisée en vidéo professionnelle)*
BO : Box Office
BPS : Bits Per Second = *Bits par seconde*
BRR : Bit Rate Reduction = *Réduction de débit numérique, Compression de données numériques*
BVU : Broadcast Video U-Matic
B&W : Black and White = *Noir et blanc*

C

CAD : Computer Aided Design = *Conception assistée par ordinateur : CAO*
CAT : Conditionnal Access Table = *Table d'accès conditionnel*
CAV : Constant Angular Velocity = *Vitesse angulaire constante (Rotation de disque à vitesse de rotation constante)*
CBR : Constant Bit Rate *(Mode d'encodage du MPEG à flux compressé constant)*
CCD : Charge-Coupled Device = *Capteur à charge couplée ; Dispositif à transfert de charge : DCT*
CCD FF : Full Frame Charge-Coupled Device
CCD FIT : Frame Interline Transfer Charge-Coupled Device
CCD FT : Frame Transfer Charge-Coupled Device
CCD IT : Interline Transfer Charge-Coupled Device
CCE : Cinema Craft Encoder *(Encodeur de très haute qualité)*
CCTV : Closed Circuit TeleVision = *Télévision en circuit fermé*
CCU : Camera Control Unit = *Voie de commande de caméra*
CD : Compact Disc = *Compact disque, Disque compact*
CDA : Compact Disc Audio = *Compact disque audio*
CD-DA : Compact Disc Digital Audio = *Compact disque audio numérique*
CD+G : Compact Disc plus Graphics
CD-I : Compact Disc-Interactive = *Disque optique compact interactif* : DOC-I
CD-R : Compact Disc-Read= *Compact disque à enregistrement unique*
CD-R : Compact Disc-Recordable = *Disque compact enregistrable*
CD-ROM : Compact Disc-Read Only Memory = *Cédérom* [CGTN – 2000]
CD-ROM XA : CD-ROM eXtended Architecture
CD-RW : Compact Disc-Read and Write many = *Disque compact réinscriptible*
CD-WO : Compact Disc-Write Once = *CD à enregistrement unique*

CD-WORM : Compact Disc-Write Once and Read Many = *Disque compact à écriture unique et lectures multiples*
CDDI : Copper Data Distributed Interface, Copper Distributed Digital Interface
CDS : Cinema Digital Sound *(Développé par Kodak et ORC. Système 6 canaux)*
CDTV : Conventional Definition TeleVision *(Système de TV analogique NTSC)*
CGA : Color Graphic Adapter *(Interface permettant l'affichage graphique sur un écran informatique avec une résolution de 200 lignes de 320 pixels ou de 200 lignes de 320 pixels)*
CGI : Computer Generated[Graphics] Imagery = *Imagerie générée par ordinateur*
CGI : Color Graphic Interface = *Interface graphique couleur*
CGS : Channel Gate Stopper
CID : *a)* Compact Indium Discharge - *b)* Compact Iodide Daylight
CIF : Common Image[Interchange] Format *(Format universel pour l'échange de contenus audiovisuels en haute définition : 1920 pixels par ligne et 1080 lignes actives)*
CIS : Contact Image Sensor = *Capteur optique par contact*
CFI : Cost, Insurance and Freight *(Contrat prévoyant que le prix de la cession d'un produit audiovisuel comprend aussi l'assurance et le transport du matériel nécessaire à l'exploitation des droits. L'abréviation* CFI *a supplanté l'appellation complète)*
CLV : Constant Linear Velocity = *Vitesse linéaire constante (Rotation de disque à vitesse linéaire maintenue constante)*
CMOS : Complementary Metal Oxyde Semiconductor
CPPM : Content Protection for Prerecorded Media *(Protection des DVD-Audio)*
CPRM : Content Protection for Recorded Media *(Protection des DVD enregistrables)*
CPU : Control Processing Unit = *Unité principale de traitement*
CRC : Cyclic Redundancy Check = *Cycle redondant de vérification de la correction de l'information*
CRCC : Cyclic Redundancy Check Code
CRT : Cathode Ray Tube = *Tube à rayon cathodique*
CSA : Common Scrambling Algorithm *(Algorithme de codage spécifié par le standard DVB)*
CSI : Compact Source Iodide
CSS : Content Scrambling System *(Technologie empêchant la copie d'un DVD)*
CSDI : Compressed Serial Digital Interface
CTI : Colour Transient Improvement = *Amélioration des transitions de couleurs*
CTL : Control Track Pulse *(Piste de signal d'asservissement du magnétoscope)*

D

DAB : Digital Audio Broadcasting = *Norme de radiodiffusion numérique*
DAC : Digital Analogic Converter = *Convertisseur analogique/numérique (CAN)*
DAM : Digital Asset Management

DARS : Digital Audio Reference Signal = *(Signal de référence audio utilisé pour la synchronisation des studios audio-numériques)*
DASH : Digital Audio Sationary Head
DAT : Digital Audio Tape = *Cassette audio numérique*
DATS : Digital Audio Transmission System = *Système de transmission audio-numérique*
DAW : Digital Audio Workstation = *Station de travail audio-numérique*
dB : Decibel = *Décibel*
DBS : Direct Broadcast by Satellite = *Transmission directe par satellite*
DCC : Digital Compact Cassette = *Cassette compacte numérique*
DCT : Discret Cosine Transform = *Transformée en cosinus discrète*
DDR : Digital Disk Recorder = *Enregistreur numérique sur disque*
DIN : Deutsche Industrie Normen = *(Norme de l'industrie allemande)*
DLP : Digital Light Processing = *(Procédé de vidéo projection ou rétroprojection d'images numériques, développé par Texas Instrument®, utilisant un ensemble de micro miroirs dynamiques, à très haut rendement lumineux)*
DMC : Dynamic Motion Control = *Ralenti/Accéléré sans altération des images lues*
DMD : Digital Micromirror Device *(Micro miroirs utilisés pour le DLP)*
DNG : Digital News Gathering = *(Équipe légère utilisant des moyens vidéo numérique légers en captation et en transmission)*
DOC : Drop out compensator = *Compensateur de drop out*
DOC : Digital Optical Disk = *Disque Optique Numérique (DON)*
DOR : Digital Optical Recording = *Enregistrement opto-numérique*
DP – DoP : Director of Photography = *Directeur(trice) de la Photographie*
DPI : Dots Per Inch (dpi) = *Points par pouce (ppp)*
DPM : Digital Pixel Management
DPR : Digital Player/Recorder = *Lecteur-enregistreur numérique*
DRM : Digital Rights Management (US) = *(Système de protection du contenu qui empêche la lecture et la copie du programme sur des plateformes non autorisée. Expression générique à une grande variété de techniques de protection du Droit d'auteur)*
DSD : Direct Stream Digital
DSK : Down Stream Keyer = *Incrustateur pour sous-titrage*
DSDL : Double Sided Dual Layer = *Double couche et double face (DVD)*
DSP : Digital Signal Processing *(Traitement numérique audio permettant de créer un effet du type Surround)*
DSS : Digital Satellite System = *Système satellite numérique*
DSSL : Double Sided Single Layer = *Mono couche et double face (DVD)*
DT : Dynamic Tracking
DTCP : Digital Transmission Copy Protection = *(Protection de copie en HDTV. Ce système est également appelée : 5C)*
DTH : Direct To Home = *Transmission directe par satellite*
DTH : Dish Television Household *(Foyers équipés de paraboles de réception directe)*
DTP : Desk-Top Publishing = *Publication assistée par ordinateur : PAO*

DTS : Digital Theatre Sound system *(Standard audio ambiophonique multicanal similaire au Dolby® Digital (Dolby® AC-3), utilisé dans les cinémas et parfois dans les DVD)*
DTTB : Digital Terrestrial Television Broadcasting *(TV hertzienne numérique)*
DTV : Digital TeleVision (US) *(Nouveau standard de diffusion TV numérique)*
DV: Digital Video (*Format d'enregistrement sur bande, en vidéo numérique compressée 5:1)*
DVB : Digital Video Broadcasting *(Norme européenne de diffusion TV numérique)*
DVB-C = DVB Cable : pour la TV numérique par câble
DVB-S = DVB Satellite : pour la TV numérique par satellite
DVB-T = DVB Terrestrial : pour la TV numérique par diffusion hertzienne
DVB-CI= DVB Common Interface
DVB-SI = DVB Specification for Service Information
DVC : Digital Video Cassette = *Cassette vidéo numérique*
DVCR : Digital Video Cassette Recorder = *Enregistreur à cassette numérique*
DVCS : DV Compression Serial
DVD : Digital Versatile Disk = *Disque numérique polyvalent* [CGTN – 1999]
type 5 (4,7 Go) (single side, single layer = *simple face, simple couche*)
type 9 (8,54 Go) (single side, dual layer = *simple face, double couche*)
type 10 (9,4 Go) (doubled sided, single layer = *double face, simple couche*)
type 14 (13,24 Go) (double sided : single layer one side and dual layer on the orher side = *double face : simple couche sur une face et double couche sur l'autre face*)
type 18 (17,08 Go) (doubled sided, dual layer = *double face, double couche*)
DVD : Digital Video Disk = *Disque numérique vidéo*
DVD-A, DVD-Audio = *DVD audio (Format de DVD qui fournit la plus haute qualité possible de restitution du son)*
DVD-R : DVD-Recordable = *Disque vidéo à enregistrement unique*
DVD-R DL : DVD-R Dual Layer = *DVD-R Double couche*
DVD-R DL double sided = *DVD-R Double couche et double face*
DVD-RW : DVD ReWritable = *DVD réinscriptible, à enregistrements multiples*
DVD-RW DL : DVD-R Dual Layer = *DVD-RW Double couche*
DVD-RW DL double sided = *DVD-RW Double couche et double face*
DVE : Digital Video Effects = *Effets vidéo numériques*
D-VHS : Digital-VHS = *VHS numérique*
DVI : Digital Video Interactive = *Vidéo numérique interactive*
DVI : Digital Video Interface *(Multibroche transmettant un signal vidéo en numérique, sans passer par l'analogique comme, par exemple, un signal HD non compressé)*
DVI-D : *Connexion uniquement numérique*
DVI-A : *Connexion uniquement analogique*
DVI-I : *Connexion acceptant des signaux analogiques et numériques*
DVR : Digital Video Recorder = *Enregistreur vidéo numérique*
DVTR : Digital Video Tape Recorder = *Magnétoscope numérique*

E

EBU : European Broadcasting Union *(Comité européen qui, entre autres activités, établit des normes techniques et des recommandations pour les systèmes 625/50 lignes en télévision)*
ECC : Error Correction Code
ECM : Entitlement Control Message = *Composante de contrôle d'accès (Permet de décrypter une composante encodée)*
EDH : Error Detection and Handling *(Méthode permettant de déterminer quand une erreur de bit s'est produite dans un réseau numérique)*
EDI : Electronic Data Interchange = *Échange de données informatisées*
EDI : Enhanced Definition Interlaced = *Télévision à définition élevée, en entrelacé*
EDL : Edit Decision List = *Liste (informatisée) des points de montage*
EDP : Enhanced Definition Progressive
EDT : Early Decay Time
EDTV : Enhanced Definition TeleVision = *TV à définition améliorée en progressif*
E/E : Electronic to electronic *(Signal vidéo équivalent en entrée comme en sortie)*
EFP : Electronic Field Production = *Production vidéo lourde*
EGA : Enhanced Graphic Adapter *(Interface permettant l'affichage de données graphiques sur un écran informatique en 480 lignes de 640 pixels)*
EIRP: Equivalent Isotropic Radiated Power = *Puissance Isotrope Radiée Équivalent : PIRE*
ENG : Electronic News Gathering = *Moyens légers de captation vidéo standard*
EPK : Electronic Press Kit = *Matériel promotionnel d'un film, Dossier de Presse*
ESCR : Elementary Stream Clock Reference
EVDC : Electronically Variable Delay Ligne = *Ligne à retard variable*
EXIF : Exchangeable Image File

F

FAQ : Frequently Asked Questions = *Foire aux questions : FAQ*
FFT : Fast Fourier Transform = *Transformée de Fourier rapide*
FIT : Frame Interline Transfer
FM : Frequency Modulation[Modulated] = *Modulation de fréquence*
FPLL : Frequency and Phase Locked Loop
FPS : Frames Per second (fps) = *Images par seconde (im/s)*
FT : Frame Transfer = *Transfert de trame*
FX : Effects = *Effets spéciaux, Trucages*

G

GOP : Groupe Of Pictures = *Groupe d'images (Désigne une ou plusieurs images en séquences. Images codant une séquence MPEG)*
GPI : General Purpose Interface *(Relais de commande auxiliaire)*
GUI : Graphic User Interface = *Interface de commande et de contrôle numérique, Interface utilisateur graphique*

H

HAD : Hole Accumulated Diode *(Technologie utilisant une micro-lentille sur chaque pixel)*
HDCD : High Definition Compatible Digital *(Type de codage des CD)*
HDCP : High-Bandwidth Digital Content Protection = *Protection de contenu numérique sur large bande (Protocole de sécurité du contenu numérique transmis par un interface numérique DVI ou HDMI, afin qu'il demeure conforme aux appareils et aux applications)*
HD-DVD : High-Definition DVD = *Disque vidéo numérique haute définition : DVD-HD*
HDI : High Definition Interlaced = *Haute définition en entrelacé*
HDMI : High Definition Multimedia Interface *(Connectique et technologie utilisées pour le transport des signaux audios et vidéos numériques TVHD et TVSD non compressés. Le protocole est compatible avec celui de DVI, mais les connecteurs sont plus petits. Les données sont encryptées sous le protocole HDCP afin de les protéger)*
HDP : High Definition Progressive = *Haute définition en progressif*
HDTV : High Definition TeleVision = *Télévision Haute Définition. (Aux USA, désigne tous les formats haute résolution que sont les 18 formats DTV)*
HDTV-ready = *Moniteur HDTV (Désigne les téléviseurs classiques pouvant diffuser des programmes HD lorsqu'ils sont raccordés à un tuner HDTV externe)*
HDVS : High Definition Video System = *Système vidéo haute définition*
HID = High Intensity Discharge = *Décharge à haute intensité*
HMI : Halogen Metal Iodide
HOD : Head Of Department = *Chef de service (Parfois* Coordinator, *aux USA)*

I

IEC : International Electrotechnical Commission
IEEE : Institute of Electrical and Electronics Engineers
I/O : Input/Output = *Entrée/Sortie*
IP : Internet Protocol = *(Protocole d'échange de données utilisé par l'internet, qui segmente les données en paquets)*

IP/IN : InterPositive/InterNegative *(Processus de fabrication d'un nouveau négatif par tirage d'un interpositif puis d'un internégatif)*
IRD : Integrated Receiver Decoder = *Décodeur récepteur intégré*
IRE : Institute of Radio Engineers = *Unité de mesure vidéo (1 Volt = 140 IRE)*
ISO : International Standards Organisation
ISP : Internet Service Provider = *Fournisseur d'accès à Internet : FAI*
ITD : Initial Time Delay = *Temps de délai initial*
ITU : International Telecommunications Union = *Union Internationale des Télécommunications : UIT, qui remplace le CCIR (Organisme dépendant des Nations Unies, et définissant différents standards de télécommunications, dont le 4:2:2)*
ITU-R BT.601.2 *(Norme internationale pour la télévision numérique)*
ITU 709 *(ex CCIR) (Norme de spécification des signaux numériques. Défini le format d'image commun (CIF) en résolution 1920 x 1080 pixels comme standard international de la TVHD et de la HD, quelle que soit la cadence d'image utilisée)*

J

JFIF : JPEG File Interchange Format *(Format d'échange de fichiers JPEG)*
JPEG : Joint Photographic[Picture] Experts Group
1°- Groupe ayant développé la norme de compressions d'images fixes
2°- Algorithme de compression des images fixes numériques

L

LAN : Local Area Network = *Réseau local*
LCD : Liquid Crystal Display = *Affichage à cristaux liquides : ACL*
LCoS : Liquid Crystal on Silicon *(Technologie d'affichage des images pour les écrans TV plats)*
LDTV : Low Definition TeleVision
LED : Light Emitting Diode = *Diode électroluminescente*
LEDE : Live End-Dead End
LFE : Low Frequency Effect
L.F.O.A. : Last Frame Of Action = *Dernier photogramme du plan*
LP : Long Play = *Longue durée*
LTC : Longitudinal [Linear] Time Code = *Code temporel longitudinal (Manière d'enregistrer le time code horizontalement (longitudinalement), tout au long de la bande magnétique)*
LUT : Look Up Table = *Table de visualisation (Fichier informatique référence permettant la conversion d'un espace couleur vers un autre, par exemple : RGB vers CYMK)*

M

MAC : Multiplex Analog Component *(Norme de transmission des données en composantes)*
MADI : Multichannel Audio Digital Interface
MATV : Master Antenna System = *Antenne collective*
MCP : Master Control Panel = *Unité centrale de contrôle des caméras*
MCPC : Multiple Channel Per Carrier = *Plusieurs canaux par porteuse*
MCR : Multi Channel Reverberation
MDA : *(Résolution de 720×350 pixels)*
ME, M&E : Music and Effects = *Bande son internationale, Musique et Effets*
MIDI : Musical Instrument Digital Interface = *Interface numérique pour un instrument de musique*
M-JPEG : Motion JPEG = *(Norme de compression du signal vidéo, dérivée du Jpeg et du Mpeg)*
MLP : Meridian Lossless Packing = *(Compression sans perte pour DVD-Audio)*
MP3 : MPEG-1 Layer 3 = *(Format de compression audio le plus populaire)*
MPEG : Motion Pictures Experts Group = *(Groupe ayant développé la norme de compressions des images animées)*
MPEG-2 TS : MPEG-2 Transport Stream = *(Format d'encodage spécifique qui découpe un fichier en paquets pour un transport en protocole IP)*
MOS : Metal Oxyde Semi-conducteur
MOS : Mit Out Sound = *Tournage sans son, Tournage muet*
MTF : Modulation Transfer Function = *Fonction de modulation de transfert : FMT*
MTS : Multichannel Television Sound
M-UDF : Micro-Universal Disc Format

N

NICAM : *1°)* Near Instantaneous Compression And Modulation *(Procédé permettant la transmission du son en stéréo par voie hertzienne)*
2°) Near Instantaneous Companding Audio Multiplex *(Procédé de codage du son par blocs (compression quasi-instantanée)*
NiMH : Nickel-Metall-Hydrid
NLE : Non Linear Editing = *Montage non linéaire = Montage virtuel*
NR : Noise Reduction = *Réduction du bruit*
NTSC : National Television System[Standards] Committee
1°) Comité chargé des normes de production et de diffusion des programmes analogiques au Canada et aux USA
2°) Standard vidéo américain délivrant 525 lignes de résolution à 60 images par seconde
NVOD : Near Video On Demand = *Accès rapide à un programme vidéo*

O

OCP : Operation Control Panel = *Pupitre de contrôle de la caméra*
OCR : Optical Charactor Recognition = *Reconnaissance optique des caractères : ROC*
OFD : Over Flow Drain = *Drain d'évacuation*
OSD : On Screen Display = *Affichage à l'écran*

P

P2P : Peer to peer = *(Protocole d'échange d'information qui utilise chaque PC à la fois comme récepteur et émetteur de données)*
PAL : Phase Alternative [Alternation] Line *(One of the two european TV standard)*
PAR = Parabolic Aluminized Reflector = *Réflecteur parabolique aluminé*
P&A : Prints and Ads = *Copies et Publicité*
P&D : Production and Distribution = *Production et Distribution*
P-CAV : Partial-Constant Angular Velocity
PCM : Pulse Code Modulation = *Modulation par impulsions codées : MIC*
1°) Représentation de l'encodage numérique d'un signal analogique non compressé, sur un oscilloscope
2°) Procédé de numération des données audio sans compression. Les CD audio sont au format PCM
PCR : Program Clock Reference *(Valeur instantanée de l'horloge du codeur, placé en en-tête des paquets TS afin de synchroniser l'horloge du décodeur)*
PD : Per Diem = *Défraiements, Indemnités de voyage et d'hébergement*
PDC : Program Delivery Control = *Programme à début contrôlé (Utilisé par certaines chaînes TV pour déclencher-arrêter automatiquement un enregistrement à un horaire précis)*
PDP : Plasma Display Panel = *Écran plat*
PEL : Picture Element ⇔ Pixel
PES : Packetized Elementary Stream *(Flux élémentaire MPEG sous forme de paquets)*
PIC : Picture Image Compression = *Compression image*
PID : Program[Packet] IDentifier = *Identification des programmes*
PIP : Picture-In-Picture = *Image-dans-l'image*
PLL : Phase Locked Loop = *Boucle d'asservissement de phase*
PLUGE : Picture Line-Up Generation Equipment *(Mire de test pour réglage du Noir)*
PM : Phase Modulation = *Modulation de phase*
PPI : Pixels Per Inch = *Pixels par pouce (ppp)*
PPV : Pay Per View = *Paiement à la séance (pour les programmes TV payants)*
PROM : Programmable read-only memory = *Mémoire programmable*
PSI : Program Specific Information = *Information spécifique de programme*
PU : Presentation Unit = *Unité de présentation (Image ou bloc audio compressé)*
PZM : Pressure Zone Microphone = *Microphone à zone de pression*

Q

QAM : Quadrature Amplitude Modulation = *Modulation d'amplitude en quadrature*
QCIF : Quarter-resolution Common Interchange Format = *Format commun d'échange au ¼ de résolution*
QPSK : Quadrature Phase Shift Keying = *Modulation de phase en quatre états*
QSIF : Quarter-resolution Source Input Format = *Format d'entrée de source à ¼ de résolution*
QSXGA : Quad Super eXtended Graphics Array *(2560x2048 pixels)*
QUXGA : Quad Ultra eXtended Graphics Array *(3200x2400 pixels)*
QUXGA-W : Wide-Quad Ultra eXtended Graphics Array *(3840x2400 pixels)*
QXGA : Quad eXtended Graphics Array *(2048x536 pixels)*

R

RAM : Random Access Memory = *Mémoire à accès aléatoire, Mémoire vive*
RCE : Region Coding Enhancement *(Protection des DVD Zone1 lus sur des lecteurs multizones)*
RGB : Red Green Blue = *Rouge-Vert-Bleu (RVB)*
RLC : Run Length Coding *(Méthode de compression sans perte, pour de nombreux formats)*
RMS : Root Mean Square = *Racine carré de la valeur moyenne du carré*
ROD : Read Out Gate = *Porte de sortie*
ROM : Read Only Memory *(Mémoire contenant des informations résidantes, en lecture seule uniquement)*
RU : Rack Unit *(Standard des racks d'équipements audiovisuels : 1,75" = 45mm)*
RTV : Real Time Video = *Standard vidéo*

S

SACD : Super Audio CD *(Nouvelle génération de CD audio)*
SAP : Secondary Audio Programming = *Signal audio secondaire, attaché au signal primaire*
SCPC : Simple[Single] Channel Per Carrier *(Un seul programme par porteuse)*
SCR : System Clock Reference *(Code temporel de synchro dans le flux de données)*
SCSI : Small Computer System Interface *(Connexion entre un ordinateur et ses disques)*
SDDI : Serial Digital Data Interface *(Signal transmettant la vidéo 4:2:2 compressée)*
SDI : Serial Digital Interface = *Interface numérique série (Norme d'interface pour la transmission série par câble coaxial, de signaux vidéo numériques non compressés)*
SDTI : Serial Digital Transport Interface *(Différents constructeurs utilisent ce format basé sur le SDI pour transmettre aussi bien du DV que du MPEG)*

SDTV : Standard Definition TeleVision
Aka : Standard Digital Television, Conventional Definition Television
= *Télévision à définition standard : TVDS (Système de TV numérique de qualité équivalente à celle du NTSC)*

SFX : Special Effects = *Effets spéciaux, Trucages*

SIF : Source Input Format = *Format d'entrée de source*

SMPTE : Society of Motion Picture and Television Engineers

SNG : Satellite News Gathering = *Journalisme par satellite*

SNR : Signal-to-Noise Ratio = *Rapport signal/bruit (S/N)*

SOF : Sound On Film = *Composite (Son et image couchés sur le même support)*

SPC : Signal Pulse Generator = *Générateur de signaux de synchronisation*

SPL : Sound Pressure Level = *Niveau de pression acoustique*

SSDL : Single Sided Dual Layer = *Double couche sur une seule face (DVD)*

SSSL : Single Sided Single Layer = *Mono couche sur une seule face (DVD)*

ST : Stuffing Table = *Table de bourrage*

STB : Set-Top Box = *(Tuner convertisseur numérique externe)*

STV : Subscription TV = *Télévision par abonnement*

STC : System Time Clock = *(Horloge commune pour coder le signal vidéo et le signal audio d'un même programme)*

SVGA : Super Video Graphic Array = *(Interface permettant l'affichage de de données graphiques sur un écran informatique avec une résolution de 600 lignes de 800 pixels)*

SVOD : Subscribed Video On Demand = *(Consommation illimitée de contenus après paiement d'une redevance forfaitaire pour une période donnée)*

SXGA : Super eXtended Graphic Array *(Interface permettant l'affichage de données graphiques sur un écran informatique avec une résolution de 1024 lignes de 1280 pixels)*

S-VHS : Superior-VHS *(Amélioration de la VHS classique, offrant une meilleure luminosité)*

T

TBC : Time Base Corrector = *Correcteur de base temps*

TC : Telecine = *Télécinéma*

T&E : Travel and Expenses = *Défraiements, Indemnités (voyage et hébergement)*

TFT : Thin Film Transistor = *(Technologie d'écrans à cristaux liquides et à matrice active)*

TOV : Threshold Of Visibility = *Seuil de visibilité*

TPI : Track Per Inch = *(Pistes par pouce, sur une bande magnétique)*

TS : Transport Stream = *(Signal multiplexé de plusieurs programmes véhiculés par paquets)*

TTL = Through The Lens = *À travers l'objectif*

TVD : Thin Video Disc = *DVD souple*

U

UBR : Unspecified Bit Rate = *Débit binaire non spécifié*
UDF : Universal Disc Format
UHF : Ultra High Frequency = *Ultra Haute Fréquence*
URL : Uniform Resource Locator = *Adresse universelle*
UV : Ultra Violet = *Ultraviolet : UV*
UXGA : Ultra eXtended Graphics Array *(Interface permettant l'affichage de données graphiques sur un écran informatique avec une résolution de 1200 lignes de 1600 pixels)*

V

VAU : Video Access Unit = *Unité d'accès vidéo (Une image compressée dans un flux de programme)*
VBI : Vertical Blanking Interval = *Intervalle de suppression trame*
VBR : Variable Bit Rate = *(Opération par laquelle le flux de bits varie en temps durant le décodage d'un flux compressé rencontrée à un moment « t »)*
VCA : Voltage Controlled Amplifier = *Amplificateur commandé en tension*
VCF : Voltage Controlled Filter = *Filtre commandé par une tension*
VCO : Voltage Controlled Oscillator = *Oscillateur commandé en tension*
VCR : Video Casette Recorder = *Magnétoscope à cassettes*
VDU : Video Display Unit = *Écran de visualisation, Terminal à écran de visualisation*
VGA : Video Graphic Array = *(Interface permettant l'affichage de données graphiques sur un écran informatique avec une résolution de 480 lignes de 640 pixels)*
VHF : Very High Frequency = *Très Haute Fréquence : THF*
VHS : 1°) Vertical Helical Scan – 2°) Video Home System
VITC : Vertical Interval Time Code = *Time code à enregistrement vertical (Code temporel placé en suppression trame)*
VLC : Variable Length Coding = *Codage à longueur variable*
VOB : Video Object = *Nom des fichiers composant un DVD. Chaque VOB comporte différents flux d'informations (vidéo = film, son = langues, sous-titres, etc).*
VOD : Video On Demand = *Vidéo à la demande (Programmes vidéo ou films proposés en téléchargement payant ainsi qu'aux abonnés à certains réseaux câblés)*
VODcast : *(Vidéo téléchargée automatiquement et consultable en différé)*
VSB : Vestigial Side-Band = *Bande latérale résiduelle*
VTR : Video Tape Recorder = *Magnétoscope à bandes*

W

WAN : World Area Network = *Réseau de l'internet*
WAP : Wireless Application Protocol
WI/wind : Wound-in wind = *Enroulement émulsion intérieure*
WFM : Wave Form Monitor = *Oscilloscope*
WO/wind : Wound-out wind = *Enroulement émulsion extérieure*
WORM : Write Once / Read Many = *À inscription unique et à lectures multiples*
WYSIWYG : "What You See Is What You Get" = *Littéralement : "Ce que vous voyez est ce que vous avez" (voulant signifier que : ce que vous visualisez sur un moniteur de contrôle correspond exactement à ce que vous obtiendrez à l'enregistrement)*
WXGA : Wide XGA *(Interface permettant l'affichage de données graphiques sur un écran informatique avec une résolution de 768 lignes de 1366 pixels)*

X

XDS : Extended Data Service = *(Paquets d'informations pratiques inclus dans le signal vidéo lors de l'émission d'un programme télévisé)*
XGA : eXtended Graphic Array = *(Interface permettant l'affichage de données graphiques sur un écran informatique en 768 lignes de 1024 pixels)*
XLR : *(Prise professionnelle à 3 broches très largement utilisée en audio)*

Z

Z-CLV : Zone-Constant Linear Velocity = *(Rotation de disque à vitesse linéaire maintenue constante par zones, sur un DVD)*

Technique

Technique

DIMENSIONS DES FENÊTRES *de prise de vues*
FILM APERTURES SIZES

en millimètres et en pouces
in inches and millimetres

dimensions de la fenêtre caméra – camera aperture sizes
dimensions de la fenêtre du projecteur – projector aperture sizes

52,5 x 23 mm *45,6 x 22,1 mm*	**65 mm** : 2,2	2,072" x 0,906" *1,912" x 0,870"*

35 mm		
24,89 x 18,67 mm *23,66 x 17,78 mm*	**Full** (Muet) : 1,33 **Full** (Silent) : 1,33	0,980 " x 0,735" *0,931" x 0,700"*
22 x 16 mm *21 x 15,3 mm*	**Académique** : 1,37 **Academy** : 1,37	0,864 " x 0,630" *0,825" x 0,602"*
	diffusion télévisée - TV release : 1,33	
20,73 x 15,54 mm Fenêtre du télécinéma	TV projector aperture	*0,816" x 0,612"*
20,12 x 15,09 mm Champ transmis	TV transmitted area	*0,792" x 0,594"*
18,11 x 13,58 mm Cadre pour l'action	TV safe action	*0,713" x 0,535"*
16,10 x 13,08 mm Cadre pour titrage	Safe title area	*0,633" x 0,475"*
22 x 13,25 mm *21 x 12,75 mm*	1,66	0,864 " x 0,521" *0,825" x 0,497"*
22 x 11,90 mm *21 x 11,35 mm*	1,85	0,864 " x 0,469" *0,825" x 0,446"*
22 x 18,80 mm *21,3 x 18,15 mm*	**Scope : 2,35**	0,864 " x 0,732" *0,838" x 0,700"*

12,40 x 7,49 mm *11,89 x 7,16 mm*	**Super 16 mm** : 1,66	0,488" x 0,295" *0,468" x 0,282"*

10,20 x 7,42 mm *9,70 x 7,10 mm*	**16 mm** : 1,37	0,404" x 0,295" *0,385" x 0,282"*
	diffusion télévisée - TV release : 1,33	

9,63 x 7,21 mm	Fenêtre du télécinéma	TV projector aperture	*0,379" x 0,284"*
9,35 x 7,01 mm	Champ transmis	TV transmitted area	*0,368" x 0,276"*
8,40 x 6,31 mm	Cadre pour l'action	TV safe action	*0,331" x 0,248"*
7,48 x 5,62 mm	Cadre pour titrage	Safe title area	*0,294" x 0,221"*

8,50 x 6,50 mm	**9,5 mm** : 1,31	0,335" x 0,256"
5,79 x 4,14 mm	**Super 8 mm** : 1,39	0,228" x 0,163"
4,37 x 3,28 mm	**8 mm** : 1,33	0,172" x 0,129"

	Vidéo : 1,33	
6,40 x 4,80 mm	½ "	0,252" x 0,189"
8,80 x 6,60 mm	**2/3 "**	0,346" x 0,260"
12,80 x 9,60 mm	1 "	0,504" x 0,378"
17,60 x 13,20 mm	1 ¼ "	0,693" x 0,520"

CONVERSION LUX / FOOT CANDLE

1 lux = 0,0929 foot candle

Lux	Foot candle	Lux	Foot candle
10	1	1 800	170
25	2,3	2 000	190
50	4,6	2 500	230
75	7	3 000	280
100	9,3	4 000	370
125	11,6	5 000	465
150	14	6 000	560
175	16	8 000	740
200	19	10 000	930
250	23	12 000	1 110
300	28	15 000	1 390
400	37	17 000	1 580
500	46	20 000	1 860
600	56	25 000	2 320
750	70	30 000	2 790
800	74	40 000	3 720
900	84	50 000	4 645
1 000	93	60 000	5 575
1 200	110	70 000	6 500
1 400	130	80 000	7 430
1 500	140	90 000	8 360
1 600	150	100 000	9 300

CONVERSION LUX / FOOT CANDLE

1 foot candle = 10,764 lux

Foot candle	Lux	Foot candle	Lux
1	11	150	1 615
1,5	16	160	1 720
2	22	200	2 150
2,5	27	250	2 700
3	32	320	3 445
4	43	400	4 300
5	54	500	5 400
6	65	640	6 900
8	86	800	8 600
10	110	1 000	10 760
12	130	1 250	13 500
15	160	1 600	17 200
20	215	2 000	21 500
25	270	2 500	27 000
30	320	3 200	34 500
40	430	4 000	43 000
50	540	5 000	54 000
60	645	6 400	69 000
80	860	8 000	86 000
100	1 075	10 000	107 500
125	1 345		

TABLE DE DÉFILEMENT
RUNNING TIMES TABLE

de 1 à 30 secondes

Sec	16 mm						35 mm					
	24 im/s			25 im/s			24 im/s			25 im/s		
	mètres	feet	fr	mètres	feet	fr	mètres	feet	fr	mètres	feet	fr
1	0,183	0	24	0,191	0	25	0,456	1	8	0,475	1	9
2	0,366	1	8	0,381	1	10	0,912	3		0,950	3	2
3	0,549	1	32	0,572	1	35	1,368	4	8	1,425	4	11
4	0,732	2	16	0,762	2	20	1,824	6		1,900	6	4
5	0,914	3	0	0,953	3	5	2,280	7	8	2,375	7	13
6	1,097	3	24	1,143	3	30	2,736	9		2,850	9	6
7	1,280	4	8	1,334	4	15	3,192	10	8	3,325	10	15
8	1,463	4	32	1,524	5	0	3,648	12		3,800	12	8
9	1,646	5	16	1,715	5	25	4,104	13	8	4,275	14	1
10	1,829	6	0	1,905	6	10	4,560	15		4,750	15	10
11	2,012	6	24	2,096	6	35	5,016	16	8	5,225	17	3
12	2,195	7	8	2,286	7	20	5,472	18		5,700	18	12
13	2,377	7	32	2,477	8	5	5,928	19	8	6,175	20	5
14	2,560	8	16	2,667	8	30	6,384	21		6,650	21	14
15	2,743	9	0	2,858	9	15	6,840	22	8	7,125	23	7
16	2,926	9	24	3,048	10	0	7,296	24		7,600	25	0
17	3,109	10	8	3,239	10	25	7,741	25	8	8,075	26	9
18	3,292	10	32	3,429	11	10	8,208	27		8,550	28	2
19	3,475	11	16	3,620	11	35	8,664	28	8	9,025	29	11
20	3,658	12	0	3,810	12	20	9,120	30		9,500	31	4
21	3,840	12	24	4,001	13	5	9,576	31	8	9,975	32	13
22	4,023	13	8	4,191	13	30	10,032	33		10,450	34	6
23	4,026	13	32	4,382	14	15	10,488	34	8	10,925	35	15
24	4,389	14	16	4,572	15	0	10,944	36		11,400	37	8
25	4,572	15	0	4,763	15	25	11,400	37	8	11,875	39	1
26	4,755	15	24	4,953	16	10	11,856	39		12,350	40	10
27	4,938	16	8	5,144	16	35	12,312	40	8	12,825	42	3
28	5,121	16	32	5,334	17	20	12,768	42		13,300	43	12
29	5,304	17	16	5,525	18	5	13,224	43	8	13,775	45	5
30	5,486	18	0	5,715	18	30	13,680	45		14,250	46	14

fr = frame - *16 mm : 1 40 fr = 1 foot / 42 fr = 32 cm*
35 mm : 16 fr = 1 foot / 21 fr = 40 cm

TABLE DE DÉFILEMENT
RUNNING TIMES TABLE

de 31 à 60 secondes

Sec	16 mm						35 mm					
	24 im/s			25 im/s			24 im/s			25 im/s		
	mètres	feet - fr		mètres	feet - fr		mètres	feet - fr		mètres	feet - fr	
31	5,669	18	24	5,906	19	15	14,136	46	8	14,725	48	7
32	5,852	19	8	6,096	20	0	14,592	48		15,200	50	0
33	6,035	19	32	6,287	20	25	15,048	49	8	15,675	51	9
34	6,218	20	16	6,477	21	10	15,504	51		16,150	53	2
35	6,401	21	0	6,668	21	35	15,960	52	8	16,625	54	11
36	6,584	21	24	6,858	22	20	16,416	54		17,100	56	4
37	6,767	22	8	7,049	23	5	16,872	55	8	17,575	57	13
38	6,949	22	32	7,239	23	30	17,328	57		18,050	59	6
39	7,132	23	16	7,430	24	15	17,784	58	8	18,525	60	15
40	7,315	24	0	7,620	25	0	18,240	60		19,000	62	8
41	7,498	24	24	7,811	25	25	18,696	61	8	19,475	64	1
42	7,681	25	8	8,001	26	10	19,152	63		19,950	65	10
43	7,864	25	32	8,192	26	35	19,608	64	8	20,425	67	3
44	8,047	26	16	8,382	27	20	20,064	66		20,900	68	12
45	8,230	27	0	8,573	28	5	20,520	67	8	21,375	70	5
46	8,412	27	24	8,763	28	30	20,976	69		21,850	71	14
47	8,595	28	8	8,954	29	15	21,432	70	8	22,325	73	7
48	8,778	28	32	9,144	30	0	21,888	72		22,800	75	0
49	8,961	29	16	9,335	30	25	22,344	73	8	23,275	76	9
50	9,144	30	0	9,525	31	10	22,800	75		23,750	78	2
51	9,327	30	24	9,716	31	35	23,256	76	8	24,225	79	11
52	9,510	31	8	9,906	32	20	23,712	78		24,700	81	4
53	9,693	31	32	10,097	33	5	24,168	79	8	25,175	82	13
54	9,876	32	16	10,287	33	30	24,624	81		25,650	84	6
55	10,058	33	0	10,478	34	15	25,080	82	8	26,125	85	15
56	10,241	33	24	10,668	35	0	25,536	84		26,600	87	8
57	10,424	34	8	10,859	35	25	25,992	85	8	27,075	88	1
58	10,607	34	32	11,049	36	10	26,448	87		27,550	90	10
59	10,790	35	16	11,240	36	35	26,904	88	8	28,025	92	3
60	10,973	36	0	11,430	37	20	27,360	90		28,500	93	12

fr = frame - *16 mm : 40 fr = 1 foot / 42 fr = 32 cm*
35 mm : 16 fr = 1 foot / 21 fr = 40 cm

TABLE DE DÉFILEMENT
RUNNING TIMES TABLE

de 1 à 30 minutes

Min	16 mm					35 mm				
	24 im/s		25 im/s			24 im/s		25 im/s		
	mètres	feet	mètres	feet - fr		mètres	feet	mètres	feet - fr	
1	10,973	36	11,430	37	20	27,360	90	28,500	93	12
2	21,946	72	22,860	75		54,720	180	57,000	187	8
3	32,918	108	34,290	112	20	82,080	270	85,500	281	4
4	43,891	144	45,720	150		109,440	360	114,000	375	
5	54,864	180	57,150	187	20	136,800	450	142,500	468	12
6	65,837	216	68,580	225		164,160	540	171,000	562	8
7	76,810	252	80,010	262	20	191,520	630	199,500	656	4
8	87,782	288	91,440	300		218,880	720	228,000	750	
9	98,755	324	102,870	337	20	246,240	810	256,500	843	12
10	109,728	360	114,300	375		273,600	900	285,000	937	8
11	120,701	396	125,730	412	20	300,960	990	313,500	1031	4
12	131,674	432	137,160	450		328,320	1080	342,000	1125	
13	142,646	468	148,590	487	20	355,680	1170	370,500	1218	12
14	153,619	504	160,020	525		383,040	1260	399,000	1312	8
15	164,592	540	171,450	562	20	410,400	1350	427,500	1406	4
16	175,565	576	182,880	600		437,760	1440	456,000	1500	
17	186,538	612	194,310	637	20	465,120	1530	484,500	1593	12
18	197,510	648	205,740	675		492,480	1620	513,000	1687	8
19	208,483	684	217,170	712	20	519,840	1710	541,500	1781	4
20	219,456	720	228,600	750		547,200	1800	570,000	1875	
21	230,429	756	240,030	787	20	574,560	1890	598,500	1968	12
22	241,402	792	251,460	825		601,920	1980	627,000	2062	8
23	252,374	828	262,890	862	20	629,280	2070	655,500	2156	4
24	263,347	864	274,320	900		656,640	2160	684,000	2250	
25	274,320	900	285,750	937	20	684,000	2250	712,500	2343	12
26	285,293	936	297,180	975		711,360	2340	741,000	2437	8
27	296,266	972	308,610	1012	20	738,720	2430	769,500	2531	4
28	307,238	1008	320,040	1050		766,080	2520	798,000	2625	
29	318,211	1044	331,470	1087	20	793,440	2610	826,500	2718	12
30	329,184	1080	342,900	1125		820,800	2700	855,000	2812	8

fr = frame - *16 mm : 40 fr = 1 foot / 42 fr = 32 cm*
35 mm : 16 fr = 1 foot / 21 fr = 40 cm

TABLE DE DÉFILEMENT
RUNNING TIMES TABLE

de 31 à 60 minutes

Min	16 mm					35 mm				
	24 im/s		25 im/s			24 im/s		25 im/s		
	mètres	feet	mètres	feet – fr		mètres	feet	mètres	feet - fr	
31	340,157	1116	354,330	1162	20	848,160	2790	883,5	2906	4
32	351,130	1152	365,760	1200		875,520	2880	912,0	3000	
33	362,102	1188	377,190	1237	20	902,880	2970	940,5	3093	12
34	373,075	1224	388,620	1275		930,240	3060	969,0	3187	8
35	384,048	1260	400,050	1312	20	957,600	3150	997,5	3281	4
36	395,021	1296	411,480	1350		984,960	3240	1026,0	3375	
37	405,994	1332	422,910	1387	20	1012,320	3330	1054,5	3468	12
38	416,996	1368	434,340	1425		1039,680	3420	1083,0	3562	8
39	427,939	1404	445,770	1462	20	1067,040	3510	1111,5	3656	4
40	438,912	1440	457,200	1500		1094,400	3600	1140,0	3750	
41	449,885	1476	468,630	1537	20	1121,760	3690	1168,5	3843	12
42	460,858	1512	480,060	1575		1149,120	3780	1197,0	3937	8
43	471,830	1548	491,490	1612	20	1176,480	3870	1225,5	4031	4
44	482,803	1584	502,920	1650		1203,840	3960	1254,0	4125	
45	493,776	1620	514,350	1687	20	1231,200	4050	1282,5	4218	12
46	504,749	1656	525,780	1725		1258,560	4140	1311,0	4312	8
47	515,722	1692	537,210	1762	20	1285,920	4230	1339,5	4406	4
48	526,694	1728	548,640	1800		1313,280	4320	1368,0	4500	
49	537,667	1764	560,070	1837	20	1340,640	4410	1396,5	4593	12
50	548,640	1800	571,500	1875		1368,000	4500	1425,0	4687	8
51	559,613	1836	582,930	1912	20	1395,360	4590	1453,5	4781	4
52	570,586	1872	594,360	1950		1422,720	4680	1482,0	4875	
53	581,558	1908	605,790	1987	20	1450,080	4770	1510,5	4968	12
54	592,531	1944	617,220	2025		1477,440	4860	1539,0	5062	8
55	603,504	1980	628,650	2062	20	1504,800	4950	1567,5	6156	4
56	614,477	2016	640,080	2100		1532,160	5040	1596,0	5250	
57	625,450	2052	651,510	2137	20	1559,520	5130	1624,5	5343	12
58	636,422	2088	662,940	2175		1586,880	5220	1653,0	5437	8
59	647,395	2124	674,370	2212	20	1614,240	5310	1681,5	5531	4
60	658,368	2160	685,800	2250		1641,600	5400	1710,0	5625	

fr = frame - *16 mm :1 40 fr = 1 foot / 428802 fr = 32 cm*
35 mm : 16 fr = 1 foot / 21 fr =2970 40 cm

TABLE DE DÉFILEMENT
RUNNING TIMES TABLE

de 1 à 60 mètres

	16 mm				35 mm					16 mm				35 mm			
im/s	24		25		24		25		im/s	24		25		24		25	
M	m	s	m	s	m	s	m	s	M	m	s	m	s	m	s	m	s
1		5		5		2		2	31	2	50	2	43	1	8	1	5
2		11		10		4		4	32	2	55	2	48	1	10	1	7
3		16		16		7		6	33	3	0	2	53	1	12	1	9
4		22		21		9		8	34	3	6	2	58	1	15	1	12
5		27		26		11		11	35	3	11	3	4	1	17	1	14
6		33		31		13		13	36	3	17	3	9	1	19	1	16
7		38		37		16		15	37	3	22	3	14	1	21	1	18
8		44		42		18		17	38	3	28	3	19	1	23	1	20
9		49		47		20		19	39	3	33	3	25	1	26	1	22
10		55		52		22		21	40	3	39	3	30	1	28	1	24
11	1	0		58		24		23	41	3	44	3	35	1	30	1	26
12	1	6	1	3		26		25	42	3	50	3	40	1	32	1	28
13	1	11	1	8		29		27	43	3	55	3	46	1	34	1	31
14	1	17	1	13		31		29	44	4	1	3	51	1	36	1	33
15	1	22	1	19		33		32	45	4	6	3	56	1	39	1	35
16	1	27	1	24		35		34	46	4	12	4	1	1	41	1	37
17	1	33	1	29		37		36	47	4	17	4	7	1	43	1	39
18	1	38	1	34		39		38	48	4	22	4	12	1	45	1	41
19	1	44	1	40		42		40	49	4	28	4	17	1	47	1	43
20	1	49	1	45		44		42	50	4	33	4	22	1	50	1	45
21	1	55	1	50		46		44	51	4	39	4	28	1	52	1	47
22	2	0	1	55		48		46	52	4	44	4	33	1	54	1	49
23	2	6	2	1		50		48	53	4	50	4	38	1	56	1	52
24	2	11	2	6		53		51	54	4	55	4	43	1	58	1	54
25	2	17	2	11		55		53	55	5	1	4	49	2	1	1	56
26	2	22	2	16		57		55	56	5	6	4	54	2	3	1	58
27	2	28	2	22		59		57	57	5	12	4	59	2	5	2	0
28	2	33	2	27	1	1		59	58	5	17	5	4	2	7	2	2
29	2	39	2	32	1	4	1	1	59	5	23	5	10	2	9	2	4
30	2	44	2	37	1	6	1	3	60	5	28	5	15	2	12	2	6

M = mètres h = heures m = minutes s = secondes

TABLE DE DÉFILEMENT
RUNNING TIMES TABLE

de 61 à 10 000 mètres

	16 mm				35 mm					16 mm				35 mm			
im/s	24		25		24		25		im/s	24		25		24		25	
M	m	s	m	s	m	s	m	s	M	m	s	m	s	m	s	m	s
61	**5**	**34**	**5**	**20**	**2**	**14**	**2**	**8**	**76**	**6**	**56**	**6**	**39**	**2**	**47**	**2**	**40**
62	**5**	**39**	**5**	**25**	**2**	**16**	**2**	**11**	**77**	**7**	**1**	**6**	**44**	**2**	**49**	**2**	**42**
63	**5**	**44**	**5**	**31**	**2**	**18**	**2**	**13**	**78**	**7**	**7**	**6**	**49**	**2**	**51**	**2**	**44**
64	**5**	**50**	**5**	**36**	**2**	**20**	**2**	**15**	**79**	**7**	**12**	**6**	**55**	**2**	**53**	**2**	**46**
65	**5**	**55**	**5**	**41**	**2**	**23**	**2**	**17**	**80**	**7**	**17**	**7**	**0**	**2**	**55**	**2**	**48**
66	**6**	**1**	**5**	**46**	**2**	**25**	**2**	**19**	**85**	**7**	**45**	**7**	**26**	**3**	**6**	**2**	**59**
67	**6**	**6**	**5**	**52**	**2**	**27**	**2**	**21**	**90**	**8**	**12**	**7**	**52**	**3**	**17**	**3**	**9**
68	**6**	**12**	**5**	**57**	**2**	**29**	**2**	**23**	**95**	**8**	**39**	**8**	**19**	**3**	**28**	**3**	**20**
69	**6**	**17**	**6**	**2**	**2**	**31**	**2**	**25**	**100**	**9**	**7**	**8**	**45**	**3**	**39**	**3**	**31**
70	**6**	**23**	**6**	**7**	**2**	**34**	**2**	**27**	**122**	**11**	**7**	**10**	**40**	**4**	**27**	**4**	**17**
71	**6**	**28**	**6**	**13**	**2**	**36**	**2**	**29**	**200**	**18**	**14**	**17**	**30**	**7**	**19**	**7**	**1**
72	**6**	**34**	**6**	**18**	**2**	**38**	**2**	**32**	**300**	**27**	**20**	**26**	**15**	**10**	**58**	**10**	**32**
73	**6**	**39**	**6**	**23**	**2**	**40**	**2**	**34**	**400**	**36**	**27**	**35**	**0**	**14**	**37**	**14**	**2**
74	**6**	**45**	**6**	**28**	**2**	**42**	**2**	**36**	**500**	**45**	**34**	**43**	**45**	**18**	**16**	**17**	**33**
75	**6**	**50**	**6**	**34**	**2**	**44**	**2**	**38**	**600**	**54**	**41**	**52**	**30**	**21**	**56**	**21**	**3**

	16 mm						35 mm					
im/s	24			25			24			25		
Mètres	h	m	s	h	m	s	h	m	s	h	m	s
700	1	3	48	1	1	15		25	35		24	34
800	1	12	54	1	9	49		29	14		28	4
900	1	22	1	1	18	44		32	54		31	35
1 000	1	31	8	1	27	29		36	33		35	5
2 000	3	2	16	2	54	59	1	13	6	1	10	11
3 000	4	33	24	4	22	28	1	49	39	1	45	16
4 000	6	4	32	5	49	57	2	26	12	2	20	21
5 000	7	35	40	7	18	27	3	2	45	2	55	26
6 000	9	6	48	8	44	56	3	39	18	3	30	32
7 000	10	37	56	10	12	25	4	15	51	4	5	37
8 000	12	9	5	11	39	55	4	52	24	4	40	42
9 000	13	40	13	13	7	24	5	28	57	5	15	47
10 000	15	11	21	14	34	53	6	5	30	5	50	53

M = mètres h = heures m = minutes s = secondes

TABLE DE DÉFILEMENT
RUNNING TIMES TABLE

de 1 à 60 pieds

	16 mm				35 mm					16 mm				35 mm			
im/s	24		25		24		25		im/s	24		25		24		25	
P	m	s	m	s	m	s	m	s	P	m	s	m	s	m	s	m	s
1		2		2		1		1	31		52		50		21		20
2		3		3		1		1	32		53		51		21		21
3		5		5		2		2	33		55		53		22		21
4		7		6		3		3	34		57		54		23		22
5		8		8		3		3	35		58		56		23		22
6		10		10		4		4	36	1	0		58		24		23
7		12		11		5		4	37	1	2		59		25		24
8		13		13		5		5	38	1	3	1	1		25		24
9		15		14		6		6	39	1	5	1	2		26		25
10		17		16		7		6	40	1	7	1	4		27		26
11		18		18		7		7	41	1	8	1	6		27		26
12		20		19		8		8	42	1	10	1	7		28		27
13		22		21		9		8	43	1	12	1	9		29		28
14		23		22		9		9	44	1	13	1	10		29		28
15		25		24		10		10	45	1	15	1	12		30		29
16		27		26		11		10	46	1	17	1	14		31		30
17		28		27		11		11	47	1	18	1	15		31		30
18		30		29		12		12	48	1	20	1	17		32		31
19		32		30		13		12	49	1	22	1	18		33		31
20		33		32		13		13	50	1	23	1	20		33		32
21		35		34		14		13	51	1	25	1	22		34		33
22		37		35		15		14	52	1	27	1	23		35		33
23		38		37		15		15	53	1	28	1	25		35		34
24		40		38		16		15	54	1	30	1	26		36		35
25		42		40		17		16	55	1	32	1	28		37		35
26		43		42		17		17	56	1	33	1	30		37		36
27		45		43		18		17	57	1	35	1	31		38		37
28		47		45		19		18	58	1	37	1	33		39		37
29		48		46		19		19	59	1	38	1	34		39		38
30		50		48		20		19	60	1	40	1	36		40		39

P = pieds h = heures m = minutes s = secondes

TABLE DE DÉFILEMENT
RUNNING TIMES TABLE

de 61 à 20 000 pieds

	16 mm				35 mm			
im/s	24		25		24		25	
P	m	s	m	s	m	s	m	s
61	1	42	1	38		41		39
62	1	43	1	39		41		40
63	1	45	1	41		42		40
64	1	47	1	42		43		41
65	1	48	1	44		43		42
66	1	50	1	46		44		42
67	1	50	1	47		45		43
68	1	52	1	49		45		44
69	1	55	1	50		46		44
70	1	57	1	52		47		45
71	1	58	1	54		47		46
72	2	0	1	55		48		46
73	2	2	1	57		49		47
74	2	3	1	58		49		47
75	2	5	2	0		50		48
76	2	7	2	2		51		49
77	2	8	2	3		51		49
78	2	10	2	5		52		50
79	2	12	2	6		53		51
80	2	13	2	8		53		51

	16 mm				35 mm			
im/s	24		25		24		25	
P	m	s	m	s	m	s	m	s
81	2	15	2	10		54		52
82	2	17	2	11		55		53
83	2	18	2	13		55		53
84	2	20	2	14		56		54
85	2	22	2	16		57		55
90	2	30	2	24	1	0		58
95	2	38	2	32	1	3	1	1
100	2	47	2	40	1	7	1	4
150	4	10	4	0	1	40	1	36
200	5	33	5	20	2	13	2	8
300	8	20	8	0	3	20	3	12
400	11	7	10	40	4	27	4	16
500	13	53	13	20	5	33	5	20
600	16	40	16	0	6	40	6	24
700	19	27	18	40	7	47	7	28
800	22	13	21	20	8	53	8	32
900	25	0	24	0	10	0	9	36
1 000	27	47	26	40	11	7	10	40
1 500	41	40	40	0	16	40	16	0
2 000	55	33	53	20	22	13	21	20

	16 mm						35 mm					
im/s	24			25			24			25		
Pieds	h	m	s	h	m	s	h	m	s	h	m	s
3 000	1	23	20	1	1	20		33	20		32	0
4 000	1	51	7	1	9	46		44	27		42	40
5 000	2	18	53	2	18	13		55	33		53	20
6 000	2	46	40	2	27	40	1	6	40	1	4	0
7 000	3	14	27	3	54	6	1	17	47	1	14	40
8 000	3	42	13	3	22	33	1	28	53	1	25	20
9 000	4	10	0	4	49	0	1	40	0	1	36	0
10 000	4	37	47	4	18	26	1	51	7	1	46	40
20 000	9	15	34	8	44	53	3	42	14	3	33	20

P = pieds h = heures m = minutes s = secondes

FORMULES SYMPLIFIÉES RELIANT MÉTRAGE et DURÉE

pour une caméra ou un projecteur à 24 ou à 25 im/s

Formules valables pour des valeurs au plus égales à :
60 secondes pour les durées
10 m = 30 ft en 16 mm
30 m = 90 ft en 35 mm

Les formules ci-dessous donnent des résultats avec 10 % de sécurité

Format : 35 mm

DURÉE *(secondes)* = MÉTRAGE × 2

TIME *(secondes)* = FOOTAGE × 0,6

$$\text{MÉTRAGE (en mètres)} = \frac{\text{DURÉE (secondes)}}{2}$$

$$\text{FOOTAGE (in feet)} = \frac{\text{TIME (secondes)}}{0{,}6}$$

Format : 16 mm

DURÉE *(secondes)* = MÉTRAGE × 5

TIME *(secondes)* = FOOTAGE × 1,5

$$\text{MÉTRAGE (en mètres)} = \frac{\text{DURÉE (secondes)}}{5}$$

$$\text{FOOTAGE (in feet)} = \frac{\text{TIME (secondes)} \times 2}{3}$$

FACTEURS DE CONVERSION ENTRE LES FORMATS POUR LE MÉTRAGE ET LA DURÉE

FILM LENGTH AND TIME CONVERSION FACTORS

1°) CALCUL SUR LE MÉTRAGE, À DURÉE ÉGALE	
70 mm ➡ 35 mm : 0,8 **35 mm ➡ 16 et S16 mm : 0,40** **35 mm ➡ S 8 mm : 0,222** **16 et S16 mm ➡ S 8 mm : 0,55**	**35 mm ➡ 70 mm : 1,25** **16 et S16 mm ➡ 35 mm : 2,5** **S 8 mm ➡ 35 mm : 4,5** **S 8 mm ➡ 16 et S16 mm : 1,8**
24 im/s ➡ 25 im/s : 1,04166	**25 im/s ➡ 24 im/s : 0,96**

- *à partir d'un original Super 16 mm ayant une durée de 100 minutes, soit un métrage égal à 1097 m (3600ft), une copie gonflée en 35 mm aura un métrage égal à : 1097 x 2,5 = 2742 m (8998 ft)*
- *en 16 mm, 15 heures de rushes tournés à 24 im/s représentent 9875 m (32 398 ft). Ce métrage tourné à 25 im/s représenterait : 9 875 x 1,04166 = 10 287 m (33 749 ft)*

* * * * *

2°) CALCUL SUR LA DURÉE, À MÉTRAGE ÉGAL	
70 mm ➡ 35 mm : 1,25 **35 mm ➡ 16 et S16 mm : 2,5** **35 mm ➡ S 8 mm : 4,5** **16 et S16 mm ➡ S 8 mm : 1,8**	**35 mm ➡ 70 mm : 0,8** **16 et S16 mm ➡ 35 mm : 0,4** **S 8 mm ➡ 35 mm : 0,222** **S 8 mm ➡ 16 et S16 mm : 0,55**
24 im/s ➡ 25 im/s : 0,96	**25 im/s ➡ 24 im/s : 1,04166**

- *à métrage égal, on peut tourner 2,5 fois plus de temps en 16 mm et en Super 16 mm qu'en 35 mm*
- *un film de 90 minutes tourné à 24 im/s aura, lors d'une projection télévisée à 25 im/s, une durée égale à : 90' x 0,96 = 86'25"*
- *en 35 mm, 400 ft (122 m) à 24 im/s ont une durée de 4'27", soit : 267 ". À 25 im/s, la durée serait égale à : 267" x 0,96 = 256", soit : 4'16"*

DIMENSIONS DES FILTRES
FILTER SIZES

FILTRES RONDS
CIRCULAR FILTERS

Série 5	30 mm	=	1 3/16	in
Série 6	42 mm	=	1 5/8	in
Série 7	51 mm	=	2	in
Série 8	64 mm	=	2 1/2	in
Série 8	75 mm	=	2 15/16	in
½	82 mm	=	3 1/4	in
Série 9	117 mm	=	4 5/8	in
Série 10	114 mm	=	4 1/2	in
	139 mm	=	5 1/2	in
	152 mm	=	6	in

FILTRES CARRÉS / RECTANGULAIRES
SQUARE FILTERS

Série 5	50 × 50 mm	=	2 × 2	in
Série 6	76 × 76 mm	=	3 × 3	in
Série 7	102 × 102 mm	=	4 × 4	in
Série 8	102 × 143 mm	=	4 × 5,65	in
Série 8 ½	167 × 167 mm	=	6,6 × 6,6	in
Série 9	152 × 102 mm	=	6 × 4	in
	152 × 152 mm	=	6 × 6	in

Circonférence		Circumference
Cercle	$2 \Pi r$ *(rayon – radius : r)*	Circle
Superficie		**Area**
Cercle	Πr^2 *(rayon – radius : r)*	Circle
Sphère	$4 \Pi r^2$ *(rayon – radius : r)*	Sphere
Ellipse	$\Pi a b$ *(demi-axes semi-axis : a, b)*	Ellipse
Triangle	$\frac{1}{2} b h$ *(hauteur – height : h) (base - base : b)*	Triangle
Carré	a^2 *(côté – side : a)*	Square
Rectangle	$a b$ *(côtés – sides : a, b)*	Rectangle
Trapèze	$\frac{1}{2} h (a+c)$ *(côtés parallèles – (parallel sides : a, c)*	Trapezium
Pentagone régulier	$1{,}721 a^2$ *(côté – side : a)*	Regular pentagon
Hexagone régulier	$2{,}598 a^2$ *(côté – side : a)*	Regular hexagon
Octogone régulier	$4{,}828 a^2$ *(côté – side : a)*	Regular octagon
Volume		**Volume**
Cube	a^3 *(côté – side : a)*	Cube
Parallélépipède	$a b c$ *(côtés – sides : a, b, c)*	Parallelepiped
Sphère	$4 \Pi r^3$ *(rayon – radius : r)*	Sphere
Cylindre	$h \Pi r^2$ *(rayon – radius : r)*	Cylinder
Cône	$\frac{1}{3} h \Pi r^2$ *(rayon – radius : r)*	Cone
Prisme rectangulaire	$a b c$ *(côtés – sides : a, b)*	Rectangular prism
Pyramide	$\frac{1}{3} h b$ *(hauteur – height : h) (base - base : b)*	Pyramid

TABLES D'ENSOLEILLEMENT
SUN TABLES

DURÉE DU JOUR
HOURS OF DAYLIGHT

Lat. (*)	mi-Janv.	mi-Fév.	mi-Mars	mi-Avril	mi-Mai	mi-Juin	mi-Juil.	mi-Août	mi-Sept.	mi-Oct.	mi-Nov.	mi-Déc.
60° N	6 ¾	9 ¼	11 ¾	14 ½	17 ¼	18 ¾	18	15 ¾	13	10 ¼	7 ½	6
50° N	8 ½	10 ¼	12	13 ¾	15 ½	16 ¼	16	15 ½	12 ½	10 ¾	9	8
40° N	9 ¾	10 ¾	12	13 ¾	14 ½	15	14 ¾	13 ¾	12 ½	11 ¼	10	9 ¼
30° N	10 ½	11 ¼	12	13	13 ¾	14	14	13 ¼	12 ¼	11 ½	10 ½	10 ¼
20° N	11	11 ½	12	12 ½	13	13 ¼	13 ¼	12 ¾	12 ¼	11 ¾	11 ¼	11
10° N	11 ½	11 ¾	12	12 ¼	12 ½	12 ¾	12 ¾	12 ½	12 ¼	12	11 ¾	11 ½
0°	12	12	12	12	12	12	12	12	12	12	12	12
10° S	12 ¾	12 ½	12 ¼	12	11 ¾	11 ½	11 ½	11 ¾	12	12 ¼	12 ½	12 ¾
20° S	13 ¼	12 ¾	12 ¼	11 ¾	11 ¼	11	11	11 ½	12	12 ½	13	13 ¼
30° S	14	13 ¼	12 ¼	11 ½	10 ½	10 ¼	10 ½	11 ¼	12	12	13 ¾	14
40° S	14 ¾	13 ¾	12 ½	11 ¼	10	9 ¼	9 ¾	10	12	13 ¼	14 ½	15
50° S	16	15 ½	12 ½	10 ¾	9	8	8 ½	10 ¼	12	13 ¾	15 ½	16 ¼
60° S	18	15 ¾	12	10 ¼	7 ½	6	6 ¾	9 ¼	11 ¾	14 ½	17 ¼	18 ¾

(*) *Pour les latitudes, voir le "Tableau par pays" page 316*

HAUTEUR MAXIMALE DU SOLEIL
MAXIMUM HEIGHT OF SUN

DÉCLINAISON MAXIMALE À MIDI HEURE LOCALE
HEIGHEST ANGLE WHICH THE SUN WILL REACH AT LOCAL NOON

Lat. (*)	mi-Janv.	mi-Fév.	mi-Mars	mi-Avril	mi-Mai	mi-Juin	mi-Juil.	mi-Août	mi-Sept.	mi-Oct.	mi-Nov.	mi-Déc.
60° N	9° S	17° S	26° S	40° S	49° S	53° S	51° S	44° S	33° S	21° S	12° S	7° S
55° N	14° S	22° S	31° S	45° S	54° S	58° S	56° S	49° S	38° S	26° S	17° S	12° S
50° N	19° S	27° S	36° S	50° S	59° S	63° S	61° S	54° S	43° S	31° S	22° S	17° S
40° N	29° S	37° S	46° S	60° S	69° S	73° S	71° S	64° S	53° S	41° S	32° S	27° S
30° N	39° S	47° S	56° S	70° S	79° S	83° S	81° S	74° S	63° S	51° S	42° S	37° S
20° N	49° S	57° S	66° S	80° S	89° S	87° N	89° N	84° S	73° S	61° S	52° S	47° S
10° N	59° S	67° S	76° S	90°	81° N	77° N	79° N	86° N	83° S	71° S	62° S	57° S
0°	69° S	77° S	86° S	80° N	71° N	67° N	69° N	76° N	87° N	81° S	72° S	67° S
10° S	79° S	87° S	84° N	70° N	61° N	57° N	59° N	66° N	77° N	89° N	82° S	77° S
20° S	89° S	83° N	74° N	60° N	51° N	47° N	49° N	56° N	67° N	79° N	88° N	87° S
30° S	81° N	73° N	64° N	50° N	41° N	37° N	39° N	46° N	57° N	69° N	78° N	83° N
40° S	71° N	63° N	54° N	40° N	61° N	27° N	29° N	36° N	47° N	59° N	68° N	73° N
50° S	61° N	53° N	44° N	30° N	21° N	17° N	19° N	26° N	37° N	49° N	58° N	63° N
55° S	56° N	48° N	39° N	25° N	16° N	12° N	14° N	21° N	32° N	44° N	53° N	58° N
60° S	51° N	43° N	34° N	20° N	11° N	7° N	9° N	16° N	27° N	39° N	48° N	53° N

(*) Pour les latitudes, voir le "Tableau par pays" page 316

POSITIONS DU LEVER ET DU COUCHER DU SOLEIL
SUNRISE AND SUNSET POSITIONS

NORD ou SUD PAR RAPPORT à L'EST(Lever) ou à L'OUEST (Coucher)
NORTH or SOUTH of DUE EAST (Sunrise) or DUE WEST (Sunset)

Lat. (*)	mi-Janv.	mi-Fév.	mi-Mars	mi-Avril	mi-Mai	mi-Juin	mi-Juil.	mi-Août	mi-Sept.	mi-Oct.	mi-Nov.	mi-Déc.
60° N	46° S	27° S	8° S	20° N	41° N	51° N	46° N	29° N	6° N	18° S	38° S	51° S
55° N	39° S	23° S	7° S	18° N	35° N	43° N	39° N	25° N	5° N	16° S	33° S	43° S
50° N	34° S	21° S	6° S	16° N	30° N	37° N	34° N	22° N	5° N	14° S	29° S	37° S
40° N	28° S	17° S	5° S	13° N	25° N	31° N	28° N	18° N	4° N	12° S	24° S	31° S
30° N	25° S	15° S	5° S	12° N	22° N	27° N	25° N	16° N	4° N	10° S	21° S	27° S
20° N	22° S	14° S	4° S	11° N	20° N	25° N	22° N	15° N	3° N	10° S	19° S	25° S
10° N	21° S	13° S	4° S	10° N	19° N	23° N	21° N	14° N	3° N	9° S	18° S	23° S
0°	21° S	13° S	4° S	10° N	19° N	23° N	21° N	14° N	3° N	9° S	18° S	23° S
10° S	21° S	13° S	4° S	10° N	19° N	23° N	21° N	14° N	3° N	9° S	18° S	23° S
20° S	22° S	14° S	4° S	11° N	20° N	25° N	22° N	15° N	3° N	10° S	19° S	25° S
30° S	25° S	15° S	5° S	12° N	22° N	27° N	25° N	16° N	4° N	10° S	21° S	27° S
40° S	28° S	17° S	5° S	13° N	25° N	31° N	28° N	18° N	4° N	10° S	21° S	31° S
50° S	34° S	21° S	6° S	16° N	30° N	37° N	34° N	22° N	5° N	14° S	29° S	37° S
55° S	39° S	23° S	7° S	18° N	35° N	43° N	39° N	25° N	5° N	16° S	33° S	43° S
60° S	46° S	27° S	8° S	20° N	41° N	51° N	46° N	29° N	6° N	18° S	38° S	51° S

(*) Pour les latitudes, voir le "Tableau par pays" page 316

FRÉQUENCE – CADENCE CAMÉRA POUR TOURNAGE AVEC DES HMI

FORMULES DE BASE

Obt = angle de l'obturateur (en degrés)
Hz = fréquence du courant électrique
Im/s = cadence de prise de vues

Formules permettant, connaissant deux des paramètres, de déterminer le troisième, pour un nombre entier d'éclairs HMI

Obt = (360 ÷ Hz) x im/s
Hz = (360 ÷ Obt) x im/s
Im/s = (Obt ÷ 360) x Hz

CONDITIONS DE TOURNAGE SANS SCINTILLEMENT HMI

1°) ALIMENTATION ÉLECTRIQUE

a) en 50 Hz
24 im/s – Obturateur à 172,8°
25 im/s – Obturateur à 180°

b) en 60 Hz
24 im/s – Obturateur à 144°
25 im/s – Obturateur à 150°
30 im/s – Obturateur à 180°

2°) COMBINAISONS LES PLUS TOLÉRANTES POUR UNE FAIBLE VARIATION DE L'UN DES 3 PARAMÈTRES

24 im/s – 48 Hz - Obturateur à 180°
25 im/s – 50 Hz - Obturateur à 180°
24 im/s – 60 Hz - Obturateur à 144°
25 im/s – 62,5 Hz - Obturateur à 144°

3°) ANGLES D'OBTURATION POSSIBLES POUR DES PRISES DE VUES AVEC DES HMI, EN FONCTION DE LA FRÉQUENCE DU COURANT

48 Hz	180°	à	24 im/s	=	1/48ème
50 Hz	135°	à	37,5 im/s	=	1/100ème : ouvrir 1 Ø
	144°	à	40 im/s	=	1/100ème : ouvrir 1 Ø
	172,8°	à	24 im /s	=	1/50ème
	172,8°	à	48 im/s	=	1/100ème : ouvrir 1 Ø
	180°	à	25 im/s	=	1/50ème
60 Hz	135°	à	45 im/s	=	1/120ème : ouvrir 1 Ø
	144°	à	24 im/s	=	1/60ème
	144°	à	48 im/s	=	1/120ème : ouvrir 1 Ø
	172,8°	à	57 im/s	=	1/120ème : ouvrir 1 Ø
	180°	à	30 im/s	=	1/60ème

4°) VITESSES DE PRISE DE VUES COMPATIBLES AVEC N'IMPORTE QUEL ANGLE D'OBTURATEUR

50 Hz	im/s : 1 – 1,25 – 2 – 2,5 – 4 – 5 – 6,25 – 9,09 – 10 – 12,5 20 – 25 – 50 – 100
60 Hz	im/s : 1 – 1,5 – 2 – 2,5 – 3 – 4 – 4,8 – 5 – 6 – 8 – 10 – 12 15 – 20 – 24 – 30 – 40 – 60

5°) RALENTI / ACCÉLÉRÉ avec de HMI SANS SCINTILLEMENT ALIMENTATION ÉLECTRIQUE EN 50 Hz							
VITESSES CAMÉRA en images / seconde *TEMPS DE POSE CORRESPONDANTS en fraction de seconde*							
OBTURATEUR à 180°				OBTURATEUR à 172,8°			
100,000	*1/200*ème	9,090	*1/18*ème	100,000	*1/208*ème	9,600	*1/20*ème
50,000	*1/100*ème	8,333	*1/17*ème	50,000	*1/104*ème	8,333	*1/17*ème
33,333	*1/67*ème	7,692	*1/15*ème	48,000	*1/100*ème	8,000	*1/17*ème
25,000	*1/50*ème	7,142	*1/14*ème	33,333	*1/69*ème	7,692	*1/16*ème
20,000	*1/40*ème	6,666	*1/13*ème	25,000	*1/52*ème	7,142	*1/15*ème
16,666	*1/33*ème	6,250	*1/13*ème	24,000	*1/50*ème	6,850	*1/14*ème
14,285	*1/29*ème	5,882	*1/12*ème	20,000	*1/42*ème	6,666	*1/14*ème
12,500	*1/25*ème	5,555	*1/11*ème	16,666	*1/35*ème	6,250	*1/13*ème
11,111	*1/22*ème	5,263	*1/11*ème	16,000	*1/33*ème	6,000	*1/12*ème
10,000	*1/20*ème	5,000	*1/10*ème	14,285	*1/30*ème	5,882	*1/12*ème
				12,500	*1/26*ème	5,555	*1/12*ème
				12,000	*1/25*ème	5,330	*1/11*ème
				11,111	*1/23*ème	5,263	*1/11*ème
				10,000	*1/21*ème	5,000	*1/10*ème
en-dessous de 5 im/s, peu de risques de scintillement quel que soit l'angle d'obturateur.							

6°) RALENTI / ACCÉLÉRÉ avec de HMI SANS SCINTILLEMENT

ALIMENTATION ÉLECTRIQUE EN 60 Hz

VITESSES CAMÉRA en images / seconde
TEMPS DE POSE CORRESPONDANTS en fraction de seconde

OBTURATEUR à 180°				OBTURATEUR à 144°			
120,000	*1/240ème*	9,231	*1/18ème*	120,000	*1/300ème*	9,231	*1/23ème*
60,000	*1/120ème*	8,571	*1/17ème*	60,000	*1/150ème*	8,571	*1/21ème*
40,000	*1/80ème*	8,000	*1/16ème*	40,000	*1/100ème*	8,000	*1/20ème*
30,000	*1/60ème*	7,500	*1/15ème*	30,000	*1/75ème*	7,500	*1/19ème*
24,000	*1/48ème*	7,058	*1/14ème*	24,000	*1/60ème*	7,058	*1/18ème*
20,000	*1/40ème*	6,666	*1/13ème*	20,000	*1/50ème*	6,666	*1/17ème*
17,143	*1/34ème*	6,315	*1/13ème*	17,143	*1/43ème*	6,315	*1/16ème*
15,000	*1/30ème*	6,000	*1/12ème*	15,000	*1/38ème*	6,000	*1/15ème*
13,333	*1/27ème*	5,714	*1/12ème*	13,333	*1/33ème*	5,714	*1/14ème*
12,000	*1/24ème*	5,454	*1/11ème*	12,000	*1/30ème*	5,454	*1/14ème*
10,909	*1/22ème*	5,000	*1/10ème*	10,909	*1/27ème*	5,000	*1/13ème*
10,000	*1/20ème*			10,000	*1/25ème*		

en-dessous de 5 im/s, peu de risques de scintillement quelque soit l'angle d'obturateur.

POIDS APPROXIMATIF DES BOÎTES DE PELLICULE
APPROXIMATE WEIGHT OF FILM IN CANS

35 mm	
122 m : 1 kg	400 ft : 2 lb 3 oz
304 m : 2,5 kg	1000 ft : 5 lb 8 oz
600 m : 5 kg	2000 ft : 11 lb
16 mm	
30 m : 1 kg	100 ft : 2 lb 3 oz
122 m : 1 kg	400 ft : 2 lb 3 oz
304 m : 2,5 kg	1000 ft : 5 lb 8 oz

* * * * *

TEMPÉRATURE DE STOCKAGE DES PELLICULES
FILM STORAGE TEMPERATURES

emballage d'origine scellé
in original sealed packages

	jusqu'à 6 mois *up to 6 months*	au-delà de 6 mois *longer than 6 months*
Pellicule couleur et / ou Noir et Blanc	environ 13° C	entre -23° C et -18° C
Colour and / or Black and White negative	*around 55° F*	*-10° F to 0° F*

Le chatterton entourant la boîte ne devrait être enlevé qu'au moment de l'utilisation de la pellicule, après avoir atteint la température ambiante.
Tape around film cans should not be removed until film is required for use and has reached room température.

Prise Péritel / Péritel
Scart connector / Euro scart

Brochage pour de la vidéo composite
Pinout for composite video

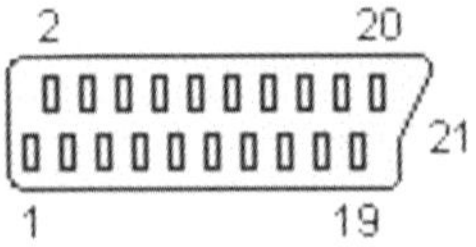

Prise PÉRITEL mâle à 21 broches / 21 pin SCART male

Broche	Fonction	Pin	Function	Niveau de signal *Signal level*	Impédance *Impedance*
1	Sortie Audio droite	1	Audio output right : AOR	500 mV	< 1 kΩ
2	Entrée Audio droite	2	Audio input right : AIR	100 mV	> 10 kΩ
3	Sortie Audio gauche	3	Audio output left + Mono : AOL	500 mV	< 1 kΩ
4	Masse Audio	4	Audio ground : A GND		
5	Masse Vidéo Bleu	5	Blue ground : B GND		
6	Entrée Audio gauche	6	Audio input left + Mono : AIL	100 mV	> 10 kΩ
7	Entrée Vidéo Bleu	7	Blue : B - (Pb)	0,7 V	75 Ω

8	Commutation lente	8	Audio / RGB switch / Widescreen function switching (16:9) : SWTCH	* 0-2 V = TV 4:3 * 5-8 V = Wide screen 16:9 * 9,5-12 V = AV mode	> 10 kΩ
9	Masse Vidéo Vert	9	Green ground : G GND		
10	Horloge / D²B Entrée	10	D²B input : DATAIN		
11	Entrée Vidéo Vert	11	Green : G - (Y)	0,7 V	75 Ω
12	Commande à distance / D²B Sortie	12	D²B output : DATOUT		
13	Masse Vidéo Rouge	13	Red ground : R GND		
14	Masse commande à distance / D²B Masse	14	D²B ground : DATAGND		
15	Entrée Vidéo Rouge	15	Red : R - (Pr)	0,7 V	75 Ω
16	Commutation rapide	16	Fast switching / Blanking signal : BLNK	0-0,4 V = Composite 1-3 V = RGB	75 Ω
17	Masse commune Vidéo	17	Composite video ground / Sync output ground : V GND		
18	Masse commutation rapide	18	Blanking signal ground : BLNKGND		
19	Sortie Vidéo composite	19	Composite video output : VOUT	1 V	75 Ω
20	Entrée Vidéo composite	20	Composite video input : VIN	1 V	75 Ω
21	Masse commune	21	Common ground : SHIELD		

<u>NOTE</u> : D²B = Digital Data Bus

ÉCHELLE DES PLANS - *SHOT SCALE*

Français	>>>>>> English
Gros plan (GP)	Close-up (CU)
Gros plan de la tête	Head shot
Plan américain (PA)	Medium long shot, Mid shot, Close medium shot, American shot
Plan d'ensemble (PE) / Plan de demi-ensemble :	Long shot (LS)
Plan de grand ensemble	Extreme long shot (ELS or XLS)
Plan italien	Medium full shot
Plan moyen (PM), Plan en pieds	Full shot
Plan poitrine (PP)	Waist shot
Plan rapproché poitrine (PRP)	Medium close-up (MCU)
Plan taille (PT)	Medium shot (MS)
Plan très large	Extreme long shot (ELS or XLS)
Plan très large *(en courte focale)*	Wide shot, Wide-angle shot
Très gros plan (TGP)	Extreme close-up (ECU)
Plan isolant un seul personnage	Single shot
Plan à deux personnages	Two shot
Plan serré	Tight shot
Plan large, # *Plan cadré large*	Wide shot

English	>>>>>> Français
American shot, # *Medium long shot*	Plan américain (PA)
Close-up (CU)	Gros plan (GP)
Close medium shot	Plan américain
Extreme close-up (ECU)	Très gros plan (TGP)
Extreme long shot (ELS or XLS)	Plan de grand ensemble \ très large
Full shot (FS)	Plan moyen (PM), Plan en pieds
Head shot	Gros plan de la tête
Long shot (LS)	*Plan large depuis le* Plan de demi-ensemble *jusqu'au* Plan d'ensemble (PE)
Medium close-up (MCU)	Plan rapproché poitrine (PRP), Gros plan large
Medium full shot	Plan italien
Medium long shot, # *Mid shot*	Plan américain (PA)
Medium shot (MS)	Plan taille (PT)
Waist shot	Plan poitrine (PP)
Wide shot, # *Wide angle shot*	Plan très large *courte focale*
Single shot	Plan isolant un seul personnage
Two shot	Plan à deux personnages
Tight shot	Plan serré
Wide shot	Plan large, Plan cadré large

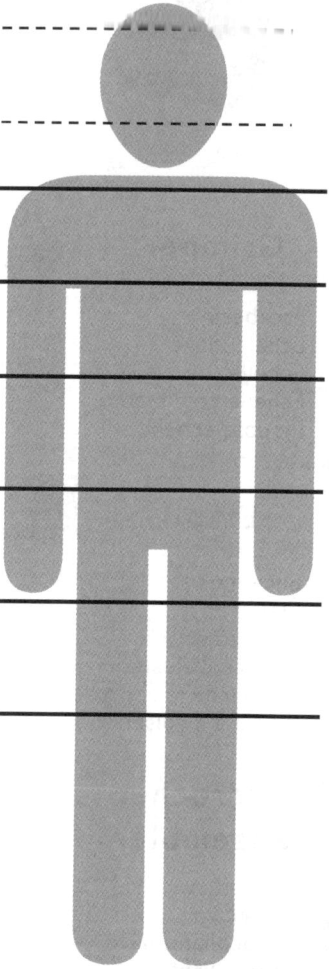

Extreme close up (ECU)
Très gros plan (TGP)
(mouth to brow / de la bouche au front)

Close-up (CU)
Gros plan (GP)
(base of neck / base du cou)

Medium close-up (MCU)
Plan rapproché poitrine (PRP)
(chest / poitrine)

Medium close shot (MCS)
Plan poitrine (PR)
(chest / poitrine)

Medium shot (MS)
Plan taille (PT)
(between waist and hip / entre taille et hanches)

Medium long shot (MLS)
Plan américain (PA)
(thighs / cuisses)

Medium full shot (MFS)
Plan italien
(knees / genoux)

Full shot (FS)
Plan moyen (PM)
(head to toe / tête aux pieds)

Long shot (LS)
Plan de demi-ensemble *jusqu'à* Plan d'ensemble (PE)

Extreme long shot (ELS or XLS)
Plan de grand ensemble

CAISSE À OUTILS
TOOL KIT - TOOL BOX

Grimper — To Climb

Escabeau	Stepladder
Échafaudage	Scaffold, Scaffolding
Échelle	Ladder, Steps
Échelle coulissante	Extension ladder
Double échelle	Double ladder

Établi — Workbench

Enclume	Anvil
Étau	*GB* : Vice – *US* : Vise
mâchoire d' ~	Vice clamp, Jaw
Marbre d'ajusteur	Surface-plate
Mordache *(d'un étau)*	Jaw *(of a vice)*
Pierre à aiguiser	Grinding stone

Accrocher Assembler — To Fix To Joint

Adhésif(-ive) *(adj.)*	Adhesive
auto ~	Self-adhesive
Autocollant(e) *(adj.)*	Self-adhesive
Autocollant *(nom)*	Sticker
Agrafe	Staple, Clip
Agrafeuse	Staple gun
Aiguille	Needle
Cadenas	Padlock
Chasse-goupille	Nail punch, Nail set, Taper punch
Cheville *(de bois)*	Spike

Clavette	Key, Cotter, Pin, Gudgeon
~ en demi-lune	Woodruff key
boulon à ~	Key bolt
rainure de ~	Key seat, Key slot, Key way
Colle	Glue
Coupe-rivet	Rivet buster
Goujon	Stud
Goupille	Pin, Gudgeon, Cotter
~ conique	Taper pin
~ fendue	Cotter pin, Split pin
~ de verrouillage	Latching pin
chasse-~	Pin punch
Pince à sertir, # *Outil à sertir*	Crimping tool
Piton	Screweye
Poinçon *1)* ~	Bradawl
2) ~ (pour photogramme)	Frame punch
3) ~ (pour gélatines)	Gel cutter, Gel punch
Punaise	Drawing pin, Thumb tack
Rivet	Rivet, Clinch
~ plein	Solid rivet
Riveteuse, # *Pince à riveter, Rivoir, Pistolet à riveter* : Rivet gun	
Serre-câble	Cable clamp, Cable lock, Cable grip
Serre-joint	Clamp, C-clamp, Screw clamp
Tendeur	*a)* Tightener - *b)* Booster
~ de bicyclette	Shock cord, *US* : Bungee cord

Boulonner 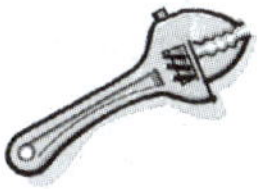  To Bolt

Chasse-boulons	Drift-bolt
Clef	Wrench, Spanner, Key
~ Allen®, ~ pour vis à 6 pans creux : Hex key wrench, Allen® wrench	
~ anglaise	Monkey wrench
~ à douilles	Socket wrench, Box key
~ dynamométrique	Torque wrench
~ fermée	Box wrench
~ à mollette	*GB* : Adjustable spanner, Adjustable wrench *US* : Monkey wrench
~ à œillet	Box wrench
~ ouverte	Open end wrench
~ à ouverture variable, # *Clef universelle* : Adjustable wrench	
~ pipe	Pipe wrench
~ plate	Open-end wrench

~ plate coudée	Offset wrench
~ plate ouverte	Slit key
~ à tube, # *Clef-pipe* : Tube wrench, Box wrench, Box spanner	
Contre-écrou	Lock nut, Back-nut, Pal nut
Écrou	Nut
~ borgne	Acorn-nut
~ creux à 6 pans	Hex-nut
~ moleté	Thumb nut
~ à oreilles	Wing nut, Fly nut
~ papillon	Butterfly nut
contre-~	Lock-nut, Back-nut, Pal nut
Rondelle	Washer
~ Belleville	Spring washer
~ de centrage	Plug washer
~ frein, ~ de blocage	Lock washer
~ Grower®	Split washer, Lock washer
Taraud	Tap, Screw tap
Taraudage	Tapping
Taraudeuse	Tapper
Tourne-à-gauche	Tap wrench

Clouer

To Nail

Clou	Nail
~ à grosse tête	Stud
~ à tête plate	Flat head nail
gros ~	Spike
tête de ~	Nailhead
* *Arrache-clou*	Nail claw
Maillet	Mallet
Marteau	Hammer
Pointe, # *Clou*	Nail
petite ~, # *Semence*	Brad, Tack

Décaper Nettoyer

To Strip To Clean

Balai, seau et serpillière	Broom bucket and floorcloth
Brosse métallique	Wire brush
Chiffon	Cloth, Rag
Papier abrasif, Papier de verre	Sand paper
Poire à épouster	Air bulb
Toile émeri	Emery paper

Découper 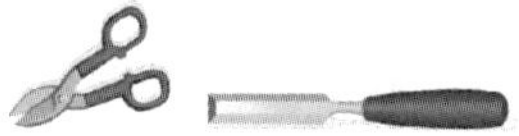 To Cut

Cisailles à tôles	Plate shears
Ciseaux *(Paire de)*	*(Pair of)* Scissors
Ciseaux à bois	Chisel
Ciseaux à froid, # *Burin*	Cold chisel
Coupe-verre, # *Diamant*	Glass cutter
Gabarit	Template, Templet
Gouge à bois	Hollow chisel
Onglet à 45°	*GB* : Mitre – *US* : Miter
boîte à ~	*GB* : Mitre box – *US* : Miter box
Pointe à tracer	Marking tool

Lever Soulever 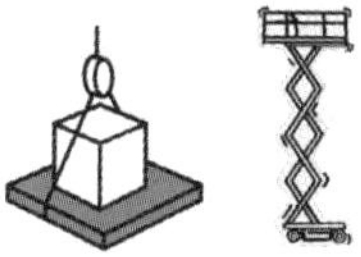 To Raise To Lift

Cliquet	Pawl
~ d'arrêt	Cheek pawl
~ de sécurité	Safety pawl
contre-~	Safety pawl
Corde	Rope
Moufle	Pulley system, Tackle block
Palan	Pulley block, Block and tackle, Hoist
Poulie	Pulley
~ à courroie	Band pulley
~ à gorge	Grooved pulley
carter de ~	Pulley housing
joue de ~	Cheek
Sangle	Strap
Treuil, # *Palan*	Hoist, Winch

Limer  To File

Lime	File
~ aiguille	Needle file
~ demi-ronde	Half-round file
~ à ongles	Nail file
~ carrée	Square file
~ plate	Flat file
~ ronde, # *Queue de rat*	Round-edge file
~ à taille simple	Single-cut file
~ triangulaire	Three-square file
Râpe	Rasp, Wood rasp, Rough file

Lubrifier — To Lubricate

Burette d'huile	Oilcan, Oiler
* *Stylo huileur*	Oilpen
Graisse	Grease
* *Seringue de graissage*	Syringe oiler
Huile *(fluide)*	Oil, Fluid oil
~ de lin	Linseed oil
burette d' ~	Oilcan, Oiler
Pompe à graisse	Grease gun
Seringue de graissage	Syringe oiler
Stylo huileur	Oilpen

Mesurer — To Measure

Compas (Paire de ~)	Compasses, Pair of compasses
Jauge, # *Gabarit*	*GB* : Gauge – *US* : Gage
~ à cadran	Dial gauge
Mètre pliant	Folding rule
Mètre ruban	Tape measure, Measuring tape
Palmer	Micrometer, Micrometer caliper
Pied à coulisse	Calliper square

Peindre — To Paint

Brosse	Brush
Camion, # *Bac à peinture*	Kettle, Painter's kettle
Minium, # *Anti-rouille*	Red lead
Pinceau	Brush
Pistolet à peinture	Spray gun

Percer — To Drill

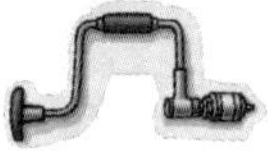

Chignole *(à main)*	Breast drill, Hand drill
Emporte-pièce	Punch, Hole cutter, Hollow punch
Foret, # *Mêche*	Drill
~ à bois	Drill, Gimlet
~ hélicoïdal	Twist drill
Mandrin *(d'une perceuse)*	Mandrel *(of a drill)*
Mêche, # *Foret*	Drill, Bit
~ hélicoïdale	Twist drill

Perceuse électrique *(portative)*	Drill, Electric drill
~ électrique	Electric drill
~ sensitive	Press drill
Pointeau	Center punch
Vrille	Gimlet, Piercer, Borer

Pinces   Pliers

Brucelles	Spring nippers
Pince *(Outil)*	Pliers
~ aiguilles	Needle-nose pliers
~ bec de canard	Duck-bill pliers
~ à becs plats	Flat-nose pliers
~ à becs fins	Needle-nose pliers
~ à circlips	Truarc pliers
~ coupantes, # *Brucelles*	Wire cutter, Cutting nippers,
~ à dénuder	Wire stripper
~ à épiler	Tweezers
~ étau	Serrated-jaw pliers
~ d'horloger	Jeweler's pliers
~ à longs becs	Long-nose pliers
~s plates	Needle-nose pliers
~ à poignées isolées	Insulated-handle pliers
~ à sertir	Crimping tool
~ universelle	Combination pliers
paires de ~s	Pair of pliers
Tenailles	Pincers

Scier   To Saw

Boîte à onglets	*GB* : Mitre box – *US* : Miter box
Scie	Saw
~ à bois	Wood saw
~ à découper	Fret saw
~ égoïne	Hand-saw
~ électrique	Power saw
~ à guichet	Compass type saw
~ à métaux	Hacksaw
en dents de ~	Saw toothed
lame de ~	Saw blade
monture de ~	Saw frame, Saw gate
trait de ~	Saw cut
Sciure	Saw dust

Raboter   To Plane

Rabot	Plane
~ à languette	Grooving plane, Tongue plane
~ à moulurer	Fancy plane, Router plane, Router
~ à rainurer	Rabbet plane, Fillister

Souder 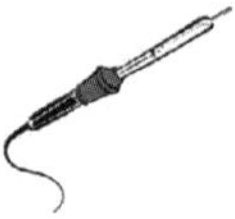  To Weld

Brasure	Hard solder, Brazing solder
Chalumeau	Blow pipe, Blow torch
Fer à souder	Soldering iron
Lampe à acétylène	Acetylene lamp
Poste à souder, # *Poste de soudure*	Welding outfit, Welding machine
Soudure	Soldering, Welding
~ à l'arc	Spark welding
~ bout à bout	Butt welding
~ continue, ~ par cordon	Seam welding
~ par points	Spot welding
~ par recouvrement	Jump welding, Lap welding
sans ~	Solderless
* *Brasure*	Hard solder, Brazing solder
* *Soudure à l'étain*	Soft solder

Tracer   To Trace

Crayon	Pencil
Gomme	Eraser
Règle	Rule
Pointe à tracer	Marking tool
Taille-crayon	Pencil sharpener
Trusquin	Marking gauge

Usiner  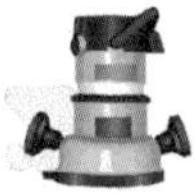 To Machine

Aléseuse	Boring machine
outil de l' ~	Boring tool
Cintreuse, # *Outil à cintrer*	Bending tool
Défonceuse	Router, Routing machine
Fraise	Milling cutter
Fraiseuse, # *Machine à fraiser*	Milling machine, Miller
Meuleuse	Grinder, Disc grinder

Mortaiseuse	Mortising \ Slotting machine, Slotter
Outil de coupe	Cutter, Cutting tool
Perceuse	Drill
~ électrique	Electric drill
~ à percussion	Hammer drill
~ sans fil	Wireless drill
Ponceuse	Sander, Sander machine
Scie	
~ circulaire	Circular saw
~ cloche	Saw bell
~ à ruban	Band-saw
~ sauteuse	Jig saw
~ à tronçonner	Cross-cut saw
Sertissage	Crimping
Tour	Turning lathe
~ à aléser	Boring lathe
~ à décolleter	Free-cutting lathe

Visser   To Screw

Tournevis	Screwdriver
~ à 6 pans	Hex screwdriver
~ allen®	Hex nut screwdriver
~ cruciforme	Cross-point screwdriver
~ plat	Slot screwdriver
~ de précision	Technician's screwdriver
Vis	Screw
~ allen®	Hex headed screw, Hex nut
~ d'arrêt	Set screw
~ auto-taraudeuse	Self-tapping screw
~-axe	Stud
~ de blocage	Locking screw
~ à bois	Screw nail
~ de butée, ~ de calage	Jack -screw
~ creuse à 6 pans	Hex head screw
~ moletée	Thumb screw
~ Parker®	Self-tapping screw
~ de positionnement	Set screw
~ de purge, # *Purgeur*	Bleed screw
~ de réglage	Adjusting screw
~ sans fin	Worm screw
~ sans tête	Grub screw
~ de serrage	Set screw
~ à tête fendue	Slotted screw

~ à tête hexagonale	Hex head screw
~ à tête plate	Flat head screw, Flat cap screw
~ à tête plate bombée	Truss-head screw
~ à tête ronde	Round head screw
~ à téton	Teat screw, tit screw
dévisser une ~	To Screw off, To Screw out
filet de ~	Thread of a screw, Screw thread
forcer une ~	To Overtorque
pas de ~	Screw pitch
tête de ~	Screw head

Sécurité   Security

Casque	Safety helmet
Extincteur	Fire extinguisher
Gants de protection	Safety gloves
Lunettes de protection	Safety glasses, Protection goggles
Masque ~ anti poussière	Dust mask
~ de protection	Protective mask, Face shield

Outillage divers    Various tools

Baladeuse (Lampe ~)	Hand lamp, Trouble light
Balai	Broom, Brush
~ seau et serpillière	Brush, bucket and floorcloth
donner un coup de ~	To Sweep, To Make a clean sweep
manche à ~	Broom stick, Brush handle
Chariot élévateur à fourche	Forklift truck, Lift truck
Compresseur	Air compressor
Diable	Hand truck, *GB* : Trolley - *US* : Cart
Lampe frontale	Headlamp
Lampe torche	Torch
Pelle	Shovel
Pied de biche	Crow bar, Pinch bar, Nail claw
Pioche	*GB* : Pickaxe – *US* : Pickax
Pompe	Pump
~ à main	Hand pump
~ aspirante	Sunction pump, Lift pump
~ aspirante et foulante	Lift and force pump
Transpalette électrique	Powered pallet truck, Walk-with stacker
Transpalette manuel	Hand pallet truck

USINAGE — *MACHINING*

A *B C D E F G H I J K L M N O P Q R S T U V W X Y Z*

Abrasif *(nom)*	Abrasive
Acier	Steel
~ de coupe	Cutting steel
~ inoxydable	Stainless steel
~ rapide	High-speed steel
Affleurer des têtes de rivets	To Trim flush head of rivets
Affûter *(un outil \ une lame)*	To Sharpen *(a tool \ a blade)*
Affûteuse	Sharpener
Aggloméré (Panneau d' ~)	Chip board, Fibreboard
Agrafer	To Staple
Aiguiser *(un outil)*, # *Redresser le fil*	To Hone
Ajuster	To Adjust, To Fit up *sth* to *sth*

Alcool à 90° : Surgical spirit *(GB)* - Rubbing alcohol *(US)*

Alésage *1) (action d'aléser)*	Bore
2) (résultat de l'opération)	Boring
Aléser, # *Forer*	To Bore
~ au juste diamètre	To Bore true, To Ream
outil à ~	Boring tool
Alliage	Alloy
~ de métaux	Alloyed metals
Allonger	To Lengthen

Âme, # *Partie centrale, Noyau d'une pièce (âme d'un câble, noyau d'aimant, etc.)* : Core

~ d'un câble	Cable core
Amovible	Detachable, Removable

Anneau

en forme d' ~ , # *En forme de tore, Torique* : Doughnut shaped

Aplatir *1) # Rendre plat*	To Make flat, To Flatten
2) # Aplanir	To Level
Aplomb	Aplomb

être d' ~ : To Be straight, To Be plumb vertical

pas d' ~ , # *De travers* : Out of straight, Off the straight

Appliquer *qch* sur *qch*	To Apply, To Coat *sth* onto *sth*
Appui	Support, Bearing
point d' ~	Bearing point, Strong point
surface d' ~	Bearing surface
Arrondir	To Round
Auto-réglable	Self adjustment

A **B** C D E F G H I J K L M N O P Q R S T U V W X Y Z

Bâcler	To Botch up *sth*, To Mess *sth*
Bancal(e)	Rickety, Wobbly
Biseauter	To Bevel
Bosse *1) (sur un chemin)*	Bump
2) (sur un objet)	Dent
Bosselé(e) *1)* chemin ~	Bumpy road
2) objet ~	Dented object
Brou	Husk, Hull, *US* : Shuck
~ de noix	Walnut stain

A B **C** D E F G H I J K L M N O P Q R S T U V W X Y Z

Caractéristique *(d'un appareil)*	Feature
Carré(e) *(adj.)*	Square
Carré *(nom)*	Square
côté d'un ~	Side of a square
élever au ~	To Square
inverse du ~ de la distance	Inverse square law
Carter	Housing, Casing
Cercle	Circle
diamètre d'un ~	Diameter of a circle
rayon d'un ~	Radius of a circle
Chanfreiner	To Chamfer
Charnière	Hinge
porte à ~s	Hinged door
Cintrer *(des tubes, des barres)*	To Bend *(pipes, bars)*
Circonférence, # *Tour d'un objet*	Girth, Circumference
Cisailler	To Shear off
Clouer	To Nail
Collerette	Flange
Conique	Cone-shaped, Conical
Consolider, # *Renforcer*	To Strengthen
Contact	Contact
point de ~	Contact point
Cosinus	Cosine
Couple *(mécanique)*	Torque
~ de démarrage	Starting torque
~ d'un moteur	Torque
Court(e)	Short
Cuivre	Copper

A B C **D** E F G H I J K L M N O P Q R S T U V W X Y Z

Décapant *(nom)*	Pickle, Pickling solution
Décaper	To Pickle
Déclouer	To Unnail, To Draw nails out of *sth*
Décoincer	To Unjam, To Loosen *(jammed parts)*
Décoller	To Unstick, To Unglue
Décolorer	To Discolour, To Fade, To Wash out
Découpage au chalumeau	Flame cutting
Défaillance (~ technique)	Failure (Technical failure)
Défectueux(-euse)	Defective, Faulty
Dégraissant *(nom)*	Cleaner, Cleansing agent
Dégrossir	To Roughwork
Démonter	To Disassemble, To Dismantle
Dépannage d'urgence	Emergency repair
Dépanner *1) ~ (une machine)*	To Repair
2) ~ (une personne)	To Help out *s.o*
Dérangement	Malfunction, Disorder
en ~	Out of order
Dérouiller	To Rub the rust off
Désengrené(e)	Out of gear
Desserrer	To Loosen, To Slacken, To Slack
Détériorer	To Damage
Dévisser	To Unscrew

A B C D **E** F G H I J K L M N O P Q R S T U V W X Y Z

Ébauche, # *Croquis*	Rough drawing
Écartement	Spacing
# *Espace*	Gap
Élargir	To Widen, To Make *sth* larger
Encoche	Notch
Encocher	To Notch
Enduire	To Coat
Entretenir	To Keep *sth* in repair
Équidistant(e)	Equidistant
Erreur	Mistake
Étaler	To Spread out
État	
en bon ~	In good conditions
en mauvais ~, # *Non réparable*	Out of repair
Étirer	To Stretch, To Draw out
Extensible	Extensible, Stretchable

A B C D E **F** G H I J K L M N O P Q R S T U V W X Y Z

Fabricant *(nom)*	Maker, Manufacturer
Fabrication	Manufacture, Making
marque de ~	Trade mark, Brand name, Make
Fer	Iron
~ carré	Square bar
~ forgé	Wrought iron
~ plat	Flat
~ profilé	Sectional iron
~ rond	Round bar, Round
~ en T	T-bar
~ en U	Channel iron
cornière en ~	Angle iron
tôle en ~	Sheet iron
* *Fonte*	Cast iron
Fileter	To Thread, To Chase
Fonte	Cast iron
Forer, # *Percer*	To Drill
Fraisage	Milling
Fraiser	To Mill
Fuir, # *Perdre par une fuite*	To Leak
Fuite	Leak

A B C D E F **G** H I J K L M N O P Q R S T U V W X Y Z

Glissant(e) *1) # Dérapant(e)*	Slipping, Slippery
2) # Coulissant(e)	Sliding
Glissement	
1) # Dérapage	Slippage, Skidding
2) # Dérive	Drift
3) # Décalage	Shift
Glisser *1) # Déraper*	To Slip
2) # Coulisser	To Slide
Graisser	To Grease
Grincement	Rattle, Scrape

A B C D E F G **H** I J K L M N O P Q R S T U V W X Y Z

Hélicoïdal(e)	Helical
Huiler	To Oil

A B C D E F G H **I** J K L M N O P Q R S T U V W X Y Z

Ignifuge	Flame-proof
Imperméable *(à l'eau)*	Waterproof, Watertight
Inertie	Inertia
Instable	Unsteady, Unstable, Wobbly

A B C D E F G H I **J** K L M N O P Q R S T U V W X Y Z

Jeu *1) (espace libre)*	Clearance
2) (tolerance)	Tolerance
avoir du ~	To Work loose, To Spread
Joindre	To Join
Joint	Joint, Seam
~ en caoutchouc	Rubber facing
~ en cuir	Leather joint
~ étanche	Tightening connection
~ d'étanchéité	Gasket
avoir du ~	To Work loose
sans ~	Seamless

A B C D E F G H I J K **L** M N O P Q R S T U V W X Y Z

Liaison	Joining, Connection, Link
Libre *(mécaniquement)*	Free, Free to run
Limaille	Filings
Limer	To File
Lubrifier	To Lubricate

A B C D E F G H I J K L **M** N O P Q R S T U V W X Y Z

Mécanicien(-ienne)	Mechanic
Meuler	To Grind
Micron	Micron
Milieu	Middle
Moment de torsion	Torque
Mortaise	Mortise, Mortice, Slot
~ borgne	Blind mortise
~ traversante	Through mortise
extrémité de ~	Mortise end
Mortaiser	To Mortise, To Slot
Moteur(-trice) *(adj.)*	Driving

A B C D E F G H I J K L M N **O** P Q R S T U V W X Y Z

Oblique	Oblique, Slant, Skew
en ~, # *De biais*, # *De travers*	Askew
Ondulé(e)	Wavy, Corrugated
Outil	Tool
~ non affûté, ~ mal affûté	Dull tool
~ émoussé	Dull tool
~ de forage	Boring tool
~ de précision	Precision tool
~ tranchant	Cutting tool, Edge-tool
Outillage	Outfit, Equipment
Ovale *(adj.)*	Oval, Egg-shaped

A B C D E F G H I J K L M N O **P** Q R S T U V W X Y Z

Parabolique	Parabolic
Partager	To Share, To Split
~ en deux	To Halve
Pas de vis	Pitch
~ à droite	Right-hand thread
~ à gauche	Left-hand thread
~ anglais	English pitch
~ métrique	Metric pitch
Percer, # *Forer*	To Drill
Pièce *(Mécanique)*	Piece, Part, Component
~ coulée	Die casting
~ mécanique	Piece of machinery
~ moulée	Cast-in unit
~ de rechange	Spare part
~ d'usinage	Work piece
Pincer	To Clamp, To Grip
* *Accrocher avec une pince*	To Fasten
Poncer *(au papier de verre)*	To Sand
Poinçonner	To Punch
Point de suspension	Point of suspension
Pointer, # *Clouer*	To Nail
Polir	To Polish, To Burnish

A B C D E F G H I J K L M N O P Q **R** S T U V W X Y Z

Raboter	To Plane
~ *(une surface)*	To Scrape, To Rub, To Graze
Raccorder	To Connect
Raccourcir	To Shorten, To Reduce *the length*
Racine carrée \\ Racine cubique	Square root \\ Cubic root
Rebord	Edge, Border, Flange
Refroidissement	Cooling
Riveter, River	To Rivet
Rond(e) *(adj.)* – **Rond** *(nom)*	Round(ed) – Round, Circle

A B C D E F G H I J K L M N O P Q R **S** T U V W X Y Z

Saisir, # *Empoigner*	To Grip, To Take by hand, To Grab
Sale	Dirty
Scier	To Saw
Sens	Direction, Way
~ des aiguilles	Clockwise
~ inverse des aiguilles	Anti-clockwise, Counter-clockwise
dans le bon ~	In the right direction
dans le ~ inverse	In the opposite direction
Serrage	Grip, Clamping
~ automatique	Self closing clamping
~ fort	Firm gripping
~ à mort, ~ à fond	Death grip
boulon de ~	Draw bolt
collier de ~	Clamp collar
force de ~	Gripping force
Serrer	To Tighten
Sertir	To Crimp
Sinus	Sine
Souder	To Solder, To Weld
~ à l'arc	To arc weld
fer à ~	Soldering iron
poste à ~	Welding machine
Soudure *1) # Objet à souder*	Weld
2) # Produit à souder	Solder
3) (Action de souder)	Soldering, Welding
~ à l'arc	Arc welding
~ autogène	Autogenous welding
~ bord à bord	Butt-welding
~ électrique	Electric welding
~ à l'étain	Sweating, Soft soldering

~ en filet	Seam welding
~ oxyacétylènique	Oxyacetylene welding
~ par fusion	Fusion welding
~ par point	Spot-welding
~ par recouvrement	Lap-welding
appareil à ~	Welding outfit
poste de ~	Welder
sans ~	Weldless
Soutient, # *Appui*	Backing
Soutenir	To Sustain, To Support
Suinter	To Seep, To Sipe
Surfaçage	Surface grinding

A B C D E F G H I J K L M N O P Q R S **T** *U V W X Y Z*

Tailler	To Cut
Taraudé(e)	Tapped
~ avec filet à droite	Tapped right
~ avec filet à gauche	Tapped left
Tarauder	To Tap
Tendeur	*a)* Tightener - *b)* Booster
~ de bicyclette	Shock cord, *US* : Bungee cord
Tole *a) (épaisse)*	Plate
b) (mince)	Sheet
~ fine	Thin sheet
~ ondulée	Corrugated sheet
~ perforée	Perforated sheet
~ polie	Smooth sheet
Tournant(e)	Rotating, Rotatory
Tourner	To Turn
~ dans le sens des aiguilles d'une montre : To Turn clockwise	
~ dans le sens inverse des aiguilles d'une montre	To Turn anti-clockwise
Tracer	To Trace

A B C D E F G H I J K L M N O P Q R S T **U** *V W X Y Z*

Usinage	Machining, Tooling
Usine	*GB* : Factory - *US* : Plant
Usiner	To Machine
* *Parties usinées*	Bright parts

A B C D E F G H I J K L M N O P Q R S T U **V** *W X Y Z*

Visser	To Screw

NOTES PERSONNELLES
PERSONAL NOTES

english
american – **french**

0-10

16:9
enhnaced for ~ Amélioré(e) pour le 16:9
180-degree rule Règle *(f)* des 180°
2-2 pulldown processing : Transfert *(m)* d'un film cinéma à 24 images par seconde en un signal vidéo PAL / SECAM à 25 images par seconde
2-3 pulldown processing : Transfert *(m)* d'un film cinéma à 24 images par seconde en un signal vidéo NTSC à 30 images par seconde
3-2 pulldown processing : Variation *(f)* du 2-3 pulldown processing
24 P 24 P, 24 i/s en progressif
24 P-SF = 24P-Segmented Frame 24 P à trames segmentées

A

A and B	A et B
~ cutting	Montage A et B
~ printing	Tirage A et B
~ rolls	Bobines A et B
A winding	Enroulement A *(m)*

A-list (B-list, C-list, …) (*US*) : *(Cotation des professionnels du cinéma et de la télévision. La A-list regroupe les grandes vedettes internationales)*

A-plot	Intrigue *(f)* principale

A-team (B- team, C- team, …) : *(Cotation de certains membres de l'équipe. La A-team est formée des acteurs principaux et du réalisateur)*

Aberration	Aberration *(f)*
astigmatic ~	Aberration d'astigmatisme
chromatic ~	Aberration chromatique
optical ~	Aberration optique
spherical ~	Aberration sphérique
* *Astigmatism*	Astigmatisme
* *Barrel distortion*	Aberration sphérique en barillet
* *Coma*	Aberration de coma
* *Field curvature*	Aberration de courbure de champ
* *Pin-cushion distortion*	Aberration sphérique en coussinet

Above the line *(Litt. : "Au-dessus de la ligne")* : Dépenses *(f)* soumises à négociations avant le début du film

Above the title : Dans un générique, tout ce qui est placé avant le titre du film

Abrasion	Usure *(f)* *(par le frottement)*
~ mark	Marque de frottement, Éraflure
Absorption	Absorption *(f)*
~ band	Bande d'absorption
~ curve	Courbe d'absorption
~ factor, ~ ratio	Coefficient d'absorption
~ spectrum	Spectre d'absorption
AC = Alternating Current	Courant *(m)* électrique alternatif
~-to-DC-converter	Convertisseur alternatif-continu
Academy aperture	Format *(m)* académique, Format 1,33
Accelerated *(adj. and p.p)*	Accéléré(e)
Acceleration	Accélération *(f)*
Accentuate (to ~)	Accentuer, Souligner
~ a tint, ~ a colour	Accentuer, Rehausser une teinte

Acceptance angle	Angle *(m)* de champ
Access	Accès *(m)*
conditional ~	Accès conditionnel
Accessory	Accessoire *(m)* *(d'un appareil)*
~ holder, ~ shoe	Porte-accessoire
Accounting, # *Accountancy*	Comptabilité *(f)*
accrual ~	Comptabilité d'exercice
Accumulator, # *Battery*	Accumulateur *(m)* *(Coll. : Accu)*
dry-storage ~	Accumulateur sec
nicad ~	Accumulateur cadnium-nickel
Accuracy	Exactitude *(f)*, Précision *(f)*
degree of ~	Degré de précision
Acetate	Acétate *(m)*
~ base	Support acétate
~ film	Pellicule support acétate
Achromatic	Achromatique
Acoustic(al)	Acoustique
~ coupling	Couplage acoustique
~ diffusion	Diffusion acoustique
~ enclosure	Enceinte acoustique
~ field	Champ acoustique
~ floating floor	Plancher flottant
~ inertia	Inertie acoustique
~ insulation	Isolation acoustique
~ lens	Lentille acoustique
~ power	Puissance acoustique
~ radius	Rayon acoustique
~ screen	Paravent acoustique
~ spectrum	Spectre acoustique
~ zoom	Zoom acoustique
variable ~	Acoustique variable
Acoustics *(of a hall)*	Acoustique *(f)* *(d'une salle)*
Acquire (to ~) : Importer, Faire l'acquisition *(audio, vidéo ou informatique)*	
Acquisition	Acquisition *(f)*
video ~	Acquisition vidéo
Acrows, # *Polecat*	Varipole *(m)*, Barre Bouladoux® *(f)*
Act (to ~)	Jouer, Interpréter *(un rôle)*
Acting	Jeu *(m)* *(d'un acteur)*, Interprétation *(f)*
~ coach	Coach acteur
~ still, # *Action still*	Photographie de plateau
Action *1)* ~	Action *(f)*, Jeu *(m)*
~ axis, # *180 degree line*	Axe des 180 degrés, Ligne des 180°
~ field	Champ de la caméra, Champ de prise de vue
~ still : Photographie obtenue à partir d'un photogramme du film	

background ~	Action dans les fonds
matching ~	Montage en raccord dans le mouvement
overlapping ~	Chevauchement d'actions
the ~ takes place in …	L'action se déroule à … \ dans …
to cue the ~ : Donner un repère pour lancer une action	
2) # *Movement*	Mouvement
forward ~ >< reverse ~	Marche avant >< Marche arrière
speed-up ~	Accéléré, Mouvement accéléré
Activator	Activateur *(m)*
Actor, # *Player*	Acteur *(m)*, Comédien *(m)*, Interprète *(m-f)*
Actress	Actrice *(f)*, Comédienne *(f)*, Interprète *(m-f)*
Note : les expressions ci-après se construisent avec Actor *et / ou* Actress	
~'s call	Horaire de convocation des acteurs
character ~	Acteur de composition
child ~	Acteur enfant
first appearance of an ~ : 1ère apparition à l'écran, Débuts d'un acteur	
lead ~, # *Lead*	Acteur principal
name-~ (*US*)	Acteur de renom *(très connu du public)*
non professional ~, non-~	Acteur non professionnel
supporting ~	Acteur de second rôle
* *Day player*	Acteur au cachet
* *Contract player* : Acteur sous contrat *(avec un studio ou sur un film particulier)*	
* *Under-five* (*US*)	Acteur ayant moins de 5 répliques
Actualities	Les Actualités *(f)*
Acutance	Acutance *(f)*, Netteté *(f)* de contours
Ad *(Raccourci pour* : Advertisment, Advertising *)* : Publicité *(f)*	
Ad-lib, # *Improvisation*	Improvisation *(f)*
Ad-lib (to ~), # *To Wing*	Improviser, Jouer sans avoir répété
Ad-libbed	Improvisé(e)
~ action	Action improvisée
~ dialogue	Dialogue improvisé
Ad-Pub = *Advertising and Publicity* : Ligne *(f)* budgétaire dévolue à la publicité	
Adapt (to ~) *sth* to *sth*	Adapter *qch* à *qch*, Ajuster
Adaptation, # *Treatment*	Adaptation *(f)*
~ rights	Droits d'adaptation
screen ~	Adaptation cinématographique
Adapter	Adaptateur *(m)*
~ ring	Bague d'adaptation
core ~ *(on a square axis)* : Adaptateur pour noyau *(sur un axe carré)*	
lens ~ , lens mount ~	Intermédiaire *(pour monture d'objectif)*
Addition colour process : Procédé *(m)* couleur par synthèse additive	
Additive process	Procédé additif *(m)*
Adjust (to ~) *1) ~ (a setting)*	Ajuster, Régler *(mécaniquement)*
~ the focus	Faire la mise au point, Ajuster le point
2) # *To Correct*	Rectifier

Adjusting	Réglage *(m)*, Mise au point mécanique *(f)*
~ ring	Bague de réglage
~ screw	Vis de réglage
Adjustment	
1) # Correction	Correction *(f)*, Rectification *(f)*
2) ~ *(of a setting)*	Ajustage *(m)*, Ajustement *(m)*, Réglage *(m)*
~ knob	Bouton de réglage
coarse ~	Réglage grossier \ approximatif
loose ~	Ajustage lâche \ avec du jeu
out of ~	Déréglé(e)
tight ~	Ajustement fin, Réglage fin
to be out of ~	Être décalé(e), Être déréglé(e)
to put out of ~	Dérégler
Advance	
1) ~ of payment *(Business)*	Avance *(f)*, Acompte *(m)* de paiement
~ on a contract	Avance sur contrat
interest bearing ~	Avances portant intérêt
irrecoverable ~	Avance non remboursable
non interest bearing ~	Avances ne portant pas intérêt
non-recoupable ~	Avance non-récupérable
P & A ~ : Avances sur frais de copies et de publicité	
production ~ by distributor	Avance distributeur
2) ~ of a composite print	Distance entre un point de la bande son et l'image associée *(sur une copie sonore)*
Advertise (to ~)	Faire de la publicité \ de la promotion
Advertisement *1) (General)*	Publicité *(f)*
2) # Commercial : Annonce publicitaire, Message publicitaire [CGTN – 2000]	
Advertising	La Publicité *(f)*
~ agency	Agence de publicité
~ campaign	Campagne publicitaire \ de publicité
~ film	Film publicitaire \ de publicité, Publicité
~ kit	Pochette d'information publicitaire
~ material : Éléments de publicité,	Matériel publicitaire
~ revenue	Recettes publicitaires
~ schedule	Calendrier de la promotion publicitaire
blind ~	Publicité sans mention du commanditaire
cinema ~	Publicité dans les salles de cinéma
direct ~	Publicité directe
display ~	Publicité presse
mouth-to-mouth ~	Publicité par bouche-à-oreille
poster ~	Publicité par affichage
press ~, newspaper ~	Publicité presse
promotion ~	Publicité promotionnelle
television ~	Publicité télévisée
* *Publicity agent*	Agent de publicité

Aerial *1) (adj.)*	Aérien(-ienne)
2) (noun) # Antenna	Antenne *(f)* de télévision
~ capacity	Puissance d'antenne
beam ~	Antenne directive
television ~	Antenne de télévision
Aesthetics	Esthétique *(f)*
~ of violence	Esthétique de la violence
film ~	Esthétique d'un film
Film ~	Esthétique du Cinéma

Afterburner : *(Dispositif d'extraction d'une information incorporée à un signal)*

Afterglow : Rémanence *(f)*, Persistance *(f)* lumineuse *(sur un tube TV ou un oscillo)*

After-markets	Marchés *(m)* d'exploitation secondaire
After-touch *(Audio)*	Second enfoncement
Agency	Agence *(f)*
advertising ~	Agence de publicitaire
news ~	Agence de presse
picture ~	Agence photographique
Agent *1)* chemical ~	Agent *(m)* chimique
coupling ~	Agent copulant
reducing ~ , *# Reducer*	Agent réducteur
2) press ~	Agent *(m)* de presse
theatrical ~	Agent artistique, Imprésario
Agent (to ~)	Exercer la fonction d'agent
Agreement *1)* ~	Accord *(m)*
to be in ~	Être d'accord
2) # Deal	Arrangement *(m)*, Accord *(m)*, Contrat *(m)*
~ in principle	Accord de principe
acquisition ~	Contrat d'achat de droits
by mutual ~	Accord à l'amiable
cancellation \ avoidance of an ~	Résiliation d'un contrat
collective bargaining ~	Convention collective
gentleman's ~	Accord verbal, Accord sur parole
letter of ~	Lettre d'accord
long form ~	Contrat complet et détaillé
memorandum of ~	Contrat en résumé

producer ~ *(US)* : Accord contractuel entre une société de production et toute personne membre de l'équipe production

simple ~	Contrat simple
term of a ~	Durée d'un contrat
verbal ~	Accord verbal

* *Conditions of avoidance, # Subsequent condition* : Clause résolutoire

* *Condition precedent*	Condition suspensive

* *Exercice price* : Prix convenu pour lever une option sur une cession

* *Termination*	Résiliation d'un contrat
* *To Assign*	Céder un contrat

Aid	Aide *(f)*
~ for script-writing	Aide à l'écriture de scénarios
~ for film music	Aide à l'écriture de la musique
Air *1) (as a gas)*	Air *(m)*
~ bulb	Poire à épousseter
~ ducts	Gaines de ventilation
~ gap, # *Head gap*	Entrefer
effect of ~ ~	Effet d'entrefer
~ spray	Air comprimé en bombe
open ~	Plein air
in the ~ ~	En plein air
2) (TV broadcasting)	Antenne *(f)*
~ date, # *Play date*	Date de diffusion à l'antenne
~ quality	Qualité antenne
~ time	Heure d'antenne
off the ~	Hors antenne
on ~	À l'antenne
Air freight	Fret *(m)* aérien
~ collect	Fret aérien en port dû
~ prepaid	Fret aérien en port payé
Alerte box *(Comput.)*	Message *(m)* d'erreur
Algorithm	Algorithme *(m)*
compression ~	Algorithme de compression
Aliasing, # *Jaggies* : Aliasing *(m)* *(Déformations dans la reproduction d'un signal)*	
anti ~	Anti-aliasing, Anti-repliement
audio ~	Aliasing audio
temporal ~	Aliasing temporel
video ~ : Aliasing vidéo, Aliasing, Crénelage, Effet d'escalier, Repliement	
Alignment, # *Line-up, Alining*	Alignement *(m)*
Alining, # *Alignment, Line-up*	Alignement *(m)*
Alkalinity	Alcalinité *(f)*
Alligator clamp, # *Gator grip* : Ampoule *(f)* montée sur une pince	
Allocation *1) (Film budget)* : Répartition *(f)* du budget par postes budgétaires	
2) (Accountancy) : Attribution *(f)* des recettes et des coûts *(dans un budget)*	
Allowance (☞ : **Indemnity**)	Indemnité *(f)*, Allocation *(f)*
Alpha channel *(Diminutif de* : alphanumeric chanel*)*	
Alphanumeric	Alphanumérique
~ channel : Canal alphanumérique *(par lequel est véhiculé tout ce qui n'est pas de l'image et du son : sous-titres, logos, etc.)*	
Alter (to ~)	Changer, Modifier
~ the focus	Changer le point
Aluminium (*GB*) – **Aluminum** (*US*)	Aluminium *(m)*
~ foil	Papier d'aluminium
Ambience	Ambiance *(f)*, Atmosphère *(f)*
~ sound	Son d'ambiance

Ammeter	Ampèremètre *(m)*
Amortization *(Business)*	Amortissement *(m)* financier
Amperage	Ampérage *(m)*
Ampere (Amp)	Ampère (A) *(m)*
~'s law	Loi d'ampère
Amplifier	Amplificateur *(m)*
~ step	Seuil d'amplification
audio-video ~	Amplificateur audio-vidéo
integrated ~	Amplificateur intégré
output ~	Amplificateur de sortie
power ~	Amplificateur de puissance
processing ~	Amplificateur de correction
video power ~	Amplificateur vidéo
Amplify (to ~)	Amplifier
Amplitud	Amplitude *(f)*
~ modulation	Modulation d'amplitude
Anachronism	Anachronisme *(m)*
Analog	Analogique
~ hole : Faiblesse dans la protection numérique du copyright	
Analyse (to ~)	Analyser
Analyser	Analyseur *(m)*
colour ~	Analyseur couleur
video ~	Analyseur vidéo
Analysis *1)* ~	Analyse *(f)*
filmic ~	Analyse filmique
shot ~	Analyse d'un film plan par plan
2) # *Scanning*	Analyse
~ of colours	Analyse des couleurs
Anamorphic	
1) (Cinema)	Anamorphique
~ attachment, # *Hypergonar*	Bloc anamorphoseur
2) (Video)	Anamorphique
~ downconversion : Conversion 16:9 en 4:3 *(avec compression verticale)*	
~ video : Vidéo 16:9 ayant subi une compression du type *Anamorphic*	
Anamorphosis	Anamorphose *(f)*
Anastigmat	Anastigmat *(m)*
Anastigmatic	Anastigmate, Anastigmatique
Anchor, # *Anchorman, Anchorwoman*	Présentateur(-trice) de programme TV
Anchor (to ~) *(TV)* : Présenter *(un programme télévisé, une émission télévisée)*	
Anchor frame : En codage numérique, image utilisée pour les prédictions	
Ancillary	Accessoire *(m)* *(d'un appareil)*
~ markets	Marchés *(m)* dérivés
~ rights	Droits *(m)* dérivés
Anechoic	Anéchoïque
~ room	Chambre anéchoïque

Angle	Angle *(m)*
~ of acceptance	Angle de champ
~ of deflection	Angle de déviation
~ of framing	Angle de prise de vue
~ of incidence	Angle d'incidence
~ of reflection	Angle de réflexion
~ of refraction	Angle de réfraction
~-reverse angle	Champ/Contre-champ
~ shot	Plan fortement angulé
~ of shutter aperture	Angle d'ouverture de l'obturateur
~ of tilt	Angle d'inclinaison
~ of view	Angle de champ
acute ~	Angle aigu
aperture ~	Angle d'ouverture
beam ~	Angle de faisceau
camera ~	Angle de prise de vue
canted ~	Bulle cassée
complementary ~	Angle complémentaire
eye level ~	À hauteur d'œil
~ ~ camera	Caméra à hauteur d'œil
field of view ~	Angle de champ
fixed ~	Champ fixe
high ~	Plongée
incident ~	Angle incident
low ~	Contre-plongée
obtuse ~	Angle obtu
opposite ~	Angle opposé
reverse ~ *1) # Opposite angle*	Angle opposé
2) # Counter shot	Contre-champ, Raccord à 180°
right ~	Angle droit
at ~ ~	D'équerre, À angle droit
shooting ~	Angle de prise de vue
shutter ~	Angle de l'obturateur
straight-on ~	À hauteur d'homme
variable ~	Angle variable
visual ~	Angle de vision, Angle visuel
wide ~	Grand angle, Grand angulaire
Angle *(to ~)* down >< up : Diriger \	Orienter vers le bas >< vers le haut
Angular frequency *(Audio)*	Pulsation *(f)*
Animate (to ~) : Animer, Faire l'animation *(d'un dessin animé)*	
Animation	Animation *(f)*
~ bench, *# Rostrum*	Banc d'animation
~ camera : *a)* Caméra d'animation - *b)* Caméra image par image	
~ stand	Banc titre, Banc d'animation
camera-less ~	Animation sans caméra

cell ~	Animation sur cellulos
clay ~	Animation en pâte à modeler
cut-out ~	Animation en papier découpé
digital computer ~	Animation assistée par ordinateur
direct ~	Animation sans caméra
flat ~	Animation en deux dimensions
frame-based ~	Animation image-par-image
puppet ~	Animation de marionnettes
wipe-off ~	Animation par grattage de la pellicule
* *Cartoon*	Dessin animé
* *Animated film*	Film d'animation
Ankle (to ~)	Quitter un tournage
Antenna, # *Aerial*	Antenne *(f)*
~ booster	Amplificateur d'antenne
~ noise	Souffle d'antenne
~ out let	Prise d'antenne
~ tuning	Accord d'antenne
aerial ~	Antenne hertzienne
beam ~	Antenne directionnelle \ directive
bidirectional ~	Antenne bidirectionnelle
built-in ~	Antenne intégrée
collective ~, community ~	Antenne collective
diamond-shaped ~	Antenne en losange
dipole ~	Antenne doublet, Antenne dipôle
directional ~	Antenne directionnelle
dish ~, # *Dish*	Antenne parabolique
fan ~	Antenne en éventail
flat ~	Antenne plate
flap-top ~	Antenne en nappe
high-gain ~	Antenne à gain élevé
loop aerial	Antenne cadre
low-gain ~	Antenne à faible gain
master ~	Antenne collective
mobile ~	Antenne orientable
multi-beam ~	Antenne multifaisceau
multi-tunned ~	Antenne à accords multiples
omnidirectional ~	Antenne omni-directionnelle
orientable ~	Antenne orientable
parabolic ~, # *Dish*	Antenne parabolique
plane ~	Antenne plane
plate ~	Antenne plate
receiving ~	Antenne de réception
rotative ~	Antenne rotative
satellite ~	Antenne satellite
send-receive satellite ~	Antenne d'émission-réception satellite

sending ~	Antenne d'émission
steerable beam ~	Antenne à faisceau orientable
top ~	Antenne de toit
tuned ~	Antenne accordée
* *Fishbone*	Antenne en arête de poisson
* *Isotropic radiator*	Antenne émettrice omnidirectionnelle
* *Satellite dish*	Antenne satellite
Anthology	Anthologie *(f)*
film ~	Anthologie cinématographique
Anti-abrasion coating	Couche *(f)* anti-abrasion
Anti-aliasing	Anti-aliasing, Anticrénelage
Anti-blocking device	Système *(m)* antibourreur, Système *(m)* d'antibourrage
Anticipate (to ~)	Anticiper, Prévoir à l'avance, Envisager
Anticlimax : Faiblesse *(f)* dramatique *(entraînant une perte d'intérêt pour l'intrigue)*, Relâchement *(m)* dans la tension dramatique du récit	
Anti-clockwise	Sens *(m)* inverse des aiguilles
Anti-flare	Anti-flare *(m)*
~ coating : *a) # Layer*	Couche *(f)* anti-reflet
b) # Surfacing	Traitement *(m)* anti-reflet
~ spray	Bombe *(f)* à matter
Anti-flicker	Sans scintillement
Anti-fogging agent	Agent *(m)* réducteur de voile
Anti-halation, # *Anti-halo*	Anti-halo *(m)*
~ backing, ~ coating : *a) # Layer* : Couche *(f)* anti-halo	
b) # Surfacing : Traitement *(m)* anti-halo	
Anti-hero	Anti-héros *(m)*
Anti-interference, # *Suppressor*	Antiparasites *(m)*
Anti-jamming	Anti-brouillage *(m)*
Anti-reflection coating *a) # Layer* : Couche *(f)* anti-reflet	
b) # Surfacing : Traitement *(m)* \ Revêtement *(m)* anti-reflet	
Aperture	
1) # Diaphragm	Diaphragme *(m)*
~ range	Gamme d'ouverture
~ remote control	Télécommande de diaphragme
~ ring	Bague de diaphragme
~ scale	Échelle des diaphragmes
change of ~	Changement de diaphragme
lens ~	Diaphragme, Ouverture de diaphragme
maximum ~	Ouverture maximum
minimum ~ : Diaphragme minimum, Ouverture minimum	
relative ~	Diaphragme géométrique
to change the ~	Changer le diaphragme
to open up the ~	Ouvrir le diaphragme
to set the ~	Afficher le diaphragme

2) # *Camera aperture* — Fenêtre *(f)* de prise de vue
~ mask, # *Front mask* : Cache de visée *(délimitant le format utilisé)*
~ plate — Couloir de caméra, Plaque canal
full ~ , silent ~ — Fenêtre muette, Fenêtre full
3) # *Opening* — Ouverture *(f)*
~ angle — Angle d'ouverture
~ effect — Cercle de confusion
angular ~ — Ouverture angulaire
effective ~ : Ouverture utile, Ouverture photométrique
full ~ — Pleine ouverture
lens ~ — Ouverture de diaphragme
relative ~ : Ouverture relative, Ouverture géométrique
wide ~ *a)* # *High speed* — Grande ouverture
b) # *Full open* — Pleine ouverture
4) ~ correction *(Dig. Video)* : Rajouter du détail dans les hautes lumières

Aplanat — Aplanat *(m)*

Appear (to ~) *1)* ~ in a film — Figurer \ Apparaître dans un film
2) ~ on TV — Apparaître à la télévision

Appearance *1)* # *Aspect* — Apparence *(f)*, Aspect *(m)*
2) # *Emergence* — Apparition *(f)*
fade-in ~ — Apparition en fondu
first ~ of an actor : 1ère apparition à l'écran, Débuts d'un acteur
* *Bump-in* : Apparition brusque d'un personnage dans l'image
* *Pop-on (SFX)* : Apparition brutale d'un personnage dans l'image

Apple box, # *Riser* : *Cubes que les machinistes anglais ou américains utilisent. Il en existe différentes sortes* : quarter apple box (¼ apple box), half apple box (½ apple box), full apple box

The closest french riser to the apple box *is called* cube de base *or* cube opérateur. *French grips also use a wooden riser called* : 15-20-30 *because of its dimensions* : 15×20×30 *centimetres*

Application *(Comput.)* — Application *(f)*, Logiciel *(m)*, Programme *(m)* informatique

Arc *1)* # *Arc shaped* — Arc *(m)*
~ shot — Plan circulaire, Pan en arc de cercle
2) # *Lighting device* — Arc *(m)*, Projecteur *(m)* à arc
~ feeding — Avance des charbons
~ ignition — Amorçage d'un arc
~ light — Arc, Projecteur à arc
automatic striking ~ — Arc à amorçage automatique
carbon ~ — Arc à charbons
carbon of an ~ — Charbon d'arc
to strike an ~ — Amorcer un arc
xenon ~ — Arc au xénon

Archival footage — Images *(f)* d'archives

Archives (Film ~) — Archives *(f)* cinématographiques

Area *1) # Place*	Zone *(f)*, Secteur *(m)*
2) # Surface	Surface *(f)*
image ~	Surface d'image
live ~ : Tout ce qui peut être vu dans un viseur *(y compris la zone hachurée (réservée) au-delà du tracé du cadre effectivement enregistré sur le film)*	
safe action ~ : Surface d'image tenant compte de la perte en diffusion TV	
~ ~ transmitted : Surface d'image transmise lors d'une diffusion TV	
TV ~ ~ : Cadre pour diffusion TV	
safe title ~ : Cadre pour titres en vue d'une diffusion TV	
Arm	Bras *(m)*
articulated ~	Bras articulé
offset ~	Bras de déport
Arms	Armes *(f)*
Arrange (to ~)	
1) # To Set up	Agencer, Arranger
2) (Music) : Arranger *(un morceau musical)*, Faire un arrangement musical	
Arrangement	Arrangement *(m)* musical
Arri bowl fitting = AB fitting	Coupole 120 *(f)*, Bol 120 *(m)*
Arri bowl to Moy adaptor, *# AB-M adaptor* : Griffe 300 *(f)*	
Arrival	Arrivée *(f)*
~ mark	Marque d'arrivée
Arrow (▶ p 337)	Flèche *(f)*
Arrow (to ~)	Flécher
Art	
~ department	Équipe *(f)* décoration
~ house	Cinéma *(m)* d'art et d'essai
~ theatre (*GB*), ~ theater (*US*)	Cinéma d'art et d'essai
Artefact : Artefact *(m)* *(Défauts dans la reproduction d'une image)*	
compression ~	Artefact de compression
cross-color ~	Artefact de signal couleur
motion ~ : Effet de stroboscopie,	Défaut de stroboscopie
spatial ~	Artefact spatial
temporal ~	Artefact temporel
Artist : *(Désigne tout collaborateur artistique ou toute personne impliquée dans les aspects créatifs et artistiques d'un film : scénariste, réalisateur, décorateur, directeur de la photographie, acteurs principaux, etc.)*	
Aspect	Aspect *(m)*
~ conversion	Conversion de format
~ ratio : *a)* Format de l'image - *b)* Rapport du format	
Aspherical	Asphérique
Assemble, *# Assemble mode (Video)*	Mode *(m)* assemble
auto ~ : Montage *(m)* automatique en mode assemble	
Assemble (to ~) *1)* ~	Assembler, Monter
2) (Editing)	Prémonter, Dédoubler les prises
Assembling : Montage *(m)*, Assemblage *(m)* *(d'appareils, d'éléments entre eux)*	

Assembly edit	Montage *(m)* en mode assemble
Assembly (Rough ~)	Premier montage *(m)* bout à bout
Assets *(Business)* : Actif *(m)* commercial, Bilan *(m)* financier, Bénéfices *(m)*	
transfer of ~	Apport *(m)* d'actifs financiers
Assign	Ayant droit *(m)* *(Plural* : Ayants droit*)*
Assign (to ~) *1) # To give sth*	Assigner, Donner en partage
2) (Business)	Céder, Transférer
Assignable	Négociable, Cessible
~ claim	Créance cessible
Assigned	Ayant droit *(m)* *(Plural* : Ayants droit*)*
~ account	Compte cédé, Compte en garantie
~ claim	Créance cédée
~ property	Biens cédés
Assignee	Cessionnaire *(m)*
Assignment *1) # Gift* : Attribution *(f)*, Affectation *(f)*, Allocation *(f)*	
2) (Business)	Cession *(f)*, Transfert *(m)* de biens
Assignor	Cédant(e) *(noun)*
Astigmatic	Astigmate, Astigmatique
Astigmatism	Astigmatisme *(m)*
~ aberration	Aberration d'astigmatisme
Asynchronous, *# Non-sync*	*a)* Non synchrone, Asynchrone *b)* Désynchronisé(e)
Atmos track, *# M and E track* : Piste *(f)* d'effets sonores, Bande *(f)* d'effets	
Atmosphere *(of a scene)* : Ambiance *(f)*, Atmosphère *(f)* *(d'une scène)*	
Attach (to ~) *1) # To Grip*	Attacher, Fixer
2) ~ accessories	Monter des accessoires
Attachment *1) # Fixing*	Fixation *(f)*, Attache *(f)*
~ point	Point *(m)* de fixation, Point d'accrochage
2) # Accessory	Accessoire *(m)* *(d'un appareil)*
anamorphic ~ , *# Hypergonar*	Bloc *(m)* anamorphoseur
close-up ~	Bonnette dioptrique, Dioptrie
optical ~	Lentille additionnelle \ de conversion
Attack *(Audio)*	Transitoire, Attaque
Audible	Audible
Audience *1) # People*	Le Public *(m)*, Les spectateurs *(m)*
~ response	Réaction du public après avant-première
general ~ , large ~	Tout public, Grand public
for general ~	Pour tout public
2) # Viewer	Audience *(f)*
~ curve	Courbe d'audience
~ flow	Flux d'audience
~ indicator	Indicateur d'audience
~ measurement	Mesure d'audience
~ point	Point d'audience
~ rating : *a)* Indice d'audience, Indice d'écoute – *b)* Taux d'audience	

~ ratings	Audimat
~ share	Part d'audience
average ~, # *Average rate*	Moyenne de l'audience
average ~ rating	Indice d'écoute potentiel
multi tiered ~ : Public formé de plusieurs catégories de publics	
potential ~	Audience potentielle
target ~	Audience ciblée, Public ciblé
teenage ~	Jeune public
viewing , # *Cumulative audience*	Audience totale
* *Peak hour listening*	Heure de grande écoute
* *Satisfaction rating*	Indice de satisfaction
Audio	Audio *(m)*
~ bridge	Son chevauchant la séquence suivante
~ console	Console son
~ control room	Régie son
~ filter	Filtre audio, Filtre son
~ input	Entrée son
~ layback	Report audio
~ mixer	Table de mixage
~ output	Sortie son
~ perspective	Perspective sonore
~ signal	Signal son
~ track	Piste son, Piste audio
unbalanced ~	Audio non balancé \ asymétrique
Audiofrequency	Audiofréquence *(f)*
Audiogram	Audiogramme *(m)* tonal
Audit (to ~)	Réaliser un audit, Faire faire un audit
Audit rights	Droit d'audit *(m)*
Audition	Audition *(f)*
Audition (to ~)	Auditionner
Auditor	Chef *(m)* comptable, Expert *(m)* comptable
Auditory chain	Chaîne *(f)* auditive
Author	Auteur *(m)*
~ contract	Contrat d'auteur
~ theory, ~ policy	Politique des auteurs
co-~, joint ~	Coauteur
Author (to ~)	Être l'auteur de …
Authoring : Mastérisation, Chapitrage et interactivité d'un DVD	
Authorization	Autorisation *(f)*, Agrément *(m)*
Authorship	Paternité *(f)*
declaration of ~	Certificat *(m)* d'authenticité
Auto-assembly, # *Auto-assemble* : Montage automatique en mode assemble	
Autochrome	Autochrome *(m)*
Autocollimator : Autocollimateur *(m)*, Lunette *(f)* autocollimatrice	
Autofocus	Mise *(f)* au point automatique

Autoglide *(Audio)*	Rampe *(f)* automatique
Auto-induction *(Audio)*	Auto-induction *(f)*

Automatic [Automated] dialogue replacement (ADR) : Post-synchronisation *(f)*
Automation *(Audio)* : Assistance *(f)* à la conduite, Automation *(f)*

Autotake over *(Audio)*	Rampe *(f)* manuelle
Aux send *(Audio)*	Départ *(m)* auxiliaire
Avant-guarde cinema	Cinéma *(m)* d'avant garde
Average	Moyenne *(f)*, Valeur *(f)* moyenne
Award	Prix *(m)*, Récompense *(f)*
Award (to ~)	Décerner un prix \ une récompense
Axial	Axial(e)
Axis	Axe *(m)*
~ of action, # *180° line*	Ligne *(f)* des 180°, Axe des 180 degrés
~ of symmetry	Axe de symétrie
action ~	Ligne des 180°
optical ~	Axe optique
to put out of ~	Désaxer, Décentrer
Azimuth	Azimut *(m)*
~ adjustment	Réglage d'azimut, Azimutage
~ alignment	Angle d'azimut
~ distortion	Défaut d'azimutage

B

B-category film, B-movie Film *(m)* de série B
B-negative : *(Partie du négatif qui n'est pas utilisée pour le montage final)*
B-plot Intrigue *(f)* secondaire
B winding Enroulement B *(m)*
Back-end : *(Terme générique relatif à la fin, à la terminaison, d'un processus)*
(Film business) Gains *(m)* de l'exploitation totale d'un film
~ load, # *Exit fee* Frais *(m)* de rachat, Droit *(m)* de résiliation
~ participation : Part *(f)* sur les recettes à partir d'un seuil négocié
~ rights Droits *(m)* payables en fin de chaîne
Back focus Cote *(f)* de tirage optique
Back lot : *a)* Zone *(f)* située dans le périmètre du studio, comprenant divers décors de rues, permettant des tournages d'extérieurs sans quitter le studio
b) Aire *(f)* de stockage des décors en vue de leur future réutilisation
Back porch *(Video)* Palier *(m)* arrière de suppression ligne
Back projection, # *Rear projection* Projection *(f)* arrière, Transparence *(f)*
Back-stepping : Prise de marques pour l'entrée de champ *(Fait de reculer jusqu'à être hors du champ, tout en comptant le nombre de pas nécessaires pour retomber précisément dans les mêmes marques à l'entrée de champ)*
Back story, # *Subplot* Intrigue *(f)* secondaire
Back to one, # *From the top* Depuis le début
Back-up *1)* # *Saving* Sauvegarde *(f)*
2) # *Upkeeping* Maintenance *(f)*
~ print Copie de sauvegarde
~ service Service maintenance
Backdrop Découverte *(f)* *(peinte ou photographique)*
Backend : Gains *(m)* générés par l'exploitation d'un film ou d'un programme TV
Backer Sponsor *(m)*, Commanditaire *(m)*
Background *1)* # *At rear* : *a)* Arrière-plan *(m)*, Second plan *(m)* - *b)* Fond *(m)*
~ action Action dans les fonds
~ cast : Ensemble des éléments contribuant à dépeindre le cadre dans lequel se déroule l'histoire du film *(figurants, décors, accessoires)*
~ job : Boulot de figurant(e), Emploi à la figuration
~ music Musique de fond
abstract ~ Fond abstrait
neutral ~ Fond neutre
still ~, static ~ Arrière-plan fixe
title ~ Fond neutre pour titre

2) # *Backdrop*	Découverte *(f)*
~ lighting	Éclairage de découverte
~ set	Décor en découverte
3) # *Transparency*	Transparence *(f)*
~ film	Film pour transparence
~ plate, # *Process plate*	*a)* Cliché pour transparence *b)* Film pour transparence, Pellure *(Coll.)*
~ projection	Projection arrière, Transparence
~ projector	Projecteur pour transparence
Backing *1) a)* # *Backing layer*	Couche *(f)* dorsale
~ removal	Élimination de la couche dorsale
anti-halation ~	Couche anti-halo
b) # *Surfacing*	Enduit au dos
anti-halation ~	Traitement anti-halo
2) # *Backdrop*	Découverte *(f)*
blue ~	Fond bleu pour incrustation
3) # *Support*	Renfort *(m)*, Soutient *(m)*, Appui *(m)*
Backlash *1) (Mechanics)*	Jeu *(m)* indésirable *(dans les pignons)*
2) (Electricity)	Ondulation *(f)* résiduelle
Backlight	Contre-jour *(m)*
~ compensation	Compensation de contre-jour
Backlight (to ~)	*a)* Éclairer à contre-jour *b)* Décrocher *(avec la lumière)*
Backlighting	*a)* Éclairage *(m)* à contre-jour *b)* Éclairage *(m)* de décrochement
Backwind	Rembobinage *(m)*

Baddie : Le méchant *(m)*, Personnage *(m)* du "méchant"

Baffle	Haut parleur *(m)*, Baffle *(m)*
~ effect	Effet d'écran
Bag	Sac *(m)*
black ~	Sac noir
sand ~	Gueuse de sable
Balance *1)* ~	Équilibre *(m)*, Balance *(f)*

chromatic ~ : Balance des couleurs, Équilibre chromatique

lack of ~	Manque d'équilibre
off-~	Déséquilibré(e)
to put out of ~	Déséquilibrer
2) ~	Équilibrage *(m)*
~ plate	Plaque de décentrement
~ sheet	Bilan financier
Balance (to ~)	Équilibrer
(Audio)	Faire la balance *(du son)*
(Business)	Équilibrer *(des comptes \ un budget)*
Balanced *(Audio)*	Symétrique
Balancing	Équilibrage *(m)*

Ball	Boule *(f)*, Bille *(f)*
~ bearing	Roulement à billes
~-joint, ~-and-socket joint	Joint à rotule
~ race	Bague de roulement à billes
~ retainer, ~-cage	Cage de roulement à billes
~-shaped	Sphérique
Ballast	Ballast *(m)*
~ to head extension	Câble de montée de lampe
power to ~ cable	Câble d'alimentation de ballast HMI
Ballyhoo, # *Blitz, Hype*	Battage *(m)* publicitaire
Banana in, # *Arc in*	Bananer vers l'intérieur
Banana out, # *Arc out*	Bananer vers l'extérieur
Banana plug	Fiche *(f)* banane
Band	
1) # *Belt*	Courroie *(f)*
driving ~ : Courroie d'entraînement, Courroie de transmission	
2) # *Range*	Bande *(f)*
~-pass	Bande passante, Passe-bande
~ width	Largeur de bande
absorption ~	Bande d'absorption
high ~ , # *Broadband*	Large bande passante
low ~	Faible bande passante
pass-~	Bande passante
side ~	Bande latérale
spectral ~	Bande spectrale
3) # *Ribbon*	Ruban *(m)*
adhesive ~	Ruban adhésif, Bande adhésive
elastic ~	Cordon élastique, Élastique
rubber ~	Cordon élastique, Élastique
tape ~	Ruban adhésif, Bande adhésive
4) # *Tape*	Bande *(f)*
double ~	Double bande
Band-pass	Passe-bande
Bandwidth *(Audio - Video)*	Largeur *(f)* de la bande passante
full-~	Pleine bande *(Qui contient toutes les informations dans la bande passante définie)*
wide-~	Largeur de bande étendue
Bank *1) (Audio- Video)*	Banque *(f)*
data ~	Banque de données
image ~ ~	Banque d'images
sound ~ : Banque de sons et de programmes sonores	
* *Film library \ Video library*	Banque d'images film \ d'images vidéo
2) # *Row of lights*	Herse *(f)*, Rampe *(f)*
~ of lights : Batterie de projecteurs, Herse d'éclairage, Rampe d'éclairage	
~ of neons	Rampe d'éclairage

Bankable	Escomptable
~ star : *Litt.* = Vedette "vendable" *(notamment auprès de financiers potentiels)*	
Bankroll (to ~)	Financer *(à l'aide d'une banque)*
Bar *1)* ~	Tige *(f)*
round ~	Tige ronde
set of sunshade ~s	Jeu de tiges parasoleil
square ~	Tige carrée
support ~	Tige support
2) ~ *(of metal)*	Barre *(f)* *(de métal)*
crow ~, pinch ~	Pied de biche
3) ~ *(of wood)* , # *Batten*	Tasseau *(m)* *(de bois)*
4) ~ line, scan ~	Barre *(f)* de télévision
~ line adjuster	Déphaseur
5) slide ~ , sliding ~	Glissière *(f)*
6) *(Computers)*	Barre *(f)*
menu ~	Barre de menu
tool ~	Barre d'outils
Bare (to ~) a wire *(Electricity)*	Dénuder un fil électrique
Bargaining table	Table *(f)* des négociations *(f)*
Barndoors, # *Flippers*	Volets *(m)* articulés *(d'un projecteur)*
Barney	Blimp *(m)* souple caméra
magazine ~	Blimp souple de magasin
heated ~ ~	Blimp chauffant de magasin
Barrel, # *Lens barrel*	Barillet *(m)* d'objectif
~ distortion	Aberration sphérique en barillet
Bars *(Video)*	Barres *(f)*, Mire de barres
~ generator	Générateur de mire de barres
colour ~	Mire de barres de couleur

Bartering : Financement *(m)* d'un programme télévisé par une agence de publicité en échange d'espace publicitaire

Base	
1) # *Layer*	Support *(m)*
~ density	Densité du support
~ plus fog density	Densité du support plus voile
~ side	Côté support
acetate ~	Support acétate
clear ~	Support transparent
film ~	Support d'émulsion
safety ~	Support de sécurité
triacetate ~	Support triacétate
2) # *Stand*	Base *(f)*, Embase *(f)*, Socle *(m)*
projector ~ , # *Base plate*	Base de projecteur
3) lamp ~	Culot *(m)* de lampe
4) ~ *(for make up)*	Base *(f)*, Fond *(m)* de teint

Baseline : Signature [CGTN – 2005], Phrase-clé *(f)* d'un message publicitaire

Baseband	Base de bande
~ system	Système en base de bande
Baseplate	Semelle *(f)*, Plaque *(f)*
Bass	*a)* Basses *(f)* - *b)* Graves *(f)*
~ trap	Piège à basses
booster ~	Amplificateur de basses
less ~, # *Less reverberation*	Détimbrer *(la voix)*
more ~, # *More reverberation*	Timbrer *(la voix)*
Bass-Reflex	Enceinte *(f)* à résonateur

Batch : Lot *(m)* homogène issu d'une même fabrication

emulsion ~	Coulée d'émulsion
Batch digitize *(Dig. video)*	Enregistrement *(m)* automatique
Bath, # *Solution*	Bain *(m)*
acceleration ~	Bain accélérateur
chemical ~	Bain chimique
stabilizing ~	Bain stabilisateur
toning ~	Bain de virage
* *Monobath*	Bain unique, Mono bain
Batten	Tasseau *(m)*, Battant *(m)*
Battery *(pluriel : Batteries) 1) # Cell*	Pile *(f)*

2) # *Accumulator* : Batterie *(f)*, Accumulateur *(m)* *(Coll. : Accu)*

~ belt	Batterie ceinture
~ cable	Câble de batterie
~ charge	Charge d'une batterie
~ charger	Chargeur de batterie
~ check button	Bouton de contrôle de charge
~ compartment	Compartiment de la batterie
~ pack	Bloc de batterie
~ powered	Alimenté(e) par batterie
back-up ~	Batterie de secours
dry-storage ~	Accumulateur sec, Batterie sèche
fresh ~ *(US)*	Batterie pleine, Batterie neuve
lithium ~	Batterie lithium
lithium ion ~	Batterie lithium-ion
nickel cadnium ~ (NiCad)	Batterie Nickel-Cadnium
nickel metal hybride ~ (NiMH)	Batterie NiMH
portable ~	Batterie portable
rechargeable ~	Batterie rechargeable
run-down ~	Batterie déchargée
storage ~	Batterie rechargeable
Bayonet	Baïonnette *(f)*
~ mount	Monture à baïonnette
~ socket	Douille à baïonnette
Beach umbrella	Parasol *(m)*
Bead board	Plaque *(f)* de polystyrène

Beam *1)* ~	Poutre *(f)*
small ~	Poutrelle *(f)*
2) # *Ray of light*	Rayon *(m)*
3) ~ of light, light ~	Faisceau *(m)* de lumière
~ angle	Angle du faisceau
~ control	Bouton de focalisation
~ coverage	Étendue du faisceau
~ range	Portée du faisceau

~ splitter : *a) (Cinéma)* Bloc séparateur *(de faisceaux lumineux)*
b) (Vidéo) Diviseur optique, Bloc diviseur optique

~ ~ mirror	Miroir séparateur
~ ~ pellicle	Lame séparatrice
~ ~ prism	Prisme séparateur, Prisme diviseur
~ spread	Étalement du faisceau
concentrated ~	Faisceau concentré
converging ~	Faisceau convergent
diverging ~	Faisceau divergent
flood ~	Faisceau large
incident ~	Faisceau incident
reflected ~	Faisceau réfléchi
spread ~	Faisceau large
Bearding *(Video)*	Défaut *(m)* de contour
Bearing *1)* ~	Appui *(m)*
~ point, # *Strong point*	Point d'appui
~ surface	Surface d'appui
2) ~	Roulement *(m)* à billes
~ race	Bague de roulement à billes
ball ~	Roulement à billes
needle ~	Roulement à aiguilles
roller ~	Roulement à rouleaux
thrust ~	Palier de butée
Beauty spot	Grain *(m)* de beauté
Beaver board (*US*)	Base *(f)* pour projecteur de lumière

Behind the eyes : *(Ce qui n'est pas encore révélé chez un(e) jeune acteur(-trice), mais qui ne demande qu'à émerger)*

Bellows *1)* ~ *for sunshades*	Soufflet *(m)* de parasoleil *(m)*
2) # *Extension bellows*	Soufflet *(m)* d'objectif macro

~ factor : Facteur de compensation d'exposition pour soufflet macro

Below-the-line *(Litt. : "En-dessous de la ligne")* : Hors média [CGTN – 2005], Postes budgétaires généralement fixes ou maîtrisables

Belt *1)* ~	Ceinture *(f)*
2) # *Band*	Courroie *(f)*
~ drive	Entraînement par courroie
~ tightener	Tendeur de courroie
cog ~, timing ~	Courroie crantée

driving ~, drive ~	Courroie d'entraînement
link ~	Courroie à maillons
to slacken a ~	Détendre une courroie
to tighten a ~	Tendre une courroie
V-shaped ~	Courroie trapézoïdale
Bench	Banc *(m)*
animation ~ , # *Rostrum*	Banc d'animation, Banc titre
duplicating ~	Banc de duplication
grading ~	Banc d'étalonnage
editing ~	Banc de montage
optical ~	Banc optique
testing ~	Banc d'essai
work ~	Établi
Bend	Courbure *(f)*
Bend (to ~) *1)* # *To Curve*	Courber
2) # *To Lean*	S'incliner, Se pencher
~ backwards >< forwards	Se pencher en arrière >< en avant
~ forwards *s.o, sth*	Se pencher vers *qn, qch*
~ the head	Baisser la tête
3) ~ down, ~ over	Se baisser
4) ~ *(pipes, bars, etc.)*	Cintrer *(des tubes, des barres, etc.)*
Bending	Courbure *(f)*, Cintrage *(m)*
~ of light rays	Réfraction des rayons lumineux
Best-boy	*a)* Sous-chef *(m)* - *b)* Assistant *(m)*
* *Best-boy grip* : Sous-chef machiniste - *Best-boy electric* : Sous-chef électricien	
Best light : Lumière *(f)* unique *(pour une copie tirée à lumière unique)*	
Bias *1) (Audio)*	Polarisation *(f)* alternative
2) (Electricity) : Polarisation *(f)* magnétique, Prémagnétisation *(f)*	
~ checking	Vérification de la polarité
forward ~	Polarisation directe
grid ~	Polarisation de grille
reverse ~	Polarisation inversée
self ~	Polarisation automatique
Bias (to ~) *(Electricity)*	Polariser
Biased	Polarisé(e)
Bible (Shooting ~)	Bible *(f)* de tournage *(m)*
Biconcave	Biconcave
Biconvex	Biconvexe
Bicycle (to ~)	Rotation des copies
Bid *1)* ~	Offre *(f)* d'achat
~ request, # *Request for proposals* : Appel d'offre	
2) ~	Devis *(m)*
~ letter	Demande de devis
Bidding	Enchères *(f)*, Appel *(m)* d'offres
blind ~ *(US)*	Enchère "à l'aveugle"

Bidirectional, Bi-directional Bidirectionnelle
~ encoding Encodage bidirectionnel
~ frame : Image codée à partir d'une image future ou passée
~ prediction Prédiction bidirectionnelle
Bilateral variable area *(Audio)* Double trace bilatérale
Bill *1) (Accountancy)* Facture *(f)*
2) # Poster (Credits) Affiche *(f)*
to fill the ~ , # *To have a long run* Tenir l'affiche
window ~ Affichette pour vitrines
Bill (to ~) *1) (Accountancy)* Facturer
2) (Credits) Mentionner au générique \ à l'affiche
Billing *1) (Accountancy)* Facturation *(f)*
2) (Credits) Mention au générique \ à l'affiche
top ~ , #*Top line* Tête d'affiche
Bin, # *Trim bin* Bac *(m)* à chutes, Chutier *(m)*
~ monitor *(Digital editing)* Écran *(m)* des chutiers
Binary Numération *(f)* binaire
~ digit, # *Bit* Élément binaire
Binder *(Video)* Liant *(m)* des bandes magnétiques
Binding *(Contract)* Qui a force obligatoire,
Qui lie irrévocablement les parties
Biopic, # *Biopix (Contraction de* biographical picture*)* : Film *(m)* biographique
Biphase Mark *(Audio)* Biphase Mark
Bit, # *Binary digit* Bit *(m)*
~ depth : Quantification, Nombre de bits d'encodage
~ map graphics Image matricielle
~ per inch = bpi Bits par pouce
~ per second = bps Bits par seconde
~ rate, # *Bitrate* : Flux d'information (en Mb/s) *(Débit du signal audio ou vidéo, en nombre de bits par seconde, après compression)*
~ ~ reduction : Réduction de débit numérique,
Compression des données numériques
~ resolution : Résolution en bits, Résolution de numérisation
~ stream : Flux de bits codés, Flux continu de données
Bit player Acteur *(m)* de rôles secondaires
Bitmapped Pixelisé(e)
~ image Image pixelisée
Bitstream Flux *(m)* de bits
Black *1) (adj.)* Noir(e)
~ body Corps noir
to make *sth* ~ Noircir
2) (noun) Noir *(m)*
~ and white Noir et blanc
~ burst *(Video)* Noir codé, Signal de synchro
~ compression Compression des noirs

~ compressor — Compresseur des noirs
~ level, # *Pedestal* — Niveau de noir
~ pedestal — Décollement du niveau de noir
crystal ~ *(Video)* — Noir codé
dead ~ — Noir absolu, Noir complet
picture ~ level : Signal du Noir (= *0,285714 volts = -40 IRE*)

Black wrap — *a)* Cinéfoil® *(m)*
b) Papier *(m)* d'aluminium noir

Blacken (to ~) — Noircir

Blacklist — Liste *(f)* noire

Blacks, # *Drapes* — Tissu *(m)* noir, Borniol® *(m)*, Taps *(m)*

Blade — Lame *(f)*, Pale *(f)*
cutting ~ — Lame d'obturation
double ~ — Double pale
flicker ~, anti-flicker ~ — Pale de scintillement
shutter ~ — Pale d'obturateur

Blank *1) # Empty* — *a)* Vide - *b)* Vierge
to draw a ~ — Avoir un trou de mémoire
2) (about ammunition) — À blanc
~ cartridge, # *Blanks* — Cartouche à blanc
to fire a ~ — Tirer à blanc

Blanking : *a)* Suppression *(f)* du signal *(dans un balayage électronique)*
b) Intervalle *(m)* de suppression *(du spot de balayage)*
c) Suppresseur *(m)* de faisceau
~ interval — Intervalle de suppression trame
~ level : 0 volts = 0 IRE *(Dans un signal vidéo analogique composite, indique le niveau séparant le signal image de l'information de synchronisation)*
~ pulse — Impulsion de suppression trame
line ~ — Intervalle de suppression ligne
field ~ — Intervalle de suppression trame

Blasting — Souffle *(m)* parasite

Blaxploitation : *Qualifie les productions exploitant dans un but strictement mercantile, les goûts particuliers de la clientèle afro-américaine*

Bleached out — Brûlé(e), Fortement surexposé(e)

Bleaching — Blanchiment *(m)*
~ bath, # *Bleach* — Bain de blanchiment
* *Colour fading* — Délavement des couleurs

Bleed (to ~) *(Video)* — Baver

Bleeding *(Video)* — Trainage *(m)*, Bavure *(f)*
~ whites — Trainage des blancs

Bleep (to ~) : Remplacer un mot indésirable *(argot, injure)* par un beep sonore

Blender : Série *(f)* mélangée de filtres *(m)* de couleur pour le Noir et Blanc

Blimp, # *Barney* — Blimp *(m)*, Caisson *(m)* insonorisant
lens ~ — Blimp d'objectif
* *Sound blanket* : Tissu ou vêtement épais pouvant faire office de blimp

Blind — *a)* Aveugle – *b)* À l'aveugle
~ bidding — Vente à l'aveugle
~ booking — Location sans projection préalable
~ spot, # *Dead zone* — Angle mort
Blind (to ~) with light — Aveugler \ Éblouir avec de la lumière
Blinding — Aveuglant(e), Éblouissant(e)
Blink (to ~) — Clignoter
~ eyes — Cligner des yeux
Blinking — Clignotant(e)
~ light — Clignotant *(m)*, Lampe *(f)* témoin
Blitz, # *Ballyhoo, Hype* : Battage *(m)* médiatique orchestré, Battage publicitaire
Block *(Dig. video)* — Block *(m)* *(Ensemble de 8x8 pixels)*
Block (to ~) *1)* ~ a machine — Bloquer une machine
2) ~ a shot : Mettre en place un plan *(Préparer une prise de vue en définissant la position de la caméra et celles des comédiens)*
Block board — Plaque *(f)* de roulement *(pour travelling)*
Block booking (*US*) : Achat *(m)* par lot, Achat Package, Réservation *(f)* en block
Blockbuster, # *Hit* (*US*) : *a)* Superproduction *(f)*, Très gros succès *(m)* commercial, Rouleau *(m)* compresseur [CTNMCC - 2003]
b) *(Désigne tout film au coût astronomique, obligeant à de fortes recettes pour être rentable)*
Blocking, # *Blocked rehearsal* : Mise *(f)* en place générale, Mise en place *(f)*
~ plan : Plan *(m)* du plateau avec implantation des décors et des places caméra
~ rehearsal : Mise en place des acteurs, Répétition pour les acteurs
camera ~ — Mise en place caméra
Bloom (to ~) — Mater, Matifier
Blooming : *(Défaut de rendu d'une image vidéo comportant de très hautes lumières, dû à "l'hyper-éblouissement" des pixels)*
~ coating — Couche anti-reflet
~ gates — Système anti-blooming
Bloop — Plop *(m)* *(au son)*
Bloop (to ~) — Zapponer
Blooping ink — Zappon *(m)*
Blow-up — Agrandissement *(m)* photographique
~ printing — Tirage *(m)* avec gonflage, Gonflage *(m)*
~ process : Gonflage *(m)*, Procédé *(m)* de tirage avec gonflage
Blow-up (to ~) — *a)* Agrandir *(une photographie)*
b) Gonfler *(un film)*
Blue — *adj.* : Bleu(e) – *noun* : Bleu
Blue backing — Fond *(m)* bleu pour incrustation
Blue pages : Pages *(f)* comportant les modifications de texte *(et dont la couleur, quelle qu'elle soit, permet de les repérer facilement)*
Blue print *1)* # *Lay-out, Scheme* — Schéma *(m)* directeur, Plan *(m)* détaillé
2) *(Business)* — Devis *(m)*
3) *(Laboratory)* (*US*) — Copie *(f)* lavande, Lavande *(m)*

Bluescreen	Fond *(m)* bleu *(pour incrustation)*
~ compositing, ~ process	Incrustation *(f)* couleur sur fond bleu
Blur	Filé *(noun)* *(m)*, Filage *(m)*
Blurred	Bougé(e) *(adj.)*, Filé(e) *(adj.)*
Blurring	Filage *(m)*
Board	
1) # Console	Pupitre *(m)*, Console *(f)*
key ~	Tableau de commandes
light ~	Console, Pupitre d'éclairage
2) # Panel	Panneau *(m)*
bounce ~	Panneau réflecteur blanc *(en carton ou en polystyrène)*
fill-in ~	Panneau réflecteur
reflecting ~ , *# Reflector board*	Panneau réflecteur
3) # Clapboard	Clap *(m)*, Claquette *(f)*
~ number	Clap muet
~ on end, end ~	Clap de fin
4) # Card (Comput.)	Carte *(f)*
adapter ~	Carte d'adaptation
add-on ~	Carte add-on
audio capture ~	Carte d'acquisition audio
audio digitizer ~	Carte de numérisation audio
circuit ~	Carte circuit
daughter~	Carte fille
digitizer ~	Carte de numérisation
full-motion video ~	Carte affichage vidéo
graphic adapter ~	Carte graphique
mother~	Carte mère
video capture ~	Carte d'acquisition vidéo
video compression ~	Carte de compression vidéo
video delivery ~	Carte restitution vidéo
VGA-to-Video ~	Carte sortie vidéo

☞ *more expressions at* : Card ☞ *plus d'expressions à* : Card

Boardman, *# Dimmer man* : Opérateur de régie d'éclairage \ de jeu d'orgue

Body *1) # Human body*	Corps *(m)*
~ brace, ~ frame, ~ pad	Harnais
~ double	Doublure corps
2) # Casing, Housing	Boîtier *(m)* *(d'appareil)*
camera ~	Boîtier *(m)* caméra, Corps *(m)* de caméra
3) ~ copy	Texte *(m)* central de l'affiche *(f)* du film

~ time *(TV)* : Temps *(m)* réel hors générique et décompte de lancement

Bolt	Boulon *(m)*
to fasten with a ~	Boulonner
U-~	Manille *(f)*
Bolt down (to ~)	Boulonner

Bomb _Attention !_ *le sens de ce mot en anglais est opposé à celui en américain :*
* *(US) (Fam.), # Flop* : Bide *(m)*, Flop *(m)*, Four *(m)*, Échec *(m)*, Plantage *(m) (Coll.)*
* *(GB) (Fam.)* Gros succès *(m)*, Énorme succès *(m)*
À noter qu'en anglais, ce terme est à associer à down, *comme dans l'expression : "The film went down a bomb !" ⇔ "Le film a fait un gros succès !"*

Bomb (to ~) *(US)* Échouer, Faire un four, Se planter *(Coll.)*

Bondable, *# Bankable* : *(Qualifie ce qui facilite le montage financier et l'obtention de la garantie de bonne fin d'un film. Par exemple* : a bankable star*)*

Bonded : *(Indique l'obtention d'une garantie de bonne fin)*

Boogie : Boogie *(f) (Roue pour chariot de travelling sur rails)*

Book (to ~) *1)* ~ an actor \ an actress : Engager un acteur \ une actrice
2) ~ a place, ~ equipment Réserver un lieu \ du matériel
3) ~ a film : Programmer la date de sortie d'un film en salles

Booker : Programmateur(-trice) *(Responsable de la programmation des films pour un circuit de salles de cinéma)*

Booking *1) # Contract* Engagement *(m) (sous contrat)*
~ of an actor \ a technician Engagement d'un acteur \ d'un technicien
~ agency Agence artistique
~ contract Contrat d'engagement
2) # Film rental Réservation *(f)*, Programmation *(f)*
blind ~ : Réservation *(f)* à l'aveugle *(sans projection préalable, obligeant un exploitant à diffuser tous les films proposés par un distributeur)*
block ~ *(US)* : Achat *(m)* par lot, Achat package, Réservation *(f)* en block
3) ~ (for accommodations) Réservation *(f) (pour un logement)*

Books of account Livres *(m)* de comptes
to open the ~ Examiner les comptes
* *To Audit* Réaliser un audit, Faire faire un audit

Boom *1) # Fishpole* Perche *(f)*
~ man, ~ operator Perchman, Perchiste
~ shadow Ombre de perche
mike ~ Perche de micro
2) # Mike support Suspension *(f) (de microphone)*
3) # Audio crane Girafe *(f)*
pipe ~ Girafe télescopique
4) # Crane Grue *(f)*
~ shot Plan avec grue
~ up >< down Montée >< Descente du bras de grue

Boomer, *# Woofer* : Haut parleur *(m)* de graves [CGTN – 2000]

Boost (to ~) : *a)* Renforcer - *b)* Augmenter le niveau, Survolter

Boosted Survolté(e)

Booster : *(Tout dispositif servant à survolter, sur-alimenter, sur-compresser, etc.)*
1) (Electricity) Survolteur *(m)*
~ battery Batterie *(f)* de renfort
~ transformer Transformateur *(m)* élévateur de tension
negative ~ Dévolteur *(m)*

positive ~	Survolteur *(m)*
* *Buck boost transformer*	Transformateur survolteur-dévolteur
2) *(for a pan and tilt head)*	Durcisseur *(m)*, Tendeur *(m)*
3) *(Audio)*	Suramplificateur *(m)* [CGTN – 2000]
bass ~	Amplificateur de basses
4) *(Video)*	Amplificateur *(m)*
~ amplifier, # *Preamplifier*	Préamplificateur
antenna ~	Amplificateur d'antenne
Booth (Projection ~)	Cabine *(f)* de projection
~ porthole, # *Window*	Fenêtre de cabine *(de projection)*
Boothman	Projectionniste
Bootleg	Copie *(f)* pirate, Copie illégale
Bootlegged, # *Pirated*	Piraté(e)
Bounce *(Audio)*	Prémixage *(m)* numérique automatique
Bounce (to ~) the light	Renvoyer \ Faire se réfléchir la lumière

Bounce card : Réflecteur léger *(en carton ou en polystyrène)*

Bow (to ~), # *To Premiere*	Faire sa première *(pour un film)*
Bowdlerized	Expurgé(e) par la Censure
Bowl *(for a tripod)*	Coupole *(f)*
off-set ~	Coupole déportée
Box *1)* # *Can*	Boîte *(f)*
~ set, # *Four waller*	Décor à quatre murs
2) # *Case*	Caisse *(f)*
tight ~	*a)* Caisse étanche - *b)* Caisson étanche
unit ~	Caisse caméra
3) isophonic ~ *(Audio)*	Caisson *(m)* isophone
4) # *Hot box*	Chambre *(f)* noire *(pour le chargement)*

Box Office (B.O.) : *a)* Potentiel *(m)* de recettes d'un film
b) Recettes *(f)* effectives d'un film
c) Classement *(m)* des films selon leur valeur commerciale

~ appeal : Qualité du film à générer de grosses recettes financières
~ forecast : Prévisions des recettes *(lors de l'exploitation en salles)*
~ gross : Recettes brutes de l'exploitation *(en salles de cinéma)*

~ takings	Recettes d'un film
domestic ~	Recettes nationales

Euro ~ : Box office européen *(Total des recettes enregistrées dans l'ensemble du parc de salles des pays européens)*

film's week-end ~	Recettes du week-end
international ~	Recettes internationales
worldwide ~	Recettes mondiales
Brace, # *Strut*	Béquille *(f)* *(de feuille de décor)*
Bracket	Bras *(m)*
docking ~	Bras d'arrimage
support ~	Bras de support
swing-away fastening ~	Bras-support à bascule

Bracketing : Test filmé pour déterminer la meilleure exposition *(Recherche empirique d'une valeur de diaph par encadrement ou par tâtonnement)*
auto ~ : Bracketing automatique
exposure ~ : Essai filmé à tous les diaphs *(en vue de cerner la meilleure exposition)*

Break *1) # Breaking* — Cassure *(f)*, Rupture *(f)*
~ point — Point de rupture
film ~ — Cassure du film
2) # Pause — Arrêt *(m)*, Pause *(f)*, Interruption *(f)*
~ for lunch — Arrêt repas
commercial ~ *(TV)* — Interruption publicitaire
to have a ~ , *# To Pause* — Faire une pause
3) ~ (for a film) — Sortie *(f)* générale en salles

Breakdown *1) # Failure* — Panne *(f)* mécanique
2) # Shot breakdown — Découpage *(m)* technique, Découpage
3) # Shooting breakdown — Dépouillement *(m)*
~ script, script ~ — Dépouillement général
actor's ~ — Dépouillement acteurs
location ~ — Dépouillement des décors extérieurs
scenes ~ — Continuité chronologique
set ~ — Dépouillement des décors intérieurs
wardrobe ~ — Dépouillement costumes
4) (Video) (Editing) — Dédoublage des prises, Dérushage

Break down (to ~) *1) (Video)* — Dérusher
2) # To Strike a set : Démonter un décor, Casser un décor *(qui a terminé)*

Breakdown strip — Baguette *(f)* de board de plan de travail

Break-even point *(Business)* : Seuil *(m)* de rentabilité, Seuil d'amortissement

Break-up *(Video)* : Brouillage *(m)* de l'image *(suite à un défaut d'asservissement)*
~ pattern *(Lighting)* : Ombres créées par des branches ou un cocoloris

Breaking down the script — Dépouillement *(m)*

Breathing — Pompage *(m)*

Breezeway — Intervalle *(m)* de garde entre synchro ligne

Bridge music — Transition *(f)* musicale

Bridge plate — Plaque *(f)* de décentrement

Bright — Brillant(e), Luisant(e), Éclatant(e)
~ interval — Éclaircie *(f)*

Brighten (to ~) — Éclaircir

Brightness — Brillance *(f)*
~ control — Réglage de la luminosité
~ range — Latitude de brillance
~ ratio — Contraste, Rapport de brillance
fluttering of ~ — Fluctuation de lumière

Bring (to ~) — Amener, Apporter
~ nearer, ~ closer to … — Rapprocher, Rapprocher de …
~ parts under control — Asservir
~ up the sound — Monter le son

Broadband	Bande *(f)* passante large
Broadcast *(adj.)* : Qualité *(f)* antenne, Diffusable à l'antenne	
Broadcast *(noun) (TV or Radio)*	Diffusion *(f)* à l'antenne
~ master, # *TV print* : Copie antenne, Copie PAD (*PAD = Prêt-À-Diffuser*)	
~ quality	Qualité antenne, Diffusable à l'antenne
~ ready, # *Master*	PAD = Prêt-A-Diffuser
delayed ~	Faux direct, Émission en différé
direct ~ by satellite	Émission en direct relayée par satellite
educational ~	Émission scolaire, Programme scolaire
field ~	Reportage en extérieurs
live ~, # *Live program*	Émission en direct
non ~	Non diffusable
over-the-air ~	Diffusion hertzienne
recorded live ~	Émission enregistrée en direct
terrestrial ~	Diffusion terrestre
Broadcast (to ~) *(TV or Radio)*	Diffuser *(à l'antenne)*, Télédiffuser
Broadcaster *(TV - Radio)*, # *Telecaster* : Diffuseur *(m) (de programmes TV ou radio)*	
Broadcasting *(TV or Radio)*	Diffusion *(f)* à l'antenne
~ rights	Droits de diffusion hertzienne
~ time	Temps d'antenne
clear ~	Diffusion en clair
delay ~	Diffusion en différé
direct ~ by satellite (DBS)	Diffusion en direct par satellite
scrambled ~	Diffusion cryptée
live ~	Diffusion en direct
TV ~ : Diffusion de programmes télévisés par voie hertzienne	
* *Cablecasting*	Diffusion en direct par câble
Broadside, # *Broad*	Projecteur *(m)* d'ambiance, Ambiance *(f)*
Brush *1)* ~	Brosse *(f)*
2) ~ *(in a motor)*	Balai *(m)* de moteur
Brush camera : Sortie *(f)* de champ au plus près de la caméra, en la frôlant	
Brush over (to ~)	Badigeonner
Brute	Arc *(m)* 225 ampères
Bubble, # *Level*	Bulle *(f)*
the ~ is good >< is not good	La bulle est bonne >< n'est pas bonne
to make a ~	Faire la bulle
Bubble (to ~)	Faire la bulle
Buckle	Boucle *(f)*
~ trip, ~ switch	Antibourreur
Buddy film : *(Désigne un film basé sur l'histoire d'un tandem improbable, dans l'obligation de faire équipe (deux policiers, deux évadés, etc.)*	
Budget	Budget *(m)*
~ overruns	Dépassement de budget
high ~	Gros budget
low ~	Petit budget

Prints and Advertising ~	Budget copies et publicité
professional ~	Budget expertisé
to go over ~	Dépasser le budget
Budget (to ~)	Établir un budget

Buffer : Mémoire *(f)* tampon, Mémoire intermédiaire de stockage des images

Build day, # *Set up day*	Jour *(m)* de montage des décors
Buildup	Construction *(f)* du récit *(m)*
Built-in	Incorporé(e), Intégré(e)
Bulb	Ampoule *(f)*
~ fitting	Culot de lampe
~ with bayonet lamp base	Ampoule à baïonnette
~ with screw lamp base	Ampoule à vis
bare ~	Ampoule nue
clear ~	Ampoule claire
daylight ~	Ampoule lumière du jour
discharge ~	Ampoule à décharge
frosted ~	Ampoule dépolie
PAR ~	Ampoule PAR
pearl ~	Ampoule opale
quartz ~	Ampoule quartz
screw-on ~	Ampoule à vis
sealed-beam ~	Ampoule étanche *(du type PAR)*
tubular ~	Ampoule tubulaire
tungsten ~	Ampoule tungstène
xenon ~	Ampoule au xénon
Bulk	Encombrement *(m)*, Volume *(m)*

Bulk eraser *(Audio-Video)* : Effaceur total [CGTN – 2000] *(Appareil à effacer tous les signaux enregistrés sur une bande magnétique ayant déjà été utilisée)*

Bulky	Encombrant(e), Volumineux(-euse)
Bullet hit	Impact *(m)* de balle *(f)*
Bullet plate	Protection pour impact de balles
Bull-horn	Mégaphone *(m)*

Bump : *a)* Bosse *(f)* *(sur le sol, une route, etc.)*
b) Secousse *(f)* *(qui découle du mauvais état du terrain emprunté)*

Bump-in	Apparition *(f)* brutale d'un personnage
Bump-out	Disparition *(f)* brutale d'un personnage

Bumper period : *(Période ferme allouée à un producteur pour l'utilisation d'un plateau de studio, dont la date butoir (*bumper = butoir*) équivaut à celle de l'entrée dans les lieux du tournage suivant)*

Bumpy	Bosselé(e) *(pour une route, un terrain, etc.)*
Bundle sale	Vente *(f)* par lots
Bungee cord (*US*)	Tendeur *(m)* de bicyclette

Burlap : *(Toile de jute ou de lin utilisée comme Scrim pour diffuser la lumière)*

Burn	Tache *(f)* permanente sur un moniteur
Burn (to ~) a CD	Graver un CD

Burn in characters *(Video)* Incrustation *(f)* de caractères à l'écran
Burning Gravure *(f)*
CD ~ Gravure d'un CD
Burnt up, # *Overexposed* Fortement surexposé(e), Brûlé(e)
~ image Image brûlée
Burst *1) (Video – TV)* Salve *(f)* *(Partie du palier du signal vidéo)*
~ killer Suppresseur de salve
~ phase Phase de la salve couleur
~ signal Signal de salve
black~ : Salve de noir *(donnant le niveau de Noir de référence)*
colour ~ : Salve couleur, Impulsion de synchronisateur couleur
multi ~ signal Salve multifréquence
2) ~ Éclat, Explosion
~ advertising Matraquage publicitaire
Bus *(Audio)* Réseau *(m)* de mélange
Business video Film *(m)* industriel, Vidéo *(f)* d'entreprise
Butterfly, # *Overhead* (*US*) : Cadre *(m)* de soie \ de tissu blanc, *placé au-dessus des acteurs afin d'adoucir la lumière zénithale.* *(Un* Butterfly *est plus petit qu'un* Overhead*)*
Button Bouton *(m)*
knurl ~ Bouton moleté, Molette
on-off ~ Bouton d'allumage
push ~ , press ~ Bouton poussoir
release ~ Bouton de déclenchement
stop ~ Bouton d'arrêt
Buyout *1)* ~ *(for an actor)* Cachet *(m)* unique *(pour un acteur)*
2) (Film business) Cession *(f)* des droits forfaitaires
~ agreement Convention *(f)* de rachat
Buzz *1) # Hum* Bourdonnement *(m)*
2) # Word of mouth Bouche-à-oreille *(m)*, Rumeur *(f)*
3) (Distribution) : Tapage publicitaire *(autour de la sortie d'un film en salles)*
Bypass, By-pass *(Electricity)* Dérivation *(f)*, Shunt *(m)*
By-product *1)* ~ Produit *(m)* dérivé
2) (Business) : Film ou programme de télévision exploitant le succès d'un film préexistant en cherchant à l'imiter, jusqu'à lui ressembler
By-products Produits *(m)* dérivés
Byte : Octet (= 8 bits) *(Byte est la contraction de l'expression* : "By eight")
kilo~ (KB) Kilo-octet = 2^{10} octets (Ko)
mega~ (MB) Méga-octet = 2^{20} octets (Mo)
giga~ (GB) Giga-octet = 2^{30} octets (Go)
tera~ Tera-octet = 2^{40} octets
~-aligned Octet aligné

C

C-47 *(US) (Fam), # Bullet, Clothespin* Épingle *(f)* à linge en bois
C-mount Monture *(f)* C
~ adapter Intermédiaire *(m)* pour monture C
~ lens Objectif *(m)* à monture C
Cable *1) # TV cable* Le Câble *(m)*
~ network Réseau de télévision câblée
~ operator, ~ carrier : Opérateur de réseau câblé, Câblo-opérateur
~ subscriber Abonné(e) au câble
~ system operator Câblo-opérateur
~ television Télévision par câble, Le Câble
~ television operator Opérateur de télévision câblée
2) # Conductor Câble *(m)*
~ clamp, ~ lock Serre-câble
~ core Âme d'un câble
~ sheath Gaine de câble
~ stitching Peigne de câble
~ terminal Cosse électrique
armoured ~ *(GB)*, armored ~ *(US)* : Câble blindé
battery ~ Câble batterie
coaxial ~ Câble co-axial
connecting ~ Câble de connexion
extension ~ Câble rallonge, Prolongateur
feed ~ Câble d'alimentation
fiber-optic ~ Câble à fibres optiques
flexible ~ Câble souple
ground ~ Câble avec fil de terre
head extension ~ Câble de montée de lampe
heating ~ Câble de chauffage
main ~ Câble d'alimentation
outgoing ~ Câble de départ
pair ~ Câble bifilaire
power ~ Câble d'alimentation
power to ballast ~ Câble d'alimentation de ballast HMI
ribbon ~ Câble nappe, Câble plat
sheathed ~ Câble sous gaine souple
shielded ~ Câble blindé
sync ~ Câble de synchro

twisted pair ~	Câble bifilaire torsadé
3-core ~ , 3-wire ~	Câble à 3 fils
n - core ~ , *n* -wire ~	Câble à *n* fils
Y-~	Câble en Y
Cable (to ~)	Câbler
Cablecast (to ~)	Diffuser par câble
Cabling	Câblage *(m)*
Calibrate (to ~)	Calibrer, Étalonner *(un appareil)*

Calibration : Étalonnage *(m)* *(d'un appareil)*, Calibrage *(m)*

~ chart	Courbe, Tableau d'étalonnage
~ of a lens	Calage de la bague de point
~ of a light meter	Étalonnage d'une cellule
Call	*a)* Appel *(m)* - *b)* Convocation *(f)*
~ back *(for an actor)*	Seconde audition après pré-sélection
~ sheet	Feuille de service

~ time : Horaire de convocation sur place, Sur place

actor's ~	Convocation des comédiens
crew ~	Convocation de l'équipe, Sur place
forced ~	Convocation en heures anticipées
make-up ~	Convocation pour le maquillage
shooting ~	Convocation pour le tournage
Cam	Came *(f)*, Excentrique *(m)*
Camcorder	Caméscope *(m)*

Cameo : *a)* Petit rôle *(m)* tenu par un(e) acteur(-trice) connu(e)
b) Apparition *(f)*, Participation *(f)* *(d'un comédien dans un film)*

Cameo (to ~) : Faire une apparition *(dans un film)*

Camera *1) # Still box camera*	Appareil *(m)* photographique
digital ~	Appareil photo numérique
miniature ~	Appareil photo miniature
motor driven ~	Appareil photo à moteur
panoramic ~	Appareil photo panoramique

2) # Movie camera : *a)* Caméra - *b)* Appareil *(m)* de prise de vues

~ angle	Angle de prise de vue
~ aperture	Fenêtre de prise de vue
~ assistant	Assistant(e) caméra, Assistant(e) opérateur(-trice)
~ blocking	Mise en place caméra
~ body	Boîtier caméra, Corps de caméra
~ car	Voiture travelling
~ case	Caisse caméra
~ control unit (CCU) *(TV)*	Bloc de commande de caméra
~ crew, ~ department	Équipe caméra, Équipe image
~ equipment	Matériel caméra
~ front	Platine d'objectif
~ gate	Fenêtre de prise de vues

~ height Hauteur caméra
~ left *(from camera's pov)* : Gauche caméra *(du point de vue de la caméra)*
~ log Rapport image
~ move : Mouvement de caméra, Mouvement d'appareil
~ mount *1) (for lenses)* Monture d'objectif de la caméra
2) (to fix the camera) Support de caméra
~ noise Bruit caméra
~ operator Cadreur(-euse)
~ plan Plan de disposition des caméras
~ position, ~ site : Emplacement, Position caméra, Place de la caméra
~ rehearsal Répétition caméra
~ rental house Maison de location de caméras
~ report Rapport image
~ right *(from camera's pov)* : Droite caméra *(du point de vue de la caméra)*
~ roll Bobine caméra
~ script *(TV)* Conducteur cameraman
~ set-up : Choix d'une position où installer la caméra
~ shake Bougé caméra
~ sheet Feuille de rapport image
~ site, ~ position : Position caméra, Emplacement caméra
~ speed Vitesse \ Cadence de prise de vue
~ test Essai caméra
~ tripod Pied caméra
aerial ~ Caméra de prise de vues aériennes
animation ~ Caméra d'animation
back-up ~ Caméra de secours, 2ème caméra
blimped ~ Caméra blimpée \ insonorisée
candid ~ Caméra cachée
caption ~ *(Video)* Caméra de banc-titre
clockwork driven ~ Caméra mécanique \ à ressort
computer controlled ~ Caméra asservie par ordinateur
digital ~ Caméra numérique
first person ~ Caméra subjective
fixed ~ Caméra fixe
free ~ Caméra hors antenne
hand-held ~ Caméra à la main, Caméra à l'épaule
handholdable ~ Caméra portable
hidden ~ Caméra cachée
high speed ~ Caméra grande vitesse, Caméra GV
hot ~ *(TV)* Caméra diffusée à l'antenne
in-~ À la caméra, À la prise de vue
live ~ Caméra à l'antenne
mismatched ~s *(Video)* Caméras mal accordées
motion picture ~ Caméra de prise de vues
movie ~ Caméra de prise de vues

news ~	Caméra de reportage
noiseless ~	Caméra autosilencieuse
off-the-air ~	Caméra hors antenne
on-the-air ~	Caméra à l'antenne
process ~ : *a)* Caméra de trucages *b)* Caméra pour transparence	
reflex viewing ~	Caméra à visée reflex
rostrum ~	Caméra de banc-titre
sealed ~	Caméra étanche
second ~	Deuxième caméra
self-blimped ~	Caméra auto-blimpée
single-frame ~	Caméra image par image
sound ~	Caméra de prise de vues sonores
split-beam ~	Caméra à faisceau divisé
spring driven	Caméra mécanique, Caméra à ressort
stop motion ~	Caméra image par image
studio ~	Caméra de studio
subjective ~	Caméra subjective
television ~	Caméra de télévision
television film ~	Caméra de télécinéma
three-tube video ~	Caméra vidéo tri-tube
time-lapse ~	Caméra à prises de vues intermittentes
ultra-high-speed ~	Caméra ultra rapide
under-water ~	Caméra sous-marine
video ~	Caméra vidéo
wild ~	Caméra mécanique \ à ressort
Cameraman : Opérateur(-trice) de prise de vues (▶ p 351)	
Campaign	Campagne *(f)*, Offensive *(f)*
advertising ~ : Campagne publicitaire, Campagne de publicité	
blanket coverage ~ : Campagne publicitaire générale à tous les publics	
Camshaft	Arbre *(m)* à cames *(f)*
Can	Boîte *(f)*
empty ~	Boîte vide
Cancel (to ~)	Annuler
Candle	Bougie *(f)*
Cant (to ~) a shot	Casser la bulle d'un plan
Canvas	Toile *(f)*
~ cover , ~ sheet	Bâche
Cap	Bouchon *(m)*
lens ~	Bouchon avant d'objectif
rear dust lens ~	Bouchon arrière d'objectif
Cap up (to ~) a lens	Couvrir l'objectif avec un bouchon
Capacitor	Condensateur *(m)*
~ plate	Plaque de condensateur
Capacity	Capacité *(f)*
Caper, # *Swashbuckler*	Film *(m)* de cape et d'épée

Capstan — Cabestan *(m)*
~ servo-lock — Asservissement du cabestan
Caption, # *Subtitles* — Sous-titres *(m)*
~ scanner *(Video)* — Caméra de banc-titre
closed ~ — Sous-titres encapsulé sur un fond noir
Captioning service — Service en charge des sous-titres
Capture — Acquisition *(f)* de données
audio-video ~ board — Carte d'acquisition audio-vidéo
image ~ — Capture \ Acquisition d'images
real time video ~ — Acquisition vidéo en temps réel
Capture (to ~) : Faire l'acquisition de … *(par prise de vues ou prise de sons)*
Car — Voiture *(f)*
~ mount — Plaque capot, Support caméra-voiture
~ rigs : Accroches voiture *(Plaque capot et déports portières)*
action ~ — Voiture de jeu
insert ~ , tracking ~ : Voiture travelling remorquant une voiture de jeu
target ~ : Voiture de jeu remorquée par une voiture travelling
Caravan — Caravane *(f)*
Carbon *(of an arc light)* — Charbon *(m)* *(d'un projecteur à arc)*
~ advancing — Avance des charbons
~ arc — Arc à charbons
Card, # *Board* — Carte *(f)*
~ reader — Lecteur de carte
~ reading — Lecture de carte
(bank) credit ~ — Carte de crédit *(bancaire)*
boarding ~ , # *Boarding pass* — Carte d'embarquement
business ~ — Carte professionnelle
interface ~ *(Comput.)* — Carte d'interface
press ~ — Carte de presse
smart ~ — Carte à puce
sound ~ — Carte son
video capture ~ — Carte d'acquisition vidéo
video compression ~ — Carte de compression vidéo
☞ *more expressions at* : Board — ☞ *plus d'expressions à* : Board
Cardboard — Carton *(m)*
corrugated ~ — Carton ondulé
Carpenter — Menuisier *(m)* charpentier
~ workshop, ~ shop — Atelier de menuiserie
master ~, head ~ — Chef menuisier
scenic ~ — Menuisier de décor
stage ~ — Menuisier de plateau
Carrier — Porteuse *(f)*
~ amplitude — Amplitude de l'onde porteuse
~ bandwidth — Largeur de bande de porteuse
~ frequency — Fréquence porteuse

~ frequency system	Système à fréquence porteuse
~ noise level	Niveau de bruit de porteuse
~ signal	Signal porteuse
~ system	Système à onde porteuse
~-to-noise ratio	Rapport porteuse au bruit
~ wave	Onde porteuse
analog ~	Porteuse analogique
analog ~ system	Système à porteuse analogique
audio ~	Porteuse audio
full ~	Porteuse complète
full-~ emission	Émission à porteuse complète
multiple channel per ~	Porteuse multivoies
reduced ~ emission	Émission à porteuse réduite
sound ~	Porteuse son
suppressed ~ emission	Émission à porteuse supprimée
video ~	Porteuse vidéo
Carry out (to ~), # *To Comply with*	Agir selon les modalités d'un contrat
Cartoon *(Fam.* : Toon*)*	Dessin animé *(m)*
animated ~	Dessin animé
Cartridge	Cassette *(f)*, Cartouche *(f)*
~ tape	Bande magnétique en cassette
auto ~ reader *(Audio)*	Cartouchier
Case *1)* ~	Caisse *(f)*
camera ~	Caisse caméra
sealed ~	Caisse étanche
2) # *Suitcase*	Valise *(f)*
camera ~	Valise caméra
carrying ~	Valise de transport
flight ~	Valise de transport par avion
Cash	Espèces *(f)*, Comptant *(m)*, Liquide *(m)*
~ flow	Trésorerie *(f)*, Disponibilités en trésorerie
~ flow schedule	Plan de trésorerie, Trésorerie
~ on delivery = c.o.d.	Paiement contre remboursement
~ price	Prix comptant
~ with order	Payable à la commande
to pay ~	Payer comptant
Cash (to ~) *(a cheque)*	Encaisser *(un chèque)*
Casing	Boîtier *(m)*, Carter *(m)*
Cassette	Cassette *(f)*
audio ~	Cassette audio
blank ~	Cassette vierge
video ~	Cassette vidéo
Cast *1)* # *Colour*	Dominante *(f)* *(de couleur)*
blue \ green \ red ~	Dominante bleue \ verte \ rouge
colour ~	Dominante colorée

2) ~ : Distribution des acteurs\actrices [CTNMCC - 2003] *(Terme désignant collectivement l'ensemble des acteurs et des actrices d'un film)*
~ and crew insurance : Assurance personne indispensable au film *(qu'elle soit comédien(-ienne) ou technicien(-ienne)*
~ list : Liste artistique, Liste des comédiens
~ title : Partie du générique indiquant les rôles et les noms des acteurs
background ~ : Tout ce qui dépeint le fond, ou crée le cadre dans lequel se déroule l'histoire *(décors, paysages, figurants, accessoires, etc.)*
supporting ~ — Acteurs de second rôle

Cast (to ~) — Distribuer les rôles, Trouver les acteurs
to ~ s.o for a part — Attribuer un rôle à *qn*

Castable : *(Se dit d'un film offrant des rôles intéressants, et pour lequel on peut très facilement trouver des acteurs et des actrices)*

Casting : Casting *(m)* *(Recherche des interprètes et distribution des rôles d'un film)*
~ against type — Casting à contre-emploi, Distribution à contre-emploi
~ call — Audition *(pour un casting)*
* *Typecasting* : *Choix d'un acteur du simple fait qu'il est catalogué pour interpréter le genre de rôle proposé*

Catalogue (*GB*) – **Catalog** (*US*) — Catalogue *(m)*

Catch line, # *Tag line* : Accroche *(f)*, Slogan *(m)*, Formule *(f)* facile à retenir

Catchlight *1)* ~ : Point dans l'œil *(par lumière directe dans l'œil ou par réflexion)*
2) (Lighting device) : Projecteur *(m)* donnant le point dans l'œil

Catchphrase *1)* # *Famous line* : Réplique *(f)* célèbre, Réplique d'anthologie
2) # *Slogan* — Slogan *(m)*, Phrase *(f)* d'accroche

Catering, Catering service — Cantine *(f)*

Cathode — Cathode *(f)*
~ beam — Faisceau cathodique
~ current — Courant cathodique
~ ray — Rayon cathodique

Cathode-ray tube (CRT) — Tube *(m)* cathodique

Catwalk — Passerelle *(f)*

CD burning — Gravure *(f)* d'un CD

Ceiling — Plafond *(m)*
sound ~ — Plafond sonore
suspended ~ — Plafond suspendu
wild ~ — Feuille-décor mobile en plafond

Cel — Cellulo *(m)* d'animation

Cell *1)* # *Battery* — Pile *(f)*
dry ~ : *a)* Pile *(f)*, Élément *(m)* de pile - *b)* Batterie *(f)* sèche
2) # *Lightmeter* — Cellule *(f)*, Posemètre *(m)*
built-in ~ — Cellule incorporée
selenium ~ — Cellule au sélénium

Cellulose — Cellulose *(m)*
~ nitrate — Nitrate de cellulose

Cement — Ciment *(m)*, Mastic *(m)*
film ~ — Colle pour films
Censor's certificate (▶ p 392) : Visa *(m)* d'exploitation, Visa de censure
* *Board of censors* — Commission *(f)* de censure
Censorship — Censure *(f)*
~ licence — Visa de censure
Centimetre (*GB*) – **Centimeter** (*US*) : Centimètre *(m)*
~s per second — Centimètres par seconde
Centre (*GB*) – **Center** (*US*) — Centre *(m)*
dead ~ — Point mort
off-~ , out of ~ — Décentré(e)
optical ~ — Centre optique
to put *sth* out of ~ — Décentrer *qch*, Désaxer *qch*
Centre (to ~) (*GB*) – **Center** (to ~) (*US*) : Centrer
~ on *sth* — Axer sur *qch*, Centrer sur *qch*
Centreline — Axe *(m)* central
~ of the projector's lens — Axe central de la projection
Centring (*GB*) – **Centering** (*US*) — Centrage *(m)*
Certificate of authorship : Certificat *(m)* attestant de la paternité d'une œuvre envers un auteur désigné
Certificates : Classement des films par catégories d'interdiction aux publics
Chain — Chaîne *(f)*
exhibitor ~, theatre ~ (*GB*), theater ~ (*US*) — Chaîne *(de salles de cinéma)*, Circuit de salles
Chalk — Craie *(f)*
Chalk up *sth* (to ~) — Écrire *qch* à la craie
Chamois leather — Peau *(f)* de chamois
~ eyecup — Œilleton *(m)* en peau de chamois
Change — Changement *(m)*
~ of aperture — Changement de diaphragme
Change (to ~) — Changer
~ the aperture — Changer le diaphragme
~ the focus — Changer le point
~ the lens — Changer d'objectif
Change-over — Bascule *(f)*
~ cue — Repère de changement de bobine
~ day (*Business*) : Jour de changement de programmation des salles, Jour des nouveaux films à l'affiche
~ marks, # *Reel change marks* : Marques de changement de bobine
~ of focus — Bascule de point
~ of light — Bascule de lumière
~ reel, # *Reel change* — Changement de bobine
Change-over (to ~) — Commuter, Basculer
Changes pages : Changements de texte *(dans un scénario réécrit lors du tournage)*
Changing bag — Manchon *(m)* de chargement

Channel *1) ~ (in a camera)* Couloir *(m) (de la caméra)*
film ~ Plaque canal, Couloir de caméra
2) (Audio - Video) Canal *(m)*, Voie *(f)*
alpha ~ : Canal alpha *(Canal utilisé pour définir une incrustation)*
audio ~ Canal audio, Canal son
video ~ Canal vidéo
3) ~ (for television broadcasting) Chaîne *(f)* de television *(f)*
~-hopping Zapping
local ~ Chaîne locale
movie ~ Chaîne consacrée au cinéma
music ~ Chaîne musicale
scrambled ~ , coded ~ Chaîne cryptée
speciality ~ Chaîne thématique
sports ~ Chaîne consacrée au sport
Character *1) (Typography)* Caractère *(m)* d'imprimerie
~ generator Générateur de caractères
2) ~ (for an actor) Personnage *(m)*
~ actor, ~ actress Acteur(-trice) de composition
~ part Rôle de composition
in ~ Dans la peau du personnage
leading ~s Principaux personnages
main ~ Personnage principal
minor ~ Personnage secondaire
non-speaking ~ : Acteur(-trice) sans texte, Acteur(-trice) sans répliques
out-of-~ À contre-emploi
stock ~ (*US*) : Personnage téléphoné, Personnage prévisible d'avance
Characterization : Caractérisation *(f)* psychologique des personnages
deep ~ : Profondeur psychologique *(d'un personnage)*
Charge (Battery ~) Charge *(f)* d'une batterie *(f)*
Charge (to ~) *a)* Charger - *b)* Recharger
Charger (Battery ~) Chargeur *(m)* de batterie *(f)*
Charges *1) # Agios* Agios *(m)*
2) # Expenses Frais *(m)*
bank ~ Frais bancaires
fixed ~ Frais fixes, Charges fixes
forwarding ~ Frais de livraison
Charisma Charisme *(m)*
Charlie bar *(GB)* Langue *(f)* de chat
Chart *1) # Pattern* Mire *(f)*
check ~ Mire d'essai
definition ~ Mire de définition
electronical test ~ Mire électronique
resolution ~ Mire de résolution
steadiness ~ Mire de fixité
test ~ Mire d'essai

2) *# Scale*	Charte *(f)*
calibration ~	Courbe, Tableau d'étalonnage
colour ~	Charte de couleurs
grey ~ (*GB*), gray ~ (*US*)	Charte de gris
Chase	Course *(f)* poursuite
~ film	Film poursuite
Chatter effect	Broutage *(m)*
Chatterton®	Scotch® *(m)* électrique isolant
Cheat (to ~)	Tricher
~ the look	Tricher le regard
~ an object	Tricher un objet

~ *s.o, sth* in \ into a shot : Tricher *qn, qch* en le rentrant dans l'image
~ *s.o, sth* out \ out of a shot : Tricher *qn, qch* en le sortant de l'image

Cheating	Tricherie *(f)*
Check *1)* ~	Vérification *(f)*, Contrôle *(m)*
~ list	Liste de contrôle, Liste de vérification
full ~	Vérification complète
2) *(Accountancy)*	Vérification *(f)* des comptes
blind ~	Vérification des comptes sans préavis
open ~	Vérification des comptes avec préavis
Check (to ~)	Contrôler, Vérifier
~ the gate	Vérifier la fenêtre
Checkerboarding	Montage *(m)* en A et B
Checking	Vérification *(f)*, Contrôle *(m)*
Cheek	Joue *(f)*
hollow ~s, gaunt ~s	Joues creuses
pulley ~	Joue d'une poulie
Cheese cloth	Tarlatane *(f)*
Cheese wedge	Fromage *(m)*, Quart de brie
Chemical agent	Agent *(m)* chimique
Cheque (*GB*)	Chèque *(m)*
~ for 1 000 €	Chèque de 1,000 €
~ to bearer	Chèque au porteur
~ book	Carnet de chèques
blank ~	Chèque en blanc
certified ~	Chèque certifié
crossed ~	Chèque barré
open ~, uncrossed ~	Chèque non barré

rubber ~ , dud ~ , ~ without cover : Chèque sans provisions

to cash a ~	Toucher un chèque
to pay in a ~	Encaisser un chèque
to stop a ~	Suspendre le paiement d'un chèque
Cherry-picker	Élévateur *(m)* hydraulique à nacelle
Chiaroscuro	Clair-obscur *(m)*

Chicken coop : Grand projecteur de 6x100 watt, en douche et très diffusé

China ball Boule *(f)* chinoise
China girl, # *Lily* Lily *(f)*, Charte *(f)* de laboratoire
China marker, # *China pencil* Crayon *(m)* gras, Crayon de montage
Chip *(Comput.)* Puce *(f)* électronique
Chip board Panneau *(m)* d'aggloméré
Chips *(of film)* Dépôt *(m)* *(de particules de film)*
Chock up (to ~) Coincer
Choose (to ~) Choisir, Sélectionner
Choreographer Chorégraphe
Chroma *(raccourci pour* : Chrominance) : Chroma *(f)* *(short. for* : Chrominance)
~ noise, # *Colour noise* Bruit de fond du signal de chrominance
Chroma key, Chromakeying Incrustation *(f)* en chrominance *(f)*
~ window Cache bleu
Chromatic Chromatique
~ aberration Aberration chromatique
~ balance : Équilibre chromatique, Balance des couleurs
Chromaticity Chromaticité *(f)*
Chrominance, # *Chroma* Chrominance *(f)*
~ control Réglage de chrominance
~ distortion Distorsion de chrominance
~ signal Signal de chrominance
~ ~ component Composante du signal chrominance
~ subcarrier Sous-porteuse de chrominance
~-to-luminance delay : *(Défaut dans l'image dû au retard entre la transmission du signal de luminance et le signal de chrominance)*
lagging ~ Chrominance de retard
leading ~ Chrominance directrice
Chromogenic Chromogène
Chyron® : *(Textes incrustés en bas d'une image TV, générés par ordinateur)*
Cinch marks : Rayures *(f)* dues au frottement des spires entre-elles
Cinching *(Video)* : Plissage *(m)* dû au glissement des spires entre-elles
Cinema manager Directeur *(m)* de salle de cinéma
Cinema-verite Cinéma *(m)* vérité *(Lit.* : *"Film-truth")*
Cinemagoer Cinéphile
(Litt. : "Celui qui va au cinéma") *(Lit. : "The one who likes movies")*
Cinematographer Directeur(-trice) de la photographie
Cinematography Cinématographie *(f)*
digital ~ Cinématographie numérique
Cinemicrography : Microcinéma *(m)*, Microcinématographie *(f)*
Cineplex Complexe *(m)* multisalle, Multisalle *(m)*
Cinex, # *Cinex strip* Chenille *(f)* *(de laboratoire)*
Circle *1) (Geometry)* Cercle *(m)*
~ of confusion Cercle de confusion
acceptable ~ ~ Cercle de confusion tolérable
radius of a ~ Rayon d'un cercle

2) *(Special effects)*	Iris *(m)*
~ in	Ouverture en iris
~ out	Fermeture en iris
~ wipe	Fondu en iris
Circuit (Electric ~)	Circuit *(m)* électrique
~ breaker	Coupe-circuit, Disjoncteur
~ in parallel	Circuit en parallèle
~ in series	Circuit en série
~ noise	Bruit de circuit
amplifier ~	Circuit d'amplification
analog ~	Circuit analogique
back-~	Circuit de retour
branch ~ *(Electricity)*	Circuit de distribution
buffer ~	Circuit tampon
by-pass ~	Circuit de dérivation
digital ~	Circuit numérique
electronic ~	Circuit électronique
error correction ~	Circuit de correction d'erreur
integrated ~	Circuit intégré
off ~	Hors-circuit
open >< closed ~	Circuit ouvert >< fermé
primary ~	Circuit primaire
printed ~	Circuit imprimé
secondary ~	Circuit secondaire
short ~	Court-circuit
tank ~	Circuit-bouchon
trap ~	Circuit-bouchon
two-way ~	Circuit à deux voies
Circuitry	L'ensemble des circuits *(d'un appareil)*
Clamp	*a)* Pince *(f)* - *b)* Presse *(f)*
~ light	Pince bol
screw ~ , # *C-clamp*	Serre-joint
Clamp (to ~) *1)* ~	*a)* Pincer - *b)* Serrer - *c)* Accrocher
~ tight	Bloquer *(par serrage)*

2) *(Video)* : Imposer des références au signal vidéo *(particulièrement celle de la composante continue. Permet en particulier de fixer le niveau de noir)*

Clamping	Accrochage *(m)* *(à l'aide d'une pince)*
~ lug, ~ pin	Ergot de fixation
~ ring	Bague de serrage
Clamshell *(US)*	Watchman *(m)*
Clap, # *Clapboard*	Clap *(m)*
~ on end	Clap de fin
end ~	Clap de fin
head ~	Clap en tête
start ~	Clap de début

Clapper, # *Clapper board* — Clap *(m)*, Claquette *(f)*
~ boy — Personne préposée au clap
~-loader : *(À peu près l'équivalent du 2ème assistant(e) opérateur en France)* *(The 2ème* assistant(e) opérateur *is not in charge of slate and camera report)*
~ mark — Marque de synchro, Repère de synchro
automatic ~ — Claquette électronique
Clapstick — Claquette *(f)* du clap *(m)*
Clause *(of a contract)* — Clause *(f)* *(d'un contrat)*
additional ~ — Clause additionnelle
forfait ~ — Clause de dédit
option ~ — Clause de préférence
restrictive ~ — Clause restrictive
saving ~ — Clause de sauvegarde
Claw, # *Claw pull-down* — Griffe *(f)*
~ drive — Entraînement par griffe
~ movement — Mouvement de la griffe
~ pull-down mechanism — Mécanisme de défilement à griffe, Mécanisme d'entraînement par griffe
double ~ , two ~ — Double griffe
driving ~ — Griffe d'entraînement
pitch and stroke of the ~ — Hauteur et attaque de la griffe
run of the ~ — Trajectoire de la griffe
single ~ — Griffe simple
Claymation, # *Clay animation* : Animation *(f)* en pâte à modeler \ en Plasticine®
Clean (to ~) — Nettoyer
Clean acceptance : Acceptation *(f)* sans réserve *(du montage final d'un film)*
(Television) — Accord *(m)* de la chaîne
Clean speech : Prise *(f)* tournée sans erreur de texte de la part des acteurs
Cleaner *(Animation)* : Metteur *(m)* au net *(Met au net le travail des animateurs)*
Cleaning — Nettoyage *(m)*
lens ~ fluid — Liquide nettoyant pour lentilles
Clear *(Lighting)* : Neutre en température de couleur *(gélatine, filtre, etc.)*
Clear (to ~) — *a)* Débarrasser, Déblayer - *b)* Effacer
~ the set, # *To Clear the frame* — Libérer le champ
Clearance *1) (Film exhibition)* — Période *(f)* d'exclusivité
2) (Production) : Obtention des droits de reproduction ou de représentation
3) (Mechanics) — Jeu *(m)* *(mécanique)*
Clearness — Clarté *(f)*
Click (to ~) — Cliquer
~ and drag — Cliquer et glisser
~ and drop — Cliquer et déposer
Cliff effect : Détérioration *(f)* du signal due à des erreurs de bit excessives
Cliffhanger *1) (as a film)* : Film *(m)* d'aventures à grand suspens
2) # *Climax* : Moment *(m)* clef de l'intrigue ou de l'action, Pic *(m)* de dramaturgie
Climatic, # *Paroxysmal* — Paroxystique

Climax, # *Apex, Film's high point* : Paroxysme *(m)*, Pic *(m)*, Point culminant *(d'un film)*
Clip *1) (Electricity)* Cosse *(f) (électrique)*
2) ~ (as a fastener) *a)* Agrafe *(f)* - *b)* Collier *(m)* de fixation
Clip (to ~) *(Video)* Écrêter *(un signal)*
Clipper *(Video)* : Écrêteur *(m)*, Limiteur *(m)* d'amplitude de signal
black ~ Écrêteur des noirs
white ~ Écrêteur des blancs
Clipping *(Audio - Video)* : *a)* Écrêtage *(m)*
b) Distorsion *(f)* par saturation du niveau d'entrée d'un signal
Clock Horologe *(f)*
~ jitter : Fluctuations de time code *(dans un signal numérique)*
~ recovery : Reconstitution du signal de time code suite à un trou
master ~ Horloge maître
Clockwise Dans le sens des aiguilles
Clogged Encrassé(e)
Clogging Encrassement *(m)*
Closed caption : Sous-titres *(m)* encapsulé pour sourds et mal-entendants
Closed captioning : Sous-titrage *(m)* pour sourds et mal-entendants
Close-up (CU) (▶ p 470) Gros plan *(m)* (GP)
~ attachment Bonnette dioptrique, Dioptrie
~ shot Plan en gros plan
extreme ~ (ECU), big ~ Très gros plan (TGP)
medium ~ (MCU) Plan rapproché (PR)
Closing billboard Carton *(m)* de fin
Closing titles, # *End titles* Générique *(m)* de fin
Cloth tape : *(Terme générique à tout type d'adhésif entoilé)*
Clothes peg (GB) – **Clothespin** (US) : Épingle *(f)* à linge
 # C-47 (US) (Fam) Épingle à linge en bois
Clothes rack Portant *(m)* de costumes
Cloudy Nuageux(-euse)
Cluster *1) (Audio)* Grappe *(f)* d'enceintes *(f)*
2) (Survey) : Groupe *(m)* de personnes formant un échantillon de sondage
Coach Répétiteur(-trice), Coach
Coach (to ~) Faire répéter un(e) acteur(-trice)
Coarse Gros(Grosse), Grossier(-ière)
~ grained Granuleux(-euse)
Coat (to ~) *1) ~ a lens* Traiter une lentille
2) *~ (a surface)* Enduire *(une surface)*
~ *sth* onto *sth* Appliquer *qch* sur *qch*
Coating *1) ~* Enduit *(m)*, Couche *(f)*, Revêtement *(m)*
magnetic ~ Couche \ Enduit magnétique
2) *# Surfacing* Traitement *(m)* de surface
magnetic ~ Dépôt de la couche magnétique
lens ~ Traitement de surface de lentille
multilayer ~ ~ Traitement multicouche

Coaxial Co-axial(e)
Cocktail party effect *(Audio)* Effet "cocktail party"
Code Code *(m)*
~ translation Transcodage
Code (to ~), # *To Encode* Coder, Encoder
Code Office : Nom courant de la *Classification and Rating Administration*
Codec *(Codec – Decoder)* Codeur-Décodeur *(m)*
Coded, # *Scrambled* Codé(e), Crypté(e)
Coder, # *Encoder* Codeur *(m)*, Encodeur *(m)*
Coding *1) # Encryption* Codage *(m)*, Cryptage *(m)*
2) # Encoding Codage *(m)*, Encodage *(m)*
colour ~ Codage couleur
image ~ Codage de l'image
interframe ~ Codage inter-images
intraframe ~ Codage intra-images
region ~ Encodage par zones
Cog Dent *(f)* *(de roue dentée)*
~ belt Courroie crantée
~ wheel Roue dentée
Coil Bobine *(f)*
induction ~ Bobine d'induction
moving ~ Bobine mobile
tickler ~ Bobine de réaction
Cold reading : Audition *(f)* au cours de laquelle le(la) comédien(-ienne) doit jouer selon un texte qui lui est imposé à cette occasion
Collapsible : *a)* Pliable, Repliable - *b)* Expansible, Rétractable
Collar Collier *(m)* de serrage
adjusting ~ Collier de réglage
Collect (to ~) Rassembler, Réunir
Collective bargaining agreement, # *Union contract* : Convention *(f)* collective
Collector plate Plaque *(f)* collectrice
Collimate (to ~) Caler *(un objectif)* au banc optique
Collimation Calage *(m)* *(des objectifs)*
Collimator Collimateur *(m)*
Colorama Papier *(m)* pour fond \ pour cyclo
Colour (*GB*) – **Color** (*US*) *a)* Coloris *(m)* – *b)* Couleur *(f)*
~ technical advisor Conseiller(-ière) technique à la couleur
~ analysis Analyse des couleurs
~ balance Balance des couleurs, Équilibre chromatique
~ black (*Video*) Signal de noir de référence
~ calibration Étalonnage des couleurs
~ cast Dominante colorée
~ chart, # *Colour card* *a)* Charte de couleurs - *b)* Nuancier
~ checker (*US*) Charte de couleurs
~ contrast Contraste de couleur

~ couplers	Coupleurs de couleurs
~ crosstalk (*Video*)	Interférence de couleurs
~ depth (*Dig. video*) : Résolution couleur reproductible par chaque pixel	
~ detail enhancer	Réhausseur de couleurs et de détails
~ distortion	Distorsion des couleurs
~ etcher	Chromiste
~ film	Film couleur, Pellicule couleur
~ frame	Porte gélatine *(pour projecteurs)*
~ framing (*Video*)	Cycle de trames
~ fringes (*Video*)	Franges colorées
~ fringing (*Video*)	Effet de frange colorée
~ gamut : Gamme de couleurs reproductibles *(par un système donné)*	
~ intensity	Intensité d'une couleur
~ kill (*Video*)	Suppresseur de chrominance
~ meter	Thermocolorimètre
~ palette	Palette des couleurs
~ pilot	Chenille labo
~ registration test pattern	Mire d'enregistrement couleur
~ rendition (*GB*), ~ rendering (*US*)	Rendu des couleurs
~ saturation	Saturation d'une couleur
~ sensitivity	Sensibilité chromatique
~ separation : Sélection trichrome, Séparation des couleurs	
~ separation overlay (CSO)	Incrustation sur fond bleu
~ signal	Signal couleur, Signal de chrominance
~ space, # *Colorspace* (*US*)	Espace couleur
~ of the spectrum : Couleur du spectre, Couleur spectrale \ primitive	
~ subcarrier (*Video*)	Sous-porteuse couleur
~ synthesis	Synthèse des couleurs
~ temperature	Température de couleur
~ ~ meter	Thermocolorimètre
~ wheel	Roue des couleurs
cold ~ , cool ~	Couleur froide
complementary ~	Couleur complémentaire
contrasting ~s	Couleurs en contraste
dark ~	Couleur sombre
dull ~	Couleur terne, Couleur mate
faint ~	Couleur délavée, Couleur éteinte
flat ~	Couleur mate, Couleur terne
light ~	Couleur claire
~ ~ on a dark ground	Couleur claire sur fond sombre
pale ~	Couleur pâle
pastel ~	Couleur pastel
predominating ~ , prevailing ~	Couleur dominante
primary ~ : Primaire, Couleur primaire, Couleur fondamentale	
rich ~	Couleur chaude

secondary ~ Couleur secondaire
to match ~s Assortir des couleurs
to tone down a ~ Atténuer une couleur
warm ~ Couleur chaude

Colour (to ~) (*GB*) – **Color** (to ~) (*US*) : Colorer
* *One-coloured* Unicolore

Colouration (*GB*) – **Coloration** (*US*) : Coloration *(f)*

Colourblind (*GB*) – **Colorblind** (*US*) : Daltonien(-ienne)

Colourblindness (*GB*) – **Colorblindness** (*US*) : Daltonisme *(m)*

Colourimetre (*GB*) – **Colorimeter** (*US*) : Colorimètre *(m)*

Colourimetry (*GB*) – **Colorimetry** (*US*) : Colorimétrie *(f)*

Colouring (*GB*) – **Coloring** (*US*) : Coloris *(m)*, Coloration *(f)*

Colourization (*GB*) – **Colorization** (*US*) : Colorisation *(f)*

Colourless (*GB*) – **Colorless** (*US*) Incolore

Colourwash (*GB*) Badigeon *(m)*

Colourwash (to ~) (*GB*) Badigeonner

Coma : Effet *(m)* de comète *(f)*, Aberration *(f)* de coma *(f)*

Comb Peigne *(m)*

Comb (to ~) Peigner

Combined Standard *(m)*

Combo box (*US*) Tonneau *(m)* 220 mono-380 triphasé

Combo stand (*US*) : Pied *(m)* lourd de 2 kw *(pour projecteurs ou réflecteurs)*

Comedian : Humoriste, Comique *(Faux ami ! car ne signifie pas* Comédien*)*

Comedy Comédie *(f)*, Film *(m)* de comédie *(f)*
~ of manners Comédie de mœurs
black ~ : Comédie à l'humour noir (Black *faisant ici référence à* "Black humour"), Comédie grinçante
gag-based ~ Film à gags, Comédie gaguesque
light ~ Comédie légère
madcap ~ Comédie loufoque
screwball ~ Comédie loufoque
situation ~ , # *Sitcom* Comédie de situation [CGTN – 2005]
slapstick ~ : Comédie burlesque *(Chaplin, Keaton, Laurel et Hardy, etc.)*

Commentary Commentaire *(m)*

Commercial Film *(m)* publicitaire, Spot *(m)* publicitaire
~ break *(TV)* Interruption *(f)* \ Pause *(f)* publicitaire

Commission : Commission *(f)*, Rémunération *(f)* à la commission

Commission (to ~)
1) # *To Pay by commission* : Verser une commission, Payer par commission
2) # *To Work for hire* : Commanditer
* *Commissioned work* : Travail commandité, Œuvre de commande
3) # *To Be in charge of sth* : Être commissioné(e) pour *qch*, Être chargé(e) de *qch*

Committee Comité *(m)*
program ~ Comité des programmes
selection ~ Comité de sélection

Commun marker	Clap *(m)* commun
Compact disc (CD) (▶ p 429)	Disque *(m)* compact (CD)
~ read-only memory	CD-ROM *(m)*, Disque optique (DOC)
extended architecture ~	CD-ROM XA, Disque compact à architecture étendue
recordable ~ (CD-R)	Disque compact enregistrable
rewritable ~ (CD-RW)	Disque compact ré-inscriptible
digital audio ~ (CD-DA)	Disque compact son numérique
interactive ~ (CD-I)	Disque compact interactif (DOC-I)
Compander	Compander *(m)*, Compresseur-Extenseur *(m)*
Company	Société *(f)*, Compagnie *(f)*
* *Head office*	Siège d'une société
Compas	Boussole *(f)*
Compatibility	Compatibilité *(f)*
Compensate (to ~)	Compenser
Compensation	Compensation *(f)*
motion ~ *(Dig. video)*	Compensation de mouvement
Complementary	Complémentaire
~ two-shots	Champ/contre-champ
Complete (to ~) filming	Achever un tournage, Mener un tournage à son terme
Completion	Achèvement *(du tournage d'un film)*
~ bond, ~ guarantee : Garantie de bonne fin, Garantie d'achèvement	
upon ~ : À la fin du tournage, À l'établissement de la copie finale	
Complexion	Teint *(m)* *(de la peau)*
mat(t) ~	Teint mat
Compliance *(Audio)*	Élasticité *(f)*
Comply (to ~)	Se conformer, Respecter un accord
Component *(adj.) (Dig. video)*	Composantes *(f)*
~ signal	Signal *(m)* vidéo en composantes
~ video connections	Connexions *(f)* vidéo en composantes
direct ~ restorer *(Dig. video)* : Régénérateur *(m)* de la composante continue	
Component *(noun)* : Composant *(m)* \ Organe *(m)* \ Élément *(m)* *(d'un appareil)*	
Compose a frame (to ~)	Composer un cadre
Composite *1) # Combined*	Standard, Combiné image et son
~ check print	Copie zéro standard
~ negative	Négatif combiné image et son
~ picture	Image composite
~ print : Copie standard, Positif combiné image et son	
~ shot	Plan composite
2) # Mixed	Mélangé(e), Mixé(e)
~ sound track	Bande son mixée
3) (Dig. video)	Composite
~ signal	Signal vidéo composite
~ video connections	Connexions vidéo en composite

Compositing *(FX)* : Composite *(Combinaison d'images de différentes sources en vue de réaliser, au final, une seule image composite)*
Composition *(Visual arts)* Composition *(f)* visuelle
Compress (to ~) *a)* Compresser - *b)* Anamorphoser
Compressed *1)* ~ Compressé(e)
2) (Dig. video) Compacté(e)
Compression Compression *(f)*
~ artefacts Défauts de compression
~ chamber Chambre de compression
~ lossless *(Dig. video)* Compression sans perte
~ lossy *(Dig. video)* : Compression *(avec réduction des données non critiques)*
~ rate Taux de compression
~ ratio Rapport de compression
data ~ Compression de données
interframe ~ : Compression temporelle, Compression inter-image
intraframe ~ : Compression spatiale, Compression intra-image
lossless ~ Compression sans perte
lossy ~ Compression avec perte
picture image ~ (PIC) Compression image
real-time ~ Compression en temps réel
Compressor Compresseur *(m)*
Computer Ordinateur *(m)*
~ generated imagery (CGI) Images de synthèse
~ effects Effets spéciaux générés par ordinateur
~ graphics (CG) : Infographie, Imagerie informatique, Images de synthèse
~ ~ artist Infographiste
desktop ~ Ordinateur de bureau
personal ~ Ordinateur personnel
portable ~ Ordinateur portable
Concave Concave
double ~ Biconcave
Concentrate (to ~) Concentrer
~ on *sth* Concentrer sur *qch*
Concept, # *Logline, Pitch* : Sujet *(m)*, Idée *(f)* de base d'un scénario *(en quelques lignes)*
Condensation Condensation *(f)*, Buée *(f)*
Condenser lens Condenseur *(m)*, Lentille *(f)* condensatrice
Condition Condition *(f)*
~ precedent Condition suspensive
subsequent ~ Condition résolutoire
Conductive Conducteur(-trice) *(adj.)*
Conductor *a)* Câble *(m)* - *b)* Fil *(m)* conducteur
Cone Cône *(m)* de projecteur
~ shaped Conique
Conform (to ~) Conformer, Monter le négatif
Conformer Monteur(-euse) négatif

Conforming — Conformation *(f)* du négatif
    * *Total conform* — Conformation totale
Conkout : Interruption *(f)* du tournage à cause de défaillance matérielle
Connect up (to ~) — Connecter, Raccorder
Connecting — Raccordement *(m)*
Connection : *a)* Connexion *(f)* – *b)* Montage *(m)* *(électrique)*, Branchement *(m)*
    ~ box : Boîtier de connexion, Boîtier de raccordement
    ~ diagram — Schéma de branchement
    ~ in series — Montage en série
    loose ~ — Connexion desserrée
    parallel ~ — Montage en parallèle
Connector — Connecteur *(m)*, Prise *(f)*
    ~ extension — Raccord
    accessory ~ — Prise accessoires
    female ~ — Prise femelle
    male ~ — Prise mâle
    multi-pin ~ — Prise multi-broches
    three-pronged ~ — Prise à 3 fiches
    two-pronged ~ — Prise à 2 fiches
    Y-~ — Connecteur en Y
Consent — Autorisation *(f)*, Consentement *(m)*
    ~ and release : Autorisation de diffusion donnée par un ayant-droit
Console — Console *(f)*, Pupitre *(m)*
    ~ channel — Voie de console, Tranche de console
    ~ input — Entrée console
    ~ output — Sortie console
    audio ~ — Console son
    light ~ , lighting ~ — Console d'éclairage
    mix ~ — Console de mélange
Construction — Construction *(f)*
    ~ crew — Équipe de construction
    ~ manager, ~ foreman — Chef-constructeur
    scenery ~ — Construction des décors
Consultant, # *Advisor* — Conseiller(-ière)
    artistic ~ — Conseiller(-ière) artistique
Consumables — Fournitures *(f)* consommables
Consume (to ~) — Consommer
Consumption — Consommation *(f)*
Contact — Contact *(m)*
    ~ point — Point de contact
    ~ sheet, # *Contact proof* — Planche contact
Contingency : Imprévus *(m)* en cas de dépassements financiers ou de dépassement lors du tournage, Réserve *(f)* pour imprévus
    ~ fund — Enveloppe pour imprévus
    hidden ~ — Réserve masquée pour imprévus

Continuing education Formation *(f)* continue

Continuity *1) ~ (for a serial)* Continuité *(f) (des épisodes d'une série)*

2) ~ log, # *Cue sheet* : Conducteur *(m)* d'émission TV [CGTN – 2000]

3) ~ *(film consistency)* : Cohérence *(f)* logique *(des lieux, temps, durées, etc.)*

~ breakdown sheets : Fiches de découpage technique plan par plan

~ clerk , ~ girl , ~ boy (**▶ p 368**) Scripte *(in France, almost always women)*

~ editing Montage classique

~ log Rapport scripte

~ person Scripte

~ report (**▶ p 368**) Rapport scripte

~ sheets, ~ cards Rapport scripte, Rapport montage

~ shot Plan raccord

~ writer : Scénariste chargé d'adapter un scénario déjà préexistant

direct ~ Raccord direct

indirect ~ Raccord indirect

lack of ~ Faux raccord

to lack ~ Faire un faux raccord

Continuous performance *(Exhibition)* : Permanent

Contouring : Seuil *(m)* d'inversion d'un défaut de contour

Contract Contrat *(m)*

~ film : Film ayant fait l'objet d'un contrat de financement

~ player : Comédien sous contrat *(sans que soit nécessairement précisé son emploi dans un film ou une série télévisée)*

~ price Prix forfaitaire

breach of ~ : Violation d'un contrat, Non-respect d'un contrat

exclusive ~ Contrat d'exclusivité

nonexclusive ~ Contrat de non-exclusivité

rental ~ Contrat de location

sharing ~ Contrat de participation

terms of a ~ Conditions d'un contrat

* *"Read an approved", "Read and confirmed"* ⇔ "Lu et approuvé, bon pour accord"

Contrast Contraste *(m)*

~ compensation Compensation de contraste

~ control Réglage du contraste

~ range *a)* Gamme de contraste
b) Écart de contraste

~ ratio Rapport de contraste

~ viewing glass Verre de vision, Verre de contraste

colour ~ Contraste de couleur

hard ~ Contraste dur, Fort contraste

high ~ Haut contraste

in ~ to *(this colour)* En contraste avec *(cette couleur)*

lack of ~ Manque de contraste

light ~, lighting ~ Contraste de lumière

low ~ *a)* Bas contraste - *b)* Faible contraste

normal ~	Contraste normal
slight ~	Faible contraste, Contraste léger
soft ~	Contraste doux
strong ~	Fort contraste
to increase the ~	Augmenter le contraste
to lower the ~	Atténuer \ Diminuer le contraste
to put *sth* in ~ with *sth*	Mettre *qch* en contraste avec *qch*
to soften the ~	Adoucir le contraste
Contrast (to ~)	Contraster
~ with *sth*	Faire contraste avec *qch*
~ *sth* to *sth* : Mettre *(des choses)* en contraste les unes avec les autres	
~ *sth* with *sth*	Mettre *qch* en contraste avec *qch*
~ strongly with *sth*	Trancher avec *qch*
Contrasted	Contrasté(e)
Contrasting	Qui fait contraste
~ colours	Couleurs en contraste
Contribution	Apport *(m)* financier
* *Initial capital*	Capital d'apport
* *Transfer of assets*	Transfert d'apports
Control *1)* ~	Contrôle *(m)*
~ light	Voyant lumineux
~ monitor	Récepteur de contrôle
2) ~	Asservissement *(m)*
~ track : Piste d'asservissement [CGTN – 2000], Piste de contrôle	
3) ~	Commande *(f)*
~ console, ~ desk	Pupitre de commandes
master ~ ~	Pupitre de régie finale
~ knob	Bouton de réglage
~ lever	Manette de commande
~ panel	Tableau de commande
~ room	Régie, Cabine de régie
~ ~ window	Baie de cabine de régie
light ~ ~	Régie lumière
master ~ ~	Régie finale
mobile ~ ~	Régie mobile
production ~ ~ *(TV)*	Régie de réalisation
sound ~ ~	Régie son
~ switch	Interrupteur de commande
~ system	Système de commande
~ unit	Boîtier de commande
automatic ~	Commande automatique
dual ~	Double commande
manual ~	Commande manuelle
remote ~	Commande à distance, Télécommande
to bring parts under ~	Asservir

Control (to ~) Commander, Piloter
Controller, # *Regulator* Régulateur *(m)*
automatic ~ Régulateur automatique
Convention *1) # Habit, Use* Convention *(f)*, Habitude *(f)*
2) # Agreement Convention *(f)*, Accord *(m)*
* *Collective (wage) agreement* Convention collective
Conventional Classique *(adj.)*, Conventionnel(-elle)
Convergence Convergence *(f)*
~ control Contrôle des convergences
~ pattern Mire de convergence
Converging Convergent(e)
Converter Convertisseur *(m)*
analog-to-digital ~ , A-D ~ : Convertisseur analogique-numérique (CAN)
digital-to-analog ~ Convertisseur numérique-analogique
AC-to-DC ~ Convertisseur alternatif-continu
DC-to-AC ~ Convertisseur continu-alternatif
frequency ~ Convertisseur de fréquences
Convex Convexe
double ~ Biconvexe
Convolution *(Audio)* Convolution *(f)*
Cookie *(US)*, # *Cucoloris, Cukaloris* Cocoloris *(m)*
Co-op *(Business)* En association
Coproduce (to ~) Coproduire
Coproducer Coproducteur(-trice)
Coproduction Coproduction *(f)*
Copter mount : Système anti-vibratoire *(pour prises de vues en hélicoptère)*
Copy Copie *(f)*
certified ~ Copie certifiée
true ~ Copie conforme
Copy (to ~) *1) # To Print* Copier, Faire une copie
2) # To Reproduce Reproduire, Copier
3) # To Trace-off Décalquer
Copyright : Copyright *(m)* *(Litt. : Droit de copier et de reproduire)*
~ assignment : Contrat de cession d'une œuvre protégée par copyright
~ certificate : Attestation d'obtention d'un copyright
~ holder, ~ owner Propriétaire des droits
~ infringement : Violation du Droit d'auteur, Piraterie
~ laws Lois du copyright
~ owner Détenteur(-trice) du copyright
~ registration Enregistrement officiel d'une œuvre
sale of ~ Cession des droits
term of ~ Durée des droits
violation of ~ Violation des droits de reproduction
work out of ~ Œuvre tombée dans le domaine public
* *To Infrige an author's rights* Violer les droits d'auteur

Cord, # *Cable (Electricity)*	Cordon *(m)* souple
line ~, power ~	Câble \ Cordon d'alimentation
patch ~	Câble de raccordement
Cordless	Sans câble, Sans fil
Core : *(Toute partie centrale, cœur ou noyau d'une pièce ou d'une structure : par exemple, l'âme d'un câble, le noyau d'un aimant, etc.)*	
1) ~ *(in a cable) (Electricity)* : Fil *(m)* électrique *(dans un câble à plusieurs fils)*	
cable ~	Âme d'un câble
3-~ cable	Câble à 3 fils
2) ~ *(for film rolls)*	Noyau *(m)*
~ adapter : Adaptateur pour noyau *(sur un axe carré)*	
~ slot, # *Core slit*	Fente du noyau
collapsible take-up ~	Noyau récepteur extensible
feed ~ >< take-up ~	Noyau débiteur >< récepteur
Coring : Filtrage *(m)* électronique de réduction de bruit	
~ adjustment	Ajustement de la réduction de bruit
~ for black processing	Réducteur de bruit dans les noirs
Corporate	Entreprise *(f)*, Industrie *(f)*
~ film	Film industriel
~ image	Image de marque
~ support	Mécénat d'entreprise
~ underwriting	Parrainage, Mécénat
Correct (to ~)	Corriger, Rectifier
Correction	Correction *(f)*, Rectification *(f)*
keystone ~	Correction de l'effet de trapèze
Correlation	Corrélation *(f)*
coefficient of ~	Coefficient de corrélation
Correspondant	Correspondant(e) *(noun)*
special ~	Envoyé(e) spécial(e)
permanent ~	Envoyé(e) spécial(e) permanent(e)
Corridor : Couloir *(m)* des recettes *(Désigne le fait de n'être associé(e) qu'à une partie limitée des recettes)*	
Corrosion	Corrosion *(f)*
~ proof *1) (adj.)*	Inoxydable, À l'épreuve de la rouille
2) (noun)	Anti-rouille
Corrugated	Ondulé(e)
~ iron	Tôle ondulée
Cosine	Cosinus *(m)*
~ law	Loi des cosinus
Cost : *a)* Frais *(m)* - *b)* Coût *(m)* - *c)* Prix *(m)* coûtant	
~ estimate	Budget, Devis, Devis prévisionnel
direct ~ ~ : Dépenses directement liées à la production du film	
rough ~ ~	Devis approximatif, Devis estimatif
~ model	Devis type
~ of opening : Coût total de la sortie en 1ère exclusivité	

~ on delivery — Paiement à la livraison
~ overrun, # *Overbudget* — Dépassement de budget
~ recovery — Amortissement financier
~ report — Rapport comptable
~ to complete : Situation réelle du budget à tout instant "t", permettant d'évaluer la capacité de la société de production à achever le film
above-the-line ~s — Coûts avant tournage
average ~ — Coût moyen
below-the-line ~s — Coûts de tournage
direct ~ : Dépenses directement liées à la production du film
negative ~s : Coûts de production jusqu'à la copie zéro
operating ~s — Frais d'exploitation
overhead ~s — Frais généraux
rental ~s — Frais de location
running ~s — Frais de fonctionnement
to make an estimate on the ~ — Faire un devis, Établir un devis
working ~ — Frais d'exploitation

Costume — Costume *(m)*
~ designer — Concepteur(-trice) des costumes
~ house — Maison de location de costumes
~ maker — Costumier(-ière)
~ supplier — Fournisseur de costumes

Cotton — Coton *(m)*
~ bud (*GB*), ~ swab (*US*), # *Q-tip®* : Coton tige
~ gloves — Gants de coton, Gants de montage

Counter *1)* # *Meter* — Compteur *(m)*
digital ~ — Compteur numérique
film ~ — Compteur de film
hourly ~ — Compteur horaire
storage ~ — Compteur à mémoire
2) # *Opposite* — Contraire, Opposé(e) *(adj.)*
~ shot — Contre-champ

Counterbalance — Contrepoids *(m)*
Counterbalance (to ~) — Contrebalancer, Faire contrepoids
Counter-clockwise : Dans le sens contraire des aiguilles d'une montre
Counterfoil : Souche *(f) (de chèque)*, Talon *(m) (de chèque)*
Counterkey — Projecteur place à l'opposé du key-light
Counterweight — Contre-poids *(m)*
Coupled rangefinder — Viseur *(m)* accouplé
Coupler, # *Coupling agent* : Agent *(m)* copulant, Coupleur *(m)* de couleur
Courtesy flag : Volet *(m)* ou drapeau *(m)* de protection du soleil pour le cadreur
Courtesy lighting — Éclairage *(m)* de service *(Coll. :* Service*)*
Cove, # *Infinity cove* — Cyclorama *(m)*
Covenant : Engagement *(m)* de faire ou de ne pas faire *qch*, Convention *(f)*
restrictive ~ — Clause restrictive

Cover *1) # Backup*	Sécurité *(f)*, Secours *(m)*
~ set : Décor *(m)* de secours *(en cas d'interruption des prises de vues en extérieur à cause d'une mauvaise météo)*	
~ shot : Plan supplémentaire engrangé pour satisfaire au contrat d'assurance "Garantie de bonne fin"	
2) # Cap, Lid	Couvercle *(m)*
3) # Blanket	Couverture *(f)*
~ zone *(Audio)*	Zone de couverture
canvas ~	Bâche
protective ~	Housse de protection
rain ~	Housse de pluie
water-proof ~	Bâche imperméable
Cover (to ~) *1)* ~	Couvrir, Recouvrir
~ up with a canvas sheet	Bâcher, Couvrir d'une bâche
2) ~ a sequence : Couvrir une séquence *(en angles et en grosseurs de plans)*	
Coverage *1)* ~	Reportage *(m)*
live ~	Reportage en direct
news ~	Reportage d'actualités
2) ~	Étendue *(f)*
beam ~	Étendue du faisceau
3) ~ of a sequence : Ensemble des plans couvrant le découpage d'une scène	
Covering (**"You are ~ !"**)	"Tu es en commande !"
Cowlick	Épi *(m)* *(dans les cheveux)*
Crab dolly : *(Tout chariot de travelling à 4 roues directrices dont 2 débrayables)*	
Cradle *(of a geared head)*	Berceau *(m)* *(de tête à manivelles)*
Craft	Habileté *(f)*, Adresse *(f)*
~ service : *(Personnes chargées de la nourriture et des boissons pour les membres de l'équipe, sur un plateau de tournage film ou de télévision)*	
Craftspeople : *(Personnel du craft service, régulièrement chargé des corvées)*	
Crane	Grue *(f)*
~ down >< ~ up : Mouvement de grue vers le bas >< vers le haut	
~ shot	Plan avec mouvement de grue
Crank	Manivelle *(f)*
~ handle	Poignée de manivelle
~ up stand	Pied télescopique à manivelle
Crash mat, *# Crash pad* : Matelas *(m)* de sécurité pour les chutes des acteurs	
Crawl, *# Crawling title*	Générique *(m)* déroulant
Crease : Effet de ride *(dû à une contrainte mécanique subie par la bande magnétique)*	
Credits	Générique *(m)*
end ~ , closing ~	Générique de fin
opening ~ , front ~	Générique de début
order of ~ : Ordre d'apparition des noms au générique	
pre-~ sequence	Séquence pré-générique
screen ~	Générique
vanity ~	Mention de courtoisie au générique

Crest Crête *(f)*
~ of wave Crête d'onde
Crew *(Film ~)* Équipe *(f) (de tournage)*
~ call : Horaire de convocation de l'équipe technique, Sur place
~ leader Contremaître, Chef d'équipe
~ list (▶ p 345) Liste technique
floor ~ Personnel de plateau
small ~ Équipe légère, Équipe réduite
stand-by ~ : *(S'applique à des membres de l'équipe qui restent à la disposition du plateau suivant les besoins : menuisiers, peintre, etc.)*
technical ~ Équipe technique
Crewmember Membre *(m)* de l'équipe de tournage
Crib (to ~) from an author Plagier un auteur
Crimp (to ~) Sertir
Crimping Sertissage *(m)*
~ tool Pince à sertir, Outil à sertir
Crisp (to ~) : Durcir les transitions d'une image floue ou molle
Crispener *(Video)* : *(Dispositif électronique améliorant la résolution apparente)*
Crispening, # *Enhancement* Amélioration *(f)* du rendu des contours
Critic (Film ~), # *Reviewer* Un critique *(m)* de films
Critical aperture Ouverture *(f)* critique
"Critical end !" "À protéger en fin !"
Criticism, # *Review* Une critique *(f)* de film
Crop, # *Cropping* Rognage *(m) (des bords d'une image)*
Crop (to ~) *1)* Rogner le haut et le bas de l'image *(en vue d'aboutir à une image de format large)*
2) Rogner les bords d'une image de format large *(à la projection ou au tirage, en vue de diffuser cette image dans un format standard)*
Cropping : Rognage *(m)* des bords de l'image *(au tirage, ou à la diffusion à la télévision, en vue d'obtenir un format différent de celui de l'original)*
television ~ Recadrage en vue d'une diffusion TV
Cross Croix *(f)*
~ fade Fondu enchaîné
~ hairs, ~ threads Réticule
~ point Point de croisement
~ reference : Renvois entre séquences pour les raccords de la scripte
~ wheel, maltese ~ Croix de Malte
~ wire Réticule
Cross (to ~) Traverser
~ the frame Traverser le cadre
~ the line Transgresser la loi des 180°
Cross collateralization : Comptabilité *(f)* croisée *(Pratique non reconnue en France)*
Cross-colour *(GB)* - **Cross color** *(US)* : Intermodulation luminance chrominance
Cross hatch Mire *(f)* de distorsion
Cross modulation Intermodulation *(f)*

Crossed polarization — Polarisation *(f)* croisée
Crossfade — Fondu *(m)* enchaîné
Crossover film : Film conçu pour un public particulier, mais qui finit par obtenir un succès général beaucoup plus large
Crosstalk *(Audio - Video)* — Parasitage *(m)* d'une piste à une autre
1) ~ — Diaphonie *(f)*, Intermodulation *(f)*
chroma ~ — Diaphonie de chrominance
colour ~ : Interférence de couleur, Diaphonie chromatique
optical ~ — Diaphonie optique
multiple ~ — Diaphonie multiple
near-end ~ — Diaphonie proche, Diaphonie d'extrémité
* *Print-through on tape* — Diaphonie magnétique
2) sync ~ — Diaphotie *(f)* de synchro
video ~ — Diaphotie
Crown glass — Verre *(m)* de Crown
Crystal — Quartz *(m)*
~ controlled — *a)* Piloté(e) par quartz - *b)* Quartzé(e)
~ electricity — Piézo-électricité
~ motor — Moteur à quartz
~ sync — Synchro pilotée par quartz
~ ~ generator : Générateur de synchro piloté par quartz
Cucoloris, # *Cukaloris* *(Fam. :* Cookie, Cuke*)* : Cocoloris *(m)*
Cue *1)* # *Mark* — Signal *(m)*
~ dot — Repère visuel
~ light — Signal lumineux
~ marks — Repères de changement de bobine
~ sheet : Conducteur *(listant les repères necessaires à un tournage en direct)*
~ word, voice ~ — Signal verbal, Top verbal
actor ~ , # *Top actor* — Top pour un acteur \ une actrice
hand ~ — Signal de la main
scratch ~ — Top muet *(silencieux)* au talkie
start ~ — Top de départ
to give a ~ to s.o, # *To Cue s.o* — Donner un repère verbal ou visuel à *qn*
to miss the ~ — Rater le signal
2) # *Line* — Réplique
~ line : Derniers mots de la réplique d'un acteur *(pour relancer son partenaire)*
to give the ~ to s.o — Donner la réplique à *qn*
3) *(Audio)* — Départ casque
~ list — Conduite, Conducteur
Cue (to ~) *1)* # *To Give a cue to s.o* — Donner un signal à *qn*
~ the action : Donner un repère pour lancer une action
2) # *To Give the cue to s.o* — Donner la réplique à *qn*
3) ~ *(a magnetic tape)* — Indexer, Repérer *(une bande magnétique)*
Cup blocks *(US)* : Cale *(f)* en bois en forme de cuvette *(pour bloquer les gros pieds de projecteurs à roulettes et les caler lorsqu'on les utilisent sur un sol meuble)*

Current (Electric ~) — Courant *(m)* électrique
alternating ~ (AC) — Courant alternatif
direct ~ (DC) — Courant continu
induce ~ — Courant induit
rated ~ — Courant nominal
rectified ~ — Courant redressé
single-phase ~ — Courant monophasé
smoothed ~ — Courant filtré
stray ~ — Courant parasite
three-phase ~ — Courant triphasé
two-phase ~ — Courant biphasé
to pick up ~ from ... — Tirer du courant depuis ...
virtual ~ — Courant efficace, Courant effectif

Curvature — Courbure *(f)*
~ of field, field ~ — Courbure de champ
radius of ~ — Rayon de courbure

Curve — Courbe *(f)*
H & D ~ — Courbe H et D
sensitometric ~ — Courbe sensitométrique

Curve (to ~) — Courber

Curved — *a)* Courbé(e) – *b)* Cintré(e)

Curvilinear distortion — Aberration *(f)* de courbure

Customs — Douanes *(f)*
~ clearance — Formalités de douanes, Dédouanement
~ declaration, ~ entry — Déclaration en douanes
~ duties — Droits de douanes

Cut
1) # *Cutting* — Montage *(m)*
~ list — Liste de conformation
~ of a movie — Version complète montée
cross ~ — Montage parallèle
director's ~ *(US)* : Version d'auteur [CGTN – 2003] *(Désigne le montage d'un film dans la version définie par le réalisateur lorsque celui-ci diffère du montage de la version commercialisée)*
editor's ~ *(US)* : Assemblage des meilleures prises *(choisies lors du dérushage)*
final ~ — Montage final
fine ~ — Montage pratiquement final
first ~ — Premier montage
match ~ : Effet de montage par lequel deux actions différentes semblent s'enchaîner *(la liaison entre les deux plans qui assure la jonction de ces deux actions étant rendue invisible du fait du parallélisme, de la similarité ou du lien visuel entre les deux actions)*
negative ~ — Montage négatif
negative sound ~ — Montage négatif son
rough ~ , # *Rough assembly* : Bout à bout, Ours *(Coll.)*, Premier montage

2) *(Editing)* — *a)* Coupe – *b)* Raccord
~ back to … — Retour à …
Note : *Cette expression s'applique aussi bien dans les deux cas suivants :*
a) dans le montage, depuis un plan ou une action, retour à l'action immédiatement précédente, comme dans le cas d'une action racontée et développée en montage parallèle
b) retour à l'action principale après une séquence croisée
~ down the axis — Raccord dans l'axe
~-in : Plan de coupe signifiant *(isolant un détail de l'action principale)*
axial ~ — Raccord dans l'axe
continuity ~ — Raccord dans la continuité
jump ~ — Coupe sèche
match ~ , match action ~ — Raccord dans le mouvement
match-image ~, match ~ : Raccord entre deux plans d'une même continuité d'action ou de sujet
smash ~ — Raccord coup de poing
straight ~ , direct ~ — Coupe franche
* *Cut in >< Cut out (Vid.)* : Point d'entrée >< de sortie des plans à copier
3) *# Breakdown* — Coupure
power ~ — Coupure de courant

Cut (to ~) *1)* ~ — Couper
~ closer on the same line — Raccorder dans l'axe
~ down the axis — Raccorder dans l'axe
~-in — Intercaler, Insérer
~-off — Déconnecter
~ straight in on the same angle — Raccorder dans l'axe
~ to … — Changer de plan et passer à …
~ together — Raccorder deux plans *(au montage)*
2) *# To Edit* — Monter *(un film)*
~ the negative — Monter le négatif, Conformer

Cutaway shot : Plan de coupe *(très serré d'un détail isolé de l'action principale)*

Cut-in scene : Plan de coupe de liaison *(entre deux plans ou deux séquences)*

Cut-off *1) # Sunshade cut-off* — Vignettage *(m)* du parasoleil *(m)*
to check for ~ — Vérifier le vignettage du parasoleil
television ~ : *(Partie visible de l'image d'un film retransmis à la télévision)*
2) *(Audio)* — Fréquence *(f)* de coupure

Cutter *1) # Editor* (▶ p 358) — Monteur(-euse)
negative ~ — Monteur(-euse) négatif
sound negative ~ — Monteur(-euse) négatif son
2) ~ *(for light)* — Coupe-flux *(m)*, Volet *(m)*
3) *# Cutting tool* — Outil *(m)* de coupe
glass ~ — Coupe-verre, Diamant
hole ~ — Emporte-pièce
milling ~ — Fraise
wire ~ — Pinces coupantes

Cutting	Montage *(m) (d'un film)*
~ bench	Banc de montage
~ continuity	Continuité de montage
~ in the camera	Montage à la prise de vue
~ on action, ~ on motion	Raccord dans le mouvement
~ ratio : Rapport entre le métrage monté et le métrage tourné	
~ room	Salle de montage
~ sync	Montage synchrone
~ table	Table de montage
A and B ~	Montage en A et B
accelerated ~	Montage accéléré
checkerboard ~	Montage A et B
cross ~	Montage en parallèle, Montage alterné
dynamic ~	Montage dynamique
elliptical ~	Montage elliptique
fast ~	Montage rapide
flash ~	Montage flash
invisible ~	Montage invisible
jump ~	Montage syncopé
negative ~	Montage négatif
picture ~ ~	Montage négatif image
sound ~ ~	Montage négatif son
parallel ~	Montage parallèle
slow ~	Montage lent
Cyan	*1) adj.* : Cyan - *2) noun* : Cyan *(m)*
Cyc, # *Cyke, Cyclorama*	Cyclorama *(m)*
~ light	Cycliode
~ strip light	Rampe de cycliodes
Cycle	Cycle *(m)*
~s per second	Cycles par seconde
Cylinder	Cylindre *(m)*
Cylindrical	Cylindrique

D

Dailies	Rushes *(m)*
~ assembly	Synchronisation des rushes
~ screening	Projection de rushes
composite ~	Rushes standards
corrected ~	Rushes étalonnés
digital ~	Rushes numériques
one-light ~ : Rushes à lumière unique, Rushes non étalonnés	
timed ~	Rushes étalonnés
* *Daily print*	Rushes positifs, Tirage des rushes
Daily log	Rapport *(m)* horaire *(Coll.* : Mouchard*)*
Daily viewing time	
~ per household : Durée *(f)* quotidienne de visionnage par foyer	
~ per individual : Durée *(f)* quotidienne de visionnage par individu	
Damage (to ~)	Endommager, Détériorer
Damp (to ~) *(the sound)*	Amortir *(le son)*
~ the bass	Réduire les basses
Damper *1)* ~	Amortisseur *(m)*, Bloc *(m)* amortisseur
2) ~ *(for sound)*	Atténuateur *(m)*, Sourdine *(f)*, Bloc *(m)* insonorisant
Damping	Amortissement *(m)*
~ action	Effet amortisseur
~ capacity	Capacité d'amortissement
~ device	Dispositif d'amortissement
~ factor	Facteur d'amortissement
~ material	Matériau amortisseur
~ reduction	Compensation de l'amortissement
oscillations ~	Amortissement des oscillations
sound ~	Amortissement du son
vibration ~	Amortissement des vibrations
Dark	Sombre, Obscur(e)
Darkcloth	Tissu *(m)* noir
Darken (to ~)	Assombrir, Foncer, Obscurcir
Darkness	Obscurité *(f)*
semi ~	Pénombre *(f)*
Data	Donnée *(f)*, Information *(f)*
~ rate	Débit d'information
Database	Base *(f)* de données *(f)*

Databitrate : Débit *(m)* de signal encodé après compression (en Mb/s)
Datacasting : Diffusion de données parallèles *(à un programme de télévision)*

Datastream	Flux *(m)* de données
Date	Date *(f)*
~ of release	Date de sortie
closing ~, # *Dead line*	Date limite
dispatch ~	Date d'envoi
due ~	Date d'échéance
publication ~	Date de parution
shooting ~	Date de tournage
Dawn	Aube *(f)*, Petit matin *(m)*
first streak of ~	Premières lueurs du jour
Day	Jour *(m)*
~ effect	Effet jour
~ exterior	Extérieur jour
~ for night	Nuit américaine
~ off	Jour de repos
~ part, # *Time segment (TV)*	Tranche horaire
5 ~s week	Semaine de 5 jours
first streak of ~	Premières lueurs du jour
split ~	Mixte, Journée de tournage en mixte
Daylight	Lumière *(f)* du jour *(m)*
~ film	Pellicule lumière du jour
~ lamp	Lampe lumière du jour
~ loading	Chargement au jour

Daytime *(TV)* : Créneau *(m)* de 3h à 19h, Créneau *(m)* des émissions de jour

Dazzling	Éclatant(e), Éblouissant(e)
DC = *Direct current*	Courant *(m)* continu
~-to-AC inverter	Convertisseur continu-alternatif
AC-to-~ converter	Convertisseur alternatif-continu
Dead	Inactif(-ive), Vide
~ battery	Batterie à plat, Batterie morte
~ calm	Silence total, Calme plat
~ hours	Heures creuses
~ line *(Electricity)*	Circuit hors-circuit
~ line, # *Cut-off date*	Échéance
~ ~ date	Date limite, Date butoir
~ smooth	Parfaitement lisse
~ square	Rigoureusement d'équerre \ à 90°
~ spot	Champ mort
~ zone, # *Blind spot*	Angle mort
to come to a ~ stop	S'arrêter net
Deaden (to ~)	Amortir *(un coup)*, Assourdir *(le son)*

Deadpan : Pince-sans-rire, Impassible *(Décrit les comédies du genre de celles de Buster Keaton, dans lesquels le héro reste impassible)*

Deaf *(adj. and noun)* Sourd(e)
Deafening *(adj.)* Assourdissant(e)
Deafness Surdité *(f)*
Deal # *Agreement* Accord *(m)* commercial \ financier
~ letter : Lettre d'engagement *(définissant l'engagement de qn à faire qch)*
development ~ : Accord sur le développement d'un projet à l'étude
facilities ~ : Contrat d'apport en nature *(en prestations ou en fournitures)*
first look ~ Clause de priorité
flat ~ Forfait, Rémunération forfaitaire
formula ~ : Accord de rémunération selon une formule de quote-part
gross ~ Accord sur le brut
houskeeping ~ : Accord entre une société de production et un producteur indépendant qu'elle héberge
modified gross ~ Accord sur recettes brutes ajustées
net ~ Accord sur le net
package ~ : Accord sur un lot groupé de films, Vente groupée
percentage ~ Accord au pourcentage
single picture ~ Accord sur un film unique
step ~ Contrat à étapes, Accord par paliers
* *First offer - Last refusal* : Clause de préférence et de dernier refus
* *Outright sale* : Vente à titre définitive, Cession des droits d'exploitation
* *Undertakings* : Engagements que souscrivent les parties contractantes
Decay *(Audio)* Déclin *(m)*
Decentring Décentrement *(m)*
Decision Décision *(f)*
~ making Prise de décision
Decode (to ~) *(a video signal)* Décoder *(un signal vidéo)*
Decoder Décodeur *(m)*
analog-to-digital ~ Décodeur analogique-numérique
colour ~ Décodeur couleur
digital-to-anlog ~ Décodeur numérique-analogique
Decoding Décodage *(m)*
~ composite to component Décodage composite/en composantes
~ process : *(Procédé défini par le standard de télévision numérique consistant à lire un flux de bits encodés et à le transformer en une image ou un signal vidéo)*
Decomposition of light Décomposition *(f)* de la lumière
Decompression Décompression *(f)*
Decrease Atténuation *(f)*, Diminution *(f)*
Decrease (to ~) Diminuer, Baisser *(en intensité)*
Decrement (to ~) Décrémenter
De-embedded Désimbriqué(e), Désincorporé(e)
De-embedding : *(Procédé permettant d'extraire un signal incorporé dans un autre et de générer deux signaux séparés et indépendants)*
Deemphasis Désaccentuation *(f)*
Deep focus Profondeur *(f)* de champ totale

De-esser *(Audio)* — Réducteur *(m)* de sifflantes
Defect — Défaut *(m)*
~ in pronunciation — Défaut de prononciation
Deferred payment — *a)* Paiement *(m)* en différé
b) Salaire *(m)* en participation
~ holder — Bénéficiaire d'un paiement en différé
Definition — Définition *(f)*, Piqué *(m)*
~ chart : Mire de définition, Mire pour essai de définition
~ test — Essai de définition
Deflection — Déviation *(f)*
angle of ~ — Angle de déviation
Defringe — Réduction *(f)* de l'effet de franges
Defringe (to ~) — Défranger, Réduire l'effet de franges
Defringing — Défrangeage *(m)*
Degauss — Démagnétisation *(f)*
Degauss (to ~) *1)* ~ — Démagnétiser
2) ~ a tape, # *To Bulk erase* : Effacer totalement une bande magnétique
Degausser — Démagnétiseur *(m)*
Degree of accuracy — Degré *(m)* de précision
De-interlace — Dé-entrelaçage *(m)*
De-interlaced — Dé-entrelacé(e)
De-interlacer — Dé-entrelaceur *(m)*
Line-doubler, Line-tripler, Line-multiplier : Multiplicateur *(m)* de lignes
De-interlacing : Dé-entrelacement *(Transformation d'une image en "50 entrelacée" en 2 images en "25 progressif")*
Delay *1)* ~ — Retard *(m)*
2) *(Video)* — Retard *(m)* du signal *(m)*
~ equalizer — Correcteur de phase
~ line — Ligne à retard
burst ~ — Retard de salve
chroma — Retard de la chrominance
luminance ~ — Retard de luminance
Delay (to ~) — Retarder
Delete (to ~) — Effacer, Supprimer
Deleted — Supprimé(e)
~ scenes : Séquences supprimées du montage final *(suite à une décision de la Censure, suite à une intervention du Producteur, etc.)*
Demo, # *Show reel* — Bande *(f)* de démonstration, Bande démo
Demod — Signal *(m)* démodulé
Demodulation — Démodulation *(f)*
Demodulator — Démodulateur *(m)*
Demultiplex (to ~) — Démultiplexer
Demultiplexer — Démultiplexeur *(m)*
Demultiplexing, # *Demux* — Démultiplexage *(m)*
Denouement — Dénouement *(m)*

Densitometer	Densitomètre *(m)*
Densitometry	Densitométrie *(f)*
Density	Densité *(f)*
diffuse ~	Densité diffuse
highlight ~	Densité des hautes lumières
low light ~	Densité des basses lumières
maximum ~ (D-max)	Densité maximum (D max)
minimum ~ (D-min)	Densité minimum (D min)
neutral ~	Densité neutre
~ ~ filter	Filtre densité neutre
spectral ~	Densité spectrale
specular ~	Densité spéculaire
variable ~	Densité variable
Department *1) # Crew*	Équipe *(f)*
camera ~	Équipe caméra, Équipe image
2) # Branch	Service *(m)*
~ head	Chef de service
developing ~	Service développement
Departure	Départ *(m)*
~ mark	Marque de départ
Dephaser	Déphaseur *(m)*
Depict (to ~)	Dépeindre, Décrire
** In broad outline*	Dans les grandes lignes
Deposit	Dépôt *(m)*
# Shedding	Dépôt *(Coll.* : Gâteau*)*
legal ~	Dépôt légal
Depth	Profondeur *(f)*
~ of field	Profondeur de champ
~ ~ calculator	Table de profondeur de champ
shallow ~ ~	Profondeur de champ réduite
~ of focus, focal ~	Profondeur de foyer
~ range	Latitude de profondeur de champ
Desaturation	Désaturation *(f)*
Descrambler	Décodeur *(m)*
Desembedder	Désembeddeur *(m)*
Design *1) # Pattern*	Motif *(m)*, Modèle *(m)*
2) # Art design	Stylisme *(m)* [CGTN – 2000]

Design and staging : Poste *(m)* budgétaire pour les décors *(regroupant la conception, la construction et le montage sur le plateau)*

Designer : Concepteur(-trice), Styliste [CGTN – 2000]

Despeck (to ~)	Nettoyer l'image des petites saletés

Despeck filter *(Dig. video)* : *(Filtre électronique dont le but est de nettoyer l'image de ses petites "saletés", en floutant un peu l'ensemble de l'image, sauf le contour des objets)*

Detection *(Dubbing)*	Détection *(f)*

Develop (to ~)	Développer
* *Develop before …*	À développer avant …
Developer *1) # Developing bath*	Révélateur *(m)*
2) # Chemical component	Agent développateur
~ tank	Cuve de développement
colour ~	Révélateur chromogène
fine grain ~	Révélateur grain fin
Developing	Développement *(m)*
~ agent	Agent développateur
~ bath, ~ solution	Bain de développement
~ department	Service développement
~ machine	Développeuse
continuous ~ ~	Développeuse continue
Development *1) (Chemistry)*	Développement *(m)*
~ by passing bleach	Développement sans blanchiment
~ fog	Voile de développement
~ temperature	Température de développement
~ time	Durée de développement
colour ~	Développement chromogène
fine grain ~	Développement grain fin
forced ~ : Surdéveloppement, Développement poussé	
over ~	Surdéveloppement
to push the ~	Pousser le développement
under ~	Sous-développement
2) (Business)	Développement
~ deal	Accord de développement
~ executive : Chargé des projets en voie de développement	
~ steps	Étapes du développement d'un projet
Device	Appareil *(m)*, Dispositif *(m)*, Mécanisme *(m)*
locking ~	Mécanisme de verrouillage
safety ~	Dispositif de sécurité
Diagram	Schéma *(m)*, Diagramme *(m)*
level ~ *(Audio)*	Diagramme de niveau
polar ~ *(Audio)*	Diagramme polaire
transfer ~ *(Audio)*	Diagramme de transfert
Dial	Cadran *(m)*
~ gauge	Palpeur, Comparateur à cadran
Dialnorm *(Audio)*	Niveau *(m)* de dialogue *(m)*
Dialog *(US)*	Dialogue *(m)*
Dialogue *(GB)*	Dialogue *(m)*
~ box *(Comput.)*	Boîte de dialogue
~ continuity : Texte complet des dialogues pour la post-production	
~ overlap	Chevauchement de répliques
~ replacement	Doublage, Postsynchronisation
~ track	Bande de dialogues

~ writer	Dialoguiste
additional ~s	Dialogues additionnels
overlapping ~s	Chevauchement de dialogues
Diamagnetic	Diamagnétique
Diameter	Diamètre *(m)*
external ~	Diamètre extérieur
internal ~	Diamètre intérieur
Diaphragm	Diaphragme *(m)* *(Coll.* : Diaph)
~ adjustment	Réglage du diaphragme
~ ring	Bague de diaphragme
to open the ~	Ouvrir le diaphragme
DI Box, D-I Box *(Audio)*	Boîte *(f)* de direct *(m)*
Dichroic	Dichroïque
Difference *1)* ~	Différence *(f)*
2) ~ *(between two readings)* : Écart *(m)*, Décalage *(m)* *(entre deux lectures)*	
Diffract (to ~)	Diffracter
Diffraction	Diffraction *(f)*
Diffuse	Diffus(e)
Diffuse (to ~)	Diffuser
Diffuser	Diffuseur *(m)*, Filtre *(m)* diffuseur
Diffusing	Diffusant(e)
~ surface	Surface diffusante
Diffusion *1)* ~ *of light*	Diffusion *(f)*
~ frame	Cadre équipé de diffuseur
~ screen : *(Tout matériau, monté sur un écran, servant à diffuser la lumière)*	
thicker ~ >< thinner ~	Diffusion plus forte >< plus légère
2) ~ *(of a film)*	Diffusion *(f)* *(d'un film)*
~ rights	Droits de diffusion
Digital *1)* # *Binary*	Binaire
2) ~	Numérique, Digital
~ Betacam	Betacam numérique
~ broadcasting	Diffusion numérique
~ capture	Capture numérique
~ carrier system	Système à porteuse numérique
~ cinema distribution (DCP)	Distribution de cinéma numérique
~ cinema distributors	Distributeurs de cinéma numérique
~ coding	Codage numérique
~ communication	Communication numérique
~ compact cassette (DCC)	Cassette compacte numérique
~ compositing : *(Techniques de composition numérique d'images, par opposition aux techniques optiques classiques de post-production)*	
~ data recording	Enregistrement numérique de données
~ data transmission	Transmission numérique de données
~ editing : *(Techniques de montage numérique des images, par opposition aux techniques de montage manuel classiques)*	

~ information | Information numérique
~ mastering | Transfert numérique
~ modulation | Modulation numérique
~ post-production | Post-production numérique
~ projection | Projection numérique
~ pulse converter | Convertisseur d'impulsions numériques
~ signal | Signal numérique
~ signal processing | Traitement numérique du signal
~ switching | Commutation numérique
~-to-analog converter | Convertisseur numérique-analogique
~-to-analog decoder | Décodeur numérique-analogique
~ workstation | Station informatique
optical ~ | Numérique optique
* Digital Light Processing : *(Technique de projection d'images numériques)*

Digitalisation | Digitalisation *(f)*
Digitisation (*GB*) – **Digitization**, # *Digitizing* (*US*) : Numérisation *(f)*
Digitise (to ~) (*GB*) – **Digitize** (to ~) (*US*) : Numériser, Digitaliser
* *Digitised image* (*GB*) - *Digitized image* (*US*) : Image numérisée \ digitalisée
Digitiser (*GB*) – **Digitizer** (*US*) : Digitaliseur, Convertisseur analogique-numérique
Digitising (*GB*) – **Digitizing** (*US*) : Digitalisation *(f)*, Numérisation *(f)*
Dilution | Dilution *(f)*
Dim | Éteint(e), Faible, Pâle
Dim (to ~) *(the light)* | Atténuer *(la lumière)*
~ down the light | Éteindre graduellement la lumière
Dimension | Dimension *(f)*
Dimmer : Gradateur *(m)*, Résistance *(f)* variable, Dimmer *(m)*
* "It's full up" (*US*) : Dimmer à 100%, Dimmer à fond *(Fam.)*
Dimming (Light ~) : Diminution *(f)* graduelle de lumière, Descente *(f)* de lumière
Dingle (*US*) (*Fam*) : Branches d'arbres placées devant un projecteur pour former des ombres sur un acteur ou un objet
Dinky, # *Dinky ink, Inky* (*US*) (*Fam*) : Tout type de petit projecteur 100 w à 250 w tungstène et à lentille de Fresnel
Diopter, # *Proxar* | Dioptrie *(f)*, Bonnette *(f)*
~ adjustment | Réglage de la dioptrie
~ correction | Correction de dioptrie
~ setting | Réglage de la dioptrie
split ~ | Demi dioptrie, Demi bonnette
to adust the ~ setting | Ajuster le réglage de la dioptrie
Dioptric lens | Lentille *(f)* dioptrique
Direct (to ~)
1) ~ *a film* | Réaliser, Mettre en scène
* *Directed by* ... | Réalisé par ...
2) # *To Point at* | Diriger, Braquer, Pointer
~ on *sth* , ~ at *s.o* | Braquer sur *qch*, Diriger vers *qn*
~ in the direction of *sth*, of *s.o* | Pointer dans la direction de *qch*, *qn*

Direct *1)* ~	Direct(e) *(adj.)*
~ reading	Lecture directe
2) # Continuous	Continu(e)
~ current (DC)	Courant continu
Direct cinema *(US)*	Cinéma *(m)* vérité, Cinéma *(m)* direct
Direct-to-disc *(Audio)*	Système *(m)* audio-informatique
Directing the eye : Diriger l'attention \ le regard *(du spectateur)*	
Direction *1) # Way*	Direction *(f)*, Sens *(m)*
~ of looks, ~ of glance	Direction de regard
right ~, *# Right way*	Bon sens, Bonne direction
opposite ~	Sens inverse, Direction inverse
2) ~ *(of a film)*	Réalisation *(f)*, Mise en scène *(f)*
Directionality *(Audio)*	Directionnalité *(f)*
Directions : Indications *(f)* de jeu, Indications *(f)* du metteur en scène	
Directivity	Directivité *(f)*
~ factor	Coefficient de directivité
~ index	Indice de directivité
Director : *a)* Réalisateur(-trice) - *b)* Metteur en scène *(m)*	
~'s cast list *(US)* : Liste des choix de comédiens fixés par le réalisateur, soumise aux syndicats de comédiens ainsi qu'à la production	
~'s cut : Version d'auteur [CGTN – 2003] *(Désigne le montage d'un film dans la version définie par le réalisateur lorsque celui-ci diffère du montage de la version commercialisée)*	
second unit ~	Réalisateur(-trice) deuxième équipe
Directory	Annuaire *(m)*
electronic ~	Annuaire électronique
player's ~	Annuaire des comédiens
Disc *(GB)* – **Disk** *(US)*	Disque *(m)*
1) ~ *(as a music record)*	Disque *(m) (de musique)*
2) (Comput.)	Disque *(m)*
~ space	Espace disque
floppy ~	Disquette *(informatique)*
floppy ~ drive	Lecteur de disquette
hard ~	Disque dur
hard-~ drive	Lecteur de disque dur
micro floppy ~	Micro disquette
3) (Digital Audio)	Disque *(m)*
compact ~ (▶ p 429)	Disque compact, Compact disque
compact ~ player	Lecteur de disques compacts
digital audio ~	Compact disque audio
digital video ~ (▶DVD p 432)	DVD
digital versatile ~ (DVD)	DVD
double-sided ~	DVD double face
high density ~	Disque à haute densité
numerical optical ~	Disque optique numérique (DON)

one-side ~ Disque monoface
optical ~ Disque laser
reflective ~ Disque à lecture laser par réflexion
rewritable ~ Compact disque réinscriptible
striped ~s Disques liés
video ~ Disque vidéo
write once ~ : Compact disque inscriptible une seule fois

Discharge Décharge *(f)*
* *Electric shock* Décharge électrique

Discharge (to ~) Décharger

Discolour (to ~) *(GB)* – **Dicolor** (to ~) *(US)* : Décolorer

Discolouration *(GB)* – **Dicoloring** *(US)* : Décoloration *(f)* *(des couleurs)*

Disconnect (to ~) *a)* Déconnecter - *b)* Décrocher

Discret Cosine Transform (DCT) Transformée *(f)* en cosinus discrète

Dishing Perruque *(f)* *(de pellicule)*

Disk Disque *(m)*
~ shutter Obturateur à disque

Disorder Dérangement *(m)*

Dispatch (to ~) *(Audio-Video)* Répartir des circuits

Dispatcher *(Audio-Video)* Répartiteur *(m)* de circuits

Dispatching *(Audio-Video)* Répartition *(f)* de circuits \ de signaux

Disperse (to ~) Disperser

Dispersion Dispersion *(f)*

Displace (to ~) Déplacer

Display Affichage *(m)*
digital ~ Affichage digital
on-screen ~ Affichage à l'écran
speed-footage ~ Affichage vitesse-métrage

Display (to ~) Afficher

Disproportion : Disproportion *(f)*, Défaut *(m)* de proportion

Dissolve Fondu *(m)* enchaîné
~ in-camera Fondu enchaîné à la prise de vue
~ time Durée du fondu
lap-~ : Fondu par volet *(une nouvelle image chassant la précédente)*
shutter ~ Fondu à l'obturateur

Dissolve (to ~) *1)* ~ Dissoudre
2) *(Special effects)* Faire disparaître en fondu
~ through to . . . Enchaîner en fondu avec . . .

Dissolving shutter Obturateur *(m)* à fondu

Dissonant, # *Discordant* Dissonant(e), Discordant(e)

Distance *1)* ~ Distance *(f)*
~ of focus Distance de mise au point
minimum ~ ~ Distance de mise au point minimum
~ fog Voile de lointain
~ of framing, camera ~ Échelle de plan

~ scale (▶ p 470)	Échelle des plans
~ shot	Plan d'ensemble
apparent ~ *(Audio)*	Distance apparente
critical ~ *(Audio)*	Distance critique
focal ~	Distance focale, Focale
hyperfocal ~	Distance hyperfocale
2) ~	Cote
back focal ~	Cote de tirage optique
flange focal ~	Cote de tirage mécanique
Distance (**In the** ~)	Dans le lointain
Distemper	Badigeon *(m)*
Distemper (to ~)	Badigeonner
Distortion *1)* ~	Déformation *(f)*, Distorsion *(f)*
~ factor	Coefficient de distorsion
harmonic ~	Distorsion harmonique
geometric ~ :	Déformation de la géométrie de l'image *(Telle que la courbure et l'inclinaison des lignes droites aux coins et aux bords des images sur un écran TV ou d'ordinateur)*
2) # Aberration	Aberration *(f)*
barrel ~	Aberration sphérique en barillet
pin-cushion ~	Aberration sphérique en coussinet
Distribute (to ~)	Répartir, Distribuer
~ a film	Distribuer un film
Distribution *1) ~ (for films)*	Distribution *(f) (de films)*
~ advance :	À-valoir distributeur, Minimum garanti distributeur
~ company :	Société de distribution, Maison de distribution
~ costs	Coûts de distribution
~ expenses	Frais de distribution
~ expenses	Coûts de la distribution
~ quality :	Niveau de qualité pour une distribution cinéma numérique
~ rights	Droits d'exploitation
digital cinema ~	Distribution de cinéma numérique
international ~	Distribution à l'étranger
non-theatrical ~	Distribution non-commerciale
theatrical ~	Distribution commerciale
world ~	Distribution mondiale
2) (Electricity)	Distribution *(f)*, Répartition *(f)*
~ board	Tableau de distribution
~ box	Boîte de distribution
Distributor	Distributeur(-trice) *de films*
~'s share	Part distributeur
digital cinema ~	Distributeur de cinéma numérique
independent ~	Distributeur(-trice) indépendant(e)
Disturb (to ~)	Déranger, Perturber, Modifier

* *"Do not disturb the screws!"* ⇔ "Ne touchez pas aux vis!"

Dither : Faible signal rajouté à un signal analogique afin de lisser ses défauts *(avant d'en effectuer la numérisation)*
Dithering : *(Procédé consistant à regrouper des pixels de couleurs différentes de façon à créer, pour l'œil, l'effet d'une autre couleur)*
Ditty bag *(Fam.)* : Sac de face *(pour le petit matériel de l'assistant-opérateur)*
Divergence — Divergence *(f)*
Diverging — Divergent(e)
Diversity — Récepteur *(m)* HF à deux antennes
Dockable — Enfichable, Qui s'enclique
~ accessory — Accessoire enfichable
Docudrama — Docudrame *(m)*, Docudrama *(m)*
Documentary — Documentaire *(m)*
~ film — Film documentaire
Dolly *1)* ~ *(wheel-based camera mount)* : Chariot *(m)* de travelling
~ track — Rail de travelling
crab ~ : *(Tout chariot de travelling à 4 roues directrices dont 2 débrayables)*
doorway ~ : *(Chariot étroit passant à travers les portes de dimensions standards)*
rubber-tired ~ : *(Chariot de travelling équipé de pneus gonflables)*
spyder ~ , cricket ~ : *(Type de chariot de travelling à colonne centrale)*
western ~ — Western dolly
2) # *Dollying* — Travelling, Mouvement de travelling
~ in — Travelling avant
~ man, ~ grip, ~ pusher — Machiniste *(préposé aux travellings)*
~ out, ~ back — Travelling arrière
~ shot, # *Travelling shot* — Travelling d'accompagnement
~ zoom — Travelling compensé
Dome *(Audio)* — Dôme *(m)*
Doming — Décoloration *(f)* des couleurs *(f)*
Doodle (to ~) — Griffonner
Door — Porte *(f)*
camera ~ — Porte caméra
anamorphic ~ ~ — Porte scope
handholdable ~ ~ — Porte pour caméra à l'épaule
pivoting viewfinder ~ ~ — Porte caméra pivotante
hinged ~ — Porte à charnières
Dope sheets *1)* # *Camera report* : Rapport *(m)* image, Rapport *(m)* caméra
2) *(Documentary)* : Fiches *(f)* descriptives des plans tournés, pour le montage
Doppler effect — Effet *(m)* Doppler
Dot *1)* ~ (▶ p 337) — Point *(m)*
~-per-inch = dpi — Points par pouce = ppp
2) ~ *(US)* : Petit volet circulaire ou trame très serrée *(placé dans le faisceau d'un projecteur afin de former localement une ombre)*
Dot crawl *(Dig. Video)* : *(Défaut de transition entre les lignes verticales d'une trame vidéo, dont l'apparence est mobile (d'où le nom de Crawl) et qui prend l'aspect d'une fermeture-éclair)*

Double
1) ~ *(noun)* Doublure *(f)*
body ~ Doublure corps
2) ~ *(adj)* Double *(m)*
~ band Double bande
~ booking *(Distribution - Exhibition)* : Surréservation
~ exposure Surimpression
~-headed Double bande
~-layer Double couche
~-sided Double face
~ system *(>< Single system)* Double bande
~ take : Double take *(No translation in french)*
Doublet Doublet *(m)*
Doughnut *(Litt. : Beignet)* : Soufflet *(m)* de protection arrière *(pour un parasoleil)*
~ shaped En forme d'anneau \ de tore
Douse (to ~) Plonger dans l'obscurité
Douser Louche *(f)* *(de projecteur de films)*
Dovetail Queue d'aronde *(f)*
quick release ~ Plaque d'attache rapide
Down En bas
~ camera eye Regard proche caméra
Down (to ~) Descendre
~ the music Baisser la musique
Down conversion Conversion *(f)* vers le bas
Downconvert (to ~) : Convertir vers le bas *(Convertir un signal vidéo depuis un format vers un format de résolution inférieure)*
Downconverter Convertisseur *(m)* vers le bas
Download, Downloading Téléchargement *(m)*
Download (to ~) Télécharger
Down-sampling : Échantillonnage *(m)* vers le bas *(avec perte de détails)*
Downsize (to ~) Réduire la taille de *qch*
Down-stream : *(Terme utilisé en diffusion indiquant qu'un point (équipement ou autre) est plus prêt du point final de transmission)*
~ keyer : *a)* Titreur *(m)* de fin de chaîne
b) Incrustation *(f)* aval *(Incrustation par-dessus tous les autres effets)*
c) *(Dispositif permettant d'incruster un générique par dessus le signal d'une autre image)*
Drab, # *Faint* Fade
Draft : Mouture *(f)* de scénario *(m)*, Étape *(f)* *(dans l'écriture d'un scénario)*
final ~ : Scénario définitif, Version finale *(d'un scénario)*
first ~ : Premier jet, Première mouture, Première ébauche *(d'un scénario)*
Drain Consommation *(f)*
Drama Dramatique *(f)* télévisée
Dramatic unity Unité *(f)* d'action *(f)*
~ structure Structure dramatique

Draw (to ~) *1) # To Make a drawing* : Dessiner
2) ~ a line — Tracer une ligne, Tirer un trait
3) ~ an object — Tirer un objet
~ back *sth* — Reculer *qch*
~ a nail out — Déclouer, Arracher un clou
4) ~ out, *# To Stretch out* — Étirer
5) ~ *sth* tighter — Resserrer *qch*

Drawing — Dessin *(m)*, Plan *(m)*
~ pin — Punaise
master ~ — Dessin original
reference ~ — Plan de montage
rough ~ — Ébauche, Croquis
sectional ~ — Vue en coupe

Dress (to ~) *1) # (Wardrobe)* — Habiller *(un comédien)*
2) ~ a set, *# Set decoration* — Habiller *(un décor)*

Dressing *1) ~ (for clothes)* — Habillage *(m)*
~ room — Loge d'habillage *(d'un comédien)*
2) *# Set dressing* — Habillage *(m)* *(d'un décor)*

Drift — Dérive *(f)*, Déviation *(f)*, Glissement *(m)*
axial ~ — Dérive d'axe
side ~ — Dérive latérale
zoom ~ — Dérive de zoom

Drive — Entraînement *(m)*
~ system — Mécanisme d'entraînement
back ~ — Marche arrière
belt ~ — Entraînement par courroie
claw ~ — Entraînement par griffe
clockwork ~ : Entraînement mécanique par système à remontoir
continuous ~ — Entraînement continu
film ~ — Entraînement du film
gear ~ — Entraînement par engrenage
intermittent ~ — Entraînement intermittent
spring ~ — Entraînement par ressort
sprocket ~ : Entraînement par pignon \ par tambour denté

Drive-in (*US*) : Ciné-parc *(m)* [CGTN – 2000] *(Cinéma en plein air où l'on peut assister à la projection d'un film depuis sa voiture)*

Driver — Chauffeur *(m)*

Driving — *a)* Entraînement - *b)* Moteur(-trice)
~ belt — Courroie d'entraînement
~ claw — Griffe d'entraînement
~ gear — Pignon moteur
~ shaft — Arbre moteur
~ sprocket — Tambour d'entraînement
~ unit — Organe moteur
~ wheel — Galet moteur, Roue d'entraînement

Drop *1)* ~	Chute *(f)*
voltage ~ , power ~	Chute de tension
2) ~ of film, # *Short end*	Chute de pellicule
3) # *Teaser* (*US*) : *(Grand tissu noir suspendu au-dessus du décor ou monté sur cadre et sur pieds, pour contrôler une lumière diffuse ou celle des contre-jours)*	
Drop (to ~) the level *(Audio)*	Baisser le niveau
Drop frame : Image supplémentaire de TC rajoutée toutes les 1000 images	
Drop out : Perte de signal *(f)* [CGTN – 2000], Drop out *(m)*, Paille *(f)* *(Perte de signal au cours de la lecture d'une bande magnétique)*	
~ compensator : Compensateur de perte de signal \ de pailles	
Droplets	Gouttelettes *(f)*
Drum	Tambour *(m)*
~ servo	Asservissement du tambour de têtes
~ shutter	Obturateur tambour \ à barillet
sprocket ~	Tambour denté
Dry	Sec (Sèche)
to be kept ~	Craint l'humidité, À garder au sec
Dry (to ~)	Sécher
~ up : Avoir un trou de mémoire, Sécher sur son texte	
Dry run : Mise en place *(f)* des acteurs, Répétition *(f)* à vide et sans technique *(permettant au réalisateur de déterminer la mise place des plans)*	
Drying	Séchage *(m)*
~ cabinet	Armoire de séchage
~ marks	Marques de séchage
Dub *(Video)*	Copie *(f)* vidéo
Dub (to ~) *1) (Video)*	Copier, Faire une copie vidéo
2) # *To Post-dub* (*GB*)	*a)* Post-synchroniser - *b)* Doubler
Dubbed	Doublé(e)
~ print	Copie doublée
~ version	Version doublée
Dubbing	
1) *(Video)* : Ensemble des techniques de fabrication des copies	
2) # *Post-dubbing* (*GB*)	*a)* Post-synchronisation *(f)* - *b)* Doublage *(m)*
~ print	Copie pour la post-synchronisation
~ session	Séance de post-synchronisation
~ studio	Studio de doublage
~ theatre	Auditorium
Dull *1)* ~ *(for a colour)*	Mat(e), Terne
2) ~ *(for a sound)*	Sourd(e), Étouffé(e)
Dull (to ~)	Mater, Ternir, Matifier
Dulling spray	Bombe *(f)* à mater
Dupe	Contretype *(m)*
~ list	Liste des internégatifs
~ negative >< positive	Contretype négatif >< positif
~ for opticals work	Contretype grain fin pour trucages

black and white ~ positive	Marron *(noun)*, Positif marron
colour ~	Contretype couleur
combined ~ negative	Contretype négatif standard
composite ~ negative	Contretype négatif standard
one-light ~	Internégatif à lumière unique
reversal ~	Contretype inversible
Dupe (to ~)	*a)* Contretyper *b)* Dupliquer, Faire des copies
Duping	Contretypage *(m)*, Duplication *(f)*
Duplex	Duplex *(m)*

full ~ : Communication bidirectionnelle simultanée
half ~ : Communication unidirectionnelle

Duplicate	Contretype *(m)*
~ film	Pellicule contretype, Pellicule de contretypage
~ negative	Contretype négatif
combined ~ ~	Contretype négatif standard
fine grain ~ ~	Contretype négatif grain fin
Duplicate (to ~)	*a)* Contretyper *b)* Dupliquer, Faire des copies
Duplicating	Contretypage *(m)*
Duplicating film	Pellicule contretype, Pellicule de contretypage
black and white ~	Pellicule contretype Noir et Blanc
colour ~	Pellicule contretype couleur
fine grain ~	Pellicule contretype grain fin
negative ~	Pellicule contretype négative, Pellicule négative pour contretypage
positive ~	Pellicule contretype positive, Pellicule positive pour contretypage
reversal ~	Pellicule contretype inversible Pellicule inversible pour contretypage
Duplication	*a)* Contretypage *(m)* *b)* Duplication *(f)*, Fabrication *(f)* de copies
~ bench	Banc de duplication
Dusk	Crépuscule *(m)*
Dust	Dépôt *(m)*, Poussière *(f)*, Saleté *(f)*
Dusty	Poussiéreux(-euse)
Dutch (to ~)	Casser la bulle
* *To Go dutch*	Casser la bulle
Dutch	
~ angle shot	Plan à bulle cassée
~ tilt	Bulle cassée
Duty-free	Détaxé(e)
Duvetyne	Taps *(m)*

DV = Digital Video — Vidéo *(f)* numérique
- ~ Cam — *Format DV développé par Sony®*
- ~ Pro 25, ~ Pro 50 — *Formats DV développés par Panasonic®*

DVD (▶ p 432)
- *1)* = Digital Versatile Disk — DVD *(m)* *(Disque numérique polyvalent)*
- *2)* = Digital Video Disk — DVD = Disque vidéo numérique
- multiregion ~ player — Lecteur de DVD multizones
- zone ~ (▶ p 790) — Zone DVD

DVE = Digital Video Effects — Effets *(m)* spéciaux numériques

DVI = Digital Video Interface : *(Interface qui permet de véhiculer un signal vidéo en numérique, sans passer par l'analogique)*
- * DVI-D — *Connexion uniquement numérique*
- * DVI-A — *Connexion uniquement analogique*
- * DVI-I — *Connexion pour les 2 types de signaux*

Dye — Colorant *(m)* *(pour une teinture)*
- ~ toning — Virage *(m)*

Dynamic *(adj.)* — Dynamique
- ~ range — Dynamique *(noun)* *(f)*
- ~ sibilance controller, # *De-esser* — Contrôleur *(m)* dynamique de sifflantes

Dynamics *(noun)* — Dynamique *(f)*

E

E-mem = Effects Memory	Mémoire *(f)* d'effets
Ear	Oreille *(f)*
musical ~	Oreille musicale
* *Tone-deaf*	Qui n'a pas l'oreille musicale
Earphone	Écouteur *(m)*, Oreillette *(f)*
~ plug	Prise d'écouteur
monitor ~	Écouteur de contrôle
* *Ear monitor*	Retour sur oreillette
Earth *(Electricity)*	Terre *(f)*
~ connection (GB)	Prise de terre
~ leak	Fuite à la terre
~ wire (GB)	Fil de terre
Earth (to ~) (GB)	Raccorder à la terre, Mettre à la masse \ à la terre

* *"Not earthed"* ⇔ "Non raccordé(e) à la terre"

Earthing (GB)	Raccordement *(m)* à la terre *(f)*
Ease (to ~)	Donner du jeu *(mécanique)*
Eccentric	Excentrique *(m)*
Echo	Écho *(m)*, Réverbération *(f)*
~ chamber	Chambre à écho \ de réverbération

~ effect, # *Print through* : Effet d'écho parasite *(passant d'une spire à l'autre)*

Edge *1)* ~	Bord *(m)*, Contour *(m)*
~ enhancement	Amélioration des contours
~ filtering *(Video)*	Lissage des contours
~ of frame	Limite de champ
jagged ~, # *Jaggy*	Bord crénelé
2) ~ *(of the film)*	Manchette *(f)* *(du film)*
~ fog	Voile sur les manchettes
~ guide	Bord guide, Guide latéral
~ markings	Informations sur les manchettes
~ number, # *Code numbers*	Numéro de bord
~ numbering, ~ coding	Piétage, Numérotation de bord
~ numbering machine	Machine à piéter
~ stripe	Piste couchée latérale
Edit	Montage *(m)*

~ decision list (EDL) : Liste des points de montage en off-line,
Liste des points de montage et effets *(permettant de maquetter un film avant sa conformation finale)*

~ list *(Video)* : Liste des points de montage *(établie automatiquement)*
~ master — Bande master
~ point *(Video)* — Point de montage
  * *Edit in >< Edit out* — Point d'entrée >< Point de sortie
assembly ~ — Montage en mode assemble
flash-back ~ — Montage en flash-back
insert ~ : Montage par insertion, Montage en mode insert
mixed ~ — Montage mixte
match frame ~ , tracking ~ — Montage sur bande trackée
multiformat ~ — Montage multiformat
off-line ~ — Prémontage
on-line ~ — Montage de l'original en régie
script ~ : *(Suite au découpage du film en plan numérotés, document donnant la succession des scènes et des plans qui devront être filmés)*
virtual ~ — Montage virtuel

Edit (to ~) — Montage *(d'un film)*

Editing — Montage *(m)*
~ bench — Banc de montage
~ gloves — Gants de montage
~ in the camera — Montage à la prise de vue
~ rack — Bac à chutes, Chutier
~ ratio : Rapport entre prises tirées et prises montées
~ rights : Droit de couper et retirer des séquences du montage
~ room — Salle de montage
~ sync — Montage synchrone
~ table — Table de montage
  flat bed ~ ~ — Table de montage horizontale
  upright ~ ~ — Table de montage verticale
~ workstation — Station de montage
A and B ~ — Montage A et B
associational ~ — Montage associatif d'idées
checkerboard ~ *(Video)* — Montage en damier
continuity ~ — Montage dans la continuité
dynamic ~ — Montage serré [CGTN – 2000]
elliptical ~ — Montage elliptique
in-camera ~ — Montage au tournage
insert ~ *(Video)* — Montage en mode insert
intraframe ~ — Montage dans l'image
negative ~ — Montage négatif
  picture ~ ~ — Montage négatif image
  sound ~ ~ — Montage négatif son
nonlinear ~ *(Video)* — Montage non linéaire
off-line ~ *(Video)* : Montage non-broadcast, Montage maquette, Montage hors conformation / hors direct, Montage sur copie [CGTN – 2000]

on-line ~ *(Video)*	Montage broadcast, Conformation sur matériel "broadcast", Montage sur original [CGTN – 2000]
parallel ~	Montage parallèle
picture	Montage image
random-access ~, random ~	Montage virtuel
relational ~	Montage associatif d'idées
shot-sequence ~ : Montage conventionnel d'une séquence	
sound ~	Montage son
sync ~	Montage synchrone
tight ~	Montage sec [CGTN – 2000]
time code ~	Montage avec time code
total ~	Montage intégral
virtual ~ , # *Virtual edit*	Montage virtuel
Editor (▶ **p 358**)	Monteur(-euse)
~ 's cut	1er montage *(par le chef-monteur)*
~ 's log, # *Daily editor log*	Rapport montage
Effect	Effet *(m)*
~ shot	Plan truqué, Plan avec trucage, Plan à effets spéciaux
~ stock	Pellicule grain fin pour effets spéciaux
~ thickness *(Audio)*	Effet d'épaisseur
soft-focus ~	Effet de flou
special ~	Effet spécial, Trucage
strobe ~ , # *Strobing*	Effet de stroboscopie
Effects	Effets *(m)*
~ bank	Banc de trucages
in-camera ~	Trucages à la prise de vue
lab ~	Trucages au laboratoire
mechanical ~	Effets spéciaux mécaniques
sound ~ , # *Foley* (▶ **p 403**)	Bruitages, Effets sonores
~ ~ track	Bande d'effets sonores
special ~ (SP-FX)	Effets spéciaux, Trucages
visual ~	Effets spéciaux visuels
Efficiency	Efficacité *(f)*, Rendement *(m)*
luminous ~	Efficacité lumineuse
overall ~	Coefficient d'efficacité
Eggcrate	Grille *(f)* focalisante de softlights
Elastic *(adj.)*	Élastique
Elastic band, # *Rubber band*	Élastique *(m)*, Cordon *(m)* élastique
Electric	Électrique
~ charge	Charge électrique
~ department	Équipe lumière
~ power	Secteur
Electrician	Électricien(-ienne) *(Coll. : Électro)*

Electricity	Électricité *(f)*
~ meter	Compteur d'électricité
static ~	Électricité statique
Electroacoustic	Électroacoustique *(f)*
Electrode	Électrode *(f)*
Electrodynamics	Électrodynamique *(f)*
Electrokinetic	Électrocinétique *(f)*
Electroluminescence	Électroluminescence *(f)*
Electromagnet	Électro-aimant *(m)*
Electromagnetic	Électromagnétique *(f)*
~ spectrum	Spectre électromagnétique
Electromagnetism	Électromagnétisme *(m)*
Electron	Électron *(m)*
~ beam	Faisceau d'électrons
~ gun	Canon à électrons
Electronic	Électronique *(adj.)*
Electronics	L'Électronique *(noun) (f)*
Electrostatic	Électrostatique *(adj.)*
Element, # *Component*	Élément *(m)*, Composant *(m)*

Elements, # *Materials* : *a)* Éléments *(les parties d'un film : image et son)*
b) Les supports en eux-mêmes *(copies, bandes, etc.)*

Eliminate (to ~)	Éliminer, Supprimer
Elimination	Élimination *(f)*, Suppression *(f)*
Ellipsis	Ellipse *(f)*
Elliptic, Elliptical	Elliptique
Elongation *(Audio)*	Élongation
Embedded	Incorporé(e) *(à l'intérieur d'un autre signal)*
Embedding	Incorporation *(f) (d'un signal dans un autre)*
Emergence *(Audio)*	Émergence *(f)*
Emery	Émeri *(f)*
~ paper	Toile émeri
Emphasize (to ~)	Accentuer, Souligner
Employee (male \ female)	Employé(e) *(noun)*
daily paid ~	Employé(e) *(adj.)* à la journée
hourly paid ~	Employé(e) à l'heure
weekly paid ~	Employé(e) à la semaine
Employer	Employeur(-euse)
Employment	Emploi *(m)*

~ at will : Emploi sans contrat \ de gré à gré \ par consentement mutuel

Empty	Vide *(adj. and noun) (m)*
Emulsion	Émulsion *(f)*, Surface *(f)* sensible
~ base	Support d'émulsion
~ batch	Coulée d'émulsion
~ ~ number	Numéro d'émulsion
~ coating	Émulsionnage, Coulage d'émulsion

~ in	Émulsion intérieure
~ in winding	Enroulement émulsion intérieure
~ layer	Couche d'émulsion
~ number	Numéro d'émulsion
~ out	Émulsion extérieure
~ out winding	Enroulement émulsion extérieure
~ pile-up	Dépôt de poussière d'émulsion
~ side	Côté émulsion
~ ~ in >< ~ ~ out	Émulsion intérieure >< extérieure
~ speed	Sensibilité, Rapidité
light sensitive ~	Émulsion photosensible
negative ~	Émulsion négative
orthochromatic ~	Émulsion orthochromatique
panchromatic ~	Émulsion panchromatique
positive ~	Émulsion positive
reversal ~	Émulsion inversible
Encode (to ~)	Coder
Encoded	Encodé(e), Codé(e)
Encoder	Codeur *(m)*
built-in ~, # *Built-in coder*	Codeur incorporé
Encoding, # *Coding*	Codage *(m)*, Encodage *(m)*
~ process : *(Pour un standard TV numérique, procédé consistant à lire un signal vidéo et à le transformer en un flux de bits codés)*	
video ~	Encodage du signal vidéo
Encrypt (to ~)	Crypter
Encryption	Cryptage *(m)*
Encyphement	Cryptage *(m)*
End *1) # Termination of a film*	Fin *(f)*
downbeat ~	Fin déprimante
happy ~	Fin "qui se termine bien"
sad ~	Fin triste
* *The end*	Fin
2) # Tip	Bout *(m)*, Extrémité *(f)*, Pointe *(f)*
on ~	Debout, Droit(e)
Energy	Énergie *(f)*, Force *(f)*
incidental ~ *(Audio)*	Énergie incidente
Engage (to ~)	Enclencher
Enhance (to ~) *1)* ~ a tint	Rehausser \ Améliorer une teinte
2) ~ a detail	Souligner un détail, Mettre en valeur *qch*
Enhanced for 16:9	Amélioré(e) pour une diffusion 16:9
Enhancement : Amélioration *(f)* du rendu, Réhaussement *(m)*	
(Video)	Réglage du piqué de l'image
colours ~	Amélioration des couleurs
edge ~	Amélioration des contours
rendition ~ , # *Crispening*	Amélioration du rendu

Enlarge (to ~)	Élargir *qch*, Agrandir *qch*
1) ~ *sth*	Élargir *qch*, Agrandir *qch*
2) ~ a photography	Agrandir une photographie
Enlargement	Agrandissement *(m)* d'une photographie
Enlarging	Agrandissement *(m)*
Enter camera (to ~)	Faire une entrée de champ
~ left >< right : Faire l'entrée de champ par la gauche >< la droite caméra	
Enter into the frame (to ~)	*a)* Entrer dans le champ
	b) Faire une entrée de champ
Entertainment	Divertissement *(m)*
Entrance in frame	Entrée *(f)* de champ
Entropy	Entropie *(f)*
~ coding	Encodage à moindre perte
Envelope *(Audio)*	Enveloppe *(f)*
~ follower	Suiveur d'enveloppe
~ generator	Générateur d'enveloppe
Epic	Film *(m)* à grand spectacle
Episode	Épisode *(m)*
Episodic	À episodes *(m)*
Equal loudness curve	Courbe *(f)* d'isosonie *(f)*
Equalisation (*GB*) – **Equalization** (*US*) : Égalisation *(f)*, Compensation *(f)*, Péréquation *(f)*, Correction *(f)* à l'enregistrement et / ou à la lecture	
Equalise (to ~) (*GB*) – **Equalize** (to ~) (*US*) : Égaliser	
Equaliser (*GB*) – **Equalizer** (*US*) : Égaliseur *(m)* [CGTN – 2000], Écrêteur *(m)*	
active ~	Égaliseur actif
frequency ~	Égaliseur de fréquences
Equipment	Matériel *(m)*, Équipement *(m)*
~ list	Liste de matériel
light-weight ~, # *Portable rig*	Matériel léger
light video ~	Matériel vidéo légère
makeshift ~	Moyen de fortune
portable ~	Matériel portable
Equivalent focal length	Distance *(f)* focale équivalente
Erase (to ~) *1) (General meaning)*	Gommer
2) # To Degauss : Effacer totalement une bande magnétique	
Erasing, Erasure	Effacement *(m)* *(d'un enregistrement)*
Erect (to ~) *1)* ~ a set	Construire, Monter un décor
2) ~ an inverted image	Redresser une image inversée
Error	Erreur *(f)*
~ concealment : Reconstruction des erreurs *(dans un signal)*	
~ correction	Correction d'erreurs
~ corrector	Correcteur d'erreurs
~ detection	Détection d'erreurs
~ message *(Comput.)*	Message d'erreur
Estimate *(Business)*	Devis *(m)*

Estimate (to ~)	Estimer
Estimation	Estimation *(f)*
EV = Exposure Value	Indice *(m)* d'exposition *(f)*
Even	Régulier(-ière) *(adj.)*, Uniforme *(adj.)*
Evenness	Régularité *(f)*, Uniformité *(f)*
Excerpt (Film ~)	Extrait *(m)* *(de film)*
Exciter, # *Oscillator*	Oscillateur *(noun)* *(m)*
~ coil	Bobine inductrice
~ lamp	Lampe excitatrice
Exclusive	Exclusivité *(f)*
~ contract	Contrat d'exclusivité
~ opening	Première d'un film dans une salle unique
~ release	Première exclusivité
~ rights	Droits d'exclusivité
~ run	En exclusivité
non ~	Non-exclusivité
Exhausted battery	Batterie *(f)* épuisée, Batterie *(f)* vide
Exhibit (to ~)	Exploiter *(un film en salles)*
Exhibition *(of a film)*	Exploitation *(f)* *(d'un film en salles)*
~ chain	Chaîne \ Circuit de salles de cinéma
~ financing	Avance exploitant
~ period	Période d'exploitation
~ rights	Droits d'exploitation en salle
non-theatrical ~	Exploitation non-commerciale
theatrical ~	Exploitation commerciale
unaffiliated ~	Exploitation indépendante
Exhibitor	Exploitant(e) *(de salles de cinéma)*
Existing light	Lumière *(f)* naturelle existante
Exit camera (to ~)	Sortir du champ
~ right >< left	Sortir du champ à droite >< à gauche
Exit of frame	Sortie *(f)* de champ
Exit out of the frame (to ~) : *a)* Sortir du champ - *b)* Faire une sortie de champ	
Expand *(Audio)*	Extension *(f)*
Expander *1)* ~	Expandeur-Extenseur *(noun)* *(m)*
2) # Sound generator	Générateur *(m)* de sons
Expenses	Dépenses *(f)*, Frais *(m)*
casual ~	Frais imprévus, Imprévus
free of ~	Franco
general ~	Frais généraux
living ~ , # *Per Diem*	Défraiements
to get one's ~ ~	Toucher ses défraiements
operating ~	Frais de fonctionnement
overhead ~ , # *Overhead(s)*	Frais généraux
petty ~	Menus frais
recoupable ~	Frais opposables

running ~ Frais d'exploitation
standing ~ Frais permanents
to cut down ~ Réduire les frais
travel ~ Frais de déplacements
upfront ~ : Frais engagés avant même le lancement de la production
working ~ : Frais généraux, Frais de fonctionnement
* *T&E = Travel and Expenses* : Défraiements, Indemnités de voyage et d'hébergement

Expiry date Date *(f)* de péremption *(f)*

Exploded view : Éclaté *(noun) (m)*, Dessin *(m)* en éclaté, Vue *(f)* en éclaté

Exploitation *1) # Exhibition* Exploitation *(f) (d'un film)*
2) # Film genre Film *(m)* commercial racoleur
* *Blaxploitation : Qualifie les films tirant profit des goûts du public afro-américain*
* *Sexploitation : Qualifie les films basés sur le sexe, graveleux et primaires*

Export (to ~) *1) (Comput.)* Exporter
2) # To send sth abroad Exporter

Expose (to ~) *(a film)* Exposer *(une pellicule, un film)*
over ~ Surexposer
under ~ Sous-exposer

Exposed Impressionné(e)

Exposition : Exposition, Présentation des personnages d'une histoire

Exposure *1)* ~ Lumination *(f)*
~ value (EV) Indice de lumination
2) ~ Exposition *(f)*, Pose *(f)*
~ bracketing : *(Essai filmé à tous les diaphragmes en vue de déterminer la meilleure exposition, et donc le diaphragme à afficher)*
~ compensation Compensation d'ouverture
~ factor Facteur d'exposition, Coefficient de pose
~ index (EI) Indice de pose
~ latitude Latitude de pose
~ meter Cellule, Posemètre
~ period Phase d'exposition
~ rating Indice de sensibilité
~ setting Réglage d'ouverture
~ speed Sensibilité, Rapidité d'une pellicule
~ ~ index Indice de sensibilité
~ test Essai de pose
~ time Temps de pose, Durée d'exposition
to decrease the ~ ~ Diminuer le temps de pose
to increase the ~ ~ Augmenter le temps de pose

Expressionism Expressionnisme *(m)*

Ex ref Référence *(f)* externe

Extend (to ~) Agrandir

Extender Rallonge *(f)*
range ~ Doubleur de focale

Extendible — Extensible
Extension, # *Extender* — *a)* Rallonge *(f)* - *b)* Raccord *(m)*
~ arm — Bras de déport
~ cable — Câble rallonge, Prolongateur
~ tube — Bague allonge
Extra *1)* # *Actor* : Acteur(Actrice) de complément, Figurant(e)
~ bit player — Silhouette
special ability ~ : Figurant(e) ayant un talent particulier *(culturiste, danseur, jongleur, cavalier, musicien, transformiste, etc.)*
2) ~ help — Renfort *(m)* de personnel *(dans une équipe)*
3) ~ facilities *(Audio)* — Périphériques *(noun) (m)*
Extras *1)* # *Expenses* — Frais *(m)* supplémentaires
2) # *Actors* : La figuration *(f) (c'est-à-dire l'ensemble des figurants et figurantes)*
Eye — Œil *(Plural* : Yeux *) (m)*
~ contact — Regard volontaire à la caméra
~ cushion : Œilleton en mousse ou en peau de chamois *(pour le viseur)*
~ height — Hauteur du regard
~ match — Raccord de regard
~ shadow — Ombre à paupières
deep-set ~s , sunken ~s — Yeux creux
directing the ~ : Diriger l'attention \ le regard *(du spectateur)*
out of the corner of one's ~ — Du coin de l'oeil
with the naked ~ — À l'oeil nu
* *Glance* — Coup d'oeil
* *Sidelong glance* — Regard de côté, Coup d'œil de côté
* *To Glance at s.o* : Jeter un coup d'œil à *qn*, Lancer un regard à *qn*
Eyecup — Œilleton *(m)* de viseur
chamois leather ~ — Œilleton en peau de chamois
heated ~ — Œilleton de viseur chauffant
Eyeline — Direction *(f)* de regard *(m)*
~ match : Raccord de direction de regard, Raccord de regard obéissant à la Loi des 180°
Eyepiece — Œilleton *(m)*, Loupe *(f)*, Viseur *(m)*
~ cover — Œilleton en peau de chamois
~ extension — Loupe longue
~ heater — Chauffage de l'œilleton chauffant
~ leveller — Support de loupe
~ rotation — Rotation \ Orientation de l'œilleton
heated ~ — Œilleton chauffant
orientable ~ — Œilleton orientable
rotatable ~ — Œilleton orientable

F

f-stop *(pour* : Geometrical stop*)* — Diaphragme *(m)* géométrique
Face, # *Human face* — Visage *(m)*, Face *(f)*, Figure *(f)*
Facility *1)* ~ *(in a place)* : Aménagement *(m)*, Installation *(f)* technique
2) ~ *(of an apparatus)* — Option *(f)*, Possibilité *(f)* *(d'un appareil)*
Facilities, # *Facility, Fax* : *a)* Tout type de lieu équipé pour la prise de vues, production et post-production (montage, mixage, etc.)
b) Aménagements *(m)* \ Installations *(f)* techniques, Moyens *(m)* techniques d'un studio
~ deal — Contrat d'apport en nature *(prestations)*
~ support *1) (Coproduction)* — Apport en prestations techniques
2) (Film budget) — Frais de studio hors les frais de plateau
studio ~ — Moyens techniques du studio
Facing *sth* — Face à *qch*
~ camera — Face à la caméra, De face
Factor — Coefficient *(m)*, Facteur *(m)*
Fade — Fondu *(noun)* *(m)*
~ in : Fondu à l'ouverture, Ouverture en fondu
~ in-camera — Fondu à la caméra \ à la prise de vue
~ out — Fondu au noir, Fermeture en fondu
~ time — Durée du fondu
~ to black — Fondu au noir
~ to white — Fondu au blanc
~ up *(Audio)* — Montée progressive du niveau sonore
cross ~ — Fondu enchaîné
iris ~ : *a)* Fondu au diaphragme - *b)* Fondu à l'iris
sound ~ — Fondu au son
Fade (to ~) *1)* ~ a colour — Décolorer, Délaver une couleur
2) ~ an image — Faire disparaître une image en fondu
3) ~ the light — Réduire la lumière
4) ~ out — Fermer en fondu
5) ~ up — Ouvrir en fondu
Fader : *a)* Potentiomètre *(m)* rectiligne – *b)* Gradateur *(m)*
~-start — Démarrage au potentiomètre
* *Master faders* *(Audio)* — Généraux
Fading — Affaiblissement *(m)*
colour ~ (GB), color ~ (US) — Délavement *(des couleurs)*
light ~ — Descente de lumière

Failure Panne *(f)*, Défaillance *(f)*
power ~ Panne de courant
Faint Éteint(e), Délavé(e)
Fair use Utilisation *(f)* légitime d'une œuvre *(f)*
Fall (to ~) ~ the eyes Baisser le regard, Baisser les yeux
~ off the intensity Baisser l'intensité
~ off the light Dégrader la lumière *(en l'ombrant)*
Fall off (Light ~) : Perte d'intensité lumineuse en s'éloignant de la source
False Faux(Fausse)
~ contouring : Défaut de contour dû à un dépassement de seuil du signal
~ hair, # *Hairpiece* Postiche, Cheveux postiches
* *Wig* Perruque
~ move Faux-mouvement
~ start Faux-départ
Family hour(s) *(TV)* : Première partie *(f)* de soirée *(f)* (de 20h à 21h), Tranche *(f)* horaire d'écoute familiale
Fan Ventilateur *(m)*
Far Loin
~ away from Loin de
Fast *1)* # *Quick* Rapide
~ forward *(Audio-Video)* : Débobinage, Avance rapide de la bande
2) a) # *High speed* Lumineux(-euse), Rapide
~ lens Objectif lumineux, Objectif rapide
b) # *Sensitive* Sensible, Rapide
~ film Pellicule sensible, Film rapide
Fast Fourier Transform (FFT) Transformée *(f)* de Fourier
Fasten (to ~) Attacher, Fixer
~ *sth* with a bolt Boulonner
~ *sth* with a pin : Épingler *qch*, Attacher *qch* avec une épingle
Fax *1) (Raccourci pour* : Facilities) Moyens *(m)*, Équipements *(m)*
full ~ Entièrement équipé
2) ~ La technique du tournage
~ rehearsal Répétition avec la technique
no ~ : Répétition avec les acteurs, sans la technique *(caméra, lumière, …)*
FAY light (*US*) : 650 w PAR avec filtre dichroïque type lumière du jour
FCX light (*US*) : 650 w PAR lumière artificielle
Feature *1)* ~ of the face Trait *(m)* du visage
2) ~ *(of an apparatus)* Caractéristique *(f)* *(d'un appareil)*
3) ~ film Film *(m)* de fiction, Long métrage *(m)*
long ~ ~ >< short ~ ~ Long métrage >< Court métrage
4) in main ~s Dans les grandes lignes
Featured
~ performer : Acteur(-trice) tenant un second rôle important
~ player : Second rôle dont l'importance du personnage dans le récit en fait un véritable rôle de 1er plan

Featurette *1) # Short film*	Film semi-professionnel, Court-métrage
2) # Making of	Film sur le film, Making of
3) (DVD)	Complément de programme, Bonus
Featuring	Mettant en scène
Fee : Rémunération *(f)* (*honoraires, commission, quote-part, etc.*), Cachet *(m)*	
actor's ~	Cachet d'acteur, Cachet de comédien
exit ~	Frais de rachat, Droits de résiliation
fixed ~	Rémunération forfaitaire, Tarif préétabli
flat ~	Honoraires fixes
lay-over ~ , stand-by ~ : Cachet d'astreinte *(versé à un comédien obligé de rester sur le plateau, à disposition du tournage)*	
license ~ : Prix de cession des droits d'exploitation ou de représentation	
overscale ~ : Rémunération au-delà du minimum syndical, Supplément au cachet initialement prévu	
Fees	Honoraires *(m)*
Feed	Débiteur(-trice) *(adj.)*
Feed (to ~) *1) # To Supply*	Approvisionner, Alimenter
2) # To Power	Alimenter *(en électricité)*, Charger
3) # To Give the line to another actor	*a)* Donner la réplique
	b) Souffler son texte *(à un acteur)*
4) (Broadcasting)	Distribuer, Transmettre un signal
Feedback : Larsen *(m)*, Retour *(m)*, Bouclage *(m)* d'un signal	
Feeder	Câble *(m)* d'alimentation
Feeler	Palpeur *(noun) (m)*
magazine ~	Palpeur de magasin
~ ~ inhibited	Palpeur bloqué
~ ~ released	Palpeur enclenché
Feeling	Sensation *(f)*
Festival (Film ~)	Festival *(m)* de films
Fibre (*GB*) – **Fiber** (*US*)	Fibre *(f)*
~ cable	Câble à fibres optiques
~ glass	Fibre de verre
~ optics	Fibre optique
Fibreboard	Panneau *(m)* d'aggloméré
Field *1) # Action field*	Champ *(m)* de prise de vue *(f)*
~ angle	Angle de champ
~ broadcast	Reportage en extérieurs
~ control : *(Type de* Motion control *se calant sur un mouvement réel effectué au préalable, enregistré puis lissé par l'ordinateur)*	
~ curvature	Courbure de champ
~ flattener : Lentille correctrice de courbure de champ	
~ of sharpness	Champ de netteté
~ of view	Champ de prise de vue
~ ~ angle	Angle de champ
~ size	Champ couvert

acoustic ~ Champ acoustique
action ~ Champ de la caméra
depth of ~ Profondeur de champ
direct ~ *(Audio)* Champ direct
electric ~ Champ électrique
flatness of ~ Planéité de champ
focal ~ Champ de netteté
in the ~ : Sur le terrain, En extérieurs non préparés (*par opposition à : "On location shooting" = Tournage programmé en extérieurs naturels*)
magnetic ~ Champ magnétique
reverberant ~ *(Audio)* Champ réverbéré
shooting ~ Champ de prise de vue
variable ~ Champ variable
visual ~ Champ visuel
2) *(Video)* Trame *(f)* vidéo *(f)*
~ frequency Fréquence trame
~ segmentation *(Dig. Video)* : Transformation d'une image en progressif par deux trames entrelacées
~ sequence Cycle de trames
~ sync Synchro trame
scanning ~ Champ d'exploration \ de balayage
sequential ~ Trame séquentielle

Fifty-fifty : Plan à deux personnages *(cadrés de manière équivalente, sans que l'un des deux ne prenne plus d'importance)*

Figure *1) # Numeral* Chiffre *(m)*, Nombre *(m)*
2) # Outline Silhouette *(f)*

Filament Filament *(m)*
double ~ Double filament
tungsten ~ Filament de tungstène

File
1) *(General meaning)* Dossier *(m)*
2) *(Comput.)* Fichier *(m)*
~ format Format fichier, Format de fichier
~ size Taille de fichier
audio ~ Fichier audio
data ~ Fichier de données *(informatiques)*
fixed-filed ~ Fichier d'enregistrement de longueur fixe
image ~ size Taille de fichier image, Poids d'une image
media ~ Fichier media
swap ~ Fichier de stockage temporaire
video ~ Fichier vidéo

Files Archives *(f)*
~ footage Film d'archives
~ material Images d'archives
~ shot Plan d'archives

Fill (to ~)   Remplir
~ the frame   Remplir le cadre
Fill, # *Fill-light*   Lumière *(f)* d'appoint \ d'ambiance
Fill-in   Lumière d'appoint
~ board   Panneau réflecteur
~ screen   Écran réflecteur
Film *1) # Emulsion*   Pellicule *(f)*, Film *(m)*, Émulsion *(f)*
~ backing layer   Couche dorsale
~ base   Support d'émulsion
~ can   Boîte de pellicule
~ cement   Colle pour film
~ channel   Couloir de caméra, Plaque canal
~ counter   Compteur de film
~ developing : Développement du film, Développement de la pellicule
~ drawn   Pellicule utilisée, Pellicule consommée
~ gauge : Format de film *(Largeur de la bande de film : 35mm, 16mm, etc.)*
~ grain   Grain du film, Grain de la pellicule
~ jam   Bourrage *(avec la pellicule)*
~ loading   Chargement du film
~ magazine   Magasin *Coll. :* Mago)
~ mode *(Audio)*   Mode remplissage automatique
~ mode *(Dig. Video)*   Mode film
~ plane   Plan film
~ printing   Tirage du film
~ processing   Traitement de la pellicule
~ ratio : Rapport entre le métrage utile et le métrage tourné
~ recorder-player *(Audio)*   Défileur *(noun)*
~ size   Format de la pellicule
~ speed   Sensibilité d'émulsion
~ stock : *a)* Pellicule vierge - *b)* Type de pellicule vierge
~ storage   Conservation de la pellicule
~ to tape transfer   Télécinéma
~ tension   Tension de film
~ test   Bout d'essai
~ threading : Chargement du film *(dans le corps caméra)*
~ transport system : Mécanisme d'entraînement \ de défilement
~ width : Largeur, en mm, de la bande de pellicule (70, 35, 16, etc.)
acetate ~   Film support acétate
background ~   Pellicule pour transparence
black and white ~   Pellicule noir et blanc
colour ~   Pellicule couleur, Film couleur
daylight ~   Pellicule *(type)* lumière du jour
double perforated ~   Film à deux rangées de perforations, *(Coll. :* Pellicule double perfo)
duplicating ~ : Pellicule contretype, Pellicule de contretypage

exposed ~ — Pellicule impressionnée, Film exposé
fast ~ — Pellicule sensible, Film rapide
fine grain ~ — Pellicule grain fin
high speed ~ — Pellicule sensible, Film rapide
infrared — Pellicule infrarouge
intermediate negative ~ — Pellicule internégative, Pellicule intermédiaire négative
intermediate positive ~ — Pellicule interpositive, Pellicule intermédiaire positive
light-struck ~ — Pellicule voilée
lith ~ — Film lith
magnetic striped ~ — Pellicule à piste son couchée
multi-layer ~ — Pellicule multicouche
multi-layer colour ~ : Film couleur à émulsions superposées, Film couleur multicouche
narrow-gauge ~ — Film de format réduit
negative ~ : *a)* Film négatif, Négatif - *b)* Pellicule négative
  black and white ~ ~ — Pellicule négative noir et blanc
  colour ~ ~ — Pellicule négative couleur
nitrate ~ — Pellicule nitrate, Film nitrate
non-flam ~, non-flammable ~ — Film ininflammable
normal speed ~ — Pellicule à sensibilité normale
orthochromatic ~ — Film orthochromatique
panchromatic ~ — Film panchromatique
perforated magnetic ~ — Bande magnétique perforée
positive ~ : *a)* Film positif, Positif - *b)* Pellicule positive
  black and white ~ ~ — Pellicule positive noir et blanc
  colour ~ ~ — Pellicule positive couleur
pre-striped ~ — Pellicule à piste son pré-couchée
print ~ , # *Print stock* — Pellicule de tirage
reversal ~ : *a)* Film inversible, Inversible - *b)* Pellicule inversible
  colour ~ ~ — Pellicule inversible couleur
safety ~ — Film sécurité, Film ininflammable
single perforated ~ — Film à une rangée de perforations, Pellicule simple perforation
single-perforation ~ — Film mono perforation
slow speed ~ — Pellicule peu sensible
standard size ~ — Pellicule de format standard
three-colour separation ~ — Film de sélection trichrome
to be out of ~ — Manquer de pellicule, Décrocher
to push the ~ — Pousser la pellicule
tungsten type ~ — Pellicule *(type)* lumière artificielle
triacetate ~ — Pellicule triacétate
undeveloped ~ — Pellicule non développée
unexposed ~ — Pellicule vierge

2) *# Picture* (*GB*), *Movie* (*US*) — Film *(m)*

[*More expressions at* : Movie, Picture]

~ anthology — Anthologie cinématographique
~ archives — Archives cinématographiques
~ buyer (*US*) — Acheteur de films
~ critic, *# Reviewer* — Un critique de films
~ criticism, *# Review* — Une critique de film
~ cycle — Cycle cinématographique
~ excerpt — Extrait de film
~ festival — Festival de films
~ 's high point, *# Climax, Apex* — Pic dramatique *(de l'intrigue du film)*
~ history — Histoire du cinéma
~ journal — Revue spécialisée de cinéma
~ legs (*US*) : Carrière d'un film *(Durée d'exploitation d'un film)*
* *"A bad publicity can shorten a film's leg"* ⇔ *"Une mauvaise publicité peut nuire à la carrière d'un film"*
~ library : *a)* Cinémathèque – *b)* Filmothèque
~ magazine : Magazine de cinéma, Revue de cinéma
~maker : *a)* Cinéaste – *b)* *(Tout membre de l'équipe impliquée de manière significative dans la création d'un film)*
~ market — Marché du film
~ noir — Film noir
~ rental — Part due par l'exploitant de salles de cinéma au distributeur du film
~ review, *# Film criticism* — Une critique de film
~ reviewer, *# Film critic* — Un critique de films
~ rights — Droits d'adaptation à l'écran
~ scanner — Projecteur de télécinéma
~ school — École de cinéma
~ show — Séance de cinéma
~ society — Ciné-club
~ studio — Studio de cinéma
~ trailer — Film annonce, Bande annonce
~ within the film — Film dans le film
~ writer — Auteur de scénarios de films
action ~ — Film d'action
adventures ~ — Film d'aventures
advertising ~ , *# Advert* — Film publicitaire, Publicité
animated ~ , *# Cartoon* — Film d'animation
art ~ — Film d'art
B-category ~ , B-~ — Film de série B
banned ~ — Film interdit
black comedy ~ — Film d'humour noir
buddy ~ : Film basé sur l'histoire d'un tandem improbable, dans l'obligation de faire équipe *(2 policiers, 2 évadés, etc.)*

chase ~ , # *Chaser*	Film poursuite
children's ~ (▶ p 392)	Film pour enfants
classic ~	Film classique, Classique
comic ~	Film comique
compilation ~, editorial ~	*a)* Film de montage d'archives *b)* Compilation d'extraits de films
contract ~, commissioned ~	Film de commande
corporate ~	Film industriel
costume ~	Film à costumes
crossover ~ : Film conçu pour un public particulier, mais qui finit par obtenir un succès général beaucoup plus large	
cult ~ , # *Cult movie*	Film culte
detective ~	Film policier
disaster ~	Film catastrophe
documentary ~	Film documentaire
double band ~	Film double-bande
double-headed ~	Film double-bande
dubbed ~	Film doublé
dyed ~	Film teinté
educational ~	Film pédagogique
effects ~	Film à effets spéciaux
epic ~	Film à grand spectacle
episode ~	Film à sketches
ethnographic ~	Film ethnographique
experimental ~	Film expérimental
fantastic ~ , # *Fantasy*	Film fantastique
feature ~	*a)* Film de fiction - *b)* Long métrage
short ~ ~	*a)* Court-métrage - *b)* Moyen métrage
fiction ~	Film de fiction
formula ~	Film de genre, Film stéréotypé
G-rated ~ (*US*) (▶ p 392)	Film tout public
gangster ~	Film de gangsters
grindhouse ~ (*GB*) (▶ p 404) : *Genre de* Série B *des années 60-70*	
high budget ~	Film à gros budget
historical ~	Film historique
horror ~	Film d'horreur, Film d'épouvante
independent ~	Film indépendant
large audience ~ (*GB*) (▶ p 392)	Film tout public
loop ~, # *Loop*	Film en boucle
low-budget ~	Film à petit budget
narrative ~	Film narratif
non-union ~ : Film réalisé en dehors des contraintes syndicales	
opera ~	Film opéra
period ~, costume ~	Film d'époque, Film historique
pilot ~, # *Pilot*	Film pilote *(pour une série TV)*

pornographic ~	Film pornographique
problem ~	Film social
promotional ~	Film promotionnel
propaganda ~	Film de propagande
R-rated ~ (*US*) (▶ p 392)	Film interdit aux moins de 18 ans
reconstructed ~ : Film remonté en vue d'en expurger les séquences susceptibles d'être censurées (*violence, sexe, nudité, drogue, etc.*)	
recouped ~	Film qui commence à faire du bénéfice
science-fiction ~	Film de science-fiction
scientific ~	Film scientifique
silent ~	Film muet
slice-and-dice ~, splatter ~	Film gore
sound ~	*a)* Film sonore - *b)* Film parlant
spectacle ~ , # *Spex*	Film à grand spectacle
sponsored ~	Film commandité
spy ~	Film d'espionnage
stag ~, # *Porn gay*	Film pornographique homosexuel mâle
standard ~	Film standard
stereoscopic ~	Film stéréoscopique
test ~	Film d'essai, Film test, Test
three-dimensional ~, 3D ~	Film en relief
thriller ~	Film à suspense, Film d'épouvante
training ~	Film de formation
travel ~	Film voyage
trick ~	Film de trucages
under 18 ~ (▶ p 392)	Film interdit aux moins de 18 ans
underground ~	Film expérimental, Film marginal
unreleased ~	Film inédit
war ~	Film de guerre
X-rated ~ (▶ p 392)	Film X, Film classé X
Z-~	Film de série Z
* *Biopic (Contraction de* biographical picture) : Film biographique	
* *Black movie (US)*	Film interprété par des acteurs noirs
* *Cheapie*	Film fauché
* *Whodunit* (▶ p 405)	Film policier dont le scénario tourne autour de l'énigme : "*Qui a tué ?*"
* *Quickie*	Film de série Z
* *Tear-jerker* : Film "qui vous tire les larmes", Mélodrame larmoyant	
Film (to ~)	Filmer
~ on playback, ~ to playback	Tourner en playback
Filmaker	Cinéaste *(m)*
Filmic	Filmique
Filming	Tournage *(m)*, Filmage *(m)*
~ authorization	Autorisation de tournage
location ~ , # *Location shooting*	Tournage en extérieurs

Filmlike	Comme au cinéma
Filmography	Filmographie *(f)*
Filter	Filtre *(m)*
1) ~ *(for cinematography)*	Filtre *(m)*
~ adapter frame	Intermédiaire pour tiroir de filtre
~ drawer, # *Filter tray*	Tiroir de filtre
~ exposure factor	Coefficient de filtre, Facteur de filtre
~ holder	Porte-filtre, Tiroir de filtre
~ set	Série de filtres
~ size	Format de filtre
~ slot *(in a lens)*	Fente pour filtre *(dans un objectif)*
~ tray, # *Filter drawer*	Tiroir de filtre
behind-the-lens ~	Filtre à l'arrière de l'objectif
colour compensating ~ : Filtre compensateur *(de température de couleur)*	
colour conversion ~	Filtre de conversion, Filtre couleurs
colour separation ~	Filtre de sélection trichrome
compensating ~	Filtre compensateur
contrast ~	Filtre correcteur de contraste
correction ~ : Filtre correcteur *(de température de couleur)*	
daylight conversion ~	Filtre de conversion lumière du jour
density of ~	Densité d'un filtre
* light	* légère
* regular	* normale
* heavy	* forte
* double *(diffusers)*	* double *(diffuseurs)*
band-pass ~	Filtre passe-bande
dichroic ~ , # *Mac Beth*	Filtre dichroïque
diffusion ~ , # *Diffuser*	Diffuseur, Filtre diffuseur
digital comb ~	Filtre peigne numérique
effects ~	Filtre à effet
fog ~	Filtre brouillard
glare ~	Filtre anti-reflet
glass ~	Filtre en verre teinté dans la masse
grad ~ , graduated ~	Filtre dégradé, Dégradé
* hard edge (H / E)	* séparation franche
* soft edge (S / E)	* séparation douce
haze ~	Filtre anti voile atmosphérique
heat-absorbing ~	Filtre anti-calorique
high-pass~	Filtre passe-haut
infrared ~	Filtre infrarouge
low contrast ~	Filtre low contrast, Filtre atténuateur de contraste
low-pass~	Filtre passe-bas
multiple image ~	Filtre à facettes
neutral density ~ (ND filter)	Densité neutre, Filtre à densité neutre

neutral grad ~	Dégradé neutre, Filtre dégradé neutre
night ~ *(for Black and White)*	Filtre nuit *(pour le Noir et Blanc)*
polarizer ~ , polarizing ~	Polarisant, Filtre polarisant
[illegible]	Filtre rayé
sepia effect ~	Filtre sépia
star ~	Filtre étoile
sunset ~	Filtre coucher de soleil
ultraviolet ~ , UV ~	Filtre ultraviolet, Filtre UV
viewing ~	Filtre de vision
2) (Audio)	Filtre *(m)*
acoustic ~, # *Acoustic clarifier*	Filtre acoustique
tone ~	Filtre de tonalité
* *Harmonic suppressor*	Filtre d'harmonique
* *Hum eliminator*	Filtre anti-bruit
3) (Electronics and Video)	Filtre *(m)*
band-pass ~	Filtre passe-bande
band-stop ~	Filtre éliminateur de bande
band wave	Filtre de bande
comb ~	Filtre en peigne
high pass ~	Filtre passe-haut
interference ~	Filtre antiparasites
low pass ~	Filtre passe-bas
microwave ~	Filtre hyperfréquence
Y/C comb ~	Filtre peigne Y/C
Filtering	Filtrage *(m)*
Financial backing	Support *(m)* financier
Financing	Financement *(m)*
Finder *1) # Viewfinder*	Viseur *(m)*, Loupe *(f)*
~ extender	Loupe longue
reflex ~	Viseur reflex
2) # Director's viewfinder	Chercheur *(m)* de champ

Fine cut : Montage *(m)* affiné *(Étape intermédiaire entre le premier montage* : Rough cut *et le montage final* : Final cut*)*

Finger (*US*)	Langue *(f)* de chat
Fingers	Trois doigts *(m)*
Fire it up (to ~), # *To Turn it on*	Allumer un projecteur

Firewatch (to ~) *(Litt.:* Veiller au feu*)* (*US*) : Surveiller le matériel

First — Premier(-ière)

~ assembly : Montage bout à bout, Premier montage, Prémontage

~ draft of a script : Premier jet d'un scénario, Première mouture

~ run	Première exclusivité
~ screening, ~ showing	Première d'un film
Fiscal year	Exercice *(m)* financier
Fish-eye	Très grand angle *(m)*
Fishpole	Perche *(f)* son, Perche *(f)* micro

Fit *(adj.)* Adapté(e), Approprié(e)
Fit *(noun) 1) # Adjustment* Ajustage *(m)*, Ajustement *(m)*
easy ~ , loose ~ Ajustage lâche \ avec du jeu
push ~ Ajustage gras
shrink ~ Ajustage serré par retrait
snug ~ Ajustage à frottement doux
tight ~ Ajustage fin \ bien ajusté \ dur
2) # Setting : Agencement *(m)*, Installation *(f)* *(d'appareils)*
Fit (to ~) *a)* Ajuster, Adapter - *b)* Emboîter
~ *sth* into *sth* Emboîter *qch* dans *qch*
~ out *sth* with Équiper *qch* avec
~ *sth* exactly Épouser la forme de *qch*
~ out *a)* Équiper, Munir de - *b)* Aménager
~ *(things)* togehter Emboîter *(des choses)* ensemble
~ up : *a)* Ajuster *(une pièce)* – *b)* Monter, Installer *(des appareils)*
c) Agencer, Aménager *(un lieu)* – *d)* Disposer, Placer *(des objets)*
~ with… Munir de …, Équiper de …
Fitting Essayage *(m)* d'un costume
~ fee Prime d'essayage
Fittings Accessoires *(m)*, Outillage *(m)*
Fix (to ~) *1) # To Attach* Fixer, Attacher
2) # To Repair Arranger, Réparer
3) ~ the set Planter le décor
Fixed-pixel display : *(Techniques des écrans TV sans tube cathodique)*
Fixing Fixage *(m)*
~ agent, *# Fixer* Fixateur *(noun)*
~ bath, ~ solution Bain de fixage
* *Hardening fixer* Fixateur tannant
Fixture Appareil *(m)*
Flag Drapeau *(m)*
courtesy ~ : Volet ou drapeau de protection du soleil pour le cadreur
french ~ Volet, Coupe-flux
* *Bottomer* >< *Topper* : Drapeau en bavette >< en casquette
* *Sider* Drapeau sur les côtés
* *Grip head, Gobo head, Knucle* Rotule de drapeau
Flagging *(Video)* : Déformation du haut de l'image *(qui devient penchée, suite à un manque de fixité verticale causé par un top de synchronisation défectueux)*
Flagship (*Litt.*: Navire amiral) : Projet phare, Fleuron *(d'une société de production)*
Flaming forks (*US*) Rampe *(f)* à feu
Flange *1)* ~ Rebord *(m)*, Collerette *(f)*
2) # Mounting plate Platine *(f)*, Embase *(f)*
~ focal distance Cote de tirage mécanique
lens mounting ~ Platine d'objectif
3) ~ of a spool, ~ of a hoist : Joue *(f)* d'un flasque, Joue d'une poulie
Flanger *(Audio)* Module *(m)* de retard variable

Flap *1) ~ (for a camera)* — Volet *(m)* caméra
2) ~ (for barndoors) — Volet *(m)* de barndoors
3) # Small cutter — Petit volet *(m)*
Flap-over, *# Flop over* — Inversion *(f)* gauche-droite *(de l'image)*
Flare — Flare *(m)*, Lumière *(f)* parasite
~ factor — Coefficient de flare
~ spot — Tache de lumière parasite
anti ~ — Anti-flare
Flash (to ~) — Briller, Miroiter
Flash-back (*GB*) – **Flashback** (*US*) : Retour *(m)* en arrière *(Décrit des évènements antérieurs à l'action en cours, racontée elle au temps présent)*
~ editing — Montage en flash-back
~ sequence : Séquence en flash-back, Séquence flash-back
Flash-forward (*GB*) – **Flashforward** (*US*) : *(Décrit des évènements postérieurs à l'action en cours, racontée elle au temps présent)*
Flashing — Flashage *(m)*
~ in-camera — Flashage à la caméra \ à la prise de vue
pre ~ — Flashage avant la prise de vue
post ~ — Flashage après la prise de vue
Flashlight (*US*) — Lampe *(f)* de poche
Flat *1) (adj.)* — Plat(e)
~ image — Image sans contraste \ plate \ sans relief
to make ~ — Aplatir
to lay *sth* ~ — Poser *qch* à plat
2) (noun), # Wall panel — Feuille de décor
3) (noun), # Fixed fee, Fixed wage — Forfait, Tarif préétabli, Rémunération forfaitaire
~ buyout, # *Flat sum* — Forfait, Salaire au forfait
4) (noun) (Video) — Signal vidéo pleine bande (Y+C)
Flat-panel TV — Télévision *(f)* à écran plat
Flatten (to ~) — Aplatir, Aplanir
Flaw : *a)* Défaut *(m)* - *b)* Vice *(m)* de forme *(Juridique)*
Flex fill : Réflecteur *(m)* pliable *(Toile blanche montée sur un grand anneau flexible)*
Flexible *1) # Pliable* — Flexible *(adj.)*
2) # Versatile — Polyvalent(e), Aux possibilités multiples
Flick *(Fam.)* — Film *(m)*
chick ~ — Film "à l'eau de rose"
skin ~ — Film de fesse, Film de cul *(Coll.)*
horror ~ — Film d'horreur
Flicker — Battement *(m)*, Scintillement *(m)*
~ free — Sans scintillement
~ frequency : Fréquence de scintillement, Fréquence de battement
anti ~ — Sans scintillement
HMI ~ — Battement, Scintillement HMI
~ ~ free speed : Vitesse de prise de vue sans scintillement

Flicker (to ~) — Scintiller
Flickering — Papillotement *(m)*, Scintillement *(m)*
  projection ~ — Scintillement de projection
Flickers *(Fam.)* : Film *(m)* *(De nos jours, l'abréviation* Flick *est plus courante)*
Flip — Rotation *(f)* selon l'axe Oy
Flipper — Cache *(m)* mobile
Flivver, # *Flop* — Bide *(m)*
Fliyng spot : Système *(m)* d'analyse vidéo d'une image d'un film cinéma
Float — Flottement *(m)* *(par défaut de fixité)*
Floater : *(Projecteur, drapeau, trame, etc., intentionnellement mis en mouvement pendant le plan pour faire se déplacer l'ombre projetée)*
Floating flagstone *(Audio)* — Dalle *(f)* flottante
Flood
  ~ beam — Faisceau large
  ~ lighting — Éclairage qui inonde de lumière
  photo ~ — Flood *(f)* *(Type de lampe survoltée)*
Flood (to ~) — Inonder, Baigner de lumière, *(Coll.* : Arroser de lumière*)*
Floodlight, # *Broadside* — Projecteur *(m)* d'ambiance
  variable beam ~ — Projecteur d'ambiance focalisable
Floor
  1) ~ — Plancher *(m)*
  ~ marks — Marques au sol
  ~ stand, ~ plate — Base *(pour un projecteur de lumière)*
  acoustic floating ~ *(Audio)* — Plancher flottant
  2) # *Stage* — Plateau *(m)*
  ~ crew — Personnel de plateau
  ~ plan — Plan du plateau, Plan des décors
  3) # *Threshold* *(Business)* — Palier *(m)*
  hard ~ — Pourcentage plancher, Niveau garanti
  soft ~ — Minimum non garanti, Commission variable
Flop, # *Bomb, Floppola, Turkey (Fam.)* : Bide *(m)*, Flop *(m)*, Fiasco *(m)*, Four *(m)* *(Coll.)*
Flop-over : Renversement *(m)* de l'image gauche-droite
Fluff (to ~) *(for an actor)* : Oublier une réplique *(pour un acteur \ une actrice)*
Fluid *(adj.)* — Fluide
Fluorescent — Fluorescent(e)
Flushing — Rinçage *(m)*
Flutter, # *Fluttering* : Fluctuation *(f)*, Pompage *(m)*, Chevrotement *(m)*
  ~ echo — Écho flottant
  ~ of the picture — Sautillement de l'image
  ~ rate *(Audio)* — Taux de pleurage
Flux — Flux *(m)*
  luminous ~ , light ~ — Flux lumineux

Flying spot	Télécinéma *(m)* à balayage de spot
Foamcore board	Plaque *(f)* de polystyrène
~ holder	Fourche pour plaque de polystyrène
Focal	
1) (adj.)	Focal(e)
~ depth	Profondeur de foyer
~ distance, ~ length	Distance focale, Focale
back ~ ~	Cote de tirage optique
fixed ~ ~	Distance focale fixe
flange ~ ~	Cote de tirage mécanique
long ~ ~	Longue distance focale
short ~ ~	Courte distance focale
variable ~ ~	Distance focale variable
~ length	Distance focale
~ plane	Plan focal
~ point	Foyer
2) (noun)	Focale *(f)*
~ range *1) # Focal lenght range*	Gamme des focales
2) # Depth of focus	Profondeur de champ
~ ring	Bague des focales
Focus	
1) # Focal point	Foyer *(m)* optique
depth of ~	Profondeur de foyer
first ~	Foyer objet
principal ~	Foyer principal image
rear principal ~	Foyer image
second ~	Foyer image
2) # Sharpness	Point *(m)*
~ control	Commande de point
~ length	Distance de mise au point
minimum ~ ~	Distance de mise au point minimum
~ marks	Marques de point
~ on infinity	Mise au point à l'infini
~ plane	Plan de mise au point
~ pull	Changement de point
~ puller : Pointeur(-euse), Premier assistant(e) opérateur(-trice)	
~ range	Gamme de mise au point
~ remote control	Télécommande de point
~ ring	Bague de point
~ shift	Changement de point
~ strip	Barrette de point *(pour blimp d'objectif)*
~ target	Mire pour faire le point
~ through to …	Passage de point vers …
~ through-the-lens	Mise au point sur dépoli
auto~	Mise au point automatique

change-over of ~	Bascule de point
close ~	Point minimum
critical ~	Mise au point fine
deep ~ : *(Style de mise en scène dans laquelle l'action peut se dérouler n'importe où dans le champ car la profondeur de champ est totale)*	
distance of ~	Distance de mise au point
minimum ~ ~	Distance de mise au point minimum
eye ~	Point à l'œil, Prise d'un point à l'œil
fixed ~	Mise au point fixe
in ~	Au point, Net(Nette)
out of ~	*adj.* : Flou(e) – *noun* : Flou
to go ~ ~	Basculer le point vers le flou
plane of critical ~ , # *Plane of focus* :	Plan de netteté \ de mise au point
rack ~	Bascule de point
shallow ~ , soft ~	Point mou
sharp ~	Point précis, Point piqué
slant ~	Bascule optique
soft ~	Flou artistique
~ ~ effect	Effet de flou
to alter the ~	Changer le point
to bring *sth* into ~	*a)* Amener *qch* dans le point *b)* Faire le point sur *qch*
to do the ~ on *sth*	Faire le point sur *qch*, Pointer
to eye ~	Faire le point à l'œil
to get an eye ~	Faire un point à l'œil
to go out of ~	Basculer le point vers le flou
to pull ~	Suivre au point
to set the ~	Afficher le point
Focus (to ~)	
~ in *1)* ~	Focaliser, Passer graduellement au point
2) ~ *(for focus)*	Rapprocher le point
3) ~ *(for lights)*	Serrer un projecteur
~ on *1)* ~ *(for focus)*	Faire le point sur *qch*, Faire la mise au point sur *qch*
2) ~ *(for lights)*	Focaliser sur *qch*, Concentrer sur *qch*
~ out *1)* ~	Passer graduellement au flou
2) ~ *(for focus)*	Éloigner, Pousser le point
3) ~ *(for lights)*	Desserrer un projecteur, Élargir un projecteur
~ pull	Suivre au point
Focused	*a)* Concentré(e) - *b)* Focalisé(e)
fully ~	Totalement concentré(e)
Focusing *1)* ~ *(for lights)*	Focalisation *(f)*
~ knob	Bouton de focalisation
2) ~ *(for focus)*	Mise *(f)* au point d'un objectif

~ plane	Plan de mise au point
~ ring	Bague de point
automatic ~	Mise au point automatique
reflex ~	Mise au point par visée reflex
sharp ~	Mise au point précise
through the lens ~	Mise au point sur dépoli
Fog *1) # Mist*	Brouillard *(m)*
~ filter	Filtre brouillard
~ machine, ~ maker	Machine à brouillard
distance ~	Voile de lointain
2) # Fogging	Voile *(m)*
~ density, ~ level	Densité de voile
camera ~	Voile caméra
chemical ~	Voile chimique
development ~	Voile de développement
edge ~	Voile sur les manchettes
full-frame ~	Voile sur toute l'image
Fog (to ~)	Voiler *(par la lumière)*
Foley, *# Foot step foley* (▶ p 403)	Bruitage *(m)*
~ session	Séance de bruitage
~ stage, ~ studio	Auditorium de bruitage
~ track	Bande d'effets sonores
Foley (to ~)	Bruiter
Follow-focus	Suivi *(m)* de point
~ control	Commande de suivi de point
~ right >< left hand attachment	Poignée droite >< gauche pour commande de suivi de point
Follow-focus (to ~)	Suivre au point
Follow-shot	Travelling *(m)* d'accompagnement
Follow spotlight, *# Follow spot* :	Poursuite *(f)*, Projecteur *(m)* de poursuite
Foolproof	Indéréglable
Foot	Pied *(m)* *(1' = 0,3048 mètre)*
~-candle	Pied-bougie *(1fc = 10,74 lux)*
~ step, *# Folley*	Bruitage
Footage	*French equivalent* = Métrage *(m)*
~ counter	Compteur de métrage
~ ~ lever	Palpeur du compteur de métrage
~ display	Affichage du métrage
~ number, *# Code numbers*	Numéro de bord
Force (to ~) ~ a film	Pousser un film, Forcer la pellicule
~ the development	Pousser, Forcer le développement
~ one stop	Pousser d'un diaphragme
~ two stops	Pousser de deux diaphragmes
Forcing, *# Pushing*	Développement *(m)* poussé
Foreground	Avant-plan *(m)*, Premier plan *(m)*

Forelengthening Étirement *(m)* des perspectives
Foreshortening Écrasement *(m)* des perspectives
Formant *(Audio)* Formant *(noun) (m)*
Format Format *(m)*
~ conversion *(Dig. video)* Conversion du format
* *Downconversion* Conversion vers le bas
* *Upconversion* Conversion vers le haut
~ marking : Repères, Marques de format *(sur un écran de retour vidéo)*
* *Whites frame lines* : Lignes blanches *(délimitant le cadre sur un retour vidéo)*
~ mask, # *Aperture mask* : Cache de visée *(délimitant le format utilisé)*
letterbox ~ *(Video)* Format "boîte aux lettres"
native ~ *(Video)* Format natif
Format (to ~) *(Comput.)* Formater *(un disque dur)*
Formative theory Théorie *(f)* formelle
Formatted *(Comput.)* Formaté(e)
Formatting *(Comput.)* Formatage *(m) (d'un disque dur)*
Formulaic, # *Stereotyped* : Stéréotypé(e), Conforme aux règles du genre, Qui utilise des recettes éprouvées, À base de poncifs
Forward *(adj.)* En avant
fast ~ *(for playback)* Avance rapide
Forward(s) *(adv.)* En avant
to go ~ Avancer, Aller en marche avant
to step ~ Faire un pas en avant
24 frames per second ~ 24 images par seconde en marche avant
Forwarding agent, # *Transfer agent* Transitaire *(m)*
Foundation *(Make-up)* Base *(f) (pour le maquillage)*
FourCC Code *(m)* sur quatre caractères
Four-waller, # *Box set* Décor *(m)* à quatre murs
Frame *1) # Framing* Cadre *(m)*
~ adjustment control : Réglage de la hauteur du cadre *(en projection)*
~ glow Cadre lumineux
~ frequency *(Video)* Fréquence image
~ left *(from camera's pov)* : Gauche cadre *(du point de vue de la caméra)*
~ rate Cadence de prise de vue
~ reversal Inversion d'image
~ right *(from camera's pov)* : Droite cadre *(du point de vue de la caméra)*
~ 's composition Composition du cadre
canted ~ Cadre à bulle cassée
edge of ~ Limite de champ
entrance in ~ Entrée de champ
exit of ~ Sortie de champ
full ~ Plein cadre
in ~ Dans le champ, Cadré(e)
into ~, # *On screen* À l'image
out of ~ Hors champ

skip ~ : Accéléré *(obtenu après tournage à vitesse normale, en supprimant des images. Celles-ci sont appelées* : Skip frames*)*

to compose a ~ — Composer un cadre
to cross the ~ — Traverser le cadre
to enter into the ~ — *a)* Entrer dans le champ
b) Faire une entrée de champ
to exit out of the ~ — *a)* Sortir du champ
b) Faire une sortie de champ
wire ~ — Image fil-de-fer

2) # *Photogram* — Image *(f)*, Photogramme *(m)*
~ counter — Compteur d'images
~ line — Inter-image
~ per second = fps — Images par seconde = im/s
~ punch — Poinçon pour photogramme
~ reversal — Inversion d'image
~ size — Format de l'image
freeze ~ , stop ~ — Image gelée, Arrêt sur image
single ~ — Image par image
24 ~s per second = 24 fps — 24 images par seconde = 24 im / s

3) *(Lighting)* — Cadre *(m)*
empty ~ — Cadre *(à équiper)*
gel ~ : *a)* Support de gélatine – *b)* : Porte-gélatine
* *Open end* — Demi cadre, Porte-mama

4) *(Video)* — Image *(f)*
~ *(2 interlaced fields)* — Image vidéo *(2 trames entrelacées)*
~ counter — Compteur de trames
~ rate : Nombre d'images diffusées en une seconde. 25 en Europe (PAL et SECAM) et 30 aux USA (NTSC)
~ rate conversion — Conversion de débit d'images
~ store : Mémoire de stockage d'une image gelée
~ synchronizer : Dispositif resynchronisant le signal sur un signal extérieur de synchro de référence
anchor ~ *(Litt.:* image ancre*)* : En encodage numérique, image utilisée pour effectuer les prédictions pour d'autres images
bi-directional ~s : Image codée à partir d'une image future *(à venir)* ou d'une image passée *(déjà lue)*
intra-coded ~s : Images dont l'encodage numérique ne dépend d'aucune autre image
key ~ — Image-clé
predicted ~s — Images codées par prédiction
wire ~ — Image fil-de-fer

Frame (to ~) — Cadrer

Framing — Cadrage *(m)*
canted ~ — Cadrage à bulle cassée

Franchise : *(Désigne un film et tous ses produits marketing dérivés)*

Free *1)* to be ~	Être disponible, Être libre
2) ~	Avec du jeu mécanique
~ to run	Libre mécaniquement
to work ~	Prendre du jeu
Free (to ~)	Débloquer, Libérer
Freeing	Déblocage *(m)*
Freelance	Freelance *(m)*, Pigiste *(m)*
Freelance (to ~)	Travailler en freelance \ à la pige
Freeze (to ~) an image	Geler une image
Frequency	Fréquence *(f)*
~ allocation	Attribution de fréquence
~ analysis	Analyse fréquentielle
~ band	Bande de fréquences
~ control	Stabilisateur de fréquence
~ converter	Convertisseur de fréquences
~ deviation	Écart de fréquence
~ equalizer	Égaliseur de fréquences
~ hopping	Saut de fréquence
~ meter	Fréquencemètre
~ modulation (FM)	Modulation de fréquence (FM)
~ planning	Plan de fréquences
~ range	Bande passante
~ regulator	Régulateur de fréquence
~ response	Courbe de fréquences, Courbe de réponse
~ re-use	Réutilisation de fréquence
~ selector	Sélecteur de fréquences
~ spectrum	Spectre de fréquences
assigned ~	Fréquence attribuée
audible ~	Fréquence audible
* *Audible tones*	Fréquences audibles
audio ~	Fréquence acoustique
basic ~	Fréquence fondamentale
carrier ~ *(Video)*	Fréquence porteuse
carrier centre ~	Fréquence centrale de porteuse
centre ~	Fréquence centrale
coincidence ~ *(Audio)*	Fréquence de coïncidence
control ~	Fréquence pilote
critical ~	Fréquence critique
cut-off ~, # *Cut-off*	Fréquence de coupure
dot ~ *(Video)*	Fréquence d'analyse
electric current ~	Fréquence du courant électrique
field ~ *(Video)*	Fréquence trame
flicker ~	Fréquence de battement, Fréquence de scintillement

frame ~ *(US), # Frame rate*	Fréquence d'image
gliding ~	Fréquence glissante
harmonic ~	Fréquence harmonique
high ~	Haute fréquence
** High frequencies, # Highs*	Fréquences élevées, Hautes fréquences
horizontal ~ *(Video)*	Fréquence ligne
inharmonic ~	Fréquence inharmonique
line ~ *(Video)*	Fréquence ligne
line-up tone	Fréquence de réglage
low ~	Basse fréquence
** Low frequencies*	Basses fréquences, Basses
medium ~	Moyenne fréquence
multiple ~	Multifréquence
natural ~	Fréquence propre
nominal ~	Fréquence nominale
peak-to-peak ~ deviation	Écart de fréquence crête à crête
picture ~ *(GB) (Video)*	Fréquence d'image
radio ~	Fréquence radio
refreshment ~	Fréquence de rafraîchissement
resonant ~	Fréquence de résonance
ripple ~	Fréquence d'ondulation
sampling ~ *(Video)*	Fréquence d'échantillonnage
shutter ~	Fréquence d'obturation
single ~	Mono fréquence
sound carrier ~	Fréquence porteuse son
spatial ~	Fréquence spatiale
sub-carrier ~ *(Video)*	Fréquence sous-porteuse
sweep ~ *(Video)*	Fréquence de balayage
threshold ~	Seuil de fréquence
to trunk ~s	Partager les fréquences
** Trunking*	Partage de fréquences
transponder centre ~	Fréquence centrale de récepteur
video carrier ~ *(Video)*	Fréquence porteuse vidéo
voice ~	Fréquence vocale
Fresnel lens	Lentille *(f)* de Fresnel, Lentille Fresnel
honeycomb ~	Lentille Fresnel martelée
Friction	Friction *(f)*
~ head	Tête à friction
~ loss	Perte par frottement
sliding ~	Friction de glissement
Fringe	Frange *(f)*
~ effect	Effet de franges, Frangeage
Fringe benefits *1)* ~	Avantages *(m)* accessoires
2) # Perks	Privilèges, Avantages sociaux
Fringing	Effet *(m)* de franges *(f)*, Frangeage *(m)*

From the top	Depuis le départ, Depuis le début
* *Back to one*	Retour au départ \ au début
Front *1) (adj.)*	Frontal(e)
~ panel	Panneau avant
~ porch *(Video)*	Palier avant de suppression ligne
~ projection	Projection frontale
2) (noun)	Avant, Devant
the ~	L'avant, Le devant
in ~ of *sth*	Devant *qch*
3) # From the front	De face
~ view	Vue de face
Front-end *1) (General meaning)* :	*(Terme générique faisant référence au début, à l'initialisation, d'un processus)*
~ decision	Décision initiale
~ role *(for a public person)* :	Rôle de premier plan *(d'un personnage public)*
2) (Production)	Coûts de pré-production
~ costs	Frais de lancement, Coûts initiaux
~ load	Frais d'achat, Droit d'entrée
3) (Incomings) :	Rémunération allouée avant démarrage de l'exploitation
Front-office *1) # Head office*	Bureaux *(m)* de la direction *(f)*
2) # Production crew	Fonctions *(f)* administratives
Frosted	Dépoli(e)
Frying noise	Friture *(f)*, Bruit *(m)* de friture
Full	Plein(e)
~ frame	Format muet, Format 1,33
~ proof	Indéréglable
Full-program sponsorship	Production *(f)* en mécénat
Full-range :	Pleine gamme, Pleine bande, À gamme étendue
Full-screen (*GB*) – **Fullscreen** (*US*)	Format 4:3 *(>< Widescreen = 16:9)*
Function	Fonction *(f)*
~ selector	Sélecteur de fonctions
Fundamental *(Audio)*	Fondamental(e)
Fundraising	Montage financier
Funds	Fonds *(m)*
available ~	Fonds disponibles
Funnel, *# Snoot*	Nez *(de projecteur)*, Cône
Fuse	Fusible *(m)*
~ box	Coffret à fusibles
~ holder	Porte-fusible
main ~	Fusible principal
to blow a ~	Faire sauter un fusible
wire ~	Fil à fusible
Fuzzy	Flou(e), Sans netteté

G

Gadjet bag *(Fam.)* : Bijoute *(Coll.)*, Caisse de face *(d'assistant(e) opérateur)*

Gaffer (▶ p 403)

~'s tape, ~ tape — Gaffer

~'s best boy : Assistant du chef électricien, Sous-chef électricien

~ grip — Pince électro

Gag — Gag *(m)*

running ~ — Gag à répétition

sight ~ — Gag visuel

Gagman : Spécialiste *(m)* des gags, Scénariste *(m)* des situations comiques

Gain — Gain *(m)*, Facteur *(m)* d'amplification *(f)*

~ control — Commande de réglage du gain

~ boost — Amplificateur de gain

~ factor — Rendement

~ shift — Amplification du gain

Galvanometer — Galvanomètre *(m)*

moving-coil ~ — Galvanomètre à cadre mobile

Game show — Jeu *(m)* télévisé

Gamma — Gamma *(m)*

~ correction — Correction de gamma

Gamut, # *Colour gamut* — Gamut *(m)*, Espace *(m)* couleur

~ compression — Compression du gamut

~ mapping — Mire Macbeth

Gantry — Passerelle *(f)*

Gap — Espace *(m)*, Écartement *(m)*, Intervalle *(m)*

~ width *(Audio)* — Largeur d'entrefer

Garantor — Garant *(m)*, Garant de bonne fin

Gate (Camera ~) — Fenêtre *(f)* *(caméra)*

~ mask — Cache d'impression, Cache de fenêtre

~ plate, ~ assembly — Plaque canal, Couloir de caméra

film ~ — Fenêtre *(de caméra)*

hair in the ~ — Poil caméra dans la fenêtre

good ~ >< bad ~ — Fenêtre propre >< Fenêtre sale

light ~ — Fenêtre lumineuse, Fente de lumière

liquid ~ , wet ~ — Fenêtre liquide

open ~ — Fenêtre full

projection ~ — Fenêtre de projection

to check the ~ — Vérifier la fenêtre

Gate money, # *Gate receipts* — Recettes *(f)* des entrées
Gather (to ~) — Rassembler, Réunir
Gator grip, # *Alligator grip* — Ampoule *(f)* montée sur une pince
Gauge *1) # Format* : Largeur *(f)* de la bande de film *(70, 35, 16 mm, etc.)*
2) ~ (as a tool) — Calibre *(m)*, Gabarit *(m)*
depth ~ — Palpeur
marking ~ — Trusquin
3) # Level indicator — Jauge *(f)*
dial ~ — Jauge à cadran
pressure ~ — Manomètre
Gauze : Gaze *(f) (utilisée comme* scrim *pour diffuser la lumière)*
Gaze — Regard *(m)* fixe
Gaze at *s.o \ sth (to ~)* — Fixer son regard sur *qn \ qch*
Gear *1) # Device* : Appareillage *(m)*, Dispositif *(m)*, Mécanisme *(m)*
2) # Geared wheel — Engrenage *(m)*, Pignon *(m)*
~ box — Boîte de transmission
~ drive — Entraînement par engrenages
~ ratio : Rapport d'engrenages, Coefficient de démultiplication
~ reduction — Démultiplication
~ wheel — Engrenage
bevelled gear ~ — Pignon conique
driving ~ — Pignon moteur
helical ~ — Pignon hélicoïdal
in ~ — En prise, Engrené(e)
out of ~ — Désengrené(e), Débrayé(e)
rotatable off-set ~ box — Boîtier de vitesses pour tête à manivelles
skew ~ — Engrenage hélicoïdal
spur ~ — Pignon droit
to put *(parts)* into ~ — Embrayer \ Enclencher *(des parties)*
to put *sth* out of ~ — Debrayer
to shift the ~ on a geared head — Changer la vitesse d'une tête manivelles
Gear (to ~) — Engrener
~ down — Démultiplier *(à l'aide de pignons)*
~ up — Surmultiplier *(à l'aide de pignons)*
Gearing down — Démultiplication *(f)*
~ ratio — Coefficient de démultiplication
Gelatin *1) # Film emulsion component* : Gélatine *(f) (de l'émulsion)*
2) # Gel filter — Gélatine, Filtre en gélatine
~ cutter, # *Gel punch* — Poinçon pour gélatine
~ frame, , # *Gel frame* — Porte-gélatine
~ reflection spill : Mouche de lumière réfléchie par une gélatine
rear ~ filter — Gélatine à l'arrière \ "au cul" *(Coll.)*
frosted ~ — Gélatine dépolie
Gender changer *(Electricity)* — Adaptateur *(m)* mâle-femelle
General MIDI — Standard *(m)* MIDI pour l'audio

Generation	Génération *(f)*
~ loss	Perte à la duplication \ par génération
first ~	Première génération
Generator, # *Gen*	Générateur *(m)*
~ operator, # *Gen Op*	Groupman, Conducteur de groupe
asynchronous ~	Générateur asynchrone
bars ~	Générateur de mire de barres
carrier ~	Générateur de porteuse
colour background ~	Générateur de fond de couleur
colour matte ~	Générateur de fond de couleur
crystal controlled sync ~	Générateur de synchro piloté par quartz
digital video effects ~	Générateur d'effets numériques
effects ~	Générateur de trucages
graphics ~	Générateur de caractères
noise ~	Générateur de bruits
power ~	Groupe électrogène
scanning ~	Générateur de balayage
silenced ~	Groupe électrogène insonorisé
special effects ~, SFX ~	Générateur d'effets spéciaux
sync-pulse ~, sync ~	Générateur de synchro
sync signal ~, # *Sync-tone oscillator* :	Générateur de fréquence pilote
time-base ~	Générateur de base temps
time code ~	Générateur de code temporel, Générateur de time code
tone ~, # *Audio oscillator*	Générateur de basse fréquence
Geneva movement	Croix *(f)* de Malte
Genlock : Verrouilleur *(m)* de synchronisation [CGTN – 2000]	
Genre (Film ~)	Genre *(m)* de film
Genre movie	Film *(m)* de genre
Gesture	Geste *(m)*
to make a ~	Faire un geste
Ghost image	Image *(f)* fantôme, Écho *(m)* d'image
Ghost picture	Image *(f)* fantôme, Image *(f)* double
Ghosting *1) (Sound postproduction)*	Doublure *(f)* voix
2) (TV) : Effet d'image fantôme *(du à une mauvaise réception du signal vidéo ou à un phénomène de rémanence)*	
Ghoulie *(Fam.)*	Film *(m)* de vampires
Gimbal	Cardan *(m)* *(de Steadicam)*
Gimbal mount, # *Gimbal head tripod* : Pied *(m)* marin	
Gimmick *1) # Shtick (Actors)* : Facétie *(f)*, Petit "truc d'acteur" systématique	
2) (as an accessory) : Petit dispositif ingénieux, Petit accessoire ingénieux	
Glamour : Glamour *(m)*, Charme *(m)* attractif, Séduction *(f)* attractive	
Glance	Coup *(m)* d'œil
sidelong ~ : Regard *(m)* de côté, Coup *(m)* d'œil de côté	
Glance at *s.o* (to ~) : Jeter un coup d'œil à *qn*, Lancer un regard à *qn*	

Glare *1) ~ (as a light)*	Éblouissement *(m)*, Lueur *(f)*
2) # Flare	Reflet *(m)* parasite
Glaring	Éblouissant(e), Éclatant(e)
Glass *1)* ~	Verre *(m)*
frosted ~	Verre dépoli
opalescent ~	Verre opalescent
optical ~	Verre optique
shatter-proof ~	Verre Securit®
splinter-proof ~	Verre Securit®
stained ~	Verre teinté
2) # Pane	Glace *(f)*
painted ~	Glace peinte
~ ~ shot	Plan avec glace peinte
plane ~	Glace optique
Glimmer	Faible lueur *(f)*
Glossy	Brillant(e), Luisant(e)
Gloves	Gants *(m)*
Glue	Colle *(f)*
Glue (to ~)	Coller
Go (to ~)	Aller
~ back	Retourner
~ backward(s)	Reculer, Aller en marche arrière
~ bust *(Business)*	Faire faillite, Aller au bouillon *(Coll.)*
~ forward(s)	Avancer, Aller en marche avant
Gobo	Gobo *(m)*, Nègre *(m)*

Godslot *(TV)* : Tranche *(f)* horaire destinée aux émissions religieuses

Golden section, # *Golden mean*	Nombre d'or *(m)*

Good time playing : Période *(f)* la plus favorable pour la sortie d'un film

GOP = Group Of Pictures *(Dig. video)*	Groupe *(m)* d'images *(f)*
~ header	En-tête de groupe d'images
closed ~	Groupe d'images fermé

Gopher, **Gofer** *(Fam.)* (▶ **p 404**) : Grouillot *(m)*, Stagiaire *(m-f)* *(corvéable à merci)*

Grab, # *Hook* : Accroche *(f)*, *(Qualité subjective d'un film qui suscite immédiatement l'intérêt du public)*

Grab (to ~) *sth* : Saisir *qch*, Empoigner *qch*, Agripper *qch*, Attraper *qch*

Grabbed shot : Plan à l'arrache, Plan à la pogne (pogne = *Coll. for* : hand)

Grad (to ~)	Étalonner
Gradation	Gradation *(f)*
~ by slow degrees	Avec une gradation lente
Grader *(GB)*	Étalonneur(-euse)
Grading *(GB)*	Étalonnage *(m)*
~ bench	Banc d'étalonnage
~ card, ~ band, ~ strip	Gamme d'étalonnage
negative ~	Étalonnage négatif
scene to scene ~	Étalonnage plan par plan

Gradual	Progressif(-ive), Graduel(-elle)
Graduated, # *Grad*	Dégradé(e)
Graduated filter, # *Grad filter*	Filtre dégradé, Dégradé *(noun)*
colour ~	Filtre dégradé couleur, Dégradé couleur
neutral ~	Filtre dégradé neutre, Dégradé neutre
* hard edge (H/E)	* séparation franche
* soft edge (S/E)	* séparation douce
clear part of a ~	Partie transparente d'un filtre dégradé
Graduation	Graduation *(f)*
Grain	Grain *(m)*
coarse ~	Gros grain
fine ~	Grain fin
regular ~	Grain normal
Graininess	Granulation *(f)*
Grainless	Sans grain
Grainy	Avec du grain
Grant *1) # Subsidy*	Subvention *(f)*
~ claim, ~ request	Demande de subvention
2) ~ of rights	Cession *(f)* des droits *(m)*
affirmative ~	Cession explicite des droits
Grant (to ~)	Accorder une subvention
Grantor : *(Désigne celui qui accorde une subvention à qn)*	
Granular, # *Coarse grained*	Granuleux(-euse)
Granularity	Granularité *(f)*
Granulation	Granulation *(f)*
coarse ~	Grosse granulation
fine ~	Granulation fine
regular ~	Granulation normale
Graph	Graphique *(noun) (m)*
Graphics	
~ palette	Palette graphique
~ tablet, # *Graphics plateform*	Tablette graphique
bit map ~	Image matricielle
computer ~	Imagerie informatique
raster ~	Image matricielle
Gratuities	Petite enveloppe d'argent \ d'espèces
Gray (*US*) *1) (adj.)*	Gris(e)
2) (noun)	Gris *(m)*
☞ *more expressions at :* **Grey**	☞ *plus d'expressions à :* **Grey**
Grease	Graisse *(f)*
~ pencil	Crayon gras, Crayon de montage
Green *1) (adj.)*	Vert(e)
2) (noun)	Vert *(m)*
Greenery	Espaces *(m)* verts
Greenish	Verdâtre

Greenlight (to ~), # *To Okay* : Donner son approbation, Donner le feu vert à un projet *(et lancer sa mise en production)*
* *Go picture* : Film qui entre en production *(et sort de l'état de projet)*
* *"It's a go !"* : Indique qu'un projet peut démarrer
* *"It's a no !"* : Indique qu'un projet ne peut pas démarrer et reste bloqué
* *To give a go ahead* : Donner le feu vert

Greenlighted, Greenlit : À qui on a donné le feu vert, Qui a reçu le feu vert
Greenscreen Écran vert *(m)*
Grey (GB) *1) (adj.)* Gris(e)
to turn ~ Grisailler
2) (noun) Gris *(m)*
~ card : Carton de gris à 18%, Carton de gris moyen
~ chart Charte de gris
~ scale Échelle de gris, Gamme de gris
18 % ~ Gris à 18 %
medium ~ Gris moyen
Greyish Grisâtre
Grid *1) (Electronics)* Grille *(f)*
~ wire *(Video)* Maille d'écran
control ~ Grille de commande
collecting ~ , intercepting ~ Grille d'arrêt *(d'un tube de télévision)*
2) # Lighting grid Gril *(m)*
3) ~ walk Passerelle *(f)*
Grindhouse film (*US*) (**▶ p 404**) : *Genre de Série-B des années 60-70*
Grip *1)* ~ Machiniste *(m) (Coll.* : Machino*)*
~ chain Chaîne de sécurité
~ equipment Matériel machinerie
~ truck Camion machinerie
2) # Handle grip Poignée *(f)*
~ head, # *Gobo head* Rotule de drapeau
left hand ~ >< right hand ~ Poignée caméra gauche >< droite
3) # Tightening Serrage *(m)*
cable ~ Serre-câble
Grip (to ~) *1) # To Tighten* Serrer
2) # To Take by hand Saisir, Empoigner
3) # To Hook, To Fasten Accrocher, Pincer
Gripper Pince *(f)* machino
Grips, # *Machinery* Machinerie *(f)*
Groove Rainure *(f)*, Glissière *(f)*
Gross *(Business)* Brut *(noun) (m)*
~ after break-even Gains après amortissement
~ assets Actif brut
~ budget Montant brut des dépenses approuvées
~ budgeting Budgétisation brute
~ collection ratio Coefficient de recouvrement brut

~ deal	Accord sur le brut
~ distributor rental	Recettes brutes distributeur
~ income	Revenus bruts

~ participation : Pourcentage sur les recettes brutes d'un film

~ profits	Bénéfices bruts
~ profit participant	Participant à un contrat sur le brut
~ profits participation	Participation aux recettes brutes

~ receipts : Recettes brutes de la totalité des marchés d'exploitation

~ rental	Part distributeur
~ takings	Recettes des salles de cinéma

adjusted ~ participation, # *Rolling gross* : (*Désigne une* Gross participation *diminuée des frais de Publicité et Copies* : P&A costs)

average ~ per screen — Moyenne de la recette salle

domestic Box office ~ : Recette caisse brute du marché national

Ground *1)* ~	Sol *(m)*, Terre *(f)*
light colour on a dark ~	Couleur claire sur fond sombre
2) (Electricity) (*US*)	Terre *(f)*, Masse *(f)*
~ connection (*US*)	Prise de terre
~ loop	Bouclage de masse
~ wire (*US*)	Fil de terre, Fil de masse
3) (Audio)	Fond *(m)*
~ noise	Bruit de fond
~ ~ reduction	Réduction du bruit de fond

Ground (to ~) (*US*) : Raccorder à la terre, Mettre à la masse

* *"Not grounded"* ⇔ "Non raccordé(e) à la terre"

Ground-glass	Dépoli *(m) (de caméra)*
~ screen	Écran dépoli
engraved ~	Verre dépoli gravé
etched ~	Verre dépoli gravé à l'acide
frosted ~	Verre dépoli à l'émeri
grain of the ~	Grain du dépoli
setting of the ~	Calage du dépoli
to set the ~	Caler le dépoli
Grounding (*US*)	Raccordement *(m)* à la terre

Guest *(TV) (Litt.:* Vedette invitée*)* : Personnalité *(f)* invitée sur un plateau TV

~ star : *(Au cinéma, désigne plutôt une star acceptant de tenir un petit rôle)*

Guide	Guide *(m)*
~ rod	Guide *(en forme de barre)*
edge ~	Bord guide, Guide latéral
film edge ~	Bord guide de film
roller ~	Galet-guide roulant
slipper ~	Glissière

Guild : Corporation *(f)*, Association *(f)* professionnelle, Guilde *(f)*

Gulp *(Comput.)* : Groupe de multiplets (bytes) considéré comme un mot

Gyroscope	Gyroscope *(m)*

H

H & D curve : Courbe *(f)* H et D, Courbe *(f)* sensitométrique

H drive	Créneau *(m)* à fréquence ligne
HDTV-ready, # *HDTV monitor*	Moniteur *(m)* HDTV
H phase *(Video)*	Phase *(f)* horizontale
Hair *1)* ~	Cheveu *(m)*
false ~ , # *Hairpiece*	Cheveux postiches, Postiche
lock of ~	Mèche \ Boucle de cheveux
small tuft of ~	Houppette
to do s.o's ~	Coiffer *qn*
tuft of ~	Touffe de cheveux, Houppe
false ~ , # *Hairpiece*	Cheveux postiches, Postiche
2) ~	Poil *(m)* caméra
~ in the gate	Poil caméra dans la fenêtre
Hairpiece	Coiffeur(-euse)
Halation	Halo *(m)*
anti ~	Anti-halo
Half normaled *(Audio)*	Modulation *(f)* sans coupure
Half-open	Entrouvert(e), Entrebâillé(e)
Half-open (to ~)	Entrouvrir, Entrebâiller
Half-shadow, # *Half-light*	Pénombre *(f)*
Halftone	Demi-ton *(m)*
Halo	Halo *(m)*
anti ~	Anti-halo
Halogen	Halogène *(m)*
Hand	Main *(f)*
~ lever	Manette
Handgrip	Poignée *(f)* de portage
Handheld	À la main
Handholdable	Portable
Handle	Manche *(f)*, Manette *(f)*
~ grip	Poignée d'un manche
carrying ~ , # *Handgrip*	Poignée de portage
crank ~	Poignée de manivelle
head ~ , # *Pan handle*	Manche de tête
top ~	Poignée sur le dessus
Handle (to ~)	Manier, Manipuler
Handlebar mount	Guidon *(m)* *(pour une caméra à l'épaule)*

Handling — Maniement *(m)*, Manipulation *(f)*
poor ~ : Manque de soin apporté à une manipulation
Hang (to ~) — Accrocher, Suspendre
to over ~ — Suspendre à la verticale
Hanger — Crochet *(m)*
overhead ~ — Pantographe
Hanging — Accrochage *(m)*
Hanging dots *(Dig. video)* : *(Défaut de* cross-luminance *autour des horizontales saturées en couleur d'une image vidéo)*
Hard — Dur(e)
Hard disk *(Computer)* — Disque *(m)* dur
Hard floor (*Business*) : Pourcentage *(m)* plancher, Niveau *(m)* garanti
Hard-wire (to ~) — Équiper du Câble, Câbler
Hardener — Agent *(m)* tannant
Hardening fixer — Fixateur *(m)* tannant
Hardness — Dureté *(f)*
Hardware — Composants *(m)* électroniques
Harmonic *(adj.)* : *a)* Harmonique - *b)* Harmonieux(-euse)
Harmonic *(noun)* — Harmonique *(m)*
~ frequency — Fréquence harmonique
Harmonizer — Harmoniseur *(m)*
Harness — Harnais *(m)*
safety ~ — Harnais de sécurité
Hass effect — Effet Haas
Hauling — Traînage *(m)*
Have an edge (to ~), # *To Have it* : Avoir un petit plus, Avoir du chien, Avoir quelque chose de particulier *(pour un acteur ou une actrice)*
"To be a real good actor, you have to have an edge !" ⇔ "Pour être un bon acteur, il faut vraiment avoir un petit plus !"
Haze — Brume *(f)*
aerial ~ — Voile atmosphérique
heat ~ — Brume de chaleur
Hazer, # *Smoke machine* — Machine *(f)* à fumée *(f)*
Head *1)* ~ *(for human beings)* — Tête *(f)*
~-on shot : *(Type de plan utilisé plus particulièrement en cinéma en relief, dans lequel l'action semble foncer sur le spectateur)*
2) ~ *(for a camera)* — Tête *(f)* panoramique
~ handle — Manche de tête
dutch ~ — Tête à débuller
fluid ~ — Tête fluide
friction ~ — Tête à frictions
geared ~ , gear ~ — Tête à manivelles
to shift gear on a ~ ~ — Changer la vitesse d'une tête manivelles
gimbal ~ , # *Gimbal mount* — Pied marin
gyro ~ — Tête gyroscopique

pan and tilt ~	Plate-forme panoramique
remote ~	Tête télécommandée
tilting ~	Tête panoramique
3) ~ *(in a crew)*	Chef *(m)*
~ gaffer	Chef électricien
~ grip, ~ rigger	Chef machiniste
4) ~ office	Siège *(m)* social
5) lamp ~ , light ~	Tête *(f)* de projecteur *(Coll.* : Gamelle)
6) magnetic ~ *(Audio – Video)*	Tête *(f)* magnétique
~ adjustment, ~ align	Réglage des têtes
~ clogging, ~ clog	Encrassement des têtes
~ drum	Tambour de têtes
~ gap	Entrefer
~ tracking	Centrage des têtes
clogged ~	Tête encrassée
eraser ~ , erase ~	Tête d'effacement
recording ~ , record ~	Tête d'enregistrement
7) screw ~	Tête *(f)* de vis
8) # *Beginning*	Début *(m)*
~ out, ~ up	Par la tête, Par le début
~ slate	Clap de début
Header *(Dig. video)*	En-tête *(f)* de paquet
GOP ~	En-tête de groupe d'images
packet ~	En-tête de paquet
sequence ~	En-tête de séquence
system ~	En-tête système
Headphones	Casque *(m)* d'écoute, Écouteurs *(m)*
~ plug	Prise de casque
Headroom : Espace *(m)* au-dessus des têtes *(dans un cadrage)*	
Health coverage	Couverture *(f)* médico-sociale
Hearing fatigue	Fatigue *(f)* auditive
Heating	Chauffage *(m)*
Heavy *(adj.)*	Lourd(e)
Heavy *(noun)*, # *The baddie* : Le méchant *(m)*, Personnage *(m)* du "méchant"	
Height	Hauteur *(f)*
~ control	Réglage de la hauteur de l'image
~ of framing, camera ~	Hauteur caméra
* *At eye level*	À hauteur d'œil
* *Straight-on angle*	À hauteur d'homme
Helical	Hélicoïdal(e)
Helicopter mount : Système *(m)* anti-vibratoire *(pour prises de vues hélicoptère)*	
Helmholtz	Helmholtz *(m)*
Hermetic	Hermétique
Hero	Héros *(m)*
Hertz	Hertz *(m)*

Hide (to ~) — Cacher, Dissimuler
High — *a)* Grand(e) - *b)* Haut(e)
High-angle shot, # *Down shot* — Plongée *(f)*
extreme — Forte plongée
High band — Large bande *(f)* passante
High-definition (HD) — Haute définition *(f)* (HD)
High-fidelity (Hifi) — Haute fidélité *(f)*
High hat, # *Hi-hat* — Base *(f)* *(pour caméra)*
~ on board — Base sur plaque de bois
High hat/leveller — *a)* Griffe 300 *(f)* - *b)* Base *(f)* à vérins
Highlight (to ~) *sth* : Mettre l'accent sur *qch*, Faire ressortir *qch*
High pass — Passe-haut
High-pitched — Aigu(ë)
Higher : *a)* Plus grand(e) - *b)* Plus haut(e), Supérieur(e)
~ part of *sth* — Partie supérieure de *qch*
Hinge *1) ~ (for a door)* — Charnière *(f)*
2) # Pivot — Pivot *(m)*, Articulation *(f)*
Hinge (to ~) — S'articuler, Pivoter
Hire *(GB)* — Location *(f)*
~ company — Maison de location
Hire (to ~) *1) # To Rent* — Louer *qch*
2) # To Give work to s.o — Embaucher *qn*, Engager *qn*
Hirer — Loueur(-euse)
Hiss — Souffle *(m)*, Sifflement *(m)*
Hit, # *Hitter* — Grand succès *(m)* public
"The film was guaranteed to be a huge hit, and it bombed !" ⇔ "Le film était destiné à faire un énorme succès, et il fît un malheur !"
** No-hitter* ⇔ Échec commercial, Bide financier
Hit (to ~) the mark : Être à sa marque, Respecter la marque
Hitch — Empêchement *(m)*, Contretemps *(m)*
technical ~ — Incident *(m)* technique
Hitting a \ the mark : Être sur la marque, Être pile poil à la \ sur la marque
HMI — HMI *(m)*
~ flicker — Battement \ Scintillement HMI
~ flicker free speed : Vitesse de prise de vue sans scintillement
~ pulse — Éclair HMI
flicker free ~ — HMI sans scintillement
to strike an ~ — Amorcer un HMI
Hold *1) # Hold take* — Prise *(f)* à garder en réserve
2) line ~ *(Video)* — Stabilité *(f)* de l'image vidéo
horizontal ~ ~ — Synchronisme horizontal
vertical ~ ~ — Synchronisme vertical
Hold (to ~) — Tenir, Fixer, Maintenir
Holder — Support *(m)*
accessory ~ — Porte-accessoire

Hole Trou *(m)*
~ in the zoom range Trou dans la course d'un zoom
blind ~ Trou borgne
inspection ~ Regard *(dans une pièce mécanique)*
Holidays credits Congés *(m)* payés
Hollywoodites : Ceux qui travaillent et/ou résident à Hollywood
Hologram Hologramme *(m)*
Holography Holographie *(f)*
Homage Hommage *(m)*
Home cinema Home cinéma
Honeycomb (*US*) *pour softlight* Nid *(m)* d'abeille, Grille *(f)* focalisante
Honey wagon *a)* Loge *(f)* comédien *(pour des tournages en extérieurs)*
b) (*US*) : Toilettes *(f)* mobiles *(pour des tournages en extérieur)*
Hood *1)* # *Lid* Capot *(m)*
2) # *Sunshade* Parasoleil *(m)*
Hook *1)* ~ Crochet *(m)*
snap ~ Mousqueton *(m)*
2) (Advertising) Accroche *(f)* publicitaire
Hook (to ~) Accrocher
~ up Assembler, Monter
~ up to Connecter *(électriquement)*
Hooking *1)* # *Clamping* Accrochage *(m)* *(à un crochet)*
2) *(Video)* : Distorsion *(f)* en haut d'image *(due à une mauvaise tension de la bande lors du défilement devant les têtes)*
Horizontal *(adj.)* Horizontal(e)
~ retrace *(Video)* Retour *(m)* horizontal du spot
Horizontal *(noun)* Horizontale *(f)*
in the ~ À l'horizontale
Horns Enceinte *(f)* à pavillon
Hot *1)* *(Advertising)* : Dont on parle beaucoup, Très attendu(e)
2) ~ box : Chambre noire *(pour le chargement)*, Chambre de chargement
3) # *Ready* Sous pression, En tension
~ cable Câble sous alimentation électrique
~ camera Caméra dont l'image passe à l'antenne
~ mike, ~ line Micro branché
~ set (*US*) : Plateau prêt à tourner *(Décor meublé et accessoirisé, dans lequel le tournage a commencé, et qui ne doit plus être changé ou dérangé)*
Hour Heure *(f)*
~ overtime Heure supplémentaire
House *(Fam.)* Salle *(f)* de cinéma
~ allowance, ~ overhead Part des recettes destinée aux frais d'exploitation d'une salle de cinéma
~ nut : Frais fixes hebdomadaires d'exploitation d'une salle de cinéma
revival ~ (*US*) Cinéma d'art et essai

Housing — *a)* Boîtier *(m)*, Carter *(m)* - *b)* Caisson *(m)*
Houskeeping deal : Accord *(m)* entre une société de production et un producteur indépendant hébergé dans ses locaux
Hue — Nuance *(f)*
Hum, # *Buzz* *(Coll.)* : Bourdonnement *(m)*, Ronflement *(m)*, [illegible] *(f)* *(Fam.)*
Hum (to ~) — Bourdonner
Human — Humain(e)
- ~ angle : Dimension *(f)* humaine *(d'un film)*, Aspect *(m)* humain
- ~ interest : Vécu *(m)*, Qualité *(f)* d'un sujet pour son "aspect vécu"

Humid, # *Damp, Moist, Wet* — Humide
Humidity — Humidité *(f)*
Hype (*Diminutif de* : **Hyperbole**) — *a)* Critique *(f)* exagérément élogieuse *b)* Battage *(m)* publicitaire
- media ~ , # *Ballyhoo*, # *Blitz* — Battage *(m)* médiatique orchestré
- * *Buzz (Fam.)* : Bruit *(m)* *(Faire du bruit \ de la publicité autour de…)*

Hyperbola — Hyperbole *(f)*
Hyperbolic(al) — Hyperbolique
Hypercardioid — Hypercardioïde
Hyperfocal distance — Hyperfocale *(f)*, Distance *(f)* hyperfocale
Hyperfrequencies — Hyperfréquences *(f)*
Hypergonar — Hypergonar *(m)*, Bloc *(m)* anamorphoseur
Hypermetropia — Hypermétropie *(f)*
Hypermetropic — Hypermétrope *(m)*
Hypersensitization — Hypersensibilisation *(f)*
Hyphenates *(Fam.)* : "Double casquette" *(Coll.)* *(réalisateur-producteur, scénariste-réalisateur, acteur-réalisateur-producteur, etc)*
Hypsogram *(Audio)* — Hypsogramme *(m)*
Hysteresis — Hystérésis *(f)*

I

Ice box	Glacière *(f)*
Ideaman	Créatif *(noun) (m)*
Identification *(to a character)*	Identification *(f) (au personnage)*
Ignite (to ~) *(Electronics)*	Amorcer \ Allumer *(un tube électronique)*
Illuminate (to ~)	Éclairer, Illuminer
Image	Image *(f)*
~ area	Surface d'image
~ capture	Capture d'image
~ clipping	Détourage d'image
~ coding	Codage image
~ cropping	Rognage *(des bords d'une image)*
~ data bank	Banque d'images
~ digitizer	Numériseur d'images
~ display	Affichage d'une image
~ distortion *(Comput.)*	Distorsion d'image
~ enhancement *(Comput.)*	Amélioration de l'image
~ enhancer	Correcteur de détails
~ erection	Redressement de l'image
~ file size *(Comput.)*	Taille de fichier image
~ filtering *(Comput.)*	Filtrage image
~ format *1)* ~	Format d'une image
2) (Comput.)	Format d'image
~ frequency	Fréquence d'image
~ inversion	Inversion \ Renversement de l'image
~ outlines	Contours de l'image
~ plane	Plan focal image
~ point	Point image
~ processing *(Comput.)*	Traitement d'image
~ refreshment	Rafraîchissement de l'image
~ regeneration	Régénération d'image
~ resolution	Résolution de l'image
~ restoration	Restauration d'image
~ retouching	Retouche d'image
~ scale	Échelle de reproduction
~ size *1)* ~	Dimensions de l'image
2) (Comput.)	Taille d'une image, Poids d'une image
~ stabilizer	Stabilisateur d'image

~ track	Bande image
~ vectorization	Vectorisation d'images
aerial ~	Image aérienne
anamorphic ~	Image anamorphosée
burned-in ~ *(Video)*	Image rémanente
burned up ~	Image brûlée
coarse grain ~	Image granuleuse
coded ~ *(Video)*	Image codée
composite ~ *(Video)*	Image composite
computer ~, computer-generated ~ : Image de synthèse	
cool ~	Image froide
digitized ~ *(Video)*	Image numérisée
erected ~	Image droite, Image à l'endroit
flat ~	Image plate, Image sans contraste
freeze ~, still ~	Image gelée \ figée, Arrêt sur image
ghost ~	Image fantôme, Écho d'image
grainless ~	Image sans grain
grainy ~	Image granuleuse
high contrast ~	Image à fort contraste
inverted ~	Image à l'envers, Image inversée
latent ~	Image latente
low contrast ~	Image à faible contraste, Image au contraste doux
out of focus ~	Image floue
out of frame ~	Image décadrée
over-exposed ~	Image surexposée
real ~	Image réelle
reflected ~	Image réfléchie
reversed ~	Image inversée, Image renversée
sharp ~	Image piquée *(très définie)*
soft ~ : *a)* Image à contraste doux - *b)* Image molle *(légèrement floue)*	
still ~ , freeze ~	Image figée
three dimensional ~	Image en relief \ en trois dimensions
top of the ~	Haut de l'image
under-exposed ~	Image sous-exposée
unsqueeze ~	Image désanamorphosée
vector ~ *(Comput.)*	Image vectorisée
virtual ~	Image virtuelle
warm ~	Image chaude
zero ~, # *Zero frame*	Image de départ
Imagery	Imagerie *(f)*
Imaginary line	Ligne *(f)* des 180°
to cross the ~ : Passer la ligne des 180°, Transgresser la loi des 180°	

Imaging : Traitement de l'image *(Désigne tous les procédés de fabrication, de traitement et d'affichage des images. Par exemple : l'imagerie médicale)*

Immission *(Audio)*	Immission *(f)*
Impedance	Impédance *(f)*
~ curve	Courbe d'impédance
acoustic ~	Impédance acoustique
input ~	Impédance de sortie
loaded ~	Impédance normale
output ~	Impédance d'entrée
source ~	Impédance de source
Impedometer	Impédancemètre *(m)*
Import (to ~) *1) # To bring sth from abroad* : Importer	
2) (Comput.)	Importer
Improvisation, # *Ad libbing*	Improvisation *(f)*
Improvise (to ~) *1) # To Ad lib*	Improviser
2) ~ (in a situation)	Improviser *(dans une situation)*
Impulse	Impulsion *(f)*
~ noise : Parasites *(m)* dans la transmission d'un signal vidéo	
* *Sparklies* : Parasites *(m)* dans la transmission d'un signal par satellite	
Inaudible	Inaudible
In-camera	*a)* Dans le champ, Dans le cadre
	b) À la caméra, À la prise de vue
Incandescence	Incandescence *(f)*
Incandescent	Incandescent(e)
Inch	Pouce *(m)* *(1" = 2,54 cm)*
half ~	Demi-pouce
Inches per second = ips	Pouces par secondes = pps
Inching	Entraînement *(m)* manuel de la pellicule
Incidence	Incidence *(f)*
~ of a light beam	Incidence d'un faisceau lumineux
angle of ~	Angle d'incidence
Incident *(adj.)*	Incident(e)
Incidentals, # *Contingency*	Faux-frais *(m)*, Frais accessoires *(m)*, Dépenses *(f)* impévues
Income, Incomings	Revenus *(m)*, Gains *(m)*
~ tax	Impôt sur le revenu
gross ~	Revenus bruts
net ~	Revenus nets
Increase *(noun)*	Augmentation *(f)*
Increase (to ~)	Augmenter, Agrandir
~ the size of *sth*	Rendre *qch* plus grand(e)
~ the power of *sth*	Intensifier
Indemnify (to ~)	Indemniser
Indemnity	Indemnité *(f)*
* *Additional indemnity*	Indemnité supplémentaire
* *Arbitrary allowance*	Indemnité forfaitaire
* *Benefit in kind*	Indemnité en nature

* *Car allowance*	Indemnité de véhicule personnel
* *Cash benefit*	Indemnité en espèce
* *Compensation for injury*	Indemnité en cas d'accident
* *Food allowance*	Indemnité de nourriture
* *Holiday pay*	Indemnité de jour férié
* *Housing allowance*	Indemnité de logement
* *Kilometrage allowance*	Indemnité de kilométrage
* *Layoff pay*	Indemnité de licenciement
* *Maternity benefit*	Indemnité de maternité
* *Meal allowance*	Indemnité de repas
* *Per diem allowance*	Indemnité journalière
* *Sickness allowance*	Indemnité de maladie
* *Taxable benefit \ allowance*	Indemnité imposable
* *Tax free benefit \ allowance*	Indemnité non imposable
* *Travel and Expenses* (T&E)	Indemnité voyage et hébergement
* *Wardrobe allowance*	Indemnité costumes
Indenture	Entaille *(f)*
Independent, # *Indie*	Indépendant *(noun) (m)*
~ contractor, # *Freelance* : Freelance, Employé(e) au contrat \ à la pige	
~ distributor	Distributeur(-trice) indépendant(e)
~ feature film, ~ film, # *Indie*	Film indépendant
~ producer	Producteur(-trice) indépendant(e)
~ production	Production indépendante
Independents (*US*) : Les Indépendants *(m) (les Producteurs Indépendants)*	
Index *1) # Rating*	Indice *(m)*
2) # Mark	Marque *(f)*, Repère *(m)*
Indicator	Indicateur *(m)*
film supply ~	Indicateur de métrage de film
speed ~	Tachymètre, Indicateur de vitesse
Indirect	Indirect(e)
Indoor	Intérieur, À l'intérieur
~ shooting	Tournage en intérieur
Inductance coil	Self *(f)*, Bobine *(f)* à induction
Induction	Induction *(f)*
magnetic ~	Induction magnétique
Industrial film	Film *(m)* industriel
Infinity (*Sigle* = ∞)	Infini *(m)* (*Sigle* = ∞)
focus on ~	Point à l'infini
Information	Information *(f) (Coll.* : Info*)*
~ carrier	Transporteur d'informations
~ flow	Flux d'informations
~ ~ rate	Vitesse de circulation de l'info
~ medium	Support d'information
~ processing	Traitement de l'information
Infrared	Infrarouge *(m)*

Ingenue Ingénue *(f)*
Inharmonic Inharmonique *(adj.)*
~ sound Son inharmonique
Initial (to ~) Parapher *(toutes les pages d'un contrat)*
Ink *(US)* Couverture *(f)* presse
Ink (to ~) *1)* ~ Mettre par écrit, Coucher par écrit
2) ~ (*US*) Signer un contrat
Ink numbers Piétage *(m)*
Inky, # *Inky dink, Dinky (Fam.)* : Petit projecteur tungstène à lentille de Fresnel
Inlay : *a)* Incrustation *(f)* par cache électronique
b) Trucage *(m)* dont la finalité est d'obtenir une image composite
Inlay-overlay Incrustation *(f)* électronique
In-phase En phase
Input Entrée *(f)* *(dans un circuit électique)*
~ impedance Impédance d'entrée
~ level Niveau d'entrée
~ signal Signal d'entrée
~ stage Étage d'entrée
~ terminal Borne d'entrée *(d'un circuit)*
balanced ~ *(Audio)* Entrée symétrique
unbalanced ~ *(Audio)* Entrée asymétrique
Insert Insert *(m)*
~ car : Voiture travelling remorquant une voiture de jeu
~ edit Montage en mode insert
~ mode Mode insert
~ point Point d'insertion
~ shot *a)* Insert - *b)* Plan de raccord
~ titles Cartons, Intertitres *(pour films muets)*
Insert (to ~) Insérer, Intercaler
Instalment (*GB*) – **Installment** (*US*) : Acompte *(m)*, Terme *(m)*, Versement *(m)*, Tranche *(f)*, Échéance *(f)* *(de paiement)*
Instantlies Images *(f)* de contrôle sur un moniteur de retour vidéo
Instrument Appareil *(m)*, Instrument *(m)*
measuring ~ Appareil de mesure
optical ~ Instrument d'optique
Insulate (to ~) Isoler
* *Insulated lens* Objectif blimpé
Insulating Isolant(e)
~ tape Ruban adhésif isolant
Insulator Isolant *(m)*
electrical ~ Isolant électrique
Insurance Assurance *(f)*
~ contract Contrat d'assurance
accident ~ Assurance accident

cast and crew ~ : Assurance personne indispensable au film *(qu'elle soit comédien(-ienne) ou technicien(-ienne)*
comprehensive ~ — Assurance tous risques, Assurance multi-risques
national ~ contributions — Charges sociales
negative ~ — Assurance négatif
props, sets and wardrobe ~ : Assurance couvrant les risques de dommages encourus par les accessoires, les décors et les costumes
public liability ~ — Assurance responsabilité civile
worker's compensation ~ — Assurance chômage

Insure (to ~) — Assurer, Souscrire une assurance
Integrated — Intégré(e)
Integrator — Intégrateur *(noun)* *(m)*
Intelligibility — Intelligibilité *(f)*
Intensifier — Intensificateur *(m)* *(de développement)*
Intensify (to ~) — Intensifier, Renforcer
Intensity — Intensité *(f)*
electrical ~ — Intensité électrique
luminous ~ — Intensité lumineuse
Interactive — Interactif(-ive)
Interactivity — Interactivité *(f)*
Inter-coding — Intercodage *(m)*
Intercut — Montage *(m)* en parallèle
Interest — Intérêts *(m)*
~-bearing advances — Avances portant intérêts
non ~-bearing advances — Avances ne portant pas intérêts
Interface — Interface *(m)*
Interference
1) ~ *(of waves)* — Interférence *(f)*, Brouillage *(m)*
fringes — Franges d'interférences
~ pattern — Motif d'interférence
2) ~ *(for sound)* — Parasite *(m)*, Bruit *(m)* parasite
Interframe — Inter-image *(m)*
Interlace, # *Interlacing* — Entrelacement *(m)*
Interlaced — Entrelacé(e)
* *Formats that include an "i" (1080i, 480i,…) use interlaced scanning*
Les formats incluant un "i" (1080i, 480i,…) sont à balayage entrelacés
~ scan — Balayage entrelacé
~ ~ format — Format à balayage entrelacé
~ video — Vidéo à balayage entrelacé
Interlacing *(Video)* — Entrelacement *(m)*
Interleaved *(Dig. Video)* — Imbriqué(e)
Interleaving *(Dig. Video)* — Imbriquement *(m)*
Interlocked — Asservi(e), Esclave

Interlocking — *a)* Verrouillage *(m)* - *b)* Asservissement *(m)*
~ system — Système de verrouillage
Intermediate — Intermédiaire *(m)*
~ print film — Intermédiaire positif
negative ~ — Intermédiaire négatif
reversal ~ — Intermédiaire inversible
colour ~ ~ (CRI) — Intermédiaire inversible couleur
Intermediate film — Pellicule *(f)* intermédiaire
colour ~ — Pellicule intermédiaire couleur
negative ~ — Pellicule internégative, Pellicule intermédiaire négative
positive ~ — Pellicule interpositive, Pellicule intermédiaire positive
reversal ~ — Pellicule intermédiaire inversible
Intermittent — Intermittent(e) *(adj.)*
Intermodulation — Intermodulation *(f)*
Internegative — *a)* Internégatif(-ive)
b) Internégatif *(m)*, Négatif *(m)* intermédiaire
~ film : Pellicule internégative, Pellicule intermédiaire négative
digital ~ *(Dig. video)* — Internégatif numérique
Interpolate (to ~) — Interpoler
Interpolation — Interpolation *(f)*
Interpositive — *a)* Interpositif(-ive)
b) Interpositif *(m)*, Positif *(m)* intermédiaire
~ film : Pellicule interpositive, Pellicule intermédiaire positive
colour ~ — Interpositif couleur
combined ~ — Interpositif standard
Interquel : Film venant s'intercaler entre deux films déjà existants
Intervalometer — Intervallomètre *(m)*
Intonation — Intonation *(f)*
Intra-coding — Intracodage *(m)*
Intraframe — Intra-image
Inversion — Inversion *(f)*, Renversement *(m)*
~ of the image — Inversion \ Renversement de l'image
Invert (to ~) — Intervertir, Inverser
Inverter — Convertisseur *(m)*
DC-to-AC ~ — Convertisseur continu-alternatif
Investment — Investissement *(m)*
~ company — Société de financement
foreign ~ — Investissement à l'étranger
high risk ~ — Investissement à haut risque
medium and long-term ~ : Investissement à moyen et long terme
return on ~ — Rendement d'un investissement
* *Payback period* : Période de recouvrement des investissements
* *Seed money (Litt.: "Argent graine")* : Capital initial, Mise de fonds

Invoice	Facture *(f)*
Invoice (to ~)	Facturer
Invoicing	Facturation *(f)*
Iridescent	Irisé(e)
Iris *1)* ~ *(US)*	Diaphragme *(m)* (*Coll.* : Diaph)
~ leaf	Pale de diaphragme
automatic ~ control	Réglage automatique du diaph
2) # *Iris shutter*	Iris, Diaphragme iris
~ in	Ouverture à l'iris
~ out	Fermeture à l'iris
~ wipe	Volet par iris, Fondu en iris
riding the ~ (*US*)	Changement de diaphragme
Iron oxide	Oxyde *(m)* de fer
ISO number	Sensibilité *(f)* ISO
Isolate (to ~)	Isoler
Itinerary	Itinéraire *(m)*, Parcours *(m)*, Trajet *(m)*

J

Jack — Jack *(m)*, Prise *(f)* jack
~-panel — Tableau de connexions
~-screw — Vis de calage \ de niveau \ de butée
~-shaft — Arbre secondaire, Arbre de renvoi
~of-all-trades — Homme à tout faire

Jagged : Hâché(e), Dentellé(e), Pointu(e), Aux arêtes vives
~ edge, # *Jaggies* — Bord crénelé, Contour crénelé
~ steps — En dents de scie

Jaggies (*Fam.*), # *Stairstep effect,* # *Pixelization* — Effet *(m)* d'escalier, Défaut *(m)* en escalier, Crénelage *(m)*, Aspect *(m)* en dents de scie

Jam (Film ~) — Bourrage *(m)* *(avec la pellicule)*

Jam (to ~) — Bloquer, Coincer, Gripper

Jammed — Bloqué(e), Coincé(e)

Jamming *1) (Mechanics)* — Blocage *(m)*
2) # Interference — Brouillage *(m)*

Japanese lantern (*US*) — Boule *(f)* chinoise

Jarring — Discordant(e), Qui jure
1) ~ cut — Montage *(m)* brusque \ choquant
2) ~ sound — Son *(m)* discordant

Jelly — Gélatine *(f)* *(de l'émulsion)*

Jib, Jib arm — Bras *(m)* de grue

Jitter : Jitter *(Sometimes translated by :* Gigue *(f)* électronique*)*
a) Fluctuations *(f)* temporelles rapides affectant un signal numérique
b) Variation *(f)* aléatoire d'un signal *(affectant l'image)*
c) Tremblement *(m)*, Oscillation *(f)* rapide d'une variable
d) Instabilité *(f)* de phase, Instabilité *(f)* de l'image
~ generation — Génération de gigue
~ tolerance — Tolérance de gigue
~ transfer — Transfert de gigue

Jog shuttle : Molette *(f)* de contrôle *(pour avance ou retour rapide)*

Join (to ~) — Joindre

Joiner — Colleuse *(f)*, Presse *(f)* de montage
tape ~ — Colleuse à scotch

Joining — *a)* Assemblage *(m)* - *b)* Liaison *(f)*

Joint — Joint *(m)*
~ box *(Lighting)* : Boîte de branchement, Boîte de raccordement
tight ~ — Joint hermétique

Joystick Levier *(m)* de commande, Joystick *(m)*
Jump *(in the action)* Saute *(f)* *(dans la continuité d'une action)*
Jump (to ~) *(Editing)* Faire une ellipse
Jump cut Coupe *(f)* sèche
Jumper *(Electricity)* Cavalier *(m)* électrique
Junior, # *Junior spot* (*US*) : Projecteur *(m)* tungstène 2 kw à lentille de Fresnel
Juxtapose (to ~) Juxtaposer
Juxtaposition Juxtaposition *(f)*

K

Keep (to ~) *sth* in repair : Entretenir, Faire la maintenance de *qch*
Kelvin Kelvin, Degré *(m)* Kelvin
~ scale Échelle de température en Kelvin
Key *1)* ~ *(for a door lock)* Clef *(f)* de serrure
2) # *Monitor switch* Bouton *(m)* de commande, Touche *(f)*
3) ~ frame *(Dig. Video)* : Image *(f)* principale *(comportant des informations sur la manière de traiter le signal qui l'accompagne)*
~ light : Intention de la lumière *(Dans un* three-point lighting, *le key-light est l'illumination la plus forte, équivalent à la lumière principale de la scène)*
high ~ : Style d'éclairage où la majorité de la scène est en hautes lumières
low ~ : Style d'éclairage où la majorité de la scène est en basses lumières
normal ~ Niveau moyen d'éclairement
4) # *Inlay* Incrustation *(f)*
~ level Niveau d'incrustation
blue ~ , green ~ : Incrustation sur fond bleu \ sur fond vert
chroma ~ Incrustation en chrominance
external ~ Incrustation externe
internal ~ Incrustation interne
luminance ~ , luma ~ Incrustation à partir du signal luminance
matte ~ Incrustation en luminance
mono ~ Incrustation noir et blanc
5) # *Crew leader, Lead person* : *(Terme indiquant une importance hiérarchique, ainsi que la notion de chef de poste ou celle de chef d'équipe)*
~ wardrobe Chef habilleur(-euse)
6) # *Director's indication* : Indication *(f)* d'un réalisateur à un acteur *(invitant ce dernier à utiliser un élément particulier de la scène afin de renforcer son jeu. Par exemple :* "Key off his anger" ⇔ *"Appuie toi sur sa colère")*
7) # *Mark* : *(Désigne n'importe quel point d'appui pour un acteur afin qu'il puisse retrouver une position pour laquelle on ne peut pas faire de marque au sol parce qu'elle serait visible à l'image)*
8) # *Tool* (**▶ p 473**) Clef *(f)*
9) # *Pin, Gudgeon* (**▶ p 473**) Clavette *(f)*
Key (to ~) Incruster, Faire une incrustation *(f)*
Keyboard Clavier *(m)* de commandes *(f)*
~ equivalent, ~ shortcut *(Comput.)* : Raccourci clavier
Keycode Numéro *(m)* de bord
Keyed insertion Incrustation *(f)* par caches électroniques

Keyer Incrustateur *(m)*
Keying (Electronic ~) Incrustation *(f)* électronique
Keylight : Intention *(f)* de la lumière *(Dans un* three-point lighting, *le* key-light *est l'illumination la plus forte, équivalent à la lumière principale de la scène)*
Key-man clause (*US*) : Clause *(f)* particulière d'un contrat *(m)* déterminant l'accord du contractant, et posant la condition que soit engagé à ses côtés un collaborateur de son choix : assistant, conseiller technique, technicien, comédien, etc
Keystone, Keystoning *(Video)* : Distorsion *(f)* trapézoïdale de l'image
~ correction : Correction de la déformation en trapèze
Kick, # *Kick light* *1) ~ (as light)* Effet *(m)* dans la lumière
2) ~ (as a luminaire) : Projecteur *(m)* créant l'effet *(dans l'éclairage d'une scène)*
Kick back on the gel : Mouche *(f)* de lumière réfléchie par une gélatine
Kicker, # *Kicker light* Projecteur *(m)* de décrochage
Kickoff (*US*) : *(Désigne un acteur principal sur lequel sont mis tous les feux de la production du film. On parle aussi parfois de* Principal photography*)*
Kill (to ~), # *To Turn off (a light)* : Éteindre *(un projecteur)*, Couper au général
~ the lights Soulager les projecteurs
Kilobit (Kb) Kilo-bit (Kb)
Kilobyte (KB) Kilo-octet = 2^{10} octets (Ko)
~ per second Kilo-octet par seconde
Kinescope Kinescope *(m)*
Kinescope recording (*US*) Kinescopage *(m)*
Kinetics of transport system Cinématique *(f)* de défilement
Kino-flo Kino-flo *(m)*
Kirchoff's law Loi *(f)* de Kirchoff
Kitchen foil Papier *(m)* d'aluminium
Knob Bouton *(m)*
adjustment ~ Bouton de réglage
control ~ Bouton de commande
focusing ~ Manette de focalisation
inching ~ Bouton d'avance manuelle
reset ~ Bouton de remise à zéro
Knock Une mauvaise critique *(f)* d'un film
Knockoff, # *Spin-off* : Film *(m)* qui reprend une idée à succès et en exploite la veine
Knot Nœud *(m)*
reef ~ Nœud plat
slip ~ Nœud coulant
to make a ~ Faire un nœud
to tie a ~ Serrer un nœud
Knucle Rotule *(f)* *(de drapeau)*
Knurl Molette *(f)*
~ button Bouton moleté
Kuleshov effect Effet *(m)* Koulechov

L

Lab roll	Bobine *(f)* labo
Label	Étiquette *(f)*
laboratory ~ : Étiquette laboratoire *(Coll.* : Étiquette labo*)*	
Laboratory *(Fam.* : Lab*)*	Laboratoire *(m)* *(Coll.* : Labo*)*
~ report *(Fam.* : Lab report*)* : Rapport laboratoire *(Coll.* : Rapport labo*)*	
~ roll *(Fam.* : Lab roll*)*	Bobine laboratoire *(Coll.* : Bobine labo*)*
~ sheet	Feuille de rapport laboratoire
~ test	Essai de laboratoire *(Coll.* : Essai labo*)*
dry ~	Laboratoire de tirage
Labour (*GB*) – **Labor** (*US*) *1)* ~	Travail *(m)*
~ accident	Accident du travail
~ benefits	Bénéfices sociaux
2) ~	Main-d'œuvre
skilled ~	Main-d'œuvre qualifiée
Labourer (*GB*) – **Laborer** # *Workman* (*US*) : Ouvrier(-ière)	
Lack (to ~) of *sth*	Manquer de *qch*
Ladder	Échelle *(f)*
extension ~	Échelle coulissante
Lag *1)* # *Delay*	Retard *(m)*
~ time	Temps de retard, Temps de réponse
2) # *Shifting*	Décalage *(m)*, Déphasage *(m)*
magnetic ~	Hystérésis
Lag (to ~)	Déphaser *(en arrière)*
Lamp	Lampe *(f)*, Ampoule *(f)*
~ adapter	Douille voleuse
~ base	Culot de lampe
bayonet ~ ~	Culot à baïonnette
screw ~ ~	Culot à vis
~ head	Tête de projecteur
~ holder, ~ socket	Douille *(d'ampoule électrique)*
bayonet ~ ~	Douille à baïonnette
screw ~ ~	Douille à vis
~ shade	Abat-jour
arc ~	Lampe à arc
bare ~	Lampe nue
bedside ~	Lampe de chevet
bipost ~	Lampe bi-poste

boosted ~	Lampe survoltée
CSI ~	Lampe CSI
dark room ~ , safelight ~	Lampe inactinique
daylight	Lampe lumière du jour
discharge ~ , discharge-type ~	Lampe à décharge
exciter ~	Lampe excitatrice
flood ~	Lampe flood
glow ~ , low voltage ~	Lampe à basse tension
halogen ~	Lampe halogène
hand ~	Baladeuse, Lampe baladeuse
heat ~	Lampe infrarouge
HMI ~	Lampe HMI
incandescent ~	Lampe à incandescence
iodine ~	Lampe à iode
krypton ~	Lampe au krypton
merc ~	Lampe au mercure
mercury-arc ~, mercury-vapor ~	Lampe à vapeurs de mercure
mirror ~, reflector ~	Lampe à miroir incorporé
neon ~	Lampe au néon
overrun ~	Lampe survoltée
projection ~	Lampe de projection
reflector ~	Lampe à réflecteur incorporé
sealed-beam ~	Lampe étanche *(du type PAR)*
sodium-vapor ~	Lampe à vapeurs de sodium
two filament ~	Lampe à double filament
tungsten halogen ~	Lampe quartz-halogène
vacuum ~, vacuum tube	Lampe à vide
xenon ~	Lampe au xénon

Lance : Vague *(f)* promotionnelle ayant une durée limitée

1st ~, 2nd ~, etc.	Première vague, Seconde vague, etc.
Landscape *(Dimin. = Scape)*	Paysage *(m)*
sound ~	Paysage sonore
Lap *1) # Overlapping*	Recouvrement *(m)*
2) # Braid	Guipage *(m) (d'un fil électrique)*
Lap (to ~)	Chevaucher, Recouvrir
Laps of time	Ellipse *(f)*
Large	*a)* Grand(e) - *b)* Gros (Grosse)
** To Make sth larger*	Agrandir
Laser	Laser *(m)*
Lash line	Guinde *(f)*
Last looks, *Last touch up*	Derniers raccords *(m)* maquillage
Latch	Verrou *(m)*, Loquet *(m)* de fermeture, Manette *(f)* de verrouillage
Latch (to ~) ~ on *sth*	S'accrocher à *qch*
~ onto *sth*	Saisir *qch*

Latching : Verrouillage *(m)*, Enclenchement *(m)* d'un verrou

~ mechanism	Mécanisme de verrouillage
~ pin	Goupille de verrouillage
~ slot	Fente d'accrochage
~ tab	Patte d'accrochage

Late fringe, # *Night fringe (TV)* : Tranche *(f)* horaire : 23h à 1h du matin

Latency, # *Latency time*	Temps *(m)* de latence *(f)*
Latent	Latent(e)
Latitude	Latitude *(f)*
exposure ~	Latitude de pose
Lavender *1) # Lavender print*	Lavande *(m)*, Copie *(f)* lavande
2) # Scrim (US)	Soie *(f)*

Layback : Transfert *(m)* de la bande son sur un master

Layer	Couche *(f)*
backing ~	Couche dorsale
emulsion ~	Couche d'émulsion
lower ~ *(DVD)*	Couche inférieure
multi ~ *(DVD)*	Multi-couche
sensitive ~	Couche sensible
single ~ *(DVD)*	Mono-couche
upper ~ *(DVD)*	Couche supérieure
Layout	
1) # Fitting	Agencement *(m)*, Disposition *(f)*
2) # Sketch	Dessin *(m)*, Maquette *(f)*
advanced ~	Maquette *(f)* [CGTN – 2000]
3) # Story-board	Scénarimage *(m)*, Story-board *(m)*
4) # Scheme	Schéma *(m)* de montage, Diagramme *(m)*, Tracé *(m)*, Étude *(f)*
5) (Animation)	Maquette *(f)*, Layout *(m)*
~ artist *1) # Model*	Maquettiste
2) (Animation)	Dessinateur chargé du layout
~ table *(Animation)*	Banc de préparation
Layout (to ~)	Agencer, Arranger, Disposer
Lead	
1) # Lead actor \ actress	Acteur \ Actrice principal(e)
~ part, # *Leading part*	Rôle *(m)* principal
male ~ , female ~	Rôle principal masculin \ féminin

2) ~ line : Phrase *(f)* constituant l'accroche *(f)* sur l'affiche d'un film

3) ~ *(as a metal)*	Plomb *(m)*
black ~	Graphite *(m)*
red ~	Minium *(m)*, Anti-rouille *(m)*

Lead-in *(TV)* : Créneau *(m)* de grande écoute (20h - 21h)

Leader	Amorce *(f)*, Film *(m)* amorce
academy ~	Amorce de projection
black ~	Amorce noire

blue ~	Amorce bleue
clear base ~	Amorce transparente
clock ~	Amorce de projection
[illegible]	Amorce de fin
fogged ~	Amorce voilée
frame-line ~	Amorce de cadrage
head ~	Amorce de début
identification ~	Amorce d'identification
machine ~ : Amorce de chargement, Amorce machine	
projection line-up ~	Amorce de projection
protective white ~	Amorce blanche de protection
start ~	Amorce de départ
tail ~	Amorce de fin
to stick a ~	Amorcer une bobine
universal ~	Amorce aux normes SMPTE
Leading *(adj.)*	
1) # Main	Important(e), Principal(e)
~ idea	Idée dominante
~ lines *(Graphics)*	Lignes de forces
2) # Coming first	En avant, De tête
~ current	Courant déphasé en avant
Leading *(noun)*	Conduite *(f)*, Direction *(f)*
~ in	Arrivée *(f)*, Entrée *(f)* *(d'un conducteur)*
~ out	Départ *(m)*, Sortie *(f)* *(d'un conducteur)*
Leak, # *Leakage*	Fuite *(f)*, Perte *(f)* *(par fuite)*
Leak (to ~)	Fuir, Perdre *(par une fuite)*
Lean	Inclinaison *(f)*
Lean (to ~)	Incliner, Pencher
~ on *sth*, ~ against *sth*	S'appuyer sur *qch* \ contre *qch*
Left	Gauche *(f)*
~-handed person	Gaucher(-ère)
on the ~	À gauche
Leg	Branche *(f)* de pied *(m)* caméra *(f)*
Legs (To have ~) *(Litt.: "Avoir des jambes")* : Film *(m)* qui tient l'affiche	
Leitmotif	Leitmotiv *(m)*
Lend (to ~)	Prêter
~ *s.o* a hand	Aider *qn*, Donner un coup de main à *qn*
Length	
1) ~	Longueur *(f)*
2) ~	Distance *(f)*
focal ~	Distance focale, Focale
focus ~	Distance de mise au point
3) # Duration	Durée *(f)*
Lengthen (to ~)	Allonger
Lengthening	Allongement *(m)*

Lens *1) # Single lens*	Lentille *(f)*
~ attachment	Lentille additionnelle
~ coating	Traitement de surface de lentille
~ diameter	Diamètre de la lentille
~ less	Sans lentille
~ shaped	Lenticulaire
~ thickness	Épaisseur de la lentille
acoustic ~	Lentille acoustique
afocal ~	Lentille afocale
aspherical ~	Lentille asphérique
auxillary ~	Lentille additionnelle
auxillary close-up ~	Bonnette dioptrique, Dioptrie
biconcave ~	Lentille biconcave
biconvex ~	Lentille biconvexe
clear ~	Lentille claire, transparente
coated ~ , bloomed ~	Lentille traitée
concave ~	Lentille concave
condenser ~	Condenseur, Lentille condensatrice
converging ~	Lentille convergente
convex ~	Lentille convexe
correcting ~	Lentille de correction
cylindrical ~	Lentille cylindrique
dioptric ~	Dioptrie, Lentille dioptrique
diverging ~	Lentille divergente
double concave ~	Lentille biconcave
double convex ~	Lentille biconvexe
field ~	Lentille de champ
focusing ~	Lentille convergente
Fresnel ~	Lentille de Fresnel
front ~	Lentille frontale
honeycomb Fresnel ~	Lentille de Fresnel martelée
plano-concave ~	Lentille plan-concave
plano-convex ~	Lentille plan-convexe
spherical ~	Lentille sphérique
step ~	Lentille de Fresnel
thick ~	Lentille épaisse
2) *# Camera lens*	Objectif *(m)*, Optique *(f)*
~ adapter : Intermédiaire, Bague d'adaptation pour monture d'objectif	
~ barrel	Barillet d'objectif
~ blimp	Blimp d'objectif
~ cap	Bouchon d'objectif
~ cavity	Orifice de l'objectif *(sur le corps caméra)*
~ cavity cap	Bouchon caméra
~ cleaning tissue	Papier optique
~ coverage	Champ d'un objectif

~ field angle	Angle de champ d'un objectif
~ holder	Support d'objectif
~ hood, # *Lens shade*	Parasoleil *(d'objectif)*
marking	Gravure sur un objectif
~ mount	Monture d'objectif
~ ~ adapter	Adaptateur pour monture d'objectifs
~ mounting flange	Platine d'objectif
~ opening	Ouverture de diaphragme
~ set	Série d'objectif
~ speed	Luminosité d'un objectif
~ support	Support d'objectif
~ tissue	Papier optique
~ turret	Tourelle d'objectifs
achromatic ~ :	Objectif achromatique \ corrigé d'aberration chromatique
afocal ~	Objectif afocal
anamorphic ~	*a)* Objectif anamorphique *b)* Anamorphoseur, Objectif anamorphoseur
anastigmat ~	Anastigmat, Objectif anastigmatique
apochromatic ~	Objectif apochromatique
aspherical ~	Objectif asphérique
astigmatic ~	Objectif astigmate
C-mount ~	Objectif à monture C
catadioptric ~	Objectif catadioptrique
coated ~	Objectif traité
corrected ~	Objectif corrigé
cylindrical ~	Objectif cylindrique
fast ~	Objectif lumineux, Objectif rapide
fish-eye ~	Très grand angle
fixed focal-length ~	Focale fixe, Objectif à focale fixe
fixed focus ~	Objectif à mise au point fixe \ sans point
flat ~, process	Objectif de reproduction
high speed ~	Objectif rapide
insulated ~	Objectif blimpé
long ~	Longue focale, Objectif longue focale
long focal-length ~	Objectif de longue focale
macro ~	Objectif macro
~ ~ with bellows	Objectif macro à soufflet
main ~	Objectif principal
medium ~	Focale normale
mirror ~	Objectif à miroir
mirror telephoto ~	Téléobjectif à miroir
normal ~	Focale normale
offset ~	Objectif à décentrement
pack-shot ~	Objectif à double tirage
Petzval ~	Objectif de Petzval, Petzval

prime ~	Objectif à focale fixe
process ~, flat ~	Objectif de reproduction
projection ~	Objectif de projection
retro-focus ~	Objectif rétro-focus
set of ~	Série d'objectif
sharp ~	Objectif piqué
short focal-length ~	Courte focale, Objectif courte focale
soft ~	Objectif doux
spherical ~	Objectif sphérique
standard ~	Objectif standard, Objectif normal
still ~	Objectif photographique
telephoto ~	Téléobjectif
ultra high speed ~	Objectif ultra-rapide
variable focal-length ~	Focale variable, Objectif focale variable
wide angle ~	Grand angulaire, Objectif grand angle
short focus ~ ~	Grand angle à mise au point rapprochée
wide aperture ~	Objectif grande ouverture
zoom ~	Objectif à focale variable, Zoom
Lenser (*US*) : Protection *(f)* à l'avant de l'objectif contre les flares *(m)*	
Lessen (to ~)	Atténuer, Diminuer
Letter	Lettre *(f)*
~ of adherence (*US*) : Engagement écrit du producteur à respecter les normes syndicales de travail en vigueur	
~ of agreement	Lettre d'accord
~ of intent	Accord de principe *(par écrit)*
follow up ~	Lettre de relance
Letterbox format	Format *(m)* boîte aux lettres
Letterboxed video : Vidéo *(f)* au format boîte aux lettres	
Letterboxing *(Video)* : *(Transfert des films en format large sur un écran de télévision au format 4:3 incluant une bande noire en haut et en bas de l'écran)*	
Level *1) # Bubble*	Bulle *(f)*
spirit ~	Niveau à bulle
the ~ is >< is not good	La bulle est >< n'est pas bonne
to make the ~	Faire la bulle
2) # Quantity	Niveau *(m)*
~ meter	Indicateur de niveau
average picture ~ *(Video)*	Niveau moyen d'image
low ~	Niveau faible
nominal ~	Niveau nominal
reference ~, zero ~	Niveau de référence
3) # Heigth	Hauteur *(f)*
at eye ~	À hauteur d'œil, Au niveau du regard
* *Straight-on angle*	À hauteur d'homme
Level (to ~)	Aplanir, Aplatir, Niveler
Levelling	Égalisation *(f)* *(du niveau d'une surface)*

Lever	Levier *(m)*, Manette *(f)*
~ arm	Levier, Manette
~ arm control	Levier de commande
control ~	Manette de commande
footage counter ~	Palpeur du compteur de métrage
~ ~ inhibited	Palpeur bloqué
~ ~ released	Palpeur enclenché
Lexan®	Lexan® *(m)*
Liability *1)* ~ : Responsabilité *(f)* juridique *(contractuelle ou civile)*	
limitation of ~	Limitation de la responsabilité
2) ~	Dettes *(f)*, Passif *(m)*
3) ~	Astreinte *(f)*, Obligation *(f)*
Liable to rust	Oxydable
Licence (*GB*) – **License** (*US*)	Autorisation *(f)*, Permis *(m)*, Licence *(f)*, Contrat *(m)* de cession
full ~	Autorisation définitive
perpetuity ~	Cession perpétuelle \ à perpétuité
License (to ~) : Octroiement d'un permis \ d'une autorisation à *qn*	
~ *(Film business)* : Céder les droits d'exploitation *(généralement pour un territoire, une durée et un mode d'exploitation limités)*	
Licensed	
~ media	Médias concernés par la cession des droits
~ period	Durée de la cession des droits
~ term	Durée de validité des droits
~ territory *(Litt. : "Territoire cédé")*	Zone d'exploitation des droits cédés
Licensee	Cessionnaire
Licensing terms	Conditions *(f)* de la cession *(f)*
Licensor	Concédant(e), Cédant(e) *(d'une license)*
Lid	Couvercle *(m)*
~ lock	Verrou de couvercle
hinged ~	Couvercle à charnières
Lifelike	Comme dans la vie
Lift : Surplus *(m)* périssables d'un tournage pouvant être réutilisés *(décors, installation technique, pellicule, costumes, etc)*	
Light *1) (adj.)* *a) # Pale*	Clair(e), Pâle
b) # Lightweight	Léger (Légère)
c) # Fluid	Fluide
2) (noun)	Lumière *(f)*
~ beam	Faisceau lumineux
~ ~ angle	Angle du faisceau lumineux
~ board	Console d'éclairage, Jeu d'orgues
~ boom	Bras de déport pour projecteur
~ box, # *Lighting table*	*a)* Négatoscope *b)* Boîte à lumière
~ console	Console d'éclairage, Jeu d'orgues

~ dimming	Descente de lumière
~ effect	Effet de lumière
~ fading	Descente de lumière
~ fall	Chute de lumière
~ flux	Flux lumineux
~ gate	Fente de lumière, Fenêtre lumineuse
~ intensity	Intensité lumineuse
~ leak	Fuite de lumière
~ level	Niveau de lumière
~ loss	Fausse teinte, Perte de lumière
~ meter	Cellule, Posemètre
incident ~ ~ >< reflected ~ ~	Cellule à lumière incidente >< réfléchie
~ output	Rendement lumineux
~ plot : *a)* Plan d'éclairage – *b)* Conduite de l'éclairagiste	
~ pool	Zone baignée de lumière
~ proof	Étanche à la lumière
~ ray	Rayon lumineux
~ source	Source lumineuse
~ spot : *a)* Point chaud de lumière - *b)* Tache de lumière	
~-struck	Voilé(e) par la lumière
~-tight	Étanche à la lumière
~ trap, ~ lock	Chicane à lumière
~ valve	Valve lumineuse
~ wave	Onde lumineuse
accent ~	Lumière d'appoint
ambient ~	Lumière ambiante
artificial ~	Lumière artificielle
available ~	Lumière disponible
back ~	Lumière en contre-jour
base ~ , foundation ~	Lumière de base
black ~	Lumière noire
booster ~	Lumière d'appoint
bounced ~	Lumière réfléchie, Lumière indirecte
broad ~ : *a)* Lumière diffuse - *b)* Lumière d'ambiance	
catch ~	Lumière dans l'œil, Point dans l'œil
change-over of ~	Bascule de lumière
clamp ~	Pince bol
coherent ~	Lumière cohérente
cold ~	Lumière froide
day ~	Lumière du jour
diffused ~	Lumière diffuse
dim ~	Faible lumière
direct ~	Lumière directe
directional ~	Lumière dirigée \ directionnelle
edge ~	Lumière frisante, Lumière rasante

effects ~	Lumière à effet
existing ~	Lumière existante naturellement
eye ~	Lumière dans l'œil, Point dans l'œil
fill ~	Lumière d'appoint \ d'ambiance
fluorescent ~	Lumière fluorescente
front ~	Lumière à la face, frontale
half ~	Pénombre
hard ~	Lumière dure
high ~	Haute lumière
incident ~	Lumière incidente
key ~ : *a)* Lumière principale - *b)* Intention de la lumière	
kick ~	Effet dans la lumière
low ~	Basse lumière
modeling ~	Lumière qui donne du modelé
over-head ~	Lumière en douche, à la verticale
polarized ~	Lumière polarisée
pool of ~ : Plage lumineuse, Tache de lumière, Zone baignée de lumière	
racking ~	Lumière rasante
rim ~ : Lumière de détourage, Lumière de décrochage des contours	
scattered ~	Lumière diffuse
set ~	Éclairage du décor
side ~	Lumière latérale
soft ~	Lumière douce
spill ~ , # *Spill*	Mouche de lumière, Fuite de lumière
spot ~	Lumière concentrée \ ponctuelle
spread ~	Lumière diffuse
stray ~	Lumière parasite
streak of ~ , shaft of ~	Raie de lumière, Filet de lumière
strobe ~	Lumière stroboscopique
subdued ~	Lumière tamisée
to bounce the ~	Renvoyer la lumière
to dim the ~	Atténuer la lumière
to fade down the ~	Réduire la lumière
to lose the ~	Avoir une fausse teinte
to lower the ~	Baisser, Atténuer la lumière
to reflect the ~	Réfléchir la lumière
to shine a ~ on *sth*	Envoyer de la lumière sur *qch*
to soften the ~	Adoucir la lumière
to subdue the ~	Tamiser la lumière
to throw a ~ on *sth*	Envoyer de la lumière sur *qch*
top ~ : Lumière en douche, Douche, Lumière à la verticale	
transmitted ~	Lumière transmise
tungsten ~	Lumière artificielle \ tungstène
warm ~	Lumière chaude
white ~	Lumière blanche

3) ***# Luminaire***	Projecteur *(m)*
~ head	Tête de projecteur
~ on flood position	Projecteur desserré \ élargi
~ on spot position	Projecteur serré
~ stand	Pied de projecteur
~ with Fresnel lens	Projecteur à lentille de Fresnel
arc ~	Arc, Projecteur à arc
bank of ~s , row of ~s : Batterie \ Herse \ Rampe de projecteurs	
battery portable ~ : Projecteur sur batterie, Projecteur autonome	
broad ~	Projecteur d'ambiance
catch ~	Projecteur pour le point dans l'œil
control ~	Lampe témoin
cool ~	Projecteur de lumière froide
cue ~	Lampe signal
cyc ~	Cycliode, Projecteur pour cyclo
cyc strip ~	Rampe de cycliodes
eye ~	Projecteur pour le point dans l'œil
flash ~	Lampe torche
flood ~	Projecteur d'ambiance
variable beam ~ ~	Projecteur d'ambiance focalisable
floor ~	Projecteur au sol
focusing ~	Projecteur focalisable
follow-spot ~	Poursuite, Projecteur de poursuite
hair ~ : Projecteur mettant en relief la chevelure des acteurs(-trices)	
HMI ~	Projecteur HMI
house ~	Éclairage de salle
incandescent ~	Projecteur à incandescence
lensless ~	Projecteur sans lentille
long range ~	Poursuite, Projecteur de poursuite
low voltage ~	Projecteur basse tension
open-ended ~	Projecteur sans lentille
open face ~	Projecteur sans lentille
set ~	Projecteur pour découverte
soft ~ : Softlight, Projecteur de lumière douce \ de lumière diffuse	
spot ~	Projecteur focalisable à lentille
plano-convex ~ ~	Projecteur à lentille plan-convexe
profile ~ ~	Découpe, Projecteur à découpes
strip ~	Rampe de tubes d'éclairage
strobe ~	Projecteur stroboscopique
throw of a ~	Portée d'un projecteur
* *long throw*	* longue portée
* *medium throw*	* portée moyenne
to flag a ~	Passer la main devant un projecteur
to hit the ~ >< to kill the ~	Allumer >< Éteindre un projecteur
to rub power to a ~	Alimenter un projecteur

work ~	Éclairage de service
tungsten ~	Projecteur tungstène
tungsten halogen ~	Projecteur à lampe quartz-halogène
Light (to ~)	Éclairer
Lighten (to ~)	Éclaircir
Lightening	Éclaircissement *(m)*, Affaiblissement *(m)*
Lighting	Éclairage *(m)*
~ board, ~ console	Console d'éclairage, Jeu d'orgue
~ effects	Effets, Jeux de lumière
~ equipement	Matériel d'éclairage
stage ~ ~	Matériel d'éclairage de scène
studio ~ ~	Matériel d'éclairage de studio
~ grid	Gril
~ ratio	Rapport entre le keylight et l'ambiance
~ scheme, ~ plot	Plan d'éclairage
ambient ~	Éclairage ambiant
back ~	Éclairage à contre-jour
background ~	Éclairage des fonds \ de découverte
bounce ~	Éclairage indirect, Éclairage par réflexion
broad ~	Éclairage diffus
cameo ~ : *(Dans un éclairage contrasté, effet de lumière pour accentuer et souligner un acteur ou un élément du décor)*	
courtesy ~	Éclairage de service
cross ~	Éclairage croisé
cyc ~	Éclairage de cyclorama \ de découverte
diffuse ~	Éclairage diffus
directional ~	Éclairage dirigé, Éclairage directionnel
double key ~	Éclairage croisé
edge ~	Éclairage frisant, Éclairage rasant
fill ~ , filler ~	Éclairage d'appoint, Éclairage d'ambiance
flat ~	Éclairage plat
flood ~ : *(Type d'éclairage avec lequel on inonde un décor de lumière)*	
fluorescent ~	Éclairage fluorescent
frontal ~	Éclairage frontal, à la face
indirect ~	Éclairage indirect
high key ~	Éclairage diffus
key ~ (☞ **Key** *3*) - **p 628**)	Éclairage principal
low key ~	Éclairage contrasté
mood ~	Éclairage créant une atmosphère
natural ~	Éclairage naturel
over-head ~	Éclairage en douche \ à la verticale
pool hall ~	Éclairage salle de billard
Rembrandt ~	Éclairage à la Rembrandt
rim ~	Éclairage de décrochement
rough ~	Base d'éclairage, Éclairage dégrossi

side ~	Éclairage latéral
shadow-less ~	Éclairage sans ombres
spot ~	Éclairage concentré \ ponctuel
strip ~ : Éclairage par tubes fluorescents ou par tubes au néon	
three-point ~ *(Key light + Backlight + Fill light)* : *Litt.* = Éclairage en 3 points *(Désigne l'éclairage de base type : Face + Ambiance + Contre-jour)*	
top ~	Éclairage en douche \ à la verticale
under ~	Éclairage par en-dessous
* *Pre-light* : Préparation de l'éclairage, Prépa lumière	
Lightmeter	Cellule *(f)*, Posemètre *(m)*
built-in ~	Cellule incorporée
calibration of a ~	Étalonnage d'une cellule
incident ~	Cellule à lumière incidente
reflected ~	Cellule à lumière réfléchie
through-the-lens ~	Cellule incorporée
Lightness	Clarté *(f)*
Lightnings	Éclairs *(m)* *(de foudre)*
Lightshield	Coupe-flux *(m)*, Volet *(m)*
Lightweight	Léger (Légère)
Lily	Lily *(f)*
Limbo : Décor neutre *(Décor abstrait et hors de toute réalité)*	
Limit (to ~)	Limiter
Limitation	Limitation *(f)*
Limiter *(Audio)* : Limiteur *(m)* de sons de crête, Écrêteur *(m)*	
Limpet	Limpet *(m)*
~ mount	Plaque caméra à ventouses
Line *1)* ~ (▶ p 337)	Ligne *(f)*, Trait *(m)*
broken ~	Ligne discontinue
curved ~	Ligne courbe
dot and dash ~	Trait mixte
dotted ~	Ligne pointillée, Trait en pointillés
imaginary ~	Ligne des 180°
to cross the ~ ~	Passer la ligne des 180°
light ~	Trait fin
number of ~s per mm	Nombre de traits par millimètre
solid ~	Trait plein
straight ~	*a)* Ligne droite - *b)* Ligne continue
2) # *Cue*	Réplique *(f)*
~ rehearsal : Première lecture collective d'un scénario par les acteurs	
end ~	Dernier mot de la réplique
to blow a ~ *(for an actor)*	Oublier une réplique *(pour un acteur)*
to give the ~	Donner la réplique
wild ~s	Son seul de dialogue
3) ~ *(in a spectrum)*	Raie *(f)* *(de spectre)*
spectral ~	Raie spectrale

4) *(Audio-Video)* — Ligne *(f)*
~ delay — Retard de ligne
~ drop — Perte en ligne
~ input — Entrée ligne
~ level — Niveau ligne
~ noise — Bruit en ligne
~ output — Sortie ligne
~ sweep, ~ scanning — Balayage ligne
balanced ~ : Ligne symétrique *(pour deux appareils câblés en symétrique)*
delay ~ — Ligne à retard
even ~ — Ligne paire
nodal ~ — Ligne nodale
odd ~ — Ligne impaire
specialized ~ — Ligne spécialisée
tie ~ — Liaison par câble
unbalanced ~ : Ligne asymétrique ou dissymétrique *(sur 2 fils)*
unbalanced ~ signal : Signal asymétrique *(transporté sur un câble à 2 fils)*

Line-array — Enceinte *(f)* équipée d'un guide d'onde

Line-doubler\tripler\multiplier : Multiplicateur *(m)* de lignes *(de trame vidéo)*

Line-doubling *(Dig. video)* : Rajout *(m)* de lignes vidéo à une image détramée

Line-multiplier : Multiplicateur *(m)* de lignes *(d'une trame vidéo)*

Line-multipling : Multiplication *(m)* des lignes *(d'une trame vidéo)*

Line producer (▶ p 362)

Line-up, # *Alining*, # *Alignment* — Alignement *(m)*
~ tone — Mille hertz *(m)*, Signal *(m)* de 1000 hertz

Lineage — Lignage *(m)*, Nombre de lignes à l'image

Linear — Linéaire

Linearity — Linéarité *(f)*
geometric ~ : *(Capacité d'un écran de télévision à reproduire les lignes, les formes et leur taille avec une bonne exactitude)*

Lined script : Copie du scénario annotée par la Scripte avec des lignes verticales en travers des séquences et/ou des portions du scénario déjà couvertes par le tournage

Liner : Projecteur soulignant les contours *(créant une impression générale de relief)*

Lining up a shot — *a)* Recherche *(f)* d'un plan
b) Choix *(m)* d'une position de caméra

Link — Liaison *(f)*
~ arm — Support de loupe longue

Linkage *1) (Mechanics)* — Liaison *(f)*, Attelage *(m)*, Tringlerie *(f)*
2) (Electricity) — Couplage *(m)*
flux ~ — Couplage inductif

Lip-sync — Synchronisation *(f)* labiale
~ band — Bande rythmo
~ supervisor — Superviseur de la post-synchronisation

Lissajous curves — Figures *(f)* de Lissajous

List	Liste *(f)*
clear ~	Liste définitive
change ~	Liste des modifications
edit ~	Liste de montage
edit decision ~ (EDL)	Liste de décisions de montage
pull ~ *(Video)*	Liste des prises
spotting ~ , # *Subtitle cue sheet*	Liste des sous-titres
Listen (to ~)	Écouter
Listening	Écoute *(f)*
~ room *(Audio)*	Lieu d'écoute, Salle d'écoute
Live	Direct *(m)*, En direct
~-action	Action avec personnages réels
~ area : *(Tout ce qui peut être vu dans un viseur, y compris la zone hachurée (réserve) au-delà du tracé du cadre effectivement enregistré sur le film)*	
~ copy	Texte lu en direct *(non préenregistré)*
~ music	Musique en direct \ non enregistrée
~ pick-up	Mise à l'antenne en direct
~ stage production	Spectacle vivant, Spectacle en public
~ studio audience *(TV)*	Public sur le plateau
~-on-tape	Faux direct, Programme enregistré
~stock man	Responsable des animaux d'un toumage
~ TV	Télévision en direct
Living expenses, # *Per diem*	Défraiements *(m)*
to get one's ~	Toucher ses défraiements
Load	Charge *(f)* *(d'un véhicule)*
maximum ~	Charge maximale
no-~	À vide
on ~	En charge
over~	Surcharge
rated ~	Charge prévue
safe ~	Charge admissible
Load (to ~) : *a)* Charger *(un magasin, une caméra)* - *b)* Charger *(un véhicule)*	
Loader, # *Clapper-loader*	Second assistant(e) opérateur(-trice)
Loading	Chargement *(m)*
~ room, # *Loading booth, Hot box*	Chambre noire de chargement
daylight ~	Chargement au jour
Loan	Prêt *(m)*
bank ~	Prêt bancaire
bridging ~ (GB)	Prêt relais
collateral ~	Prêt garanti
get a ~	Obtenir un prêt \ un emprunt
long-term ~	Emprunt à long terme
on ~	Qui a été prêté(e)
secured ~	Prêt garanti
short-term ~	Emprunt à court terme

term ~	Emprunt à terme
time ~ (*US*)	Crédit à court terme
to take out a ~	Emprunter
unsecured ~	Prêt non sécurisé
Localization (*Audio*)	Localisation (*f*)
spatial ~	Localisation spatiale
Locating (*Audio*)	Repérage (*m*)
Location *1) # Place*	Endroit (*m*), Emplacement (*m*)
2) # Set	Lieu (*m*) de tournage hors studio
~ breakdown	Dépouillement des décors extérieurs
~ department	Équipe régie
~ filming, *# Location shooting*	Tournage en extérieurs
~ rig	Matériel léger
~ scouting	Recherche de décors
~ shot	Prise de vue en décors naturels
exterior ~	Décor naturel
on ~	En décor naturel, En extérieurs
Lock *1) ~ , # Fastener*	Loquet (*m*), Verrou (*m*), Fermeture (*f*)
~ nut	Contre-écrou
~ washer	Rondelle de blocage, Rondelle Grower®
2) ~ of hair	Mèche (*f*) \ Boucle (*f*) de cheveux
unruly ~	Mèche rebelle
** Locks*	Chevelure, Les cheveux
Lock (to ~) *1) # To Shut*	Fermer
2) # To Slave	Enclencher
3) # To Seize up	Bloquer (*par serrage*), Verrouiller
Locking	Blocage (*m*), Serrage (*m*)
~ device, ~ system	Système de blocage \ de verrouillage
~ lever	Manette de verrouillage
~ ring	Bague de serrage \ de blocage
~ screw	Vis de blocage
self ~	Auto-blocant(e) (*adj.*)
Lodging	Hébergement (*m*)
Lodgings	Chambres (*f*) meublées et équipées
Log	Rapport (*m*)
# Logging (Video)	Dérushage
~ line : Phrase clé caractérisant un film, et servant de sous-titre sur l'affiche	
~ sheet : *a)* Feuille de rapport montage	
b) Conducteur d'émission de télévision, Conduite de programme	
Log (to ~) *1) (Video)*	Dérusher
2) ~ on to (*the network*)	Se connecter (*au réseau*)
Logging (*Editing*)	Dérushage (*m*)
Long-form (*Diminutif pour* Long format) : Format (*m*) long, Long format	
Long-sighted	Presbyte
Long-sightedness	Presbytie (*f*)

Look	Regard *(m)*
direction of ~	Direction de regard
in-camera ~	Regard caméra
to cheat the ~	Tricher le regard
Look (to ~)	Regarder
~ away	Détourner le regard
~ backwards	Regarder en arrière
~ in the camera	Regarder dans la caméra
~ down : *a)* Regarder vers le bas - *b)* Baisser les yeux	
~ up : *a)* Regarder vers le haut - *b)* Relever les yeux \ le regard	
Loop	Boucle *(f)*
1) ~ *(in a camera)*	Boucle *(de chargement dans la caméra)*
~ measurement mark	Repère de boucle
~ protector	Protège-boucle
bottom ~, lower ~	Boucle inférieure
top ~	Boucle supérieure
2) ~ *(for dubbing)*	Boucle *(Post-synchro et Doublage)*
endless ~	Boucle sans fin
Loop (to ~) *(GB)*	Doubler
Looping *1)* ~ *(GB)*	Doublage *(m)*
~ stage	Auditorium, Studio de doublage
~ supervisor	Superviseur du doublage
2) *(Audio)*	Bouclage *(m)*
Loose *1)* ~	Avec du jeu *(mécanique)*
~ adjustment	Ajustage avec du jeu
~ connection	Connexion desserrée
2) ~	Large
~ shot	Plan cadré large
Loosen (to ~)	Desserrer, Donner du jeu
~ *(jammed parts)*	Décoincer *(des parties coincées)*
Looseness	Jeu *(m)* mécanique néfaste
Lorry *(GB)*	Camion *(m)*
Lose (to ~) the light	Avoir une fausse teinte
Loser	Anti-héros *(m)*
Loss	Perte *(f)*
generation ~	Perte en génération
Lossless	Sans perte
Lossy	Avec pertes
Lot : *(Aire regroupant les installations d'un studio et les terrains autour du studio)*	
Loud	Fort(e) *(pour le son)*
Loudness	Sonie *(f)*, Intensité *(f)* acoustique
Loudspeaker	Haut-parleur *(m)*, Baffle *(m)* *(Coll. : HP)*
~ plug	Prise de haut-parleur
bass ~, # *Boomer, Woofer*	Haut-parleur de graves
capacitor ~	Haut-parleur électrostatique

closed-diaphragm ~	Haut-parleur à chambre de compression
cone ~	Haut-parleur à membrane conique
crystal ~	Haut-parleur piézoélectrique
direct ~	Haut-parleur à rayonnement direct
duocone ~	Haut-parleur mixte
effect ~	Haut-parleur d'ambiance
elliptic ~	Haut-parleur à membrane elliptique
extension ~	Haut-parleur séparé
horn-type ~	Haut-parleur à pavillon
induction ~	Haut-parleur électrodynamique
ionic ~	Haut-parleur ionique
labyrinth ~	Haut-parleur à chambre de compression
magnetostriction ~	Haut-parleur à magnétostriction
monitor ~	Haut-parleur de contrôle \ témoin
multi-channel ~	Haut-parleur à voies multiples
permanent-magnet ~	Haut-parleur à aimant permanent
plasma ~	Haut-parleur à plasma
power ~	Haut-parleur de puissance
* *Boomer*	Haut-parleur de graves
* *Tweeter*	Haut-parleur d'aigus
* *Subwoofer*	Haut-parleur d'extrêmes graves
Low	*a)* Bas (Basse) - *b)* Faible
Low-angle shot, # *Up shot*	Contre-plongée *(f)*
extreme ~	Forte contre-plongée
Low-band	Faible bande *(f)* passante
Low-budget	Petit budget *(m)*
~ film	Film à petit budget
Low-pass filter, # *Low pass*	Filtre *(m)* passe-bas, Passe-bas *(m)*
Low-pitched	Grave *(adj.)*
Lower	Inférieur(e) *(adj.)*
~ part of *sth*	Partie inférieure de *qch*
Lower (to ~)	Baisser, Diminuer, Réduire
~ the light	Baisser la lumière
~ the voice \ the sound level	Baisser la voix \ le niveau sonore
Lower third, # *Chyron*	*(TV)* : Tiers *(m)* inférieur de l'écran TV *(Zone utilisée pour l'affichage des sous-titres et/ou des indications)*
one-tier ~	Incrustation en bas d'écran sur 1 ligne
two-tier ~	Incrustation en bas d'écran sur 2 lignes
three-tier ~	Incrustation en bas d'écran sur 3 lignes
Lubricant	Lubrifiant *(noun) (m)*
Lubricate (to ~)	Lubrifier
Lubrication	Lubrification *(f)*
~ point	Point de lubrification
over ~	Trop de lubrifiant
under ~	Manque de lubrifiant

Lug, # *Clamping lug* — Ergot *(m)* de fixation
Lumen — Lumen *(m)*
Luminaire (*US*) — Matériel *(m)* d'éclairage
Luminance — Luminance *(f)*
~ key, # *Luma key* — Incrustation luminance
Luminosity — Luminosité *(f)*
Luminous — Lumineux(-euse)
Lump sum — Somme *(f)* globale
Lunch — Déjeuner *(m)*
break for ~ — Coupure repas, Arrêt déjeuner
business ~ — Déjeuner d'affaires
walk away ~ (*US*) : *Litt.* = Repas à emporter. *(Désigne un repas préparé par une cantine et pris sur le plateau de tournage, mais qui n'est pas servi assis à table, et que chacun prend de son côté)*
working ~ — Déjeuner de travail
Lunchbox — Panier *(m)* repas
Luncheon voucher : Chèque-restaurant *(m)* *(Plural = Chèques-restaurant)*
Lux — Lux *(m)* *(1 lux = 0,093 foot-candle)*
Luxmeter — Luxmètre *(m)*
Lyrics — Paroles *(f)* d'une chanson *(f)*

M

M & E, ME = Music and Effects	Bande *(f)* musique et effets son
Mac Beth	Filtre *(m)* dichroïque
Macro	Macro
~ attachment	Lentille additionnelle pour la macro
~ lens	Objectif macro
~ ~ with bellows	Objectif macro à soufflet
~-telephoto lens	Téléobjectif macro
~-zoom lens	Zoom macro
Macroblock *(Dig. video)*	Macroblock *(m)*
Macrocinematography	Macrocinématographie *(f)*
Made-for	

~ television : Œuvre de fiction conçue principalement pour la télévision
~ video : Uniquement destiné(e) au marché de la vidéo domestique
* *Made-for = diminutif pour "Movies made for television"*

Magazine *1) # Film journal*	Magazine *(m)* \ Revue *(f)* de cinéma
2) (Camera)	Magasin *(m)* de caméra *(Coll. : Mago)*
~ barney	Blimp de magasin
heated ~ ~	Blimp de magasin chauffant
~ feeler	Palpeur de magasin
~ ~ inhibited	Palpeur bloqué
~ ~ released	Palpeur enclenché
~ lid	Couvercle de magasin
~'s torque motor	Moteur de tension de magasin
coaxial ~	Magasin co-axial
feed ~	Magasin débiteur
hand held ~	Magasin d'épaule
single compartment ~	Magasin à compartiment unique
take-off ~	Magasin débiteur
take-up ~	Magasin récepteur
2 seperate compartments ~	Magasin à double compartiment
Magenta *1) (adj.)*	Magenta
2) (noun)	Magenta *(m)*
Magic arm	Bras *(m)* articulé, Bras *(m)* magique
"Magic hour"	"Entre chien et loup"
Magic lantern	Lanterne *(f)* magique
Magnet	Aimant *(m)*
permanent ~	Aimant permanent

Magnetic	Magnétique
~ induction	Induction magnétique
Magnetism	Magnétisme *(m)*
Magnetization	a) Aimantation *(f)* - b) Magnétisation *(f)*
current	Courant de magnétisation
Magnification	Grossissement *(m)*, Agrandissement *(m)*
~ ratio	Rapport d'agrandissement
~ scale	Échelle d'agrandissement
Magnify (to ~)	Agrandir, Grossir
Magnifying	Grossissement *(m)*, Grandissement *(m)*
~ glass	Loupe
~ power	Pouvoir de grossissement
Mailing list	Liste *(f)* de publipostage *(m)*
Mains	Secteur *(m)*, Alimentation *(f)* secteur
~ voltage	Tension de secteur
Mainstream *(Litt. : "Fleuve principal")*	Gros film Hollywoodien *(m)*
Maintenance, *# Servicing, # Upkeep*	Entretien *(m)*, Maintenance *(f)*
~ engineer	Technicien de maintenance
~ free	Sans entretien

Majors (*US*) : *(Nom donné aux plus grands studios producteurs/distributeurs d'Hollywood : MGM-United Artists, 20th Century Fox, Sony Pictures, Warner Bros, Paramount Pictures, Universal et Walt Disney)*

Make	Marque *(f)* de fabrique
Make-up	Maquillage *(m)*
~ artist	Maquilleur(-euse)
~ assistant	Assistant(e) maquilleur(-euse)
~ box	Mallette de maquillage
~ call	Horaire de convocation-maquillage
~ caravan	Caravane maquillage
~ department	Équipe maquillage
~ girl	Maquilleuse
~ man	Maquilleur
~ room	Salle de maquillage
~ still	Photo de maquillage
~ trailer	Caravane maquillage
body ~	Maquillage corps
key ~ artist	Chef maquilleur(-euse)
to remove ~	Démaquiller
Make-up (to ~) s.o's face	Maquiller le visage de *qn*
Makeshift	Moyen *(m)* de fortune
~ equipment	Installation de fortune
"The Making of "	"Le film sur le film" *(m)*
Malpractice	Négligence *(f)*, Faute *(f)* professionnelle
Manage (to ~)	Administrer, Gérer
Management	Administration *(f)*, Gestion *(f)*

Manager — Administrateur(-trice), Gérant(e)
floor ~ — Régisseur de plateau *(TV)*
location ~ (▶ p 366) — Régisseur(-euse) général
production ~ (▶ p 482) — Directeur(-trice) de production
stage ~ — Régisseur(-euse) de plateau *(TV)*
studio ~ — *a)* Directeur(-trice) de studio
b) Régisseur(-euse) de plateau *(TV)*

Manufacturer's ID — Identifiant *(m)* constructeur (ID)

Map — Carte *(f)* géographique
geological survey map ~ — Carte d'état major
road ~ — Carte routière
* *Coastal chart* — Carte nautique côtière

Mapping *(Audio)* — Assignation *(f)*

Mark (▶ p 337) — Marque *(f)*, Repère *(m)*
arrival ~ — Repère d'arrivée
floor ~ — Marque au sol
index ~ — Marque de repère
start ~ — Repère de départ
synchronization ~ — Repère de synchro
to give a ~ to *s.o* — Donner une marque à *qn*
to hit the ~ : *a)* Prendre une place marquée – *b)* Respecter une marque
to miss the ~ : Rater la marque, Ne pas s'arrêter à la marque

Mark (to ~) : Repérer, Marquer, Faire une marque \ un repère

Market *(Business)* — Marché *(m)* d'audience, Public *(m)*
~ market — Marché intérieur
~ research — Étude de marché
~ share — Part de marché
film ~ — Marché du film

Marketability — Qualités *(f)* commerciales *(d'un film)*

Marking — Marquage *(m)*, Traçage *(m)*, Repérage *(m)*

Marquee quality, # *Marquee value* : Qualité *(f)* d'un film dont la production a fait appel à des personnalités prestigieuses *(acteurs, réalisateur, etc.)*

Married — Associé(e), Indissociable
~ sound : Piste sonore indissociable de la bande image correspondante

Martial-arts — Arts-martiaux *(m)*
~ movie — Film d'arts-martiaux

Mask — *a)* Cache *(m)* - *b)* Masque *(m)*
~ holder — Porte-cache
aperture ~ — Masquage d'écran
slide-in ~ — Cache avant *(pour parasoleil)*

Mask (to ~) — Cacher, Masquer

Masking — Masquage *(m)*
~ effect *(Audio)* — Effet de masque
colour ~ — Masquage chromatique

Mass mechanical *(Audio)* — Masse *(f)* mécanique

Master *1) # Original* : Bande *(f)* mère, Original *(m)*, Master *(m) (pour tirage de copies)*
~ dupe negative — Contretype négatif grain fin
~s and dupes — Éléments de sécurité
~ negative — Négatif original
~ positive — *a)* Positif de contretypage, Contretype positif
b) Positif intermédiaire
~ print — Intermédiaire pour contretypes
~ sound track — Bande son mixée finale
~ tape — Bande étalon, Bande mère
fine grain ~ : Positif intermédiaire grain fin pour tirage des copies
optical ~ — Contretype par truca
protection ~ , protective ~ — Master de sécurité
to make a ~ : Établir un master, Matricer [CGTN – 2005]
2) # Main — Général(e), Principal(e)
~ clock — Horloge maître
~ control room — Salle de régie final
~ faders *(Audio)* — Généraux *(noun)*
~ machine *(Audio)* — Maître
~ scene : *a)* Scène clé *(pour la compréhension du récit)*
b) Scène principale *(autour de laquelle s'articulent les autres)*
~ shot : Plan principal *(couvrant une grande partie de l'action d'une séquence)*
~ switch — Interrupteur général
broadcast ~ , *# TV print* : Copie antenne, Copie PAD (*PAD=Prêt-À-Diffuser*)
filtered ~ *(Audio)* — Copie corrigée
matching the ~ : Conformation du négatif original
video ~ : Master vidéo, Version finale sur bande magnétique
virtual ~ *(Audio)* — Maître virtuel

Mastering — Matriçage *(m)* [CGTN – 2005]
digital ~ — Mastérisation numérique

Masterpiece — Chef-d'œuvre *(m)*

Mat, Matt — Mat(e)

Mat (to ~) — Mater, Matifier

Match
~ on action, *# Matched action* — Raccord *(m)* dans le mouvement
cut ~ : Montage inélégant entre deux plans qui ne raccordent pas bien
eyeline ~ : Raccord de direction de regard, Raccord de regard,
Raccord de regard *(obéissant à la Loi des 180°)*
wrong ~ — Faux raccord
** Matched cut* — Raccord dans le montage des plans

Match (to ~)
1) ~ colours — Allier les couleurs
2) ~ *(objects, things)* together : Accorder \ Assortir *(des choses)* entre elles
3) ~ *sth* to *sth* — Assortir *qch* avec *qch*
4) ~ the negative — Monter le négatif, Conformer
5) ~ two shots — Raccorder deux plans

Matching *1)* ~ *(of objects)* — Mélange *(m)*, Assortiment *(m)*
2) ~ of the negative — Conformation *(f)* du négatif
3) ~ direction — Direction *(f)* raccord
~ eyeline — Direction raccord de regard

Materials, # *Elements* : *a)* Éléments *(les différentes parties d'un film, image et son)*
b) Les supports *(copie film, bandes magnétiques, etc.)*

Matrix — Matrice *(f)*

Matte — *a)* Cache *(m)* - *b)* Masque *(m)*
~ and counter matte — Cache/contre-cache
~ key : Cache *(Incrustation d'après un signal vidéo extérieur)*
~ shot — Plan en cache/contre-cache
in-camera ~ ~ — Cache/contre-cache à la caméra
bum-in ~ : Cache dont la réserve de l'acteur est brûlée jusqu'au support
counter ~ — Contre-cache
female \ master \ cover \ action ~ — Contre-cache *(avec réserve pour les fonds)*
focal plane ~ — Cache dans la fenêtre
garbage ~ : Cache rapide *(1er cache approximatif et qui sera affiné ensuite)*
hard-edge ~ — Cache à bords nets
male \ hold out \ background ~ — Cache *(avec réserve pour l'action)*
moving ~ — Cache mobile
painted ~ — Cache peint
sunshade ~ — Cache avant *(pour parasoleil)*
travelling ~ — Cache/contre-cache animé, Trucage en cache/contre-cache mobile

Matte-box : Parasoleil *(m)*, Compendium *(m)* *(avec porte-caches)*
~ with bellows — Parasoleil à soufflet

Meal — Repas *(m)*
~ allowance — Indemnité de repas
~ penalty — Prime repas
* *Break for lunch* — Arrêt déjeuner, Pause repas

Mean free path *(Audio)* — Libre parcours *(m)* moyen

Means *(toujours au pluriel)* — Moyen(s) *(noun)* *(m)*

Measure (to ~) — Mesurer

Measuring — Mesure *(f)*
~ instrument, ~ device — Appareil *(m)* \ Instrument *(m)* de mesure
~ tape *(33 feet)* — Décamètre *(m)* *(10 mètres)*
~ tape *(165 feet)* — Triple décamètre *(m)* *(30 mètres)*

Mechanism — Mécanisme *(m)*

Media buys : Achat d'espaces *(m)* dans les médias *(TV, radio, journaux, etc.)*

Medium *(adj.)* — Moyen(-yenne)

Medium
1) *(Audio)* — Haut parleur *(m)* pour les médiums
2) *(Multimedia)* — Support *(m)*
data ~ — Support de données
digital ~ — Support numérique

Meeting place	Lieu *(m)* de rendez-vous
* *To Arrange to meet s.o*	Fixer un rendez-vous à *qn*
Megabit (Mb) *(One million bytes)*	Mégabit (Mb) *(m)*
Megabyte (MB)	Méga-octet = 2^{20} octets (Mo) *(m)*
Megahertz (MHz) *(1 million cycles per second)* : Mégahertz (MHz) *(m)*	
Megapixel *(10^6 pixels)*	Mégapixel *(Million de pixels) (m)*
Melodrama, # *Meller, (Fam. :* Soppy*)*	Mélodrame *(Coll. :* Mélo*) (m)*
Membrane	Membrane *(f)*
glass ~	Lame séparatrice *(de faisceaux lumineux)*
Memorize (to ~)	Mémoriser
Memorized	Mémorisé(e)
Memory	Mémoire *(f)*
~ effect *(for batteries)*	Effet de mémoire *(pour une batterie)*
cache ~	Mémoire cache
erasable ~	Mémoire altérable
exented ~	Mémoire étendue, Mémoire renforcée
programmable read-only ~	Mémoire programmable
random-access ~ (RAM)	Mémoire vive
read-only ~ (ROM)	Mémoire morte
* *Buffer, Data buffer*	Mémoire tampon
* *Frame buffer*	Mémoire image
* *Framestore*	Mémoire de trame
Meniscus	Ménisque *(m)*
negative ~	Ménisque divergent
positive ~	Ménisque convergent
Menu *(Comput.)*	Menu *(m)*
active ~	Menu courant
background ~	Menu du fond
cascading ~	Menu en cascade
drop-down ~	Menu déroulant
file ~	Menu fichier
icon ~	Menu avec affichage d'icones
layering ~	Menu des couches
main ~	Menu principal
pop-up ~	Menu jaillissant
pull-down ~	Menu déroulant
Merchandise (to ~) *(GB)*	
Merchandize (to ~) *(US)* : Mettre sur le marché, Vendre *(un film)*	
Merchandising *(GB)*	
Merchandizing *(US)* : Techniques *(f)* de vente des films et des produits dérivés	
Merger (MIDI) *(Audio)*	Mélangeur *(m)* de données MIDI
Mesh	*(Tissu à mailles utilisé comme scrim)*
Metadata	Métadonnées *(f)*
Metaphor	Métaphore *(f)*

Meter, # *Measuring device* (*US*)	Appareil *(m)* de mesure
Method	Méthode *(f)*, Procédé *(m)*
Metre (*GB*) – **Meter** (*US*)	Mètre *(m)* *(1 mètre = 3, 28 feet)*
Mic (*voir aussi à* : **Mike**)	Mic *(m)*, Micro *(m)*
Microcell	Microcellule *(f)*
Microdensitometer	Microdensitomètre *(m)*
Microdisplay : *(Technique de fabrication des images de certains téléviseurs)*	
Micro floppy disc	Microdisquette *(f)*
Microphone (*voir à* : **Mike**)	Microphone *(m)*
Microprism	Microprisme *(m)*
~ focusing	Microprisme de visée
Microprocessor	Microprocesseur *(m)*
Midquel : *(Film tourné et basé sur d'autres films déjà existants)*	
Midrange	Milieu *(m)* de gamme *(f)*
Mighty	Blonde *(f)* *(Coll.)*, Projecteur *(m)* quartz tungstène de 2 kw sans lentille
Mike	Microphone *(m)* *(Coll. : Micro)*
~ base	Base microphonique
~ boom, ~ pole	Perche *(de micro)*
~ directivity	Directivité *(d'un micro)*
~ ~ pattern	Diagramme de directivité *(d'un micro)*
~ input	Entrée micro
~ level	Niveau micro
~ mixer	Mixette
~ outlet	Prise de micro
~ output	Sortie micro
~ pickup	Directivité d'un micro
~ ~ pattern	Diagramme de directivité *(d'un micro)*
~ placement	Emplacement optimal *(d'un micro)*
~ presence	Présence *(d'un son \ de la voix)*
shadow	Ombre de micro
~ stick	Perchette
band ~	Micro à ruban
bidirectional ~	Micro bidirectionnel
built-in ~	Micro incorporé
capacitor ~	Micro électrostatique
carbon ~	Microphone au charbon
cardioid ~	Micro cardioïde
chest ~	Micro poitrine
close-talking ~	Micro à faible sensibilité, Micro de proximité
condenser ~	Micro à condensateur
contact ~	Microphone de contact
crystal ~	Micro piézo-électrique
cue ~	Micro d'ordres

desk ~ Micro de table
directional ~ Micro directionnel
dynamic ~ : Micro dynamique \ électrodynamique, Micro à bobine mobile
electret condenser ~ Micro à électret
electrostatic ~ Micro électrostatique
glow discharge ~ Micro à décharge
gradient pressure ~ Microphone à gradient de pression
gun ~ , rifle ~ Micro canon
hand ~ Micro de poing
hanging ~ Micro suspendu
hidden ~ Micro caché
high-frequency ~ Microphone à haute fréquence
hot ~ , # *Hot mike* Micro branché
hypercardioid ~ Micro hypercardioïde
instruction ~ , # *Instruction mike* Micro d'ordres
lapel ~ Micro cravate, Micro boutonnière
lavaliere ~ : Micro (en) lavallière *(attaché autour du cou)*
lip ~ Micro de bouche
long-distance ~ Micro à longue portée
magnetic ~ Microphone électromagnétique
moving-conductor ~ Microphone à ruban
neck ~ Micro en lavallière *(autour du cou)*
off-~ Hors micro
omnidirectional ~ Micro omnidirectionnel
parabolic-reflector ~ Microphone à réflecteur parabolique
pressure zone ~ (PZM) Micro à zone de pression
push-pull ~ Microphone double
ribbon ~ Micro à ruban
spot Microphone d'appoint
stand ~ Micro sur pied
stereophonic ~ Micro stéréophonique, Couple microphonique
tie-clip ~ Micro cravate
tube ~ Microphone à lampe
ultra-directional ~ Micro ultra directionnel
unidirectional ~ Micro unidirectionnel
wireless ~ Micro sans fil, Micro HF

Miniature Maquette *(f)*
~ shot Plan avec maquette
~ shooting Prise de vue de maquettes

Minidisc (MD) Minidisque *(m)*

Mini DV Mini DV *(m)*

Mini floppy Minidisquette *(f)*

Mini-serie *(Série limitée d'épisodes d'une même histoire, tournée en une seule période)* : Mini-série *(TV film generally in 2 or 3 parts, 90' each)*

Minimum	Minimum *(m)*
~ guarantee	Minimum garanti
~ rating *(US)* ; Visa d'exploitation le moins pénalisant *pour un film*	
~s , # *Scale rate, Minimum scale*	Minimum syndical
* *Overscale*	Au-dessus du tarif minimum
Minute (to ~)	Minuter
Mired shift value	Variation *(f)* en degrés mired
Mired value	Degré mired *(m)*
Mirror	Miroir *(m)*
~ reflex shutter	Obturateur reflex à miroir
beam splitter ~	Miroir séparateur de faisceaux
cold ~	Miroir froid
dichroic ~	Miroir dichroïque
elliptic(al) ~	Miroir elliptique
fifty-fifty ~	Miroir semi-réfléchissant
first surface ~	Miroir aluminé en surface
half-silvered ~	Miroir semi-aluminé
front surface ~ ~	Miroir semi-aluminé en surface
parabolic ~	Miroir parabolique
rotating ~ , revolving ~	Miroir rotatif
second surface ~	Miroir standard
Mirror (to ~)	Refléter *(dans un miroir)*
Miscast, # *Miscasting* : *a)* Erreur *(f)* de casting, Miscasting *(m)* - *b)* Contre-emploi *(m)*	
Miscellaneous : *a)* Petits accessoires *(m)* - *b)* Fournitures *(f)* et consommables *(m)*	
Mise-en-scene : *(Les anglo-saxons utilisent cette expression pour tout ce qui concerne l'organisation des différents éléments qui seront à filmer incluant : décors, costumes, accessoires, éclairage, et placements des comédiens)*	
Misframe	Décadrage *(m)*
Mismatch	Mauvais raccord *(m)*, Faux raccord *(m)*
Mismatched	En faux-raccord
~ shot : Plan avec un faux-raccord, Plan en faux-raccord	
Misslate	Mauvais numéro *(m)* de clap
Mist	Brume *(f)*
Mitchell fitting, M fitting	Coupole 300 *(f)*
Mitre *(GB)* – **Miter** *(US)*	Onglet à 45° *(m)*
~ gear	Pignon à 45°
Mix	Mélange *(m)*
~ console	Console de mélange
~ master	Original mixé, Master
Mix down (to ~)	Mixer
Mixer *1)* # *Floor mixer* : Preneur de son, Chef opérateur de prise de son	
2) # *Sound mixer*	Mixeur *(m)*
3) # *Mixing console*	Table *(f)* de mixage *(Audio ou Vidéo)*
~ board	Table de mixage
mike ~	Mixette

Mixing, # *Mix*	*a)* Mélange *(m)* - *b)* Mixage *(m)*
~ console, ~ board : Console, Table de mixage, Pupitre de mixage	
~ cue sheet	Plan de mixage
~ panel	Mixette
~ room, # *Mixing house*	Salle de mixage
~ session	Séance de mixage
~ studio	Studio de mixage
final ~	Mixage final
Mock-up	Reconstitution *(f)* *(en décor ou en maquette)* d'un lieu ou d'un site existant
Mode	Mode *(m)*
capture ~	Mode de saisie
edit ~	Mode montage
full-screen ~	Mode plein écran
insert ~	Mode d'insertion
operation ~	Mode de fonctionnement
Model *1)* # *Miniature*	Maquette *(f)* en relief
~ shot	Plan avec maquette
reduced scale ~ , scale ~	Maquette à échelle réduite
2) # *Mannequin*	Mannequin *(m)*
hand ~	Mannequin main
Modeling	Modelé *(noun)* *(m)*
harsh ~	Modelé dur
soft ~	Modelé doux
Modulate (to ~)	Moduler
Modulation	Modulation *(f)*
~ meter, # *Vu-meter*	Vumètre
amplitude ~	Modulation d'amplitude
baseband ~	Modualtion en bande de base
frequency ~	Modulation de fréquence (FM)
negative-light >< positive-light ~	Modulation négative >< positive
phase ~	Modulation de phase
positive ~	Modulation positive
velocity ~	Modulation de vitesse
* *Normaled*	Modulation sans coupure
Modulation transfer function (**MTF**) : Fonction de transfert de modulation (FTM)	
Modulator	Modulateur *(m)*
ring ~	Modulateur en anneau
Modulometer	Modulomètre *(m)*
Moire, # *Moiré*	Moiré *(m)*, Moirage *(m)*
~ effect	Effet de moiré, Défaut de moirage
cross-colour ~	Moiré dans les couleurs, Moirage des couleurs
Moisture	Humidité *(f)*

Molefay light — Minibrute *(m)*, Maxibrute *(m)*
Molevator — Pied *(m)* de projecteur à moteur
Money — Argent *(m)*, Monnaie *(f)*
Moneys, # *Monies* — Sommes *(f)* d'argent
 * *First monies* — Premières recettes *(f)*
Monitor : Contrôle *(m)*, Témoin *(m)*, Moniteur *(m)* [CGTN – 2000]
 ~ calibration — Étalonnage du moniteur
 ~ speaker — Haut-parleur de contrôle
 ~ wall — Baie de contrôle
 bin ~ *(Digital editing)* — Écran des chutiers
 control ~ — Écran de contrôle
 floor ~ — Écran témoin de plateau
 HDTV-~ — Moniteur HDTV
 waveform ~ — Oscilloscope
Monitor (to ~)
 1) ~ *(a machine)* — Contrôler, Piloter *(une machine)*
 2) ~ *(a picture)* — Visionner *(une image)* sur écran vidéo
Monitoring
 1) # *General control* : Ensemble des moyens de contrôle d'une source d'images *(au tournage ou au montage)*
 2) *(Audio)* : Contrôle *(m)* de l'enregistrement, Écoutes *(f)*
 direct ~ : Contrôle direct, Écoute simultanée de l'enregistrement
Monochrome, # *Monochromatic* — Monochrome
Monophonic — Monophonique
Monopod — Monopode *(m)*
Montage
 1) # *Editing* — Montage *(m)*
 2) # *Stylized editing* : *(Genre de montage particulièrement élaboré et stylisé)*
 ~ sequence — Séquence *(f)* de montage
 3) # *Artistic genre* — Art *(m)* du montage
Mood — Ambiance *(f)* \ Atmosphère *(f)* d'une scène
Moonlight — Clair de lune *(m)*
Moral rights — Droit *(m)* moral
Morality tale — Conte *(m)* moral
Morning *(TV)* : Tranche *(f)* horaire de programmation de 7h à 10h du matin
 ~ news — Journal télévisé du matin
Morphing *(SFX)* : Morphing *(Trucage numérique permettant la transformation progressive et fluide d'un personnage, ou d'un objet, en un autre)*
Motherboard — Carte *(f)* mère
Motion — Action *(f)*, Mouvement *(m)*
 ~ artefact — Défaut de stroboscopie.
 ~ blur *1) (Movies)* — Effet de filage \ de filé
 2) (Dig. video) — Effet d'intégration
 ~ capture — Capture de mouvement
 ~ compensation *(Dig. video)* — Compensation de mouvement

~ control	Motion control
~ detection *(Dig. video)*	Détection de mouvement
~ estimation *(Dig. video)*	Estimation de mouvement
~ picture, # *Movie, Film, Flick*	Film
~ picture camera	Caméra de prise de vues, Appareil de prise de vues
~ prediction *(Dig. video)*	Prédiction de mouvement
~ vector signal *(Dig. video)*	*(Signal vidéo à deux composantes donnant la magnitude et la direction du déplacement d'un objet en mouvement)*
free ~	Jeu mécanique utile
fast ~ , high speed ~	*a) (for subject's movement)* : Mouvement accéléré *b) (camera speed)* : Grande vitesse *(qui permettra d'obtenir un effet de ralenti à l'écran)*
reverse ~	Marche arrière
slow ~ *a) (for subject's movement)*	Ralenti, Mouvement en ralenti
b) (camera speed)	Vitesse lente *(pour obtenir un accéléré à l'écran)*
stop ~ *a) # Frame by frame*	Prise de vue image par image
b) # At intervals	Prise de vue image par image à intervalles
time lapse ~	Prise de vue image par image à intervalles
Motor	Moteur *(m)*
clock work ~	Moteur mécanique, Moteur à ressort
crystal ~	Moteur à quartz
governed ~	Moteur régulé
high speed ~	Moteur grande vitesse
interlock ~	Moteur asservi
single frame ~	Moteur image par image
spring wound ~	Moteur à ressort
starting of a ~	Mise en marche d'un moteur
synchronous ~	Moteur synchrone
time-lapse ~	Moteur image par image à intervalles
variable speed ~	Moteur à vitesse variable
wild ~	Moteur asynchrone
zoom ~	Moteur de zoom
Mount *1) # Support*	Support *(m)*
2) # Port	Monture *(f)*
bayonet ~	Monture à baïonnette
C-~	Monture C
camera ~	Monture caméra
lens ~	Monture d'objectif
~ ~ adapter	Adaptateur pour monture d'objectifs
screw ~	Monture à vis
standard ~	Monture standard
universal ~	Monture universelle
Mounting	Installation *(f)*, Montage *(m)*

Movable	Mobile, Que l'on peut déplacer
Move	Mouvement *(m)*
camera ~	Mouvement de caméra \ d'appareil
continuous ~	Mouvement continu
counter ~	Mouvement contrarié, Contre-mouvement
lateral ~	Mouvement latéral
Move (to ~)	Bouger, Déplacer
~ back, ~ backward(s)	*a)* Reculer - *b)* Se reculer
~ faster	Accélérer, Accélérer un mouvement
~ forward(s)	Avancer, Aller en avant
~ in the axis	Bouger dans l'axe
~ off	S'éloigner
~ sideward	Bouger dans l'axe
~ *sth* away, ~ further off	Éloigner *qch*, Écarter *qch*

Move-over (*US*) : *(Pratique visant à ajuster l'exploitation d'un film en le reprogrammant dans une salle plus petite ou plus grande selon le succès du film)*

Movement	*a)* Mouvement *(m)* - *b)* Geste *(m)*
~ order	Itinéraire, Feuille de route
~ synthesis	Synthèse du mouvement
alternating ~	Mouvement alternatif

anticlockwise ~ : Mouvement en sens inverse des aiguilles d'une montre

camera ~	Mouvement de caméra, Mouvement d'appareil

clockwise ~ : Mouvement dans le sens des aiguilles d'une montre

continuous ~	Mouvement continu
counter ~	Mouvement contrarié
geneva ~	Croix de malte
intermittent ~	Mouvement intermittent
lateral ~	Mouvement latéral
to make a ~	Faire un geste \ un mouvement
Movie (*US*)	Film *(m)*

☞ ***more expressions at :*** **Film** *and* **Picture**
☞ ***plus d'expressions à :*** **Film** *et* **Picture**

~ industrial	Film industriel

~ lender : Société spécialisée dans le financement de films

~ of the week	Le film de la semaine
~ theater	Salle de cinéma
B ~, # *B picture*	Film série B
gore ~	Film gore, Film à l'hémoglobine
made-for-TV ~	Téléfilm
martial-arts ~, # *Chop-socky* (*US*)	Film d'arts-martiaux
message ~	Film à message
industrial ~	Film industriel

race ~ : *(Film tourné par des Afro-américains pour les Afros-américains, principalement entre 1915 et 1947, à une époque où la quasi-totalité des États-Unis vivait sous un régime d'apartheid de droit ou de fait)*
road ~ — Road movie, Film d'errance
silent ~ — Film muet
slasher ~ — Film d'horreur sanglant
teen ~ (▶ p 392) — Film pour jeune public \ pour enfants
television ~, # *TV Movie* : Film initié et produit par une chaîne TV pour sortir en salles, mais dont la première diffusion a lieu à la télévision

Moviegoer — Cinéphile *(m)*
(Litt. : "Celui qui va au cinéma") — *(Lit. : "The one who likes movies")*
Movie-going public — Les spectateurs *(m)* potentiels ou réels
Movies (The ~) *(US)* — Le Cinéma *(m)*
Moy fitting, M fitting — Coupole 300 *(f)*
MPAA certificate (▶ p 392) : Visa *(m)* d'exploitation délivré par la *Motion Picture Association of America (MPAA)* **(▶ p 421)**
Muff (to ~) *(for an actor)* : Oublier une réplique \ son texte *(pour un acteur)*
Muffled — Sourd(e), Étouffé(e)
Mug (to ~), # *To Overact, To Overplay* : Surjouer, Forcer le jeu, En faire trop
Multibroadcasting : Rediffusion *(f)*, ou reprise, d'un même programme TV
Multicam, # *Multi-camera* — Multicaméra
Multichannel — Multicanal
Multicoloured — Multicolore
Multi-image — Multi-image
Multilayer — Multicouche
Multimedia *(adj. and noun)* — Multimédia *(m)*
Multi-pin — Multibroche
~ connector — Prise multibroches
Multiple session — Multisession
Multiplex *1) # Movie theatre* : Multiplexe *(m)* *(Complexe jusqu'à 16 salles)*
* *Megaplex : Un* Megaplex *possède encore plus de salles qu'un* Multiplex
2) ~ (TV programs) — Multiplex *(m)* *(de programmes TV)*
Multiplexer — Multiplexeur *(m)*
Multiplexing, # *Mux* — Multiplexage *(m)*
Multiplier *(US)* : Indice de mesure du bouche à oreille *(Rapport entre les recettes totales et celles de la première semaine. Un indice inférieur à 2 est inouï, alors qu'un indice de 6 est tout à fait courant)*
internal ~ : Indice de mesure du bouche à oreille *(Rapport entre les recettes du week-end et celles atteintes le vendredi. 3 est un indice excellent, par contre 2,3 est un indice faible)*
Multiply (to ~) — Multiplier
Multistandard — Multistandard
Multitasking — Multitâche

Multi-track	Multipiste
~ recording	Enregistrement multipiste
~ sound	Son multipiste
Multiway	Multiprise *(f)*, Prise *(f)* multiple
Multizone *(DVD)*	Multizone
Music	Musique *(f)*
~-and-effects	Musique et Effets
~ ~ track (M&E track)	Version internationale (VI)
~ editing	Montage de la musique
~ library	Musicothèque
~ recording	Enregistrement de la musique
~ ~ session	Séance d'enregistrement de la musique
~ rights	Droits musicaux
~ score	Partition musicale
~ scoring	Enregistrement de la musique
~ theme	Thème musical
~ track	*a)* Bande musique - *b)* Piste musique
background ~	Musique de fond
canned ~	Musique au mètre
live ~	Musique en directe \ non enregistrée
original ~, # *Original score*	Musique originale
Musical, # *Musical comedy*	Comédie *(f)* musicale
Musicality	Musicalité *(f)*
Mute *1) ~ (for a person)*	Muet (Muette)
2) (Audio)	Coupure *(f)*
Myopia	Myopie *(f)*

N

Nanometre (*GB*) – **Nanometer** (*US*) : Nanomètre *(m)*
Nanosecond — Nanoseconde *(f)*
* *One-billionth of second* — Milliardième de seconde
Narration
1) # Story — Narration *(f)*
2) ~ (said by a speaker) — Commentaire *(m)*
~ script — Texte du commentaire
~ sound — Commentaire en voix off
on-camera ~ : Commentaire dit par le narrateur présent à l'image
Narrative *1) (adj.)* — Narratif(-ive)
~ form — Forme narrative
in a ~ form — De forme narrative
2) (noun) — Récit, Construction de l'histoire
Narrator : Narrateur(-trice), Voix d'un commentaire en voix off
Narrow — Étroit(e)
Narrow (to ~) — Rétrécir
Narrowcasting : *(Diffusion vers un groupe ciblé de spectateurs ou d'auditeurs)*
Narrowing, # *Spotting* — Concentration *(f)* de la lumière *(f)*
Native format — Format *(m)* natif
Naturalism — Naturalisme *(m)*
Negative
1) (adj.) — Négatif(-ive)
2) (noun) — Négatif *(m)*
~ costs : Coûts de production jusqu'à la copie zéro
~ cutting — Montage négatif
~ insurance — Assurance négatif
~ intermediate — Internégatif, Négatif intermédiaire
~ pickup (*US*) — Participation du distributeur
~ pickup deal (*US*) : Contrat soumis à la livraison préalable du négatif
~ raw stock — Pellicule négative vierge
~ sound release — Négatif son définitif
black and white ~ — Négatif noir et blanc
colour ~ — Négatif couleur
colour separation ~ — Négatif de sélection trichrome
combined ~ , composite ~ — Négatif standard, Négatif image et son, Négatif combiné image et son
composite ~ — Négatif combiné image et son

high speed ~	Négatif rapide, Négatif sensible
master ~	Négatif original
original ~	Négatif original
over-exposed ~	Négatif surexposé
picture ~	Négatif image
picture release ~	Négatif monté pour tirage
separation ~	Négatif de sélection trichrome
sound ~	Négatif son
title ~	Négatif générique
under-developed ~	Négatif sous-développé
under-exposed ~	Négatif sous-exposé
undeveloped ~	Négatif non développé
unexposed ~	Négatif vierge
Neon	Néon *(m)*
~ tube	Tube néon
bank of ~ , strip of ~	Rampe de néons
Neorealism	Néoréalisme *(m)*
Neorealist	Néoréaliste
Net *1) ~ (as a diffusion material)*	*(Tout type de trame pour diffuser)*
~ curtain (*GB*)	Voilage, Rideau léger *(pour fenêtres)*
black ~	Tulle noir
open end ~	Mama
2) (Business)	*a)* Net (Nette) *(adj.)* - *b)* Net *(noun) (m)*
~ deal	Accord sur le net
~ distributor rentals	Recettes nettes distributeur
~ film rentals	Part-film nette
~ present value	Valeur nette actualisée
~ profit : Recettes nettes de la totalité des marchés d'exploitation	
~ profit participant	Participant à un accord sur le net
~ revenue	Revenu net
~ weekly circulation	Audience hebdomadaire nette
Netcasting, # *Webcasting* : Diffusion *(f)* sur Internet *(de programmes vidéo ou TV)*	
Network *1) ~*	Réseau *(m)*
~ access	Accès au réseau
~ manager	Administrateur de réseau
2) # Television channel	Chaîne *(f)* de télévision nationale
~ sale	Vente *(en exclusivité)* à une chaine TV
cable ~	Réseau câblé
over-the-air ~	Chaîne TV d'un réseau hertzien
3) mixing ~ *(Audio)*	Réseau *(m)* de mélange
Network (to ~) : Établir un réseau de stations de diffusion *(de chaînes TV)*	
Networking	Mise *(f)* en réseau
Neutral	Neutre
~ density	Densité neutre
~ ~ filter	Filtre densité neutre

News	Informations *(f)*, Actualités *(f)*
~ camera	Caméra de reportage
~ coverage	Reportage d'actualités
straight ~	Reportage factuel
satellite ~ gathering (SNG)	Reportage par satellite
Newsreel, # *Newsfilm*	Film *(m)* d'actualités, Actualités *(f)* filmées
Newton's ring	Anneaux *(m)* de Newton
New wave	Nouvelle vague *(f)*
Night	Nuit *(f)*
~ effect	Effet nuit
~ premium	Prime de nuit

Nighttime *(TV)* : Tranche *(f)* horaire de programmation de 1h à 7h du matin

Nine-light	Maxibrute *(m)*
Nodal	Nodal(e)
Node *(Audio)*	Nœud *(m)*

No fax : Répétition *(f)* pour les acteurs, sans la technique *(caméra, lumière, etc.)*

No-hitter	Échec *(m)* commercial, Bide *(m)* financier
Noise *1)* ~	Bruit *(m)*
~ figure	Facteur de bruit
~ free	Insonore

~-gate : Porte de bruit, Extenseur automatique

~ level	Niveau de bruit
~ reducer	Réducteur de bruit
~ reducing, ~ suppressing	Anti-parasites
~ reduction	Réduction du rapport signal-bruit
~ shaping	Façonnage du bruit
~ suppressor	Éliminateur de parasites
ground ~	Bruit de fond
~ ~ reduction	Réduction du bruit de fond
modulation ~	Bruit de modulation, Souffle du signal
pink ~	Bruit rose
quantification ~	Bruit de quantification
set ~	Bruit de fond d'un appareil
signal-to-~ ratio	Rapport signal-bruit
surface ~	Bruit de surface
white ~	Bruit blanc
2) # Static (Audio)	Parasites *(m)*
~ suppressor	Éliminateur de parasites
3) # Hum (Audio)	Souffle *(m)*
antenna ~	Souffle d'antenne
modulation ~	Souffle du signal, Bruit de modulation
Noiseless	Silencieux(-euse)

Non-drop frame : Fonction désactivant la fonction "Drop frame"

Nonexclusive	Non-exclusivité *(f)*
Non-interlaced	Non entrelacé(e)

Nonlinear	Non-linéaire
Non professional *(adj. and noun)*	Non-professionnel(-elle)
Non-silver process	Procédé *(m)* non-argentique
Non-sync	Non synchrone, Asynchrone
Non-theatrical	Non-commercial(e)
~ distribution	Distribution non-commerciale
~ exhibition	Exploitation non-commerciale
Norm, # *Standard, Specification*	Norme *(f)*, Standard *(m)*
Normaled *(Audio)*	Modulation *(f)* sans coupure
Normalized, # *Standardized*	Normalisé(e), Standard, Standardisé(e)
Nose	Cône *(m)* de projecteur
electronic ~	Bloc-notes électronique
Note	Note *(f)*, Annotation *(f)*
~ book	Carnet
~ pad	Bloc notes
~ paper	Papier à lettres
~-head paper	Papier à lettres à en-tête
foot ~	Note en bas de page
Note (to ~)	Noter *(par écrit)*
~ down *sth*	Noter, Prendre note de *qch*, Inscrire
Notepad	Bloc-notes *(m)*

Novelization : Adaptation *(f)* littéraire au cinéma ou à la télévision

Number *1)* ~	Nombre *(m)*
~ of frames per second	Nombre d'images par seconde
even ~	Nombre pair
odd ~ , uneven ~	Nombre impair
2) ~	Numéro *(m)*
emulsion ~	Numéro d'émulsion
identification ~	Numéro d'identification
serial ~	Numéro de série
Nut *(US)*	Frais *(m)* d'exploitation

* *House nut* : Frais fixes hebdomadaires de fonctionnement d'un cinéma

* *House allowance* : Part perçue par l'exploitant en amont du partage des recettes, couvrant ses frais de fonctionnement

Nylon thread	Fil *(m)* de nylon

O

Oakley (▶ p 405) — Exonération *(f)*, Ticket *(m)* gratuit
Obie (*US*) *(Fam.)* *(Petit projecteur jusqu'à 250 w à placer sur la caméra)*
Object — Objet *(m)*
Obligatory scene — Séquence *(f)* cliché
Octave *(Music)* — Octave *(m)*
Off *1) # Switched off* — *a)* Éteint(e) - *b)* Hors-circuit
2) # Out of frame — Hors champ
Off-balance — Déséquilibré(e)
Off-camera, *# Out of frame* — Hors cadre *(m)*, Espace *(m)* hors-champ
Off-centre (*GB*) – **Off-center** (*US*) — Décentré(e)
Off-circuit — Hors circuit
Off-hand — Improvisé(e)
Off-line *1) # Switched off* — Déconnecté(e)
2) # Out of network — Hors réseau, Hors ligne
3) (Broadcasting) — Qualité insuffisante pour être diffusable
~ editing *(Video)* — *a)* Montage *(m)* hors conformation ou hors direct, Montage *(m)* sur copie [CGTN – 2003]
b) Prémontage *(m)* sur un format vidéo inférieur
~ editor *(Video)* : Monteur(euse) qui opère avant la conformation *(et qui peut participer à toutes les étapes ainsi qu'aux qu'aux choix artistiques et créatifs du montage)*
Off-mike : *a)* Hors-champ *(sonore)* – *b)* Hors-micro
Off-peak hour — Heure *(f)* creuse
Off-peak time — Période *(f)* de faible écoute
Off-screen (OS), *# Offscreen* (*US*) — Hors-champ *(image)*
~ left >< ~ right — Hors champ à gauche >< à droite
~ space — Espace hors-champ
Offset — Déporté(e) *(adj.)*
~ arm — Bras de déport
Off-size — Qui n'est pas à la dimension
Off the air — Hors-antenne
Off-tune — Désaccordé(e)
Omnies : Figurants non identifiables (*foules, groupes*) dont les dialogues se limitent à des conversation d'ambiance non intelligibles
On *1) # Above sth* — Sur
2) # Switched on — Allumé(e), Branché(e)
~-Off — Marche-Arrêt

On air *(TV)*	À l'antenne, En direct
to be ~	Être à l'antenne, Être en direct
On line *1) # Switched on*	Connecté(e)
2) # In network	Raccordé(e) au réseau, En ligne
3) (Broadcasting)	Niveau de qualité diffusion
~ editing *(Video)*	Montage sur matériel broadcast, Montage direct sur bandes originales, Montage sur original [CGTN – 2000]
~ editor *(Video)*	Monteur chargé de la conformation
On location	En décor *(m)* naturel, En extérieurs *(m)*
On spec, On speculation : *a)* En participation, Salaire *(m)* en participation *b)* Sans assurance d'aboutir *(produire sans avoir de distributeur, écrire un scénario sans avoir de producteur, etc.)*	
One-coloured	Unicolore, Monochrome
One-light	Lumière *(f)* unique
~ dailies	Rushes à lumière unique
One-to-one	Échelle *(f)* normale
~ optical printing	Tirage optique normal
Opacity	Opacité *(f)*
Opal	Opale
Opalescent	Opale, Opalescent(e)
Opaque	Opaque
Opaquer *(Animation)*	Gouacheur *(m)*
Open *1)* ~	Ouvert(e)
half-~	Entrouvert(e)
wide ~	Pleine ouverture (*Coll.* : "Tout ouvert")
2) # Opens, Opening (*US*) : Projection(s) d'ouverture à la sortie *(d'un film)*	
Open end *(Lighting)*	Porte-mama *(m)*, Demi-cadre *(m)*
Open (to ~) *1)* ~	Ouvrir
~ out	Déplier
~ up the aperture	Ouvrir le diaphragme
2) # To Bow, To Premiere : Sortir un film nouveau sur les écrans	
** The day a movie opens ⇔ Le jour où un film sort, Le jour de la sortie d'un film*	
Opening *1) # Beginning*	Début *(m)*
~ credits	Générique de début
2) # Premiere	Première *(f)* d'un film
~ date	Date de sortie d'un film en salle
~ week-end (*US*) : Premier week-end d'exploitation d'un film	
exclusive ~	Première d'un film en une salle unique
3) # Aperture	Ouverture *(f)*
lens ~	Ouverture de diaphragme
Operating	Qui actionne, De commande
~ expenses	Frais d'exploitation
~ lever	Levier de commande
~ system	Système d'exploitation

Opposite	Opposé(e), Inverse
~ to *sth*	En face de *qch*, Face à *qch*
the ~	L'opposé, L'inverse
at the ~	À l'opposé, À l'inverse
to set *sth* ~ to *sth*	Placer *qch* face à *qch*
Optic *1) # Single lens*	Lentille *(f)*
2) # Group of lenses	Objectif *(m)*
Optical	
1) ~	Optique *(adj.)*
~ attachment (Front ~)	Lentille frontale de conversion
~ flat : *a)* ~	Glace optique
b) # Glass membrane	Lame à faces parallèles
2) (Film transfer)	Transfert *(m)* optique

Opticals, # *Optical effects* : Trucages *(m)* \ Effets *(m)* spéciaux à la Truca

~ department	Service trucages
dupe for ~ works	Contretype positif de trucage, Marron pour trucages
* *Optical house*	Laboratoire de trucages
* *Optical master*	Contretype à la truca
* *Optical print*	Copie par truca
* *Optical printer*	*a)* Tireuse optique - *b)* Truca
* *Optical zoom*	Zoom à la truca

Optioning a script : Mettre une option d'achat sur un scénario

Orange stick *(used to clean the gate and the pressure plate)* : Bâton *(m)* de sureau *(utilisé en manucure, et servant à nettoyer la fenêtre et les presseurs caméra)*

Orchestral arrangements	Arrangements *(m)* orchestraux
Orchestration	Orchestration *(f)*
Order	
1) # Command	Ordre *(m)*
verbal ~ >< written ~	Ordre verbal >< Ordre écrit
2) # Numeral order	Ordre *(m)*

~ of credits : Ordre d'apparition des noms au générique

3) (Business)	Commande *(f)*
~ book	Carnet de commande
~ form	Bon de commande

back-~ : *a)* Commande non satisfaite - *b)* Arriéré de commande

cash to ~	Payable à la commande
made to ~	Fait sur commande
on ~	En commande
rush ~	Commande urgente
to deliver an ~	Livrer une commande
to give *s.o* an ~	Passer une commande
to place an ~ with *s.o*	Faire une commande
Order (to ~) *1) # To Command*	Donner un ordre
2) (Business)	Commander, Passer *(une)* commande

Organization	Organisme *(m)*, Organisation *(f)*
official ~	Organisme officiel
professional ~	Organisme professionnel
trade-union ~	Organisation syndicale de salariés
Orientable	Orientable
Orientate (to ~)	Orienter
Orientation	Orientation *(f)*
Original *1) (adj.)*	Original(e)
2) (noun)	Original *(m)*, Master *(m)*, Bande *(f)* mère
~ film, ~ negative	Négatif original
Orthochromatic	Orthochromatique
Oscillating, # *Vibrating*	*a)* Oscillant(e) – *b)* Oscillatoire
Oscillation	Oscillation *(f)*
voltage ~	Oscillation de tension
Oscillator	Oscillateur *(m)*
crystal ~	Oscillateur à cristal
phase-shift ~	Oscillateur à déphasage
variable frequency ~	Oscillateur à fréquence variable
Oscilloscope	Oscilloscope *(m)*
Out	Hors de ..., En dehors de ...
~ of adjustment	Déréglé(e)
~ of balance	Déséquilibré(e)
~ of character	À contre-emploi
~ of focus	*adj.* : Flou(e) – *noun* : Flou
to go ~ ~	Basculer le point vers le flou
~ of frame	Hors champ
~ of gear	Désengrené(e)
~ of level	Dénivelé(e), Pas de niveau
~ of phase	Déphasé(e)
~ of repair	En mauvais état
~ of square	Pas d'équerre
~ of step	Désynchronisé(e)
~ of stock	Épuisé(e)
~ of straight	De travers, Pas d'aplomb
~ of sync	Non synchrone, Asynchrone
~ of use	Hors d'usage
~ of work *a) # Unemployed*	Au chômage, En période de chômage
b) # Out of use	Hors d'usage, En panne
Outdated	Périmé(e)
Outfit	Attirail *(m)*, Équipement *(m)*, Trousseau *(m)*
repairing ~	Nécessaire de réparation
welding ~	Poste à souder
Outlay *1) # Expenses* : Débours *(m)*, Sorties *(f)* d'argent, Dépenses *(f)*	
2) # Seed money	Première mise de fonds
first ~, initial ~	Investissement initial, Mise de fonds

Outlet : *a)* Prise *(f)* de courant femelle - *b)* Sortie *(f)* *(électrique)*
wall ~ Prise murale
Outline *1) # Contour* Contour *(m)*
broad ~s Les grandes lignes, Aperçu général
2) # Synopsis Synopsis *(m)*
~ : Récit dans ses grandes lignes, Canevas \ Argument d'une histoire
step ~ : *a) Succession des séquences résumées en une seule phrase*
b) Série de cartes indépendantes (une par séquence) permettant d'en changer l'ordre, d'en supprimer une ou d'intercaler une nouvelle séquence
Output *1) # Flow* Débit *(m)*, Rendement *(m)*
light ~ : *a)* Pouvoir d'éclairement - *b)* Rendement lumineux
2) (Audio – Electricity) Sortie *(f)* d'un circuit
~ impedance Impédance de sortie
~ level Niveau de sortie
~ signal Signal de sortie
~ voltage Tension de sortie
audio-video ~ , A-V ~ Sortie Audio-Vidéo
balanced ~: Sortie symétrique *(Connectique le plus souvent en XLR)*
direct ~ Sortie directe
unbalanced ~: Sortie asymétrique, Sortie disymétrique
Outright sale Cession *(f)* définitive des droits
Outside the pot : Recettes hors contrat *(non prises en compte par le contrat)*
Out-takes, *# Outs* : Doubles *(m)*, Chutes *(f)*, Prises *(f)* non utilisées
Oval, *# Egg-shaped* *adj.* : Oval(e) – *noun* : Ovale *(m)*
Over-budget Dépassement *(m)* de budget
~ penalty Pénalité pour dépassement de budget
Overact (to ~), *# To Overdo, To Mug* : Surjouer, Forcer le jeu, En faire trop
Overacting Sur-jeu *(m)*
Overage Dépassement *(m)* budgétaire
Overall efficiency Coefficient *(m)* d'efficacité
Overburning : *Processus qui consiste à graver, sur un CD ou un DVD, environ 10% d'informations supplémentaires en périphérie du disque*
Overcast Nuageux(-euse)
Overcrank (to ~) Faire un ralenti, Filmer à grande vitesse
Overcranked Ralenti(e) à la prise de vue
Overdevelop (to ~) Sur-développer
Overdevelopment Sur-développement *(m)*
Overdub Enregistrement fractionné
Overexpose (to ~) Surexposer
Overexposure Surexposition *(f)*
Overhang (to ~) Suspendre *(à la verticale)*
Overhaul Révision *(f)* *(d'un appareil)*
Overhaul (to ~) Réviser *(un appareil)*

Overhead
1) # Production overhead (Business) Frais *(m)* fixes, Frais *(m)* généraux
2) ~ (US), # Butterfly : (Cadre de soie ou de tissu blanc, placé au-dessus des acteurs afin d'adoucir la lumière zénithale. Un Overhead est plus petit qu'un Butterfly)
Overhead hanger Pantographe *(m)*
Overheated Surchauffé(e)
Overlap Chevauchement *(m)*
~ dialogue Chevauchement de répliques
~ sound Chevauchement de sons
Overlap (to ~) Chevaucher
Overlapping action Chevauchement d'actions
Overlay *(Video)* : Surimpression *(f)* électronique, Trucage *(m)* par superposition de couches d'images
Overlay (to ~) Recouvrir, Superposer
Overload
1) # Excess load Surcharge *(f) (de poids)*
2) (Audio) Saturation *(f)*, Surcharge *(f)*
Overmodulate (to ~) Surmoduler, Saturer
Overnights *(TV)* : Résultats *(m)* d'audience disponibles dès le lendemain de la diffusion d'un programme à la télévision
Overplay (to ~), # *To Mug, To Overdo* : Surjouer, Forcer le jeu, En faire trop
Override Surcommission *(f)*
Overrun (to ~) *1) ~ (a light)* Survolter *(une lampe)*
2) ~ (a machine) Fatiguer *(une machine)*, Surcharger
3) ~ the budget Dépasser le budget
Oversampling *(Dig. video)* : Sur-échantillonnage *(m) (Utilisation d'une fréquence d'échantillonnage supérieure à la norme)*
Overscale : Partie *(f)* du salaire payée au-dessus du minimum syndical
~ fee Supplément de cachet
Overscan *(Video – TV)* Totalité *(f)* du balayage
Overscreened, # *Baked* Trop vu(e), Éculé(e), Surexploité(e), Sans surprise
Oversee (to ~) Superviser
Overshoot (to ~)
1) ~ (for a shot) : Tourner plus de métrage que celui prévu *(pour un plan)*
2) ~ (for a sequence) : Tourner plus de plans que nécessaire *(pour une séquence, en vue de fournir davantage de matière au montage)*
3) ~ (for an all film) : Dépasser en pellicule *(pour un film entier)*
Overshooting
1) ~ (for a shot) Dépassement du métrage prévu
2) ~ (for a sequence) Dépassement du nombre de plans prévu
3) ~ (for an all film) Dépassement en pellicule
Overshoulder shot (OSS) Plan *(m)* avec amorce
* *"Let's do an overshoulder shot" ⇔ "Faisons un plan avec amorce"*

Oversized Surdimensionné(e)
Overtighten (to ~) *(a bolt)* Trop serrer *(un boulon)*
Overtime Heures *(f)* supplémentaires
to work ~ , to do ~ Faire des heures supplémentaires
Overvoltage Survoltage *(m)*
Overweight Excédent *(m)* de poids, Surcharge *(f)*
Overwriting *(Computer)* : Écrasement des informations *(lors de l'inscriptions de nouvelles données)*
Ownership : Propriété *(f)* des droits, Propriété d'un copyright
* *Rightsholder* Détenteur(-trice) des droits
Oxidation Oxydation *(f)*
Oxidizable, # *Liable to rust* Oxydable
Oxidize, # *Oxidizing agent* Oxydant *(m)*
Oxidize (to ~), # *To Rust* Oxyder
Oxidizing Oxydant(e)
Oxide shedding *(Audio - Video)* : Dépôt de particules d'oxyde de bande magnétique sur les têtes *(d'un magnétophone ou d'un magnétoscope)*

P

P&A = Prints and advertising	Copies et publicité *(f)*
~ advances : Avances sur les frais de copies et de publicité	
~ budget	Budget copies et publicité
P&D = Production and distribution	Production et distribution *(f)*
Pack (to ~) *(Dig. video)*	Compresser
Pack shot : Plan d'identification d'un produit [CGTN – 2000]	
Package *(Business)*	Lot *(m)*, Package *(m)*
~ deal	Accord global
~ price	Prix forfaitaire
Packet *(Dig. video)*	
1) ~ *(about program stream)*	Paquet *(m)* *(de plusieurs programmes)*
2) ~ *(about data stream)*	Paquet *(m)*, Quantité *(f)* de données
~ data : Bits d'informations contigus à un flux d'information présent dans un paquet, indiquant la manière de décoder ce flux	
~-switching : Bascule d'un groupe d'informations (*un paquet*) à un autre, Commutation par paquets	
null ~	Paquet nul
PAD *(Audio)*	Atténuateur *(m)* d'entrée
Pad	Patin *(m)*, Butée *(f)*, Tampon *(m)*
velvet ~	Patin de velours
Padding *(Audio)*	Atténuation *(f)*
Padlock	Cadenas *(m)*
Page	Page *(f)*
~s changes	Modifications de texte
~ setting, # *Making up*	Mise en page
cover ~	Page de couverture
* *To Make up*	Mettre en page
Pain threshold *(Audio)*	Seuil *(m)* de douleur
Paint-box	Palette *(f)* graphique
Pairing *(Video)*	Entrelacement *(m)* appairé
Pale	Pâle, Clair(e)
Pan *1)* # *Panning*	Panoramique *(m)* horizontal, (*Coll.* : Pano)
~ head	Tête panoramique
~ shot	Plan en panoramique
~ speed	Vitesse de panoramique
~ and tilt	Panoramique en diagonale
~ left >< right : Panoramique *(horizontal)* à gauche >< à droite	

circular ~ : Panoramique circulaire, Panoramique à 360°
swish ~ , whip ~ , zip ~ : Panoramique filé, Panoramique arraché
2) *(Shortening for* : Panchromatic) *Diminutif de* : Panchromatique *(adj.)*
~ glass : Verre de contraste noir et blanc, Verre de vision noir et blanc
~ master from colour : Marron sur pellicule panchro, Interpositif noir et blanc d'après un négatif couleur

Pan (to ~) *1) (Camera)* — Panoramiquer, Panoter *(Coll.)*
~ on the right >< left — Panoramiquer à droite >< à gauche
2) *(for light settings)* — Panoter, Pivoter
~ left : Panoter à gauche *(Réglage d'un projecteur vers la gauche)*
~ right : Panoter à droite *(Réglage d'un projecteur vers la droite)*

Pan-and-scan : *(Procédé de recadrage des images d'un film à format large)*

Pancake — Cube *(m)* plat, Pédanine *(f)*

Panel — Panneau *(m)* de commandes, Tableau *(m)*
front ~ — Panneau avant *(d'un appareil)*
front ~ inputs-outputs — Panneau d'entrées-sorties à l'avant
front ~ lock out : Verrouillage du panneau de commandes à l'avant

Panning — Mouvement *(m)* de panoramique

Panpot *(Audio)* — Panoramique *(m)*

Pantograph — Pantographe *(m)*

Paper — Papier *(m)*
brown ~ , wrapping ~ — Papier kraft
graph ~ — Papier millimétré

Paper-to-paper — Fil à fil

Paper up (to ~) — Poser des fils

Parallax — Parallaxe *(f)*
~ correction — Correction de parallaxe
~ error — Erreur de parallaxe
~ free — Sans parallaxe
viewfinder ~ — Parallaxe de visée

Parallel to *sth* — Parallèle à *qch*

Parallels (*US*) — Praticable *(m)* *(Coll.* : Pratos)

Parameter — Paramètre *(m)*

Parent roll — Axe *(m)* d'émulsion
~ number — Numéro d'axe *(d'émulsion)*

Parity *(Audio - Dig. video)* — Parité *(f)*, Contrôle *(m)* de parité
colour ~ — Parité couleur

Parodic(al) — Parodique

Parody — Parodie *(f)*

Part *1)* ~ — Partie *(f)*
higher ~ — Partie supérieure
lower ~ , bottom ~ — Partie inférieure
2) *# Component* — Pièce *(f)*
single ~ — Pièce détachée
spare ~ , *# Spares* — Pièce de rechange

3) ~ (for an actor) — Rôle *(m)* *(d'acteur)*
bit ~ — Rôle accessoire
character ~ — Rôle de composition
featured ~ — Rôle secondaire
lead ~ , # *Lead* — Rôle principal
mute ~, # *Silent bit* — Rôle muet
running ~ : Rôle récurrent, Rôle permanent *(dans une série TV)*
straight ~ — Rôle sérieux
stock ~ — Rôle stéréotypé
supporting ~ — Rôle secondaire, Second rôle
"To get right inside a part", "To live a part" ⇔ "Entrer dans la peau du personnage"
* *As Robin Hood* : … — Dans le rôle de *Robin des Bois* : …

Participation — Participation *(f)*, Mise *(f)* en participation
across-the-board ~ — Association à tous types de recettes
backend ~ : Part sur les recettes à partir d'un seuil négocié
financial ~ — Participation financière
gross ~, gross profits ~ — Pourcentage sur les recettes brutes
net ~, net profits ~ — Pourcentage sur les recettes nettes
profits ~, # *Profit sharing* — Participation aux bénéfices
* *Corridor* : Couloir des recettes *(Désigne le fait de n'être associé(e) qu'à une partie limitée des recettes)*

Partnership : Association *(f)* commerciale, Société *(f)* de personnes, Partenariat *(m)*
general ~ , # *General partners* — Société en nom collectif
in ~ with — En association avec, En partenariat
limited ~ , # *Limited partners* — Société en commandite simple, Partenariat limité
to go into ~ with *s.o* — S'associer à *qn*, S'associer avec *qn*

Paste (to ~) *(Comput.)* — Transporter un élément *(depuis une image, un dossier, etc., vers un(e) autre)*

Paste board — Carton *(m)* pâte

Pastel shade — Ton *(m)* pastel

Patch — Connexion *(f)* enfichable
~ board — Tableau de connexion \ de raccordement
~ cord — Fil de connexion
~ field — Baie de jacks
~ panel, # *Patch bay* — Tableau de raccordement

Patch (to ~) — Brancher, Raccorder, Enficher

Patchbay *(Audio)* — Baie *(f)* de brassage

Patching board — Panneau *(m)* de raccordement

Path of light rays — Chemin *(m)* des rayons lumineux

Patina — Patine *(f)* *(d'un décor, d'un accessoire)*
to acquire a ~ — Se patiner, Acquérir une patine
to give a ~ to *sth* : Donner une patine *(à un décor \ accessoire)*, Patiner

Patinate (to ~) — Patiner
To Give a patina to sth — Donner une patine à *qch*

Pattern *1) # Design*	Motif *(m)*, Modèle *(m)*
2) test ~	Mire *(f)* d'essai
colour registration test ~ *(Video)*	Mire d'enregistrement couleur
wave ~	Oscillogramme
Pay (☞ : Allowance, Indemnity)	Paye *(f)*
~ day	Jour de paye
~ slip	Bulletin de salaire
back-~	Rappel de salaire
Pay (to ~)	Payer
~ back	Rembourser
~ by instalments	Payer par acomptes
~ down	Payer comptant
~ off, ~ up	Acquitter *(une dette, une facture, etc.)*
~ out	Débourser, Débiter
Pay per view	Paiement *(m)* à la séance [CGTN – 2005]
Pay-TV	Télévision *(f)* à accès conditionnel
Payback period : Phase *(f)* de remboursement \ de recouvrement	
Payment	Paiement *(m)*
# Benefit, Payout	Prestation *(f)*, Allocations *(f)*
# Payoff	Versement *(m)*
~ in advance, *# Prepayment*	Paiement d'avance
~ in kind	Paiement en nature
~ of debt	Acquittement d'une dette
~ of deposit	Caution
~ of fee	Redevance
~ schedule	Échéancier, Calendrier des traites
advance ~	Paiement anticipé
cash ~	Paiement en espèces
date of ~	Échéance
deferred ~	Paiement en différé
delay in ~	Paiement différé, Paiement retardé
demand ~	Réclamer le paiement
down ~	Acompte, Premier versement
due for ~	Exigible
monthly ~	Mensualisation
non-~	Non-paiement
progress ~s	Paiements échelonnés
stop ~	Opposition à un chèque
terms of ~	Conditions de paiement
transfer ~	Règlement par virement bancaire
Payoff	Profits *(m)*, Rendement *(m)* financier
Payroll	État *(m)* de paye
~ and production accounting : Comptabilité liée à la production d'un film et au paiement des salaires des membres de l'équipe	
to be on ~ *of s.o*	Être le salarié de *qn*

Peak — Crête *(f)*
- ~ factor — Facteur de crête
- ~ level — Niveau de crête
- ~ limiter — Limiteur de son de crête, Écrêteur
- ~ listening time — Heure de plus grande écoute
- ~ load — Charge maximum
- ~ meter — Crête-mètre, Indicateur de crêtes
- ~ program meter — Crête-mètre
- ~ time, # *Prime time* — Heure de grande écoute
- ~ viewing time — Heure de la plus grande écoute

Peaking — Écrêtage *(m)*

Pedestal *(Video)* : Palier *(m)* de noir, Décollement *(m)* du niveau de noir
- ~ level control — Réglage du niveau de noir

Peer-to-peer = **P2P** *(Comput.)* : Peer-to-peer *(Liaison entre deux ordinateurs sans recours à un serveur centralisé)*

Pellicle — Lame *(f)* à faces parallèles
- beam splitter ~ — Lame séparatrice *(de faisceaux lumineux)*

Pension and welfare (P&W) — Cotisation *(f)* retraite et protection sociale

Percentage — Pourcentage *(m)*

Perception — Perception *(f)*
- ~ level — Niveau de perception
- audiovisual ~ — Perception audiovisuelle
- auditory ~ — Perception auditive

Per diem : PD — Défraiement *(m)*
- to get one's ~ — Toucher ses défraiements

Perforated — *a)* Perforé(e) - *b)* À perforations
- double ~ : À double perforation, À deux rangées de perforations
- single ~ : Mono perforé, À une seule rangée de perforations

Perforating machine — Machine *(f)* à perforer

Perforation — Perforation *(f)*
- ~ hole — Perforation *(Coll.* : Perfo)
- ~ pitch — Pas de perforation
- double ~ — Double perforation
- negative ~ — Perforation négative
- positive ~ — Perforation positive
- single ~ — Monoperforation

Performance *(of an actor)* — Prestation *(f)* *(d'un acteur)*

Performer — Artiste comédien(-ienne)

Period — Période *(f)*, Phase *(f)*
- dark ~ — Période d'obturation, Obturation
- exposure ~ — Période d'exposition
- shutter cut-off ~ : Phase d'escamotage, Phase d'obturation

Peripheral *(adj.)*, # *External* — Périphérique
- ~ device — Unité périphérique

Peripheral *(noun)* — Périphérique *(m)*

Perks Avantages *(m)* ou privilèges *(m)* en nature
Permit, # *Permission* Autorisation *(f)*, Permis *(m)*
restricted ~ Autorisation limitée
Persistence Rémanence *(f)*, Persistance *(f)*
~ of images Rémanence des images
~ of vision Persistance rétinienne
Perspective Perspective *(f)*
~ distortion Déformation de perspective
aerial ~ Perspective aérienne
audio ~ Perspective sonore
drawing in ~ Dessin en perspective
forced ~ Perspective forcée
* *Forelengthening* Étirement des perspectives
* *Foreshortening* Écrasement des perspectives
* *Telephoto distortion* : Déformation de perspective due aux longues focales
* *Wide-angle distortion* : Déformation de perspective due aux courtes focales
Perspiration Sueur *(f)*
Perspire (to ~) Suer
Petty cash Petite trésorerie *(f)*, Régie *(f)* d'avance
Petzval lens Objectif *(m)* de Petzval
Phantom power supply Alimentation *(f)* fantôme
Phase *1) # Period* Phase *(f)*
2) *(Electricity)* Phase *(f)*
~ conductor Fil de phase
~ inversion Inversion de phase
~ regulator Régulateur de phase
~ reversal Inversion de phase
single ~ Monophasé
three ~ Triphasé
3) *# Synchronism* Phase *(f)*
~ difference Différence de phase
~ distorsion Distorsion de phase
~ locking Accrochage de phase
~ shift Déphasage, Décalage de phase
~-shift oscillator Oscillateur à déphasage
~ splitter Inverseur de phase
in-~ En phase
out of ~ Déphasé(e)
Phase-meter *(Audio)* : Comparateur *(m)* de phase, Phase-mètre *(m)*
Phaseable synchroniser : Déphaseur *(m)*, Boîtier *(m)* de synchro TV
Phased En phase
Phasing Module *(m)* de déphasage variable
Phon *(Audio)* Phone *(m)*
Phosphorescence Phosphorescence *(f)*
Phosphorescent Phosphorescent(e)

Photocell	Cellule *(f)* photoélectrique
Photocopier	Photocopieur(-euse)
Photocopy	Photocopie *(f)*
Photocopy (to ~)	Photocopier
Photoelectric	Photoélectrique
Photoflood	Photoflood *(f)*
Photogenic	Photogénique
Photogenie	Photogénie *(f)*
Photogram	Photogramme *(m)*
Photograph	Photographie *(f)* *(Coll.* : Photo*)*
to take *s.o's* ~	Photographier *qn*, Prendre une photographie de *qn*
Photographically	Photographiquement
Photojournalism	Photojournalisme *(m)*
Photometry	Photométrie *(f)*
Photomontage	Photomontage *(m)*
Photon	Photon *(m)*
Photo-reportage	Photo-reportage *(m)*
Photo-resistor, # *Photoresistance*	Photo-resistance *(f)*
Photosensitive	Photosensible
Photosite	Photosite *(m)*
Photo-transistor	Photo-transistor *(m)*
Pick-up *1)* # *Pick up shot* : Pick up *(m)*, Plan *(m)* pick up, Plan en pick up	
2) # *Record player (Audio)* : Tourne disque *(m)*, Platine *(f)* tourne disque	
3) ~ tube	Tube *(m)* de prise de vue vidéo
Picture *1)* # *Image*	Image *(f)*
~ car	Voiture à l'écran
~ editing	Montage image
~ element, # *Pixel (Video)*	Pixel
~ frame *(Video)*	*a)* Photogramme - *b)* Trame *(Vidéo)*
~ negative	Négatif image
~ positive	Positif image
~ signal *(Video)*	Signal image
~ size	Dimensions de l'image
anchor ~ : En encodage numérique, image utilisée pour les prédictions	
bi-directional ~s : Image codée à partir d'une image future ou passée	
hard ~	Image dure, Image contrastée
intra-coded ~s : Images codées sans dépendre d'une autre image	
key ~ : Image-clé, non codée, permettant d'éviter certaines redondances	
low-contrast ~	Image au contraste doux
out of frame ~	Image décadrée
over-exposed ~	Image surexposée
predicted ~s	Images codées par prédiction
soft ~	Image douce \ plate \ sans contraste
sound ~ *(Audio)*	Image sonore

still ~ Photographie, Image fixe
under-exposed ~ Image sous-exposée
2) # *Film* (GB), (*Fam.* : Pix, Pic) Film *(m)*
☞ *more expressions at* : Film and Movie
☞ *plus d'expressions à* : Film *et* Movie
go ~ : Film qui sort de l'état de projet et qui entre en production
* "*It's a go !*" : Indique qu'un projet peut démarrer
* "*It's a no !*" : Indique qu'un projet ne peut pas démarrer et reste bloqué
silent ~ Film muet
talking ~ Film parlant

Picture-and-picture (PAP) *(Video) : (Système affichant deux images à l'écran)*
Picture-in-picture (PIP) *(Video)* : *(Système permettant d'afficher une image en médaillon à l'intérieur de l'image principale)*
Pictured À l'écran, À l'image
Pictures (The ~) *(GB)* Le Cinéma *(m)*
Pigeon *(US)* Base *(f)* pour projecteurs *(de lumière)*
Pigment Pigment *(m)*
Pile up (to ~) Entasser, Empiler, Faire un tas
Pilot *1)* ~ film *(TV)* : Pilote *(m)*, Épisode pilote, 1er épisode d'une série en projet
2) ~ light Lampe *(f)* témoin, Témoin *(m)* lumineux
3) ~ tone (GB) – Pilottone (US) Signal *(m)* pilote, Fréquence *(f)* pilote
Pin *1)* ~ *(for a connector)* Broche *(f) (de prise de raccordement)*
multi-~ Multibroche
2) # *Fastener* Épingle *(f)*
3) clamping ~ Ergot *(m)* de fixation
drive ~ Téton d'entrainement
index ~ , centering ~ Téton de centrage
4) # *Gudgeon* Goupille *(f)*
5) registration ~, register ~, pilot ~ Contre-griffe *(f)*
Pin (to ~) Épingler, Attacher *qch* avec une épingle
Pin-cushion distortion Aberration *(f)* en coussinet
Pinion Pignon *(m)*
motor ~ Pignon moteur
Pinpoint light Lumière *(f)* très ponctuelle
Pipeline *(US)* : *(Programmation de projets de films en production)*
Piracy Piratage *(m)*
Pistol-grip Poignée *(f)* pistolet
Pitch
1) *(Sound, Music)* Hauteur *(f)* d'un son, Hauteur tonale
2) ~ *(for film)* Pas *(m)* de perforation
~ and stroke of the claw Hauteur et attaque de la griffe
~ control Ajustage du pas
negative ~ : Pas négatif, Pas court, Pas de la pellicule négative
positive ~ : Pas positif, Pas long, Pas de la pellicule positive
Pitch (to ~) : Vanter, Vendre les mérites *(d'un scénario, d'un réalisateur, etc.)*

Pivot	Pivot *(m)*
hall ~	Pivot à rotule
Pivot on *sth* (to ~)	Pivoter sur *qch*
Pixel (*Acronym for : picture element*)	Pixel *(m)*
~ depth : Nombre de bits utilisés pour coder un pixel	
~ dropping : *(Suppression de tous les n[ièmes] pixels lors de l'échantillonnage)*	
~ pitch	Pas de pixel
~ ratio	Format de pixel *(hauteur x largeur)*
~ response time	Temps de réponse des pixels
~ skipping : *(Suppression de certains pixels lors de l'échantillonnage)*	
mega ~	Million de pixels
non-square ~s	Pixels non carrés
Pixelation, # *Pixelisation, Pixelization*	Pixelisation *(f)*
Pixilation	Pixilation *(f)*
Place	Endroit *(m)*, Lieu *(m)*
Place (to ~)	Placer, Mettre
~ side by side	Juxtaposer, Placer côte à côte
walk up ~ : Lieu de tournage non équipé d'un ascenseur \ monte-charge	
Plagiarism	Plagiat *(m)*
Plain	*a)* Uni(e) - *b)* Unicolore
Plane	Plan *(m)*
~ glass	Glace *(f)* optique
~ of focus, ~ of critical focus	Plan de netteté, Plan de mise au point
conjugated ~s	Plans conjugués
film ~	Plan film
focal ~	Plan focal
image ~	Plan image
nodal ~	Plan nodal
principal ~s	Plans principaux
principal focal ~	Plan principal image
Planning	Planification *(f)* [CGTN – 2000]
Plano-concave >< **Plano-convex**	Plan-concave >< Plan-convexe
Plasma display : Écran *(m)* à plasma, Affichage *(m)* par écran plasma	
Plate *1)* aperture ~	Couloir *(m)* de caméra
film ~ , gate ~	Plaque canal, Couloir de caméra
pressure ~	Cadre presseur
runner ~	Couloir de défilement
2) ~	Plaque *(f)*
balance ~	Plaque de décentrement
mounting ~	Platine
sliding ~	Plaque de décentrement
small ~	Plaquette
tilt ~	Fromage, Quart de brie
3) # *Background plate*	*a)* Cliché *(m)* pour transparence
	b) Film *(m)* pour transparence, Pelure *(f)*

Platform *1)* ~ — Plateforme *(f)*
standing ~ — Plancher de dolly
2) (Comput.) — Plateforme *(f)*

Platform release : Exploitation *(f)* par paliers *(permettant au bouche-à-oreille et aux médias de lancer l'exploitation d'un film)*

Play *1) ~ (for actors)* — Jeu *(m)*, Interprétation *(f)* *(d'un acteur)*
2) ~ (for mechanic parts) — Jeu *(m)* *(mécanique)*

Play (to ~) *1)* ~ a film — Jouer un film en salle, Projeter un film
2) (TV) — Être diffusé(e) à la télévision
3) ~ (for an actor) — Tenir un rôle, Jouer un rôle

Playback *1)* ~ — Relecture *(f)*
~ head — Tête de lecture
~ recorder — Lecteur-enregistreur
~ speed *(for a tape reader)* — Vitesse de lecture
fast forward ~ — Lecture en accéléré
2) ~ — Playback *(m)*
~ scoring — Pré-enregistrement du playback
~ sound — Son préenregistré, Playback
filming to ~ — Tournage en playback

Playback (to ~) — Lire, Relire

Playdate : Date *(f)* de la sortie en salles *(d'un nouveau film)*
prime ~ : Date optimale de sortie d'un film en salles

Player, # *Actor* — Acteur(-trice), Comédien(-ienne)
background ~ — Silhouette *(f)*, Figurant(e), Petit rôle *(m)*
bit ~ — Petit rôle
contract ~ : Acteur(-trice) lié(e) par contrat à une compagnie de production
day ~ : Acteur(-trice) au cachet \ à la journée
featured ~ : Second rôle dont l'importance du personnage dans le récit en fait un véritable rôle de 1er plan
principal ~ : Comédien(-ienne) interprétant le rôle principal
* *Under-five* (*US*) : Comédien(-ienne) limité(e) à 5 répliques

Player's directory, **Player's guide** : Annuaire *(m)* des comédiens

Playoff : Distribution *(f)* d'un film suite aux projections en Première

Playtime
1) (Film exhibition) — Durée *(f)* d'exploitation *(d'un film en salles)*
2) ~ (for a film, a TV program) — Durée *(f)* *(du film, d'un programme TV)*

Playwriter — Auteur *(m)* de scénario, Scénariste *(m)*

Plot — Intrigue *(f)*, Trame *(f)* de l'intrigue
A ~ — Intrigue principale
B ~ — Intrigue secondaire
to carry the ~ — Mener l'intrigue

Plug *(Electricity)* — Prise *(f)* mâle, Fiche *(f)* électrique mâle
banana ~ — Fiche banane
connecting ~ — Fiche de raccordement
range-~ — Prise à trois broches

Plug-in	Branchement *(m)*
~ block	Block enfichable
box	Boîte de branchement
~ module	Module externe enfichable
2) # *Add-on (Comput.)* : Composant logiciel, Programme plug-in	
Plug (to ~) ~ in	Brancher, Enficher
~ out	Débrancher, Déconnecter
Plywood	Contreplaqué *(m)*
~ board	Panneau de contreplaqué
Point *1) # End, Tip*	Pointe *(f)*
~ *(of a needle)*	Pointe, Extrémité *(d'une aiguille)*
2) ~	Point *(m)*
~ source	Source ponctuelle
~ of view (POV)	Point de vue
~-to-point transmission : Transmission entre deux équipements désignés	
arrival ~	Point d'arrivée
conjugated ~s	Points conjugués
cross ~	Point de croisement
edit in ~, cut in ~	Point d'entrée *(au montage)*
edit out ~, cut out ~	Point de sortie *(au montage)*
exit ~	Point de sortie
focal ~	Foyer optique
image ~	Point image
nodal ~	Point nodal
first ~ ~	Point nodal objet
rear ~ ~ , second ~ ~	Point nodal image
principal ~s	Points principaux
reference ~	Point de référence
starting ~	Point de départ
strong ~	Point d'appui, Point de force
vanishing ~	Point de fuite
* *Mark*	Marque, Point de repère, Repère
Point (to ~)	Diriger, Braquer, Pointer
~ at, ~ on *sth \ s.o* : Diriger vers *qch*, Braquer sur *qch*, Pointer vers *qn*	
~ in the direction of *sth* : Diriger \ Braquer \ Pointer dans la direction de *qch*	
Polarity	Polarité *(f)*
~ reversal, ~ inversion	Inversion de polarité
reverse ~	Polarité inversée
Polarization	Polarisation *(f)*
acoustical ~ *(Audio)*	Polarisation acoustique
crossed ~ *(Film)*	Polarisation par deux polarisants croisés
Polarize (to ~)	Polariser
Polarizer	Polarisant *(m)*, Filtre *(m)* polarisant
Polarizing	Polarisant(e)
Polascreen	Polarisant *(m)*, Filtre *(m)* polarisant

Pole *1) # Fish pole* — Perche *(f)*
mike ~ — Perche de micro
2) # Hanging bar — Barre *(f)* \ Tube *(m)* de suspension
Polecat, # *Sky bar* — Varipole *(m)*, Barre Bouladoux ® *(f)*
Policy — Assurance *(f)*, Police *(f)* d'assurance
bodily injury ~ : Assurance risques corporels
property damage ~ : Assurance dommages matériels
Polish — Scénario *(m)* à l'état final, Scénario peaufiné
Polystyrene — Polystyrène *(m)*
Pool of light : Plage *(f)* lumineuse, Tache *(f)* de lumière, Zone *(f)* baignée de lumière
Popless screen *(Audio)* — Écran *(m)* anti-pop
Pop-on *(SFX)* : Apparition *(f)* brusque de *qch* dans l'image
Pop video, # *Pop promo* — Clip-vidéo *(m)*
Porch *(Video)* — Palier *(m)*
back ~ — Palier arrière de suppression ligne
front ~ — Palier avant de suppression ligne
Pornographic film, # *Porno, Skin flick* : Film *(m)* pornographique *(Coll. : Porno)*
Port *1) ~ (in a mechanic part)* — Lumière *(f)* *(dans une pièce mécanique)*
2) # Mount — Monture *(f)* caméra
3) (Comput.) — Port *(m)*
parallel ~ — Port parallèle
serial ~ — Port série
Portable — Portable, Portatif(-ive)
Position — Emplacement *(m)*, Place *(f)*, Position *(f)*
arrival ~ — Place d'arrivée
camera ~ — Emplacement de la caméra, Place de la caméra, Position caméra
end ~ — Place de fin
first ~ — Place de départ
intermediate ~ — Place intermédiaire
viewing ~ — Position visée
Positive *1) (adj.)* — Positif(-ive)
~ raw stock — Pellicule positive vierge
2) (noun) — Positif *(m)*
black and white ~ — Positif noir et blanc
black and white dupe ~ — Positif marron, Marron
colour ~ — Positif couleur
dupe ~ , duplicate ~ — Positif contretype, Contretype positif
fine grain ~ — Positif grain fin
lavender ~ — Positif lavande, Lavande
master ~ — *a)* Positif de contretypage, Contretype positif *b)* Positif intermédiaire
separation ~ — Positif de sélection
undeveloped ~ — Positif non développé
unexposed ~ — Positif vierge

Post-dub (to ~), *# To Dub* — Postsynchroniser
Post-dubbing — Postsynchronisation *(f)*
Poster — Affiche *(f)*
  ~ contracter — Afficheur *(m)*
  ~ designer — Affichiste *(m-f)*
Posterization — Postérisation *(f)*, Effet *(m)* de postérisation
Posterize (to ~) — Postériser
Postfade — Postécoute *(f)*
Post-flashing — Flashage *(m)* après la prise de vue
Post fogging, *# Post-fogging, Latensification* : Latensification *(f)*
Postpone (to ~) : Reporter, Remettre *qch* à plus tard
Post-production, *# Post* — Postproduction *(f)*
Post-recording, Post-scoring — Postsonorisation *(f)*
Post-roll : Temps effectif pour l'arrêt d'un caméscope à la fin d'une prise
Post-synchronization — Postsynchronisation *(f)*
Post-synchronizing — Postsynchronisation *(f)*
Pot *(Dimin. de* Potentiometer*)* — Potentiomètre *(m)*
Pot (to ~) *1)* ~ down — Diminuer le niveau *(au potentiomètre)*
  2) ~ up — Augmenter le niveau *(au potentiomètre)*
Potentiometer, *# Pot* — Potentiomètre *(m)*
Powder puff — Houpette *(f)*
Power *1) # Electrical supply* — Secteur *(m)*, Alimentation *(f)* électrique
  ~ cable — Câble d'alimentation
  ~ cord — Cordon secteur
  ~ cut — Coupure de courant
  ~ drop — Chute de tension
  ~ failure — Panne de courant
  ~ generator — Groupe électrogène
  ~ outlet : Prise de courant, Prise d'alimentation électrique
  ~ pack — Bloc d'alimentation
  ~ panel — Tableau de branchement
  ~ supply — Alimentation électrique
  ~ switch — Interrupteur général
  ~ unit — Bloc d'alimentation
  main ~ — Alimentation générale
  parallel ~ — Alimentation parallèle
  phantom ~ — Alimentation fantôme
 2) # Electrical power — Puissance *(f)* électrique
  ~ consumption — Puissance consommée
  available *electric* ~ — Puissance *(électrique)* disponible
  average ~ — Puissance moyenne
  delivered ~ — Puissance *(électrique)* de sortie
  high ~ — Puissance élevée
  operating ~ — Puissance utile
  output ~ — Puissance *(électrique)* de sortie

rated ~	Puissance nominale
transmitted ~	Puissance émise
3) # *Mechanical power*	Puissance *(f)* mécanique
motive ~	Force motrice
4) resolving ~ : *a)* Pouvoir *(m)* résolvant – *b)* Pouvoir *(m)* séparateur	
5) # *Signal level*	Puissance *(f)*
~ control	Réglage de puissance
Power (to ~)	Alimenter *(en énergie)*
~ down *(a computer)*	Éteindre *(un ordinateur)*
Powered	Alimenté(e)
AC ~	Alimenté(e) en courant alternatif
battery ~	Alimenté(e) par batterie
DC ~	Alimenté(e) en courant continu
self ~	Autonome *(en énergie)*
Practical *1) # Functional*	Fonctionnel(-elle)
2) # Operating, In order of use	Praticable, En état de marche
~ light	Luminaire praticable dans le décor
~ set *(door, window)*	Élément de décor praticable
Pre-amp	Préampli *(m)*
Pre-amplification	Préamplification *(f)*
Pre-amplifier, # *Booster amplifier*	Préamplificateur *(m)*
channel ~	Préamplificateur de voie
Pre-buy	Préachat *(m)*
Predicted pictures, # *P-pictures (Dig. video)* : Images *(f)* codées par prédiction	
Prediction *(Dig. video)*	Prédiction *(f)*
forward ~	Encodage par prédiction
Predominating	Dominant(e), Prédominant(e)
Pre-dub (to ~)	Pré-mixer
Pre-edited	Pré-monté(e)
Pre-emphasis *(Audio)*	Préaccentuation *(f)*
Prefade	Préécoute *(f)*
Pre-flashing	Flashage *(m)* avant la prise de vue
Preheat (to ~)	Préchauffer
Preheating	Préchauffage *(m)*
Pre-light	Pre-light *(m)*, Préparation *(f)* lumière
Premastering	Pré-mastérisation *(f)*
Premiere, # *First run*	Première *(f)*
red carpet ~	Première avec tapis rouge
world ~	Première mondiale
Premiere (to ~), # *To Bow*	Faire sa première *(pour un film)*
Premium pay	Prime *(f)* *(de salaire)*
Pre-mix	Pré-mixage *(m)*
Pre-mix (to ~)	Pré-mixer
Pre-mixed	Pré-mixé(e)
Pre-mixing, # *Premix*	Pré-mixage *(m)*, Prémix *(m)*

Pre-processing	Prétraitement *(m)*
Pre-production : Pré-production *(f)*, Préparation *(f)* avant tournage	
Preprogrammed	Préprogrammé(e)
Prequel : *(Suite d'un film, dont l'histoire précède celle de ce premier film)*	
Pre-record (to ~)	Préenregistrer
Pre-recorded	Préenregistré(e)
Pre-recording, # *Pre-scoring*	Préenregistrement *(m)*
Pre-roll *(Video)* : Pré-roll *(Temps de démarrage d'un appareil vidéo permettant la stabilisation du signal de synchro)*	
Pre-sale (*GB*) – **Presale** (*US*)	Prévente *(f)*
~s to distributors	Préventes aux distributeurs
interest-bearing ~	Prévente portant intérêt
non-interest-bearing ~	Prévente ne portant pas intérêt
Presbyacusia *(Audio)*	Presbyacousie *(f)*
Presbyopic	Presbyte
Prescan	Pré-visualisation *(f)*
Prescan (to ~)	Pré-visualiser
Pre-score (to ~)	Pré-enregistrer
Pre-scoring	Pré-enregistrement *(m)*
Preselection	Présélection *(f)*, Pré-sélection *(f)*
Presence *1) ~ (of an actor)*	Présence *(f) (d'un acteur)*
2) ~ (of a sound)	Présence *(f) (d'un son)*
Preservative measures	Conditions *(f)* de conservation
poor ~	Mauvaises conditions de conservation
Preset *1) (adj.)*	Préréglé(e)
2) (noun)	Préréglage *(m)*, Valeur *(f)* préprogrammée
~ control	Préréglage
Presoak	Pré-mouillage *(m)*
Press	Presse *(f)*
~ agent	Agent de presse
~ conference	Conférence de presse
~ coverage	Couverture presse
~ dispatch	Dépêche *(d'actualités)*
~ kit	Dossier de presse
~ photographer	Photographe de presse
~ release	Communiqué de presse
~ review	Revue de presse
~ screening	Projection de presse
Press (to ~) on *sth*	Presser sur *qch*, Appuyer sur *qch*
~ the key, ~ the knob	Appuyer sur une touche, un bouton
Pression zone *(Audio)*	Zone *(f)* de pression
Pressure	Pression *(f)*, Poussée *(f)*
~ level *(Audio*	Niveau de pression
~ plate, ~ pad	Presseur *(de la caméra)*
~ roller	Galet presseur

Pre-striped Pré-couché(e)
~ film Pellicule à piste son pré-couchée
~ magnetic track Piste magnétique pré-couchée
~ raw stock Pellicule vierge à piste couchée
Pre-timing Préminutage *(m)*
Prevailing, # *Predominating* Dominant(e), Prédominant(e)
Preview *1)* # *Monitoring* Prévisualisation *(f)*
~ images Prévisualisation des images
~ window Fenêtre de pre-visualisation
2) # *Screening* : Avant-première *(f)*, Projection *(f)* privée *(ayant lieu généralement avant la fin ultime de la post-production)*
sneak ~ *(Litt. : "Avant première fugitive")* : Avant-première *(f)* exclusive, Avant-première *(f)* test confidentielle
test ~ : Projection *(f)* test *(avant la fin de la post-production en vue, éventuellement, de modifier le montage ou la fin du film)*
Pre-visualization Prévisualisation *(f)*
Price Prix *(m)*
average ~ Prix moyen
cost ~ Prix de revient
current ~ Prix courant
market ~ Prix du marché
wholesale ~ Prix de gros
Prime time (7pm - 10pm) # *Peak time* : Début *(m)* de soirée (20h30 - 22h30), Heure *(f)* de grande écoute [CGTN – 2005], Prime time
~ access (6pm - 8:30pm) : Avant début *(m)* de soirée
Principal
1) ~ photography : *a)* Tournage *(m)* nécessitant les comédiens principaux
b) Tournage des séquences principales du film
c) Le Tournage *(au moment où il se déroule)*
* *Second-unit photography* : Tournage de la 2ème équipe \ du plateau B
2) ~ *(for an actor)* (US) : *(Acteur principal focalisant toutes les attentions de la production du film. Familièrement, on parle aussi de* Kickoff*)*
~ player : Comédien(-ienne) tenant le rôle principal, Acteur(-trice) vedette
Principals : Premiers rôles, Rôles principaux *(dans la distribution des acteurs)*
Principle of reversibility of light rays : Principe du retour inverse de la lumière
Print *a)* Copie *(f)* - *b)* Positif *(m)* de tirage
~ and Ads (P&A) : Copies et Publicité *(Budget incluant promotion et tirage des copies d'exploitation d'un film, au moment de la sortie en salles)*
~ film, ~ stock Pellicule de tirage
air ~ : Copie antenne, Copie d'antenne [CGTN – 2000]
approval ~ Copie zéro
anamorphic ~ Copie anamorphosée
answer ~ Copie zéro
back up ~, # *Projection master* *a)* Copie de sécurité
b) Copie de sauvegarde

black track ~ , # *Answer print*	Copie zéro muette avant report son
blow-up ~	*a)* Copie par gonflage, Copie gonflée *b)* Copie d'agrandissement
broadcasting	Copie antenne
check ~	Copie de contrôle
colour ~	Copie couleur
combined ~	Copie standard
combined optical sound ~	Copie standard son optique
composite ~ , married ~ : Copie standard, Positif combiné image et son	
composite check ~	Copie zéro standard
contact ~ *1) (Film)*	Copie par contact
2) (Video)	Transfert à grande vitesse
3) (Photography)	Planche contact
corrected ~	Copie rectifiée
cue ~	Copie avec repères de post-synchro
direct ~	*a)* Positif direct - *b)* Tirage direct
double system ~	Copie double bande
dubbed ~	Copie doublée
dubbing ~	Copie pour la post-synchronisation
duping ~	Positif contretype
final composite ~	Copie étalonnée finale
fine grain ~	Copie grain fin
first answer ~	Première copie zéro
first combined ~	Première copie zéro standard
first trial composite ~	Copie zéro, Première copie standard
graded ~	Copie étalonnée
green ~	Copie neuve
lavender ~ , # *Blueprint (US)*	Copie lavande, Lavande
low con ~ *(for transfer to video)*	Tirage bas contraste *(Transfert vidéo)*
low contrast ~	Copie bas contraste
married ~	Copie standard
master ~	Intermédiaire pour contretypes
fine grain ~ ~ : Positif intermédiaire grain fin *(pour tirage des copies)*	
mute ~ , picture ~	*a)* Copie muette *b)* Positif image sans son
NG ~, No-good ~	Copie refusée, Copie rejetée
new ~	Copie neuve
one-light ~	Copie à lumière unique
optical ~	Copie par tirage optique
original language ~	Copie en version originale
preview ~	Copie d'avant-première
reduction ~	Tirage par réduction
release ~	Copie d'exploitation, Copie de série
colour ~ ~	Copie standard couleur
foreign version ~ ~	Copie version étrangère

reversal ~	Copie inversible
silent ~	Copie muette
slop ~	Copie de mixage
soft ~	Copie douce, Copie faible contraste
sound ~	*a)* Copie sonore - *b)* Positif son
magnetic ~ ~	Copie à piste magnétique couchée
optical ~ ~	Copie à son optique
squeeze ~	Copie anamorphosée
subtitled ~	Copie sous-titrée
test ~	Copie zéro
~ ~ approval	Acceptation de la copie zéro
TV ~	Copie antenne
timed ~	Copie étalonnée
trial composite ~	Copie zéro standard
final ~ ~	Copie zéro finale
unmarried ~	Copie double bande
untimed ~	Copie non-étalonnée
wet ~	Copie par immersion
work ~	Copie de travail
edited ~ ~	Copie de travail montée
picture ~ ~	Copie de travail image
sound ~ ~	Copie de travail son
Print (to ~)	*a)* Tirer un positif - *b)* Tirer une copie
Print through *(Audio - Video)*	Écho *(m)* de bande, Parasitage *(m)* entre deux spires
Printer *1) ~ (for films)*	Tireuse *(f)*
~ light	Lumière de tirage
~ ~ scale	Échelle des lumières de tirage
~ point	Point de lumière
~ scale	Échelle des lumières de tirage
additive colour ~	Tireuse couleur additive
contact ~	Tireuse par contact
continuous ~ ~	Tireuse continue par contact
intermittent ~	Tireuse intermittente
liquid-gate ~	Tireuse à fenêtre liquide, Tireuse par immersion
optical ~	*a)* Tireuse optique - *b)* Truca
optical step ~	Tireuse optique image par image
step ~ : *a)* Tireuse alternative, Tireuse image par image - *b)* Truca	
subtractive ~	Tireuse soustractive
wet-gate ~	Tireuse par immersion
2) *# Printing machine*	Imprimante *(f)*
bubble jet ~	Imprimante à jet d'encre
inkjet ~	Imprimante à jet d'encre
photo ~	Imprimante photo \ qualité photo

Printing	*a)* Tirage *(m)* positif - *b)* Tirage *(m)* de copies
~ department	Service tirage
~ down	Tirage plus dense
~ lights, # *Timing lights*	Lumières de tirage
~ machine	Tireuse
~ rights	Droits de reproduction
A and B ~	Tirage A et B
additive ~	Tirage additif \ par synthèse additive
blow-up ~	Gonflage, Tirage avec gonflage, Tirage avec agrandissement
colour ~	Tirage couleur
composite ~	Tirage composite
contact ~	Tirage par contact
continuous ~ ~	Tirage continu par contact
step ~ ~	Tirage intermittent par contact
enlargement ~	Tirage avec agrandissement
liquid ~	Tirage par immersion
one-light ~	Tirage à lumière unique
one-to-one optical ~	Tirage optique normal
optical ~	Tirage optique
reduction ~ ~	Tirage optique avec réduction
paper-to-paper ~	Tirage fil à fil
reduction ~	Tirage avec réduction
release ~	Tirage de copies de série
reverse ~	Tirage en marche arrière
skip-frame ~	Tirage en accéléré

stretch ~ : *(Procédé de tirage consistant à doubler un photogramme sur 2, sur 3 ou sur 4, afin de remettre à la cadence du cinéma sonore un film muet tourné respectivement à 16, 18 ou 20 images par seconde)*

subtractive ~ : Tirage soustractif, Tirage par synthèse soustractive

wet ~ , wet-gate ~	Tirage par immersion
Prism	Prisme *(m)*
beam-splitter ~	Prisme diviseur, Prisme séparateur
dove turn-over ~	Prisme de Wellastone
multi-image ~	Prisme multiplicateur d'images
revolving ~	Prisme tournant
right angle ~	*a)* Prisme à angle droit *b)* Prisme à réflexion totale
turn-over ~	Prisme redresseur
Prize	Prix *(m)*, Récompense *(f)*
audience ~	Prix du public
jury's special ~	Prix spécial du jury
to win the ~, to carry off the ~	Remporter le prix
Problem	Problème *(m)*

Process *1)* ~ Méthode *(f)*, Procédé *(m)*
colour ~ Procédé couleur
addition ~ ~ : Procédé couleur par synthèse additive
subtractive ~ ~ : Procédé couleur par synthèse soustractive
colour-forming ~ Développement chromogène
2) *# Back projection* Projection *(f)* arrière, Transparence *(f)*
~ camera Caméra pour transparence
~ plate *a)* Cliché pour transparence
b) Film pour transparence, Pelure
~ projection Projection arrière, Transparence
~ projector Projecteur pour transparence
~ screen Écran de transparence
~ shot Plan avec transparence
blue-screen \ green-screen ~ Incrustation sur fond bleu \ fond vert
Process (to ~) Développer
* *"Process only"* "Développement seul"
Processing *1) # Chemical process* Développement *(m)*
~ amplifier *(Video)* Amplificateur de correction
~ department Service développement
~ machine Développeuse *(noun)*
~ streaks : Marques \ Saletés \ Traînées de développement
film ~ Traitement de la pellicule
poor ~ Développement trop faible
pull ~ Sous-développement
push ~ Développement poussé
2) (Aud. - Vid.) : *(Terme général à tous les traitements d'images et/ou de sons)*
pulldown ~ : Conversion d'un film à 24i/s en un signal vidéo
Processor Processeur *(m)*
digital acoustic ~ Processeur d'acoustique numérique
digital signal ~ (DSP) Processeur numérique du signal
graphic ~ Processeur graphique
Produce (to ~) Produire
Produced by ... Produit par ...
Producer Producteur(-trice)
~ agreement (*US*) : Accord contractuel entre une société de production et toute personne membre de l'équipe production
~'s net share Part producteur sur le net
hands-on ~ : Producteur(-trice) qui s'investi complètement, Producteur(-trice) "qui met la main à la pâte"
senior ~ (*US*) : Producteur(-trice) expérimenté(e) \ "qui a de la bouteille"
Production Production *(f)*
~ advances *(by distributors)* : Avances sur distribution, Avance distributeur
~ agreement (*US*) : Accord contractuel entre une société de production et toute personne membre de l'équipe production
~ board, ~ breakdown board : Plan de travail, Board de plan de travail

~ breakdown   Plan de travail fait par la Production
~ budget   Budget de production
~ company   Maison \ Société de production
pictures ~ ~   Société de production de films
TV ~ ~   Société de production de télévision
video ~ ~   Société de production vidéo
~ costs : Frais de production, Coûts de production
~ department   Service production
~ design   *(Conception générale et globale de l'univers artistique d'un film)*
~ and distribution (P&D)   Production et distribution
~ entity : *a)* Société de production *(Coll. :* Société de prod.*)*
b) Personne morale responsable de la production
~ office : *a)* Bureaux de la société de production *(Coll. :* Bureau de prod.*)*
b) Bureau de production *(installés proches du plateau lors d'un tournage en décors naturels)*
~ overhead   Frais fixes, Frais généraux
~ report   Rapport production *(Coll. :* Mouchard*)*
~ schedule   Plan de travail
~ still   Photographie de plateau
~ unit   Équipe de tournage
~ values : *(Atouts commerciaux d'un film : costumes, paysages, figuration, décors, cascades, etc., dans lesquels l'argent du budget est principalement investi, et sur lesquels reposent les attentes de succès commercial du film)*
independent ~   Société de production indépendante
to go into ~ : Entrer en phase concrète de production \ de réalisation

Professional *(adj. and noun)*   Professionnel(-elle)
Profile *1)* ~ *(of the human face)*   Profil *(m) (du visage)*
best ~   Meilleur profil
in ~   De profil
2) *(Digital video)* : Clé *(f)* de syntaxe,
Clé *(f)* de mode d'encodage du propriétaire
embedded ~ : Statut \ Mode d'un signal *(par lequel il peut être incorporé* (embedded = imbriqué) *à un autre signal)*

Profit *(Business)*   Profit *(m)*, Bénéfice *(m)*
~ margin   Marge bénéficiaire
~ participation   Participation aux bénéfices
~ sharing   Intéressement aux bénéfices, Participation aux bénéfices

Profits *(Business)*   Bénéfices *(m)*
film ~   Bénéfices d'un film
gross ~   Bénéfices bruts, Recettes brutes
net ~   Bénéfices nets
~ ~ participant   En participation sur les bénéfices nets

Program (*US*),
Programme (*GB*) *1)* ~ *(TV)* : Programme *(m)* télévisé, Émission *(f)* télévisée
~ grid — Grille des programmes
~ planning — Programmation
~ schedule — Grille des programmes
~ specific information *(Dig. video)* — Information spécifique de programme
~ stream *(Dig. video)* : *(Flux contenant des informations temporelles, vidéo et audio compressées, comme dans les DVD par exemple)*
multi-part ~ — Programme en plusieurs parties
pre-recorded ~ — Programme préenregistré
recorded ~ — Programme enregistré
scrambled ~ — Programme crypté
2) (Comput.) — Programme
stored ~ — Programme mémorisé

Programming (*GB*) – **Programing** (*US*) : Programmation *(f)*
~ schedule — Grille de programmation
horizontal ~ ~ : Grille de programmation horizontale *(pour un même programme TV, chaque jour à la même heure)*
vertical ~ ~ : Grille de programmation verticale *(pour un même programme TV, à fréquence régulière, par exemple le dimanche soir)*

Progressive — Progressif(-ive)

Progressive-scan — Balayage *(m)* progressif
~ DVD players — Lecteur de DVD à balayage progressif
~ format — Format vidéo à balayage progressif
~ signal — Signal vidéo à balayage progressif
* *Formats that include a "p" (720p, 480p,...) use progressive scanning* ⇔ *Les formats incluant un "p" (720p, 480p,...) sont à balayage progressif*

Projection — Projection *(f)*
~ aperture — Fenêtre de projection
~ booth — Cabine de projection
~ distance, # *Throw* — Distance de projection
~ gate — Fenêtre de projection
~ head — Bloc optique de projection
~ house — Lanterne de projection
~ leader : Amorce de projection, Amorce aux normes SMPTE
~ lens — Optique de projection
~ light — Lanterne de projection
~ line-up leader : *a)* Amorce - *b)* Amorce de projection
~ room — Salle de projection
~ screen — Écran de projection
~ speed — Cadence, Vitesse de projection
~ time — Durée de projection
back ~ — Projection arrière, Transparence
cutting copy ~ — Projection de la copie de montage
double band ~ — Projection double bande

double-headed ~   Projection double bande
final mix ~   Projection de la copie mixée
front ~ *(Film)*   Projection frontale
front ~ *(Video)*   Genre de rétroprojection vidéo
process ~   Projection arrière, Transparence
rear ~   Projection arrière, Transparence
sound ~   Projection sonore
optical ~ ~   Projection son optique
synchronous ~   Projection synchrone
video ~   Projection vidéo

Projector, # *Film projector* : Projecteur *(m)* *(de films)*, Appareil *(m)* de projection
~ base   Base de projecteur
~ lens   Optique de projecteur
background ~ , process ~   Projecteur pour transparence
continuous loop ~   Projecteur de boucles
continuous motion ~   Projecteur à défilement continu
double band ~   Projecteur double bande
double-headed ~   Projecteur double bande
front projection ~   Projecteur de projection frontale
interlock ~   Projecteur sonore asservi
optical sound ~   Projecteur son optique
silent ~   Projecteur muet
sound ~   Projecteur sonore
television film ~   Projecteur de télécinéma
video ~   Rétroprojecteur vidéo
xenon ~   Projecteur au xénon

Promotion   Promotion *(f)* *(d'un film)*
~ advertising   Publicité promotionnelle
~ campaign : Campagne de promotion, Campagne promotionnelle

Promotional   Promotionnel(-elle)
~ kit   Pochette d'information publicitaire
~ strategy   Stratégie de communication
~ tool   Outil promotionnel

Prompter, # *Teleprompter*   Prompteur *(m)*, Téléprompteur *(m)*

Pronunciation   Prononciation *(f)*
defect in ~   Défaut de prononciation

Prop *1) # Property*   Accessoire *(m)* *(d'un décor)*
~ dock   Magasin d'accessoires
~ rental   Loueur d'accessoires
~ room   Magasin d'accessoires
action ~ : Accessoire de jeu, Accessoire "qui joue" *(Coll.)*
breakaway ~ : Accessoire de jeu cassable *(utilisé lors des cascades)*
* *Breakaway glass* : Verre organique *(utilisé lors des cascades)*
dressing ~   Accessoire de décoration
hand ~   Accessoire de jeu

2) # *Prop man*	Accessoiriste *(m/f)*
~ buyer	Régisseur d'extérieurs
~ handler	Accessoiriste de plateau
~ maker	Fabricant d'accessoires
~ man, ~ person	Accessoiriste
~ manager	Ensemblier(-ière)
~ master	Chef accessoiriste
assistant ~	Accessoiriste adjoint
dressing ~ : Accessoiriste qui prépare le décor *(avant le jour de tournage)*	
stand-by ~	Accessoiriste de plateau
Propagation (Sound ~)	Propagation *(f)* du son
Property *(Business)*	Propriété *(f)*
intellectual ~	Propriété intellectuelle
* *Ownership* : Propriété des droits, Propriété d'un copyright	
* *Rightsholder* : Détenteur(-trice) des droits \ d'un copyright	
Proportion	Proportion *(f)*
# *Well >< Badly proportioned*	Bien >< Mal proportionné(e)
Proposal	Projet *(m)* de film
Prosthetic appliances *(Makeup)*	Prothèses *(f)*
Protagonist	Protagoniste *(m/f)*
Provider, # *Supplier*	Prestataire *(m)*, Fournisseur *(m)*
Proxar, # *Diopter*	Dioptrie *(f)*, Lentille *(f)* dioptrique
Proximity effect	Effet *(m)* de proximité
Public *(adj.)*	Public *(m)* – Publique *(f)*
Public *(noun)*	Public *(m)*
~-at-large	Grand public
~ channel	Chaîne publique
~ domain (PD), # *Public property*	Domaine public
~ figure	Personnage public
~ relations : Relations extérieures, Relations publiques	
~ ~ office	Bureau des relations extérieures
Publicity	Publicité *(f)*
~ department	Service publicité
~ still	Photographie de plateau
good ~ >< bad ~	Bonne publicité >< Mauvaise publicité
Publicize (to ~) a film	Faire la publicité d'un film
Pull (to ~) *1)* ~ *sth*	Tirer *qch*
~ *sth* away, ~ *sth* out	Arracher *qch*
~ up a shot	Serrer un cadrage
2) ~ focus	Suivre au point, Rattraper le point
3) ~ process	Sous-développer
Pulldown (to ~) *1)* ~	Abaisser, Baisser
~ the curtains	Baisser les rideaux
2) *(Dig. video)* : *(Opération consistant à convertir un film à 24 i/s en un nombre d'images compatible avec une fréquence vidéo)*	

Pulsation	Battement *(m)*, Pulsation *(f)*
Pulse	Impulsion *(f)*, Top *(m)* d'impulsion
coder	Générateur d'impulsions codées
~ generator	Générateur d'impulsions
HMI ~	Éclair HMI
sync ~	Signal de synchro
Punch *1) # Perforation*	Perforation *(f)*
double ~	Double perforation
single ~	Monoperforation
2) # Tool	Poinçon, Emporte-pièce
frame ~	Poinçon pour photogramme
3) (Audio)	Reprise à la volée
Punch (to ~)	Perforer, Poinçonner
~ in *(Cinematography)*	Serrer dans l'axe
~ out	Découper à l'emporte-pièce
Pupil	Pupille *(f)*
~ of eye	Pupille de l'œil
entrance ~	Pupille d'entrée
exit ~	Pupille de sortie
Purchase order	Bordereau *(m)* de commande
Purity *(of a colour)*	Pureté *(f)* *(d'une couleur)*
Push (to ~)	Pousser
~ the development	Pousser le développement
~ ~ one-stop	Pousser d'un diaph
~ ~ two-stops	Pousser de deux diaphs
~ the film, *# To Force*	Pousser la pellicule
~ process	Sur-développer
Push-over *(Wipe)*	Volet *(m)* en cascade
Pushing, *# Uprating*	Pousser la pellicule
Pyrotechnician	Pyrotechnicien *(m)*, Artificier *(m)*

Q

Q-factor *(Audio)* — Coefficient *(m)* de qualité, Facteur *(m)* de qualité *(pour un filtre)*
Q-score — Capital *(m)* sympathie, Indice *(m)* d'appréciation positive
Q-tip®, # *Cotton bud* (GB) – *Cotton swab* (US) : Coton *(m)* tige
Quad-split : Écran séparé en quatre images *(différentes ou identiques)*
Quadraphony — Quadriphonie *(f)*
Quality — Qualité *(f)*
~ control — Contrôle de qualité
picture ~ — Qualité d'image
Quantification, Quantization — Quantification *(f)*, Contrôle du nombre de bits de codage
~ error — Erreur de quantification
~ noise — Parasites lors de la quantification
~ process : Toutes les étapes du processus de codage entre analogique et numérique
Quantifier — Quantificateur *(noun)* *(m)*
Quantity, # *Amount* — Quantité *(f)*
Quartz, # *Crystal* — Quartz *(m)*
~ bulb — Ampoule quartz
~ controlled — Piloté(e) par quartz, Quartzé(e)
~ controlled sync generator : Générateur de synchro piloté par quartz
~ halogen — Quartz-halogène
~ iodine — Quartz-iode
Quick, # *Fast* — Vite, Rapide
Quickly — Rapidement
Quickness — Rapidité *(f)*
"Quiet !" (▶ p 394) — "Silence !"
"Quiet on set !" (▶ p 394) — "Silence sur le plateau !"
Quotation — Citation *(f)*
* *Misquotation* — Citation inexacte
Quotas — Quotas *(m)*

R

Rack focus, # *Racking focus* — Bascule *(f)* de point
Rack-over — Crémaillère *(m)*
Radial — Radial
Radiation — Radiation *(f)*, Rayonnement *(m)*
Radius — Rayon *(m)*
~ of curvature — Rayon de courbure
Rain — Pluie *(f)*
~ cluster — Rampe à effet de pluie
~ deflector, # *Spinning disc reflector* : Hublot tournant
~ effect — Effet pluie
Rainbow — Arc-en-ciel *(m)*
~ coloured — Irisé(e), Aux couleurs de l'arc-en-ciel
Raincover — Housse *(f)* imperméable, Housse pluie
Raise (to ~) *1)* # *To Put higher* — Monter, Surélever
~ one's head — Redresser, Relever la tête
~ the camera — Surélever la caméra
~ ~ at eye level — Monter la caméra à hauteur d'œil
2) # *To Bring up* — Augmenter, Incrémenter
~ the sound volume — Augmenter le volume du son
Ramp, # *Ramping* — Variation *(f)* graduelle
speed ~ : Variation de vitesse en direct \ à la prise de vue
~ ~ with iris compensation : Variation de vitesse avec compensation de diaphragme
~ ~ with shutter compensation : Variation de vitesse avec compensation d'obturateur
Ramp (to ~) : Varier la vitesse en direct *(à la prise de vue)*
Random — Aléatoire
Range *1)* # *Assortment* — Assortiment *(m)*
2) # *Scale* — Gamme *(f)*
audible ~ — Gamme audible
contrast ~ — Gamme de contraste
3) # *Scope* — Étendue *(f)*, Portée *(f)*
~ extender — Doubleur de focale
~ finder — Télémètre
reach ~ — Portée *(d'un projecteur)*
shooting ~ — *a)* Champ de prise de vue, Champ
b) Limite de champ

Raster *(Video)* : *a)* Zone *(f)* du tube balayée par le spot
b) Trame *(f)* des pixels formant une image
~ image : Image vidéo formée par une trame de pixels
~ scan : Balayage vidéo de la zone de capteurs photosensibles
~ scanning — Balayage de trame
Rasterization : Conversion *(f)* d'un signal vidéo en trames composées de pixels *(c'est-à-dire en une image vidéo)*
Rate *1) # Ratio* — Taux *(m)*
agreed ~ — Taux convenu après négociation
2) # Rating, Flow — Régime *(m)*, Débit *(m)*
~ conversion : Conversion de la fréquence d'échantillonnage
speed ~ — Régime de vitesse
symbol ~ — Débit du signal en sortie de modulateur
transfer ~ — Débit de transfert
3) # Salary — Tarif *(m)*
basic hourly ~ — Tarif horaire de base
daily ~ — Tarif à la journée
open ~ — Plein tarif
weekly ~ — Tarif à la semaine
Rating *1) # Index (for film exposure)* Indice *(m)*
exposure ~ — Indice de pose
speed ~ — Indice de sensibilité
2) (Distribution) # Certificates : Cote morale *(d'un film)*, Classement par catégories d'interdiction
~ system(s), # *Rating* (▶ p 392) : Interdictions aux publics
* *Censor's certificate* : Visa d'exploitation, Visa de censure
3) (for an audience) — Indice
audience ~ — Indice d'écoute
average audience rating ~ — Indice d'écoute moyenne
public approval ~ — Indice de satisfaction *(du public)*
Ratings *1) (for the audience)* — Taux *(m)* d'audience
~ point — Point d'audience \ de taux d'écoute
2) (for film criticism and review) : Classement préférentiel établi par la Critique
Ratio *1) # Frame size* — Format *(m)* *(de l'image)*
academy ~ — Format académique, Format 1,33
aspect ~ — *a)* Format de l'image
b) Rapport du format *(hauteur x largeur)*
2) # Factor — Coefficient *(m)*, Rapport *(m)*
anamorphic ~ — Coefficient d'anamorphose
brightness ~ — Contraste, Rapport de brillance
contrast ~ — Rapport de contraste
gear ~ — Rapport d'engrenage
gearing down ~ — Coefficient de démultiplication
magnification ~ — Rapport d'agrandissement
squeeze ~ — Coefficient d'anamorphose

to vary in direct ~   Varier en proportion \ en rapport
to vary in inverse ~ : Varier en proportion inverse \ en rapport inverse
Rave, **Rave review**   Une bonne critique *(f)* d'un film
Raw   Vierge, Brut(e), Cru(e)
Raw stock, # *Raw footage*   Pellicule *(f)* vierge
negative ~   Pellicule négative vierge
positive ~   Pellicule positive vierge
pre-striped ~ : Pellicule vierge à piste magnétique son pré-couchée
reversal ~   Pellicule inversible vierge
Ray   Rayon *(m)*
incident ~   Rayon incident
light ~   Rayon lumineux
path of light ~   Chemin des rayons lumineux
principal ~ , # *Chief ray* : Rayon passant par le centre optique *(de la lentille)*
reflected ~   Rayon réfléchi
Reach range   Portée *(f)* *(d'un projecteur)*
Read-through (*US*) : Première lecture du scénario par les acteurs
Reader, # *Story analyst* : Lecteur de scripts *(ou de tous autres manuscrits, pour un producteur ou un studio, qui en évalue le potentiel en vue d'une adaptation)*
Reading
1) # *Line rehearsal*   Lecture *(f)*
direct ~   Lecture directe
right ~   Image droite, Image redressée
speed of ~ *(for s.o reading)*   Vitesse de lecture *(pour une personne)*
table ~ *(Litt. : Lecture autour d'une table)* : Lecture comédiens
wrong ~   Image à l'envers, Image inversée
2) # *Audition*   Audition *(f)*
cold ~ : Audition au cours de laquelle il est demandé aux comédiens de jouer selon un texte qui leur est imposé à cette occasion
Ready   Prêt(e)
~ for use   Prêt(e) à fonctionner
~-to-distribute   Prêt-à-diffuser (PAD)
~ to work   Prêt(e) à fonctionner
Ready-to-distribute   Prêt-à-diffuser (PAD)
Real   Réel(-elle)
Real-time, Realtime   Temps *(m)* réel
~ image   Image en temps réel
~ simulation   Simulation en temps réel
~ video capture   Saisie vidéo en temps réel
Realism   Réalisme *(m)*
Realistic   Réaliste
Reality show   Téléréalité *(f)*
Rear   Arrière
~ nodal point   Point nodal image
at ~   À l'arrière

Rear projection *1) (Film)* — Projection *(f)* arrière, Transparence *(f)*
2) (Vidéo) — Rétroprojection *(f)*
~ screen — Écran de transparence
~ TV ; *(Poste de télévision dans lequel l'image est formée par projection arrière sur un écran translucide, par l'intermédiaire de miroirs)*
Rec run — Enregistrement *(m)* continu
Recans, *(US)* : Bobines *(f)* chargées - déchargées *(de pellicule vierge)*
Recast (to ~) — Donner un nouveau rôle à *qn*
Recce — Repérage *(m)*, Recherche *(f)* de décors
to be on ~ — Être en repérage
to do the ~ — Repérer, Faire les repérages
Receipts — Recettes *(f)*
gross ~ — Recettes brutes
gate ~ — Recettes des entrées
Receiver *(Audio)* — Récepteur *(m)*
Rechargeable — Rechargeable *(en énergie)*
Reciprocity — Réciprocité *(f)*
~ effect — Effet de réciprocité
~ failure — Défaut de réciprocité
~ law — Loi de réciprocité
Reclocking : Remise en phase des signaux après diffusion ou traitement
Reconnaissance, # *Recce* — Repérages *(m)*, Recherche *(f)* de décors
Record (to ~) — Enregistrer
Record player, # *Pick up* — Platine *(f)*, Platine tourne-disques
Recorder — Appareil *(m)* enregistreur
~ player — Lecteur-enregistreur
digital disk ~ (DDR) — Enregistreur numérique sur disque
digital video ~ — Magnétoscope numérique
helical scanning ~ — Magnétoscope à balayage hélicoïdal
portable ~ — Magnétoscope portable
quad head ~ — Magnétoscope à balayage transversal
quadruplex ~ — Magnétoscope quadruplex
transverse scanning ~ — Magnétoscope à balayage transversal
video cassette ~ (VCR) — Magnétoscope vidéo à cassettes
video tape ~ (VTR) — Enregistreur vidéo, Magnétoscope
Recording — Enregistrement *(m)*
~ booth — Cabine d'enregistrement
~ head — Tête d'enregistrement
~ level — Niveau d'enregistrement
~ session — Séance d'enregistrement
~ speed — Vitesse d'enregistrement
~ studio, ~ stage — Studio d'enregistrement
analog ~ — Enregistrement analogique
digital ~ — Enregistrement numérique
double track ~ — Enregistrement double piste

full track ~   Enregistrement pleine piste
live ~   Enregistrement en direct
longitudinal   Enregistrement longitudinal
magnetic ~   Enregistrement magnétique
master ~   Enregistrement original
mobile ~ unit   Car mobile d'enregistrement
music ~   Enregistrement de la musique
multi-track ~   Enregistrement multipiste
music ~   Enregistrement de la musique
~ ~ session, # *Scoring*   Séance d'enregistrement musical
sound ~   Enregistrement son
synchronous ~   Enregistrement synchrone
tape ~   Enregistrement sur bande magnétique
transverse ~ *(Video)*   Enregistrement transversal
video ~   Enregistrement vidéo
wild ~   Enregistrement de sons seuls
* *Batch digitize*   Enregistrement automatique
* *Rec run*   Enregistrement continu
Recordist, # *Floor* mixer : *a)* Preneur de son - *b)* Chef opérateur du son
Recoup (to ~) : Rentrer dans ses frais, Se rembourser, Recouvrer
~ *s.o* for his losses   Indemniser *qn* de ses pertes
2) ~   Rentrer dans ses frais, Se rembourser
* *Recouped film* : Film qui commence à générer du bénéfice \ à faire du profit
Recoupable   Remboursable
~ expenses : *(Désigne certains frais techniques ou juridiques liés à la distribution, remboursables en priorité au producteur par le distributeur avant tout partage des recettes comme, par exemple, les frais de tirage des copies d'exploitation)*
~ guarantee : Avance minimum garantie sur le produit des recettes *(versée par le distributeur au producteur avant le début de l'exploitation)*
Recouped film : Film *(m)* dont l'exploitation commence à générer des bénéfices, Film qui commence à se rembourser
Recoupment   Remboursement *(m)*, Dédommagement *(m)*
~ by position   Remboursement par ordre de créance
~ of outlays : Récupération des dépenses \ des sommes déboursées
priority ~   Remboursement prioritaire
Rectangle   Rectangle *(m)*
Rectangular   Rectangulaire
Rectifier   Redresseur *(m)* de courant
Rectify (to ~)   Rectifier, Corriger
~ the electric current   Redresser le courant électrique
Red   *adj.* : Rouge – *noun* : Rouge *(m)*
Red tape *(US)* : Paperasserie bureaucratique et administratives fastidieuse *(autorisations de tournage et de stationnement, demandes de subventions, déclarations à l'embauche, etc.)*

Reddish	Rougeâtre
Redhead (*US*), # *Mickey*	Mandarine *(f) (800w quartz sans lentille)*
Reduce (to ~)	Réduire, Atténuer, Diminuer
~ the length	Raccourcir, Diminuer la longueur
~ the temperature	Baisser \ Réduire la température
Reducer, # *Reducing agent*	Agent *(m)* réducteur, Réducteur *(m)*
Reduction	Diminution *(f)*, Réduction *(f)*
~ scale	Échelle de réduction
gear ~	Démultiplication
optical ~	Réduction optique
Redundancy *(Dig. video)*	Redondance *(f)*
Redundant *(Dig. video)*	Redondant(e)
Reel : *a)* Bobine *(f)* de film positif – *b)* Galette *(f)* de film positif	
~ change	Changement de bobine
~ end	Fin de bobine
~ number	Numéro de bobine
feed ~	Bobine débitrice
house ~	Bobine de projection salle
small ~	Bobineau
sound ~	Bobine son
take-off ~ , supply ~	Bobine débitrice
take-up ~	Bobine réceptrice
Reenactment : Reconstitution *(f)* à l'écran, avec une réelle démarche de recherche d'authenticité, d'un fait réel, d'un évènement d'actualité ou d'un événement historique	
Refill	Recharge *(f)*
Refill (to ~)	Recharger, Remplir
Refillable : Rechargeable *(Qui utilise des recharges >< Rechargeable sur secteur)*	
Reflect (to ~)	Réfléchir
~ an image	Réfléchir \ Renvoyer une image
~ the light	Réfléchir \ Renvoyer la lumière
Reflectance	Coefficient *(m)* de réflexion
Reflecting	Réfléchissant(e)
~ coefficient	Facteur de réflexion
~ power	Pouvoir réfléchissant
~ screen	Écran réflecteur
Reflection *1) ~ (in a mirror)*	Reflet *(m)*
2) ~ (on a surface)	Réflexion *(f)*
~ factor, ~ coefficient	Coefficient de réflexion
angle of ~	Angle de réflexion
diffuse ~	Réflexion diffuse
direct ~	Réflexion directe
spread ~	Réflexion diffuse
specular ~	Réflexion spéculaire
total ~	Réflexion totale

Reflector	Réflecteur *(m)*
~ board, ~ screen	Écran \ Panneau réflecteur
* hard *(smooth and polished)*	* dur *(lisse et brillant)*
* medium *(shiny and textured)*	* doux *(brillant et gaufré)*
* soft *(dull and textured)*	* doux *(mat et gaufré)*
~ yoke	Lyre de réflecteur
dichroic ~	Réflecteur dichroïque
gold ~	Réflecteur doré
parabolic ~	Réflecteur parabolique
silver ~	Réflecteur argenté
Refraction	Réfraction *(f)*
angle of ~	Angle de réfraction
index of ~	Indice de réfraction
Refractive index	Indice *(m)* de réfraction
Reframe (to ~)	Recadrer
Reframing	Recadrage *(m)*
Refresh *(Video)*	Rafraîchissement *(m)*
~ display	Écran de rafraîchissement
~ rate	Fréquence de rafraîchissement
Refresh (to ~) *(Video)*	Rafraîchir *(une image vidéo)*
Refreshment *(Video)*	Rafraîchissement *(m)* *(d'une image vidéo)*
Register pin	Contre-griffe *(f)*
Registration	Fixité *(f)*
~ marks : Marques de superposition *(pour un double passage en caméra)*	
~ pin	Contre-griffe
poor ~	Manque de fixité
Regular : Uniforme, Régulier(-ière), Sans à-coups	
Regulate (to ~)	Réguler
Regulation	Régulation *(f)*
Regulator, # *Controller*	Régulateur *(m)*
* *Automatic controller*	Régulateur automatique
Rehearsal	Répétition *(f)*
blocked ~ , # *Blocking*	Mise en place
fax ~	Répétition avec la technique
last ~	Dernière répétition
line ~ : Première lecture collective d'un scénario par les acteurs	
no fax : Répétition pour les acteurs sans la technique *(caméra, lumière, etc.)*	
* *Rehearsing on set* : Répétition dans le décor, Répétition sur le plateau	
Rehearse (to ~)	Répéter
Reissue, # *Rerun*	Reprise *(f)* d'un film
Relamp (to ~)	Remplacer une ampoule
Relative aperture : Ouverture *(f)* relative, Ouverture *(f)* géométrique	
Release *1)* ~	Déclenchement *(m)*, Démarrage *(m)*
~ button	Déclencheur, Bouton de déclenchement
automatic ~	Déclenchement automatique

2) *(Audio)* Extinction *(f)*
3) ~ *(of a film)* : Sortie *(f)* d'un film en salles, Première diffusion d'un film en salles
~ date Date de sortie salles *(d'un nouveau film)*
~ print Copie d'exploitation
~ rights Droits d'exploitation
broad ~ , general ~ Diffusion nationale *(d'un film)*
date of ~ Date de sortie *(d'un film)*
exclusive ~ : Première exclusivité, Sortie en exclusivité
first ~ , # *First run* Première diffusion, Exclusivité
general ~ Sortie nationale
initial ~ Première exclusivité
international ~ Sortie internationale
limited ~ Sortie à petite échelle
narrow ~ Sortie d'un film à petite échelle
national ~ , # *Wide release* Sortie nationale d'un film en salles
platform ~ : Exploitation par paliers *(permettant au bouche-à-oreille et aux médias de lancer l'exploitation d'un film)*
press ~ Communiqué de presse
re~ Reprise *(d'un film)*
regional ~ Sortie régionale
wide ~ Sortie à grande échelle, Sortie massive
wordwide ~ Sortie mondiale

Release (to ~) *1)* ~ *(a trigger)* : Déclencher, Débloquer, Libérer
2) ~ *(a film)* : Diffuser un film *(en salles)*, Sortir un film *(en salles)*

Releaser *1)* ~ Déclencheur *(noun) (m)*
~ switch Interrupteur de déclenchement
remote control ~ Déclencheur à distance
2) # *Distributor* Distributeur *(m) (de films)*

Relief *1)* # *3-dimensional* Relief *(m)*, Trois dimensions
2) # *Modeling* Modelé *(noun) (m)*

Relight (to ~) Changer l'éclairage d'un plan à l'autre

Reload (to ~) Recharger *(la caméra)*, Recharger en pellicule

Reloading Rechargement *(m) (de la caméra)*, Rechargement de la pellicule

Remake : Remake *(m) (Nouvelle version (f) d'un film déjà existant)*

Remanence Rémanence *(f)*

Remote Télécommande *(f)*
~ control Télécommande, Commande à distance
~ truck Car vidéo mobile
aperture ~ control Télécommande de diaphragme
focus ~ Télécommande de point
on-off ~ Déclencheur à distance, Télécommande de mise en marche
zoom ~ Télécommande de zoom

Removable	Amovible, Démontable
Remove (to ~)	Enlever
~ *sth* away	Éloigner *qch*
~ make-up	Démaquiller
Rendering *1) ~ (US)*	Rendu *(noun) (m)*, Reproduction *(f)*
colors ~ *(US)*	Rendu des couleurs
2) (Dig. Video) : Étapes du traitement consacrées aux calculs informatiques	
Rendition *(GB)*	Rendu *(noun) (m)*, Reproduction *(f)*
~ quality	Qualité de reproduction
colours ~ *(GB)*	Rendu des couleurs
sound ~	Rendu sonore, Reproduction du son
Rent (to ~)	Louer
Rental *(US)*	Location *(f)*
~ contract	Contrat de location
~ costs	Frais de location
~ house	Maison de location
~ market	Marché de la location
~ regulations	Conditions générales de location
daily ~	Location à la journée
minimum ~	Location minimum
weekly ~	Location à la semaine
Rentals	
net distributor ~	Recettes *(f)* nettes distributeur
net film ~	Part-film nette
Renter *1) ~ (of equipment)*	Loueur *(m) (de matériel)*
2) ~ (of films)	Distributeur(-trice) *(de films)*
Repair	Réparation *(f)*
beyond ~	Irréparable
emergency ~	Dépannage d'urgence
out of ~	Non réparable, Irréparable
under ~	En réparation
Repair (to ~)	Réparer, Arranger, Dépanner
Repay (to ~)	Rembourser
Repayable	Remboursable
Repayment	Remboursement *(m)*, Échéance *(f)*
Repeat *(TV)*	Rediffusion *(f) (à la télévision)*
Repeat (to ~)	Répéter, Refaire
Replace (to ~)	Remplacer
Replay, *# Review (Video)*	Relecture *(f)*
instant ~	Relecture immédiate
Replenisher *(of processing solutions)*	Régénérateur *(m) (de bains de développement)*
Replenishment *(of processing solutions)*	Régénération *(f) (des bains de développement)*
Report *1) # Log sheet*	Rapport *(m)*
~ sheet	Feuille de rapport scripte
2) # News report	Reportage *(m) (d'actualités)*

Reporter — Reporter(-trice)
~-cameraman — Journaliste *(m)* reporter d'images (JRI)
Reprint (to ~) — Retirer
Reprinting — Retirage *(m)*
Reproduce (to ~) — Reproduire
Reproduction — Reproduction *(f)*
~ scale — Échelle de reproduction
Requirements — Cahier *(m)* des charges
Re-record (to ~) — Réenregistrer
Re-recording — *a)* Repiquage *(m)* – *b)* Réenregistrement *(m)*
Rerun, # *Rerelease* — Reprise *(f)* d'un film, Rediffusion
Rerun (to ~) *a)* ~ a picture : Redistribuer \ Ressortir un film
b) ~ a TV program : Rediffuser \ Reprogrammer un programme TV
Resample (to ~) : Changer le format, Modifier la résolution d'une image
Resampling *(Dig. video)* : *(Conversion d'un format vers un autre, selon différentes résolutions spatiales et/ou temporelles)*
Reserving parking spaces : Ventouser des places de stationnement
Reset *1)* ~ *(for a counter)* — Remise *(f)* à zéro *(d'un compteur)*
~ knob — Bouton de remise à zéro
2) ~ *(for people)* — Remise à la position de départ
Reset (to ~) *1)* ~ a counter — Remettre un compteur à zéro
2) ~ *(for people)* — Se remettre à la position de départ
Reshoot contingency : Enveloppe *(f)* budgétaire provisionnée en cas d'imprévu donnant lieu à un tournage supplémentaire
Reshoot (to ~) : Refilmer \ Retourner *(un plan, une séquence)*
Reshoots *1)* ~ — Retournages *(m)* *(d'un plan, d'une séquence)*
2) # *Supplementary shooting* — Tournage *(m)* supplémentaire
Resistance — Résistance *(f)*
impact ~ — Résistance au choc
Resistor, # *Resistance (Electricity)* — Résistance *(f)*
variable ~ — Résistance variable
Resolution *(of a lens \ a film stock)* — Résolution *(f)* *(d'un objectif \ d'une pellicule)*
~ chart — Mire de résolution
display ~ — Résolution d'écran
high ~ (HR) — Haute résolution (HR)
horizontal ~ — Résolution horizontale
limit of ~ — Limite de résolution
low ~ — Basse résolution
native ~ — Résolution native \ du format natif
optical ~ — Résolution optique
output ~ — Résolution de sortie
spatial ~ — Résolution spatiale
temporal ~ — Résolution temporelle
vertical ~ — Résolution verticale
Resolving power : *a)* Pouvoir *(m)* résolvant - *b)* Pouvoir *(m)* séparateur

Resonance sound	Résonance *(f)*
Resonator *(Audio)*	Résonateur *(m)*
Response *(Audio)*	Réponse *(f)*
impulse/frequential ~ : Réponse impulsionnelle/Fréquentielle	
temporal ~	Réponse temporelle
Restitution	Restitution *(f)*
sound ~	Restitution, Reproduction du son
Restoration	Restauration *(f)*
film ~	Restauration de films
Restore (to ~)	Récupérer des informations stockées
Resume *(US)*	Curriculum vitae *(m)*, CV
Retake *(of a shot, of a sequence)*	Retournage *(m)* *(d'un plan, d'une séquence)*
Retake (to ~) *(a shot, a sequence)*	Retourner *(un plan, une séquence)*
Reticle	Réticule *(m)*
Reticulation	Réticulation *(f)*
Retina	Rétine *(f)*
Retouching *(Comput.)*	Retouche *(f)*
~ tool	Outil de retouche
Return *1) (Business)* : Rémunération *(f)*, Rendement *(m)* *(d'un investissement)*	
~ on investment	Amortissement financier
rate of ~	Taux de rentabilité
2) (Audio)	Retour *(m)*
Reverberation	Réverbération *(f)*
~ time (RT 60) : Durée de réverbération, Temps de réverbération	
less ~, # *Less bass*	Détimbrer *(la voix)*
more ~, # *More bass*	Timbrer *(la voix)*
Reversal	Inversible *(adj.)*
~ dupe	Contretype inversible
~ process	Procédé inversible
~ raw stock	Pellicule inversible vierge
colour ~ film	Pellicule inversible couleur
intermediate ~	Intermédiaire inversible
Reverse	Inverse, Opposé(e)
~ angle	*a)* Angle opposé - *b)* Contre-champ
24 frames per second ~ : 24 images par seconde en marche arrière	
Reverse (to ~)	Inverser
Review *(Film ~)*	Une critique *(f)* de film
Reviewer *(Film ~)*	Un critique *(m)* de cinéma
Revolving	Rotatif(-ive) *(autour d'un axe)*
Rewind *(Audio-Video)* : Rembobinage *(m)*, Retour *(m)* rapide de la bande	
Rewind (to ~)	Rembobiner
Rewinder	Rembobineuse *(f)*, Enrouleuse *(f)* à main
Rewinding	Rembobinage *(m)*
automatic ~	Rembobinage automatique
* *Fast rewind*	Rembobinage rapide

Rewritable — Ré-inscriptible
~ disc — Disque réinscriptible
~ memory — Mémoire réinscriptible
Rewrite (to ~) — Réécrire, Récrire
Rewriting — Réécriture *(f)*
Rhythm — Rythme *(m)*
to mark the ~ of *(a tune)* — Suivre le rythme *(d'une musique)*, Être dans le rythme *(d'un air)*
to put ~ into *(sentence, movement)* : Mettre du rythme *(dans une phrase, dans un mouvement)*, Rythmer
Rhythmic — Rythmé(e), Rythmique
Rhythmo *(Audio)* — Rythmographie *(f)*
~ band — Bande rythmo
Rickety *(adj.)* — Bancal(e), Branlant(e)
Rider : Avenant *(m)* à un contrat, Annexe *(f)* d'un document \ d'une convention
technical ~ : Fiche listant les besoins organisationnels et techniques
Rift *(in clouds)* — Éclaircie *(f)* *(dans le ciel)*
Rig (to ~) : Monter \ Installer des structures tubulaires *(telles que tours, déports, potences, échafaudages, etc., ainsi que les systèmes d'accroches de tous types destinés à l'éclairage ou aux décors)*
Rigger : Machiniste *(m)* de construction, Constructeur *(m)*
~ gloves — Gants de machinistes
Rigging *1)* ~ : Équipement *(m)* d'un plateau vide *(incluant le montage de décors, des découvertes, des déports, des passerelles, etc. ainsi que l'accrochage des projecteurs suspendus aux passerelles)*
~ crew : Équipe de montage et de démontage des décors
* *Build day, Set(up) day* — Jour de montage des décors
2) # *Catwalk* — Passerelle *(f)*
Right *1) (adj.)* — Droit(e)
~-handed person — Droitier(-ière)
on the ~ — À droite
2) (noun) — Droit *(m)*
~ of first consultation — Droit de priorité
~ to privacy — Droit au respect de la vie privée
~ of publicity — Droit sur son image personnelle
~ to strike — Droit de grève
~-to-work *(US)* : Droit d'échapper aux règles syndicales et corporatistes
moral ~ — Droit moral
preemption ~ — Droit de préemption
Rights *(Business)* — Droits *(m)*
~ granted — Droits cédés
~ owner, # *Rightsholder* — Détenteur des droits
~ of preemption — Droits de priorité
~ per print — Droits à la copie
~ reserved — Droits réservés

access ~	Droits d'accès
adaptation ~	Droits d'adaptation
all ~ reserved : Reproduction interdite - Tous droits réservés	
ancillary ~	Droits dérivés
audit ~	Droit d'audit
backend ~	Droits payables en fin de chaîne
broadcasting ~ : Droits de diffusion hertzienne, Droits à l'antenne	
diffusion ~	Droits de diffusion
distribution ~, exploitation ~	Droits d'exploitation
domestic ~ : Droits nationaux *(à l'intérieur des frontières d'un pays)*	
editing ~ : Droit de couper et retirer des séquences du montage	
exclusive ~	Droits d'exclusivité
exhibition ~	Droits d'exploitation en salles
film ~	Droits d'adaptation à l'écran
film printing ~	Droits de reproduction
foreign ~	Droits pour l'étranger
foreign ~ sale	Vente des droits pour l'étranger
full ~	Droits en totalité, Tous droits
grant of ~	Cession des droits
international ~	Droits internationaux
international diffusion ~	Droits de diffusion à l'étranger
intransferability of ~	Incessibilité des droits
life story ~ : Droits qu'une personne détient sur l'histoire de sa vie	
limited ~, restricted ~	Droits limités
mechanical ~	Droits de reproduction mécanique
music ~	Droits musicaux, Droits sur la musique
performing ~	Droits d'exécution et de représentation
remake ~ : Droits de reprise *(pour une nouvelle version d'un film déjà existant)*	
release ~	Droits d'exploitation
reproduction ~	Droits de reproduction
reserved ~	Droits non cédés, Droits exclus
retransmission ~	Droits de retransmission
screen ~	Droits d'adaptation à l'écran
separation of ~ : *(Désigne le fait que tous les droits sur une œuvre ne sont pas cédés et qu'une partie reste la propriété de son auteur)*	
subsidiary ~	Droits dérivés
synchronisation ~ : Droits de reproduction d'une œuvre musicale	
television ~	Droits pour la télévision
unrestricted ~, unlimited ~	Droits illimités
world ~	Droits mondiaux
worldwide ~	Droits dans le monde entier
* *Acquisition agreement*	Contrat d'achat de droits
* *Renewal term*	Date de renouvellement des droits
* *Royalty collection*	Perception des droits
Rightsholder	Détenteur(-trice) des droits

Rim (*as a light device*) Projecteur *(m)* de décrochage
Rim (to ~) : Contourer, Silhouetter, Détourer avec la lumière
Ring Bague *(f)*, Couronne *(f)*
~ flash Flash annulaire
adapter ~ Bague d'adaptation
collar ~ Collier de serrage
coupling ~ Bague d'assemblage
docking ~ Bague d'arrimage
fixing ~ Collier de fixation
geared ~ Couronne dentée
Rinse (to ~) Rincer
Rip (to ~) *(DVD)* : *a)* Ripper *(Anglicisme)*
b) Riper [*Terminologie officielle – JO du 20-05-2005*]
Ripper *(Litt. : "Éventreur") (Art department)* : Rippeur *(m) (Coll. : Déménageur)*
Ripping *1) # Computer Hacking* : Piratage *(m)* de copie, Copie *(f)* pirate
2) # Copy : Rippage *(m) (Mise au format standard d'un CD ou d'un DVD)*
Rise (to ~)
1) ~ Se lever, Se mettre debout
~ *sth* up again Relever *qch*, Remettre *qch* debout
2) ~ Augmenter, Surélever
~ against … Augmenter par rapport à …
Riser Rehausse *(f)*, Rallonge *(f)*, Colonnette *(f)*
~ *(for light stands)* Rallonge de pied de projecteur
~ block Semelle de rehausse
Rising Rinçage *(m)*
~ bath Bain *(m)* de rinçage
Road movie Road movie *(m)*
Road show (*US*)
1) ~ *(as a film)* : *(Nouveau film présenté dans des salles sélectionnées, généralement avec une majoration du prix d'entrée)*
2) ~ *(as a screening)* : *(Désigne une sorte de "pré-sortie", dans des salles sélectionnées, avec majoration du prix d'entrée)*
Road show (to ~) (*US*) : *(Présenter un nouveau film en road show)*
Rod *1)* ~ Barre *(f)*, Bâton *(m)*
threaded ~ Tige filetée
2) ~ Tige *(f)*
lens ~ *(15 mm ~, 19 mm ~)* : Tige de parasoleil *(Tige de 15, Tige de 19)*
motor ~ Tige pour moteur
Role Rôle *(m)*
featured ~ Rôle secondaire
title ~ Rôle titre, Rôle principal
Roll (to ~) Démarrer
~ out Sortir un film en salles
Roll, # *Film roll* Galette *(f)* \ Bobine *(f) (de film négatif)*
~ end Fin de bobine

~ number	Numéro de bobine
A and B ~	Bobines A et B
camera ~	Bobine caméra
feed ~	Bobine débitrice
parent ~	Axe d'émulsion
~ ~ number	Numéro d'axe d'émulsion
take-off ~ , supply ~	Bobine débitrice
take-up ~	Bobine réceptrice
Roll out : *(Sortie nationale après projections test dans une ou plusieurs villes)*	
Roller	Galet *(m)*, Tambour *(m)*
~ guide	Galet guide roulant
idle ~	Galet libre
pressure ~	Galet presseur
tension ~	Galet tendeur
Room *1) # Place*	Pièce *(f)*, Salle *(f)*
~ tone : Son seul d'ambiance plateau, Silence plateau	
anechoic ~ *(Audio)*	Chambre anéchoïque
control ~	Régie son
dark ~	Chambre noire
~ ~ lamp	Ampoule inactinique
dead ~	Chambre sourde
listening ~	Salle d'écoute, Lieu d'écoute
2) # Space	Espace *(m)*, Place *(f)*
to leave ~ for *sth* : Laisser de la place, Laisser de l'espace pour *qch*	
to make ~ for *sth* : Faire de la place, Aménager un espace pour *qch*	
Rostrum (GB)	
1) ~	Praticable *(m)* *(Coll.* : Pratos*)*
2) # Animation bench	Banc *(m)* d'animation, Banc-titre *(m)*
Rotatable	Rotatif(-ive), Orientable
Rotate (to ~)	Faire tourner, Faire pivoter
~ *sth* through an angle of *90* degrees : Faire faire une rotation de *90°* à *qch*	
Rotating	Tournant(e)
Rotation	Rotation *(f)*
Rotatory, *# Rotative*	Rotatif(-ive), Tournant(e)
Rotoscope	Rotoscope *(m)*
Rotoscoping : *(Technique d'animation consistant à redessiner image par image toutes les images d'un plan préalablement filmé avec un personnage réel)*	
Rough	*a)* Approximatif(tive) - *b)* Grossier(-ière)
Rough cut	Ours (*Coll.*) *(m)*
Roughly	Approximativement, Grossièrement
Round	*adj.* : Rond(e) – *noun* : Rond *(m)*
Round (to ~)	Arrondir
Routing *(Audio)*	Affectation *(f)*, Routage *(m)*
Row	*a)* Herse *(f)*, Rampe *(f)* – *b)* Rangée *(f)*
~ of lights	Rampe de projecteurs

Royalty (*Pluriel* : **Royalties**)	Royalties *(f)*, Droits *(m)* d'auteur
~ collection	Perception de royalties
~ fees	Royalties, Droits d'auteur
~ free	Libre de droits
Rubber band	Élastique *(m)*, Cordon *(m)* élastique
Rule of thirds	Règle *(f)* des tiers *(m)*

Rumble *(Audio)* : Bruit *(m)* de roulement ou de rotation des machines

Run (to ~)

1) ~ a camera	Faire défiler \ Faire tourner une caméra
~ out of film	Décrocher, Manquer de pellicule
2) ~ *(a piece of machinery)*	Faire fonctionner *(une machine)*
~ down a battery	Décharger une batterie
free to ~	Libre *(mécaniquement)*
3) # *To Exhibit a film*	Exploiter un film *(en salles)*
Run	Exploitation *(f)* d'un film
exclusive ~	En exclusivité
first ~	Première exclusivité
Run-down	Déchargé(e), Épuisé(e)
Run-off	Débobiné(e)

Run through : Répétition générale *(acteurs et technique)*, Filage *(au théâtre)*

Run-up	Démarrage *(m)*
~ time	Temps de démarrage

Runner : *(En France, équivaut au poste d'assistant-adjoint à la régie. Il peut également faire office de coursier et/ou de chauffeur de production)*

Running

1) *(Mechanics)*	Défilement *(m)*
~ speed	Vitesse de défilement
~ time	Durée de projection
continuous ~	Défilement continu
2) *(Business)*	Fonctionnement *(m)*
~ costs	Frais d'exploitation
3) ~ lines	Italienne *(f)*, Répétition *(f)* des dialogues

4) ~ shot : Plan *(m)* en mouvement accompagnant un personnage

Rushes	Rushes *(m)*
~ screening	Projection de rushes
sync ~	Rushes sonores
Rust	Rouille *(f)*
~ preventive	Anti-rouille
liable to ~ , # *Oxidizable*	Oxydable
Rust (to ~), # *To Get rusty*	Rouiller
Rustproof, # *Non rusting*	Traité anti-rouille, Inoxydable
Rusty	Rouillé(e)

S

Safe area : *(Dans un viseur, zone de champ effectivement transmis en projection)*
* * *Safe action area, # Essential area* : *(Zone de champ effectivement transmis en diffusion vidéo ou télévisée. Environ 90% d'une image vidéo)*
* * *Safe title area* : *(Environ 80% d'une image vidéo. (Les 20% constituant la périphérie de cette image à diffuser étant coupés par la plupart des récepteurs de TV). Cette zone est celle dont la restitution est assurée lors de la diffusion, notamment pour ce qui concerne les génériques et les textes)*
* * *Live area* : *(Tout ce qui peut être vu dans un viseur, y compris la zone hachurée au-delà du cadre, et qui délimite l'image enregistrée sur le film)*

Safelight — Lumière *(f)* inactinique
Safety — Sécurité *(f)*
- ~ device — Dispositif de sécurité
- ~ instructions — Consignes de sécurité
- ~ take — Prise de sécurité, Prise de secours

Sag list, # *Director's cast list (US)* : Liste *(f)* officielle des comédiens(-iennes) communiquée aux syndicats, Liste définitive de la distribution
Salad, # *Film jam (Fam.)* — Salade *(f)*, Perruque *(f)* *(Coll.)*
Salary — Salaire *(m)*
- differed ~ — Salaire en différé \ en participation

Sale *(Business)* — Vente *(f)*
- direct ~s — Ventes directes
- foreign ~s — Ventes à l'étranger
- outright ~ : Vente à titre définitif, Cession définitive des droits

Sample *1) (Dig. video)* — Échantillon *(m)*
- ~ rate *(Dig. video)* : Cadence d'échantillon, Fréquence d'un échantillon

2) (Survey and Pool) — Échantillon *(m)*
- ~ size — Taille de l'échantillon
- representative ~ — Échantillon représentatif

Sampler *(Dig. video)* — Échantillonneur *(m)*
Sampling *(Dig. video)* : Échantillonnage *(m)* *(Mesures répétées des niveaux instantanés d'un signal analogique afin d'en produire une représentation numérique)*
- ~ frequency, ~ rate — Fréquence d'échantillonnage
- ~ ratio — Taux d'échantillonage
- down-~ — Échantillonnage vers le bas
- orthogonal ~ — Échantillonnage orthogonal

Sand bag	Gueuse *(f)* de sable
Sand paper	Papier *(m)* de verre
Satellite dish	Parabole *(f)*, Antenne *(f)* satellite
Satined	Satiné(e)
Satire	Satire *(f)*
Satirical	Satirique
Satisfaction *(Survey and Pool)*	Satisfaction *(f)*
~ index	Indice de satisfaction
* *Scale of appreciation*	Échelle d'appréciation
Saturate (to ~)	Saturer
Saturation	Saturation *(f)*
Save (to ~) *1) # To Economize*	Économiser
~ the lights	Soulager les projecteurs
~ time	Gagner du temps
2) (Computers)	Sauvegarder *(des données informatiques)*
Sawtooth signal	Signal *(m)* en dent de scie
Scaffold	Échafaudage *(m)*
~ clamp	Collier pour tubes d'échafaudage
~ pole, ~ tube	Tube d'échafaudage
~ tower : *a)* Tour d'échafaudage - *b)* Tour d'éclairage	
Scaffolding	Échafaudage *(m)*
Scalability *(Dig. Video)*	Adaptabilité *(f)*
Scalar	Scalaire
Scale *1)* ~	Gamme *(f)*
grey ~	Gamme de gris, Échelle de gris
2) ~	Échelle *(f)* de graduation
~ model	Maquette à échelle réduite
~ rate, # *Scale wages* : Rémunération au tarif syndical, Minimum syndical	
full ~	Grandeur nature, Pleine échelle
image ~	Échelle de reproduction
on a large ~	À grande échelle
reduced ~	Échelle réduite
shot ~ (▶ p 470)	Échelle de plan
Scaler *(Dig. video)* : Convertisseur *(m)* de format de signal vidéo	
Scaling *(Dig. video)* : Conversion *(f)* de format *(au moyen d'un scaler)*	
Scan (to ~) *1) (Video)* : Balayer une image vidéo *(par balayage électronique)*	
2) (Comput.) : Scanner, Numériser	
Scan *(Video - TV)*	Balayage *(m)*, Analyse *(f)* *(d'une image vidéo)*
~ line, # *Scan bar*	Barre de télévision
forward ~	Lecture de l'image en avance rapide
helical ~	Enregistrement hélicoïdal
interlaced ~	Balayage entrelacé
interlaced ~ format	Format vidéo à balayage entrelacé
* *Formats that include an "i" (1080i, 480i,...) use interlaced scanning* ⇔	*Les formats incluant un "i" (1080i, 480i,...) sont à balayage entrelacés*

progressive ~	Balayage progressif
progressive ~ format	Format vidéo à balayage progressif
* *Formats that include a "p" (720p, 480p,...) use progressive scanning* ⇔	*Les formats incluant un "p" (720p, 480p,...) sont à balayage progressif*
progressive ~ DVD players	Lecteur de DVD à balayage progressif
progressive ~ format	Format vidéo à balayage progressif
progressive ~ signal	Signal vidéo à balayage progressif
rewind ~	Lecture de l'image en retour rapide
Scanner *1) (Comput.)*	Scanner *(noun) (m)*
2) (Film transfer)	Analyseur *(de films)*
flying spot ~	Analyseur à spot mobile
optical ~	Analyseur optique
* *Sweeper*	Analyseur panoramique
Scanning	*a)* Analyse *(f) (d'une trame vidéo)* *b)* Balayage *(m) (d'une trame vidéo)*
~ beam	Faisceau de balayage
~ field	Champ d'exploration
~ spot	Spot de balayage
helical ~	Balayage hélicoïdal
horizontal ~	Balayage horizontal
field ~	Balayage trame
interlaced ~	Balayage entrelacé
line ~	Balayage ligne
linear ~	Balayage linéaire
progressive ~	Balayage progressif
rectilinear ~	Analyse ligne par ligne
slit ~	Balayage par fente
vertical ~	Balayage vertical

Scart connector, # *Euro-scart* (▶ **p 468**) : Prise *(f)* Péritel, Péritel *(f)*

Scatter (to ~)	Diffuser *(la lumière)*
Scattered	Diffus(e)

Scattering : Diffusion *(f)*, Dispersion *(f) (de la lumière ou du son)*

Scenario	Scénario *(m)*, Continuité *(f)* dialoguée
~ writer	Scénariste *(m)*
Scene	*a)* Scène *(f) - b)* Séquence *(f)*
~s breakdown	Continuité chronologique
~-stealing, stealing a ~	Voler la tête d'affiche
added ~ : Séquence additionnelle,	Séquence rajoutée
closing ~	Séquence finale
continuous ~s	Séquences enchaînées

deleted ~ : Séquence supprimée *(par la Censure, le Producteur, etc.)*

extra ~	Séquence supplémentaire
mass ~	Séquence de foule
wild ~	Scène tournée sans prise de son
* *The scene is set in...*	La scène se situe à... \ dans...

Scenery : *a)* Paysage *(m)* naturel – *b)* Décor *(m)* de découverte *(f)*

~ construction	Construction des décors
~ dock, # *Scene dock*	Entrepôt de décors
hard ~	Décor construit "en dur"
movable ~	Décor mobile
Schedule *1)* # *Sked*	Plan *(m)* de travail
ahead of ~	En avance sur le plan de travail
behind ~	En retard sur le plan de travail
back-up ~	Plan de travail de secours
production ~	Plan de travail
shooting ~	Plan de tournage
to go over ~	Ne pas tenir le plan de travail
2) programme ~ *(TV)*	Grille des programmes
Scheme	Plan *(m)*, Schéma *(m)*
lighting ~ , # *Light plot*	Plan d'éclairage
Scissors (Pair of ~)	Paire *(f)* de ciseaux *(m)*
Scoop *1)* # *News*	Reportage *(m)* exclusif
2) # *Sky pan (Lighting)*	Bol *(m)* (*Coll.* : Plat à barbe)
Scope	Étendue *(noun) (f)*
Score	Partition *(f)* musicale, Musique *(f)* du film
Score (to ~)	Écrire la musique d'un film

Scoring : Séance *(f)* d'enregistrement de la musique d'un film

Scotchlight process	Projection *(f)* frontale
Scramble (to ~)	Crypter
Scrambled *(for encoded TV)*	Brouillé(e), Crypté(e)
~ channel *(TV)*	Chaîne *(f)* cryptée
Scrambling *(TV)*	Cryptage *(m) (d'une émission en clair)*
Scratch	Rayure *(f)*
~ test	Essai de rayure
~ track	Son témoin
cell ~	Rayure côté support
negative ~	Rayure négatif
positive ~	Rayure positif
Scratch (to ~)	Rayer
Screen *1)* ~	Écran *(m)*
~ brightness	Luminosité de l'écran

~ count *(of a movie theatre)* : Nombre d'écrans, Parc d'écrans *(d'un cinéma)*

~ direction : *a)* Axe de direction *(regard, mouvement, etc.)*, Axe des 180°
b) *(Règle fixant les raccords gauche/droite entre les plans d'une séquence pour les regards etles directions. Cette règle, souvent déterminée par le plan le plus large, fixe l'axe des 180°)*

~ mask	Cache d'écran
~ ruling *(Video)*	Lignage de trame
~ size	Format de l'écran
~ test	Essai filmé d'un acteur

acoustic ~	Paravent acoustique
beaded ~	Écran perlé
diffusing ~	Écran diffuseur, Écran diffusant
fill-in ~	Écran réflecteur
giant ~	Écran géant
on ~, # *Into frame*	À l'image
popless ~ *(Audio)*	Écran anti-pop
process ~	Écran pour transparence
projection ~	Écran de projection
rear projection ~	Écran pour transparence
reflecting ~	Écran réflecteur
reflex ~	Écran à billes pour projection frontale
roll-away ~	Écran à enrouleur
scotchlite front projection ~	Écran pour transflex
split ~	Split screen, Écran divisé
superflat ~	Écran extraplat
touch-~	Écran tactile
wide ~	Écran large
2) # *Filter*	Filtre
pola ~	Filtre polarisant
Screen (to ~) a film	Projeter un film *(sur un écran)*
Screening, # *Projection*	Projection *(f)*
~ booth	Cabine de projection
~ of dailies, ~ of rushes	Projection des rushes
~ room	Salle de projection
~ time	Durée de projection
critical ~	Projection pour les Critiques de film
first ~	Première *(d'un film)*
focus-group ~	Projection test
private ~	Projection privée

trade ~ : Projection pour les distributeurs *(dans le but de vendre le film)*

Screenplay *1) # Scenario*	Scénario *(m)* de tournage

<u>Note</u> : Screenplay *fait référence au texte lui-même,* Scenario *étant plus conceptuel*

~ by …	Scénario de …, Scénario écrit par …
~ writer	Scénariste, Auteur du scénario

final ~ : Version définitive du scénario, Scénario de tournage

on spec ~ (spec = *dimin. de* speculation) : Scénario écrit hors de tout accord commercial *(avec, une fois achevé, l'intention de le vendre au plus offrant)*

original ~	Scénario original

* *Final draft* : Scénario définitif, Version définitive \ finale du scénario

* *First draft* : Premier jet, Première mouture, Première ébauche

2) # *Shooting breakdown, Shooting script* : Découpage technique

Screenwriter, # *Screenplay writer, Scenarist, Scriptwriter, Film writer* : Scénariste *(m)*

* *Scribbler*	Scribouilleur *(m)* *(Scénariste peu talentueux)*
Screwball, # *Madcap comedy*	Comédie *(f)* loufoque

Scrim, # *Single scrim* : Disque *(m)* de grillage en métal *(placé à l'avant des projecteurs, et utilisé pour réduire l'intensité de la lumière)*
double ~ Disque de double grillage
half ~ Demi-disque de grillage
* *Drop in \ Put in a double* : Placer une trame d'un diaph sur un projecteur
Script *1) (Film)* : *(Terme générique à toute forme de scénario (m), quel qu'en soit l'usage* : spec script, shooting script, lined script, *etc.)*
~ breakdown Plan de travail
~ editing : *(Document indiquant les scènes et les plans qui devront être filmés, suite au découpage du film en plan numérotés)*
final shooting ~ *a)* Scénario définitif
b) Découpage technique définitif
lined ~ : *(Copie du scénario annotée par la scripte avec des lignes verticales en travers des séquences ou des parties du scénario déjà tournées)*
master scene ~ (GB et US) Continuité dialoguée
shooting ~ *1)* # Screenplay Scénario de tournage
2) # *Shooting breakdown* : Découpage technique
spec ~ (spec = *dimin.* de speculation) : Scénario écrit hors de tout accord commercial *(avec, une fois achevé, l'intention de le vendre au plus offrant)*
2) (Audio) Conducteur
Script (to ~), # *To Write a script* Écrire un scénario
Scrool Générique *(m)* déroulant vertical
"**Scrub !** " (Give me a ~ !) "Nettoyez moi le plancher ! "
Command informing the crew to take down or remove a set. Can also be used to stop any type of activity no longer required or unwanted on set ⇔ *Ordre informant l'équipe de démonter ou d'enlever un décor. Il peut être également utilisé pour demander l'arrêt de toute activité sur le plateau*
Scuff Éraflure *(f)*
Scuff (to ~) Érafler
Seal Joint *(m)* étanche, Dispositif *(m)* d'étanchéité
Seal (to ~) Rendre étanche
* *Sealed-beam bulb* Ampoule *(f)* étanche *(du type PAR)*
Seat *(for camera operator)* Siège *(m) (pour cadreur)*
rotating ~ Siège tournant
Seat (to ~) Asseoir, Faire asseoir
Second *(adj.)* *a)* Deuxième - *b)* Second(e)
~ banana, # *Second fiddle* (US) Faire-valoir
* *To Play second banana to s.o* Être le faire valoir de *qn*
~-unit photography Tournage de la deuxième équipe
* *Opposite = Principal photography* : Tournage principal du film
Second *1) ~ (noun)* Second *(m)*, Le second *(m)*
2) ~ (of time) Seconde *(f) (de temps)*
Section Coupe *(f)*
cross ~ , transverse ~ Coupe transversale
longitudinal ~ Coupe longitudinale

Sector — Secteur *(m) (angulaire)*
Secure, # *Safe* — Sûr(e), Fiable
Secure (to ~) — Rendre sûr, Protéger
~ the cameraman — Assurer le cadreur
Security, # *Safety* — Sécurité *(f)*
Seed money *(Litt. : "Argent graine")* : Capitaux *(m)* de départ, Premiers investissements *(m) (nécessaires au lancement d'un projet)*
Segment *1) # Part* — Partie *(f)*, Segment *(m)*
2) (TV) — Sujet *(m) (d'un journal télévisé, ou d'un magazine télévisé)*
~ rundown *(TV - News)* : *(Résumé de l'ordre dans lequel les sujets d'un reportage d'actualités seront abordés)*
Select (to ~) *(Comput.)* — Sélectionner, Choisir
Selector — Sélecteur *(m)*
speed ~ — Sélecteur de vitesse
Selenium — Sélénium *(m)*
~ cell — Cellule au sélénium
Self-adhesive — Auto-adhésif(-ive), Autocollant(e)
Self-adjutment — Auto-réglable
Self-blimped *(adj. and p.p)* — Auto-blimpé(e)
Self-financing — Auto-financement *(m)*
Self-locking — Auto-blocant(e)
Self-powered — Autonome *(en énergie)*
Self-stopping — Arrêt *(m)* automatique
Selling — Vente *(f)*
blind ~ *(US)* — Vente "à l'aveugle"
Semi-conductor — Semi-conducteur *(m)*
Semiology — Sémiologie *(f)*
Semiotics — Sémiotique *(f)*
Senior, # *Senior spot* (*US*) — Projecteur *(m)* tungstène de 5 kw à lentille de Fresnel
~ stand — Pied de 5 kw
Sensibility *(as a feeling)* — Sensibilité *(f) (en tant que sentiment)*
Sensitive — Sensible
photo ~ — Photosensible
Sensitivity — Sensibilité *(f)*
~ loss — Perte de sensibilité
~ range — Spectre de sensibilité
colour ~ — Sensibilité chromatique
spectral ~ — Sensibilité spectrale
spectrum of ~ — Spectre de sensibilité
Sensitize (to ~) — Sensibiliser
Sensitizer, # *Colour sensitizer* — Sensibilisateur *(m)*
Sensitogram — Sensitogramme *(m)*
Sensitometer — Sensitomètre *(m)*

Sensitometric	Sensitométrique
~ curve	Courbe sensitométrique
shoulder of a ~ ~	Épaule de courbe sensitométrique
slope of a ~ ~	Pente de courbe sensitométrique
straight line portion of a ~ ~	Partie rectiligne de courbe sensito
toe of a ~ ~	Pied de courbe sensitométrique
~ strip	Coin sensitométrique
~ test	Essai sensitométrique
Sensitometry	Sensitométrie *(f)* *(Coll. : Sensito)*
Sensor	Capteur *(m)*
~ response	Temps de réponse capteur
~ system	Groupe capteur
active ~	Capteur actif
contact ~- piezoelectric *(Audio)*	Capteur de contact
optical ~	Capteur optique
passive ~	Capteur passif
Separate (to ~)	Séparer
Sepia *(adj. and noun)*	Sépia *(m)*
Sequel	Film *(m)* tourné suite à un premier film
Sequence	Séquence *(f)*
action ~	Séquence d'action
deleted ~ : Séquence supprimée *(par la censure, par le producteur, etc....)*	
flash back ~ : Séquence en flash-back, Séquence flash-back	
montage ~	Séquence de montage
post-credits ~	Séquence post-générique *(de fin)*
pre-credits ~	Séquence pre-générique *(de début)*
Sequencer	Séquenceur *(m)*
Serial	Feuilleton *(m)* à épisodes
TV ~	Série *(f)* télévisée
3-parts drama ~	Série dramatique en 3 épisodes
Serial digital interface (SDI)	Interface *(m)* numérique série
Serial number	Numéro *(m)* de série
Series	
1) ~	Gamme *(f)*, Échelle *(f)*, Série *(f)*
2) connection in ~ *(Electricity)*	Montage *(m)* en série
3) ~ : *(Désigne un ensemble homogène de films indépendants)*	
detective ~	Série *(f)* policière *(formant une collection)*
drama ~	Série *(f)* dramatique *(formant une collection)*
Server	Serveur *(m)*
video ~	Serveur vidéo
VOD ~	Serveur de vidéo à la carte
Servicing, # *Maintenance, Upkeep*	Entretien *(m)*, Maintenance *(f)*
Servo	Servo
capstan ~	Asservissement du cabestan
drum ~	Asservissement du tambour de têtes

Servocontrol — Asservissement *(m)*, Servocommande *(m)*
Servomechanism, # *Servo* — Servomoteur *(m)*, Servomécanisme *(m)*
Servosystem — Système *(m)* asservi
Session — Séance *(f)*
Set *1)* # *Stage* — Plateau *(m)* *(de tournage)*
  hot ~ — Plateau en cours de tournage
  to be on the ~ — Être sur le plateau
2) # *Scenery* — Décor *(m)* *(plutôt en intérieur)*
  ~ breakdown — Dépouillement des décors
  ~ crew — Équipe de plateau
  ~ design — Décors
  ~ dressing : Habillage d'un décor, Accessoirisation d'un décor
    ~ ~ crew : Équipe en charge d'habiller et d'accessoiriser un décor
  ~ security — Sécurité, Personnel de la sécurité
  ~ (up) day, # *Build day(s)* — Jour(s) de construction des décors
  box ~, # *Four waller* — Décor clos, Décor à quatre murs
  breakaway ~ — Décor destructible *(qui sera détruit, ou cassé, à l'occasion du tournage)*
  cover ~ — Décor de secours
  forced perspective ~ — Décor en perspective forcée
  hot ~ *(US)* : Décor prêt à tourner *(Décor meublé, accessoirisé, dans lequel le tournage a commencé, et qui ne doit plus être ni changé ni dérangé. Personne hormis l'ensemblier et l'accessoiriste n'est autorisé à toucher à un* hot set*)*
  one-way ~ — Décor à un mur
  pratical ~ Décor *(porte, fenêtre, etc.)* en état de marche pendant la prise
  running ~ — Décor récurrent
  see-through ~ — Décor ouvert sur un autre décor
  standing ~ — Décor permanent
  striking of a ~ — Démontage d'un décor
  swing ~ — Décor mobile *(que l'on peut déplacer)*
  three ~ — Décor à trois murs
  to dress a ~ — Dresser un décor, Habiller un décor
  to erect a ~ — Monter \ Construire un décor
  to fix the ~ — Planter un décor
  to set up a ~ — Monter \ Construire un décor
  to strike a ~ — Démonter \ Casser un décor
  two ~ — Décor à deux murs
  undressed ~ — Décor nu, Décor non équipé
  * *Build day, Set(up) day* — Jour de montage des décors
  * *Strike day* — Jour de démontage des décors
3) # *Series* — Série *(f)*, Ensemble *(m)*, Jeu *(m)*
  ~ of sunshade bars — Jeu de tiges parasoleil
  filter ~ , ~ of filters — Série de filtres
  lens ~ , ~ of lenses — Série d'objectifs

Set (to ~) *1)* ~	Afficher
~ the aperture	Afficher le diaphragme
2) # *To Adjust*	Régler
3) ~ upright again	Redresser, Remettre debout
4) ~ fire	Mettre le feu
Set noise	Bruit *(m)* de fond *(d'un appareil)*
Set-top box (STB) *(HDTV)*	Tuner *(m)* convertisseur
digital ~	Tuner convertisseur numérique
Set-up *1)* ~ *(for equipment)* : Montage *(m)*, Installation *(f)*, Mise en place *(f)*	
camera ~ : *a)* Emplacement caméra *(où l'on décide d'installer la caméra)* *b)* Mise en place caméra, Installation de la caméra	
lighting ~	Installation lumière
2) ~ *(for a screenplay)* : Exposition *(f)*, Introduction *(f)*, Ouverture *(f)* *(de l'histoire du film)*	
3) ~ *(for sceneries)*	Implantation *(f)* de décors
Set-up (to ~) *1)* # *To Lay*	Installer, Monter
~ a camera : *a)* Assembler et équiper une caméra – *b)* Placer la caméra	
~ a set	Monter un décor, Planter un décor
2) # *To Fit up*	Disposer, Mettre, Placer
Setting *1)* # *Adjustment*	Réglage *(m)*
shutter ~	Réglage de l'obturateur
2) a) # *Laying out*	Installation *(f)*, Montage *(m)* *(d'appareils)*
b) # *Fitting*	Dispositif *(m)*, Installation *(f)*
3) # *Scenery*	Décor *(m)* naturel en extérieur
4) # *Shooting location*	Lieu *(m)* de tournage d'une séquence
5) # *Film resume* : *(Description (f) sommaire de l'époque et du lieu d'une histoire)*	
Settlement *1)* # *Rule*	Règle *(f)*, Règlement *(m)*
2) *(Accountancy)*	Liquidation *(f)* des comptes
Sexploitation *(US)* : Désigne les films exploitant le sexe d'une façon basse et particulièrement primaire	
Shade *1)* # *Colour*	Coloris *(m)*, Nuance *(f)*
2) # *Shadow*	Ombre *(f)*
lamp ~	Abat-jour *(m)*
Shade (to ~) *1)* ~ a colour	Nuancer une couleur
2) # *To Cast a shadow*	Ombrer, Faire de l'ombre
~ off	Dégrader
Shading *(Dig. Video)*	Lissage *(m)*
Shadow	Ombre *(f)*
drop ~	Ombre portée
eye ~	Ombre à paupières
half ~ , ~ light	Pénombre
hard ~	Ombre dure
soft ~	Ombre douce
to cast a ~	Créer une ombre, Projeter une ombre
Shaft *1)* *(Mechanic)*	Arbre *(m)* *(mécanique)*
cam ~	Arbre à cames

driving ~ — Arbre moteur
2) ~ of light — Filet *(m)* de lumière
Shake, # *Bump* — Secousse *(f)*, À-coup *(m)*
~ proof — Indesserrable, Indéréglable
Shaky, # *Camera shake* — Bougé(e) *(pour une caméra à l'épaule)*
Shape — Forme *(f)*
to take the exact ~ of *sth* — Épouser la forme de *qch*
Share *1) (General meaning)* — Part *(f)*, Quote-part *(f)*
2) # Market share — Part *(f)* d'audience
Share (to ~) — Partager
Sharp *1) # Pointed* — Pointu(e), Aigu(ë)
2) # Precise — Précis(e)
~ focus — Point précis
to stop ~ — S'arrêter net
3) # In focus — Net(Nette), Piqué(e), Défini(e)
~ image — Image nette \ piquée \ bien définie
Sharpening — Amélioration *(f)* du rendu *(m)* des détails
Sharpness *1) ~ (of an image)* : Définition *(f)*, Netteté *(f)*, Finesse *(f)* de résolution
2) *~ (of a lens)* — Piqué *(m)* *(d'un objectif)*
field of ~ — Champ de netteté
lack of ~ : Manque de piqué, Manque de netteté, Manque de définition
Sheath — Gaine *(f)*
flexible ~ — Gaine souple
* *Sheathed cable* — Câble sous gaine
Shedding, # *Deposit* — Dépôt *(m)* *(Coll.* : Gâteau)
Sheer, # *Sheer curtain* (*US*) — Voilage *(m)*, Rideau *(m)* léger *(pour fenêtres)*
Sheet metal — Tôle *(f)* métallique
Sheet (to ~) *sth* over — Bâcher
Shelf *(pluriel* : Shelves) — Étagère *(f)*
Shield — Blindage *(m)*
Shielded — Blindé(e), Anti-parasité(e)
Shielding *(for cables)* — Blindage *(m)* *(des câbles)*
Shift — Décalage *(m)*, Glissement *(m)*
~ lock — Mécanisme de verrouillage
Shift (to ~) — Changer, Décaler, Déplacer
~ *sth* — Changer *qch* de place
~ the focal length — Changer la focale
~ the focus — Changer le point
~ the gear *(on a geared head)* — Changer la vitesse *(d'une tête manivelles)*
~ a setting — Changer \ Modifier un réglage
Shifting — Décalage *(m)*
Shim — Cale *(f)* d'objectif
Shine (to ~) — Briller
~ a light on *sth* : Envoyer de la lumière sur *qch*, Faire briller *qch*
Shiny — Brillant(e), Luisant(e)

Shock — À-coup *(m)*, Choc *(m)*
~ cord — Tendeur de bicyclette
~ proof — Anti-choc
Shoot (to ~) : Tourner *(un film)*, Faire un film, Faire des prises de vues
~ wild — Tourner en son témoin
* *"Ready to shoot !"* — "Prêt à tourner !"
* *To be on a shoot* — Être en tournage, Être sur un tournage
Shooting — *a)* Prise de vue *(f)* - *b)* Tournage *(m)*
~ angle — Angle de prise de vue
~ breakdown — Dépouillement
~ call — Convocation de tournage
~ date — Date de tournage
~ day — Jour de tournage
~ distance — Distance caméra-sujet
~ field — Champ *(de prise de vue)*
~ order — Ordre de tournage des plans
~ permit — Autorisation de tournage
~ on playback, ~ to playback — Tournage en playback
~ range — *a)* Champ de prise de vue, Champ *b)* Limite de champ
~ ratio : *a)* Rapport entre la longueur finale du film et le métrage développé *b)* Nombre de fois la prise
* *Shooting ratio = 3 : 1* — Rapport = 3 fois la prise
~ schedule — Plan de travail
~ script *1)* # *Scenario* — Scénario définitif
2) # *Shot breakdown* : Découpage technique, Scénario portant les indications techniques du réalisateur
~ speed — Vitesse de prise de vue
aerial ~ — Prise de vues aériennes,
beginning of ~ — Premier jour de tournage
completion of ~ — Dernier jour de tournage
day-for-night ~ — Tournage en nuit américaine
frame-by-frame ~ — Tournage image par image
indoor ~ , interior ~ — Tournage en intérieur
live ~ — Tournage en direct
miniature ~ — Prise de vues de maquettes
night-for-night ~ — Tournage de nuit, Tournage la nuit
on-location ~ — Tournage en décors naturels
outdoor ~ , exterior ~ — Tournage en extérieur
"Ready for ~ !" — "Prêt à tourner !"
studio ~ — Tournage en studio
sync sound ~ — Tournage en son synchrone
wild ~ — Tournage en son témoin
Short (to ~) — Court-circuiter
~ out — Mettre hors-circuit

Short-circuit Court-circuit *(m)* *(Plural* : Courts-circuits)

Short-circuit (to ~) Court-circuiter, Mettre en court-circuit

Shorten (to ~) Raccourcir

Shortsighted Myope

Shortsightedness Myopie *(f)*

Shot *1) ~ (in framing)* Plan *(m)*

~ scale (▶ **p 470**) Échelle de plan

* *Fifty-fifty* : Plan à deux personnages *(cadrés de manière équivalente, sans que l'un des deux ne prenne plus d'importance que l'autre)*

2) ~ (for shooting) *a)* Plan - *b)* Prise de vue

<u>Note</u> : Following expressions with the sign (*) can be used with : **Prise de vue** *(f) as well as with :* **Plan** *(m)*

~ analysis Analyse d'un film plan par plan

~ breakdown Découpage technique

~-countershot Champ/contre-champ

~ list Liste des plans

~ number Numéro de plan

~ numbering Numérotation des plans

~ plot : Plan d'un décor *(ou simple croquis, indiquant emplacements caméra, angles de champ, objectifs à utiliser, etc., lors du tournage)*

~-reverse shot Champ/contre-champ

aerial ~ Plan pris d'avion, Prise de vue d'avion

angle ~ Plan fortement angulé

arc ~ : Plan en travelling circulaire *(autour du sujet)*

bridging ~ : *(Plan de liaison de séquences, donnant l'idée du temps qui passe)*

cheat ~ Plan triché

clean ~ Plan sans amorce

complementary two-~s Champ/contre-champ

composite ~ *a)* Plan multi-images, Plan composite
b) Plan en cache/contre-cache

continuity ~ Plan raccord

counter ~ Contre-champ

cover ~ : Plan de sécurité pour l'assurance "Garantie de bonne fin"

crane ~, boom ~ Plan avec mouvement de grue

crowd ~ Plan de foule

cutaway ~ : Plan de coupe de liaison *(entre deux plans ou deux séquences)*

cut-in ~ : Plan de coupe signifiant *(isolant un détail de l'action principale)*

deleted ~ Plan supprimé

detail ~ Plan de détail

dirty ~ *(US)*, # *Overshoulder shot* (OSS) : Plan avec amorce

discovery ~ Plan de découverte

distance ~ Plan d'ensemble

dolly ~, # *Travelling* shot Travelling d'accompagnement

down ~ Plan en plongée

dutch ~ , canted ~ Plan à bulle cassée

effect ~ Plan à effet
effects ~ : Plan truqué, Plan avec trucages, Plan à effet spéciaux
establishing ~ : Plan de situation \ d'installation *(de l'action principale)*
eye level ~ , eye-line ~ Plan à hauteur d'oeil
fast motion ~ : Plan toumé à vitesse lente *(pour obtenir un accéléré au final)*
file ~ Plan provenant d'images d'archives
follow ~ Plan en travelling d'accompagnement
following ~ Plan d'accompagnement, Suivi
frame by frame ~ Plan image par image (*)
grabbed ~ : Plan à l'arrache, Plan à la pogne, Plan volé, Plan à la volée
hand-held ~ *a)* Plan à la main - *b)* Plan à l'épaule
head-on ~ : *(Type de plan utilisé plus particulièrement en cinéma en relief, dans lequel l'action semble foncer sur le spectateur)*
high angle ~ , high ~ Plan en plongée (*), Plongée
extreme ~ ~ Plan en forte plongée
high speed ~ : Plan tourné à grande vitesse *(pour obtenir un ralenti au final)*
in ~ À la prise de vue
insert ~ *a)* Insert - *b)* Plan de raccord
insurance ~ Plan pour les assurances
integral ~ Plan séquence
location ~ Prise de vue en décors naturels
locked down ~ , lock down ~ Plan fixe, avec tête caméra verrouillée
long ~ Plan longue focale
loose ~ Plan cadré large
low-angle ~ , low ~ Plan en contre-plongée (*)
extreme ~ ~ Plan en forte contre-plongée
master ~ Plan général de la séquence
matte ~ Plan en cache/contre-cache
mirror ~ Plan pris dans un miroir
mismatched ~ Plan avec un faux-raccord
money ~ , payoff ~ *(US)* Plan cher, Plan "où passe l'argent"
moving ~ Plan en mouvement
mute ~ Plan muet
opening ~ *a)* Premier plan du film
b) Plan d'ouverture de séquence
overshoulder ~ (OSS) Plan avec amorce
pack ~ *(Commercials)* : Plan produit, Plan paquet,
Plan d'identification du produit [CGTN – 2000]
painted glass ~ Plan avec glace peinte
pan ~ Plan en panoramique
pick-up ~ *1)* ~ *(part of a shot)* Pick-up, Plan pick-up
** Pick up from…* Pick-up depuis…
2) # Pick Ups : (Plans nécessaires au montage du film, manquants ou oubliés, et tournés après la fin du tournage)
point of view ~ : Plan du point de vue de *qn*, Plan subjectif de *qn*

process ~	Plan avec transparence (*)
protection ~	Plan de sécurité
pull back ~	Plan en travelling arrière
reaction ~	Plan de réaction
reestablishing ~	Retour au plan d'ensemble
reverse ~	Contre-champ, Raccord à 180°

running ~ : Plan en mouvement accompagnant un personnage

sequence ~	Plan séquence

slow motion ~ : Plan tourné à grande vitesse *(pour obtenir un ralenti au final)*

sound ~	Plan sonore (*)
special effects ~	Plan truqué
still ~	Plan fixe
stock ~	Plan d'archives
stop motion ~	Plan image par image par intervalle (*)
test ~	Bout d'essai
time lapse ~	Plan image par image par intervalle (*)

to strike a ~ : Casser un plan *(et passer à la préparation du plan suivant)*

top ~	Plan surplombant à la verticale
tracking ~	Plan en travelling
transparency ~	Plan avec transparence
traveling ~ (US)	Plan en travelling
trucking ~ (US)	Plan en travelling depuis une voiture
ultra-high speed ~	Prise de vue ultra-rapide
underwater ~	Prise de vue sous-marine
up-side down ~	Plan tourné caméra à l'envers
wide ~	Plan large
wild ~	Plan non synchrone
zoom ~	Plan avec zoom
Shoulder	Épaule *(f)*
~ of a sensitometric curve	Épaule de courbe sensitométrique
~ pod, ~ brace	Crosse d'épaule
Show (to ~) *1) ~ sth*	Montrer *qch*
2) ~ a film	Projeter un film
Show reel, # *Demo*	Bande *(f)* de démonstration, Bande démo

Showcase : *(Opération promotionelle consistant en quelques projections organisées dans les meilleurs conditions possibles)*

Showcase (to ~) : Vanter les mérites, Faire valoir les qualités *(d'un film)*

Shower curtain (US) : *(Type de "jupe" pour projecteur, en matière plastique translucide, servant à adoucir et diffuser la lumière)*

Showing : Séance *(f)* *(d'un film en salle)*, Passage *(m)* *(d'un programme à la télévision)*

first ~	Première d'un film
single ~	Projection unique
Shrink (to ~)	Rétrécir
Shrinkage	Rétrécissement *(m)*
film ~	Retrait *(m)* du film

Shunt	Shunt *(m)*
* *Shunting device*	Dérivateur *(m)*
Shunt (to ~)	Shunter, Mettre en dérivation
Shut (to ~)	Fermer
Shut down (to ~) *(a computer)*	Éteindre *(un ordinateur)*
Shut-off	Arrêt *(m)*
Shutter	Obturateur *(m)*
~ angle	Angle d'obturation, Angle de l'obturateur
~ blade	Pale d'obturateur, Lame d'obturation
~ blur	Filé d'obturateur
~ dissolve	Fondu à l'obturateur
~ opening	Ouverture de l'obturateur
to open the ~ ~	Ouvrir l'angle d'obturation
to reduce the ~ ~	Réduire l'angle d'obturation
~ setting	Réglage de l'obturateur
~ speed	Vitesse d'obturation
adjustable ~	Obturateur réglable
alternating ~	Obturateur alternatif
angle of ~ aperture	Angle d'ouverture de l'obturateur
blade ~	Obturateur à pale
blade of the ~	Pale de l'obturateur
capping ~	Obturateur image par image
disk ~	Obturateur à disque
dissolving ~	Obturateur à fondu
double blade ~	Obturateur à double pale
drum ~	Obturateur à tambour \ à barillet
electronic ~	Obturateur électronique
flicker blade ~	Obturateur à pale de scintillement
fixed ~	Obturateur fixe
iris ~	Diaphragme iris, Iris
leaf ~	Obturateur à pales
mirror reflex ~	Obturateur reflex à miroir
mirrored ~	Obturateur à miroir
oscillating ~	Obturateur oscillant
prism ~	Obturateur à prisme
reflex ~ : Obturateur reflex, Obturateur à miroir	
revolving ~ , rotating ~	Obturateur tournant
stop with the ~ in the viewing position : Arrêt de l'obturateur en position visée	
to close the ~	Fermer l'obturateur
to open up the ~	Ouvrir l'obturateur
to reduce the ~	Réduire l'obturateur
two bladed ~	Obturateur bipale
variable ~	Obturateur variable
variable aperture ~ : Obturateur à ouverture variable \ à pales variables	

Siamese *(US) (Electricity)*	Vipère *(f)*
Sibilance	Sibilance *(f)*, Sifflantes *(f)*
Sibilant	Sifflant(e)
Side *1)* ~	Côté *(m)*, Face *(f)*
~ by ~	Côte à côte
~ face	Profil *(du visage humain)*
~ of a triangle \ a square \ etc.	Côté d'un triangle \ d'un carré \ etc.
back ~	Dorsale, Côté support
base ~	Côté support
dull ~	Côté mat
emulsion ~	Côté émulsion
feed ~	Côté débiteur
glossy ~	*a)* Côté brillant – *b)* Côté support
inner ~	Face interne
left ~	Côté gauche
opposite prompt ~ , # *Stage right* :	Côté jardin
outer ~	Face externe
prompt ~ , # *Stage left*	Côté cour
right ~ *1)* # *Good side*	*a)* L'endroit - *b)* Le bon côté
2) # *Side on the right*	Côté droit
supply ~	Côté débiteur
take-off ~	Côté débiteur
take-up ~	Côté récepteur
up ~ down	À l'envers *(le bas en haut)*
wrong ~	Mauvais côté
wrong ~ out	À l'envers, L'intérieur à l'extérieur
2) # *From the side*	Latéral(e)
~ drift *(of a zoom)*	Dérive latérale *(d'un zoom)*
~ band	Bande latérale
~ light	Lumière latérale, Lumière frisante
3) # *Profile*	Profil *(m)*
~ face	Profil *(du visage humain)*
~ view	Vue de profil
best ~	Meilleur profil
Sidewards	Latéralement
Sight	Vue *(f)*, Vision *(f)*
~ line	Ligne de regard
at first ~	À première vue
in ~	En vue
on ~	À vue
within ~	À portée de vue
* *Far-sighted, Long-sigthed*	Presbyte
* *Near-sighted, Short-sighted*	Myope
Sight (to ~)	Viser *qch*
* *To Have sth in view*	Avoir *qch* en point de mire

Signal	Signal *(m)*
~ level	Niveau de signal
~ processing	Traitement du signal
~-to noise ratio, *# S/N ratio*	Rapport signal sur bruit
analog ~	Signal analogique
audio ~	Signal audio
balanced line ~ : Signal symétrique	*(Transporté sur un câble à trois fils)*
blanking ~	Signal de suppression
camera output ~	Signal de sortie de la caméra
carrier ~	Signal de porteuse *(TV)*
chroma ~	Signal de chrominance
colour ~	Signal de chromaticité
component ~	Signal en composantes
composite ~	*a)* Signal mixte - *b)* Signal composite
composite colour ~	Signal couleur composite
composite video ~	Signal vidéo composite
compressed ~	Signal compressé
digital ~	Signal numérique
distortion-free ~	Signal exempt de distorsion
electric ~	Signal électrique
electronic ~	Signal électronique
faulty ~	Signal erroné
incoming feed ~	Signal d'entrée
input ~	Signal d'entrée
luminance ~	Signal de luminance
modulated ~	Signal modulé
output ~	Signal de sortie
picture ~	Signal image
pilot tone ~	Signal pilote
recording ~	Signal d'enregistrement
recovered ~	Signal récupéré
shading ~ *(TV)*	Signal compensateur
sinusoidal ~	Signal sinusoïdal
sound ~	Signal son
sub-carrier ~ *(TV)*	Signal sous-porteuse
sync reference ~ *(TV)*	Signal de synchronisation
sweep ~ *(TV)*	Signal de balayage
test ~	Signal de test
time base ~	Signal de base temps
video ~	Signal vidéo
Y ~	Signal de luminance
* *Camera output*	Signal de sortie de la caméra
* *Field information*	Signal de trame vidéo
* *Square wave*	Signal carré
* *Sync reference (TV)*	Signal de synchronisation

Signified *(Semiotics)* — Signifié *(m)*
Signifier *(Semiotics)* — Signifiant *(m)*
Silent — *a)* Muet(Muette) - *b)* Silencieux(-ieuse)
Silhouette — Silhouette *(f)*
~ effect — Silhouettage *(m)*, Effet *(m)* de silhouette
Silk — Soie *(f)*
Silver — Argent *(m)*
~ halides — Halogénures d'argent
~ iodide — Iodure d'argent
~ nitrate — Nitrate d'argent
~ salts — Sels d'argent
Silvered, # *Silvery* — Argenté(e)
Simplify (to ~) — Simplifier
Simulation — Simulation *(f)*
Simulcast : Diffusion *(f)* simultanée d'un même programme au format 4:3 et au format16:9, Diffusion multisupport [CGTN – 2005]
Simultaneous : *a)* Simultanément – *b)* Simultanné(e) *(adj.)*
Sine *(Dimin. de* Sinusoidal *)* — Sinusoïdal(e)
Single *1) # Unique* — *a)* Unique - *b)* Mono
~ frame — Image par image
~-phase — Monophasé
~ shot unit — Boîtier de prise de vues image par image
2) # Single shot : Plan rapproché qui isole un seul personnage
Sinusoidal — Sinusoïdal(e)
Sit (to ~) — S'asseoir
* *To Be sitting* — Être assis
Sitcom = Situation Comedy — Comédie *(f)* de situation [CGTN – 2005]
Site *1) # Place* — Emplacement *(m)*, Lieu *(m)*
on ~ — Sur place, Sur les lieux
2) # Internet site — Site *(m)*
~ visit — Visite d'un site
Internet ~ , # *Website* — Site Internet
to visit a ~ , # *To Go onto a website* : Visiter un site, Aller sur un site Internet
Sixer (*US*), *Sevener, Eighter, …* — Cinéma multiplexe de 6, 7, 8 salles, …
Size *1) # Dimension* — *a)* Dimension *(f)* - *b)* Grandeur *(f)*, Taille *(f)*
full ~ , life ~ — Grandeur nature
odd ~ — Taille spéciale, Taille non standard
real ~ — Grandeur réelle, Taille réelle
2) frame ~ — Format *(m)* de l'image
3) # Gauge — Format *(m)* de la pellicule
standard ~ — Format standard
substandard ~ — Format substandard
Sizzle, # *Sizzling* — Grésillement *(m)*, Friture *(f)*
Sked *(diminutif pour* Schedule) — Plan *(m)* de travail
Sked (to ~) — Programmer, Prévoir *(au calendrier)*

Sketch — Croquis *(m)*, Maquette *(f)* dessin
  rough ~ — Croquis *(m)*, Ébauche *(f)*
Skew *1) (Tape transport)* — Réglage *(m)* de la tension de bande
  2) (Video artefact) : Inclinaison *(f)* des verticales dans le haut de l'image *(due à une dérivation de la bande son par rapport à l'axe des têtes)*
Skid — Triangle roulant *(m)*
Skidding — Glissement *(m)*
Skin — Peau *(f)*
  ~ tone, # *Flesh tone* — Ton chair
Skin (to ~) a wire — Dénuder un fil électrique
Skinflick, # *Soft porno* : Film de fesse, Film de cul, Porno soft, Film érotique
Skip frame, # *Fast motion* : Accéléré *(m)* *(Suite à un tournage à vitesse normale, effet d'accéléré obtenu en supprimant des images, appelées :* skip frames*)*
Skyline — Horizon *(m)*, Ligne *(f)* d'horizon
Sky pan — Large projecteur *(m)* de 5 kw ou 10 kw
Slack — Jeu *(m)* mécanique néfaste
  to give some ~ — Donner du jeu, Donner du mou
  to take up the ~ — Rattraper le jeu d'une courroie
Slack off *sth* (to ~) — Donner du jeu, Donner du mou
  ~ a belt — Détendre une courroie
Slapstick *(Litt.:* "Coup de bâton") : Comédie *(f)* burlesque *(telles que celles de Charlie Chaplin, Buster Keaton, Laurel et Hardy, etc.)*
Slasher movie — Film *(m)* d'horreur sanglant
Slate (**▶ p 406**) — Clap *(m)*, Claquette *(f)*
  ~ number — Numéro de clap
  automatic ~ — Claquette électronique
  end ~ — Clap de fin
  head ~ — Clap de début
  tail ~ — Clap de fin
  to chalk the ~ — Écrire le clap à la craie
  upside down ~ — Clap à l'envers, Clap de fin
Slate (to ~) a shot : Faire le clap, Clapper un plan, Identifier un plan
Slave *(adj.)* — Asservi(e), Esclave
Slave *(noun)* *(Video)* — Magnétoscope *(m)* asservi
Sleeper, # *Underdog* (US) : Succès *(m)* contre toute attente, Succès inespéré
Sleeping partner, # *Silent partner* : Commanditaire *(m)*, Investisseur *(m)* minoritaire *(Non autorisé à intervenir dans les aspects artistiques et/ou commerciaux)*
Slew (to ~) — Orienter
  ~ *sth* around — Pivoter, Faire pivoter
Slice and dice — Film *(m)* gore
Slice of life — Tranche *(f)* de vie
Slide — Diapositive *(f)* *(Coll. :* Diapo *)*
  ~ projector — Projecteur de diapositives
  round ~ tray projector : Projecteur de diapositives à panier circulaire
Slide (to ~) — Coulisser, Glisser

Slider Curseur *(m)*
Sliding Coulissant(e), Glissant(e)
~ friction Frottement *(m)*
Slip (to ~) Déraper, Glisser
Slippage Glissement *(m)*
Slipper guide Glissière *(f)* de guidage
Slipping, # *Slippery* Dérapant(e), Glissant(e)
Slit Fissure *(f)*, Fente *(f)*
Slope of a sensitometric curve Pente *(f)* d'une courbe sensitométrique
Slot *1)* # *Groove* Fente *(f)*, Entaille *(f)*, Rainure *(f)*
to put sth into a ~ Insérer *qch* dans une rainure
2) ~ *(in a screw head)* Fente *(f)*, Encoche *(f)* *(dans une tête de vis)*
3) *(TV)* Créneau *(m)* horaire, Case *(f)* horaire
prime time ~ : Créneau de grande audience \ de première diffusion
4) ~ *(Film distribution)* : Date *(f)* de programmation de la sortie en salles
Slot (to ~) *a)* Rainurer - *b)* Tailler une fente
Slow *a)* Lent(e) - *b)* Ralenti(e)
Slow burn humour Humour *(m)* à retardement
Slow down (to ~) (▶ p 336) Ralentir
Slow in : Départ *(m)* en douceur *(pour un mouvement de caméra)*
Slow out : Arrêt *(m)* en douceur *(pour un mouvement de caméra)*
Slug : Formulation *(f)* abrégée et accrocheuse *(construite sur le titre du film)*
~ line, # *Master scene headings* : En-tête *(f)* de séquence *(dans un scénario, donnant des indications abrégées de lieu et de temps : Hall - INT./JOUR, Gare - EXT-Nuit, etc.)*
Small Petit(e)
Smear *(Video)* : Traînage *(m)* *(sur un tube cathodique, dû à la rémanence de l'image d'un sujet très lumineux ou d'une source de lumière intense)*
Smear (to ~) with *sth* Enduire de *qch*, Enduire avec *qch*
Smearing *(Video)* : Imprécision du contour vertical, Estompage des contours
Smile Sourire *(m)*
Smile (to ~) Sourire
Smoke Fumée *(f)*
~ bomb Fumigène *(m)*, Bombe *(f)* de fumigène
~ machine, ~ gun, # *Hazer* Machine à fumée
a puff of ~ Un petit coup de fumée
Smooth *1)* # *Plain* Lisse, Uni(e), Poli(e)
2) # *Regular* Régulier(-ière), Sans à-coups
Smooth (to ~) Lisser, Aplanir, Adoucir
Smoothing *(Dig. video)* : Lissage *(m)* *(Adoucissement de l'image par fabrication d'une moyenne entre un pixel et les pixels voisins)*
Smother (to ~) a fire Éteindre un feu, Étouffer un feu
Smuding Estompage *(m)*
Snap hook Mousqueton *(m)*
Snapshot *(Audio)* Photographie *(f)* d'un état de console

Sneak, # *Sneak preview* : Avant-première *(f)* privée *(parfois confidentielle, en vue :*
a) d'évaluer les réactions du public et finaliser le montage
b) de cerner la politique de distribution et de publicité
c) d'éveiller l'intérêt du public dans la future zone d'exploitation)

Snoot, # *Funnel*	Nez *(m)* *(de projecteur)*, Cône *(m)*
Snow *(Video)*	Neige *(f)*, Bruit *(m)* de fond
Snuff out (to ~) a fire	Éteindre un feu, Étouffer un feu
Soap opera (▶ **p 405**)	Soap opéra *(m)*
Socket *1) # Lamp holder*	Douille *(f)* *(d'ampoule électrique)*
bayonet ~	Douille à baïonnette
2) # Outlet	Prise *(f)* femelle
plug ~	Prise de courant femelle
wall ~	Prise murale
Soft	Doux (Douce)
Soft floor *(Business)* : Minimum *(m)* non garanti, Commission *(f)* variable	
Soften (to ~)	Adoucir
~ a colour	Éteindre une couleur
~ the contrast	Adoucir le contraste
~ the light	Adoucir la lumière
Softening	Adoucissement *(m)*
Software	Équipement *(m)* en logiciels *(m)*
Solarization	Solarisation *(f)*
Solid	Solide
Solo *(Audio)*	Solo *(m)*
Soluble	Soluble
Solution, *# Bath*	Bain *(m)*
developing ~	Bain de développement
dye ~	Bain colorant
fixing ~	Bain fixateur, Bain de fixage
Solvent	Solvant *(m)*, Dissolvant *(m)*
Sone *1) (Sone unit)*	Sone *(m)* *(Unité de sonie)*
2) ~	Sonie *(f)*
Sonogram	Sonogramme *(m)*
Sonograph	Sonographe *(m)*
Sonometer	Sonomètre *(m)*
Sonority	Sonorité *(f)*
Sonorous	Sonore *(adj.)*
~ voice	Voix timbré(e)
Soppy	Mélo *(m)* à l'eau de rose
Sound	Son *(m)*
~ ambience	Ambiance sonore
~ archives	Sonothèque, Phonothèque
~ assistant	Assistant(e) son
~ background	Fond sonore
~ blank, ~ break	Trou au son, Trou sonore, Blanc au son

~ bridge *(Litt. : "Pont sonore") : (Fait référence à une liaison sonore entre deux séquences, le son de la fin de la 1ère courant sur le début de la 2ème)*

~ check	Faire la balance
~ control room	Régie son
~ department	Équipe son

~ designer : Concepteur son, Directeur artistique du son

~ displacement	Décalage entre le son et l'image
~ distortion	Distorsion du son
~ editing	Montage son
~ effects (SFX)	Effets sonores, Bruitages
~ ~ library	Sonothèque bruits
~ ~ track	Bande d'effets sonores
~ equipment	Matériel son
~ fade	Fondu au son
~ field	Champ sonore
~ film	*a)* Film sonore - *b)* Film parlant
~ filter	Filtre audio, Filtre son
~ generator *1)* ~	Générateur de sons
2) # Expander	Expandeur, Extenseur

~ insulation : Insonorisation, Isolation acoustique *(local, studio, audi, etc.)*

~ intensity	Intensité sonore
~ level	Niveau sonore, Niveau de son
~ library	Sonothèque
~ log	Rapport son
~ mixer	Console de mélange
~ mixing	Mixage
~ ~ console	Console, Table de mixage
~ negative	Négatif son
~ overlapping, ~ overlap	Chevauchement de sons
~ perspective	Perspective sonore
~ picture	Image sonore
~ power	Puissance sonore
~ proof	Insonorisé(e)

~ proofing : Insonorisation *(d'une caméra, d'une machine, etc.)*

~ propagation	Propagation du son
~ recorder	Magnétophone
digital ~ ~	Magnétophone numérique
~ recording	Enregistrement du son
~ recordist	Preneur de son, Chef opérateur du son
~ reel	Bobine son
~ release negative	Négatif son définitif
~ rendition	Rendu sonore, Reproduction du son
~ report	Rapport son
~ restitution	Restitution \ Reproduction du son
~ scape *(Dimin. de* Landscape*)*	Paysage sonore

~ stage	Plateau insonorisé
~ stripe	Piste son couchée
~ studio, # *Recording studio*	Auditorium *(Coll.* : Audi)
~ take	Prise son
* *Live take*	Prise de son synchrone
* *Wild take*	Prise de son en son seul
~ tape	Bande magnétique son, Pellicule son
~ test	Essai de son
~ track	Piste son, Piste sonore
~ ~ advance	Avance du son, Avance sonore
variable area ~ ~	Piste son à surface variable
variable density ~ ~	Piste son à densité variable
~ transfer	Repiquage son
~ trap	Pièges à sons
~ volume	Volume sonore
~ workprint	Copie de travail son
actual ~	Son direct
ambience ~	Son d'ambiance
ambient ~	Son ambiant
contrapuntal ~	Son en contrepoint
deep ~	Son grave
diegetic ~ : Son diégétique *(dont la source est réelle et montrée à l'image)*	
digital ~	Son numérique
~ ~ recording	Enregistrement numérique du son
direct ~	Son direct
dull ~ , # *Thud*	Son mat, Bruit sourd
environmental ~	Son ambiant
harmonic ~	Son harmonique
high-pitched ~	Son aigu
inharmonic ~	Son inharmonique
jarring ~	Son discordant
live ~	Son direct
location ~	Son d'ambiance *(caractérisant un lieu)*
loop ~	Son en boucle
low-pitched ~	Son grave
magnetic ~	Son magnétique
married ~ : Piste sonore indissociable de l'image correspondante	
multi-track ~	Son multi-piste
narration ~	Commentaire en voix off
nondiegetic ~	Son non-diégétique *(extérieur au récit)*
off-screen ~	Son hors-champ
optical ~	Son optique
original ~ track, # *Original score*	Bande originale du film (BOF)
pilot tone ~	Son piloté
resonance ~	Résonance

speed of ~ *(770 miles per hour)* — Vitesse du son *(300 mètres par seconde)*

stereophonic ~ — Son stéréophonique

stock — Son d'archives

surround ~ : *(Procédés créant une illusion de volume sonore, tels que les procédés Dolby ®, DTS ®, THX ®)* (*THX ®* ▶ p 405)

synchronous ~ — Son synchrone

to bring up the ~ — Monter le son

to turn down >< up the ~ — Baisser >< Monter le son

wild ~ — Son seul

Source *(Light ~)* — Source *(f)* *(de lumière)*

primary ~, main ~ >< secondary ~ : Source principale >< secondaire

to feel the ~ — Sentir la source

* *No source of motivated light* — Pas de source justifiée

Space — Espace *(m)*, Intervalle *(m)* d'espace

Spares, Spare part — Pièce *(f)* de rechange

Sparkles : Marques *(f)* et traînées *(f)* blanches dues à des saletés déposées sur le film lors du développement

Sparklies : Parasites *(m)* dans la transmission d'un signal par satellite

Spatialisation *(Audio)* — Spatialisation *(f)*

Speak (to ~) — Parler

~ louder >< ~ more quietly — Parler plus fort >< moins fort

~ out, ~ up — Parler à haute voix

* *Roughly speaking* — En gros, Dans les grandes lignes

Speaker enclosure — Enceinte *(f)* acoustique

full-range ~ — Haut-parleur *(m)* à gamme étendue

Spec (On ~) : *(Toutes les expressions telles que* : Spec script, On spec screenplay, etc., *sont construites sur le diminutif du mot :* speculation *qui exprime l'idée de travail accompli sans aucune assurance d'aboutir ou bien d'être rémunéré, et donc d'être rentable)*

Specials effects (FX) — Effets spéciaux *(m)*, Trucages *(m)*

~ generator (SEG) — Générateur d'effets spéciaux

Speck, # *Dot, Spot* : Tache *(f)*, Saleté *(f)*, Grain *(m)* de poussière

Speckle *1) # Dirt* — Saleté *(f)*, Moucheture *(f)*

2) # Granularity — Granularité *(f)*

Speckling *1) ~ (for paper print)* — Petites saletés *(f)* *(formant des points noirs)*

2) (Video) : Pixel *(m)* anormalement allumé dans une zone sombre de l'écran

Spectacle film — Film *(m)* à grand spectacle

Spectral — Spectral(e)

Spectrum — Spectre *(m)*

~ analysis — Analyse spectrale

~ density — Densité spectrale

~ lines — Raies spectrales

~ of sensitivity — Spectre de sensibilité

~ response — Courbe spectrale

~ width — Largeur spectrale

~ with rays | Spectre de raies
absorption ~ | Spectre d'absorption
audible ~ | Spectre audible
band ~ | Spectre de bandes
colour of the ~ | Couleur du spectre \ spectrale
continuous ~ | Spectre continu
luminous ~ | Spectre lumineux
visible ~ | Spectre visible

Specular | Spéculaire

Speed *1) # Running speed* : Vitesse *(f)* caméra, Cadence *(f)* de prise de vue

~ change : Changement de vitesse, Changement de cadence de prise de vue
~ control | Boîtier vitesse variable
~ control box | Boîtier de changement de vitesse
~ display | Affichage de la vitesse
~ flutter | Fluctuation de vitesse
~ indicator, ~ checker | Indicateur de vitesse
~ ramp | Variation de vitesse à la prise de vue
~ regulator | Régulateur de vitesse
~ selector | Sélecteur de vitesse
~ up action | Accéléré *(noun)*
high ~ (HS) | Grande vitesse (GV)
~ ~ motion | Prise de vue à grande vitesse
~ ~ unit | Boîtier grande vitesse
precision ~ control | Boîtier vitesse variable à haute précision
running ~ | Vitesse de défilement
shooting ~ | Vitesse de prise de vue
synchronous ~ | Vitesse synchrone
ultra high ~ | Ultra rapide
variable ~ | Vitesse variable

2) # Velocity | Vitesse *(f)*

~ of reading *(for someone reading)* | Vitesse de lecture *(pour quelqu'un qui lit)*
angular ~ | Vitesse angulaire
constant ~ | Vitesse constante
high ~ | Vitesse rapide
linear ~ | Vitesse linéaire
panning ~ | Vitesse de panoramique
playback ~ *(for a tape reader)* : Vitesse de lecture *(d'un lecteur à bandes)*
rated ~ | Vitesse de régime
rotary ~ | Vitesse de rotation
slow ~ | Vitesse lente

3) # Emulsion speed | Sensibilité *(f)*, Rapidité *(f)*

~ rating | Indice de sensibilité
exposure ~ , emulsion ~ | Sensibilité de pellicule
high ~ *a) (adj.)* : Sensible, Rapide - *b) (noun)* : Haute sensibilité
high ~ film | Pellicule sensible, Émulsion rapide

low ~ — Faible sensibilité
normal ~ — Sensibilité normale
slow ~ film — Pellicule peu sensible
4) (for lenses) — Luminosité *(f)*
lens ~ — Luminosité d'un objectif
high ~ lens — Objectif lumineux
5) # Pace — Allure *(f)*
at full ~ — À toute allure

Speed-up (to ~) — Accélérer
Speedometer — Tachymètre *(m)*, Indicateur *(m)* de vitesse
Spherical — Sphérique
Spider — Triangle *(m)*
rolling ~ — Triangle roulant
Spigot — Embout *(m)*
Spike : Sujet *(m)* rejeté ou abandonné *(auquel on renonce et qui ne sera pas utilisé)*
Spike (to ~) : Faire avorter *(un projet auquel on a renoncé)*
Spill *1) # Spill light* : Mouche *(f)* de lumière, Fuite *(f)* de lumière
gel reflection ~ , *# Kick back on the gel* : Mouche de lumière réfléchie par une gélatine placée devant un projecteur
2) (US) : *(Dans les cinémas permanents, et entre deux séances, désigne le nombre de sièges que laissent vacants les spectateurs qui quittent la salle avant que les nouveaux spectateurs n'entrent)*
Spin-off : Version dérivée [CGTN – 2005] *(Adaptation pour la télévision d'un film ayant été un grand succès commercial au cinéma)*
Spindle *1) # Shaft* — Arbre *(m)* mécanique
2) ~ (in a magazine) — Axe *(m)* de magasin
square ~ — Axe carré pour flasques
~ ~ with a round center — Axe carré pour flasques avec un adaptateur pour noyau
Spinning-disc deflector — Hublot *(m)* tournant
Spirit level — Niveau *(m)* à bulle
Spit-take : *(Effet comique d'un personnage qui, un verre à la main, effectue un double take, en même temps qu'il recrache ce qu'il est en train de boire)*
Splatter — Film *(m)* d'horreur
Splice *1) (Editing)* — Collure *(f)*
bevel ~ , diagonal ~ — Collure en biais
butt ~ — Collure au Scotch®
butt-weld ~ , hot ~ — Collure à chaud
cement ~ — Collure à la colle
invisible ~ — Collure invisible
negative ~ — Collure négative
positive ~ — Collure positive
straight ~ — Collure droite
taped ~ — Collure au Scotch®
2) (Electricity) — Épissure *(f)*, Raccordement *(m)*

Splice (to ~) *1) (Editing)* Coller *(deux plans au montage)*
2) (Electricity) Faire une épissure
Splicer Colleuse *(f)*, Presse *(f) (de montage)*
hot ~ Colleuse à chaud
Splicing Collage *(m) (de morceaux de pellicule)*
Split ~ day Mixte *(f)*, Journée *(f)* de tournage en mixte
~ diopter Demi bonnette *(f)*, Demi-dioptrie *(f)*
~ line : *(Division de l'écran en 2 parties permettant l'affichage d'une image d'origine avec l'image modifiée, étalonnée, redimensionnée, etc.)*
~ screen Écran divisé
Split (to ~) *1) # To Separate* Diviser, Partager, Séparer
2) # To Decompose Décomposer
~ an action Décomposer une action
~ the light Décomposer la lumière
~ a movement Décomposer un mouvement
Splitter *1) # Separator* Séparateur *(m)*, Répartiteur *(m)*
~ box Coffret de distribution *(d'électricité)*
beam ~ Séparateur de faisceaux lumineux
2) (Audio) Boîtier *(m)* de scène
Spoiler,# *Twist ending (US)* : Clef *(f)* \ Dénouement *(m)* d'un film à ne pas dévoiler
~ alert *(US)* : Invitation à ne pas dévoiler la fin d'un film
Spoking : *(Type de déformation causée par le retrait de la pellicule, affectant les très vieilles galettes de film comme celles, par exemple, des vieilles copies retrouvées dans un état de début de décomposition)*
Sponsor : Mécène *(m)* [CGTN – 2000], Sponsor *(m)*, Commanditaire *(m)*
Sponsoring, # *Sponsorship* Mécénat *(m)* [CGTN – 2000], Parrainage *(m)*
Spool Flasque *(m)*
daylight loading ~ Flasque pour chargement au jour
take-off ~ Flasque débiteur
take-up ~ Flasque récepteur
supply ~ Flasque débiteur
Spot Point *(m)*, Tache *(f)*
~ shadow *(Video)* : Atténuation locale de la luminance de l'image
blind ~ Angle mort, Point aveugle
flare ~ Tache de lumière parasite
flying ~ *a)* Spot analyseur - *b)* Spot mobile
hot ~ Point chaud *(de lumière)*
light ~ Tache de lumière, Point chaud
scanning ~ Spot explorateur
Spot (to ~) : *a)* Tacher, Tacheter – *b)* Focaliser, Serrer un projecteur
Spotlight, # *Spot* : Projecteur *(m)* focalisable à lentille de Fresnel
follow ~ Projecteur de poursuite
lens ~ Projecteur à lentille
plano-convex ~ Projecteur lentille plan-convexe
profile ~ Découpe, Projecteur à découpes

Spotmeter	Spotmètre *(m)*
Spotrail	Passerelle *(f)*
Spotting *1)* light ~	Concentration *(f)* de la lumière
2) # Recces, Survey	Recherche *(f)* \ Repérage *(m)* des décors
Spread, *# Spreading*	Étalement *(m)*
beam ~	Étalement du faisceau
Spread (to ~) *1)* ~ out	Étaler, Déployer, Répandre
~ with *sth*	Recouvrir de *qch*
2) ~ out the light	Diffracter \ Disperser la lumière
Spreader	Étoile *(f)*, Triangle *(m)*, Araignée *(f)*
rolling ~	Triangle roulant
Spring	Ressort *(m)*
~ drive	Entraînement par ressort
~ driven	Actionné(e) par ressort
~ hook	Crochet de ressort
~ leaf, ~ plate	Lame de ressort
~ loaded	Actionné(e) par ressort, À ressort
coil ~	Ressort en spirale
drawback ~, return ~	Ressort de rappel
Sprocket *1)* ~	Tambour *(m)* denté, Pignon *(m)*
~ drive	Entraînement par pignon
~ guide, *# Sprocket roller*	Pignon denté
~ hole	Perforation
~ tooth	Dent de tambour
~ wheel	Roue dentée, Couronne dentée
driving ~	Tambour d'entraînement
wind-up ~	Tambour d'enroulement
2) ~ *(in a magazine)*	Débiteur *(m)* denté
feed ~ , take-off ~	Débiteur denté côté débiteur
take-up ~	Débiteur denté côté récepteur
Sputter (to ~) *(Electricity)*	Crépiter *(pour un contact électrique)*
Square	
1) (noun)	Carré *(m)*
2) (adj.) a) # Square shaped	Carré(e), De forme carrée
b) # At right angle	D'équerre

Square *sth* (to ~) *1) # To put sth at right angle* : Mettre *qch* d'équerre
2) ~ *(numbers)* : Élever au carré (*10 squared* =10 au carré, Le carré de 10)

Squaring	Quadrillage *(m)*
Squeeze	*a)* Compression *(f)* - *b)* Anamorphose *(f)*
~ ratio	Coefficient d'anamorphose
Squeeze (to ~)	*a)* Compresser - *b)* Anamorphoser
Squib	Détonateur *(m)* pour impacts de balles
Stability	Stabilité *(f)*
Stabilizer	Stabilisateur *(m)*
Stabilizing system	Système *(m)* stabilisateur

Stack	Tas *(m)*, Pile *(f)*
Stack up (to ~)	Empiler, Entasser, Faire un tas
Staff	Personnel *(m)*
Stage *1) (Theatre)*	Scène *(f)* *(d'un théâtre)*
~ fright	Trac
~ left *(from on stage actor's pov)*	Côté jardin *(du point de vue de la scène)*
~ right *(from on stage actor's pov)*	Côté cour *(du point de vue de la scène)*
2) ~ *(for film shooting)*	Plateau *(m)* *(de tournage\ de prises de vues)*
~ box, # *Distribution box*	Boîte de distribution à 6 prises
~ brace, # *Strut*	Béquille de feuille de décor
~ setting	Implantation d'un décor
~ weight	Gueuse
sound ~	Plateau insonorisé
3) input ~ *(Audio)*	Étage *(m)* d'entrée
Stagger	Décalage *(m)*, Échelonnage *(m)* dans le temps
Staging	Mise en place *(f)* des décors, Préparation *(f)* du plateau de tournage
Stain	Tache *(f)*
~ remover	Détachant *(m)*
Stain (to ~)	*a)* Tacher, Salir - *b)* Tacheter
Staircasing, # *Aliasing (Video)*	Effet *(m)* d'escalier *(sur les lignes diagonales)*
Stair-stepped *(Video)*	Effet *(m)* d'escalier, Défaut *(m)* en escalier
Stammer (to ~)	Balbutier, Bafouiller, Bégayer
Stammering	Bafouillage *(m)*
Stand	
1) # *Base*	Base *(f)*, Embase *(f)*, Socle *(m)*
projector ~	Base d'appareil de projection
2) # *Bench*	Banc *(m)*
aerial image animation ~	Banc d'animation en image virtuelle
animation ~	Banc d'animation, Banc titre
3) # *Light stand, Sticks*	Pied *(m)* de projecteur
century ~	Pied century *(Type de pied pliable)*
collapsible ~	Pied pliable
crank-up ~	Pied à manivelle
floor ~ , # *Floor plate*	Base *(pour projecteur de lumière)*
rolling ~	Pied à roulettes
telescopic ~	Pied télescopique
wind-up ~	Pied à manivelle, Pied télescopique
* *To Stem down, To Lower a stand*	Descendre sur tige
* *To Stem up, Up on stick, Raise it up, Raise it* : Monter sur tige	
Stand (to ~) ~ in for s.o	Faire la doublure de *qn*
~ in for s.o	Faire la doublure de *qn*
~ near to *sth*	Se tenir près de *qch*
~ up	Se tenir debout
~ *sth* up, ~ *sth* on end	Mettre *qch* debout

Standard	Standard *(m)*, Norme *(f)*
~s converter *(Video)*	Convertisseur de standards
Standby	En attente
to be on ~	*a)* Être en attente *b)* Se tenir prêt
Stand-in	Doublure *(f)* comédien
light ~	Doublure lumière
Standing (To Be ~)	Être debout
Star	Vedette *(f)* *(de cinéma)*, Star *(f)*
Stare at *sth* (to ~)	Fixer son regard sur *qch*
~ into the distance	Regarder au loin
Staring X...	Avec en vedette X...
Start	Départ *(m)*
~ cue	Repère de départ, Top départ
~ mark (▶ **p 337**)	Marque de départ
Start (to ~)	Commencer, Démarrer
~ from ... (▶ **p 336**)	Commencer \ Démarrer à partir de...
~ *(for a motor)*	Démarrer, Mettre en marche
Starting	Démarrage *(m)*, Mise en marche *(f)*
Stat mux	Codage *(m)* statistique *(Procédé de codage)*
Statics, # *Static marks*	Effluves *(f)*
Status	Statut *(m)*, Position *(f)*
economic and professional ~	Statut économique et professionnel
Steadiness *1)* # *Stability*	Stabilité *(f)*
2) ~ *(for a camera)*	Fixité *(f)*
~ chart	Mire de fixité
~ test	Essai de fixité
image ~	Fixité de l'image
lack of ~	Manque de fixité
Steady	Fixe, Immobile, Stable
Steam	Buée *(f)*, Vapeur *(f)*
Steering rod, # *Steering wheel*	Volant *(m)* *(pour Elemack®)*

Stem (to ~) ~ down, # *To Lower the stand* : Descendre sur tige
~ up, # *Up on stick, Raise it up, Raise it* : Monter sur tige

Stems	Pré-mixage *(m)* en multicanal
Step	Pas *(m)*
~ by ~	Pas à pas, Progressivement
in ~	En synchronisme
out of ~	Désynchronisé(e)
Step (to ~) (▶ **p 337**) *1)* ~	Marcher, Aller
~ back, ~ backwards	Reculer, Se reculer

~ down >< ~ up : Réduire, Diminuer >< Élever, Augmenter

~ down the gear	Démultiplier
~ down the voltage	Dévolter, Sous-volter
~ forwards	Avancer
~ up the voltage	Survolter

2) # *To make a step*   Faire un pas
~ backwards >< ~ forwards   Faire un pas en arrière >< en avant
~ on the side, ~ sideways   Faire un pas sur le côté
Step block : Cube machiniste *(m)* = 15-20-30 *(Quinze-Vingt-Trente)*
Step-down transformer   Dévolteur *(m)*
Step-up transformer   Survolteur *(m)*
Step wedge   Coin *(m)* sensitométrique
Steps   Échelle *(f)*
Stereophonic   Stéréophonique
~ sound   Son stéréophonique
Stereoscopic   Stéréoscopique
Stereoscopy   Stéréoscopie *(f)*
Stereotype, # *Typecasting*   Stéréotype *(m)*
Stick (to ~) *1)* # *To Glue*   Coller
~ a leader   Amorcer *(une bobine de film)*
2) # *To Jam*   Bloquer, Coincer
Sticker : *a)* Autocollant *(noun)* – *b)* (*US*) : Affiche *(f)*
Sticking *(noun)*   Blocage *(m)*
Sticks (*US*) : *Désigne aussi bien un pied caméra qu'un pied de projecteur*
up on ~, # *To Stem up, Raise it up, Raise it* : Monter sur tige
Sticky *1)* # *Sticking (adj.)*   Collant(e), Autocollant(e)
2) *(Mechanics)*   Gommé(e)
Stiffness *(Audio)*   Raideur *(f)*
Still *1) (adj.)*   Immobile, Fixe
~ background : Fond *(m)* où tous les éléments sont fixes et immobiles
2) *(noun)*   Photographie *(f)*
~ camera   Appareil photographique
~ man, ~ photographer   Photographe de plateau
action ~ : Photographie obtenue à partir d'un photogramme
Stinger (*US*) : *(Prolongateur branché et sous tension, mis en attente pour un usage occasionnel comme : recharger une dolly, une machine à fumée, etc.)*
Stirrup   Étrier *(m)*, Collier *(m)*, Bride *(f)*
Stitch (to ~), # *To Sew*   Coudre, Piquer
~ up *sth*   Recoudre *qch*
* *To Sew a button on again*   Recoudre un bouton
Stock *1)* # *Reserve*   Réserve *(f)*, Stock *(m)*
~ interior : Décor *(m)* d'intérieur type *(disponible en permanence dans un studio et utilisable à la demande en fonction des besoins des tournages)*
out of ~   En rupture de stock
2) # *Archives*   Archives *(m)*
~ agency   Banque d'images
~ shot, ~ footage   Images d'archives [CGTN – 2000]
~ ~ library   Archives cinématographiques
~ situation (*US*) : Situation téléphonée *(mari ivrogne, vierge innocente, etc.)*
~ sound   Son d'archives

3) # *Unexposed film*	Pellicule *(f)* vierge
~ date : Date de fabrication d'un lot de pellicule	
~ edge numbers	Numéros de bords sur pellicule vierge
film ~	Pellicule vierge
magnetic ~	Pellicule magnétique
negative raw ~	Pellicule négative vierge
out dated ~	Pellicule périmée
out of ~	En rupture de stock
pre-striped raw ~	Film vierge à piste son couchée
raw ~	Pellicule vierge
sound ~, sound negative ~	Pellicule son négative vierge
virgin ~	Stock vierge, Pellicule vierge
Stock (to ~) (**▶ p 467**)	Conserver, Stocker
Stop *1) # Lens aperture*	Diaphragme *(m) (Coll. :* Diaph*)*
~ scale	Échelle des diaphragmes
geometrical ~ (f-stop)	Diaphragme géométrique
transmission ~ (T-stop)	Diaphragme photométrique
one ~ under >< one ~ over : Sous exposé(e) >< Sur exposé(e) d'un diaph	
* *Riding the iris*	Changement de diaph
2) # *Termination*	Arrêt *(m)*
~ bath	Bain d'arrêt
~ motion	Prise de vue image par image
automatic ~	Arrêt automatique
dead ~	Arrêt brutal
self-~	Arrêt automatique
smooth ~	Arrêt progressif, Arrêt en douceur
to come to a dead ~, # *To Stop sharp* : S'arrêter net	
3) *(Mechanics)*	Butée *(f)*
adjustable ~	Butée réglable
Stop (to ~) (**▶ p 336**)	Arrêter
~ sharp	S'arrêter net
Stop down (to ~)	Fermer le diaphragme, Diaphragmer
Stopwatch	Chronomètre *(m)*
Storage *1) ~ (of things)*	*a)* Conservation *(f)* - *b)* Accumulation *(f)*
~ temperature (**▶ p 467**)	Température de conservation
2) *(Comput.)*	Mémoire *(f)*
erasable ~	Mémoire effaçable
general ~	Mémoire universelle
non-erasable ~ , permanent ~	Mémoire permanente
temporary ~	Mémoire éphémère
virtual ~	Mémoire virtuelle
volatile ~	Mémoire éphémère
work ~	Mémoire de travail
Store	Store *(m)*
blind ~ , venitian ~	Store à lamelles, Store vénitien

Store (to ~) *1) ~ (things)* — Conserver, Stocker, Entreposer
2) (Comput.) — Mettre en mémoire, Mémoriser
Story, # *Plot, Narrative* — Intrigue *(f)*, Récit *(m)*, Histoire *(f)*
~ analyst, # *Reader* — Lecteur de scripts
~ editor *1) (Writing department)* — Superviseur d'un groupe de scénaristes
2) (Reading department) — Chef du service lecture des projets
~ spine *(Litt.*: "colonne vertébrale de l'histoire") : Trame de l'histoire
open-ended ~ — Histoire dont la fin reste ouverte
Story-board : Découpage *(m)* technique dessiné plan par plan, Story-board *(m)*
~ artist, # *Story sketch artist* — Dessinateur de story-board
Storyline — Trame *(f)*, Intrigue *(f)*
Storyliner — Scénariste *(m)* de séries télévisées
Straight — Droit(e) *(adj.)*
~ ahead, ~ on — Tout droit
~ line portion — Partie rectiligne
out off the ~, off the ~ — Pas d'aplomb, De travers
Straight man, # *Sidekick* — Faire-valoir *(m)* *(d'un comédien)*
Straighten (to ~) *1)* ~ out *sth* — Redresser *qch*
2) ~ one's body — Redresser le corps
~ one's up — Se redresser
Strap *1) # Belt* — Sangle *(f)*
2) # Yoke — Lyre *(f)* de projecteur
Strays *(Electricity)* — Parasites *(m)*
Streak *1)* ~ — Filet *(m)*, Raie *(f)*
~ of light — Filet de lumière, Trait de lumière
first ~ of dawn \ of day — Premières lueurs du jour
2) ~ — Marque *(f)*, Traînée *(f)*
processing ~ : Marques \ Trainées de développement
Streaking *(Video)* : Filage *(m)* \ Traînage *(m)* *entre 2 plages à fort écart de luminance*
Stream — Flux *(m)* de données *(diffusées sur un réseau)*
bit ~ — Flux de bits
data ~ — Flux de données
decoded ~ : Reconstruction d'un flux de bits compressés
elementary ~ : Flux de base *(à la sortie d'un compresseur de signal)*
elementary ~ clock reference : Référence temporelle *(pour synchroniser des décodeurs)*
packetized elementary ~ : Flux élémentaire MPEG sous forme de paquets
program ~ : Flux contenant des informations temporelles, vidéo et audio compressées
source ~ : Flux unique (non-multiplexé) d'informations avant compression
transport ~ : Signal multiplexé composé de plusieurs programmes véhiculés par paquets
Streaming : Lecture *(f)* en transit, Diffusion *(f)* en flux [CGTN – 2003]
~ media : Diffusion sans téléchargement de contenus multimédias compressés et en lecture en temps réel

Strength	*a)* Force *(f)* – *b)* Résistance *(f)* mécanique
Strengthen (to ~)	Consolider, Renforcer
Stress mark	Marque *(f)* de frottement
Stretch (to ~)	Étirer, Tendre
Stretchable	Extensible
Strike	Grève *(f)*
~ approved by a vote of 30 to 5	Grève votée par 30 voix contre 5
~ call	Appel à la grève, Mot d'ordre de grève
~ notice	Préavis de grève
extended ~, indefinite ~	Grève reconductible
reasons for ~	Motif de la grève
right to ~	Droit de grève
to end the ~	Arrêter la grève
to go on ~	Être en grève
to go on ~ against… : Faire la grève \ Se mettre en grève contre …	
to vote for ~ , to vote to ~	Voter la grève
to vote to extend the ~	Reconduire la grève
* *Picket line*	Piquet de grève
Strike (to ~) *1)* ~ an arc	Amorcer un arc
~ an HMI	Amorcer un HMI
2) ~ a set	Démonter, Casser un décor
3) ~ *sth* with light	Frapper *qch* avec la lumière
Striker	Amorceur *(m)*
Striking *1)* # *Ignition*	Allumage *(m)*, Amorçage *(m)*
2) ~ of a set	Démontage *(m)* d'un décor
Strip	*a)* Bande *(f)* - *b)* Lame *(f)*, Barrette *(f)*
Stripe	*a)* Rayure *(f)* - *b)* Piste *(f)* magnétique
magnetic sound ~	Piste magnétique couchée
Striped	Déposé(e) en fine couche, Couché(e)
~ film	Pellicule à piste son couchée
magnetic ~	À piste magnétique couchée
pre-~	Pré-couché(e)
Striping : Pistage *(m)*, Dépôt *(m)* de la piste magnétique	
magnetic ~ : Pistage magnétique, Couchage de la piste magnétique	
Striplight	Rampe *(f)* de tubes d'éclairage
Striplighting : Éclairage *(m)* par tubes fluorescents ou par tubes au néon	
Strobe (to ~)	Stroboscoper
Strobelight	Projecteur *(m)* de lumière stroboscopique
Strobing *1)* # *Strobe effect*	Effet *(m)* de stroboscopie
2) *(Video)* : *(Battement dû à l'interférence entre les lignes du balayage vidéo et des lignes présentes dans le décor : rayures, stores, grillages, etc.)*	
Stroboscopic	Stroboscopique
Stroboscopy	Stroboscopie *(f)*
Strong	Fort(e), Solide

Strut, # *Stage brace* — Béquille *(f)*, Jambe *(f)* de force
Stud *1)* # *Nail* (**▶ p 474**) — Clou *(m)* à grosse tête
2) # *Gudgeon* (**▶ p 473**) : Goujon *(m)*, Ergot *(m)*, Téton *(m)*, Pivot *(m)*, Vis-axe *(f)*
Studio — Studio *(m)*
~ facilities : Aménagements du studio, Moyens techniques du studio
~ lot, # *Studio complex* : Terrains, bâtiments, équipements, regroupés dans l'enceinte d'un studio
~ transportation drivers (*US*) : Syndicat des chauffeurs et camionneurs pour le cinéma et la télévision
dark ~ : Studio vide et inutilisé, Studio en jachère
mobile ~ — Studio mobile
Stuffing *(Dig. video)* — Bourrage *(m)*
~ table — Table de bourrage
Stunt — Cascade *(f)*
~ pads — Coussinets *(m)* protecteurs pour cascadeurs
Stuntman \ Stuntwoman *1)* ~ — Cascadeur \ Cascadeuse
2) # *Double* : Doublure cascade *(masculine \ féminine)*
Style — Style *(m)*, Genre *(m)*
Stylized — Stylisé(e)
Styrofoam board — Plaque *(f)* de polystyrène
Subcarrier — Sous-porteuse *(f)*
audio ~ — Sous-porteuse audio
video ~ — Sous-porteuse vidéo
Subcontract (to ~) — Sous-traiter
Subcontractor — Sous-traitant(e)
Subdue (to ~) the light — Tamiser la lumière
Subject — Sujet *(m)*, Histoire *(f)*
short ~ — Sujet court
Subjective — Subjectif(-ive)
Sub-master — Bande *(f)* prémixée, Prémix *(m)*
Subplots : Intrigues *(f)* secondaires *(mettant en jeu des personnages secondaires dont les actions sont en relation avec l'intrigue principale)*
* *B story* — Seconde intrigue, Intrigue secondaire
Subsampling — Sur-échantillonage *(m)*
Subsidy, # *Grant* — Subvention *(f)*
Substandard — Substandard
Substitute (to ~) — Substituer
Substratum — Sous-couche *(f)*
Subtext : Sous-entendu *(Action non explicite, parfois proche de la métaphore)*
Subtitle(s) — Sous-titre(s) *(m)*
~ cue sheet, # *Spotting list* — Liste des sous-titres
burn in ~s — Sous-titres incrustés
Subtitle (to ~) — Sous-titrer
Subtitling — Sous-titrage *(m)*
Subtractive colour process : Procédé couleur par synthèse soustractive

Subwoofer	Caisson *(m)* de sub-grave
Suggestion	Proposition *(f)*, Suggestion *(f)*
Suit (to ~) : Être adapté(e), Être approprié(e), Convenir	
Sun gun, # *Sungun*	Torche *(f)* *(d'éclairage)*
Sunction mount, # *Limpet*	Plaque *(f)* à ventouses, Limpet *(m)*
Sunset filter	Filtre *(m)* "Coucher de soleil"
Sunshade, # *Lens hood*	Parasoleil *(m)*
~ bars	Tiges parasoleil
set of ~ ~	Jeu de tiges parasoleil
~ cut-off	Vignettage du parasoleil
~ mask	Cache avant pour parasoleil
Supercoat	Couche *(f)* anti-abrasive
Superimpose (to ~)	Superposer
Superimposition, # *Super*	Superposition *(f)*
Superimposure	Surimpression *(f)*
Superior *(adj.)*, # *Upper*	Supérieur(e)
Superior *(noun)*	Supérieur(e)
Supersensitive	Ultra-sensible
Supple	Souple
Supplier, # *Provider*	Prestataire *(m)*, Fournisseur *(m)*
Supply *1) (adj.)*	Débiteur(-trice)
~ roll	Bobine débitrice
2) (noun)	Source *(f)* d'alimentation électrique, Arrivée *(f)* de courant électrique
AC ~	Alimentation en courant alternatif
DC ~	Alimentation en courant continu
main ~	Alimentation générale
power ~	Source d'alimentation électrique
Supply (to ~) *1)* # *To Feed*	Approvisionner, Fournir
2) ~ with electricity : Alimenter électriquement, Alimenter en électricité	
Supplyer	Fournisseur(-euse)
Support	Support *(m)*, Appui *(m)*
~ bracket	Bras de support
Supporting actor / actress	Acteur / Actrice de second rôle
Supporting cast	Acteurs de complément
Suppress (to ~)	Supprimer, Éliminer
Suppression	Suppression *(f)*, Élimination *(f)*
Suppressor	Antiparasites *(m)*
Surface	Surface *(f)*
even ~ , plane ~	Surface régulière \ plane
uneven ~	Surface irrégulière \ rugueuse
Surface-plate	Marbre *(m)* d'ajusteur
Surge : Irrégularité *(f)* *(dans le fonctionnement d'un appareil \ d'une machine)*	
~ of current	Fluctuation de courant
~ of voltage	Surtension

Surround Ambiance *(f)* sonore
~ sound : *(Procédés créant une illusion de volume sonore, tels que les procédés Dolby ®, DTS ®, THX ®)* (*THX ®* ▶ p 405)
Surround (to ~) Entourer, Encercler
Surroundings Environs *(m)*, Cadre *(m)* environnant
Survey *1) # Reccees, Spotting* Repérage *(m)*, Visite *(f)* des décors
aerial ~ Reconnaissance aérienne
soil ~ Étude du sous-sol
2) # Inventory of fixtures Expertise *(f)*, État des lieux *(m)*
3) (Business) Étude *(f)* de marché
4) # Pool Sondage *(m)*, Enquête *(f)*
consumer ~ Enquête auprès des consommateurs
opinion ~ , valuation ~ Enquête d'opinion
telephone ~ : Sondage par téléphone, Enquête téléphonique
to make a ~ Faire un sondage \ une enquête
* *Cluster* : Groupe de personnes à l'intérieur d'un échantillon de sondage
Suspense Suspense *(m)*
Swan's neck Col de cygne *(m)*
Swashbuckler Film *(m)* de cape et d'épée
Sweat Sueur *(f)*
Sweat (to ~) Suer
Sweep (to ~) *1) # To Clean* Balayer, Donner un coup de balai
2) # To Scan Balayer, Explorer par balayage
Sweeper Analyseur *(m)* panoramique
Sweetening Égalisation *(f)*, Lissage *(m)*
Swelling Gonflement *(m)* de la gélatine
Swing Bascule *(f)* photographique
Swing gang : *(Membres de l'équipe "Décoration", chargés de la construction et du démontage des décors)*
* *Lead man, Leadman, Lead person* : Chef d'équipe du Swing gang
Swinger : *(Tout type de feuille de décor, ou d'élément de décor, escamotable pendant la prise afin de permettre le passage du chariot de travelling et de la caméra au cours d'une prise de vue en mouvement)*
Switch : Interrupteur *(m)*, Commutateur *(m)*, Bouton *(m)* de commande
control ~ Interrupteur de commande
knife ~ Interrupteur à couteaux \ à lames
main ~ Interrupteur principal
main-line ~ Interrupteur général
master ~ Interrupteur général
monitor ~ Bouton de commande
on-off ~ : Interrupteur de mise en marche, Interrupteur général
power ~ Interrupteur général
releaser ~ Déclencheur
single frame ~ Commande image-image
step ~ Commutateur à crans

time ~	Minuterie
trip ~	Commutateur
tumbler ~	Interrupteur à bascule
two pole	Interrupteur bi-polaire
two-way ~	Interrupteur va-et-vient, Va-et-vient
Switch (to ~) ~ in	Intercaler
~ off *1)* ~ a light	Éteindre \ Couper *(à l'interrupteur)*
2) # To Unplug	Débrancher *(à la prise)*
~ on	Allumer *(à un interrupteur)*
~ over	Commuter
Switchboard	Console *(f)*, Pupitre *(m)* de commandes
Switcher *1)* ~	Commutateur *(m)*

2) (Video) : Mélangeur *(m)*, Régie *(f)* \ Pupitre *(m)* de mélange
3) (Technician) : Pupitreur *(m)*, Technicien *(m)* de console régie

Switching	Commutation *(f)*
Swivel	Pivot *(m)*
Swivel (to ~)	Orienter
~ *sth* round	Pivoter, Faire pivoter
Swiveling	Orientable
Symmetrical	Symétrique
Symmetry	Symétrie *(f)*
Sync	Synchro *(f)*
~ beep	Top de synchro
~ cable	Câble de synchro
~ generator	Générateur de synchro
quartz controlled ~ ~	Générateur de synchro piloté par quartz
~ kill gate	Porte suppresseuse de synchro
~ loss	Perte de synchro
~ mark	Repère de synchro
~ marker system	Claquette électronique
~ plop	Repère sonore de synchro
~ pop, ~ tone	Top de synchro
~ pulse	Signal de synchro
~ reference	Signal pilote de synchro
~-roll	*a)* Montage de multi-machines synchrones
	b) Défilement synchrone de plusieurs bandes
~-stretcher	Stabilisateur de niveau
~ track	Piste de synchro
~ variation	Synchro instable
cordless ~	Synchro sans fil
crystal ~	Synchro par quartz

dead ~ : Synchro parfaite, Parfaitement synchrone

degraded horizontal ~ *(TV)*	Synchro ligne défectueuse
degraded vertical ~ *(TV)*	Synchro trame défectueuse
external ~	Synchro externe

horizontal ~ *(TV)* — Synchro horizontale
internal ~ — Synchro interne
out of ~ — Désynchronisé(e)
quartz controlled ~ — Synchro pilotée par quartz
tail ~ marks — Repère de synchro par la fin
* *Colour framing (TV)* — Synchro des trames couleur
* *Signal pulse generator* (SPG) — Générateur de signaux de synchro
* *Vertical line-lock (TV)* — Synchro avec blocage des lignes verticales

Synchro-grade : Degré *(m)* de précision de la synchro entre plusieurs machines
Synchro-stripper — Séparateur *(m)* de synchro
Synchronism — Synchronisme *(m)*
Synchronization *(Fam. : Sync)* — Synchronisation *(f)* *(Coll. : Synchro)*
~ marks — Repères de synchro
~ of rushes — Synchronisation des rushes
* *Lip-sync* — Synchronisation labiale
Synchronize (to ~) — Synchroniser
Synchronizer — Synchroniseur(-euse) *(noun)*
camera to projector ~ : Boîtier de synchro de projecteur de transparence
film to video ~ , phaseable ~ — Déphaseur, Boîtier de synchro vidéo
Synchronous, # *In sync* — Synchrone
Syncing dailies — Synchronisation *(f)* des rushes
Syncing tip — Amorce *(f)* de synchro
Syndicates, # *Trade associations* : Organisations *(f)* professionnelles et syndicales
Syndication — Souscription *(f)*, Syndication *(f)*
~ sale — Vente par souscription
Synopsis — Synopsis *(m)*
Synoptic — Synoptique
Synthesis — Synthèse *(f)*
colour ~ — Synthèse des couleurs
additive ~ — Synthèse additive
subtractive ~ — Synthèse soustractive
Synthetizer — Synthétiseur *(m)*
audio ~ — Synthétiseur audio
video ~ — Synthétiseur vidéo
* *Voice code translator* — Synthétiseur de voix
System — Dispositif *(m)*, Mécanisme *(m)*, Système *(m)*
~ exclusif *(Audio)* — Messages exclusifs
double ~ — Double bande
optical ~ — Système optique

T

T&E = Travel and expenses — Défraiements *(m)*
T-stop *(dimin. pour* Transmission stop*)* : Diaphragme *(m)* photométrique
Tachometer — Tachymètre *(m)*
Tail — Fin *(f)* de bobine
~ on, ~ out, ~ up — Par la fin, *(Coll.* : Par les pieds*)*
~ slate — Clap de fin
reel ~ — Fin de bobine
Take — Prise *(f) (d'un plan)*
~ number — Numéro de prise
~ sheets — Rapport scripte
buy ~ *(Litt. : Prise achetée)* — Prise bonne à tirer, Prise à tirer
circled ~ — Prise cerclée, Prise à tirer
double ~ — Double take
hold ~ , keep ~ — Prise à garder en réserve
insurance ~ — Prise pour les assurances
long ~ , *# Lengthy take* — Plan séquence
NG ~ , No good ~ — Mauvaise prise, Prise à ne pas tirer
OK ~ — Bonne prise, Prise à tirer
printed ~ — Prise tirée
safety ~ , security ~ — Prise de sécurité
selected ~ — Prise sélectionnée
sound ~ : *a)* Prise son – *b)* Prise de vue en son direct
* *Clean speech* — Prise sonore sans erreur de texte
triple ~ : *(Technique de prise de vues consistant à tourner une même action selon trois grosseurs de plan différentes : plan général, plan moyen, gros plan, afin de permettre des raccords dans le mouvement et offrir au monteur le maximum de choix)*
Take down (to ~) the light — Réduire la lumière, Baisser la lumière
Take-off — Débiteur(-trice) *(adj.)*
Take-up — Récepteur(-trice) *(adj.)*
Talcum — Talc *(m)*
Talent : *(Toute personne impliquée dans un travail artistique : scénariste, réalisateur, directeur de la photographie, décorateur, etc., mais aussi et surtout les acteurs)*
 # The actors — Les acteurs principaux du plateau
~ agent — Agent artistique
~ agency — Agence artistique

~ scout, ~ spotter : *(Personne chargée de découvrir de nouveaux comédiens pour les besoins d'un film en préparation)*
creative ~ : Les créatifs *(Toute personne qui, dans l'équipe, participe à l'élaboration de l'univers artistique propre au film)*

Talkback *(Audio - Video)*	Interphonie *(f)*
~ network	Réseau d'ordre
Talk-show	Débat-spectacle *(m)* [CGTN – 2005]
Tank	Cuve *(f)*
developer ~	Cuve de développement
Tape *1) # Ribbon*	Ruban *(m)*
adhesive ~	Ruban adhésif
double-sided ~	Double face *(noun)*
gaffer ~	Gaffer
insulating ~	Scotch® électrique, Chatterton®
2) # Magnetic tape	Bande *(f)* magnétique
~ base	Support de bande magnétique
~ counter	Compteur de défilement de bande
~ drive	Entraînement de la bande
~ guide	Guide de la bande
~ leader	Amorce de bande magnétique
~ loading	Chargement de la bande
~ noise	Bruit de bande
~ player	Lecteur vidéo
~ recorder	Appareil enregistreur
~ run	Défilement de bande

~ skew : Dérivation de la bande magnétique par rapport à l'axe des têtes

~ speed	Vitesse de défilement de bande
~ tension	Tension de bande
~ ~ control	Réglage de la tension de bande

~ transport *(Audio - Video)* : Guidage et entraînement *(de la bande)*

blank ~	Bande magnétique vierge
cartridge ~	Bande magnétique en cassette
chromium dioxide ~	Bande au bioxyde de chrome
digital audio-~ (DAT)	Cassette audionumérique
duplicate ~	Bande de seconde génération
ferric oxide ~	Bande à l'oxyde de fer

high energy ~ : Bande à haute coercivité, Bande à haute énergie

low ~	Bande ¾ de pouce
magnetic ~ , *# Audio tape*	Bande magnétique, Pellicule son
magnetic sound ~	Bande magnétique son
masking ~, mask ~	Bande cache
master ~	Bande mère, Bande étalon
metal ~	Bande métal
perforated magnetic ~	Bande magnétique perforée
¼ -inch ~, quarter of inch ~	Bande 6,25 *(Six vingt-cinq)*

raw ~ — Bande magnétique vierge
sound ~ — Bande magnétique son
~ ~ recorder — Magnétophone
unperforated — Bande lisse
video ~ — Bande vidéo
~ ~ recorder — Enregistreur vidéo, Magnétoscope
~ ~ to film transfer — Kinescopage

Tape (to ~) *1) # To Stick* — Fixer avec du ruban adhésif
2) # To Video — Enregistrer *(sur bande magnétique)*
3) ~ (with a tape meter) — Mesurer la distance caméra-sujet

Tape meter — Mètre ruban *(m)*
~ *(33 ft)* — Décamètre *(m)* *(10 m)*
~ *(165 ft)* — Triple décamètre *(m)* *(30 m)*
~ hook — Crochet pour décamètre

Target (*US*) : *(Disque équipé d'un matériau opaque ou d'un tissu à trame serrée, placé dans le faisceau d'un projecteur de façon à former une ombre en un endroit très précis)*

Target market — Public *(m)* ciblé, Marché *(m)* ciblé

Tariff — Catalogue *(m)* des prix, Tarif *(m)*

Tarpaulin — Bâche *(f)* tissée

Task — Tâche *(f)*

Tax — Taxe *(f)*
~ credit — Crédit d'impôt
~ shelter : Abri fiscal, Niche fiscale *(Mesure fiscale incitant à l'investissement)*
~ system — Fiscalité
free ~ — Hors taxe

Team, *# Crew, Unit* — Équipe *(f)*
second ~ — Deuxième équipe, Équipe B

Tear, *# Tearing* — Déchirure *(f)*
~ proof — Indéchirable
wear and ~ — Usure, Détérioration
fair wear and ~ — Usure normale

Tear (to ~) *1)* ~ up — Déchirer
2) ~ out — Arracher

Tear-jerker : Film "qui vous tire les larmes", Mélodrame larmoyant

Tease — Bande *(f)* annonce d'accroche

Teaser (*US*) *1) # Drop* : Grand tissu *(m)* noir accroché au-dessus d'un décor *(ou monté sur un cadre, afin de contrôler la lumière d'un éclairage diffus ou celle des contre-jours)*
2) # Pre-credit sequence (Cinema) — Séquence *(f)* pré-générique
3) (Cinema) : Accroche *(f)*, Bande *(f)* annonce courte *(environ 60" à 90")*
~ trailer : Bande annonce diffusée des mois à l'avance *(pour accrocher le public et lui indiquer la très prochaine date de sortie du film)*
~ campaign — Campagne d'accroche
4) (TV) : Bande *(f)* annonce promotionnelle *(à l'antenne d'une chaîne TV)*

Teasing Aguichage *(m)*, Accrochage *(m)* publicitaire
Teching down : *(Méthode consistant à passer au thé les tissus et les costumes trop blancs, afin de les rendre moins réfléchissants)*
Technical documentation, # *Data sheet* : Fiche *(f)* technique *(d'un appareil)*
Technician Technicien(-ienne)
Teen movie Film pour jeune public \ pour enfants
Teenage audience Jeune public *(m)*
Telecast Programme *(m)* de télévision
Telecast (to ~) Téléviser
Telecaster *(TV - Radio)*, # *Broadcaster* : Diffuseur *(m)* *(de programmes TV ou radio)*
Telecine Télécinéma *(m)*
~ machine Télécinéma, Projecteur télécinéma
~ operator Technicien du télécinéma
~ room Salle de télécinéma
Telefilm, # *Telepic, Telepix* Téléfilm *(m)*
Made-for-TV film Téléfilm
Telemeter Télémètre *(m)*
Telephoto lens Téléobjectif *(m)*
~ distortion : Déformation de perspective due aux longues focales
~ effect Effet de longue focale
macro-~ Téléobjectif macro
mirror ~ Téléobjectif à miroir
Telepic Téléfilm *(m)*
Teleplay Adaptation *(f)* pour la télévision
Teleprompter Téléprompteur *(m)* [CGTN – 2000]
Telerecording (*GB*) Kinescopage *(m)*
Telescopic Télescopique
Televiewer, # Viewer Téléspectateur(-trice) *(noun)*
Televise (to ~) Téléviser
* *Televised programme* Programme *(m)* télévisé
Television *I)* ~ Télévision *(f)*
~ aerial Antenne de télévision
~ audience : Le public de télévision, Les Téléspectateurs(-trices)
~ camera Caméra de télévision
~ channel Chaîne de télévision
~ drama Dramatique télévisée
~ line number Lignage de télévision
~ movie, # *TV Movie, Telepic* : *Film initié et produit par une chaine de TV, dont la première diffusion a lieu à la télévision avant sa sortie salles*
~ news Actualités télévisées
~ print Copie pour la télévision
~ production company : Société de production *(de programmes télévisés)*
~ receiver : Poste de télévision, Récepteur de télévision *(Coll.* : Télé)
~ rights Droits pour la télévision
~ safe action area Cadre pour diffusion TV

~ for school	Télévision scolaire
~ series pilot	Pilote de série télévisée
~ set, # *TV set*	Poste \ Récepteur de télévision
cable ~	Télévision par le câble, Le Câble
closed-circuit ~	Télévision en circuit fermé
conditional access ~	Télévision à accès conditionnel
digital ~ (DTV)	Télévision numérique
enhanced ~ TV (EDTV)	Télévision à définition améliorée
high definition ~ (HDTV)	Télévision haute définition (TVHD)
institutional ~	Télévision institutionnelle
live ~	Télévision en direct
local ~	Télévision locale
pay ~ , # *Subscription television*	Télévision à péage [CGTN – 2000]
paycable ~	Télévision par câble payante
satellite ~	Télévision par satellite
subscription ~ , # *Pay television*	Télévision à péage [CGTN – 2000]
wide-screen ~	Télévision 16:9
* *Cablecasting*	Télévision par câble
* *HDTV*	Télévision haute définition
* *Web TV, Webcasting*	Télévision sur Internet, Télévision en ligne [CGTN – 2005]
2) # *TV set*	Poste de télévision
big-screen ~	Télévision grand écran
flat-panel ~	Télévision à écran plat
Telltale light	Témoin *(m)* lumineux
Temperature	Température *(f)*
colour ~	Température de couleur
~ ~ meter	Thermocolorimètre *(m)*
storage ~	Température de conservation
Tempering	Adoucissement *(m)*
Template	*(Genre de cocoloris)*
Tempo	Tempo *(m)*, Rythme *(m)*, Cadence *(f)*

Tenner, # *Ten-K* : Projecteur *(m)* tungstène de 10 kw à lentille de Fresnel

Tension	Tension *(f)*
~ oscillation	Oscillation de tension
~ regulator	Régulateur de tension
~ rod	Tendeur de rails de travelling
~ roller	Galet de tension
~ stabilizer	Stabilisateur de tension
cutoff ~, restraint ~	Tension de coupure
film ~	Tension de film
Tensor *(Audio)*	Tenseur *(noun) (m)*

Tentpole (*US*) (▶ **p 405**) : Énorme production *(f)* commerciale *(dont la sortie a généralement lieu autour de Noël ou durant l'été)*

Terabyte	Tera-octet = 2^{40} octets

Terminal	Terminal *(noun) (m)*
~ connector	Cosse électrique
~ post	Borne de Ferrel
input ~	Borne d'entrée *(d'un circuit)*

Termination : Bouclage *(m)* du signal vidéo sur une charge de 75 ohms

Tessitura *(Audio)*	Tessiture *(f)*
Test	Essai *(m)*
~ chart, ~ pattern	Mire d'essai, Charte
~ preview	Projection test
~ shot, ~ strip	Bout d'essai
~ tape	Bande d'essai, Bande test
camera ~	Essai caméra
exposure ~	Essai de pose
film ~	Bout d'essai
screen ~	Essai filmé d'acteur
Test (to ~)	Essayer, Tester
Testing bench	Banc d'essai *(m)*
Theater (Movie ~) *(US)*	Salle *(f)* de cinéma *(m)*
~ chain	Chaîne *(f)* \ Circuit *(m)* de salles de cinéma
first run ~	Cinéma de première exclusivité
Theatre *(GB)*	Salle de cinéma

Theatrical *a) (adj.)* : Théâtral(e) *(Relatif au théâtre) – b) (noun)* : Représentation

~ agent	Agent artistique
~ receipts	Recettes salle
~ release	Sortie en salles
~ version	Version salle
Theme *1) # Story*	Sujet *(m)*, Histoire *(f)*, Thème *(m)*
2) musical ~	Thème *(m)* musical
Thermionic	À tube électronique
~ oscillator	Oscillateur à tube électronique
Thermistor = THERMal resISTOR	Résistance *(f)* thermique
Thick	Épais (Épaisse)
Thickness	Épaisseur *(f)*
Thread *1)* ~	Fil *(m)*
~ counter	Compte-fils
nylon ~	Fil de nylon
2) ~ *(of a screw)*	Filet *(m) (d'une vis)*
3) # Pitch	Pas *(m)* de vis
4) # Turn of a reel	Spire *(f) (d'une bobine)*
Thread (to ~) *1)* ~ a camera	Charger une caméra
2) ~ a screw	Fileter
Threading *1)* ~ *(of a camera)*	Chargement *(m) (d'une caméra)*
~ diagram	Schéma de chargement
~ path *(for film loading)*	Trajet de la pellicule
2) ~ *(of a screw)*	Filetage *(m) (d'une vis)*

Three-colour process	Trichromie *(f)*
Three-coloured	Trichrome
Three-dimensional, # *3-D*	En 3 dimensions, En relief
Three-phase(d)	Triphasé(e)

Three-point lighthing *(Litt. : "Éclairage en 3 points")* : Désigne l'éclairage de base type : Face + Ambiance + Contre-jour

Three-ways leveller	Griffe 300 *(f)*
Threshold	Seuil *(m)*
~ frequency	Seuil de fréquence
~ of audibility, ~ of hearing	Seuil d'audibilité
~ of perception	Seuil de perception
~ of response	Seuil d'excitation
~ of sensitivity	Seuil de sensibilité
~ of vision	Seuil de visibilité
pain ~	Seuil de douleur
Thriller *(to thrill = frissonner)*	Film *(m)* à suspense, Film d'épouvante
Through-the-lens (TTL)	À travers l'objectif
~ focusing	Mise au point sur dépoli
~ light meter	Cellule incorporée
Throw *(of a light)*	Portée *(f)* *(d'un projecteur)*
long ~	Longue portée
medium ~	Portée moyenne
Throw (to ~) light on *sth*	Envoyer de la lumière sur *qch*
Thrust *sth* aside (to ~)	Écarter *qch*, Repousser *qch*
Thud	Bruit *(m)* sourd, Son *(m)* mat
Ticket	Billet *(m)*
cheap ~, reduced price ~	Billet à tarif réduit
hard ~	Billet plein tarif
Tie (to ~)	Nouer

Tie in, # *Tie-in kit* : Branchement *(m)* électrique sauvage en amont du disjoncteur *(permettant de tirer le courant directement depuis le secteur, dans un décor en décors naturels)*

Tie line	Ligne *(f)* parallèle, Câble *(m)* de renvoi
Tight *1)* ~	Étanche, Hermétique
~ box	Caisse étanche
2) ~	Serré(e)
~ shot	Plan serré
3) ~	Sans jeu mécanique
~ adjustment	Ajustage serré, Réglage fin
Tighten (to ~) *1)* ~	Tendre
~ a belt	Tendre une courroie
~ up again	Resserrer
2) ~	Serrer
~ a shot	Serrer un cadre
~ up	Resserer *(au zoom ou en travelling avant)*

Tightener	Tendeur *(m)*
Tightening	Serrage *(m)*
Tiling *(Video editing)*	Affichage *(m)* du chutier
Tilt *1)* ~	Inclinaison *(f)*
~ adjustment	Réglage d'inclinaison
~ angle	Angle d'inclinaison
2) ~ *(as a camera movement)*	Panoramique *(m)* vertical
~ down	Panoramique vers le bas
~ plate, # *Fox-wedge*	Fromage, Quart de brie
~ up	Panoramique vers le haut
Tilt (to ~) *1)* ~	Incliner, Pencher
~ down a light	Piquer un projecteur
~ one's head	Pencher la tête
~ up a light	Dépiquer un projecteur
2) ~ *(the camera)*	Panoramiquer *(la caméra)*
~ down >< ~ up	Panoramiquer vers le bas >< le haut
Tilting	Panoramique *(m)* vertical
~ head	Tête panoramique
~ range	Amplitude de panoramique
Timbre *(GB)* – **Timber** *(US)*, # *Tone*	Timbre *(m) (de la voix)*
Time	Temps *(m)*, Durée *(f)*
~ base	Base de temps
~ ~ corrector (TBC)	Correcteur de base de temps
~ ~ signal	Signal de base temps
~ lapse motion	Prise de vues image par image
~ line	Ligne de temps
~ scale	Échelle de temps
~ segment, # *Day part*	Tranche horaire
~ slot	Créneau horaire
* *Daytime*	Créneau de 3h à 19h
* *Nighttime* : Créneau faisant suite à celui du *Prime Time*	
~-stamp *(Dig. video)* : Temps d'arrivée d'un byte ou d'une image de référence	
~ stretching	Compression temporelle
dead ~, idle ~, # *Downtime*	Temps mort
effective ~, productive ~	Temps utile
real ~	Temps réel, Durée réelle
recovery ~	Temps de récupération
response ~, answer ~	Temps de réponse
reverberation ~	Temps de réverbération
running ~	Durée de projection
turnaround ~	Amplitude de temps de travail
Time (to ~) *1)* ~ *(an action)*	Chronométrer *(une action)*
2) # *To Grad*	Étalonner
* *Timed print*	Copie étalonnée

Time code (*GB*) - **Timecode** (*US*) : Code temporel *(m)* [CGTN – 2000], Time code *(m)*
~ editing : Montage avec code temporel, Montage avec time code
~ generator : Générateur de code temporel, Générateur de time code
burn in ~ : Code temporel incrusté à l'image
Timer (*US*) — Étalonneur(-euse)
Timing *1)* ~ *(of an action)* : Chronométrage *(m)*, Minutage *(m)* *(d'une action)*
total ~ — Durée totale
2) ~ (*US*), # *Grading* — Étalonnage *(m)*
~ card, ~ strip — Gamme *(d'étalonnage)*
~ lights, # *Printing lights* — Lumières de tirage
negative ~ — Étalonnage négatif
scene to scene ~ — Étalonnage plan par plan
Tint — Teinte *(noun)* *(f)*
cool ~ — Teinte froide
dark ~ — Teinte sombre
half ~ — Demi-teinte
light ~ — Teinte claire
to touch up a ~ — Rehausser une teinte
warm ~ — Teinte chaude
Tinting — Teinture *(f)*, Virage *(m)*
Tiny — Exigu(ë), Minuscule
Tip *1)* ~ — Bout *(m)*, Extrémité *(f)*
2) ~ — Embout *(m)*
Title *1)* ~ *(of a film)* — Titre *(m)* *(d'un film)*
~ card — Carton du titre *(du film)*
release ~ — Titre définitif
superimposed ~ — Titre en surimpression
working ~ : Titre provisoire *(en attente de trouver un titre définitif)*
2) *(Business)* — Titre *(m)*
~ search : Recherche des ayants droit \ des détenteurs du copyright
chain of ~ : Chaîne des droits, Antériorité des droits
to have ~ — Être propriétaire des droits
transfer of ~ : *a)* Cession des droits, Transfert de propriété
b) Cession du négatif *(d'un film)*
Titles, # *Credits* — Générique *(m)*
~ background — Fond neutre pour générique
~ card — Carton de générique
end ~ ~ — Carton de générique de fin
opening ~ ~ — Carton de générique de début
~ design — Conception du générique
~ music — Musique de générique
~ negative — Négatif générique
~ song — Chanson du générique
background ~ — Générique sur fond
closing ~ , # *End titles* — Générique de fin

crawling ~ , # *Crawl*	Générique déroulant
credit ~	Générique
end ~	Générique de fin
main ~	Carton de générique du titre du film
opening ~	Générique de début
rolling ~ , roller ~	Générique déroulant
safe ~ area : Cadre pour titres en vue d'une diffusion à la télévision	
~ ~ pattern	Mire de cadrage pour titres
Titling	Titrage *(m)*
Toe *(of a sensitometric curve)*	Pied *(m) (de courbe sensitométrique)*
Tolerance	Tolérance *(f)*
Tone *1) (Colours)*	Ton *(m)*
¼ ~	Ton entre un ton moyen et clair
½ ~	Demi ton
¾ ~	Ton entre un ton moyen et sombre
cold ~	Ton froid
continuous ~	Dégradé dans le ton
flesh ~	Ton chair
half ~	Demi-ton
mid~	Ton moyen
skin ~	Ton chair
warm ~	Ton chaud
2) ~ (for the voice) (Audio)	Ton *(m) (de la voix)*
~ colour, # *Timbre*	Timbre *(de la voix)*
bass ~s, deep ~s	Basses *(noun)*, Graves *(noun)*
in a low ~	Sur un ton bas, À voix basse
pure ~ , simple ~	Son pur
to raise the ~ of one's voice	Hausser le ton
Tone down (to ~)	Atténuer *(une couleur, un son)*
Toneless	Sans éclat
~ voice	Voix sans timbre, Voix détimbrée
Toning	Virage *(m)*
~ bath	Bain de virage
Tool (▶ p 472)	Outil *(m)*
~ free	Ne nécessitant pas d'outillage
~ kit, ~ box	*a)* Caisse à outils - *b)* Outillage
Tooth	Dent *(f)*
sprocket ~	Dent de tambour denté
Top	*a)* Le haut - *b)* Le dessus
~ shot	Plan surplombant à la verticale
at the ~ of *sth*	En haut de *qch*
the ~ of *sth*	Le haut de *qch*
toward the ~	Vers le haut
Top billing	Tête *(f)* d'affiche
Top hat	Base *(f) (pour caméra)*

Topic	Sujet *(m)*, Thème *(m)*
Top-light	Plafonnier *(m)*
Topline, # *Top billing* : *a)* Tête d'affiche – *b)* En haut de l'affiche	
Topline (to ~) : Être en tête d'affiche, Faire le haut de l'affiche	
Topliner	Acteur \ Actrice en haut de l'affiche
Torque	Couple *(m)* de serrage
Total recall	Recalage *(m)* automatique des données
Touch-screen	Écran *(m)* tactile
Touch up	Raccord *(m)* maquillage
last ~, # *Last looks*	Derniers raccords maquillage
Touch up (to ~) a tint	Rehausser une teinte
Tough	Dur(e)
Toughness	*a)* Dureté *(f)* - *b)* Résistance *(f)* mécanique
~ of materials	Résistance des matériaux
Tower (Scaffold ~)	Tour *(f)* *(d'éclairage)*, Tour *(f)* d'échafaudage
Trace (to ~)	Tracer
~ off	Décalquer
Tracing paper	Papier *(m)* calque
Track *1)* # *Sound tape*	Bande *(f)*
ambient ~	Bande *(de sons)* d'ambiance
audio ~	Bande son, Bande audio
buzz ~, # *Room tone, Wild track*	Bande de sons d'ambiance
click ~	Bande rythmo
composite sound ~	Bande son mixée
cut ~	Bande son témoin
digitized sound ~	Bande son numérique
final mix ~	Bande son mixée
foley ~ , effects ~	Bande d'effets sonores
guide ~	Bande son témoin
international sound ~	Bande son internationale
laugh ~	Bande de rires enregistrés
magnetic ~	Bande magnétique
mixed ~	Bande mixée
multiple ~ transfer	Report multipistes
music ~	Bande musique
music and effects ~, M and E ~	Version internationale, Bande son internationale
optical sound ~	Bande son optique
original sound ~	Bande son originale
scratch ~	Bande son témoin
silent ~	Bande de silence
sound ~	Bande son
tone ~	Bande d'ambiance plateau
wild ~ , floating ~	Sons seuls
work ~	Copie de travail son

2) # *Sound stripe of a sound tape* Piste *(f)*
centre ~ Piste centrale
control ~ : *a)* Piste d'asservissement [CGTN – 2000], Piste de contrôle
b) Voie de contrôle
cue ~, guide ~ Piste pilote
double ~ Double piste
edge ~ Piste latérale
full ~ Pleine piste
half ~ Demi-piste
magnetic sound ~ Piste son magnetique
multi-~ Multi-piste
optical sound ~ Piste son optique
pre-striped ~ Piste magnétique pré-couchée
RCA ~ Piste à densité fixe
sound ~ Piste sonore
sync ~ Piste de synchro
twin ~ Double piste
two ~ Bipiste
variable aera sound ~ Piste à élongation variable
variable density sound ~ Piste à densité variable
video ~ Piste vidéo
3) # *Tracking*, # *Travelling* Travelling *(m)*
~ in Travelling avant
~ laying Installation des rails de travelling
~ out, ~ back Travelling arrière
~ combined with a zoom Travelling compensé
~ shot Plan en travelling
4) curved dolly ~ Rail *(m)* courbe
narrow ~ >< wide ~ Rail étroit >< Rail large
straight dolly ~ Rail droit

Tracking *1) # Camera movement* Travelling *(m)*
~ car Voiture travelling
~ shot Plan en travelling
360° ~ Travelling circulaire complet
lateral ~ Travelling latéral
2) (Video) : Asservissement *(m)* des têtes par la bande magnétique
~ control signal Signal d'asservissement des têtes
* *Control track* Piste d'asservissement
3) (Video) Correction *(f)* de suivi de piste
4) (Digital SFX) Détection *(f)* de trajectoire

Trade *a)* Métier *(m)* – *b)* Commerce *(m)*
~ association Organisation professionnelle
~ list Catalogue des prix
~ mark Marque de fabrique
~ screening, ~ sneak : Projection aux distributeurs *(pour vendre le film)*

~ show	Projection de presse
~-union organization, # *Syndicate*	Organisation syndicale de salariés
Trailer *1) ~ (for a car)* (GB)	Remorque *(f)*
(for a car) (US)	Caravane *(f)*
2) ~ (for actors)	Loge mobile *(f)*

3) # Publicity film : Bande *(f)* annonce, Film *(m)* annonce

~ tag : Visa de censure de la bande annonce

green band ~ : Bande annonce expurgée, Bande annonce "Tous publics"

teaser ~ : Bande annonce diffusée des mois à l'avance *(pour accrocher le public et lui indiquer la très prochaine date de sortie du film)*

Trailing dots : Défaut de transition dû à un problème de cross-luminance *(autour des bords d'objets en mouvement très saturés en couleur)*

Trainee	Stagiaire *(m-f)*
Training	Formation *(f)*, Stage *(m)*
~ on the job	Formation sur le tas
Tramline	Découpage *(m)* d'une scène
Transcode (to ~)	Transcoder
Transcoder, # *Standard converter*	Transcodeur *(noun) (m)*
* *Television system converter*	Transcodeur de télévision
Transcoding *(Dig. Video)*	Transcodage *(m)*
Transducer	Transducteur *(m)*
Transduction	Transduction *(f)*
Transfer	*a)* Repiquage *(m)* - *b)* Report *(m)*, Transfert *(m)*
~ curve	Courbe de transfert
~ room	Salle de repiquage
film to tape ~	Télécinéma
magnetic ~	Transfert magnétique, Repiquage
multiple track ~	Report multipistes
optical ~	Report optique
sound ~	Repiquage son
tape to film ~	Kinescopage
Transfer (to ~)	Repiquer
Transformer *(Electricity)*	Transformateur *(m)* (*Coll.* : Transfo)
buck boost ~	Transformateur survolteur-dévolteur
step-down ~	Dévolteur
step-up ~	Survolteur
Transistor	Transistor *(m)*
Transition	Transition *(f)*
Translate (to ~)	Traduire
Translation *1) (Word translation)*	Traduction *(f)*
literal ~	Traduction littérale
simultaneous ~	Traduction simultanée

2) (Dig. Video) : Conversion de vitesse *(Par exemple le 3:2 qui converti un film à la cadence de 24 im/s en de la vidéo à 30 im/s)*

Translucent	Translucide

Transmission *1)* ~ — Transmission *(f)*
~ band — Bande passante
~ coefficient — Facteur de transmission
~ curve — Courbe de transmission
~ factor — Coefficient de transmission
~ stop, T-stop — Diaphragme photométrique
analog ~ — Transmission analogique
baseband ~ — Transmission en bande de base
digital ~ — Transmission numérique
high rate ~ — Transmission haut débit
low rate ~ — Transmission bas débit
packet ~ — Transmission par paquets
point-to-point ~ : Transmission entre deux équipements désignés
2) # *TV broadcasting* — Transmission *(f)*
duplex ~ — Transmission en duplex
multiplex ~ — Transmission en multiplex
satellite ~ — Transmission par satellite
* *Live broadcast* — Transmission en direct
* *Recorded broadcasting* — Transmission en différé

Transmittance — Coefficient *(m)* de transmission

Transmitter — Émetteur *(noun) (m)*
~ coverage — Couverture de l'émetteur
~ receiver — Émetteur-récepteur
district ~ — Émetteur régional
repeater ~ — Émetteur relais

Transparency *1)* ~ — Transparence *(f)*
2) # *Back projection* — Trucage par transparence
~ shot — Plan avec transparence

Transparent — Transparent(e)

Transport — Transport
~ agent, # *Forwarding agent* — Transitaire
~ costs — Frais de transport
~ system : Mécanisme d'entraînement et de défilement
~ stream *(Dig. Video)* : Flux d'information *(signal multiplexé)* composé de plusieurs flux de base *(plusieurs programmes)* véhiculés par paquets *(Type de flux souvent appellé Signal MPEG)*

Transportation — Transports *(m)*
~ captain, ~ manager — Régisseur chargé des transports
~ department — Régie chargée des transports

Trap (Light ~ **)** # *Light lock* — Chicane *(f)* à lumière

Travelling (*GB*) – **Traveling** (*US*) — Travelling *(m)*
~ board, ~ platform — Plateau de travelling
narrow ~ ~ — Plateau de travelling étroit
~ matte — Trucage par caches / contre-caches
~ shot, # *Dolly shot* — Travelling d'accompagnement

Tray (*Filter ~*)	Tiroir *(m)* de filtre
Treatment, # *Written outline* : Description *(f)* de l'histoire en quelques pages	
Treble	Aigus *(m)*
Triacetate	Tri-acétate *(m)*
~ base	Support tri-acétate
Triangle	Triangle *(m)*
Triangular	Triangulaire
Trichromatic	Trichrome, Trichromatique
~ coordinates	Coordonnées trichromatiques
Trigger	Gâchette *(f)*, Déclencheur *(m)* à gâchette
Trigger off (to ~)	Déclencher à la gâchette
Triggering	Déclenchement *(m)* à la gâchette
Trilogy	Trilogie *(f)*
Trim, # *Trim bin*	Chutier *(m)*, Bac *(m)* à chutes
Trimmer *(Audio)*	Potentiomètre *(m)* d'entrée
Trims	Chutes *(f)* non utilisées *(au montage)*
Trip	Déclencheur *(m)*
~ switch	Commutateur *(m)*
Trip (to ~)	Déclencher
Triple take : *(Technique de prise de vues consistant à tourner une même action selon trois grosseurs de plan différentes : plan général, plan moyen, gros plan, afin de permettre des raccords dans le mouvement et offrir au monteur le maximum de choix)*	
Tripod, # *Sticks*	Pied *(m)* *(caméra)*, Trépied *(m)* *(de caméra)*
~ leg	Branche de pied
Arri bowl fitting ~	Pied à bol 120
baby ~ , # *Baby*	Petit pied
big ~ , tall ~, # *Standard*	Grand pied
camera ~	Pied caméra
gimbal ~ , # *Gimbal mount*	*(Type de* Pied marin*)*
Mitchell fitting ~	Pied à griffe 300
short ~	Petit pied
Trolley	Diable *(m)*
Trompe l'œil *(Painting)*	Trompe-l'œil *(m)* *(Peinture)*
Truck *(US)*	Camion *(m)*
camera ~	Camion caméra, Camion image
electrical ~	Camion électrique
grip ~	Camion machinerie
light ~	Camion lumière
wardrobe ~	Camion costume
Truncation	Troncature *(f)*
Trunk *1)* # *Suitcase*	Malle *(f)*, Cantine *(f)*
2) *(Audio)* : Panneau *(m)* de raccordement pour des appareils équipés de fiches et/ou de prises de formats différents	
Try (to ~)	Essayer

Tube *1)* ~	Tube *(m)*
fluorescent ~	Tube fluorescent *(Coll. :* Fluo*)*
neon ~	Tube néon
2) ~ *(US)*	Tube *(m)*, Lampe *(f)* électronique
~ tester	Lampemètre
cathode-heater ~	Tube à chauffage indirect
cathode-ray ~	Tube cathodique
electron ~	Tube à vide
flying spot ~	Tube à faisceau mobile
hard ~	Tube à vide poussé
multi µ-~, variable µ-~	Tube à pente variable
power ~	Tube de puissance
shadow mask ~	Tube à masque
vacuum ~	Lampe à vide, Tube à vide
Tuft *(of hair)*	Touffe *(f)* de cheveux, Houppe *(f)*
small ~ of hair	Houppette
Tumble	Rotation *(f)* selon l'axe Ox
Tune, # *Music*	Accord *(m)*
in ~, # *Tuned*	Accordé(e)
out of ~	Désaccordé(e), Faux(Fausse)
to get out of the ~	Se désaccorder
Tune (to ~)	Accorder
Tune up (to ~)	*a)* Régler, Mettre au point - *b)* Réviser
~ a musical instrument	Accorder un instrument de musique
Tuner	Tuner *(m)*, Syntoniseur *(m)* [CGTN – 2000]
HDTV-~	Tuner HDTV
integrated ~ ~ *(>< Set-top box)* :	Tuner HDTV intégré *(>< Tuner externe)*
PIP ~ (PIP = Picture-in-picture)	Tuner PIP
Tungsten	Tungstène *(m)*
~ filament	Filament de Tungstène
~ type film	Pellicule type lumière artificielle
~ light *1)* ~	Projecteur tungstène
2) ~	Lumière tungstène, Lumière artificielle
Tuning	Accord *(m)*
fine ~	Accord fin, Accord précis
Turn *1)* ~	Tour *(m)*
2) ~ *(of a reel)*	Spire *(f)* *(d'une bobine)*
Turn (to ~)	Tourner
~ back	Retourner
~ *sth* clockwise :	Tourner *qch* dans le sens des aiguilles d'une montre
~ *sth* anti-clockwise \ counter-clockwise :	Tourner *qch* dans le sens inverse des aiguilles
~ down *(the sound volume)*	Baisser *(le volume du son)*
~ off a light	Couper un projecteur
~ off a TV set	Éteindre un poste de télévision

~ on *1)* ~ a light — Allumer un projecteur
~ the light — Allumer la lumière
* *"Turn it on", "Fire it up"* ⇔ "Allume le projecteur"
2) ~ , # *To Start a machine* — Mettre en marche, Allumer
~ on flood — Desserrer, Élargir un projecteur
~ over — Se retourner
~ up the sound — Monter le son
~ up-side down — Retourner *(de bas en haut)*
free to ~ — Orientable

Turn around (*US*) : *1) Période entre l'abandon d'un projet et la reprise de ce projet par un autre studio ou autre producteur*
2) Période entre le démontage d'un décor et la construction du décor suivant (pour un même film, ou pour des décors de films produits par des sociétés différentes mais à construire dans le même studio de prise de vues)

Turnaround time — Amplitude *(f)* de temps de travail

Turret (Lens ~) — Tourelle *(f)* d'objectifs
divergent ~ — Tourelle divergente

Turtle, # *Floor stand* — Base *(f)* *(pour projecteur)*

TV set, # *TV receiver* : Téléviseur *(m)*, Poste de télévision *(m)*, Récepteur TV *(m)*

Tweak, # *One tweak* — Réglage *(m)* *(notamment sur les projecteurs)*
* *"That's purchase !"* ⇔ "J'achète !" *(pour un réglage de projecteur)*
* *"Walk away !"* ⇔ "C'est bon, n'y touche plus !" *(pour un réglage de projecteur)*

"Tweaking !" — "Derniers réglages !"
period of ~ : Créneau *(m)* *(de temps)* pour les derniers réglages lumière
* *Small adjustment before shooting* — Dernier réglage *(m)* avant de tourner

Tweenie, # *Teenie weenie* — Projecteur *(m)* tungstène 650 w à Fresnel

Tweeter — Haut-parleur d'aigus *(m)* [CGTN – 2000]

Tweezers — Pince *(f)* à épiler

Twist — Tortillon *(m)*, Torsade *(f)*
~ ending (*US*) — Fin à rebondissement
final ~ — Rebondissement final, Retournement innatendu *(de la fin d'un récit)*

Two-dimensional — À deux dimensions

Two-hander (*US*) : *(Film dont tous les personnages sont joués par deux uniques acteurs, comme dans "Le Limier" de J. Mankiewicz)*

Two-way *1)* # *Bidirectional* — Bidirectionnel(-elle)
~ switch — Interrupteur *(m)* va-et-vient, Va-et-vient *(m)*
2) # *Simulcast* — Duplex *(m)*, En duplex

Typecast (to ~) : Cataloguer un acteur dans un registre de jeu

Typecasting : *a)* Casting *(m)* stéréotypé
b) Recherche *(f)* de comédiens stéréotypés

U

U-bolt	Manille *(f)*
Ultra-high speed	Ultra-rapide
Ultrasound	Ultrason *(m)*
Ultraviolet *(adj. and noun)*	Ultraviolet *(m)*
U-matic	U-matic *(m)*
Umbrella	Parapluie *(m)*
beach ~	Parasol *(m)*
Unbalance	Déséquilibre *(m)*
Unbalance (to ~)	Déséquilibrer
Unbalanced *1) (General meaning)*	*a)* Mal équilibré(e) - *b)* Dissymétrique
2) (Audio)	Asymétrique
Unblank (to ~) *(Video)*	Débloquer *(la grille d'un tube vidéo)*
Unbolt (to ~)	Déboulonner
Uncoil (to ~)	Débobiner, Dérouler
Underact (to ~)	Sous-jouer
Underacting	Sous-jeu *(m)*

Undercrank (to ~) : Faire un accéléré *(m)*, Filmer à vitesse *(f)* lente

Undercranked	Accéléré(e) à la prise de vue
Underdevelopment	Sous-développement *(m)*

Underdog, # *Sleeper* (*US*) : Film qui, contre toute attente, obtient du succès

Underexpose (to ~)	Sous-exposer
Underexposure	Sous-exposition *(f)*
Underlighting	Éclairage par en-dessous
Undermodulate (to ~)	Sous-moduler
Underplay (to ~)	Jouer en-dessous, Retenir son jeu
Underscan	Sous balayage *(m)* du tube écran

Undershoot (to ~) : *(Tourner une séquence, ou un film entier, avec un nombre de plans insuffisant par rapport à celui nécessaire, et qui était normalement prévu)*

Undershooting : *(Tournage d'un nombre de plans insuffisant pour une séquence)*

Undertakings : Engagements *(m)*, Promesses *(f)*, Garanties *(f)* *(entre contractants)*

Underwater housing	Caisson *(m)* de prise de vues sous-marines
Undeveloped	Non développé(e)
Undo (to ~) *1)* ~	Démonter, Défaire
2) # To Unscrew	Dévisser
Undressed	Nu(e), Non équipé(e)
Unemployed	*a)* Chômeur(-euse) - *b)* Au chômage

Unemployment — Chômage *(m)*
~ benefits (*GB*) — Indemnités *(f)* de chômage
~ compensations (*US*) — Indemnités de chômage
Unequal — Inégal(e)
Uneven *1)* ~ — Impair(e)
~ number — Nombre impair
2) ~ — Irrégulier(-ière), Inégal(e)
~ surface — Surface rugueuse
Unexposed — Vierge, Non exposé(e)
Unfit for broadcast — Non diffusable
Unfold (to ~) — Déplier
Unforeseen — Imprévu(e) *(adj.)*
~ event : Imprévu *(m)*, Événement *(m)* imprévu, Situation *(f)* imprévue
Unglue (to ~) — Décoller
Unhook (to ~) — Décrocher
Unidirectional — Unidirectionnel(-elle)
Union, # *Union trade* — Syndicat *(m)*
~ action — Intervention syndicale
~ contract — Accord entre syndicats professionnels
* *Trade-union organization* — Organisation syndicale
* *Union-management cooperation* — Paritarisme
Unit *1)* ~ : *a)* Boîtier *(m)*
b) Unité *(m)* \ Organe *(m)* \ Élément *(m)* *(dans une chaîne d'appareils)*
control ~ — Boîtier de commande
driving ~ — Organe moteur
high speed ~ — Boîtier grande vitesse
remote control ~ — Boîtier de télécommande
single shot ~ — Boîtier de prise de vue image-image
speed control ~ — Boîtier de vitesse variable
2) # *Production unit* — Équipe
~ list — Liste technique
first ~ — Première équipe
in-house ~ : Équipe permanente, Personnel permanent
second ~ — Deuxième équipe
Unjam (to ~) — Débloquer, Décoincer
Unload (to ~) *(a magazine)* — Décharger *(un magasin)*
Unloading *(of a magazine)* — Déchargement *(m)* *(d'un magasin)*
Unlock (to ~) — Déverrouiller
Unmarried — Double bande
Unnail (to ~) — Déclouer
Unpatch (to ~) — Débrancher, Déconnecter
Unplug (to ~) — Débrancher
Unreleased — Inédit(e) *(adj.)*
Unroll (to ~) — Débobiner, Dérouler
Unrolling — Déroulement *(m)* *(de la pellicule)*

Unscrew (to ~) Dévisser
Unsqueeze (to ~) Désanamorphoser
  * *Unsqueeze picture* Image désanamorphosée
Unstable Instable
Unsteady Instable
Unstick (to ~) Décoller
Unthread (to ~) *(a camera)* Décharger *(une caméra)*
Unthreading *(of a camera)* Déchargement *(m)* *(d'une caméra)*
Unwind (to ~) *(a reel)* Débobiner, Dérouler une bobine
Unwinding Déroulement *(m)*
Upconversion : Conversion *(f)* vers le haut d'un format vidéo en un format de résolution supérieure *(par exemple SDTV vers HDTV)*
Upconvert (to ~) *(Dig. video)* : Convertir vers le haut *(en un format de résolution supérieur)*
Upconverter *(Dig. video)* Convertisseur *(m)* vers le haut
Update (to ~) Mettre à jour
Updating Mise à jour *(f)* (MAJ)
Upfront *(Business)* *1) ~ (adj.)* En début de chaîne de paiement, Payable d'avance, Payé(e) d'avance
  2) ~ (adverb) (about investment) : Investissement *(m)* initial, Capital *(m)* de départ
  ~ commitments Engagements initiaux
  ~ expenses : Dépenses engagées avant même le début d'une production
    * *Deducted expenses upfront* Frais déduits avant bénéfice
  ~ fee Commission payée d'avance
  ~ financing : Financement réuni avant la mise en production du film
  ~ money : *a)* Avance *(lors de la signature d'un contrat)* – *b)* Mise de fonds
  broadcast ~ market *(TV)* : Marché de pré-achat d'espaces publicitaires
Upgrade (to ~) Mettre à niveau
Upkeep, # *Maintenance* Entretien *(m)*, Maintenance *(f)*
Upkeep (to ~) Entretenir, Faire la maintenance
Upload (to ~) Télécharger
Uploading Téléchargement *(m)*
Uprating, # *Pushing* Pousser la pellicule
Upright Debout, Droit(e), Vertical(e)
Use Usage *(m)*, Utilisation *(f)*
  out of ~ Hors d'usage, En panne
  ready for ~ Prêt(e) à fonctionner
Use (to ~) Utiliser
  ~ up Épuiser
Useful Utile *(adj.)*
User Utilisateur(-trice)
  ~ name Nom d'utilisateur
User's bits : Bits *(m)* de l'utilisateur, Codes *(m)* de l'utilisateur
Usherette Ouvreuse *(f)*
Utilization Utilisation *(f)*

V

V lock = Vertical Lock	Asservissement *(m)* en trame
Valuation	Expertise *(f)*, Estimation *(f)* financière
Value	Valeur *(f)*
Valve *(GB)*	Tube *(m)* électronique
Van	Camionnette *(f)*
Vanishing point	Point *(m)* de fuite
Variable	Variable, Réglable
Variac = VARIable AC *(AC = Alternating Current)*	Variac *(m)*, Variateur *(m)* électroniqu
Variation	Variation *(f)*
Varispeed	Variateur *(m)* de vitesse
Vary (to ~)	Varier
~ in direct ratio	Varier en proportion, Varier en rapport avec …
~ in indirect ratio	Varier en proportion inverse, Varier en rapport inverse avec …
VAT = **Value Added Tax**	Taxe *(f)* sur la Valeur Ajoutée (TVA)
to claim back the ~	Récupérer la TVA
Vector	Vecteur *(m)*
Vectorial	Vectoriel(-ielle)
Vectorscope	Vecteurscope *(m)*
Velocity *(Audio)*	
1) ~	Gradient *(m)* de pression
2) ~	Célérité *(f)*, Vélocité *(f)*
Version	Version *(f)*
dubbed ~	Version doublée
foreign ~	Version étrangère
full ~	Version intégrale
original ~	Version originale
subtitled ~	Version sous-titrée
theatrical ~	Version salle
Vertical *1) (noun)*	Verticale *(f)*
2) (adj.)	Vertical(e)
~ compression *(Dig. video)*	Compression verticale pour le 16:9
~ interval *(Video)*	Intervalle de suppression trame
Vestigial sideband transmission	Émission *(f)* à bandes latérales atténuées
Vibrating	*a)* Oscillatoire - *b)* Oscillant(e)
Vibration	Vibration *(f)*

Video *(adj. and noun)*	Vidéo *(f)*
~ analyser	Vidéo analyseur
~ assist	Moniteur de contrôle
~ camera	Caméra vidéo
~ capture board	Carte d'acquisition vidéo
~ carrier	Porteuse vidéo
~ cassette, # *Videocassette*	Cassette vidéo
~ cassette recorder (VCR)	Magnétoscope vidéo à cassettes
* *VCR pair rack*	Baie de magnétoscope
~ clip	Vidéo clip, Clip-vidéo
~ codec	Codec vidéo
~ combo	Moniteur combiné avec un enregistreur
~ data	Données vidéo
~disc (*GB*), ~disk (*US*)	Vidéo disque
~ effects	Effets spéciaux vidéo
~ feedback	Retour d'image vidéo
~ file	Fichier vidéo
~ flux	Flux vidéo
~ imagery	Imagerie vidéo
~ head	Tête vidéo
~ ~ assembly	Bloc de têtes vidéo
~ input	Entrée vidéo
~ library, ~ tape library	Vidéothèque
~-maker	Vidéaste
~ mixer	Mélangeur vidéo
~ monitor	Récepteur vidéo, Écran de contrôle
~ on demand (VOD)	Vidéo à la carte, Vidéo à la demande
~ output	Sortie vidéo
~ palette	Palette vidéo, Paint box
~ player	Lecteur vidéo
~ production company	Société de production vidéo
~ projection	Projection vidéo
~ projector	Rétroprojecteur vidéo
~ promo	Clip-vidéo
~ recorder	Enregistreur vidéo, Magnétoscope
~ recording	Enregistrement vidéo
~ signal	Signal vidéo
~ ~ level	Niveau de signal vidéo
~ synthesis	Vidéo synthèse
~ tape	Bande vidéo
~ ~ recorder (VTR)	Enregistreur vidéo, Magnétoscope
~ terminal	Terminal vidéo
~ to film transfer	Kinescopage
~ track	Piste vidéo

anamorphic ~ : Vidéo 16:9 ayant subi une compression type *Anamorphic*

component ~	Vidéo en composantes
component ~ signal	Signal vidéo en composantes
composite ~	Vidéo composite
composite ~ signal	Signal vidéo composite
digital ~ effects (DVE)	Effets spéciaux numériques
full motion ~ : Restitution plein écran à cadence normale	
full-motion ~ board	Carte d'affichage vidéo
interlaced ~	Vidéo en entrelacé
interlaced-scan ~	Vidéo à balayage entrelacé
letterboxed ~	Vidéo au format boîte aux lettres
magnetic ~ tape	Bande magnétique vidéo
progressive ~	Vidéo en progressif
progressive-scan ~	Vidéo à balayage progressif
real-time ~ compression	Compression vidéo en temps réel
to compact a ~ signal	Compacter un signal vidéo
to decode a ~ signal	Décoder un signal vidéo
VGA-to-~ board	Carte sortie vidéo
Video (to ~) : Magnétoscoper, Enregistrer sur un magnétoscope	
Videobus	Car *(m)* vidéo
Videocassette	Vidéocassette *(f)*, Cassette *(f)* vidéo
Videoconference	Vidéoconférence *(f)*
Video-dance	Vidéodanse *(f)*
Videodisc	Vidéodisque *(m)*
Videogram	Vidéogramme *(m)*
Videograph	Vidéographe *(m)*
Video library	Vidéothèque *(f)*
Videoprojection	Vidéoprojection *(f)*, Projection *(f)* vidéo
Video synthesis	Vidéo synthèse *(f)*
Video tape library	Vidéothèque *(f)*
Videotransmission	Vidéotransmission *(f)*
View	Vue *(f)*
~ point	Point de vue
back ~	Vue arrière
cutaway ~	Vue en coupe
exploded ~	Vue en éclaté, Éclaté
front ~	Vue de face
general -	Vue d'ensemble
point of ~ (POV)	Point de vue (PDV)
rear ~	Vue arrière
side ~	Vue de côté \ de profil \ latérale
top ~	Vue de dessus, Vue du dessus
View (to ~)	*a)* Regarder - *b)* Visionner
Viewer *1) ~ (as a person)*	Spectateur(-trice)
~ , # *Televiewer*	Téléspectateur(-trice)
2) ~ (as a device)	Visionneuse *(f)*

Viewfinder *1) # Director's viewfinder*	Chercheur *(m)* de champ
2) # Eyepiece	Viseur *(m)*, Visée *(f)*, Œilleton *(m)*, Loupe *(f)*
~ extension	Loupe longue
~ mask	Cache de visée
~ parallax	Parallaxe de visée
fiber optics ~	Viseur à fibres optiques
ground-glass ~	Visée sur dépoli
optical ~	Viseur optique
reflex ~	Viseur reflex
rotatable ~	Viseur orientable, Loupe orientable
swingover ~ : Viseur rotatif *(basculant à gauche ou à droite du corps caméra)*	
Viewing *1)* ~	Visionnage *(m)*
~ angle	Angle de vision *(depuis lequel qch est vu)*
~ machine	Visionneuse
~ position	Position visée
~ room	Salle de projection
~ time	Durée de projection
contrast ~ glass	Verre de contraste, Verre de vision couleurs
reflex ~ system	Système de visée reflex
2) (Television)	Action *(f)* de regarder la télévision
~ time	Durée d'un programme télévisé
daily ~ ~ per household : Durée quotidienne de visionnage par foyer	
daily ~ ~ per individual : Durée quotidienne de visionnage par individu	
appointment ~ : *(Désigne l'attitude du téléspectateur qui a rendez-vous avec un programme qu'il souhaite regarder)*	
passive ~ : Visionnage passif *(Désigne l'attitude du téléspectateur-zappeur à la recherche d'un programme qui retiendra son intérêt)*	
Vignet (to ~)	Vignetter
Vignetting	Vignettage *(m)*
Virtual	Virtuel(-elle) *(adj.)*
Visibility	Visibilité *(f)*
Visible *(adj. and noun)*	Visible
Vision	Vision *(f)*
binocular ~	Vision binoculaire
peripheral ~	Vision périphérique
threshold of ~	Seuil de visibilité
Visual	Visuel(-elle) *(adj.)*
~ details	Détails visuels
~ effects (GB) ⇔ Special effects (US) : *Atérations subies par les images au cours de la post-production*	
~ language	Langage visuel
Visualize (to ~)	Visualiser
Vivid	Éclatant(e), Intense, Brillant(e)
Vocoder *(Audio)*	Vocoder *(m)*

Voice	Voix *(f)*
~ frequency	Fréquence vocale
~-in	Voix dans le champ [CGTN – 2000]
~ level test, ~ test	Essai de niveau de voix
~-on-camera (VOC) : *(Désigne le fait que les répliques sont données à l'image)*	
~-over (VO), # *Voice-off* : Voix-off, Voix hors champ [CGTN – 2000]	
~ tone	Timbre de la voix
deep ~	Voix grave
high-pitched ~	Voix aiguë
indirect ~ over	Commentaire off
singing ~	Voix chantée
soft-toned ~	Voix aux intonations douces
sonorous ~	Voix timbrée
speaking ~	Voix parlée
toneless ~	Voix détimbrée, Voix sans timbre
to pitch one's ~ correctly	Poser sa voix
Voicetracker *(Audio)*	Commande *(f)* vocale
Volt	Volt *(m)*
Voltage	Tension *(f) (électrique)*, Voltage *(m)*
~ amplifier	Amplificateur de tension
~ drop	Chute de tension
~ flutter	Fluctuation de tension
~ level	Niveau de tension
~ oscillation	Oscillation de tension
~ regulator	Régulation de tension
~ stabilizer	Stabilisateur de tension
cutoff ~ , restraint ~	Tension de coupure
high ~	Haute tension
low ~	Basse tension
rated ~	Tension nominale
surge of ~	Surtension
to reduce the ~	Abaisser la tension
to step down the ~	Dévolter, Sous-volter
to step up the ~	Survolter
under ~	Sous-tension, Tension insuffisante
working ~	Tension de régime
Voltmeter	Voltmètre *(m)*
Volume	Volume *(m)* sonore
~ control	Réglage de volume
~ level	Niveau sonore
Voucher	Justificatif *(m)*, Reçu *(m)*
Voyeur (Voyeuse) *(Fam. :* Peeping Tom*)* : Voyeur(-euse)	
VU = Volume Unit	Unité *(f)* de volume, Décibel *(m)*
VU-meter *(Audio)*	VU-mètre *(m)*, Décibelmètre *(m)*

W

Wages Traitements *(m)* et salaires *(m)*
gross ~ Salaire brut
net ~ Salaire net
scale ~ , # *Scale rate* : Rémunération selon le barème syndical, Rémunération au tarif syndical
Wait (to ~) Attendre
Waiting Attente *(f)*
Walk (to ~) Marcher
~ backward(s) >< ~ forward(s) Marcher à reculons >< Avancer
Walk away lunch (*US*) : *Litt.* = Repas à emporter. *(Désigne un repas préparé par une cantine et pris sur le plateau de tournage, mais qui n'est pas servi assis à table, et que l'on prend chacun de son côté)*
Walk-on Passage *(m)* de figuration
Walk-through *1)* ~ Répétition *(f)* mécanique
2) ~ *(for the camera)* Répétition mécanique caméra
Walk up place : Lieu non équipé d'ascenseur \ de monte-charge
Walkie talkie Talkie-walkie
~ with earpieces Talkie-walkie avec oreillettes
Walkround Plancher *(m)* de dolly
Wall *1)* ~s *(Audio)* Parois *(f)*
2) *(Set construction)* Feuille *(f)* de décor
~ sled Étrier de feuille de décor
wild ~ , floating ~ Feuille de décor mobile
Walla-walla, # *Walla* : Son *(m)* seul de foule, Ambiance *(f)* d'arrière-fond de foule
Wardrobe Costumes *(m)*, Garde-robe *(f)*
~ allowance : Indemnité costumes *(pour l'acteur ou l'actrice qui utilise, à l'écran, ses propres costumes et accessoires vestimentaires)*
~ box, ~ basket Malle à costumes
~ breakdown Dépouillement costumes
~ call Convocation pour un essayage
~ caravan Caravane habillage
~ department Service des costumes
~ designer Costumier(-ière)
~ fitting Essayage d'un costume
~ rental house Maison de location de costumes
~ trailer Caravane habillage
* *Clothes rack* Portant de costumes

Warm up — Chauffage *(m)*, Préchauffage *(m)*
~ time — Temps de chauffage \ de préchauffage
Warm up (to ~) — Préchauffer
Warning *(Video)* — Alarme *(f)*
~ light : Témoin *(m)* de malfonctionnement, Témoin d'alarme, Alarme *(f)*
Warped — Gondolé(e) *(pour du bois)*
Warping : Torsion *(f)*, Déformation *(f)* de l'image par effet de torsion
Washed out — Fade, Décoloré(e), Délavé(e)
Washing — Lavage *(m)*
Washout, # *Fade to white* — Fondu *(m)* au blanc
Waste *1)* ~ — Perte *(f)*
~ percentage — Pourcentage de pertes
2) * *Film waste* — Chute de pellicule à jeter
Watermark — Filigrane *(m)* électronique
~ detection — Détection du filigrane électronique
digital ~ *(Dig. video)* : Filigrane numérique *(Protection numérique du copyright)*
Watermarking : Tatouage *(m)* numérique *(Procédé incorporant des données en filigrane dans un enregistrement audio, vidéo ou autre, afin de sécuriser le copyright du contenu)*
Waterproof — Imperméable *(à l'eau)*
~ cover — Bâche imperméable
Waterspots — Marques *(f)* de séchage
Watertight — Étanche *(à l'eau)*
Watt — Watt *(m)*
Wattage : *a)* Puissance *(f)* électrique - *b)* Puissance *(f)* consommée
Watthour — Wattheure *(m)*
Wattmeter — Wattmètre *(m)*
Wave *1)* ~ — Onde *(f)*
~ audio format — Format de fichier audionumérique
~ front — Front d'onde
~ guide — Guide d'onde
~ length — Longueur d'onde
~s table — Table d'ondes
~ trap — Circuit-bouchon
audio ~ — Onde acoustique
carrier ~ — Onde porteuse
* *Image carrier* — Onde porteuse d'images
* *Sound carrier* — Onde porteuse de son
compression ~ — Onde de compression
crest of ~ — Crête d'onde
cylindrical ~ — Onde cylindrique
damped ~ — Onde amortie
electric ~ — Onde hertzienne
electronic ~ — Onde électronique
free ~ — Onde libre

light ~	Onde lumineuse
long ~	Onde longue
medium ~	Onde moyenne
metric ~	Onde métrique
plane ~	Onde plane
radio~	Onde radioélectrique
reflected ~	Onde réfléchie
short ~	Onde courte
sine ~	Onde sinusoïdale
sound ~	Onde sonore
square ~	Signal carré
standing ~	Onde stationnaire
travelling ~	Onde progressive
ultra-short ~	Onde ultracourte
* *Common frequency*	Onde commune
2) (plural : Waves)	Ondes
short ~s >< long ~s	Ondes courtes >< Longues ondes
radio ~s	Ondes hertziennes
Wavy, Waved	Ondulé(e)
Wax pencil	Crayon *(m)* gras, Crayon de montage
Way *1) # Direction*	*a)* Direction *(f)* - *b)* Sens *(m)*
2) # Itinerary	Chemin *(m)*, Itinéraire *(m)*, Trajet *(m)*
~ through	Passage
to get *sth* out of the ~	*a)* Déplacer *qch*, Éloigner *qch*, *b)* Enlever *qch* du passage
to make ~ for *sth, s.o*	*a)* Faire de la place pour *qch*, *qn* *b)* Laisser le chemin à *qn*
3) # Mode	Façon *(f)*, Manière *(f)*, Mode *(m)*
4) # Input channel	Voie *(f)*
Wear	Usure *(f)*
~ and tear	Usure, Dépréciation
fair ~ and tear	Usure normale
Weather	Temps *(m)*, Météo *(f)*
~ day : Jour de tournage supplémentaire dû aux mauvaises conditions météo ayant entraînées l'arrêt du tournage	
~ forecast	Prévisions météorologiques
~ permitting (WP) (*US*) : Si le temps le permet, Si la météo est bonne *(L'abréviation* WP *figure parfois au plan de travail d'un film américain)*	
~ report	Bulletin météorologique
Weave, # *Breathing, Flutter*	Pompage *(m)*
Webcam	Webcam *(f)*, Caméra *(f)* web
Webcasting, # *Netcasting* : Web TV *(f)*, Télévision *(f)* sur Internet	
Webtelevision	Télévision *(f)* en ligne [CGTN – 2005]
Wedge *1) (Grips)*	Cale *(f)* sifflet
2) (Sensitometry)	Coin *(m)* sensitométrique

Wedge up (to ~)	Coincer avec une cale sifflet
Week	Semaine *(f)*
~'s wages	Salaire de la semaine \ hebdomadaire
a 5 days ~	Semaine de 5 jours
to be paid by the ~	Être payé(e) à la semaine
Weight	Poids *(m)*
stage ~	Gueuse
Weighted	Pondéré(e)
Weighting	Pondération *(f)*
Western	Western *(m)*
~ dolly	Western dolly
spaghetti ~	Western spaghetti
Wetting agent	Agent *(m)* mouillant
Wheel	Roue *(f)*, Galet *(m)*
cross ~	Croix de malte
driving ~ : Galet moteur, Roue motrice, Roue d'entraînement	
gear ~	Engrenage
kombi-~	Roue mixte pour travelling
pneumatic ~	Roue pneumatique
rubber ~	Roue en caoutchouc
sprocket ~ : *a) (in a magazine)*	Débiteur denté
feed ~ ~	Débiteur denté côté débiteur
take-up ~ ~	Débiteur denté côté récepteur
b) # Drum	Tambour denté, Couronne dentée
c) # Pinion	Pignon
to put ~s into gear	Enclencher des engrenages
Wheeled tee	Triangle *(m)* roulant
Whip, # *Whip pan, Swich pan*	Pano *(m)* filé
Whisper	Chuchotement *(m)*
Whisper (to ~)	Chuchoter
White *1) (adj.)*	Blanc(Blanche)
2) (noun)	Blanc *(m)*
~ balance, balance of ~	Balance des blancs
~ clip	Écrêtage des blancs
~ compression	Compression des blancs
~ compressor	Compresseur des blancs
~ flag	Incrustation de compensation
~ level (Picture ~) : Signal du Blanc *(0,714286 volts = 100 IRE)*	
~ reference	Balance de référence
Whodunit (▶ **p 405**) : *(Film policier dont l'intrigue est essentiellement basée sur la question : "Qui est le meurtrier ?")*	
Wide	Large
Wide-angle distortion : Déformation *(f)* des perspectives due aux courtes focales	
Widen (to ~)	Élargir

Widening	Élargissement *(m)*
Widescreen *1)* ~	Écran *(m)* panoramique, Écran large
2) ~ *(Dig. video)*	Écran ou image au format 16:9
enhanced for ~	Amélioré(e) pour le format 16:9
Width *1)* ~	Largeur *(f)*
2) ~ *(for video tapes)*	Format *(de la bande)*
half-inch ~	Format demi-pouce
Wig	Perruque *(f)*
to fix a ~	Ajuster une perruque
to straighten a ~	Redresser une perruque
Wig-maker	Perruquier *(m)*
Wild	
~ ceiling	Feuille de décor mobile en plafond
~ line	Son seul de dialogue
~ recording : Enregistrement de sons seuls de bruits ou d'ambiances	
~ track	Son seul
~ wall, # *Floating wall*	Feuille de décor mobile
Winch	Treuil *(m)*
Wind	Vent *(m)*
~ machine	Machine à vent, Ventilateur
~ shield, ~ screen	Bonnette anti-vent
Wind (to ~) *1)* ~	Enrouler, Embobiner
~ off	Dérouler, Débobiner
2) ~ *(a clockwork mecanism)*	Remonter *(un mécanisme à ressort)*
3) ~ up	Hisser, Remonter
Winder *1)* ~	Rembobineuse *(f)*, Enrouleuse *(f)* à main
2) ~ *(in a clockwork)*	Remontoir *(m)* *(mécanique)*
Winding	Enroulement *(m)*
~ machine	Enrouleuse électrique
A ~	Enroulement A
B ~	Enroulement B
emulsion in ~	Enroulement émulsion intérieure
emulsion out ~	Enroulement émulsion extérieure
loose ~	Enroulement lâche
tight ~	Enroulement serré
Window *1)* *(Comput.)*	Fenêtre *(f)*
active ~	Fenêtre active
pre-view ~	Fenêtre de pre-visualisation
2) *(Business)* : Durée *(f)* d'exploitation à l'intérieur d'un marché donné	
Windowbox bars : *(Barres noires sur les côtés d'une image 4:3 diffusée en 16:9)*	
Window dub : *(Dans une copie de travail vidéo, incrustation à l'écran des codes et informations techniques dans une petite fenêtre, telles que : time code, métrage, numéro de scène, numéro de prise, etc.)*	
Wing (to ~)	Improviser, Jouer sans répétitions, Se lancer dans une impro

Wink (to ~)	Clignoter
Winking	Clignotant(e)
~ light	Clignotant, Lampe témoin
Winnebago®	Caravane *(f)* *(pour les comédiens)*
Wipe	Volet *(m)*, Fermeture *(f)* en volet
circle ~ , iris ~	Fondu en iris
hard-edge ~	Volet à bords francs \ à bords nets
natural ~	Volet naturel
push-off ~	Volet chassé
soft-edge ~ , # *Soft wipe*	Volet à bords flous
Wire *1) (Electricity)*	Fil *(m)* électrique
~ removall *(Postproduction)* : Effacement des câbles à la palette graphique	
~ stripper	Pince à dénuder
bare ~	Fil dénudé
earth ~ , ground ~	Fil de terre
feed ~	Fil d'alimentation
fuse ~	Fil de fusible
live ~	Fil sous tension
split ~	Fiche multiple
* *Phase conductor*	Fil de phase
2) # *Iron wire*	Fil de fer
~ brush	Brosse métallique
~ frame	Image fil-de-fer
~ guard : Grille de protection *(à l'avant d'un projecteur)*	
3) # *Scrim* (*US*) : Grillage métallique *(pour diminuer la lumière d'un projecteur)*	
Wire (to ~) *(Electricity)*	Câbler, Connecter
Wireless	Sans fil
~ control	Commande sans fil, Commande HF
Wiring	Câblage *(m)*
~ diagram	Schéma de câblage
~ panel	Tableau de connexion
Withdraw (to ~)	Écarter, Éloigner
Witness light	Témoin *(m)* lumineux, Lampe *(f)* témoin
Wobulation	Wobulation *(f)*
Woofer, # *Boomer*	Haut-parleur *(m)* de graves [CGTN – 2000]
Word of mouth	Bouche-à-oreille *(m)*, Bouche à oreille
by ~ : De bouche à oreille (*Note : No dashes here, because it means : from the mouth to the ear)*	
negative ~	Un mauvais bouche-à-oreille
positive ~	Un bon bouche-à-oreille
to build up ~	Faire fonctionner le bouche-à-oreille
to measure the ~	Mesurer, Estimer le bouche-à-oreille
"Positive or negative word of mouth is an important element in a film's success or failure" ⇔	"Un bon ou un mauvais bouche-à-oreille représente un facteur important du succès ou de l'échec d'un film"

Work (to ~) *1)* ~	*a)* Travailler - *b)* Fonctionner
~ free	Prendre du jeu
~ overtime, # *To Do overtime*	Faire des heures supplémentaires, Travailler en heures supplémentaires
ready to ~	Opérationnel(-elle), Prêt(e) à fonctionner
2) ~ out *(Accounting - Business)*	Chiffrer, Calculer un coût
how much does it ~s out at ?	À combien cela se chiffre-t-il ?

Work flow : Suivi *(m)* de l'image *(Désigne toutes les opérations subies par une image au cours de son traitement en vidéo HD)*

Working	Fonctionnement *(m)*
~ capital	Fonds de roulement
~ conditions	Conditions de travail
~ speed	Vitesse de régime
~ voltage	Tension de régime
Workprint	Copie *(f)* de travail
edited ~	Copie de travail montée
picture ~	Copie de travail image
sound ~	Copie de travail son
Work-room	Atelier *(m) (en tant que lieu d'activité)*
Workshop	Atelier *(m) (en tant qu'activité)*
Workstation	Station *(f)* de travail
digital ~	Station informatique
Worm screw	Vis *(m)* sans fin
Wow, # *Woving (Audio)*	Pleurage *(m) (dans la restitution d'un son)*
Wrap (to ~) *1)* ~	Emballer, Envelopper
2) ~ up *(at the end of a shooting day)*	Ranger \ Remballer *(en fin de journée)*
Wrap party	Fête *(f)* de fin de tournage, Dîner *(m)* de fin de film
Wrinkle *(of the face)*	Ride *(f) (du visage)*
Writer	Écrivain *(m)*
ghost ~	Nègre
Written by	Écrit(e) par

X

X plate : Plaque *(f)* de dérivation horizontale *(dans un oscilloscope)*

Xenon — Xénon *(m)*
- ~ arc — Arc au xénon
- ~ bulb — Lampe au xénon
- ~ projector — Projecteur au xénon

Y

Y plate : Plaque *(f)* de dérivation verticale *(dans un oscilloscope)*

Y signal *(Video)* — Signal *(m)* de luminance

Y/C — Luminance / Chrominance

Y-connection — Montage *(m)* *(électrique)* en étoile

Y-M-C numbers — Valeurs *(f)* Jaune-Magenta-Cyan

Yawner *(Litt. : "Qui fait bailler")* *(US)* — Navet *(m)* *(Coll.)* *(Film particulièrement ennuyeux et soporifique, et qui fini par faire bailler le spectateur)*

Year — Année *(f)*
- calendar ~ — Année civile
- financial ~ — Année budgétaire
- fiscal ~ — Année fiscale

Yellow *1) (adj.)* — Jaune
- to become ~ , to turn ~ — Jaunir
- *2) (noun)* — Jaune *(m)*

Yellow (to ~) — Jaunir

Yellowing — Jaunissement *(m)*

Yellowish — Jaunâtre

Yield point : Limite *(f)* de résistance, Seuil *(m)* de résistance

Yoke *1) ~ (for lights)* — Lyre *(f)* de projecteur
- *2) ~ (for video and television)* — Bobine *(f)* de dérivation

Z

Z-film	Film *(m)* de série Z
Z-meter	Impédancemètre *(m)*
Zap (to ~) *(Channel hoping)*	Zapper, Passer d'une chaîne à l'autre
Zebra	Zébra *(m)*
Zenith	Zénith *(m)*
Zeppelin windscreen	Bonnette *(f)* anti-vent pour micro canon
Zero	Zéro *(m)*
~ adjustment	Réglage du zéro
~ hour	Heure H
~ reset	Remise à zéro
~ ~ knob	Bouton de remise à zéro
Zero (to ~)	Remettre à zéro
Zero-VU	Zéro VU *(m)*

Zinger (*US*) : *(Projecteur rehaussant le faible contraste d'un éclairage diffus)*

Zip fastener (*GB*)	Fermeture *(f)* éclair
Zipper (*US*)	Fermeture *(f)* éclair
Zone	Zone *(f)*
Zone DVD	Zone *(f)* DVD
multi ~	Multi-zone

* *Zone 1 – North America + Canada* : Amérique du nord + Canada
* *Zone 2 – East and West Europe + Japan + South Africa + Israel + Lebanon*
Europe de l'Est et de l'Ouest + Japon + Afrique du Sud + Israël + Liban
* *Zone 3 – Korea* : Corée
* *Zone 4 – South America + Australia + New-Zeland*
Amérique du Sud + Australie + Nouvelle Zélande
* *Zone 5 – Russia + India + Africa* : Russie + Inde + Afrique
* *Zone 6 – China* : Chine

Zoom	Zoom *(m)*
~ back (ZB)	Zoom arrière
~ ~ shot	Plan en zoom arrière
~ combined with a track	Zoom compensé
~ control	Commande de zoom
~ drift	Dérive de zoom
~ drive	Moteur de zoom
~ in (ZI)	Zoom avant
~ ~ shot	Plan en zoom avant
~ lens	Objectif à focale variable

~ motor	Moteur de zoom
~ out (ZO)	Zoom arrière
~ ~ shot	Plan en zoom arrière
~ range	Gamme de focales d'un zoom
~ ratio	Rapport des focales d'un zoom
~ remote	Télécommande de zoom
~ ring	Bague de zoom
~ shot	Plan avec zoom
~ support	Support de zoom
acoustic ~ *(Audio)*	Zoom acoustique
electrical ~	Zoom à commande électrique
hole in the ~ range	Trou dans la course d'un zoom
macro ~	Zoom macro
motorized ~	Zoom à moteur
Zoom (to ~)	Zoomer
~ in	Zoomer en avant
~ out	*a)* Zoomer en arrière *b)* Élargir un cadre *(avec le zoom)*
Zooming	Action *(f)* de faire un zoom

NOTES PERSONNELLES
PERSONAL NOTES

NOTES PERSONNELLES
PERSONAL NOTES

The Complete Film Dictionnary
Dictionnaire américain
par Ira KONIGSBERG
Éditeur : BLOOMSBURY PUBLISHING LTD – 1993

Cut ! Print ! – *The language and structure of filmmaking*
Dictionnaire américain
par Tony MILLER and Patricia Georges MILLER
Éditeur : OHARA PUBLICATIONS INC – 1972

Film lighting
par Kros MALKIEWICZ
Éditeur : PRENTICE HALL PRESS – USA – 1986

Lighting for Location Motion Pictures
par Alan J. RITSKO
Éditeur : VAN NOSTRAND REINHOLD – USA – 1977

Motion Pictures Camera and Lighting Equipment
par David W. SAMUELSON
Éditeur : FOCAL PRESS – England – 1977

Motion Picture Camera Data
par David W. SAMUELSON
Éditeur : FOCAL PRESS – England – 1979

Lighting for Television and Film
Par Gerald MILLERSON
Éditeur : FOCAL PRESS – England – 1991

The five C's of cinematography
Motion pictures filming techniques
par Joseph V. MASCELLI
Éditeur : First Silman-James Press Edition – 1998

Lexique technique de la télévision
anglais-français
par Pierre LAROCHE
Éditeur : Les Éditions LEMEAC INC – Ottawa – 1984

L'Anglais des producteurs
anglais-français / français-anglais

par Nicolas B.-ROBERT et Jean-Claude ROBERT
Éditeur : ECONOMICA – Paris – 1995

Vocabulaire bilingue de la production télévision
anglais-français / français-anglais
par Robert DUBUC
Éditeur : Les Éditions LEMEAC INC – Ottawa – 1982

Vocabulaire technique du cinéma
par Vincent PINEL
Éditeur : NATHAN – Paris – 1996

Dictionnaire technique du cinéma
Lexique anglais-français / français-anglais
par C. RYLE GIBBS
Éditeur : Nouvelles Éditions Film et Technique – Paris – 1959

Film : an international history of the medium
par Robert SKLAR
Éditeur : THAMES & HUDSON – London – 1993

Translation of Film and Video Terms into French
anglais-français
par Verne CARLSON – USA – 1984

Lexique de termes filmographiques
anglais/ français / allemand / espagnol / russe
Éditeur : FIAF = Fédération Internationale des Archives du Film
Bruxelles – 1985

Multilingual Vocabulary of
Educational Radio and Television Terms
par C.C.C. = Conseil de la Coopération
Culturelle du Conseil de l'Europe
Éditeur : Internationales Zentralinstitut fur das Jugend
Und Bildung Fernsehen – Munich – 1971

Dictionnaire de l'audio-visuel et des nouvelles technologies
Lexique français-anglais / anglais-français
par Georges PESSIS et Guitta PESSIS-PASTERNAK
Éditeur : DIXIT – Paris – 1995

Lexique vidéo
par la commission technique des moyens audiovisuels
Éditeur : CST = Commission Supérieure Technique – Paris – 1990

Pour les annexes
For the appendices

Sammy's Manual of Cinematography
Samuelson Film Service – London – 1990

American Cinematographer

Catalogues de fabricants

Feuillets techniques des pellicules Kodak et Fuji

Le grand livre du monde
Éditeur : Sélection du Reader's Digest – 1990

Documentation Air France

Electric Current Abroad
par Edward K. SMITH and Edward G. SMITH
Éditeur : US Department of Commerce – 1984

Professional cameraman's handbook
par Sylvia CARLSON and Verne CARLSON
Éditeur : Focal Press (4th Edition) – 1994

L'Anglais des producteurs
anglais-français / français-anglais
par Nicolas B.-ROBERT et Jean-Claude ROBERT
Éditeur : ECONOMICA – Paris – 1995

Glossaire des termes de l'audiovisuel et du multimédia
par Jean-Claude CAMREDON et François LUXEREAU
Éditeur : Frison-Roche – 2001

Vocabulaire technique *(anglais-français / français-anglais)*
par Francis CUSSET
Éditeur : Berger-Levrault – Paris – 1949

Pour la partie Vidéo numérique
For the Digital video part

The Digital Fact Book – Quantel
20th anniversary edition
Éditeur : Bob PANK – 2008 – www.quantel.com

Digital cinematography
par Paul WHEELER
Éditeur : Focal Press - 2004

High definition and 24P cinematography
par Paul WHEELER
Éditeur : Focal Press – 2005

DivX, VCD et S-VCD
par Pierre BIÉLANDE
Éditeur : OEM- Eyrolles – 2003

REMERCIEMENTS - *THANKS*

mes remerciements vont tout particulièrement aux personnes suivantes :

Philippe VALOGNE (*Samuelson ALGA*), qui m'a aidé sur des points très techniques et délicats en matière de vidéo numérique et de TVHD. Sans lui, de nombreuses erreurs se seraient certainement accumulées.

Claire HUGHES, pour les traductions et les très nombreuses révisions.

Isabelle DUMAS et Olivia BRUYNOGHE, pour les traductions qu'elles ont eu la gentillesse de mettre à ma disposition.

Michèle HOLLANDER, pour ses relectures et pour les traductions.

Michel ALMERAS, pour son aide et ses conseils.

Denis MERCIER, pour ses conseils et son énorme travail concernant les domaines de l'Audio en général, et de la prise de sons en particulier.

Anne-Laure STERIN, pour ses conseils avisés.

Éric GUICHARD (AFC), pour son amical soutient et ses multiples encouragements, ainsi que pour son invitation à présenter l'ouvrage en avant-première à l'occasion du *Micro Salon de l'AFC – 2009*.

Philippe LE MOAL, pour ses conseils avisés.

Evelyne AYMARD, pour sa relecture de l'ouvrage.

Philippe SIKIRDJI, pour sa relecture et pour les corrections.

merci également à tous les **auteurs des sites Internet** que j'ai pu consulter et dont le travail m'a été précieux à toutes les étapes de la rédaction de ce livre.

merci tout particulièrement au site : **WordReference.com**
Online English, French, Italian and Spanish Dictionary
http://www.wordreference.com
qui m'a permi de trouver des explications particulièrement fines et ciblées. La qualité de ce site de traduction est tout à fait exceptionnelle.

Jean-Paul TRIPOGNEY et **Jean-Louis BIOT**qui m'on permis de concrétiser cette nouvelle édition chez SUDEL, ainsi que **Bernard PLAY** qui en a assuré les travaux d'imprimerie.

enfin, merci à **Blandine DELACROIX** pour son aide et ses nombreux conseils, et pour m'avoir supporté pendant tout ce travail…!

CONTACTS

pour toutes remarques et suggestions, merci de nous contacter :

for all remarks and suggestions, please contact us :

SUDEL
27, rue des Tanneries
75013 – Paris – FRANCE

@ sudel@sudel.fr

= =

L'Auteur – *The author*

Ancien élève de l'École Nationale Louis LUMIÈRE, Pascal LE MOAL *est professionnel depuis 25 ans dans le domaine de la prise de vue (en film et en vidéo), tout d'abord en tant que 1er assistant opérateur, et depuis 1994 en tant que cadreur.*
Les nombreux tournages à l'étranger auxquels il a participé l'ont amené à une grande maîtrise de l'anglais technique.

Former pupil of the National Film School *Louis LUMIÈRE* (Paris), *Pascal Le MOAL* has worked professionally for 25 years in the field of cinematography (both in film and video), as a 1st AC / focus-puller, and then from 1994 as camera operator.
The many foreign shoots he has worked on have given him a good understanding of technical english.

Reproduit et achevé d'imprimer en
Mai 2009
par TACTIC Impressions

Dépôt légal : 2ème trimestre 2009
ISBN : 2-7162-0278-8

sudel.fr
LES ENSEIGNANTS ÉDITEURS
27, rue des Tanneries • 75013 PARIS
Tél. : **01 45 35 37 15** • Fax : 01 43 31 39 29
Internet : **www.sudel.fr** • Courriel : **sudel@sudel.fr**